Schriften zum europäischen Management

Herausgegeben von/edited by
Roland Berger Strategy Consultants – Academic Network, München, Deutschland

Die Reihe wendet sich an Studenten sowie Praktiker und leistet wissenschaftliche Beiträge zur ökonomischen Forschung im europäischen Kontext.

This series is aimed at students and practitioners. It represents our academic contributions to economic research in a European context.

Joachim Krebs

Syndizierung von Venture-Capital-Investitionen

Eine Analyse der Zusammenhänge mit dem Beteiligungserfolg

Mit einem Geleitwort von
Prof. Dr. Dodo zu Knyphausen-Aufseß

Springer Gabler

RESEARCH

Joachim Krebs
Berlin, Deutschland

Dissertation Technische Universität Berlin, 2012

D 83

ISBN 978-3-8349-4346-0 ISBN 978-3-8349-4347-7 (eBook)
DOI 10.1007/978-3-8349-4347-7

Die Deutsche Nationalbibliothek verzeichnet diese Publikation in der Deutschen Nationalbibliografie; detaillierte bibliografische Daten sind im Internet über http://dnb.d-nb.de abrufbar.

Springer Gabler

Einbandentwurf: KünkelLopka GmbH, Heidelberg

Gedruckt auf säurefreiem und chlorfrei gebleichtem Papier

Springer Gabler ist eine Marke von Springer DE. Springer DE ist Teil der Fachverlagsgruppe Springer Science+Business Media.
www.springer-gabler.de

GELEITWORT

Die Gründungsfinanzierung ist in vielen Ländern, insbesondere aber auch in Deutschland, über die Jahre hinweg immer wieder Gegenstand des Interesses gewesen. Eine Venture-Capital-(VC-)Szene hat sich in Deutschland erst um die Jahrtausendwende entwickelt, und nach der Dot.com-Krise ist sie auch schon wieder eingebrochen. Sowohl in praktischen Zusammenhängen als auch in der akademischen Diskussion scheint zunächst Bedarf zu bestehen, die Eigenheiten von VC-Finanzierungen hinreichend zu verstehen. Ein Thema in diesem Kontext sind syndizierte Finanzierungen, also Finanzierungen, an denen sich mehrere VC-Partner, gegebenenfalls aber auch andere Institutionen und Personen beteiligen. Mit dieser Form von Investitionen beschäftigt sich die vorliegende Arbeit. Wenngleich schon einschlägige Literatur vorhanden ist, so gehen die Forschungsergebnisse doch weit auseinander und nur sehr wenige Studien beziehen sich (auch) auf den deutschen Markt. Insofern hilft die vorliegende Arbeit, eine bestehende Forschungslücke zu schließen.

Kern der Arbeit ist eine umfangreiche empirische Untersuchung, deren Datenbasis bis ins erste Quartal 2007 reicht. Auf den ersten Blick scheint es bedauerlich, dass nicht auch auf aktuellere Daten zurückgegriffen wird. Führt man sich jedoch die weitere Entwicklung der VC-Branche vor Augen, so erschließt sich, dass angesichts erheblicher Verwerfungen infolge der Finanz- und Wirtschaftskrise eine robuste Untersuchung von Zusammenhangshypothesen auf Basis von Daten der Jahre 2007 und 2008 kaum möglich ist. Darüber hinaus ist anzumerken, dass aufgrund der Branchenzyklizität Daten zum deutschen VC-Markt in bestimmten Zeitfenstern ohnehin recht „ausgedünnt" sein können, was in der Zeit nach der Finanz- und Wirtschaftskrise der Fall gewesen ist.

Die Arbeit ist klar gegliedert sowie sprachlich und formal hervorragend gestaltet. Durch eine sehr eingängige Darstellung der Grundlagen gelingt es dem Autor, dem Leser ein gutes Verständnis für die nachfolgenden Ausführungen zu Theoriebildung und empirischen Überprüfungen zu vermitteln. Jederzeit entsteht der Eindruck, dass der Verfasser die einschlägige Literatur gut beherrscht und souverän mit ihr argumentieren kann. Das entwickelte „Modell der zu analysierenden Syndizierungsparameter" ist plausibel und umfassend und liefert eine sehr gute Struktur für die abzuleitenden Hypothesen. Die sorgfältig durchgeführte empirische Überprüfung steht auf hohem methodischem Niveau und führt zu interessanten Ergebnissen, die ausführlich diskutiert werden. Alles in allem also eine sehr gelungene Arbeit, der ich weite Verbreitung und produktive Aufnahme in Wissenschaft, VC- und Gründungspraxis wünsche.

Dodo zu Knyphausen-Aufseß

DANKSAGUNG

Per aspera ad astra.

Die vorliegende Dissertation wäre ohne das Mitwirken zahlreicher Personen nie entstanden. Allen nachfolgend genannten Personen und all jenen, die ich nicht explizit erwähnt habe, bin ich für ihren Beitrag zum Gelingen dieses persönlichen Projekts zu Dank verpflichtet.

Mein herzlicher Dank gebührt zunächst Herrn Prof. Dr. Dodo zu Knyphausen-Aufseß, meinem Doktorvater. Durch seine persönliche Betreuung, seine jederzeit wohlwollende Unterstützung und Ermunterung hat er die Umsetzung dieses Forschungsvorhabens in entscheidender Weise gefördert.

Bei Herrn Prof. Dr. Heinz Klandt möchte ich mich für die Gewährung des Zugangs zur VentureXpert-Datenbank bedanken sowie für die Anregung zur Teilnahme am KfW/FGF-Doktorandenseminar und die freundliche Übernahme des Zweitgutachtens.

Herrn Prof. Dr. Hans Georg Gemünden danke ich für die angenehme Leitung der Prüfungskommission und Moderation der wissenschaftlichen Aussprache an der Technischen Universität Berlin sowie für die photographische Dokumentation dieses besonderen Ereignisses.

Des Weiteren bedanke ich mich bei Herrn Prof. Dr. Helmut Küchenhoff für seine pragmatischen Vorschläge im Zusammenhang mit der statistischen Auswertung des erhobenen Datensatzes.

Darüber hinaus möchte ich Herrn Dr. Robert Eigner für die Programmierung einer Software zur Datenkonvertierung danken und Herrn Dr. Armin Höll-Steier für seine Unterstützung bei der Strukturierung und Optimierung der Access-Datenbank sowie für interessante Diskussionen zum Themenkomplex Venture Capital.

Auch meinen Arbeitgebern, Bain & Company und Roland Berger Strategy Consultants, bin ich für die Förderung dieses Unterfangens zu Dank verpflichtet. Durch die Freistellung von meiner beruflichen Tätigkeit und die finanzielle Unterstützung haben sie wesentlich zur Entstehung dieses Buches beigetragen.

Bei meiner geliebten Frau Roswitha Altenbuchner bedanke ich mich herzlich für ihre anhaltende Motivation, Unterstützung und Geduld während der Erstellung dieser Arbeit. Für die zahlreichen Entbehrungen und Opfer, die dieses Projekt auch ihr abverlangt hat, möchte ich mich hiermit entschuldigen.

Meinen lieben Schwestern Dr. Andrea Krebs und Petra Marienhagen möchte ich für ihre zahllosen Ermutigungen, Ratschläge und Hilfestellungen ebenso danken wie für ihre Ermahnungen und Belehrungen. Über weite Strecken haben sie mich zur steten Fortsetzung meines Bestrebens angehalten.

Außerdem möchte ich diese Gelegenheit nutzen, meiner großen Schwester Andrea für ihre jahrelange Förderung in schulischen, akademischen und privaten Angelegenheiten herzlich Dank zu sagen.

Abschließend bedanke ich mich von ganzem Herzen bei den beiden Menschen, die den Grundstein für dieses Buch und so vieles darüber hinaus gelegt haben. Meine geliebten Eltern Gisela und Herbert Krebs haben während der gesamten Entstehungsphase dieser Arbeit mitgefiebert, mitgelitten und sich mitgefreut. Da sie mir in allen Belangen stets mehr Unterstützung, Rückhalt, Zuwendung und Liebe haben zuteil werden lassen, als ich mir je erhoffen konnte, möchte ich ihnen diese Arbeit widmen.

Joachim Krebs

INHALTSVERZEICHNIS

ABBILDUNGSVERZEICHNIS

TABELLENVERZEICHNIS

FORMELVERZEICHNIS

ABKÜRZUNGSVERZEICHNIS

AG	Aktiengesellschaft
AIC	*Akaike Information Criterion*
AT	Österreich (*Austria*)
BE	Belgien
BIC	*Bayesian Information Criterion*
BVCA	*British Venture Capital Association*
BvDEP	Bureau van Dijk Electronic Publishing
BVK	Bundesverband Deutscher Kapitalbeteiligungsgesellschaften – *German Private Equity and Venture Capital Association*
CA	Kanada (*Canada*)
ca.	circa
CH	Schweiz
CVC	*Corporate Venture Capital*
CVCG	Corporate-Venture-Capital-Gesellschaft(en)
d. h.	das heißt
DE	Deutschland
Dtld.	Deutschland
EK	Eigenkapital
et al.	et alii (und andere)
etc.	et cetera (und so weiter)
EVCA	*European Private Equity & Venture Capital Association*
exkl.	exklusive
f.	folgende
ff.	fortfolgende
FI	Finanzinstitut(e)
FI-VCG	Venture-Capital-Gesellschaft eines Finanzinstituts
FR	Frankreich
FWB®	Frankfurter Wertpapierbörse
ggf.	gegebenenfalls

GroMiKV	Großkredit- und Millionenkreditverordnung
GmbH	Gesellschaft mit beschränkter Haftung
HHI	Herfindahl-Hirschman-Index
Hrsg.	Herausgeber
ibid.	ibidem (ebenda)
i. d. R.	in der Regel
i. e. S.	im engeren Sinne
i. w. S.	im weiteren Sinne
IPO	*Initial Public Offering* (Börsengang)
IRR	*Internal Rate of Return* (interner Zinsfuß)
K-S-Test	Kolmogorov-Smirnov-Anpassungstest
KWG	Kreditwesengesetz
LB	Landesbank(en)
LBO	*Leveraged Buy-out*
LU	Luxemburg
M&A	*Mergers & Acquisitions*
MBG	Mittelständische Beteiligungsgesellschaft(en)
MBI	*Management Buy-in*
MBO	*Management Buy-out*
Mio.	Millionen
Mrd.	Milliarden
NL	Niederlande
o. V.	ohne Verfasser
PE	*Private Equity*
PEG	Private-Equity-Gesellschaft(en)
PIMiG	*Primary Industry Minor Group*
Q1	erstes Quartal
R^2	Bestimmtheitsmaß
S.	Seite
s. u.	siehe unten
Spk.	Sparkasse(n)

SPSS	*Statistical Package for the Social Sciences*
u. a.	unter anderem/anderen
UCINET	UCINET und NETDRAW (Programme zur Analyse und Visualisierung sozialer Netzwerke - *Software*-Vertrieb durch Analytic Technologies)
UK	Vereinigtes Königreich (*United Kingdom*)
URL	*Uniform Resource Locator* (umgangssprachlich Synonym für Internetadresse)
US	Vereinigte Staaten von Amerika (*United States*)
VC	*Venture Capital*
VCG	Venture-Capital-Gesellschaft(en)
VE	*Venture Economics*
VEIC	*Venture Economics Industry Code(s)*
vgl.	vergleiche
VIF	*Variance Inflation Factor*
vs.	versus
VX	*VentureXpert* (Datenbank von Thomson Financial bzw. Thomson Reuters)
z. B.	zum Beispiel
z. T.	zum Teil
ZEW	Zentrum für Europäische Wirtschaftsforschung GmbH
χ^2	Chi-Quadrat

1 Einführung

In diesem Kapitel werden Ausgangspunkt, Motivation und Ziele des Forschungsvorhabens vorgestellt. Zu diesem Zweck wird das Phänomen der Syndizierung von Venture-Capital-Investitionen in Unterkapitel 1.1 sowohl aus Sicht der Praxis als auch aus wissenschaftlicher Perspektive beleuchtet. Unterkapitel 1.2 identifiziert anschließend den bestehenden Forschungsbedarf, wirft die daraus resultierenden Forschungsfragen auf und umreißt damit das Themenfeld der Untersuchung. Zur besseren Orientierung verschafft Unterkapitel 1.3 einen Überblick über den weiteren Verlauf der Arbeit, der sich formal an den typischen Phasen einer wissenschaftlichen Arbeit und inhaltlich an den formulierten Forschungsfragen orientiert.

1.1 Problemstellung

1.1.1 *Venture-Capital-Syndizierung aus Sicht der Praxis*

Die Venture-Capital-Branche hat in Deutschland wie in ganz Europa eine sehr zyklische Entwicklung hinter sich. Nach einer Periode graduellen Wachstums in der ersten Hälfte der 1990er Jahre stiegen die jährlichen Bruttoinvestitionen der deutschen Venture-Capital-Gesellschaften (VCG) zwischen 1996 und 2000 sprunghaft von 0,5 Mrd. € auf 3,7 Mrd. € an. Ausgelöst durch den Börsencrash 2000 begann eine massive Konsolidierungsphase, in der die Investitionen um über 80% auf 0,7 Mrd. € im Jahr 2003 einbrachen. Seit dem Tiefpunkt haben sich die Investitionen jedoch nur leicht erholt und lagen 2006 wieder auf einem Niveau von 1,0 Mrd. €.

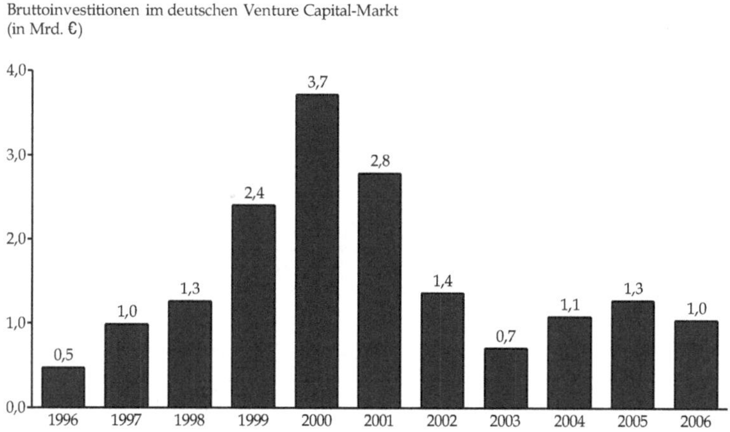

Quelle: Eigene Darstellung basierend auf BVK-Statistiken (1996–2006)

Abbildung 1: Bruttoinvestitionen im deutschen Venture-Capital-Markt im Zeitverlauf

Im Jahr 2007 erreichten die Venture-Capital-Finanzierungen mit 0,8 Mrd. € fast wieder die Tiefstände von 2003. Abgesehen von einer kurzen Erholung 2008 setzte sich der rückläufige Trend bis 2010 fort.[1]

Während dieser wechselhaften Geschichte finanzierten deutsche VCG die Entwicklung zahlreicher Unternehmen, die bestehende Branchen revolutioniert oder den Grundstein für neue Industriezweige gelegt haben wie z. B. e-commerce, Biotechnologie oder erneuerbare Energien. Zu den führenden Unternehmen auf diesen Märkten zählen u. a. ebay[2], Qiagen, REpower Systems oder Q-Cells, die alle maßgeblich von *VC*-Unterstützung profitierten.[3] Alle diese Unternehmen haben wesentlich zu einer Erhöhung des Wirtschaftswachstums, zur Schaffung hochqualifizierter Arbeitsplätze,[4] zur Besetzung von Wachstumsindustrien sowie zur Entwicklung bedeutender Innovationen wie Medikamenten, neuen auf Nachhaltigkeit ausgerichteten Technologien, etc. beigetragen.

Das große Potential einiger innovativer Start-ups aus jungen Branchen ist jedoch untrennbar mit teils erheblichen Risiken verbunden, was die Zurückhaltung vieler eher risikoaverser Kapitalgeber wie Banken und Sparkassen belegt. Demgegenüber haben sich Venture-Capital-Gesellschaften auf die Versorgung aufstrebender Wachstumsunternehmen mit Kapital und Managementressourcen spezialisiert. Um bestehenden Markt-, Technologie- und Unternehmensrisiken in angemessener Weise zu begegnen, haben Wagniskapitalgeber eine Reihe von Regelungen, Mechanismen und Maßnahmen entwickelt. Zu diesen Vorkehrungen gehören ein rigoroses *Screening* mit anschließender *Due Diligence* der aussichtsreichsten Geschäftsmodelle und jeweiligen Managementteams, differenzierte vertragliche Regelungen, eine intensive Managementunterstützung, gestaffelte, an die Erreichung von Meilensteinen gebundene Finanzierungen[5] (*Staging*) sowie die Syndizierung von Investitionen.

Bei einer Syndizierung handelt es sich um die gemeinsame Investition mindestens zweier Venture-Capital-Gesellschaften in ein Wachstumsunternehmen. Dabei lädt ein Lead-Investor entweder einen oder mehrere Co-Investoren zu einer von ihm identifizierten Beteiligungsmöglichkeit ein. Nach erfolgter Finanzierung streben die engagierten Eigenkapitalgeber gemeinsam eine Maximierung der Investment-Rendite an. Von dieser Art der Kooperation versprechen sich die Investoren mehrere Vorteile, die von einer besseren Auswahl aussichtsreicher Beteiligungen über eine effektivere Wertschöpfung bei selbigen bis zur effizienteren Diversifikation des VCG-Portfolios reichen.

---

[1] Aufgrund von Modifikationen in den BVK-Statistiken lassen sich die Werte nicht fortschreiben.

[2] ebay übernahm 1999 die deutsche mit *Venture Capital* finanzierte Firma Alando.

[3] Viel zitierte Beispiele aus den USA sind Microsoft, Apple, Intel, Cisco Systems, Genentech, amazon.com, ebay, Google oder YouTube.

[4] Laut einer Studie des BVK erwirtschaften die Beteiligungen der BVK-Mitglieder fast 4% des deutschen BIP und beschäftigen ca. 430.000 Mitarbeiter. Vgl. FROMMANN, H./DAHMANN, A. (2003), S. 40

[5] Diese gestaffelten Investitionen lassen sich auch als Realoption interpretieren, die dem Inhaber erlaubt, zu einem späteren Zeitpunkt der Unternehmensentwicklung erneut zu investieren.

Darüber hinaus ist die Syndizierung eine mögliche Antwort auf mehrere Herausforderungen und Entwicklungen im *VC*-Bereich, darunter:

- die **steigenden Investitionssummen** in Fonds der erfolgreichsten VCG
  Dem zunehmenden *Capital under Management* steht eine beschränkte Anzahl attraktiver Investitionsmöglichkeiten gegenüber. Durch eine Kooperation mit Syndizierungspartnern im *Screening*-Prozess, lassen sich negative Konsequenzen eines Mangels an qualitativ hochwertigem *Deal Flow* wie Unterinvestition oder die Finanzierung unterdurchschnittlicher Start-ups weitgehend verhindern.

- die erforderliche **nachhaltige Steigerung des Unternehmenswertes**
  Da das *VC*-Geschäftsmodell auf der Erzielung einer hohen Wertschöpfung bei den Portfoliounternehmen basiert, müssen VCG neben der Auswahl besonders vielversprechender Start-ups auch durch effektive Managementunterstützung und Bereitstellung benötigter Leistungen zu einer Verbesserung der operativen *Performance* ihrer Beteiligungen beitragen. In diesem Kontext kann eine Syndizierung durch Kombination komplementärer Fähigkeiten und Ressourcen den investierten VCG einen wesentlichen Wettbewerbsvorteil bringen.

- den **Schwankungen auf den Exit-Märkten**
  Aufgrund sich ändernder Rahmenbedingungen auf den Exit-Märkten, insbesondere dem Kapitalmarkt, gestaltet sich die Veräußerung von Portfoliogesellschaften für viele Wagniskapitalgeber mitunter schwierig; nicht selten resultieren daraus niedrige Bewertungen und längere Investitionszeiträume. Der Großteil erfolgreicher Exits erfolgt im Rahmen von *Trade Sales* über den Verkauf von Beteiligungen an strategische Investoren, die durch solche Akquisitionen vorhandene Geschäftsbereiche ausbauen oder neue begründen. Bei der Anbahnung von Unternehmensverkäufen (illiquide Vermögenswerte) spielt die Größe der Kontaktnetzwerke von *VC*-Gebern eine bedeutende Rolle. Im Zuge einer Syndizierung können die investierten VCG ihre Exit-Optionen durch die Nutzung ihrer komplementären Netzwerke erweitern, indem sie sich Zugang zu einem weiteren Kreis vertrauter potentieller Käufer verschaffen.

Den Vorzügen einer *VC*-Syndizierung stehen allerdings auch Nachteile gegenüber:

- geteilter ***Capital Gain***
  Infolge der gemeinschaftlichen Beteiligungsfinanzierung erbringt der Lead-Investor einen geringeren Kapitaleinsatz, für den ein kleinerer Unternehmensanteil überschrieben wird; dementsprechend fällt auch die erzielte Wertsteigerung zu einem geringeren Teil an den Initiator des Co-Investments.

- **höhere Transaktionskosten**
  Die Entscheidung des Lead-Investors zugunsten einer Syndizierung verursacht zusätzliche Kosten für die Suche nach potentiellen Syndikatspartnern. Mit den Interessenten sind anschließend sowohl individuelle, als auch multilaterale Verträge zur Zusammenarbeit auszuhandeln. Weiterer Zeit- und Kostenaufwand entsteht für

Organisation und Management des Syndikats sowie für Abstimmung und Koordination gemeinsamer Aktivitäten.

- **zusätzliche Kontrollkosten**
  Wie in anderen Bereichen wirtschaftlicher Zusammenarbeit begeben sich die Akteure bei einer Syndizierung in ein gegenseitiges Abhängigkeitsverhältnis. Dabei sind Lead- und Co-Investoren genauso aufeinander angewiesen wie Co-Investoren untereinander. Um sicherzustellen, dass alle *VC*-Financiers an einem Strang ziehen und ihren Aufgaben nachkommen, muss die Einhaltung der (vertraglichen) Vereinbarungen kontinuierlich kontrolliert werden.

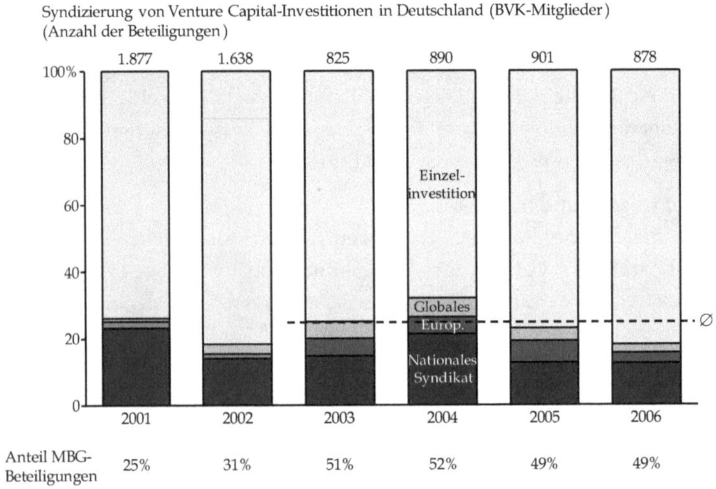

Anmerkung: MBG = Mittelständische Beteiligungsgesellschaften[6]

Quelle: Eigene Darstellung basierend auf BVK Statistiken (2001–2006)[7]

Abbildung 2: Entwicklung der Syndizierung in der deutschen Venture-Capital-Branche

---

[6] MBG sind öffentlich geförderte Kapitalgeber kleiner bis mittelgroßer Unternehmen, die sich oftmals in Form einer stillen, mitunter aber auch offenen Minderheitsbeteiligung engagieren.

[7] In den Jahren 2001 und 2002 beruhen die BVK-Daten auf den Angaben der Fachgruppen *Early Stage, Later Stage* und MBG (jeweils bereinigt um den *Buy-out-* bzw. Private-Equity-Anteil) sowie auf der Teilstatistik *Venture Capital* für den Zeitraum 2003 bis 2006. Ein durchgängiger Datensatz ist leider nicht verfügbar, da der Bundesverband in 2003 eine Änderung seiner statistischen Erhebungsmethode vorgenommen hat (Umstellung auf Einzeltransaktionsmeldungen). Daher sind die Angaben für 2001 und 2002 nur eingeschränkt mit denen der Folgejahre zu vergleichen. Der Anteil des MBG-Segments wird separat ausgewiesen, da die Syndizierungsquoten dort deutlich niedriger liegen.

Dass die Summe der in Deutschland aktiven Wagniskapitalgeber in der Praxis nicht konsequent auf das Instrument der Syndizierung von Venture-Capital-Investitionen zurückgreift, lässt sich an einer relativ niedrigen Quote gemeinsamer Finanzierungen von durchschnittlich 25% im Zeitraum von 2003 bis 2006 feststellen.

Rechnet man das Marktsegment der Mittelständischen Beteiligungsgesellschaften heraus, die gemessen an der Zahl der Unternehmen ca. 50% der *VC*-Engagements bestreiten und selten syndizieren, liegt die durchschnittliche Quote von Co-Investitionen für die Jahre 2003 bis 2006 mit ca. 50% bereits doppelt so hoch. Für eine Selektion von über 40 führenden Beteiligungsgesellschaften[8] ermittelt die Private-Equity-Beratung FLEISCHHAUER, HOYER & PARTNER in ihren Panel-Befragungen sogar einen durchschnittlichen Co-Investment-Anteil von 68% im Zeitraum von 2004 bis 2006.[9] Demgemäß scheinen in Deutschland aktive *VC*-Investoren unterschiedliche Syndizierungsstrategien zu verfolgen, wobei das Instrument im Kreise führender *VC*-Gesellschaften offenbar weiter verbreitet ist. Insgesamt handelt es sich bei der Syndizierung von Venture-Capital-Investitionen um ein relevantes Phänomen, das sich bei ca. der Hälfte aller Beteiligungen unabhängiger Wagniskapitalgeber beobachten lässt.[10]

Des Weiteren fällt auf, dass die Quote der Co-Investitionen nach einem Verlaufshoch im Jahre 2004 von 32% für den Gesamtmarkt drastisch zurückgegangen ist, so dass sich der Vergleichswert in 2006 bei nur noch 18% bewegt.[11] Auch wenn sich Anfang 2007 wieder leichte Erholungstendenzen zeigen, stellt sich die Frage, ob sich einige Marktteilnehmer – nach möglicherweise enttäuschenden Erfahrungen – dauerhaft von gemeinschaftlichen *VC*-Engagements abgewendet haben.

Nachdem das Phänomen nun aus Sicht der Praxis beleuchtet worden ist, geht es im nächsten Abschnitt um den wissenschaftlichen Erkenntnisstand zu Co-Investitionen im Venture-Capital-Bereich.

1.1.2 *Venture-Capital-Syndizierung aus wissenschaftlicher Perspektive*

Ein substantieller Teil der Venture-Capital- bzw. Private-Equity-Forschung zum Themenfeld der Syndizierung hat sich schwerpunktmäßig mit den Motiven der Wagniskapitalgeber beschäftigt und diese mehrfach mit dem Erfolg des Investors bzw. der Beteiligung in Verbindung gebracht.[12]

---

[8] Aus dieser Gruppe verwalten zehn VCG ein Fondsvermögen von mehr als 250 Mio. €, weitere elf mehr als 100 Mio. € und die andere Hälfte zu gleichen Teilen mehr und weniger als 50 Mio. €.

[9] Vgl. FHP-PRIVATE EQUITY CONSULTANTS (2006); FHP-PRIVATE EQUITY CONSULTANTS (2007).

[10] Im europäischen Ausland liegt die Syndizierungsquote teilweise bei über 40%. Vgl. *EVCA* (2007).

[11] Vergleichbare Beobachtungen machen auch FLEISCHHAUER, HOYER & PARTNER, in deren Panel-Befragungen die Quote der Co-Investments von 76% in 2004 auf 61% in 2006 sinkt.

[12] Vgl. Tabelle 1.

Quelle \ Fokus	Motive der Syndizierung	Erfolgswirkung der Syndizierung
BYGRAVE (1987, 1988)	✔	
GORMAN/SAHLMAN (1989)	✔	
SAHLMAN (1990)	✔	
ADMATI/PFLEIDERER (1994)	✔	
LERNER (1994)	✔	✓
AMASON (1996)	✔	
CHIPLIN ET AL. (1997)	✔	
BYGRAVE ET AL. (2000)	✔	
ANAND/PISKORSKI (2001)	✔	
SORENSON/STUART (2001)	✔	
LEHMANN/BOSCHKER (2002)	✔	✓
BRANDER ET AL. (2002)	✔	✓
BUBNA (2002)	✔	
DE CLERCQ/DIMOV (2003)		✔
SEPPÄ (2003)	✔	✓
DE CLERCQ/DIMOV (2004)	✔	
FRIEDRICH (2005)	✔	
HEGE ET AL. (2006)		✔
LEHMANN (2006)		✔
DIMOV/DE CLERCQ (2006)		✔
MANIGART ET AL. (2006)	✔	

Quelle: Eigene Darstellung in Anlehnung an FRIEDRICH (2005), S. 5

Tabelle 1: Überblick über ausgewählte Forschungsarbeiten zum Thema Venture-Capital-Syndizierung

Dabei werden positive Effekte auf Fonds- und Beteiligungsebene als Motive gemeinsamer Finanzierungen angeführt. Zur ersten Gruppe lassen sich eine Optimierung der Portfoliodiversifikation,[13] eine Verbesserung der Reputation (u. a. durch *Window Dressing*)[14] und Stärkung der Netzwerkposition[15] einer VCG sowie eine allgemeine Erhöhung der Markteintrittsbarrieren[16] für neue aufstrebende Wagniskapitalgeber zählen. Unter die zweite Gruppe können ein umfangreicherer *Deal Flow*[17, 18], eine bessere (gemeinsame) Selektion attraktiver Portfoliounternehmen,[19] eine breitere Basis verfügbarer Ressourcen und verbesserte Möglichkeiten der vereinten Wertschöpfung (*Value Added*)[20] subsumiert werden.[21]

---

13 Vgl. beispielsweise SAHLMAN, W. A. (1990); LERNER, J. (1994); LOCKETT, A./WRIGHT, M. (2001).

14 Vgl. LERNER, J. (1994); PODOLNY, J. M. (2001).

15 Vgl. hierzu HOCHBERG, Y. V. ET AL. (2007).

16 Vgl. HOCHBERG, Y. V. ET AL. (2009).

17 Der *Deal Flow* bezeichnet die Anzahl der Beteiligungsmöglichkeiten, die einem *VC*-Investor vorgelegt werden.

18 Vgl. BYGRAVE, W. D. (1987).

19 Vgl. u. a. WILSON, R. (1968); LERNER, J. (1994).

20 Vgl. z. B. BYGRAVE, W. D. (1987); BRANDER, J. A. ET AL. (2002).

Neben diesen Vorzügen gemeinschaftlicher *VC*-Investitionen werden allerdings auch vereinzelt Nachteile und (potentielle) Probleme thematisiert, die im vorangehenden Abschnitt bereits umrissen worden sind.

Was die Auswirkungen der Syndizierung auf den Erfolg von *VC*-Gesellschaften bzw. Portfoliounternehmen anbelangt, so stellen die wissenschaftlichen Arbeiten mehrheitlich Zusammenhänge fest, die sich jedoch hinsichtlich Wirkungsrichtung und Intensität unterscheiden. Abhängig vom jeweiligen Forschungsschwerpunkt machen die Verfasser andere, mitunter aber auch identische Einflussgrößen für die festgestellten Effekte verantwortlich. Die divergierenden Resultate lassen sich aber vermutlich auch auf weitere Ursachen zurückführen, darunter abweichende Operationalisierungsmethoden von Syndizierung und Erfolg sowie unterschiedliche Beobachtungsobjekte aus verschiedenen Ländern, über variierende Zeiträume. Um einen Eindruck von der Diversität existierender Untersuchungen zu vermitteln, werden im Folgenden ausgewählte Beispiele angeführt, die das gesamte Spektrum der Befunde abdecken.[22]

In einer grundlegenden Arbeit zur Syndizierung von *VC*-Investitionen kommt LERNER (1994) basierend auf 651 Investitionsrunden von 271 amerikanischen Biotechnologieunternehmen u. a. zu dem Ergebnis, dass im Rahmen gemeinsamer Finanzierungen bessere Investitionsentscheidungen getroffen werden (*Selection Hypothesis*), da unabhängige Bewertungen aller beteiligten VCG die mit einem Engagement verbundenen Risiken umfassender aufzuklären vermögen.[23]

In einer ebenfalls vielbeachteten Studie befassen sich BRANDER ET AL. (2002) mit der Frage nach dem vorrangigen Motiv für die Bildung von Syndikaten. Darin stellen die Autoren LERNERS *Selection Hypothesis* eine *Value Added*-These entgegen, nach der Co-Investoren aufgrund ihrer komplementären Fähigkeiten die Erfolgsaussichten ihrer Portfoliounternehmen verbessern. Eine Analyse von 584 Beteiligungsexits kanadischer VCG im Zeitraum von 1992 bis Q1 1998 belegt denn auch, dass mit syndizierten *VC*-Beteiligungen signifikant höhere Renditen zu erzielen sind als mit Einzelinvestments. Diese Differenz erklären die Forscher mit ihrer Wertschöpfungshypothese.[24]

In ihrem Beitrag zu Beweggründen und Erfolg gemeinsamer *VC*-Finanzierungen untersuchen LEHMANN/BOSCHKER (2002) 155 am Neuen Markt notierte (ehemalige) Portfoliogesellschaften hinsichtlich Mitarbeiterwachstum, Eigenkapitalaufnahme und Wahrscheinlichkeit eines *Delisting*. Dabei stellt sich heraus, dass syndizierte Engagements hinsichtlich aller drei Kriterien nicht signifikant besser dastehen als Investments einzelner *VC*-Geber. Folglich können sie weder die *Selection Hypothesis* noch die *Value-Added*

---

[21] Vgl. zu den Syndizierungsmotiven auch BRANDER, J. A. ET AL. (2002); SEPPÄ, T. J. (2003); GOMPERS, P. A./LERNER, J. (2004); PISKORSKI, M. J./ANAND, B. (2004); MANIGART, S. ET AL. (2006).

[22] Eine ausführlichere Diskussion der Forschungsergebnisse findet sich in Unterkapitel 2.4.

[23] Vgl. LERNER, J. (1994), S. 25f.

[24] Vgl. BRANDER, J. A. ET AL. (2002), S. 423ff.

Hypothesis bestätigen. Ihre Resultate begründen LEHMANN/BOSCHKER (2002) u. a. mit einem *Selection Bias*, der sich aus einer Beschränkung auf besonders erfolgreiche börsennotierte Wachstumsunternehmen ergibt.[25]

DIMOV/DE CLERCQ (2006) analysieren die Zusammenhänge zwischen Investitionsstrategien von Wagniskapitalgebern und den Ausfallquoten ihrer Portfolios, wobei sie explizit auf Spezialisierungsgrade und Syndizierungsquoten der jeweiligen *VC*-Firmen eingehen. Die Analyse der Investment-Strategien von 200 US-amerikanischen VCG über 12 Jahre ergibt, dass mit einer höheren Syndizierungsfrequenz auch ein größerer Anteil an Insolvenzen einhergeht. Als Begründung nennen die Verfasser zum einen eine bei Syndizierungen weniger ausgeprägte *Escalation of Commitment*[26] der beteiligten *VC*-Gesellschaften[27] und zum anderen ein geringer ausfallendes Engagement von Mitgliedern einer Gruppe im Vergleich zu Einzelakteuren - insbesondere bei weniger erfolgreichen Investitionen.[28, 29]

Eine eindeutige Erfolgswirkung der Syndizierung von *VC*-Investitionen lässt sich auf Basis der bestehenden wissenschaftlichen Literatur folglich nicht uneingeschränkt postulieren. Wie angedeutet gehen die Forschungsergebnisse vielmehr so weit auseinander, dass sich Anhaltspunkte für eine signifikante Erfolgswirkung, eine Erfolgsneutralität oder aber ein erhöhtes Insolvenzrisiko finden lassen.

Dabei befassen sich lediglich drei der 14 identifizierten Untersuchungen mit dem Syndizierungsphänomen auf dem deutschen Venture-Capital-Markt; das Gros der betrachteten Arbeiten konzentriert sich hingegen auf den amerikanischen *VC*-Markt.

Darüber hinaus stellen die auf Deutschland ausgerichteten Studien auf die Erfolgsmaße Umsatz- bzw. Mitarbeiterwachstum ab, die nur bedingt Rückschlüsse auf den Beteiligungserfolg zulassen.[30] Denn keine der beiden Wachstumsgrößen ist ein eindeutiger Indikator der Steigerung von Profitabilität oder *Cash Flow*, der zur Unternehmensbewertung herangezogen wird. Außerdem lassen sich Portfoliogesellschaften verschiedener Branchen und Finanzierungsphasen im Hinblick auf Wachstumsraten nur sehr eingeschränkt vergleichen.

---

[25] Vgl. LEHMANN, E. E./BOSCHKER, K. (2002), S. 2ff.

[26] *Escalation of Commitment* beschreibt ein Phänomen, bei dem Menschen irrationale Entscheidungen treffen, entweder auf Basis vergangener rationaler Entschlüsse oder mit der Absicht, ihr früheres Verhalten zu rechtfertigen. Bezogen auf den wirtschaftlichen Kontext erhöhen Investoren beispielsweise ihr Engagement in ein anfangs lukrativ erscheinendes Investment, wenngleich sich die Aussichten zwischenzeitlich erheblich eingetrübt haben.

[27] Vgl. BIRMINGHAM, C. ET AL. (2003).

[28] Vgl. HARKINS, S. G./PETTY, R. E. (1982).

[29] Vgl. DIMOV, D. P./DE CLERCQ, D. (2006), S. 219f.

[30] Die Untersuchungen von AUDRETSCH/LEHMANN (2004) und LEHMANN/BOSCHKER (2002) haben zudem das Manko eines *Selection Bias*, da sie sich auf am Neuen Markt gelistete Unternehmen beschränken.

Der überwiegende Teil der betrachteten Forschungsarbeiten greift demgegenüber auf ausgewählte Exit-Typen (primär *IPOs*) als Erfolgskriterium zurück, das aufgrund seines dichotomen Charakters nur eine sehr grobe Differenzierung des Beteiligungserfolgs gestattet.

Daher können für den deutschen Venture-Capital-Markt auch kaum verlässliche Aussagen über den Einfluss der *VC*-Syndizierung auf den Beteiligungserfolg getroffen werden.

Dieser Sachverhalt bildet den Ausgangspunkt des vorliegenden Forschungsvorhabens, das ein vollständigeres und valideres Bild von den Effekten der *VC*-Syndizierung auf deutsche Portfoliogesellschaften zeichnen will. Auf dieses Ziel sind Datenerhebungs- und -analysemethoden der eigenen Arbeit in besonderer Weise ausgerichtet worden: Zum einen liegt den Auswertungen eine breite sorgfältig geprüfte Datenbasis von 244 syndizierten *VC*-Beteiligungen aus Deutschland sowie eine umfangreiche (Kontroll-)Gruppe von 180 deutschen Einzelinvestments zugrunde. Zum anderen kommt ein weiter ausdifferenziertes, zuverlässigeres Erfolgsmaß zur Anwendung als in den vorangegangenen Untersuchungen.

Des Weiteren melden zahlreiche Autoren weiteren Forschungsbedarf hinsichtlich der möglichen Auswirkungen einer *VC*-Syndizierung auf den Erfolg von *VC*-Gesellschaften an. So fragen sich CHIPLIN ET AL. (1997), ob „there [are] any differential performance effects of investments which are syndicated and those which are not"[31]. LOCKETT/WRIGHT (2001) konstatieren, dass „[r]elatively little is known about the success of syndicated investments compared to venture capital investments that are not syndicated. Further analysis of this issue may be helpful in explaining the recent fall in the rate of syndication in the UK and many other venture capital markets."[32] Auch MANIGART ET AL. (2006) befinden, dass „there is more work to be done on the relation between syndication strategies and performance, both on the level of the portfolio companies and on the level of a VC firm."[33] Und ACHLEITNER (2002) spezifiziert weitergehend: „Zukünftige Forschungsbeiträge in diesem Kontext wären beispielsweise empirische Studien [...] über die Erfolgsfaktoren bei Syndizierung."

Unabhängig vom Themenkomplex der Syndizierung gibt es laut LEHMANN/BOSCHKER (2002) auch „only scarce empirical evidence [...] about the determinants and the success of venture-backed firms in Germany."[34]

1.1.3 *Konklusion*

Angesichts der Relevanz gemeinsamer *VC*-Finanzierungen in der Praxis und ambivalenter Ergebnisse wissenschaftlicher Untersuchungen beschäftigt sich die vorliegende Arbeit mit dem Zusammenhang zwischen der Syndizierung von Venture-Capital-Investitionen in Deutschland und dem Erfolg der Portfoliounternehmen.

---

[31] CHIPLIN, B. ET AL. (1997), letzte Seite.

[32] LOCKETT, A./WRIGHT, M. (2001), S. 388.

[33] MANIGART, S. ET AL. (2006), S. 150.

[34] LEHMANN, E. E./BOSCHKER, K. (2002), S. 2.

Dabei ist es erklärtes Ziel des eigenen Forschungsvorhabens, auf Basis einer breit angelegten empirischen Untersuchung mit adäquaten Analysemethoden jene Einflussgrößen zu identifizieren und zu quantifizieren, die maßgeblich zur Erklärung der Erfolgsunterschiede zwischen syndizierten Beteiligungen beitragen.

Die Frage nach positiven wie negativen Effekten gemeinschaftlicher *VC*-Investitionen kann prinzipiell aus zwei Blickwinkeln betrachtet werden: aus dem eines Portfoliounternehmens und aus dem eines *VC*-Investors. Der Autor nimmt in der vorliegenden Arbeit primär die Perspektive eines Wagniskapitalgebers ein und bezieht sich bei der Beurteilung auf den Erfolg einzelner Portfoliogesellschaften. Sofern der Beteiligungserfolg bei syndizierten Engagements im Durchschnitt höher ist als bei Einzelinvestments, lassen sich ebenfalls positive Auswirkungen auf die *Performance* der *VC*-Gesellschaft unterstellen.[35, 36]

1.2 Forschungsdesign

Die eigene Untersuchung folgt einer weiter gefassten Definition von Forschungsdesign und versteht darunter die Komponenten der verfolgten Wissenschaftsziele, der Fragestellung,[37] des theoretischen Bezugsrahmens[38] und der Vorgehensweise[39].

Die Betriebswirtschaftslehre, in deren Kontext sich die vorliegende Arbeit bewegt, versucht das Agieren von Wirtschaftssubjekten systematisch zu beschreiben (Deskription), zu erklären (Explikation) und zu gestalten (Praxeologie).

Insgesamt lassen sich vier Arten von Wissenschaftszielen voneinander abgrenzen:

- **Deskriptive Wissenschaftsziele** bestehen in einer präzisen, systematischen Beschreibung des jeweiligen Forschungsgegenstandes, wobei sich die Aussagen auf beobachtbare oder messbare Sachverhalte beziehen. Auf dieser Basis können weitere Analysen erfolgen.
- **Theoretische Wissenschaftsziele** richten sich auf die Formulierung „zweckunabhängige[r], empirisch wahre[r] und gut bestätigte[r] Aussagensysteme mit hohem Informationsgehalt"[40], anhand derer sich Beobachtungen erklären und Entwicklungen prognostizieren lassen.

---

[35] Vgl. SCHEFCZYK, M. (2004), S. 7.

[36] Einschränkend sei jedoch angemerkt, dass eine Beurteilung von Syndizierungsaktivitäten aus Sicht eines *VC*-Investors zudem indirekte positive Effekte wie eine Verbesserung von Reputation, Status, Visibilität und Netzwerkposition oder eine effizientere Risikodiversifizierung des *VC*-Gebers genauso berücksichtigen sollte wie nachteilige Effekte aufgrund höherer Transaktions- und Koordinationskosten.

[37] Vgl. Abschnitt 1.1.3.

[38] Vgl. Unterkapitel 3.1.

[39] Vgl. Kapitel 4.

[40] SCHWEITZER, M. (1978), S. 2.

- **Pragmatische Wissenschaftsziele** setzen sich darauf aufbauend mit der Ableitung von Entscheidungs- und Gestaltungshilfen auseinander, die zur zielorientierten Lösung praktischer Probleme beitragen sollen. Dafür werden Entscheidungsmodelle und alternative Gestaltungsmöglichkeiten vorgeschlagen.
- **Normative Wissenschaftsziele** gehen noch einen Schritt weiter, da wertende Beurteilungen der von Wirtschaftssubjekten zu verfolgenden Ziele und der dazu einzusetzenden Mittel vorzunehmen sind. Diese sollen als verbindliche Verhaltensgrundsätze dienen.

Das eigene Forschungsvorhaben verfolgt als Ziele eine Beschreibung und Erklärung der Syndizierung von Venture-Capital-Investitionen durch deutsche Wagniskapitalgeber anhand empirischer Methoden[41]. Die dafür zu beantwortenden Forschungsfragen werden in Abbildung 3 dargestellt.

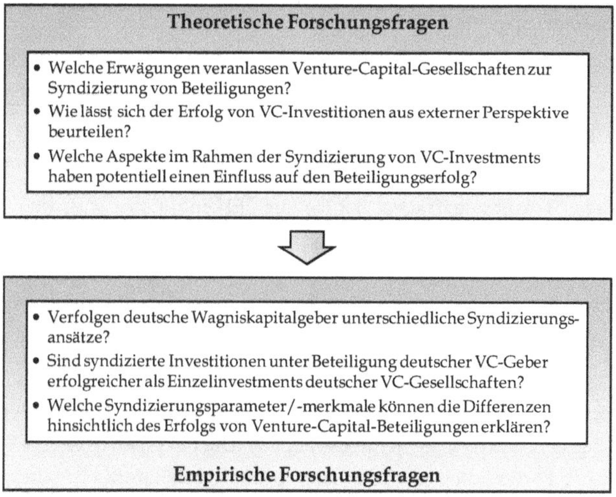

Quelle: Eigene Darstellung

Abbildung 3: Forschungsfragen der vorliegenden Untersuchung

---

[41] In Bezug auf die wissenschaftlichen Methoden des Erkenntnisgewinns sind zwei Ansätze zu unterscheiden: die naturwissenschaftlich-orientierte und die geisteswissenschaftlich-orientierte Methode. Die im Folgenden angewandte naturwissenschaftlich-orientierte Methode erklärt Zusammenhänge mit Hilfe von Gesetzen, was auf deduktiv-nomologischem (Rationalismus) und induktiv-statistischem Wege (Empirismus) erfolgen kann. Die geisteswissenschaftlich-orientierte Methode rückt dagegen die Beschreibung und das Verstehen von Zusammenhängen in den Mittelpunkt (hermeneutisch-dialektische Erklärung). Vgl. RAFFÉE, H. (1995), S. 21, 43; ATTESLANDER, P. (2000), S. 58; SCHNELL, R. ET AL. (2008), S. 57ff.

Die **theoretischen Forschungsfragen** greifen grundsätzliche Fragestellungen im Zusammenhang mit der Syndizierung von Venture-Capital-Investitionen auf. Dabei interessieren zum einen die Motive der Wagniskapitalgeber, die diese zu gemeinsamen Beteiligungen und damit einem Verzicht auf potentiell höhere Renditen veranlassen, und zum anderen mögliche negative Konsequenzen von Co-Investments. Würden die Beweggründe etwaige Zweifel nicht überwiegen, ließen sich die beobachteten Syndizierungsquoten nur schwer bzw. nicht erklären. Eine vergleichende Literaturanalyse soll Aufschluss über die von VCG gehegten Erwartungen an kollektive *VC*-Finanzierungen junger Wachstumsunternehmen geben.[42]

Ein weiteres grundlegendes Thema betrifft die Beurteilung der Vorteilhaftigkeit von Venture-Capital-Engagements. Unterschiedliche Perspektiven auf und verschiedene Indikatoren für Beteiligungserfolg können zu gänzlich abweichenden Bewertungen des Resultats von *VC*-Investitionen führen.[43] Daher wird eine Systematisierung der unterschiedlichen Messgrößen sowie eine Bewertung und Priorisierung im Sinne des eigenen Forschungsvorhabens angestrebt.[44]

Daran anschließend ist die Frage zu beantworten, welche Aspekte im Rahmen einer Syndizierung zu betrachten sind, die den Beteiligungserfolg potentiell beeinflussen. Der Betrachtungsschwerpunkt liegt dabei auf strukturellen, ressourcenbasierten und nicht auf prozessualen, verhaltensbasierten Parametern.[45]

Die **empirischen Forschungsfragen** legen die Erkenntnisse aus den theoretischen Forschungsfragen zugrunde und beleuchten die Co-Investments deutscher Venture-Capital-Geber genauer. Eine Untersuchung befasst sich mit der Ausgestaltung der gemeinsamen Investitionen deutscher *VC*-Financiers. Dabei sind verschiedene Aspekte von Interesse, die sich u. a. auf die Charakteristika der Syndikatsmitglieder und die Eigenschaften der Beteiligungen erstrecken.[46]

Darüber hinaus widmet sich eine Analyse der finanziellen Vorteilhaftigkeit syndizierter *VC*-Engagements im Vergleich zu Einzelinvestments.[47] Da Finanzinvestoren - ggf. mit Ausnahme öffentlicher Fördergesellschaften - eine primär monetäre Zielsetzung verfolgen, ist zu erwarten, dass sie sich prinzipiell nur dann zugunsten kollektiver Investitionen entscheiden, wenn dies dem Erreichen ihrer Ziele dient.

---

[42] Vgl. Abschnitte 2.2.4 und 2.2.5.

[43] Eine mangelnde Publikation erfolgsbezogener Informationen seitens der Kapitalgeber - speziell im Hinblick auf Einzelinvestments - machen eine präzise Bewertung des Beteiligungserfolgs in der überwiegenden Zahl der Fälle unmöglich.

[44] Vgl. Abschnitte 2.3.2 und 2.3.3.

[45] Vgl. Unterkapitel 3.2.

[46] Vgl. Unterkapitel 5.1.

[47] Vgl. Abschnitt 5.2.2.1.

Ein letzter Fragenkomplex beschäftigt sich mit den identifizierten Syndizierungsparametern, deren Zusammenwirken sowie deren Einfluss auf den Erfolg gemeinsamer Venture-Capital-Beteiligungen. In diesem Kontext soll eruiert werden, welche Aspekte einen signifikanten Beitrag zur Erklärung der Erfolgsunterschiede leisten. Außerdem ist von Interesse, welche Kontextfaktoren die Zusammenhänge zwischen den Syndizierungsparametern und dem Beteiligungserfolg moderieren.

Ausgehend von den gewonnenen Erkenntnissen sollen Entscheidungs- und Handlungsempfehlungen hinsichtlich gemeinsamer *VC*-Investitionen gegeben werden. Allerdings können solche Empfehlungen nur grundsätzlicher Art sein und eine notwendige fallspezifische Betrachtung nicht ersetzen. Insofern werden mit diesem Forschungsbeitrag auch **pragmatische Wissenschaftsziele** verfolgt.

Hinsichtlich der wissenschaftstheoretischen Einordnung der Arbeit wird zudem auf GROCHLA (1976) verwiesen, der drei verschiedene Forschungsansätze zur Untersuchung akademischer Fragestellungen anführt: sachlich-analytisch, formal-analytisch und empirisch. Während der sachlich-analytische Forschungsansatz primär auf die Strukturierung von Problemfeldern abstellt und ihre Ergebnisse nicht überprüft, ist es Ziel der formal-analytischen Vorgehensweise, zur abstrakten Formulierung von Problemstrukturen ein formales Modell zu erstellen. Demgegenüber versucht die empirische Forschungsstrategie, Erfahrungen aus der Realität systematisch in Erkenntnissen zu erfassen.[48]

In wissenschaftstheoretischer Hinsicht gliedert sich die vorliegende Arbeit in drei Teile. Zunächst wird ein formales Forschungsmodell festgelegt, für dessen Bildungsblöcke unter Rückgriff auf die vorhandene Literatur Hypothesen abgeleitet werden. Thesen und Modell werden anschließend anhand empirischer Untersuchungen auf ihre Aussagekraft hin überprüft. Somit wird zunächst eine formal-analytische Forschungsstrategie eingeschlagen, um sachlich-analytische Elemente erweitert und unter Rückgriff auf empirische Forschungsmethoden einer Validierung unterzogen.

Im nächsten Unterkapitel wird explizit auf die Vorgehensweise der vorliegenden Arbeit eingegangen, um dem Leser ein Verständnis von der Struktur und Argumentationslinie des Forschungsvorhabens zu vermitteln.

1.3 Kapitelüberblick

Um die Forschungsziele zu erreichen und die aufgeworfenen Fragen zu beantworten, wird eine Vorgehensweise gewählt, die die Dissertation in sieben Kapitel gliedert.

Der folgende Überblick über den Aufbau der Arbeit beschließt Kapitel 1, in dem Problemstellung und **Zielsetzung** erörtert sowie Wissenschaftsverständnis und **Methode** dargelegt worden sind.

---

[48] Vgl. GROCHLA, E. (1976), S. 634ff.

Kapitel 2 und 3 bilden den theoretischen Teil der Untersuchung.

Kapitel 2 widmet sich den zum Verständnis von Forschungsobjekt und -umfeld erforderlichen Grundlagen und gliedert sich in vier Themenfelder: ***Venture Capital*****, Syndizierung im *****VC*****-Kontext, Beteiligungserfolg im *****VC*****-Bereich** sowie **Erfolgswirkung der *****VC*****-Syndizierung**.

Im Anschluss an eine Definition von *Venture Capital* wird auf die Charakteristika deutscher *VC*-Gesellschaften, deren Rolle als Finanzintermediäre und auf das Venture-Capital-Geschäftsmodell eingegangen. Darauf folgt eine Auseinandersetzung mit dem Forschungsthema der *VC*-Syndizierung. Nach einer Begriffsbestimmung werden Ablauf und Rollenverteilung im Rahmen einer Syndizierung erläutert sowie Beweggründe und mögliche Schwierigkeiten eines solchen Co-Investments dargelegt. Ein weiterer Themenkomplex befasst sich mit dem Erfolg im Venture-Capital-Kontext. Neben einer Definition geht es dabei um eine Systematisierung der in der Literatur verwendeten Erfolgsmessansätze und eine Priorisierung der Indikatoren im Hinblick auf deren Verwendung in der vorliegenden Arbeit. Abschließend wird der wissenschaftliche Erkenntnisstand bezüglich der Erfolgswirkung einer Syndizierung von *VC*-Investitionen aufbereitet.

Kapitel 3 legt das Fundament für den eigenen Forschungsbeitrag, indem auf Basis relevanter **Theorien** und Erkenntnisse der Venture-Capital-Literatur **Hypothesen** über die Zusammenhänge zwischen wesentlichen Syndizierungsparametern und Beteiligungserfolg formuliert werden.

Ausgangspunkt ist eine Darstellung des theoretischen Bezugsrahmens, der sich aus sechs wirtschaftswissenschaftlichen Theorien zusammensetzt. Daran reiht sich die Herleitung eines integrierten Forschungsmodells, das die zentralen Parameter einer *VC*-Syndizierung – Charakteristika der *VC*-Investoren, Beschaffenheit des Syndikats sowie Eigenschaften der Beteiligung – aufgreift und wesentliche Einflussfaktoren abbildet. Basierend auf den Theorieansätzen und unter Rückgriff auf die *VC*-Literatur werden insgesamt 21 teils konkurrierende Hypothesen aufgestellt, die mögliche Zusammenhänge zwischen den Einflussfaktoren und dem Erfolg von Portfoliounternehmen formulieren.

Eingangs des Empirieteils befasst sich Kapitel 4 mit der **Operationalisierung der Variablen** des Forschungsmodells, der Auswahl der **Untersuchungsobjekte** sowie mit den verwendeten **Datenerhebungs-** und **Datenanalysemethoden**.

Zu Beginn stehen die Messung und Berechnung der unabhängigen, der Kontrollvariablen und der Zielgröße im Vordergrund. Anschließend werden die Selektion der Untersuchungsobjekte sowie Konzeption und Methodik der sekundärstatistischen Datenerhebung beschrieben. Die Auswahl der Datenanalysemethoden und die Erläuterungen der verwendeten uni-, bi- und multivariaten statistischen Verfahren beenden den Abschnitt.

Kapitel 5 beinhaltet den ersten Teil der empirischen Datenauswertungen, der einen Eindruck von den Charakteristika der Datenbasis vermitteln soll und sich in drei Abschnitte gliedert: **deskriptive Statistiken**, **bivariate Analysen** zum Beteiligungserfolg und **Korrelationen** der Variablen untereinander.

Anhand deskriptiver Statistiken wird ein detailliertes Bild von den Eigenschaften der Untersuchungsobjekte und der engagierten *VC*-Investoren gezeichnet. Ein Vergleich mit verfügbaren Branchenstatistiken ermöglicht eine Bewertung der Repräsentativität der eigenen Datenbasis. Die bivariaten Analysen decken potentielle Zusammenhänge zwischen dem Beteiligungserfolg und den unabhängigen bzw. Kontrollvariablen auf. Basierend auf den Befunden können bedeutende Prädiktoren des Erfolgs identifiziert und vorläufige Beurteilungen der Hypothesen vorgenommen werden, die im Rahmen der multivariaten Analysen zu bestätigen oder zu revidieren sind. Die Korrelationen der Variablen je Modellblock geben Aufschluss über die Beziehungen der einzelnen Indikatoren zueinander. Durch Multikollinearitätsanalysen können zudem lineare Zusammenhänge zwischen den Regressoren aufgespürt werden; stark korrelierte Variable sind zu eliminieren, um die Schätzungen der kumulativen logistischen Regression nicht zu beeinträchtigen.

Kapitel 6 umfasst den zweiten Teil der empirischen Datenauswertung, der die formulierten Hypothesen und das erstellte Forschungsmodell anhand **multivariater Analysen** auf ihre Gültigkeit und Aussagekraft hin überprüft. Darüber hinaus werden die **Ergebnisse** der Untersuchung zusammengefasst und **Schlussfolgerungen** für Theorie und Praxis gezogen.

Eingangs werden die Datenbasis der ordinalen Regressionsanalyse und Modifikationen der Operationalisierungen einiger Variabler beschrieben. Danach geht es um die Selektion eines geeigneten Regressionsmodells und die Evaluation der (Anpassungs-)Güte des Gesamtmodells. Einer Interpretation der einzelnen Regressionskoeffizienten widmen sich die folgenden Abschnitte, deren Struktur an den Modellblöcken ausgerichtet ist. Bezug nehmend auf *Odds Ratios* und Sensitivitätsanalysen werden dabei die Zusammenhänge zwischen Beteiligungserfolg und Einflussfaktoren quantifiziert. Darauf folgen eine Bewertung der jeweiligen Hypothese auf Grundlage von Regressionskoeffizient und Signifikanzniveau sowie ein Vergleich mit den korrespondierenden bivariaten Zwischenergebnissen. Die Resultate bilden den Ausgangspunkt einer Diskussion des Forschungsmodells und seiner Bausteine. Im Anschluss werden die Ergebnisse der Hypothesentests zusammengefasst und die theoretischen und empirischen Forschungsfragen beantwortet. Auf Basis der gesammelten Erkenntnisse können abschließend Implikationen für die *VC*-Forschung und konkrete Entscheidungs- und Handlungsempfehlungen für die Venture-Capital-Praxis abgeleitet werden.

Kapitel 7 resümiert die gesamte Arbeit.

Die Systematik der vorliegenden Dissertation wird in Abbildung 4 noch einmal graphisch veranschaulicht.

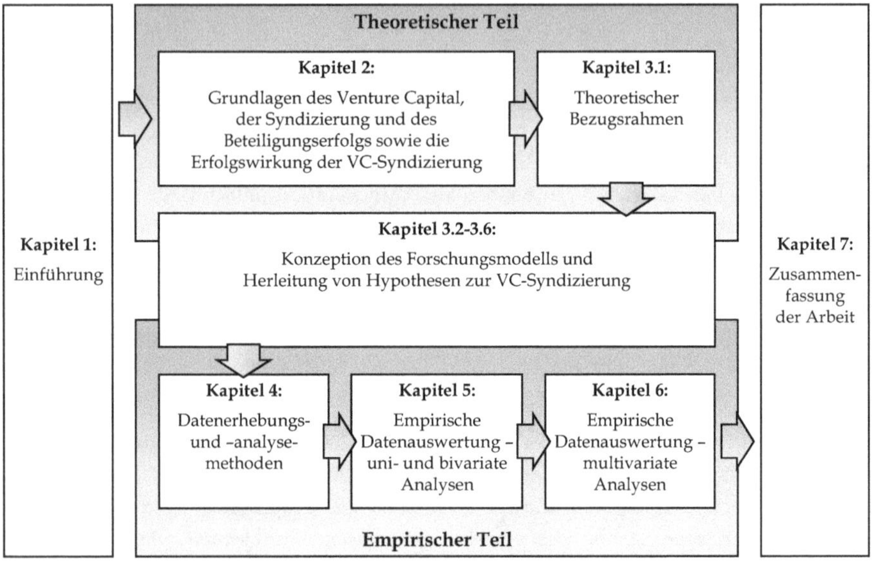

Quelle: Eigene Darstellung

Abbildung 4: Grundstruktur der vorliegenden Arbeit

2 Grundlagen der Untersuchung

Mit diesem Kapitel beginnt der theoretische Teil des vorliegenden Forschungsbeitrags, der sich in vier Sektionen untergliedert. Im ersten Schritt geht es um die inhaltliche Ausgangsbasis, bevor im zweiten Schritt der theoretische Bezugsrahmen aufgezogen wird. Die beiden nachfolgenden Schritte befassen sich mit Forschungsmodell und -hypothesen (vgl. Abbildung 5).

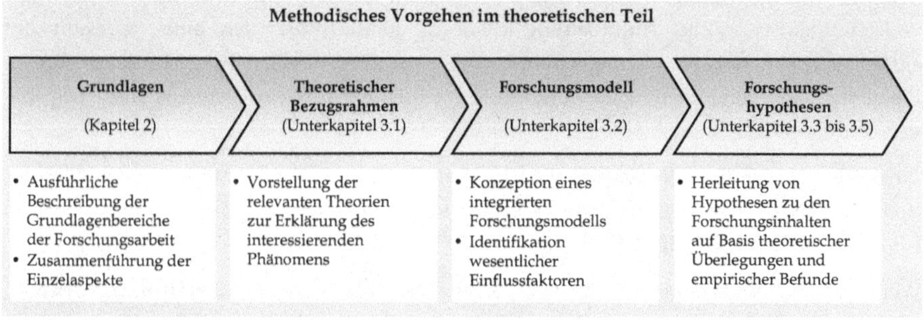

Quelle: Eigene Darstellung

Abbildung 5: Methodisches Vorgehen im theoretischen Teil

Dieses Kapitel soll die Grundlagen zum Verständnis von Forschungsobjekt und -umfeld legen. Dazu werden in Abschnitt 2.1 die **Venture-Capital-**Branche, ihre Akteure und deren Geschäftsmodelle einer eingehenden Betrachtung unterzogen. In Abschnitt 2.2 wird der Leser an den Themenkomplex der **Syndizierung** von Venture-Capital-Investitionen herangeführt sowie mit potentiellen Vor- und Nachteilen vertraut gemacht. Abschnitt 2.3 setzt sich mit dem Aspekt des **Beteiligungserfolgs** wie auch dessen Bestimmungsmöglichkeiten auseinander. In Abschnitt 2.4 werden die wesentlichen internationalen Forschungsergebnisse zum Erfolgsbeitrag der Syndizierung von Venture-Capital-Investitionen systematisch zusammengetragen. Den Abschluss von Kapitel 2 bildet schließlich eine Synthese der relevanten Grundlagen (2.5).

2.1 Venture Capital

In Abschnitt 2.1.1 werden zunächst die Begrifflichkeiten **Beteiligungskapital**, ***Venture Capital*** und ***Private Equity*** definiert. Abschnitt 2.1.2 arbeitet anschließend die Charakteristika der in diesen Branchen tätigen Firmen heraus. Darauf folgt die Beschreibung des Ablaufs einer idealtypischen *VC-/PE*-Finanzierung (2.1.3). Das Unterkapitel endet mit einer allgemeinen Betrachtung der Entwicklungsphasen von Unternehmen und der damit verbundenen Finanzierungsanlässe in Abschnitt 2.1.4.

2.1.1 *Begriffsdefinition und Abgrenzung*

Bei der Lektüre wissenschaftlicher Literatur zum Themenbereich tauchen regelmäßig die Begriffe *Venture Capital*, *Private Equity* oder Beteiligungskapital auf, wobei diese teils synonym, teils mit mehr oder minder gravierenden Bedeutungsunterschieden verwendet werden.

Um für diese Arbeit zu einer eindeutigen Definition der Termini technici zu gelangen, soll im Folgenden ein Überblick über die Verwendung der Begrifflichkeiten in der einschlägigen deutschsprachigen Literatur gegeben werden. Jedoch wird bewusst kein Anspruch auf eine vollständige historische Aufarbeitung erhoben, sondern lediglich eine Reflexion des aktuellen Diskussionsstands angestrebt.[49] Aus einer Gegenüberstellung der konstitutiven Elemente der genannten Fachwörter wird anschließend ein gemeinsames Begriffsverständnis geformt.

Eine Betrachtung der Verwendungshäufigkeiten der einzelnen Definitionsbestandteile des Venture-Capital-Begriffs ermöglicht eine Trennung der essentiellen von weniger zentralen Komponenten (vgl. Tabelle 2).

Weitgehende Einigkeit herrscht über die **Charakteristika von *VC*-Investitionen**. Übereinstimmendes Merkmal aller Definitionen ist die Bereitstellung von Eigenkapital bzw. eigenkapitalähnlicher Mittel zu Finanzierungszwecken bei gleichzeitiger Gewährung umfangreicher Unterstützungsleistungen für das Management des Kapitalnehmers. Auch die zeitliche Befristung des Engagements - sofern spezifiziert auf einen mittleren bis längeren Zeitraum - erachtet die überwiegende Zahl der Autoren als begriffsbestimmend. Weitaus seltener wird hingegen der Bezug der Finanzmittel über den nicht-organisierten Kapitalmarkt als Begriffsmerkmal genannt.

Deutlichere Unterschiede bestehen allerdings in Hinblick auf die Blöcke **Interessen der *VC*-Investoren** und **Eigenschaften der Beteiligungen**. Während die Leistungen der VCG einen integralen Bestandteil aller Definitionen darstellen, gehen nur wenige Forscher auf die mit der Investition verbundenen Interessen der *VC*-Firmen ein. Mit der befristeten Überlassung von Eigenkapital einher geht nach mehrheitlicher Meinung die von Investorenseite gehegte Erwartung einer signifikanten Wertsteigerung über die Investitionsdauer hinweg. Um die ambitionierten finanziellen Zielsetzungen zu erreichen, muss der Wert der erworbenen Unternehmensanteile zum Veräußerungszeitpunkt die Finanzierungsbeträge um ein Vielfaches übersteigen. Vor diesem Hintergrund erheben VCG typischerweise Anspruch auf weitreichende Kontroll- und Mitspracherechte in den Führungsgremien des Portfoliounternehmens, was jedoch eher selten explizit erwähnt wird. In Ausnahmefällen legen sich Autoren darauf fest, dass *VC*-Firmen Minderheitsbeteiligungen eingehen.

---

[49] Eine umfassendere Betrachtung der historischen Entwicklung des Begriffes *Venture Capital* nehmen u. a. LEOPOLD, G. ET AL. (2001) oder VATER, D. (2003), S. 13ff. vor.

Definitionsbestandteil / Quelle	Charakteristika von *VC*-Investitionen							Interessen der *VC*-Investoren				Eigenschaften der Beteiligungen							*VC* vs. *PE*	
	Form der Außenfinanzierung	Bereitstellung von EK/ EK-ähnlicher Mittel	EK bezogen über nicht-organisierten Kap.markt	Zeitliche Befristung der Kapitalüberlassung ...	... auf ...fristigen Zeithorizont ...	... von i.d.R. ... Jahren	Aktive Management-betreuung (*Value Added*)	Eingehen einer Minderheitsbeteiligung	Übernahme v. Kontroll- und Mitspracherechten	Wertsteigerung über Inv.dauer (*Capital Gain*)	Renditemaximierung	Kleine bis mittlere Größe	Keine Börsennotierung/ in Privatbesitz	Jung, starker Technologiefokus	Großes Wachstumspotenzial	Hohes Risiko	*Start-up-*, *Early stage-* oder Expansionsphase	*MBO/MBI-* oder *Turnaround*-Situation	*VC* Untermenge von *PE*	*VC* synonym zu *PE*
NATHUSIUS (2001)	✓	✓					✓										✓		✓	
MATZ (2002)		✓	✓	✓	lang		✓			✓										✓*
RUPPEN (2002)		✓		✓			✓											✗	✓	
KOKALJ ET AL. (2003)		✓	✓	✓			✓			✓							✓		✓	
POSER (2003)		✓		✓	lang		✓		✓				✓		✓		✓			
VATER (2003)	✓	✓		✓	m/l		✓					✓	✓	✓	✓			✗	✓	
PAFFENHOLZ (2004)		✓	✓	✓	mtl.	3-8	✓		✓	✓				✓	✓		✓		✓	
SCHEFCZYK (2004)		✓		✓	m/l	5-10	✓	✓	✓	✓			✓				✓	✓		✓
FRIEDRICH (2005)		✓		✓	m/l	5-10	✓	✓	✓		✓									
NATHUSIUS (2005)	✓	✓	✓	✓	mtl.	3-7	✓	✓	✓	✓			✓		✓	✓			✓	
PANKOTSCH (2005)		✓	✓	✓	m/l		✓										✓		✓	
REICHARDT (2005)		✓		✓			✓		✓	✓		✓	✓		✓				✓	
WEITNAUER (2007)		✓		✓	lang	3-7	✓	✓	✓	✓										
BVK (2004)	✓	✓		✓			✓			✓		✓	✓		✓		✓		✓	
BVCA (2007)		✓		✓	m/l			✓					✓		✓		✓		✓	
EVCA (2007)		✓					✓						✓			✓	✓		✓	

Legende: * *Venture Capital* i. w. S.
mtl. = mittel
m/l = mittel/lang

Quelle: Eigene Darstellung

Tabelle 2: Ausgewählte Begriffsdefinitionen von *Venture Capital*[50]

Innerhalb des Blockes **Eigenschaften der Beteiligungen** spielen drei Aspekte eine zentrale Rolle: Börsennotierung, Potential und Entwicklungsphase der finanzierten Unternehmen.

Dass der Kapitalnehmer keine börsennotierte Gesellschaft ist, sieht die Hälfte der betrachteten Veröffentlichungen als Kennzeichen von *Venture Capital* an. Einige Autoren leiten diesen Aspekt aus dem ersten Wortbestandteil des eng verwandten Begriffes *Private*

[50] Eine Zusammenstellung englischsprachiger Definitionen von *Venture Capital* findet sich bei MAULA, M. V. J. (2001), S. 7ff.

Equity im Gegensatz zu Public Equity ab, was allerdings etymologisch nicht korrekt ist und zu kurz greift.[51] Vielmehr besagt die Komponente *Private*, dass die Finanzierung ohne Rückgriff auf den organisierten Kapitalmarkt erfolgt. De facto wird das angeführte Charakteristikum einer nicht börsennotierten Beteiligungsgesellschaft jedoch gegeben sein, da Akteuren auf dem organisierten Kapitalmarkt in der Regel günstigere Refinanzierungsinstrumente zur Verfügung stehen als eine Venture-Capital-Finanzierung. Des Weiteren zieht eine Aufnahme von Eigenkapital über die Börse keinen Kontrollverlust für das Management nach sich.

Der zweite Aspekt des Potentials resultiert aus dem *VC*-Geschäftsmodell selbst, das auf Erzielung eines hohen Zuwachses beim Unternehmenswert basiert. Wesentlicher Treiber eines solchen Anstiegs ist dabei ein rasantes Wachstum von Marktgröße, Marktanteil und damit Umsatz. Großes Entwicklungspotential besteht insbesondere auf neuen, innovativen Märkten für junge, kleine bis mittlere Unternehmen mit guter Ausgangsposition. In abweichender Formulierung halten ungefähr 50% der Autoren diesen Gesichtspunkt für begriffsbestimmend.

Der dritte Aspekt betrifft die Entwicklungsphase der finanzierten Unternehmen und zieht in vielen Definitionen zugleich einen Trennstrich zwischen *Venture Capital* und *Private Equity*. In Anlehnung an das Begriffsverständnis in der amerikanischen Literatur wird *Venture Capital* nämlich in der Mehrzahl der herangezogenen Publikationen als eine auf die frühen Unternehmensentwicklungsphasen fokussierte Form von *Private Equity* betrachtet. Während der Terminus *Venture Capital* in diesen Veröffentlichungen für Finanzierungen von Gesellschaften in *Start-up-*, *Early Growth-* oder *Expansion*-Phasen herangezogen wird, bildet *Private Equity* den Oberbegriff für *Venture Capital* und vergleichbare Unterstützung anlässlich von *Buy-out-* (*Leveraged Buy-out, Management Buy-out*) bzw. *Buy-in*-Transaktionen (*Management Buy-in*), Konsolidierungs- und Mezzanine-Investitionen, *Distressed Debt Investments* sowie Hybriden wie *Venture Leasing* oder *Venture Factoring*[52]. Letztere bezeichnet VATER (2003) zur Abgrenzung als „Buy-out-Capital", die Finanzierung etablierter Unternehmen, bei der ein signifikanter Anteil von internen (*MBO*) oder externen (*MBI*) Managern übernommen wird.[53] Lediglich SCHEFCZYK (2004) verzichtet angesichts der bestehenden begrifflichen Unklarheiten auf eine Unterscheidung der Begrifflichkeiten von *Venture Capital, Private Equity* und Beteiligungskapital und verwendet sie in seiner Arbeit synonym.[54] Für MATZ (2002) fallen *Venture Capital* i. w. S.[55] und *Private Equity* inhaltlich zusammen.

---

[51] Vgl. BADER, H. (1996), S. 10f. oder RUDOLPH, B./FISCHER, C. (2000), S. 49.

[52] Da diese Private-Equity-Strategien von Venture-Capital-Firmen nicht verfolgt werden, finden sie im weiteren Verlauf der Dissertation auch keine Beachtung. Der interessierte Leser sei für Definitionen dieser Begrifflichkeiten daher auf die Arbeit von REICHARDT (2005) verwiesen. Siehe REICHARDT, B. (2005), S. 32.

[53] Vgl. VATER, D. (2003), S. 16f.

[54] Vgl. SCHEFCZYK, M. (2004), S. 19.

Neben den angloamerikanischen Ausdrücken findet im deutschen Sprachgebrauch auch der Begriff Beteiligungskapital regelmäßig Verwendung. Vor dem Hintergrund der historischen Entwicklung des deutschen Beteiligungskapitalmarkts, der schwankenden Bedeutung seiner Segmente und der strategischen Ausrichtungen seiner Akteure unterlagen auch die Begriffe und deren gegenseitige Abgrenzung einem gewissen Wandel.[56] Selbst wenn bislang kein literaturübergreifendes Verständnis des Wortgebrauchs vorherrscht, kristallisiert sich doch zunehmend eine synonyme Verwendungsweise der Begriffe Beteiligungskapital und *Private Equity* als Oberbegriff zu *Venture Capital* heraus.

Dieser vergleichenden Literaturanalyse folgend wird ***Venture Capital*** definiert als:

Eigenkapital oder eigenkapitalähnliche Mittel (1)

- bezogen über den nicht-organisierten Kapitalmarkt (2)
- bereitgestellt für einen begrenzten, typischerweise mittel- bis langfristigen Zeitraum (3)
- investiert mit dem Ziel einer signifikanten Wertsteigerung über die Laufzeit (4)
- verbunden mit aktiver Unterstützung des Managements der Beteiligung durch den *VC*-Investor (5)
- offeriert üblicherweise für eine Minderheitsbeteiligung, jedoch mit umfangreichen Kontroll- und Mitspracherechten für den *VC*-Geber (6)
- eingebracht in Unternehmen in frühen Entwicklungsphasen mit überdurchschnittlichem Wachstumspotential (7).

(1) Venture-Capital-Gesellschaften stellen folglich neben voll haftendem **Eigenkapital** auch teilweise Mezzaninkapital wie beteiligungsähnliche Genussscheine, befristete stille Einlagen oder nachrangiges Fremdkapital zur Verfügung.

(2) Die Finanzierung erfolgt außerhalb des organisierten **Kapitalmarkts,** d. h. die Eigenkapitalanteile werden nicht an einer Börse gehandelt und sind somit der breiten Öffentlichkeit nicht zugänglich.[57]

(3) Die finanziellen Mittel werden für einen begrenzten **Zeitraum** von typischerweise 5–10 Jahren gewährt,[58] wobei die Spanne nach oben durch die limitierte Laufzeit von *VC*-Fonds und nach unten durch die verzögerte Wirkung der eingeleiteten Maßnahmen zur Wertschöpfung beschränkt ist.

(4) Da VCG zugunsten der Wachstumsfinanzierung ihrer Portfoliounternehmen auf die Ausschüttung laufender Erträge in Form von Dividenden verzichten, ergibt sich die Rendite von *VC*-Engagements ausschließlich aus der **Steigerung des Beteiligungswertes** über die

---

[55] Vgl. MATZ, C. (2002) zur Erläuterung von *Venture Capital* i. w. S.

[56] Vgl. VATER, D. (2003), S. 13ff.

[57] Vgl. PAFFENHOLZ, G. (2004), S. 9.

[58] Vgl. BVK; GOMPERS, P. A./LERNER, J. (2004).

gesamte Investitionsdauer hinweg (*Capital Gain*).[59] Um die Wahrscheinlichkeit einer überdurchschnittlichen *Performance* zu erhöhen, versuchen VCG über einen sophistizierten Selektionsprozess solche Unternehmen in frühen Entwicklungsphasen zu identifizieren, die in Bezug auf ihr Wachstumspotential herausragende Perspektiven bieten.

(5) Die selektierten Wachstumsunternehmen erhalten neben dem Kapital **Unterstützungsleistungen** seitens der VCG, durch die die Entwicklung der Beteiligungen positiv beeinflusst werden soll. Solche Leistungen werden in Umfang und Inhalt auf Beratungsbedarf und Ressourcenverfügbarkeit im Einzelfall abgestimmt und erstrecken sich von der Vermittlung relevanter Kontakte über intensive Diskussionen strategischer Fragestellungen bis hin zur Übernahme der operativen Lenkung.

(6) Um die zumeist ambitionierten Wachstumsziele zu erreichen und das Investment-Risiko einzuschränken, verlassen sich VCG hingegen nicht allein auf die (freiwillige) Kooperation des Beteiligungsmanagements, sondern sichern sich umfangreiche Informations-, Kontroll- und Mitspracherechte. Diese über die gesetzlichen Einflussmöglichkeiten einer gewöhnlichen **Minderheitsbeteiligung** weit hinausgehenden Regelungen befähigen die *VC*-Geber, auf Entscheidungen in grundlegenden strategischen Fragestellungen oder über die Verwendung der eingebrachten finanziellen Mittel richtungweisend einzuwirken. Darüber hinaus sollen diese Rechte sicherstellen, dass die Kapitalnehmer im Sinne ihrer Investoren handeln.[60]

(7) Venture-Capital-Geber richten ihre Investitionsentscheidungen primär an der Maximierung der Kapitalrendite aus. Treibender Faktor des Return on Investment ist neben dem im Zeitverlauf zur Verfügung gestellten Kapital der Veräußerungserlös, der sich auf Basis der Unternehmensbewertung einer *VC*-Beteiligung zum Exit-Zeitpunkt ergibt. Da die prognostizierte Umsatzentwicklung eine zentrale Größe der zur Bewertung herangezogenen *Discounted Cash Flow*-Modelle darstellt, fokussieren sich Venture-Capital-Geber bei ihrer Suche nach interessanten Investitionsmöglichkeiten typischerweise auf Unternehmen in frühen Entwicklungsphasen, die gute Positionen in attraktiven Wachstumsmärkten besetzen. Zu letzteren zählen insbesondere innovative Technologien und Anwendungen mit bislang geringer Marktdurchdringung, denen aber großes Potential zugeschrieben wird, wie z. B. Biotechnologie oder erneuerbare Energien. Verfügen junge Unternehmen in solchen Märkten über (nachhaltige) Wettbewerbsvorteile, z. B. aufgrund proprietärer Schlüsseltechnologien, so sind die **Wachstumsaussichten** infolge eines erwarteten Marktanteilsgewinns in einem aufstrebenden Markt folglich sehr positiv.

Eine Sonderform des *Venture Capital* bildet das *Corporate Venture Capital* als Teil umfangreicherer *Corporate Venturing*[61]-Aktivitäten. *CVC* unterscheidet sich vom gerade beschriebenen *Venture Capital* dahingehend, dass das Eigenkapital von einem Industrie-

---

[59] Darüber hinaus erheben *VC*-Managementgesellschaften eine *Management Fee* in Abhängigkeit vom investierten Kapital. Vgl. auch Fußnote 69.

[60] Vgl. hierzu auch Abschnitt 3.1.6.

[61] Für eine Definition von Corporate Venturing vgl. SCHEFCZYK, M. (2004), S. 22, 35.

unternehmen bereitgestellt wird, das mit der Finanzierung neben finanziellen Interessen vor allem auch strategische Zielsetzungen verbindet, wie z. B. die Einrichtung eines sogenannten *Window on Technology* oder die Option auf eine Erweiterung des eigenen Kerngeschäfts in attraktiven (Rand)Bereichen.

2.1.2 *Venture-Capital-Gesellschaften in Deutschland*

Zur Klassifizierung und weiteren Eingrenzung der Akteure auf dem deutschen Venture-Capital-Markt soll im folgenden Kapitel zunächst ein Überblick über Venture-Capital-Geber und deren typische Eigenschaften gegeben werden. Anschließend erfahren die Rolle der Venture-Capital-Gesellschaften als Finanzintermediär sowie die bestehenden Beziehungsgeflechte zu ihren Investoren und Beteiligungen eine genauere Betrachtung.

Als Kriterium für eine erste Einordnung der Protagonisten auf dem Venture-Capital-Markt wird häufig die (Un-)Mittelbarkeit der eingegangenen Beteiligungen herangezogen, wonach zwischen direkten und indirekten Beteiligungen unterschieden werden kann.

Direkte Beteiligungen zeichnen sich dadurch aus, dass ein bzw. mehrere Kapitalgeber - Privatpersonen wie Unternehmen - unmittelbar in eine Firma investieren und gleichzeitig einen Anteil an deren Eigenkapital erwerben. Dabei ist es für die Kategorisierung unerheblich, wenn ein Dritter als reiner Kapitalvermittler oder Treuhänder fungiert und wirtschaftlich nicht zwischen den beteiligten Parteien steht.[62] In die Gruppe der direkten Beteiligungstransaktionen fallen zum einen *Corporate-Venturing*-Aktivitäten und zum anderen das Engagement von *Business Angels*.[63]

Indirekte Beteiligungen hingegen differenzieren sich über die Einschaltung eines üblicherweise unabhängigen Finanzintermediärs, der zwischen Kapitalgeber und Kapitalnehmer tritt. In dieser Position übernimmt er gegenüber den Investoren die Rolle einer Kapitalsammelstelle[64] und vis-à-vis der Beteiligung die eines Financiers.

Erfolgt die Kapitalakquisition für ein einzelnes, im Vorfeld häufig feststehendes Investitionsvorhaben, so wird von einem projektorientierten Ansatz[65] gesprochen. Die Konzentration der Finanzmittel in einem einzigen Engagement verhindert allerdings eine Risikodiversifizierung durch die Beteiligungsgesellschaften. Da diese Herangehensweise für

---

[62] Vgl. die Ausführungen von SCHEFCZYK (2004) zu *Quasifonds*. Ibid., S. 23f.

[63] Diese als Investoren auftretenden Individuen verfügen typischerweise über ein beträchtliches Privatvermögen, persönliche Qualifikationen und relevantes betriebswirtschaftliches bzw. technisches *Know-how* sowie ein umfangreiches Kontaktnetzwerk zu wichtigen Entscheidungsträgern und Institutionen. Sie beteiligen sich ausschließlich an nicht börsennotierten Unternehmen und haben eine ausgeprägte regionale Präferenz bei ihren Engagements. Da Business Angels außerdem auf ihre Anonymität bedacht sind, ist das von ihnen repräsentierte Segment des *VC*-Marktes durch eine geringe Transparenz sowie einen niedrigen Organisations- und Institutionalisierungsgrad charakterisiert. Daher wird in diesem Zusammenhang auch vom informellen Venture-Capital-Markt gesprochen.

[64] Vgl. LESSAT, V. ET AL. (1999), S. 94.

[65] Vgl. SCHEFCZYK, M. (2004), S. 24ff.

VC-Firmen angesichts hoher Ausfallquoten[66] im Bereich der Frühphasenfinanzierung nicht Erfolg versprechend ist, wird der projektorientierte Ansatz im weiteren Verlauf der Arbeit von der Analyse ausgenommen.

Alternativ können VCG bei der Implementierung ihrer Beteiligungsstrategien einen fondsorientierten Ansatz wählen.[67] In diesem Fall führen *VC*-Firmen die Einlagen ihrer Investoren in einem Fonds zusammen, aus dessen Mitteln sie mehrere Unternehmen finanzieren. Allerdings steht die finale Zusammensetzung des Fonds zum Zeitpunkt der Kapitalakquisition in der Regel noch nicht (endgültig) fest.[68] Entscheidender Vorteil dieses Konzepts ist, dass ein *VC*-Geber über eine effiziente Diversifikation des Portfolios das jungen Wachstumsunternehmen anhaftende Risiko signifikant reduzieren kann. Darüber hinaus verteilen sich die Transaktionskosten für die Gründung der Fondsgesellschaft und die anschließende Beschaffung des Kapitals über mehrere Unternehmen.

Die Bereitstellung von Eigenkapital oder eigenkapitalähnlicher Mittel über fondsorientiert ausgerichtete *VC*-Firmen wird als Finanzierung mit formellem *Venture Capital* bezeichnet.

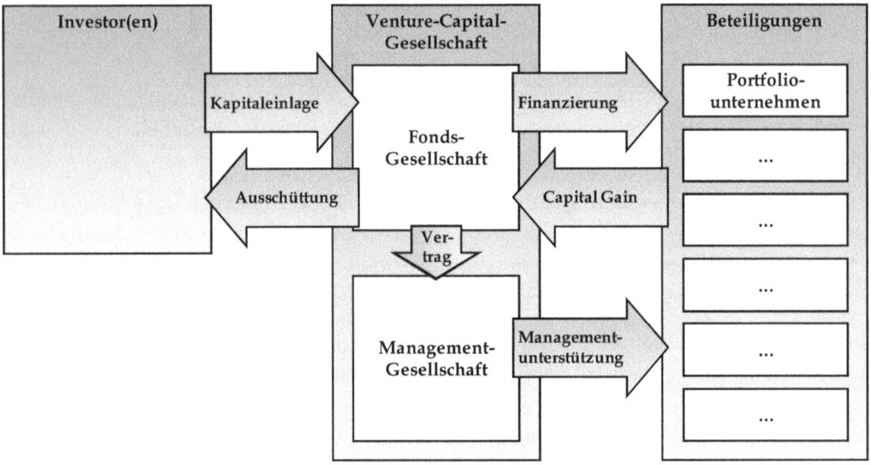

Quelle: Eigene Darstellung in Anlehnung an SCHEFCZYK (2004), S. 26

Abbildung 6: Struktur des formellen *Venture Capital*

---

[66] „A general rule for the breakdown of returns among VC company investments is 40% will be complete losses, 30% will be 'living dead', with the remaining 30% generating substantial returns on the original investment. The big winners yield 10 or more times the original investment." www.investorhome.com.

[67] Vgl. SCHEFCZYK, M. (2004), S. 25f.

[68] Im Extremfall handelt es sich um einen *Blind Pool*, bei dem risikobereite Investoren Kapital bereitstellen, ohne zu wissen, in welche Unternehmen dies fließen wird. Vgl. ZEMKE, I. (1995), S. 107.

Die als Mittler auftretende VCG legt einen Fonds auf, dessen Laufzeit und maximale Investitionssumme begrenzt sein können (geschlossener Fonds) oder nicht (offener Fonds). Während im zweiten Fall neues Kapital in Abhängigkeit von attraktiven Anlagemöglichkeiten beschafft werden kann, werden die Kapitaleinlagen im ersten Fall bis zur Höhe des geplanten Fondsvolumens innerhalb einer festgelegten Zeichnungsfrist von interessierten Investoren geleistet. Im Gegenzug wird den Kapitalgebern am Ende der Fondslaufzeit bei positiver Entwicklung des Portfolios das eingesetzte Kapital zuzüglich eines Großteils[69] der Wertsteigerung (*Capital Gain*) ausgeschüttet. Um zu verhindern, dass die Rückzahlung des Fonds gleichzeitig zur Auflösung der VCG führt, werden zwei rechtlich unabhängige Gesellschaften gegründet, eine Fonds- und eine Managementgesellschaft. Die Fondsgesellschaft verwaltet dabei das investierte Kapital und hält die Anteile an den finanzierten Unternehmen. Die Managementgesellschaft hingegen zeichnet für den gesamten Investitionsprozess von Selektion über Beratung bis zur Veräußerung der Beteiligung verantwortlich. Zwischen beiden Gesellschaften wird ein Vertrag geschlossen, in dem die Leistungen der Managementgesellschaft und deren Vergütung geregelt werden.[70] Um die Kontinuität des eigenen Geschäfts sicherzustellen, muss die Managementgesellschaft vor der Ausschüttung eines auslaufenden Fonds im Rahmen des *Fundraising* Gelder für einen neuen Fonds eintreiben.

Gegenüber den Portfoliounternehmen tritt die Fondsgesellschaft als Financier in Erscheinung, der mit Bereitstellung des Eigenkapitals oder ähnlicher Mittel eine Minderheitsbeteiligung eingeht. Bei Beendigung der Finanzierungsbeziehung, die sich in der Regel über eine Veräußerung der vom *VC*-Geber gehaltenen Anteile vollzieht, fließen die Verkaufserlöse als *Capital Gain* an die Fondsgesellschaft zurück. Die Managementgesellschaft hingegen übernimmt zum einen die Aufgaben im Zusammenhang mit Investitionen und Desinvestitionen und bietet zum anderen umfangreiche Beratungs- und Unterstützungsleistungen an.

Um zu einem besseren Verständnis des Spektrums der auf dem deutschen Markt aktiven VCG zu gelangen, sollen die *Venture Capitalists* anhand von vier Kriterien kategorisiert werden:[71]

---

[69] Üblicherweise stehen der Managementgesellschaft ca. 20% des resultierenden Kapitalgewinns als Leistungsprämie zu; der Rest fällt an die Investoren und stellt deren Rendite auf das Investment dar. Durch diese Regelung und eine zumeist einprozentige Beteiligung des Managements am Fonds soll sichergestellt werden, dass Fondsmanagement und Investoren gleichgerichtete Interessen verfolgen und die VCG als Agent des Kapitalgebers (Prinzipal) ihr Handeln stets an einer Maximierung des Investornutzens ausrichtet. Zur Deckung laufender Aufwendungen erhebt der Fonds darüber hinaus eine jährliche Managementgebühr in einer Größenordnung von 1,25 bis 2,5% des Fondsvolumens. Vgl. BADER, H. (1996), S. 155.

[70] Vgl. SCHEFCZYK, M. (2004), S. 27f. zu den Möglichkeiten der Vertragsgestaltung sowie den damit verbundenen Vor- und Nachteilen.

[71] Vgl. Ibid., S. 20f.

- Eigentümerstruktur (abhängige, bedingt-abhängige, unabhängige VCG) (1),
- Sektorzugehörigkeit (öffentlicher, privater Sektor) (2),
- Spezialisierungsgrad (3),[72]
  - Branche (Anzahl und Zusammensetzung),
  - Finanzierungsphase (Frühphasenorientierung, Spätphasenorientierung),
  - Geographie (regional, national, international),
  - Unternehmensgröße (Umfang des *Capital under Management*),
- Managementunterstützung und deren Gestaltung (4),
  - Inhalt ((Re-)Finanzierung, Coaching in strategischen Fragen, Rekrutierung von Führungskräften, Assistenz beim operativen Geschäft),[73]
  - Intensität („laissez-faire", „moderate", „close tracker"),[74]
  - Art und Weise der Zusammenarbeit (Kommunikation, Fairness, Vertrauen).[75]

(1) In Abhängigkeit von Anzahl und Einfluss einzelner Investoren und damit der **Eigentümerstruktur** wird zwischen *captive-*, *semi-captive* und *independent* VCG unterschieden. Hängt der *VC*-Fonds am Tropf eines einzigen Kapitalgebers oder ist ein Mitglied der Investorengruppe Mehrheitseigentümer, befindet sich der Mittler in einem eindeutigen Abhängigkeitsverhältnis, weshalb in diesem Kontext auch von *captive* VCG gesprochen wird. Wird das Fondsvolumen aber von einem überschaubaren Kreis an Finanziers aufgebracht, von denen mindestens einer eine bedeutende Eigentümerposition innehat,[76] kann die VCG nur bedingt autonom handeln und wird daher als *semi-captive* bezeichnet. Wenn sich eine *VC*-Firma hingegen über den Markt refinanziert und eine breite Eigentümerbasis hat, wird sie sich bei Investitionsentscheidungen nicht an den Interessen einzelner orientieren, sondern vielmehr eine für alle Beteiligten vorteilhafte Maximierung der Fondsrendite verfolgen. Diese Eigenständigkeit spiegelt sich im Attribut *independent* wider. Im Gegensatz zu den ersten beiden Konstellationen spricht man im letzten Fall auch von einem echten Intermediär.

---

[72] Vgl. SAHLMAN, W. A. (1990), S. 489.

[73] Vgl. PANKOTSCH, F. (2005), S. 93ff.

[74] Vgl. MACMILLAN, I. C. ET AL. (1989), S. 27f. ELANGO, B. ET AL. (1995) bezeichnen die drei von ihnen identifizierten Gruppen als *Inactive*, *Active Advice-giver* und *Hands-on* (vgl. ebenda, S. 168). Mit dem Intensitätsniveau der erbrachten Unterstützungsleistungen variieren dabei auch deren Inhalte. Bei geringem Engagement reduziert sich die Hilfestellung i. d. R. auf strategische Fragestellungen.

[75] Vgl. PANKOTSCH, F. (2005), S. 110ff.

[76] Bei bedingt-abhängigen Fonds-Gesellschaften verfügt mindestens ein Gesellschafter über 20–50% der Anteile. Vgl. BVK (2007), S. 42.

(2) In Bezug auf die **Sektorzugehörigkeit** lassen sich *VC*-Gesellschaften entweder dem öffentlichen oder dem privaten Sektor zuordnen. Öffentlich geförderte *VC*-Geber werden dabei vorrangig von staatlichen Körperschaften finanziert. Da sie als Instrument staatlicher Wirtschaftspolitik fungieren, sind ihnen für den Einsatz der öffentlichen Fördermittel enge Grenzen gesetzt. Die zu dieser Gruppe gehörenden Mittelständischen Beteiligungsgesellschaften (MBG) der Bundesländer gehen daher auch gemeinnützigen Zielen wie der regionalen Wirtschaftsförderung nach. Dem privaten Sektor zugehörige VCG sind ausschließlich ihren Privatinvestoren verpflichtet, die in der Regel eine rein finanzielle Zielsetzung in Form von Renditemaximierung verfolgen.

(3) Das Tätigkeitsfeld von *VC*-Investoren, die Eigenkapitalfinanzierung aussichtsreicher Unternehmen, kann sehr breit ausgelegt werden und sich auf Betriebe verschiedener Regionen, Branchen, Finanzierungsphasen und Größe erstrecken oder aber sehr eng definiert werden. Die Schwerpunktsetzung ist in der Regel über die Dimensionen hinweg unterschiedlich stark ausgeprägt, allerdings impliziert die Fokussierung auf ausgewählte Finanzierungsphasen meist eine Konzentration auf entsprechende Unternehmensgrößen. Der **Spezialisierungsgrad** richtet sich üblicherweise nach persönlichen Erfahrungen und vorhandener Expertise der Mitglieder einer Managementgesellschaft. Da Kapital- und Beratungsbedarf aussichtsreicher Wachstumsunternehmen in großem Maße von den Charakteristika der jeweiligen Branche und des damit verbundenen Geschäftsmodells abhängen, macht eine Konzentration auf einige (verbundene) Wirtschaftszweige genauso viel Sinn wie eine Beschränkung auf ausgewählte Entwicklungsphasen. Denn Anforderungsprofil und Aufgabenbereich der Geschäftsführung wandeln sich deutlich mit der Unternehmensphase. Je fundierter die Kenntnisse des *VC*-Managements hinsichtlich notwendiger Unterstützungsleistungen sind, desto effektiver kann es auf eine signifikante Wertsteigerung der Beteiligung hinwirken. Ein geographischer Fokus von *VC*-Gesellschaften lässt sich mit geringeren Transaktionskosten für Beratung und Unterstützung der finanzierten Unternehmen begründen.[77] Anders als in den USA, wo sehr bedeutende regionale Venture-Capital-Ballungszentren existieren,[78] oder in Großbritannien, wo sich der Süden und insbesondere London als Kernbereiche der *VC*-Aktivität herauskristallisiert haben,[79] ist die regionale Konzentration in Deutschland weniger stark ausgebildet.[80]

(4) Des Weiteren können VCG nach ihrer *Value Adding*-Strategie voneinander abgegrenzt werden. In diesem Kontext ist zwischen den Inhalten der **Managementunterstützung** und deren Intensität zu unterscheiden. So haben mehrere Studien typische Wertschöpfungsansätze identifiziert, die von eher zurückhaltender Überwachung über moderates

[77] Vgl. SORENSON, O./STUART, T. E. (2001) und MASON, C. M./HARRISON, R. T. (2002).

[78] Die bekanntesten Regionen sind das *Silicon Valley* an der San Francisco Bay, die *Route 128* bei Boston und New York City. Vgl. hierzu auch SORENSON, O./STUART, T. E. (2001); POWELL, W. W. ET AL. (2001); FLORIDA, R. L. ET AL. (1991).

[79] Vgl. MASON, C. M./HARRISON, R. T. (2002); MARTIN, R. ET AL. (2005).

[80] Vgl. FRITSCH, M./SCHILDER, D. (2006).

Engagement in wesentlichen Fragestellungen bis zu genauer Kontrolle und aktivem Eingreifen in operative Aufgaben und Prozesse reichen.[81]

Abschließend ist darauf hinzuweisen, dass eine eindeutige Klassifizierung aufgrund mangelnder Trennschärfe bei einigen Merkmalsausprägungen nicht immer möglich ist.

Im weiteren Verlauf legt die vorliegende Arbeit den Schwerpunkt der Betrachtung auf das formelle *Venture Capital* (indirekte Beteiligungen auf Basis eines fondsorientierten Ansatzes) und schließt damit explizit die Segmente direkte Beteiligungen und projektorientierte Ansätze des Beteiligungskapitalmarkts aus.

2.1.3 *Prozess einer VC-Finanzierung*

Das Venture-Capital-Geschäftsmodell basiert auf der Vorbereitung und Durchführung von Investitionen in junge Wachstumsunternehmen, die außer großem Potential auch ein hohes Risiko aufweisen. Um die bestehenden Risiken zu reduzieren, haben *VC*-Firmen einen sophistizierten Prozess entwickelt, dessen spezielle Mechanismen den jeweiligen Unwägbarkeiten Rechnung tragen. Nachfolgend sollen die Charakteristika des *VC*-Zyklus aufgezeigt und erläutert werden.

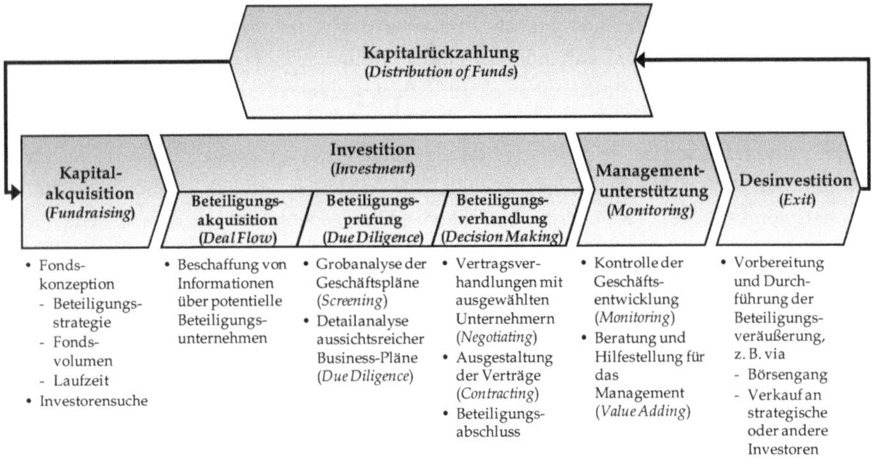

Quelle: Eigene Darstellung in Anlehnung an ZEMKE (1998), S. 212; SCHEFCZYK (2004), S. 39; REICHARDT (2005), S. 39

Abbildung 7: Phasen des *VC*-Zyklus mit ausgewählten Aktivitäten

[81] Vgl. GORMAN, M./SAHLMAN, W. A. (1989); MACMILLAN, I. C. ET AL. (1989); SAPIENZA, H. J. (1992); ELANGO, B. ET AL. (1995).

Der Kern des *VC*-Geschäfts besteht in der Deckung des Bedarfs aussichtsreicher Unternehmen an Eigenkapital und Managementunterstützung. Um die benötigten Ressourcen bereitstellen zu können, müssen VCG neben der Rekrutierung hoch qualifizierter Investment-Manager das erforderliche Kapital von risikobereiten Investoren beschaffen. Zu diesem Zweck konzipieren sie einen typischerweise geschlossenen Fonds, wobei die spezifische Beteiligungsstrategie und insbesondere der Investitionsfokus in Hinblick auf Region(en), Branche(n), Finanzierungsphase(n) und Unternehmensgröße definiert werden. Gleichzeitig legen die *VC*-Geber kalkuliertes Volumen und geplante Laufzeit ebenso wie Managementgebühr, Gewinnverteilung und sonstige vertragliche Regelungen fest. Die **Kapitalakquisitionsphase** endet mit dem Einwerben der Finanzmittel von ehemaligen und/oder neuen Investoren. GOMPERS/LERNER (2004) identifizieren folgende Determinanten, die einen maßgeblichen Einfluss auf die Höhe der Investitionen in *Venture Capital* haben. Auf makroökonomischer Ebene wirken sich das allgemeine Wirtschaftswachstum, die Höhe der Ausgaben für Forschung und Entwicklung, die Steuerquote auf Kapitalgewinne, die Beschaffenheit des regulatorischen Umfelds insbesondere für institutionelle Anleger sowie das Klima an den Finanzmärkten[82] und das Zinsniveau auf die Mittelzuflüsse im *VC*-Bereich aus. Auf mikroökonomischer Ebene können eine sehr gute *Performance* (*Track Record*) und eine tadellose Reputation der VCG das Einwerben von Kapital erheblich begünstigen.

Ist das Fondsvolumen einmal aufgebracht, müssen die Gelder in Unternehmen mit hohem Wachstumspotential investiert werden. Um die besonders aussichtsreichen von eher durchschnittlichen Geschäftsideen unterscheiden zu können, haben VCG ein mehrstufiges Auswahlverfahren entwickelt, in dem Business-Plan und Gründer bzw. Management einer genauen Analyse unterzogen werden. Im ersten Schritt der **Investitionsphase**, der Beteiligungsakquisition[83], soll durch Anzapfen zahlreicher Informationsquellen ein konstanter reger Zufluss an qualitativ hochwertigen Business-Plänen sichergestellt werden. Denn Quantität und Qualität des Inputs bilden eine Grundvoraussetzung für erfolgreiche Investitionen und bestimmen damit in nicht unerheblichem Maße das Erfolgspotential der VCG. Im zweiten Schritt, der Beteiligungsprüfung, erfolgt im Rahmen des *Screening*-Prozesses[84] zunächst eine Grobanalyse der vorliegenden Beteiligungsoptionen, bei der ein Abgleich mit den Investitionskriterien in Bezug auf Rendite-, Management-, Technologie- und Marktaspekte vorgenommen wird.[85] Erfüllt ein Investitionsobjekt alle Anforderungen und bestehen keine Interessenkonflikte mit anderen Engagements, übermittelt die VCG eine

---

[82] Eine gute Verfassung der Kapitalmärkte und speziell der Märkte für Neuemissionen, *Initial Public Offerings* (*IPOs*), ermöglicht investierten VCG viel versprechende Beteiligungen an der Börse zu platzieren und damit in der Regel weit überdurchschnittliche Renditen auf das eingesetzte Kapital zu erwirtschaften. Eine große Zahl erfolgreicher *IPOs* resultiert ihrerseits in einer guten Performance der *VC*-Fonds und trägt außerdem zur guten Reputation herausragender *VC*-Firmen bei.

[83] Vgl. hierzu BYGRAVE, W. D./TIMMONS, J. A. (1992), S. 5ff.

[84] Vgl. PICHOTTA, A. (1990), S. 35ff.

[85] Vgl. STUART, R. W./ABETTI, P. A. (1990), S. 151ff.

Absichtserklärung (*Letter of Intent*)[86]. Anschließend geht es in der *Due Diligence* um eine detaillierte Prüfung des Beteiligungsobjekts auf mögliche Risiken und das zu erwartende Potential. Unter Hinzuziehung externer Experten und Referenzen werden zu diesem Zweck alle Elemente der Geschäftsplanung einer akribischen Analyse unterzogen. Den dritten und letzten Schritt der Investitionsphase bildet die Beteiligungsverhandlung[87]. Bei einem positiv ausgefallenen Urteil der Beteiligungsprüfung nimmt der Kapitalgeber die Vertragsverhandlungen mit dem Kapitalnehmer auf Basis des *Letter of Intent* auf (*Negotiating*). In den Gesprächen einigen sich beide Seiten auf eine faire Unternehmensbewertung und den aus dem Kapitalbedarf resultierenden Gesellschafteranteil der VCG. Des Weiteren werden zur Beurteilung der Unternehmensentwicklung Meilensteine definiert, an deren Erreichung die weiteren Staffelzahlungen der Finanzierungssumme geknüpft sind (*Staging*). Den Diskussionsergebnissen Rechnung tragend gestalten die Parteien den individuellen Beteiligungsvertrag (*Contracting*) und legen darin ihre gegenseitigen Rechte und Pflichten fest, welche die künftige Kooperation regeln. Zu diesen Vereinbarungen gehören neben Informations-, Kontroll- und Mitspracherechten für die VCG auch Regelungen, die das finanzielle Risiko des *VC*-Gebers reduzieren sollen (z. B. *Liquidation Preference*[88]). Die Unterzeichnung der Verträge bildet den Abschluss der Investment-Phase.

Nach dem Investitionsprozess beginnt die mehrjährige **Phase der Managementunterstützung**[89], in deren Verlauf die VCG versuchen, die Entwicklung ihrer Beteiligungen nach Kräften positiv zu beeinflussen. Dabei setzen sie einesteils auf eine kontinuierliche Kontrolle der Geschäftstätigkeit (*Monitoring*), indem sie über regelmäßige Zwischenberichte und persönliche Gespräche aktuelle relevante Informationen einholen. Ein Vergleich des Status Quo mit der Geschäfts- und Meilensteinplanung offenbart etwaige Schwachstellen, so dass frühzeitig entsprechende Gegenmaßnahmen definiert und eingeleitet werden können, die eine Rückkehr zur Ausgangsplanung ermöglichen sollen. Andernteils stehen *VC*-Geber der Unternehmensleitung als Ansprechpartner in strategischen oder finanzwirtschaftlichen Fragestellungen zur Seite und leisten Hilfestellung bei Führungspersonalbeschaffung und Kontaktvermittlung (*Value Adding*).[90]

---

86 Mit einem *Letter of Intent* erklären die Parteien ihre Absicht, einen Vertrag abzuschließen. Im Venture-Capital-Kontext enthält der LoI zum einen die Grundbedingungen für Einstieg und künftige Zusammenarbeit, Grundsätze der Unternehmensbewertung sowie Angaben zum weiteren Vorgehen. Zum anderen erlegt er dem *VC*-Geber einerseits eine Geheimhaltungspflicht auf, räumt ihm aber andererseits eine zeitlich begrenzte Exklusivität für die folgende Beteiligungsprüfung ein.

87 Vgl. GOMPERS, P. A./LERNER, J. (2000), S. 29ff. zum Thema Verhandlung der Beteiligungskonditionen.

88 Bei einer *Liquidation Preference* handelt es sich um ein Agreement, nach dem die Begünstigten, i. d. R. die Eigenkapitalinvestoren, im Falle einer Liquidation oder eines Verkaufs der Beteiligung eine bevorrechtigte Zuteilung der Erlöse erfahren. Vgl. HOFFMANN, R./HÖLZLE, A. W. (2003).

89 Vgl. MACMILLAN, I. C. ET AL. (1989), S. 28ff.

90 Vgl. Ibid., S. 27ff.

Um aus der erzielten Unternehmenswertsteigerung sprichwörtlich Kapital zu schlagen und den Finanzinvestoren spätestens zum Ende der Fondslaufzeit ihren Anteil am *Capital Gain* zukommen zu lassen, müssen die Beteiligungen verkauft werden. Vor diesem Hintergrund beschäftigen sich die Investment-Manager in der **Desinvestitionsphase** mit der Planung und Realisierung der Beteiligungsveräußerung (*Exit*). Grundsätzlich kommen fünf Ausstiegsalternativen in Frage: ein Börsengang (*IPO*), der Verkauf des Unternehmens an einen strategischen Investor (*Trade Sale*), die Weitergabe der Anteile an einen anderen Finanzinvestor (*Secondary Sale*), ein Rückkauf durch die Altgesellschafter (*Buy-back*) oder die Liquidierung der Gesellschaft. Welche Exit-Optionen allerdings im Einzelfall realisierbar sind, hängt von zahlreichen Faktoren ab, wie der Attraktivität des Portfoliounternehmens, der Stimmung an den Finanzmärkten oder dem Interesse kapitalstarker strategischer Investoren. Prinzipiell wird ein unabhängiger *VC*-Investor die Variante bevorzugen, die ihm die bestmögliche Rendite auf sein eingesetztes Kapital verspricht. Während sich der Exit im Falle erfolgreicher Beteiligungen in der Regel über ein *IPO* oder *Trade Sale* vollzieht, bleiben für weniger aussichtsreiche Engagements häufig nur die Alternativen *Buy-back* und *Liquidation*. Der Markt für *Secondary Sales* war in Deutschland bis 2003/04 quasi nicht existent und spielt trotz zunehmender Bedeutung nach wie vor eine eher untergeordnete Rolle bei der Veräußerung von Beteiligungen.[91]

Die Entscheidung für eine konkrete Ausstiegsoption determiniert auch Art und Umfang der Vorbereitungen sowie den Zeithorizont des Exits.[92]

Haben *VC*-Geber ihre Anteile an Portfoliounternehmen veräußert und den Gegenwert erhalten, erfolgt die Kapitalrückzahlung, wobei die Investoren über das eingebrachte Kapital hinaus ihr vertraglich geregeltes Quantum am *Capital Gain* erhalten. Zum Laufzeitende wird der Fonds schließlich planmäßig aufgelöst.[93] Sind die Finanzinvestoren mit der Verzinsung ihrer Einlagen zufrieden, werden sie auch an künftigen Fonds partizipieren und das Fondsmanagement weiterempfehlen.

2.1.4 *Finanzierungsanlässe während der Unternehmensentwicklung*

Prinzipiell basiert das Venture-Capital-Geschäftsmodell auf der Finanzierung und Unterstützung aussichtsreicher Wachstumsunternehmen von den frühen bis zu späteren Entwicklungsstufen. Innerhalb dieses Kontinuums bieten sich den *VC*-Investoren jedoch alternative Zeitpunkte für einen Einstieg, wobei sich mit dem zeitlichen Fortschritt sowohl der Kapital- und Unterstützungsbedarf einer potentiellen Beteiligung als auch deren jeweiliges Risiko/Rendite-Profil ändern.

---

[91] Vgl. BVK-Statistiken.

[92] Als weiterführende Literatur zu Vorbereitung und Ablauf der unterschiedlichen Exit-Optionen sei auf ECKERMANN, M. (2006), S. 74ff., PAFFENHOLZ, G. (2004), S. 107ff. oder PRESTER, M. (2002), S. 67ff. verwiesen.

[93] In seltenen Fällen wird in den USA eine Verlängerung der Dauer von 10 auf maximal 12 Jahre beantragt und umgesetzt.

Zum besseren Verständnis soll anhand eines Phasenmodells die idealtypische Unternehmensentwicklung im Zeitverlauf vorgestellt werden. Durch eine Untergliederung des gesamten Evolutionsprozesses in charakteristische, eindeutig abgrenzbare Phasen versuchen solche deskriptiven Modelle, den komplexen Verlauf der Unternehmensentwicklung anschaulich zu beschreiben. Dabei orientiert sich die Literatur bei der Unterteilung der Phasen weitgehend an inhaltlichen Aspekten wie den phasenspezifischen Managementaufgaben.[94]

In den verbreiteten Phasenmodellen hat sich eine Grobeinteilung in drei Phasen durchgesetzt: Frühphase (*Early Stage*), Wachstumsphase (*Expansion Stage*) und Reife-/ Konsolidierungsphase (*Late Stage*). Diese drei Stadien werden im einschlägigen Schrifttum in fünf bis sieben idealtypische Entwicklungsstufen weiter unterteilt, wobei sich je nach Verfasser Abweichungen in Bezug auf Anzahl, inhaltliche Abgrenzung und Zuordnung der Etappen ergeben.[95]

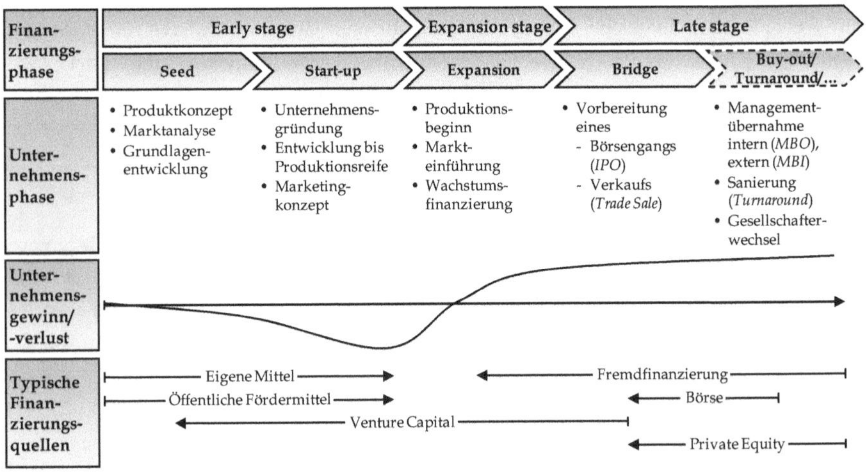

Anmerkung: Die gestrichelte Umrandung des Pfeils weist darauf hin, dass es sich um besondere Finanzierungsanlässe handelt, deren Einordnung in die zeitliche Unternehmensentwicklung nur eingeschränkt möglich ist.

Quelle: Eigene Darstellung in Anlehnung an NATHUSIUS (2001), S. 55; SCHEFCZYK (2004), S. 42

Abbildung 8: Phasenmodell der Beteiligungskapitalfinanzierung

Die deutschsprachige Literatur bedient sich bei der Phaseneinteilung weitgehend der angloamerikanischen Terminologie und unterscheidet vier primäre Entwicklungsstufen und diverse besondere Anlässe, die nachfolgend mit Fokus auf typische Inhalte, Kapitalbedarf und erforderliche Managementunterstützung skizziert werden sollen:

---

[94] Vgl. PANKOTSCH, F. (2005), S. 18ff.

[95] Vgl. NATHUSIUS, K. (2001), S. 55ff.; MATZ, C. (2002), S. 10ff.; VATER, D. (2003), S. 48ff.; SCHEFCZYK, M. (2004), S. 42ff.

Ziel der ***Seed***-Periode[96] ist die Ausarbeitung der Geschäftsidee und Vorbereitung der Firmengründung. Dazu muss zunächst auf Planungsebene das Produkt- und darauf aufbauend ein umfassendes Unternehmenskonzept erarbeitet werden. Zur besseren Einschätzung von Markt- und Produktpotential werden in diesem Zusammenhang Marktanalysen und Machbarkeitsstudien durchgeführt. Auf praktischer Ebene richten sich die laufenden Forschungs- und Entwicklungsaktivitäten auf die Entwicklung eines ersten Prototyps, der die Umsetzbarkeit des Produktkonzepts belegen soll. In dieser frühen, von hoher Unsicherheit geprägten Phase ist der Kapitalbedarf noch relativ gering, so dass die Finanzierung zumeist über eigene Mittel der Gründer oder öffentliche Fördermittel erfolgt. Teilweise engagieren sich Business Angels bereits zu diesem Zeitpunkt, um noch unerfahrenen Jungunternehmern bei typischen Herausforderungen wie z. B. einer wirtschaftlich tragfähigen Einschätzung von Markt- und Produktpotential zur Seite zu stehen.

Während der ***Start-up***-Etappe[97] vollzieht sich die formelle Unternehmensgründung und das vorläufige Produkt wird bis zur Marktreife weiterentwickelt. Vor der Vermarktung der Sach- bzw. Dienstleistungen müssen allerdings ein professionelles Managementteam und das benötigte Personal rekrutiert, hinreichende Produktionskapazitäten aufgebaut sowie ein zur Markteinführung erforderliches Marketingkonzept erstellt werden. Um die entsprechenden Investitionen tätigen zu können und der steigenden Kapitalintensität Rechnung zu tragen, ist die Beschaffung größerer Summen notwendig. Weitere Eigenmittel und öffentliche Fördergelder reichen in der Regel nicht mehr aus, so dass Gründungsunternehmen verstärkt auf finanzielle Unterstützung von Venture-Capital-Firmen oder Business Angels zurückgreifen. Diese sind nämlich zum einen bereit, die mit der Investition verbundenen Risiken zu tragen, und zum anderen in der Lage, zielführend an der Lösung typischer Managementprobleme wie der Suche nach Führungskräften und Personal mitzuwirken. Mit dem *Start-up*-Abschnitt geht die ***Early Stage***-Phase zu Ende.

Ausgangspunkt der ***Expansion Stage***-Phase ist nach SCHEFCZYK (2004) die Markteinführung[98] von Produkt bzw. Dienstleistung. Wie der Terminus suggeriert, stellt das Unternehmenswachstum den zentralen Aspekt der ***Expansion***-Entwicklungsstufe dar. Nach Produktionsaufnahme und erfolgreicher Markteinführung liegt der Managementfokus auf dem Auf- und Ausbau einer soliden Marktposition. Dabei steht im ersten Schritt das Wachstum in bestehenden Märkten im Vordergrund, deren Durchdringung mittels verschiedener Strategien forciert werden kann.[99] Ist die Basis (das Kerngeschäft) einmal

---

[96] Entspricht der *Seed/Start-up*-Phase in der *VentureXpert*-Terminologie (vgl. Anhang A.2).

[97] Korrespondiert mit der *Early Stage*-Phase (vgl. Anhang A.2).

[98] In den Phasenmodellen anderer Autoren bildet die Markteinführung hingegen den Abschluss der *Early Stage*-Phase. Vgl. z. B. NATHUSIUS, K. (2001), S. 55ff.; MATZ, C. (2002), S. 10ff.; VATER, D. (2003), S. 48ff.

[99] Vgl. die Ausführungen von PORTER, M. E. (1980) zu den alternativen generischen Strategien der Kostenführerschaft (*Cost Leadership Strategy*), der Differenzierung (*Differentiation Strategy*) und der Segmentierung (*Segmentation Strategy*).

gefestigt, können im zweiten Schritt neue Märkte erschlossen werden, wobei die Expansion in verschiedenen Dimensionen vorangetrieben werden kann.[100] Marktbearbeitung und dazu notwendige Erweiterungen von Produktions- und Vertriebssystem verursachen jedoch erhebliche Kosten. Wenngleich erfolgreiche Unternehmen den Break-even erreichen und sogar Gewinne erwirtschaften, lässt sich der für ein starkes Wachstum erforderliche hohe Kapitaleinsatz nicht allein aus dem operativen Geschäft heraus finanzieren. Vielmehr nehmen Unternehmen neben weiteren Einlagen von VCG auch Fremdkapital in Anspruch. Diese Finanzierungsoption bietet sich im positiven Fall aufgrund des mittlerweile gesunkenen Risikos, bestehender Sicherheiten und eines soliden *Track Record.* Die Unterstützung des Beteiligungsmanagements durch die VCG erstreckt sich in dieser Phase von der Suche nach geeigneten Fremdkapitalgebern bis zur Hilfe beim Aufbau einer stabilen Marktposition. Nach Abschluss der *Expansion Stage*-Phase beginnt die ***Late Stage***-Phase.

Hat die Gesellschaft eine gewisse Größe erreicht, ihre Profitabilität unter Beweis gestellt und gute Perspektiven aufgezeigt, kann ein Börsengang in Erwägung gezogen werden. Alternativ ist auch der Verkauf an einen strategischen Investor denkbar. Eine Notierung am Kapitalmarkt kann die Aufnahme von Eigenmitteln und damit die Finanzierung weiteren Wachstums bei einer Verstärkung des Wettbewerbs deutlich erleichtern.

Um den Sprung an die Börse zu schaffen, müssen jedoch zahlreiche Vorbereitungen getroffen werden, darunter auch die Verbesserung der Bilanzstruktur, insbesondere die Erhöhung der Eigenkapitalquote. Zu diesem Zweck wird in der ***Bridge***-Phase eine Vorfinanzierung der späteren Kapitalerhöhung vorgenommen. Eine solche Überbrückungsfinanzierung ermöglichen neben Venture-Capital-Gesellschaften auch Private-Equity-Firmen oder Investment-Banken. *VC*-Geber helfen ihren Beteiligungen im Rahmen einer *Bridge*-Finanzierung bei der Lösung typischer Schwierigkeiten wie zunehmenden Wettbewerbs oder organisatorischer Probleme.

Die oben genannten idealtypischen Entwicklungsstufen bilden aber nicht das gesamte Spektrum üblicher Finanzierungsanlässe ab, weshalb diverse besondere Anlässe zu berücksichtigen sind (gestrichelter Block in Abbildung 8). Wenngleich sie sich nicht bzw. nur bedingt in den zeitlichen Verlauf eines Phasenmodells einordnen lassen, treten sie doch tendenziell in den Spätphasen der Unternehmensentwicklung auf.[101]

Im Rahmen eines ***Buy-out*** übernimmt das bestehende interne Management (*MBO*) oder ein externes Team (*MBI*) das Unternehmen. Ein solcher Schritt kann entweder anstelle einer *Bridge*-Finanzierung erfolgen oder mit deutlicher zeitlicher Verzögerung.[102] Typische Anlässe sind Unternehmensnachfolge, Wechsel in Gesellschafterkreisen oder

---

[100] Mögliche Vektoren des Unternehmenswachstums sind Erweiterung von Produkt- und Dienstleistungspalette, Ausweitung des geographischen Aktionsradius, Erschließung weiterer Kundensegmente, Nutzung zusätzlicher/anderer Vertriebskanäle, Aufbau neuer Geschäftsfelder oder Erhöhung der Wertschöpfungstiefe. Vgl. ZOOK, C. (2004).

[101] Größere Spätphasenfinanzierungen werden dabei vielfach als *Private Equity* bezeichnet.

[102] Vgl. SCHEFCZYK, M. (2004), S. 41f.

Restrukturierungen. Zur Finanzierung einer solchen Transaktion müssen in Abhängigkeit von Unternehmensgröße und -ertragskraft sehr hohe Summen aufgebracht werden. Da die Eigenmittel der Manager oftmals nicht ausreichen, um den gesamten Kaufpreis zu begleichen, greifen sie neben Beteiligungskapital zusätzlich auf Mezzanin- oder klassisches Fremdkapital zurück.[103] Werden zur Akquisition in großem Maße Fremdkapitalmittel eingesetzt, so spricht man von einem *Leveraged Buy-out* (*LBO*)[104].

Im Fall des Ausscheidens von Altgesellschaftern beschaffen Beteiligungskapitalgeber die Mittel für eine Übernahme der zur Disposition stehenden Anteile und ermöglichen so eine Fortführung der Geschäftstätigkeit. Diese Form der Finanzierung wird ***Replacement***-Kapital genannt.

Unter widrigen Umständen können Unternehmen im Laufe ihrer Entwicklung in eine wirtschaftliche Schieflage geraten und in letzter Konsequenz zum Sanierungsfall werden. Zur Umsetzung der notwendigen Restrukturierungsmaßnahmen müssen auf solche ***Turnaround***-Situationen spezialisierte Managementressourcen beschafft und das entsprechende Kapital mobilisiert werden. Im Gegensatz zu Private-Equity-Gesellschaften zählen *VC*-Geber üblicherweise nicht zu den Finanzpartnern, es sei denn, sie sind bereits investiert oder haben sich auf dieses Segment spezialisiert.

Zusammenfassend bleibt festzuhalten, dass sich Venture-Capital-Gesellschaften schwerpunktmäßig in *Start-up-* und *Expansion*-Phase engagieren und ihre Beteiligungen im Idealfall über eine *Bridge*-Finanzierung hinaus bis zum *IPO* begleiten. Ihre Anteile veräußern deutsche *VC*-Firmen allerdings erst weit nach Ablauf der gesetzlich geregelten *Lock-up*-Periode.[105] Teilweise bieten sie ihre Unterstützung auch in *MBO-*, *MBI-* oder *Turnaround*-Situationen an.

2.2 Syndizierung im Venture-Capital-Kontext

Das folgende Kapitel bildet die Grundlage des Forschungsthemas Syndizierung. Dementsprechend geht es in Abschnitt 2.2.1 um ein allgemeines Begriffsverständnis, während 2.2.2 eine saubere Begriffsdefinition im Sinne der vorliegenden Arbeit zum Gegenstand hat. In Abschnitt 2.2.3 werden Ablauf und Rollenverteilung im Rahmen einer Syndizierung dargestellt. Die Abschnitte 2.2.4 und 2.2.5 widmen sich abschließend möglichen Beweggründen respektive Problemen einer Syndizierung.

2.2.1 *Allgemeines Begriffsverständnis*

Die Begrifflichkeiten der Syndizierung bzw. eines dadurch geformten Syndikats werden im europäischen Sprachraum in sehr unterschiedlichen Zusammenhängen verwendet. Daraus

[103] Vgl. VATER, D. (2003), S. 53f.

[104] Laut BVK liegt ein *LBO* vor, wenn das Management weniger als 10% des Eigenkapitals hält. Vgl. BVK (2007), S. 43.

[105] Vgl. WITT, P./BRACHTENDORF, G. (2002), S. 681ff.

resultiert die Notwendigkeit, die dieser Arbeit zugrunde liegende Bedeutung von Syndikat und Syndizierung präzise abzugrenzen.

Während die Bedeutung der Begriffe *Syndicat* im Französischen und *Sindicato* im Spanischen dem deutschen Wort Gewerkschaft entspricht, wird *Syndikat*[106] im allgemeinen deutschen Sprachgebrauch primär mit wettbewerbsrechtlich bedenklichen geschäftlichen Zusammenschlüssen wie Trusts oder Kartellen sowie kriminellen Vereinigungen assoziiert.[107] Maßgeblich für die weitere Untersuchung soll jedoch die Verwendung des Begriffes *Syndicate* in der angloamerikanischen Literatur sein.[108]

In der englischsprachigen Terminologie wird ein *Syndicate* gemeinhin verstanden als „a group of persons or concerns who combine under a usually temporary agreement to carry out a particular transaction".[109] WILSON (1968) liefert ebenfalls eine allgemeine Definition des *Syndicate* als „a group of individual decision makers who must make a common decision under uncertainty, and who, as a result, will receive jointly a payoff to be shared among them."[110]

Gemäß der ENCYCLOPÆDIA BRITANNICA (1971) basiert ein *Syndicate* im Wesentlichen auf einer Vereinbarung, die

- von mehreren Akteuren gemeinsam getroffen wird,
- auf eine konkrete Transaktion hin ausgerichtet und
- üblicherweise auf deren Ausführung befristet ist.

WILSON (1968) spezifiziert die Begriffsbestimmung dahingehend, dass

- die gemeinschaftliche Entscheidung unter Unsicherheit getroffen werden muss und
- ihre wirtschaftlichen Konsequenzen von allen Beteiligten zu tragen sind.

Zusammenfassend ließe sich ein **Syndikat** demnach allgemein bezeichnen als (befristeter) Zusammenschluss von Akteuren auf Basis einer unter Unsicherheit gemeinschaftlich getroffenen Entscheidung mit dem Ziel der Abwicklung einer bestimmten Transaktion im Hinblick auf eine gemeinsame Rendite. In diesem Zusammenhang erhält ein Syndikat auch die Bedeutung einer Schicksalsgemeinschaft.

---

106 Etymologisch lässt sich der Begriff Syndikat auf das griechische Substantiv *ο συνδικος* zurückführen, das mit Sachwalter übersetzt werden kann. Die Wortbestandteile *συν* (= mit, zusammen) und *η δικη* (= das Recht, die Weisung) bringen in Kombination folglich den Gedanken der Vertretung zum Ausdruck. Vgl. GEMOLL, W. (1979), S. 217, 706, 711.

107 WÖHE (2000) definiert ein Syndikat als „die am straffsten organisierte Kartellform". WÖHE, G. (2000), S. 313.

108 Vgl. hierzu auch NATHUSIUS, E. (2005), S. 34ff.

109 ENCYCLOPÆDIA BRITANNICA (1971), S. 2319.

110 WILSON, R. (1968), S. 119.

Diese Definition charakterisiert ein Syndikat als eine Form der Kooperation im Sinne einer freiwilligen, vereinbarten, zielgerichteten Zusammenarbeit rechtlich selbstständiger Akteure bzw. Unternehmen. Während Syndikate jedoch typischerweise im Hinblick auf eine spezifische Transaktion gebildet werden, zielen Kooperationen tendenziell auf ein nicht einmaliges gemeinsames Engagement hin. Zur Beendigung einer Kooperation behalten sich die beteiligten Parteien daher gegenseitig das Recht auf einseitige Kündigung vor.[111] Mit zunehmender Intensität der Kollaboration wächst dabei die gegenseitige Abhängigkeit und verringert sich die Entscheidungsautonomie der Kooperationspartner.[112]

Kooperationen im Rahmen von Syndikaten finden sich in unterschiedlichen Bereichen der Wirtschaft.[113] In der Finanzbranche bezeichnet ein Syndikat bzw. Konsortium[114] die Vereinigung mehrerer Banken zur gemeinsamen Abwicklung großvolumiger Geschäfte wie der Vergabe von Großkrediten, sog. syndizierter Kredite oder Konsortialkredite, der Platzierung umfangreicher Wertpapieremissionen oder der Durchführung großer Akquisitionen. Dass die Bereitstellung hoher Kreditsummen an einzelne Kreditnehmer im Rahmen von Syndikaten erfolgt, hat zwei Ursachen. Zum einen existieren bankenaufsichtsrechtliche Regelungen im Kreditwesengesetz, die explizit eine Höchstgrenze für Einzelkredite in Abhängigkeit vom Eigenkapital des Kreditinstituts festlegen.[115] Demzufolge sind Banken zur Deckung des Kreditbedarfs ab einer bestimmten Größenordnung auf die Zusammenarbeit in Syndikaten angewiesen.[116] Zum anderen ermöglicht eine Kooperation den Kreditinstituten eine Bündelung ihrer Finanzierungskraft und effizientere Risikostreuung,[117] woraus ein geringeres Kreditausfallrisiko/Adressrisiko resultiert.[118]

Basierend auf den bisherigen Überlegungen lässt sich der Terminus **Syndizierung** abschließend formal definieren als die Vereinigung in einem Syndikat.

2.2.2 *Begriffsdefinition*

Um nun zu einer Definition von Syndizierung im Venture-Capital-Kontext zu gelangen, wird im ersten Schritt ein systematischer Überblick über die Begriffsverwendung in der relevanten vorwiegend englischsprachigen Venture-Capital-Literatur gegeben. Im zweiten Schritt werden die wesentlichen Elemente der bestehenden Begriffsbestimmungen einer

---

111 Vgl. PAUSENBERGER, E. (1989), S. 624 als Beispiel einer frühen Arbeit zur Kooperationsforschung.

112 Vgl. TRÖNDLE, D. (1987), S. 29.

113 In den USA spielen Mediensyndikate als Kooperationen wirtschaftlich meist unabhängiger, regional fokussierter Fernseh- oder Radiostationen eine bedeutende Rolle. Durch eine Zusammenarbeit primär in Einkauf und Produktion kompensieren sie Größennachteile gegenüber den bundesweit aufgestellten *Networks* und können gleichzeitig ihre regionalen Kompetenzen ausspielen.

114 Die Begrifflichkeiten werden in diesem Zusammenhang weitgehend synonym verwendet.

115 Vgl. Großkredit- und Millionenkreditverordnung (GroMiKV) des Kreditwesengesetzes (KWG).

116 Vgl. BRUNNER, A./KRAHNEN, J. P. (2001).

117 Vgl. ACHLEITNER, A.-K. (2002), S. 523f.

118 Vgl. zu diesem Themenfeld auch NATHUSIUS, E. (2005).

vergleichenden Analyse unterzogen. Im dritten und letzten Schritt wird auf Basis der angestellten Überlegungen eine für die weitere Untersuchung gültige Definition des Terminus abgeleitet.

Definitionsbestandteil / Quelle	Charakteristika der Investition, ...				... der *VC*-Investoren		Aspekte der Beteiligung		Zielsetzungen	
	Gemeinsame Finanzierung	Bereitstellung von Eigenkapital (EK)/ EK-ähnlicher Mittel	Investition innerhalb einer Finanzierungsrunde	Gemeinsame Investitionsentscheidung (unter Unsicherheit)	Engagement von zwei oder mehr (Venture-Capital-)Investoren	Unterschiedliche Rollen von Lead- und Co-Investor(en)	Beschränkung auf einzelne Beteiligung	Identifikation durch den Lead-Investor	Ziel einer gemeinsamen Rendite (*Joint Payoff*)	Sonstige Motive wie Risikoteilung, Deckung des Finanzbedarfs, etc.
BYGRAVE (1988)	✔									
LERNER (1994)	✔		✔		✔		✔			
LOCKETT/ WRIGHT (2001)	✔	✔		✔	✔		✔		✔	
SORENSON/ STUART (2001)	✔		✓		✔		✔			
BRANDER ET AL. (2002)	✔		✓		✔		✔			
BUBNA (2002)					✔		✔		✔	
LEHMANN/ BOSCHKER ('02)	✔				✔		✔			
SEPPÄ (2003)	✔		✔		✔		✔			
WRIGHT/ LOCKETT (2003)	✔	✓			✔		✔		✔	
DE CLERCQ/ DIMOV (2004)	✔	✔	✔		✔		✔			
GOMPERS/ LERNER (2004)	✔	✔			✔		✔			
MÄKELÄ (2004)	✔		✔		✔		✔			
FRIEDRICH (2005)*	✔	✔		✔	✔	✔	✔	✔	✔	
NATHUSIUS (2005)	✔		✔	✔	✔		✔		✔	
DIMOV/ DE CLERCQ ('06)	✔		✔		✔		✔			
MANIGART ET AL. (2006)		✔	✓		✔		✔		✔	
WEITNAUER ('07)					✔	✔				✔
BVK (2007)					✔	✔	✔			
EVCA (2007)	✔				✔		✔			

Legende: * Fokus auf *PE*-Syndizierung

Quelle: Eigene Darstellung

Tabelle 3: Ausgewählte Begriffsdefinitionen von Syndizierung im Venture-Capital-Kontext

Der in Tabelle 3 dargestellte Literaturüberblick erhebt keinen Anspruch auf Vollständigkeit; er soll vielmehr den aktuellen Diskussionsstand zum Verständnis von Syndizierung im *VC*-Bereich widerspiegeln.

Die verwendeten Definitionsbestandteile lassen sich inhaltlich vier Themenbereichen zuordnen:

- Charakteristika der Investition (1),
- Eigenschaften der *VC*-Investoren (2),
- Aspekte der Beteiligung (3) und
- (primären) Zielsetzungen der Syndizierungspartner (4).

Eine Analyse der Verwendungshäufigkeiten einzelner Begriffskomponenten in der betrachteten Literatur vermittelt einen Eindruck von deren relativer Bedeutung. Ein Blick auf die Tabelle zeigt, dass für die weit überwiegende Zahl der Autoren die Elemente der **gemeinsamen Finanzierung** einer **einzelnen Beteiligung** durch **mehrere *VC*-Investoren** die wesentlichen Merkmale einer Syndizierung im *VC*-Kontext zu sein scheinen. Auf alle anderen Aspekte wird in den relevanten Definitionen weitaus seltener abgestellt.

(1) Im Bereich **Charakteristika der Investition** betrachtet gut die Hälfte der Forscher die simultane Investition innerhalb einer Finanzierungsrunde als begriffsbestimmend. BRANDER ET AL. (2002) und - in Anlehnung daran - MANIGART ET AL. (2006) nehmen dieses Kriterium zum Anlass, um zwischen Syndizierung im weiteren und Syndizierung im engeren Sinne zu unterscheiden[119]. Während die zeitliche Abfolge der Investitionen aller beteiligten *VC*-Geber für eine Syndizierung i. w. S. von untergeordneter Bedeutung ist, kann nur bei einem gemeinsamen *VC*-Investment innerhalb derselben Finanzierungsrunde von Syndizierung i. e. S. gesprochen werden. Trotz dieses Postulats einer weitgehenden Simultanität der Kapitalzuflüsse lassen sich in der Praxis u. a. aufgrund Meilenstein-abhängiger Finanzierungen z. T. zeitlich deutlich auseinander liegende Zahlungsströme beobachten.[120]

Ungefähr ein Drittel der verglichenen Forschungsliteratur spezifiziert die Finanzierung im Hinblick auf das bereitgestellte Kapital und beschränkt es auf Eigenkapital oder eigenkapitalähnliche Mittel. Wenig verbreitet ist hingegen die Ansicht, dass dem kollektiven Engagement eine gemeinsame (unter Unsicherheit getroffene) Investitionsentscheidung zugrunde liegen muss. Dieser Aspekt geht auf WILSON (1968) zurück, fand aber in der jüngeren Literatur nur selten seinen Niederschlag.

---

[119] „There are two possible definitions of syndication [...]. The narrow definition is that syndication occurs when two venture capitalists make investments simultaneously. The broader definition allows investments to count as syndicated investments regardless of whether the investments occurred at the same or different times." BRANDER, J. A. ET AL. (2002), S. 439.

[120] Vgl. JÄÄSKELÄINEN, M. (2001), S. 5; RAUEISER, T. (2007), S. 35.

(2) Im Zusammenhang mit den ***VC*-Investoren** scheint es unbestritten zu sein, dass zur Bildung eines Syndikats das Engagement mindestens zweier VCG erforderlich ist. Demgegenüber gehen lediglich FRIEDRICH (2005) und WEITNAUER (2007) auf die unterschiedlichen Rollen von Lead- und Co-Investor(en) ein. Während letzterer das Thema Syndizierung jedoch nur streift und dabei kurz die herausgehobene Rolle des Lead-Investors bei der Initiierung eines Syndikats und anschließender *Due Diligence* erwähnt,[121] ist die Rollenverteilung zentrale Prämisse der Forschungsarbeit von FRIEDRICH (2005), der Auswahl geeigneter Syndikatspartner durch den Lead-Investor. Voraussetzung für die Einladung entsprechender Co-Investoren zu einem Syndikat ist nämlich, dass der Lead-Investor eine (attraktive) Beteiligungsmöglichkeit identifiziert hat.[122]

(3) Dieser unter **Aspekte der Beteiligung** gruppierte Umstand findet sich aber ausschließlich bei FRIEDRICH (2005) und kann damit nicht als konstitutives Element einer allgemeinen Definition von Syndizierung im *VC*-Bereich betrachtet werden. Einhellig ist die Meinung der Forscher aber dahingehend, dass sich die Kooperation der Venture-Capital-Gesellschaften im Rahmen einer Syndizierung auf ein einzelnes Portfoliounternehmen beschränkt.

(4) Was die **Zielsetzungen** der Syndizierungspartner anbelangt, so setzen mehr als ein Drittel der Verfasser eine finanzielle Motivation der Beteiligten voraus, die in der Realisierung einer gemeinsamen Rendite besteht. Einzig WEITNAUER (2007) sieht die primären Motive in der Risikodiversifikation oder der Bündelung finanzieller Ressourcen.[123]

Basierend auf diesem Literaturvergleich lässt sich eine **Syndizierung im Venture-Capital-Kontext** definieren als

- gemeinsames Investment von Eigenkapital (bzw. Mezzaninkapital)
- seitens mehrerer (Venture-Capital-)Investoren
- in eine einzelne Beteiligung
- im Hinblick auf die Erzielung einer gemeinsamen Rendite.

Damit orientiert sich die vorliegende Arbeit an der Definition von Syndizierung im weiteren Sinne.

Im Verlauf der Arbeit werden die Begriffe Syndizierung und Co-Investition bzw. Co-Investment synonym verwendet.[124]

---

[121] Vgl. WEITNAUER, W. (2007), S. 13.

[122] Vgl. FRIEDRICH, A. (2005), S. 19.

[123] Vgl. WEITNAUER, W. (2007), S. 13.

[124] Vgl. LOCKETT, A./WRIGHT, M. (1999), S. 307.

2.2.3 *Ablauf und Rollenverteilung*

Nachdem im vorigen Unterkapitel die Begrifflichkeiten von Syndikat und Syndizierung definiert und abgegrenzt worden sind, widmet sich das folgende Subkapitel einer genaueren Beschreibung des Phänomens, der beteiligten Akteure und deren Rollen.

Der nachfolgend betrachtete Ablauf einer Syndizierung vollzieht sich vor dem Hintergrund des in Kapitel 2.1.3 erläuterten Prozesses einer Venture-Capital-Finanzierung (vgl. Abbildung 9). Wenngleich die Grundstruktur des *VC*-Prozesses auf syndizierte Investments gleichermaßen zutrifft wie auf Einzelinvestitionen, sind aufgrund der Komplexität gemeinsamer Beteiligungen Abweichungen vom idealtypischen Ablauf anzunehmen[125]. So erfordern einzelne Prozessschritte zusätzliche Abstimmungs- und Feedbackschleifen zwischen den Investoren, während andere gemeinsam effizienter abgewickelt werden können.[126] Ausgangspunkt des Syndizierungsablaufs ist in der Regel die Evaluation eines attraktiv erscheinenden Business-Plans im Rahmen der Beteiligungsprüfung.[127]

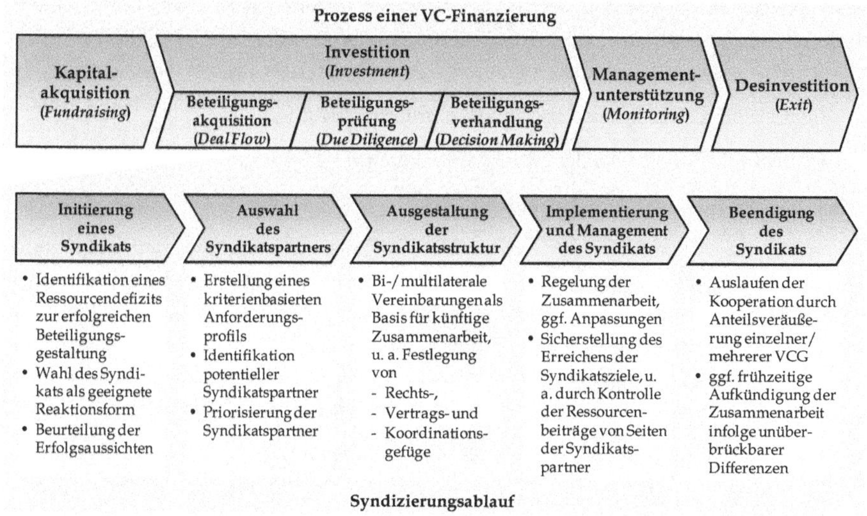

Quelle: Eigene Darstellung in Anlehnung an RAUEISER (2007), S. 117; FRIEDRICH (2005), S. 37

Abbildung 9: Ablauf der Syndizierung im Kontext einer Venture-Capital-Finanzierung

Darstellung und Einteilung des Syndizierungsablaufs in fünf Phasen erfolgen in Anlehnung

---

[125] Vgl. FRIEDRICH, A. (2005), S. 36; WRIGHT, M./ROBBIE, K. (1998), S. 534.

[126] Vgl. RAUEISER, T. (2007), S. 116.

[127] In Extremfällen kann die Syndikatsbildung entweder dem gesamten *VC*-Prozess vorgelagert sein oder aber im Rahmen einer späteren Finanzierungsrunde in der Implementierungs- und Managementphase erfolgen. Vgl. Ibid., S. 116f.

an den Bildungsprozess einer strategischen Allianz[128].

In der ersten der fünf Phasen eines Syndizierungsablaufs, der **Initiierung eines Syndikats**, ermittelt die *VC*-Gesellschaft vor dem Hintergrund einer attraktiven Beteiligungsoption im Rahmen der *Due Diligence* den Bedarf des potentiellen Portfoliounternehmens an finanzieller und nicht-finanzieller Unterstützung. Kommt der *VC*-Investor beim Abgleich der Bedürfnisse mit dem eigenem Ressourcenprofil[129] zu dem Schluss, dass ein signifikantes Defizit besteht, so müssen alle möglichen Optionen zur Schließung der Lücke erwogen werden. Grundsätzlich kommen dazu ein interner Aufbau, externer Zukauf oder die (vorübergehende) Bereitstellung der benötigten Ressourcen durch einen anderen Investor in Betracht. Aufgrund mangelnder kurzfristiger Verfügbarkeit ist jedoch oft nur die letzte Alternative realistisch, um die Investitionsabsichten umsetzen zu können. Die Entscheidung zugunsten einer Syndizierung sollte der *VC*-Geber aber nur auf Basis einer positiv ausgefallenen Bewertung der damit verbundenen Chancen und Risiken[130] fällen.

Die zweite Phase besteht inhaltlich in der **Auswahl des Syndikatspartners**. Die Selektion eines geeigneten Co-Investors anhand der richtigen Kriterien wird in der Kooperationsliteratur gemeinhin als einer der zentralen Erfolgsfaktoren angesehen.[131] Die diesbezügliche Vorgehensweise von *VC*-Gesellschaften lässt sich als dreistufiger Prozess darstellen:

- Erstellung eines kriterienbasierten Anforderungsprofils,
- Identifikation potentieller Syndikatspartner und
- Priorisierung der Syndikatspartner.

Im ersten Schritt erstellt der Lead-Investor vor dem Hintergrund der betreffenden Beteiligungsmöglichkeit ein **kriterienbasiertes Anforderungsprofil**, anhand dessen die Identifikation potentieller Co-Investoren erfolgen soll. Dabei muss sichergestellt werden, dass die festgestellten Defizite im Hinblick auf finanzielle, physische und intangible Ressourcen von den identifizierten Partnern weitgehend ausgeglichen werden. Zu den wesentlichen Kriterien innerhalb der drei Ressourcenkategorien[132] zählen:

- finanziell: Finanzmittel (Eigen- oder Mezzaninkapital)
- physisch: Standort, Zugang zu *Deal Flow*
- intangibel: Fähigkeiten/Kompetenzen der *Investment Professionals*, Organisationale Netzwerke, Organisationale Kultur, Reputation der VCG.

---

128 Vgl. FRIEDRICH, A. (2005), S. 30ff. zu den Analogien zwischen Syndikat und strategischer Allianz.

129 Die Erstellung eines solchen Stärken-/Schwächen-Profils der eigenen VCG erfolgt im Rahmen der so genannten Ressourcenanalyse. Vgl. Ibid., S. 37; SCHWERK, A. (2000).

130 In Ergänzung zur SWOT-Analyse kann eine Beurteilung der Fähigkeiten und Kompetenzen von Co-Investoren bzw. Syndikaten anhand sogenannter *Skill Maps* erfolgen. Vgl. hierzu MÜLLER-STEWENS, G./LECHNER, C. (2001), S. 158.

131 Vgl. FRIEDRICH, A. (2005), S. 38 und die dort angegebene Literatur.

132 Vgl. BAMBERGER, I./WRONA, T. (1996), S. 135.

Neben diesen „harten" Maßstäben zur Identifikation eines optimalen (komplementären) Ressourcenbündels[133] kommen bei der Partnersuche auch „weiche" Faktoren zur Anwendung wie die bisherige gemeinsame Syndikatserfahrung.[134]

Im zweiten Schritt müssen **potentielle Syndikatspartner** identifiziert werden, deren Eigenschaften eine möglichst hohe Übereinstimmung mit dem Suchraster aufweisen. Auf der Suche nach geeigneten Co-Investoren kann der Lead-Investor auf pragmatische oder systematische Weise vorgehen. Beim pragmatischen Ansatz greift er primär auf bestehende Geschäftskontakte, persönliche Beziehungsnetzwerke oder langjährige Konkurrenzanalysen zurück. Die systematische Methode beruht hingegen auf einer strukturierten Vorgehensweise, bei der ein kriterienbasiertes Partnerprofil zugrunde gelegt wird und zur Suche weitere Informationsquellen wie spezielle Datenbanken, professionelle externe Dienstleister oder Verbände, etc. herangezogen werden.[135] Trotz unterschiedlicher Herangehensweise schließen sich die Methoden jedoch nicht zwingend gegenseitig aus, sondern können nacheinander angewendet werden.

Zur **Priorisierung der Syndikatspartner** werden die identifizierten Kandidaten im dritten Schritt unter Verwendung eines *Scoring*-Modells oder einer Entscheidungsmatrix bewertet und entsprechend der Ergebnisse in eine Rangfolge gebracht. Anhand dieser Liste kann der Lead-Investor seine bevorzugten Beteiligungspartner strukturiert angehen.

Während der Lead-Investor den Prozess bislang allein vorangetrieben hat, lädt er in der Phase **Ausgestaltung der Syndikatsstruktur** die von ihm präferierten Kandidaten zu der vorselektierten Beteiligungsoption ein. Inwieweit Gespräche mit potentiellen Co-Investoren exklusiv geführt werden und damit sequentiell oder aber parallel ablaufen, hängt von den Präferenzen des Lead-Investors bzw. der beteiligten Verhandlungspartner ab. Haben sich die involvierten VCG nach abgeschlossener *Due Diligence* im Grundsatz auf ein gemeinsames Engagement am als aussichtsreich erachteten Wachstumsunternehmen verständigt, müssen in bi- bzw. multilateralen Verhandlungen Strukturen und Regelungen für die künftige Zusammenarbeit vereinbart werden. Konkret einigen sich die Investoren auf ein formales Rechts- und Vertragsgefüge und legen Koordinationsgrundsätze fest.[136] Ziel dieser Phase ist ein von allen beteiligten *VC*-Gebern ratifizierter Syndizierungsvertrag.

Der Vertrag regelt Funktionen und Aufgaben der Co-Investment-Partner. Dabei werden die Vereinbarungen in Abhängigkeit von den Bedürfnissen des Wachstumsunternehmens sowie den verfügbaren Ressourcen, Expertise und Kompetenzen der beteiligten VCG flexibel und individuell getroffen.

---

[133] Vgl. NIELSEN, B. B. (2002), S. 5.

[134] Vgl. RAUEISER, T. (2007), S. 119.

[135] Vgl. FRIEDRICH, A. (2005), S. 39.

[136] Vgl. LINNÉ, H. (1993), S. 29.

Wenngleich ein Venture-Capital-Syndikat üblicherweise aus einem Lead-Investor und einem bzw. mehreren Co-Investoren besteht, übernehmen die Partner in Ausnahmefällen gleichberechtigt die Rolle des Lead-Investors oder wechseln sich in der Verantwortlichkeit ab.

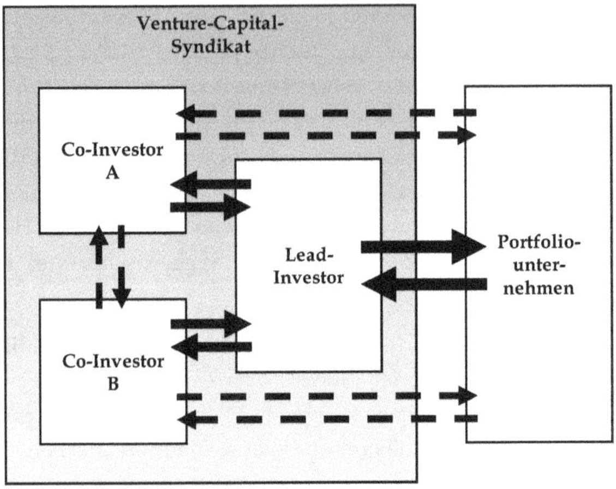

Anmerkung: Pfeildicke als Indikator der Intensität der Zusammenarbeit

Legende: ➡ = Interaktion (typisch)

– ➡ = Interaktion (optional)

Quelle: Eigene Darstellung in Anlehnung an RAUEISER (2007), S. 136

Abbildung 10: Typische Konstellation eines Syndikats

Der Lead-Investor übernimmt den größten Anteil am Eigenkapital der Beteiligung, aber auch den überwiegenden Teil der Betreuungsaufgaben im Hinblick auf das Portfoliounternehmen.[137] Die Unterstützung kann sich dabei von der Kapitalbeschaffung über Managementrekrutierung bis zur operativen Unterstützung im Tagesgeschäft erstrecken.[138] Ob und in welchem Umfang Lead- und Co-Investoren aktiv Einfluss auf die Entwicklung der Beteiligung nehmen, ist jedoch auch eine Frage der Philosophie. So reduzieren manche *VC*-Gesellschaften ihr Engagement auf die Bereitstellung von Kapital, während andere neben finanziellen Mitteln auch selektiv Beratungsleistungen anbieten oder aber aktiv in die Geschäfte ihrer Portfoliounternehmens eingreifen.[139]

Verglichen mit dem Lead-Investor spielen die Co-Investoren eine tendenziell passive Rolle, indem sie sich oftmals allein auf die Finanzierung beschränken und deutlich seltener weitere

---

137 Vgl. WEITNAUER, W. (2007), S. 256f. zu den Funktionen eines Lead-Investors.

138 Vgl. hierzu ausführlich PANKOTSCH, F. (2005).

139 ELANGO ET AL. (1995) unterscheiden in diesem Zusammenhang drei Kategorien von *VC*-Gebern: „inactive investors", „active advice givers" und „hands-on investors".

vertraglich festgelegte nicht-finanzieller Ressourcen einbringen. Diese Rollenverteilung zeigt sich auch im unterschiedlichen Zeitaufwand, den Lead- und Co-Investoren für *Monitoring* und Beratung ihrer Beteiligungen betreiben.[140]

Um die Interaktionen mit dem Portfoliounternehmen möglichst effizient zu gestalten, übernimmt der Lead-Investor erfahrungsgemäß stellvertretend für die übrigen *VC*-Geber Gesprächsführung und Verhandlungen. Entsprechende Vereinbarungen können sich auch auf folgende Finanzierungsrunden erstrecken.[141] In einer solchen Konstellation fungiert der Lead-Investor als Informationsschnittstelle zwischen Co-Investoren und Beteiligung.[142] Im Innenverhältnis nimmt sich der Lead-Investor darüber hinaus der Strukturierung des Syndikats und ggf. der Gewinnung weiterer Co-Investoren an.[143]

Sind die formalen Grundlagen des Syndikats fixiert und gegenseitige Rechte und Pflichten vereinbart, geht es in der Phase **Implementierung und Management des Syndikats** zum einen um die Integration der Interessen aller Investoren und zum anderen um die Etablierung einer effektiven und effizienten Zusammenarbeit. Im Sinne möglichst niedriger Transaktionskosten und schneller Entscheidungsprozesse ist dies kritisch, denn wichtige Entscheidungen werden i. d. R. im Investorengremium debattiert und anschließend kollektiv gefällt.

Eine zentrale Aufgabe des Lead-Investors in dieser Phase besteht darin, das Erreichen der Syndikats- und Beteiligungsziele sicherzustellen. Dazu muss er nicht nur den eigenen Verpflichtungen im Hinblick auf Unterstützungsleistungen nachkommen, sondern auch kontrollieren, ob die Syndikatspartner vereinbarte Ressourcen bereitgestellt haben, um ggf. korrigierende Maßnahmen einzuleiten.

Darüber hinaus kann es in späteren Investitionsrunden und insbesondere beim Eintreten neuer *VC*-Geber zu Veränderungen des Syndikats kommen, die mehr oder minder signifikante Anpassungen der Kooperation erforderlich machen.

Die fünfte und letzte Phase der **Beendigung des Syndikats** vollzieht sich in der Regel mit der Veräußerung der Anteile am gemeinsamen Portfoliounternehmen im Rahmen des Exits. In Ausnahmefällen kann die projektbezogene Zusammenarbeit auch früher enden. Die Entscheidung über Art und Umfang der Zusammenarbeit im Syndikat stellt sich den Co-Investoren prinzipiell mit jeder neuen Investitionsrunde. Ist ein Syndikatspartner hinsichtlich der Erfolgsaussichten der gemeinsamen Beteiligung skeptisch, kann er entweder von weiteren Finanzierungen absehen oder aber sein Engagement beenden, indem er je nach vertraglicher Vereinbarung und Interesse den übrigen Partnern seine Anteile anbietet.[144]

---

[140] Vgl. GORMAN, M./SAHLMAN, W. A. (1989), S. 241f.

[141] Vgl. WEITNAUER (2001), S. 283.

[142] Vgl. FRIEDRICH, A. (2005), S. 19.

[143] Vgl. BRANDER, J. A. ET AL. (2002), S. 424.

[144] Zu möglichen vertraglichen Regelungen hinsichtlich eines Beteiligungsexits vgl. RAUEISER, T. (2007), S. 139ff.

Im Falle einer erfolgreichen Zusammenarbeit der Syndikatspartner können aber auch Absichtserklärungen über weitere Kooperationen getroffen werden. Zumeist entscheiden die VCG jedoch im Einzelfall über die Bildung eines Syndikats und den bzw. die am besten geeigneten Partner.[145]

2.2.4 *Positive Effekte der Syndizierung*

Nachdem in den vorangegangenen Unterkapiteln Begrifflichkeiten, Ablauf und Rollenverteilung einer Syndizierung beschrieben worden sind, widmet sich der folgende Abschnitt den wesentlichen Zielsetzungen und Motiven der Syndikatspartner.

In der Venture-Capital-Literatur finden sich zahlreiche Beiträge zum Thema Syndizierung und vielfach beschäftigen sie sich (auch) mit den Beweggründen, die *VC*-Geber zur Bildung von Syndikaten veranlassen. Je nach Fragestellung und Forschungsschwerpunkt beleuchten die Autoren unterschiedliche Aspekte gemeinsamer *VC*-Investitionen und identifizieren teils identische teils ergänzende Syndizierungsmotive. Analog zum Vorgehen im Kontext bisheriger Definitionen dient auch an dieser Stelle eine vergleichende Literaturstudie der Bestimmung wesentlicher Ziele, die *VC*-Gesellschaften mit einem Co-Investment verfolgen.

Der in Tabelle 4 dargestellte Literaturüberblick erhebt keinen Anspruch auf Vollständigkeit, sondern beschränkt sich auf zentrale Arbeiten zu Syndizierungsmotiven in der *VC*-Branche.

In einer weitgehend vollständigen Zusammenfassung potentieller Beweggründe für eine Syndizierung nennt SEPPÄ (2003) explizit die Aufteilung finanzieller Risiken, den Informationsaustausch bezüglich neuer potentieller *Deals*, bessere Investitionsentscheidungen, verbesserte Fähigkeiten zur Wertschöpfung in Portfoliounternehmen sowie gesellschaftsstrukturelle Gründe wie Statusgewinn und *Window Dressing*.[146] Der Autor subsumiert die Aspekte der Erschließung externer Ressourcen und die Unterstützung beim Beteiligungsmanagement unter das Motiv einer höheren Wertschöpfung.

Dabei verfolgen die Syndikatspartner nicht selten unterschiedliche Ziele, was u. a. mit Ausrichtung und Eigenschaften des jeweiligen *VC*-Investors zusammenhängt. So kann für stark spezialisierte VCG bei einer Syndizierung der Zugang zu *Deal Flow* im Vordergrund stehen, während die Generalisten unter den *VC*-Gebern bestrebt sind, über Co-Investoren dringend benötigte spezifische Expertise zu beschaffen.[147]

Alle Syndizierungsmotive lassen sich in Abhängigkeit davon systematisieren, ob sich die Effekte entweder auf Ebene des *VC*-Fonds oder des Portfoliounternehmens ergeben. Bei einer getrennten Betrachtung der Auswirkungen sind jedoch etwaige Interdependenzen zu berücksichtigen. So schlagen sich direkte positive Effekte auf Beteiligungsniveau zumeist auch indirekt positiv auf den *VC*-Fonds nieder, während vorteilhafte Auswirkungen auf Portfolioebene den *VC*-Nehmern nur bedingt zugute kommen.

---

[145] Vgl. LOCKETT, A./WRIGHT, M. (2001), S. 376.

[146] Vgl. SEPPÄ, T. J. (2003), S. 124.

[147] Vgl. JUNGWIRTH, C./MOOG, P. (2004), S. 20.

Quelle \ Motiv	Positive Effekte auf Fondsebene					Positive Effekte auf Beteiligungsebene							
	Optimierung der Portfolio-diversifikation	*Window Dressing* (für Co-Investoren)	Vermeidung einer *Underperformance* ggü. anderen VCG	Verbesserung der Reputation der VCG	Erreichen einer zentraleren Position im VCG-Netzwerk	Erschließung externer Ressourcen	Beschaffung größerer Kapitalsummen	Steigerung des (hochwertigen) *Deal Flow*	Optimierung der Selektion (effizientere *Due Diligence*)	Unterstützung beim Beteiligungs-management	Erhöhung der Wertschöpfung (*Value Added*)	Vermeidung opportu-nistischen Verhaltens (konstanter EK-Anteil)	Erweiterung der Exit-Optionen (*Certification*)
WILSON (1968)									✓				
BYGRAVE (1988)	✓					✓		(✓)					
ADMATI/PFLEIDERER (1994)												✓	
LERNER (1994)	✓	✓	✓			✓	✓		✓			✓	
CHIPLIN ET AL. (1997)	✓		✓			✓							
LOCKETT/WRIGHT (2001)	✓		✓			✓	✓	✓	✓	✓			
SORENSON/STUART (2001)	✓	✓			✓				✓			✓	
BRANDER ET AL. (2002)	✓					✓	✓		✓	✓			
BUBNA (2002)	✓					✓	✓		✓	✓			
LEHMANN/BOSCHKER ('02)	✓					✓			✓	✓	✓	✓	
SEPPÄ (2003)	✓	✓		✓	✓	✓		✓	✓	✓	✓		
WRIGHT/LOCKETT (2003)	✓					✓		✓	✓	✓			
DE CLERCQ/DIMOV (2004)	✓	✓				✓	✓		(✓)				
GOMPERS/LERNER (2004)	✓	✓	✓			✓	✓		✓			✓	
JUNGWIRTH/MOOG (2004)	✓	✓	✓			✓		✓	✓				
MÄKELÄ (2004)	✓	✓			✓			✓	✓		✓		
PISKORSKI/ANAND (2004)	✓					✓			✓	✓			
FRIEDRICH (2005)	✓	✓		✓	(✓)	✓	✓	✓	✓	✓	✓		
NATHUSIUS (2005)	✓	✓		✓			✓	✓	✓	✓			✓
DIMOV/DE CLERCQ (2006)									✓		✓		
JÄÄSKELÄINEN ET AL. (2006)						✓			✓	✓			
MANIGART ET AL. (2006)	✓					✓		✓	✓		✓	✓	✓
HOCHBERG ET AL. (2007)	✓				✓	✓	✓	✓	✓		✓		
WEITNAUER (2007)	✓						✓		(✓)				

Quelle: Eigene Darstellung

Tabelle 4: Ausgewählte Quellen zu den Motiven der Syndizierung im Venture-Capital-Kontext

Das Augenmerk eines *VC*-Fonds liegt dabei primär auf der Portfolio-*Performance*, weshalb die einzelnen Portfoliounternehmen um die Ressourcen der VCG konkurrieren müssen. JÄÄSKELÄINEN ET AL. (2006) bemerken hierzu: „The challenge is that the performance of an individual portfolio firm does not directly translate to the whole portfolio's performance. A venture capitalist seeks to allocate the optimal amount of attention to an individual venture in order to maximize the performance over all portfolio companies."[148]

In Anbetracht der Zielsetzung der vorliegenden Arbeit, die Auswirkungen der Syndizierung auf den Erfolg einer Beteiligung zu beurteilen, sind die Effekte auf *VC*-Fondsebene aber von sekundärer Bedeutung.

2.2.4.1 Direkte positive Effekte der Syndizierung auf Fondsebene

Die einschlägige Literatur zur Syndizierung im Venture-Capital-Bereich liefert als direkte positive Effekte auf Portfolioebene primär folgende Argumente, die sich unterschiedlichen Theorieansätzen zuschreiben lassen:

- eine Optimierung der Portfoliodiversifikation (1),
- eine Verbesserung der Reputation (2),
- eine Stärkung der Netzwerkposition (3) und
- eine Erhöhung der Markteintrittsbarrieren (4).

(1) Das von den meisten Autoren angeführte Motiv einer **Optimierung der Portfoliodiversifikation** basiert auf der Portfoliotheorie als Teilgebiet der traditionellen Finanzierung. Gemäß der auf MARKOWITZ (1952) zurückgehenden Theorie können Investoren durch geschickte Kombination ausgewählter Wertpapiere ein effizientes Portfolio zusammenstellen, das ein ihren Präferenzen entsprechendes optimales Risiko/Rendite-Profil aufweist.

Das einer jeden Investitionsalternative inhärente Risiko lässt sich prinzipiell in eine unternehmensspezifische Komponente (unsystematisches Risiko) und eine marktspezifische Komponente (systematisches Risiko) aufspalten. Während das Marktrisiko allen Anlagemöglichkeiten gemein und damit nicht eliminierbar ist, können Investoren das unsystematische Risiko mittels effizienter Portfoliodiversifikation beseitigen. Durch die Aufteilung der Investitionssumme auf eine größere Anzahl an Beteiligungen, deren Geschäfte und damit Wertentwicklungen nicht vollständig korreliert sind, lässt sich folglich entweder eine Steigerung der erwarteten Rendite bei gleichbleibendem Risiko oder eine Risikoreduzierung bei konstanten Ertragserwartungen realisieren.

Verglichen mit institutionellen Investoren, die an den internationalen Kapitalmärkten agieren und über die Selektion von Wertpapieren eine sehr effiziente Kapitalallokation vornehmen können, gestaltet sich die Portfoliooptimierung für Venture-Capital-Gesellschaften deutlich schwieriger.

---

[148] JÄÄSKELÄINEN, M. ET AL. (2006), S. 186.

Zum einen müssen *VC*-Geber im Zuge der Investitionsentscheidung eine signifikant höhere Informationsasymmetrie überkommen, die sowohl einer mangelnden Verfügbarkeit als auch unzureichender Transparenz geschuldet sein kann. In beiden Fällen wird das tatsächliche unsystematische Risiko erst ex-post offenbar, wodurch *VC*-Investoren regelmäßig Gefahr laufen, ungewollt eine Fehlallokation ihrer Finanzmittel vorzunehmen. Erschwerend kommt hinzu, dass eine einmal getätigte Investition aufgrund der Illiquidität des Marktes für Unternehmen kurzfristig nicht reversibel ist.[149] Zum anderen sind im Kontext von Venture-Capital-Finanzierungen deutlich höhere Einzelinvestitionssummen erforderlich, was in Abhängigkeit von Fondsvolumen und Beteiligungsmöglichkeit eine hinreichende Diversifikation des Portfolios erschwert oder gar unmöglich macht.[150]

Beiden Problemen können Wagniskapitalgeber durch Syndizierung ihrer Investitionen entgegenwirken. Im Vorfeld einer gemeinsamen Beteiligung prüfen nämlich alle eingeladenen VCG das betreffende Wachstumsunternehmen in der *Due Diligence* auf bestehende Potentiale und Risiken. Da auf diese Weise mehrere Investoren zum Abbau von ex-ante Informationsasymmetrien beitragen können, bleiben weniger Risiken unentdeckt und negative Überraschungen häufiger aus. Außerdem ermöglicht eine regelmäßigere Bildung von Investment-Syndikaten eine bessere Portfoliodiversifikation und damit ein geringeres Einzelrisiko für *VC*-Geber, da die Beteiligungen einen jeweils geringeren Anteil am Fondsvolumen ausmachen.[151] Von diesem Umstand profitieren kleine *VC*-Fonds ceteris paribus in größerem Umfang als große.[152]

Zusätzlich zum Kapital lassen Venture-Capital-Gesellschaften ihren Portfoliounternehmen immer auch Unterstützungsleistungen zukommen, über die sie zugleich Einfluss auf die Geschäfte ihrer Beteiligungen nehmen.[153] Die begrenzte Verfügbarkeit von Managementkapazitäten eines *VC*-Investors limitiert damit auch die maximale Portfoliogröße und Diversifikationsmöglichkeiten.[154]

---

[149] Vgl. FRIEDRICH, A. (2005), S. 22.

[150] Aufgrund von (freiwilligen) Regulierungen der maximalen Gewichtung einzelner Portfoliounternehmen sind insbesondere kleineren *VC*-Fonds finanzielle Engagements an aussichtsreichen Unternehmen mit hohem Kapitalbedarf ohne Syndizierung nicht möglich. Vgl. FENN, G. ET AL. (1995), S. 30f.

[151] Demgegenüber findet CUMMING (2006) in seiner Studie über das Investitionsverhalten von 214 kanadischen VCG heraus, dass Risikokapitalgeber, die tendenziell häufiger syndizieren, im Schnitt ein kleineres Portfolio an Beteiligungen unterhalten. Der Forscher führt dies darauf zurück, dass die positiven Effekte einer Risikoteilung, besseren Beteiligungsprüfung und –überwachung überkompensiert werden durch höhere Agency-Kosten im Zusammenhang mit der Kontrolle der anderen Co-Investoren. Vgl. CUMMING, D. J. (2006), S. 1115f.

[152] Vgl. ZACHARAKIS, A. (2002).

[153] Diese Möglichkeit der aktiven Einflussnahme auf eine Investition widerspricht jedoch den Annahmen der klassischen Finanzierungstheorie.

[154] Vgl. KANNIAINEN, V./KEUSCHNIGG, C. (2003), S. 522.

(2) Im Kontext einer **Verbesserung der Reputation** kommen in der Regel unterschiedliche Aspekte zur Sprache, die eine nähere Betrachtung verdienen:

- Reputationsübertragung
- Vermeidung einer *Underperformance*
- *Window Dressing*

Das Venture-Capital-Geschäftsmodell basiert darauf, dass sich *VC*-Gesellschaften gegen Bereitstellung von Eigenkapital und umfangreichen Unterstützungsleistungen an jungen Wachstumsunternehmen beteiligen und nach Veräußerung der Anteile ihren Investoren eine angemessene Kapitalrendite bieten. Die Qualität der Leistungserbringung durch einen *VC*-Geber ist jedoch weder vom Management des Portfoliounternehmens noch von der Investor-Gesellschaft ex-ante überprüfbar. Die Unsicherheiten hinsichtlich der Fähigkeiten und des Verhaltens[155] einer VCG können zum einen von Investoren- und Unternehmerseite durch eine umfassende systematische Prüfung (*Screening*) der potentiellen Wagniskapitalgeber reduziert werden. Zum anderen kann das Management eines *VC*-Fonds zum Abbau der Unsicherheiten beitragen, indem es positive Referenzen vorweist, die von weniger guten Wettbewerbern nicht vorgelegt werden können (*Signaling*).[156] Auch eine positive Reputation[157] ist ein bedeutendes Qualitätssignal, dem gerade in Situationen asymmetrischer Informationsverteilung zwischen den beteiligten Parteien eine große Bedeutung zukommt. Da ein guter Ruf nicht nur mühsam aufzubauen, sondern auch leicht zu zerstören ist,[158] wird sich ein Unternehmen in der Regel nicht opportunistisch verhalten und seinen langfristig erworbenen guten Leumund nicht für einen einmaligen Vorteil aufs Spiel setzen. In der Venture-Capital-Branche wird eine positive Reputation häufig mit guter historischer *Performance* und umfangreicher Investitionserfahrung assoziiert. Genau wie sich Entrepreneure bei der Auswahl geeigneter *VC*-Investoren u. a. von deren *Track Record* und

---

[155] Im Kontext der *Principal-Agent*-Theorie wird in diesem Zusammenhang von „verborgenen Eigenschaften" (*Hidden Characteristics*) gesprochen (vgl. ARROW, K. J. (1985), S. 38). Aus Unkenntnis über die Qualifikation eines Agenten kann sich der Prinzipal für den „falschen" Kandidaten entscheiden (*Adverse Selection*). Vgl. AKERLOF, G. A. (1970), S. 493f.

[156] Zur *Market Signaling*-Theorie vgl. SPENCE, A. M. (1974).

[157] Wenngleich sich in der wirtschaftswissenschaftlichen Literatur bislang keine allgemein gültige Definition von Reputation durchgesetzt hat, so wird dennoch häufig auf die Arbeit von FOMBRUN (1996) verwiesen, der die Reputation eines Unternehmens beschreibt als „a perceptual representation of a company's past action and future prospects that describes the firm's overall appeal to all of its key constituents when compared with other leading rivals" (FOMBRUN, C. J. (1996), S. 72). Aus Sicht des Autors signalisiert ein guter Ruf die Vertrauens- und Glaubwürdigkeit sowie Zuverlässigkeit und Verantwortlichkeit eines Unternehmens vis-à-vis seiner *Stakeholder* (Lieferanten, Mitarbeiter, Kunden, Kapitalgeber) (vgl. ebenda, S. 71f.). Manager betrachten Reputation als ein zentrales strategisches Gut, das einen wesentlichen Einfluss auf den Geschäftserfolg des Unternehmens hat (vgl. HALL, R. (1992)).

[158] Zu den wirtschaftlichen Konsequenzen eines akuten Reputationsverlusts vgl. SCHWALBACH, J. (2002).

Reputation leiten lassen,[159] treffen auch *Asset* Manager ihre Investitionsentscheidung u. a. auf Basis von vergangener *Performance* und Renommee des *VC*-Fondsmanagements.[160]

Wie HOUSTON (2003) in seiner Arbeit zum Reputationseffekt von Allianzpartnern darlegt, führt die Kreditaufnahme eines Unternehmens bei angesehenen Banken zu einer Erhöhung der Marktkapitalisierung, da Investoren - bestärkt durch die positiv ausgefallene kritische Bonitätsprüfung renommierter Banken - vermehrt zu den Aktien der Firma greifen. Damit belegt er, dass es zu *Spillover*-Effekten von Reputation zwischen den Allianzpartnern kommt.[161] Analog hierzu kann davon ausgegangen werden, dass eine solche Übertragung hohen Ansehens auch zwischen Syndikatspartnern im Rahmen einer Venture-Capital-Finanzierung möglich ist. Entscheidet sich ein namhafter Wagniskapitalgeber nach (unterstellter) intensiver Prüfung und Abwägung für eine gemeinsame Investition mit einer weniger renommierten VCG, attestiert er dem Co-Investor damit gegenüber Dritten ein bestimmtes Qualitätsniveau. Allerdings kann sich die Assoziation mit einem „schlechten" Syndikatspartner auch negativ auf die Reputation des fokalen *VC*-Gebers auswirken, so dass er sich nur dann auf eine weniger renommierte VCG einlassen wird, wenn andere (ökonomische) Gründe dafür versprechen.[162] Demzufolge ist die Reputationsübertragung als Syndizierungsmotiv primär für weniger angesehene VCG von Bedeutung.

Die hohe Reputation eines Syndikatspartners kann darüber hinaus auch den Ruf und die Erfolgsaussichten des Portfoliounternehmens positiv beeinflussen. Mit diesem Themenkomplex der Zertifizierungsrolle (*Certification Role*) von VCG haben sich bereits zahlreiche Forscher beschäftigt.[163]

Der Aspekt Vermeidung von *Underperformance* bezieht sich auf den Versuch von VCG, mittels Syndizierung an zahlreichen Investitionen erfolgreicher Wagniskapitalgeber zu partizipieren, um dadurch eine dem Wettbewerb vergleichbare *Performance* zu erzielen.[164] Dies geschieht vor dem Hintergrund, dass die historische Fondsperformance einer

---

[159] HSU (2004) untersucht das Entscheidungsverhalten amerikanischer Entrepreneure bei der Auswahl von *VC*-Gebern. Bei seinem Vergleich der vorliegenden Beteiligungsangebote findet der Forscher heraus, dass die Unternehmer sich tendenziell für eine Unterstützung durch etablierte VCG mit hoher Reputation entscheiden und dafür auch eine niedrigere Unternehmensbewertung in Kauf nehmen. Vgl. HSU, D. H. (2004), S. 1807.

[160] NORTON (1995) kommt zu dem Schluss, dass Reputation der entscheidende Faktor in der Allokationsentscheidung von *Asset* Managern ist. Vgl. NORTON, E. (1995); TAUSEND (2006) untersucht in seiner explorativen Studie Prozess und Kriterien, die Anleger wie Dachfonds, Versicherungen oder Banken bei der Selektion von *VC*-Gesellschaften anwenden. Vgl. TAUSEND, C. (2006), S. 84ff.

[161] Vgl. HOUSTON, M. B. (2003), S. 330ff., aber auch AHUJA, G. (2000), S. 322. SIMONIN/RUTH (1998) setzen sich im Kontext des Co-Branding intensiv mit Spillover-Effekten zwischen den betroffenen Marken auseinander. Vgl. SIMONIN, B. L./RUTH, J. A. (1998).

[162] Vgl. NATHUSIUS, E. (2005), S. 85.

[163] Zur Zertifizierungsrolle von VCG vgl. HSU, D. H. (2004); GOMPERS, P. A./LERNER, J. (2004); STUART, T. E. ET AL. (1999); MEGGINSON, W. L./WEISS, K. A. (1991).

[164] Vgl. MANIGART, S. ET AL. (2006), S. 132; LERNER, J. (1994), S. 18.

Managementgesellschaft maßgeblichen Einfluss auf deren Fähigkeit hat, neue Fonds aufzulegen.[165] Außerdem haben gemeinsame Engagements den Vorteil, dass sich das *VC*-Fondsmanagement bei unerwartet negativer Entwicklung des Portfoliounternehmens unter Verweis auf die Fehleinschätzung weiterer *VC*-Geber gegenüber seinen Investoren leichter exkulpieren kann.[166] Eine intensive Kooperation und gemeinsame Investitionen innerhalb der *VC*-Branche bergen aber auch die Gefahr, dass (zu) viele *VC*-Geber in kleine Branchen drängen und durch den massiven Kapitalzufluss die Investment-Renditen einbrechen.[167]

Das Phänomen des *Window Dressing* schließlich geht auf LAKONISHOK ET AL. (1991) zurück,[168] die das Anlageverhalten von Pensionsfondsmanagern analysieren und dabei feststellen, dass es kurz vor Reporting-Stichtagen regelmäßig zu Portfolioumschichtungen kommt. Der zeitnahe Verkauf von Wertpapieren mit schlechter und Zukauf von Anlagen mit guter *Performance* liegt darin begründet, dass neben der finanziellen Entwicklung des Pensionsfonds auch dessen Zusammensetzung zum Berichtszeitpunkt in die Bewertung seitens der Investoren einfließt. Von dieser Anpassung der Portfoliostruktur erhoffen sich die Fondsverwalter ergo eine bessere Beurteilung ihrer *Asset* Management-Fähigkeiten, wenngleich sich die kurzfristigen Transaktionen nicht zwingend positiv auf die Fondsperformance auswirken.

Basierend auf dieser Erkenntnis zieht LERNER (1994) Parallelen zwischen dem Verhalten der Institutionellen Investoren und Venture-Capital-Gesellschaften, jedoch nicht ohne darauf hinzuweisen, dass kurzfristige Umschichtungen im *VC*-Kontext wegen des illiquiden Marktes für Wachstumsunternehmen und der zeitintensiven Investitionsphase schwierig bis unmöglich sind. Allerdings versuchen Wagniskapitalgeber mittelfristig über Syndikate Zugang zu sehr erfolgreichen Wachstumsunternehmen und namhaften *VC*-Investoren zu erhalten. Besonders plastisch zeigt sich das *Window Dressing*, wenn sich *Venture Capitalists* in Spätphasen einem syndizierten Investment anschließen, das kurz vor einem *IPO* oder *Trade Sale* steht. Einerseits erfolgen solche Engagements aufgrund des geringeren Risikos zu vergleichsweise ungünstigen Konditionen und führen zu einer relativ niedrigen Rendite; andererseits wird das *VC*-Fondsmanagement mit dem erfolgreichen Unternehmen assoziiert und kann die eigene Exit-Bilanz verbessern. Da die Anzahl erfolgreich abgeschlossener Beteiligungen von Investoren ebenfalls als Kriterium bei der Auswahl von *VC*-Fonds herangezogen wird,[169] kann sich ein derartiges Investment für die *VC*-Gesellschaft im Hinblick auf das *Fundraising* für neue Fonds dennoch auszahlen.

---

[165] GOMPERS/LERNER (1998) „find that firm performance has a dramatic effect on fundraising." GOMPERS, P. A./LERNER, J. (1998), S. 28.

[166] Vgl. BAUMGÄRTNER, C. (2005), S. 133.

[167] SAHLMAN, W. A./STEVENSON, H. H. (1985) beschreiben in ihrer Arbeit zur Kapitalmarkt-Myopie, dass kollektives irrationales Investorenverhalten zur Überfinanzierung und Überbewertung von Unternehmen einzelner Branchen führen kann und damit langfristig attraktive Kapitalerträge zunichte macht. Vgl. ebenda, S. 8ff.

[168] Vgl. LAKONISHOK, J. ET AL. (1991), S. 227ff.

[169] Vgl. TAUSEND, C. (2006), S. 76.

(3) Ein weiteres, weniger häufig zitiertes Motiv für die Bildung von Syndikaten stellt die **Stärkung der Netzwerkposition**[170] dar. Dies geschieht jedoch nicht zum Selbstzweck; von den zeit- und kostenintensiven Investitionen in die persönlichen Kontaktnetzwerke versprechen sich *VC*-Gesellschaften vielmehr eine bessere Versorgung mit erfolgsrelevanten Informationen und Ressourcen, die ihnen nachhaltige Wettbewerbsvorteile verschaffen sollen. Eine strenge Zugangskontrolle zu den Netzwerken ermöglicht es den etablierten *VC*-Firmen außerdem, ihre zentralen Positionen zu behaupten und hohe Eintrittsbarrieren für neue VCG aufzubauen.[171]

Der Venture-Capital-Markt ist von Unsicherheit, Intransparenz und Knappheit an kritischen Ressourcen geprägt. Um mehr Transparenz zu schaffen und rare Ressourcen zu erschließen, die oft nur anderen VCG zur Verfügung stehen, setzen Wagniskapitalgeber auch auf Kooperationen mit Ihresgleichen. Im Rahmen von Syndizierungen errichten sie persönliche VCG-Netzwerke, innerhalb derer unterschiedlichste Informationen und Ressourcen ausgetauscht werden. Im Fokus stehen zum einen die Erhöhung des eigenen *Deal Flow* durch gegenseitiges Anbieten attraktiver Beteiligungsoptionen[172] sowie die Verbesserung der Selektion von Portfoliounternehmen durch Austausch von spezifischem, entscheidungsrelevantem Wissen[173] und unabhängige Bewertungen seitens mehrerer *VC*-Investoren.[174] Zum anderen zielen diese Aktivitäten auf eine Optimierung der Wertschöpfung in den Beteiligungsunternehmen durch die wechselseitige Vermittlung von Kontakten und relevanten Erfahrungen, die reziproke Bereitstellung von Management-Ressourcen sowie die Sicherstellung von Anschlussfinanzierungen über Syndikatspartner.[175] Allerdings hängen sowohl Quantität als auch Qualität der Informationen und Ressourcen, auf die ein Wagniskapitalgeber über sein Netzwerk zugreifen kann, von Eigenschaften seiner Kontakte

---

170 Im Rahmen der Netzwerkanalyse werden zwei Typen von Netzwerken unterschieden. Zum einen stehen egozentrische bzw. persönliche Netzwerke (*Personal Networks*) im Fokus, bei denen die Beziehungen von Einzelpersonen oder Organisationen Gegenstand der Analyse sind. Zum anderen werden soziozentrische Netzwerke bzw. Gesamtnetzwerke (*Whole Networks*) betrachtet, die die Beziehungen zwischen den Akteuren einer geschlossenen Gruppe in den Mittelpunkt stellen.

171 Vgl. SEPPÄ, T. J. (2003), S. 147ff.

172 LERNER (1994) argumentiert, dass VCG ihre Wettbewerber zu Co-Investitionen einladen in der Erwartung, dass diese sich künftig erkenntlich zeigen und ein Angebot erwidern. Vgl. LERNER, J. (1994), S. 18.

173 VCG spezialisieren sich tendenziell auf einzelne Industrien und Geographien. Über den Austausch von Informationen mit ihren Syndikatspartnern können sie die eigenen Grenzen jedoch überwinden und relevante Erkenntnisse heranziehen. Vgl. SORENSON, O./STUART, T. E. (2001), S. 1546ff.

174 Wenn *VC*-Geber ihre positive Einschätzung hinsichtlich einer Beteiligungsmöglichkeit mit der Beurteilung unabhängiger potentieller Co-Investoren abgleichen und nur bei Konsens Kapital bereitstellen, können sie die Qualität ihrer Investitionsentscheidung signifikant verbessern. Vgl. SAH, R. K./STIGLITZ, J. E. (1986).

175 Vgl. HOCHBERG, Y. V. ET AL. (2007), S. 252.

und der Art der Beziehungen ab. Die Anzahl an Syndikatspartnern einer VCG[176] bestimmt dabei die Breite der eigenen Informations- und Ressourcenbasis. Doch nicht allein die Größe des persönlichen Netzwerks entscheidet über den Zufluss an relevanten Fakten, auch die Einbindung ihrer Kontakte in das Gesamtnetzwerk[177] spielt eine bedeutende Rolle.[178] Weitere Charakteristika der Syndikatspartner wie *Track Record*, Reputation und Status bestimmen darüber hinaus die zu erwartende Qualität der ausgetauschten Informationen und Ressourcen. So betreiben etablierte *VC*-Geber mit überdurchschnittlicher *Performance* und hohem Ansehen ein umfangreicheres *Fundraising*,[179] verzeichnen einen höherwertigen *Deal Flow*, verhandeln attraktivere Beteiligungskonditionen,[180] beschäftigen qualifiziertere *Investment Professionals* und realisieren deutlich höhere Exit-Quoten.[181] Vor diesem Hintergrund sollte eine *VC*-Gesellschaft beim Aufbau ihres Netzwerks die Auswahl geeigneter Co-Investoren sehr sorgfältig treffen, stellt die Entscheidung doch einen der erfolgskritischsten Aspekte im Venture-Capital- bzw. Private-Equity-Geschäftsmodell dar.[182]

Intensität und Richtung der Beziehungen zu ihren Netzwerkkontakten beeinflussen wiederum die Wahrscheinlichkeit, dass eine VCG bei der Zuteilung von Informationen und Ressourcen berücksichtigt wird. So werden Syndikatspartner relevante Fakten und kritische Ressourcen bevorzugt solchen *VC*-Gebern zukommen lassen, mit denen sie ein enges Vertrauensverhältnis verbindet.[183] Unter der Annahme, dass VCG Syndizierungsangebote anderer Wagniskapitalgeber zu einem späteren Zeitpunkt erwidern, spielt außerdem das Verhältnis von initiierten zu akzeptierten Syndikaten[184] eine Rolle. Haben *VC*-Geber ihre Netzwerkkontakte in der Vergangenheit vergleichsweise häufig zu gemeinsamen Investitionen eingeladen, erhöht dies die Wahrscheinlichkeit, dass sich einer der Syndikatspartner revanchiert.[185]

---

176 HOCHBERG ET AL. (2007) kommen in ihrer Arbeit zu dem Schluss, dass VCG nicht beliebig große Netzwerke aufbauen, sondern „repeatedly coinvest with a small set of other VCs", was für relativ exklusive und stabile Beziehungen spricht. Ibid., S. 265.

177 Vgl. Fußnote 170.

178 Diesen Aspekt versucht die Maßzahl der Eigenvektor-Zentralität in der Graphentheorie zu erfassen. Vgl. BONACICH, P. (1987).

179 Vgl. LAINE, M./TORSTILA, S. (2004), S. 2f.

180 Vgl. HSU, D. H. (2004), S. 1807.

181 LAINE/TORSTILA (2004) stellen in ihrer Untersuchung bereits geschlossener US-amerikanischer *VC*-Fonds fest, dass große angesehene *VC*-Geber einen signifikant höheren Anteil ihrer Portfoliounternehmen über einen Börsengang (*IPO*), einen Unternehmensverkauf (*Trade Sale*) oder hybride Formen dieser beiden Exit-Kanäle veräußern. Vgl. ebenda, S. 3.

182 Vgl. FRIEDRICH, A. (2005), S. VII.

183 Vgl. SORENSON, O./STUART, T. E. (2001), S. 1559.

184 Die Graphentheorie unterscheidet in diesem Kontext zwischen den Maßzahlen Ausgangs- und Eingangsgrad.

185 Vgl. PISKORSKI, M. J. (2004).

Zusammenfassend soll an dieser Stelle festgehalten werden, dass ein umfangreiches persönliches Netzwerk mit engen Kontakten zu angesehenen, gut verdrahteten *VC*-Gebern bzw. eine zentrale Position im VCG-Netzwerk nachhaltige Wettbewerbsvorteile verschafft, da es eine bessere Versorgung mit kritischen Informationen und Ressourcen gewährleistet.[186] SEPPÄ (2003) kommt in seiner Untersuchung zu dem Ergebnis, dass die Zentralität eines Wagniskapitalgebers im VCG-Netzwerk maßgeblich seine künftige Position beeinflusst und ebenfalls zu seinem Erfolg beiträgt.[187]

(4) Darüber hinaus kann Syndizierung als Instrument eingesetzt werden mit dem Ziel, eine **Erhöhung der Markteintrittsbarrieren** herbeizuführen.

Etablierte VCG verfolgen auch Strategien, um Wettbewerber vom Eintritt in ihren (lokalen) *VC*-Markt abzuhalten. Denn das Auftreten neuer Konkurrenten resultiert in einer Schwächung der eigenen Verhandlungsposition gegenüber potentiellen Beteiligungsunternehmen und hat damit eine Verschlechterung der Beteiligungskonditionen und erwarteten Investment-Rendite zur Folge. Um eine Erosion der eigenen Stellung begrenzen bzw. zu verhindern, bedienen sich die eingesessenen VCG auch des Mittels einer gezielten selektiven Syndizierung.

Grundsätzlich bestehen keine natürlichen oder gesetzlichen Markteintrittsbarrieren, die einer Niederlassung als Wagniskapitalgeber im Wege stehen. Allerdings setzt ein erfolgreiches Engagement in einer vergleichsweise intransparenten Branche wie dem *Venture Capital* voraus, dass der Investor Zugang zu attraktiven Beteiligungsopportunitäten erhält, er die Wertsteigerung seiner Portfoliounternehmen zielführend vorantreibt und sie abschließend lukrativ veräußern kann. Um attraktive Investitionsmöglichkeiten realisieren zu können, sollte sich eine VCG zum einen gegenüber Entrepreneuren (und potentiellen Co-Investoren) als vertrauenswürdiger attraktiver Financier am Markt positionieren (reaktiver Ansatz) und zum anderen einen regen Zufluss an Informationen über Unternehmer, Geschäftsideen und relevante Trends sicherstellen (proaktives Vorgehen). Zur Maximierung der Wertschöpfung in den Beteiligungen ist ein *VC*-Geber darauf angewiesen, neben eigenen Finanzmitteln und Managementkapazitäten auch fremde Expertise, Erfahrung und Kontakte zu mobilisieren. Auch die Wahrscheinlichkeit eines erfolgreichen Exits von Portfoliounternehmen lässt sich erhöhen, wenn mehrere *VC*-Investoren ihre komplementären Netzwerke zur Identifikation und Überzeugung möglicher Interessenten nutzen.

Aus der Notwendigkeit, eine solide Marktposition aufzubauen, sich Zugang zu relevanten Informationen zu verschaffen und externe Ressourcen zu erschließen, erwachsen einer neuen VCG im Vergleich zu etablierten Wettbewerbern bereits Zeit- und Kostennachteile, die durch externe Effekte der Netzwerk-Aktivitäten bestehender *VC*-Geber aber noch verstärkt werden.[188] So tauschen letztere routinemäßig innerhalb ihrer Netzwerke und Syndikate interessante Informationen, *Deal Flow*, Expertise, Erfahrungen, Kontakte und

---

[186] Vgl. SEPPÄ, T. J. (2003), S. 174f.

[187] Vgl. Ibid.

[188] Vgl. HOCHBERG, Y. V. ET AL. (2009), S. 1f.

Kapital aus, die Neueinsteigern damit vorenthalten bleiben. Um zusätzliche Hürden aufzubauen, können etablierte VCG neuen Konkurrenten sowie all ihren Partnern darüber hinaus die Kooperation und Teilnahme an deren Syndikaten versagen, was eine Finanzierung gerade größerer Transaktionen erheblich erschweren oder gar unmöglich machen kann. Auch dass das Ausmaß der Zusammenarbeit unter (etablierten) *VC*-Gebern die Wettbewerbsintensität reduziert, haben HOCHBERG ET AL. (2009) herausgefunden. Sie konstatieren, dass, je dichter ein Netzwerk ist, desto niedriger fallen die Bewertungen der Wachstumsunternehmen aus.[189]

2.2.4.2 Direkte positive Effekte der Syndizierung auf Beteiligungsebene

In den Bereich positiver Syndizierungseffekte, die sich primär auf Ebene der Portfoliounternehmen niederschlagen, fallen die Vorzüge

- eines umfangreicheren attraktiven *Deal Flow* (1) und
- einer besseren gemeinsamen Selektion (2) von Portfoliounternehmen
- einer breiteren Basis verfügbarer Ressourcen (3) und
- verbesserter Möglichkeiten der vereinten Wertschöpfung (4).

Diese Aspekte beruhen weitestgehend auf Ansätzen der Ressourcentheorie und führen den Mehrwert einer Syndizierung für ihren Initiator zurück auf die Möglichkeit, wertvolle, firmenspezifische, unvollständig imitierbare und nicht substituierbare Ressourcen seiner Syndikatspartner für die eigenen Beteiligungen mobilisieren zu können.

(1) Die Wertschöpfung einer Venture-Capital-Gesellschaft besteht darin, Unternehmen in frühen Entwicklungsphasen mit Eigenkapital zu versorgen, deren Business-Pläne in ein tragfähiges, profitables Geschäftsmodell zu überführen und dessen Implementierung zu forcieren. Für diesen „Produktionsprozess" benötigt eine Venture-Capital-Gesellschaft verschiedene Inputfaktoren, darunter Kapital, Erfahrung im Aufbau von Unternehmen, Managementkapazität, ein umfangreiches Expertennetzwerk sowie Kontakte zu Entrepreneuren mit aussichtsreichen Geschäftsideen. Weil Unternehmer mit guten Konzepten jedoch häufig Mangelware sind, stellt die Suche nach attraktiven Investitionsmöglichkeiten eine große Herausforderung für *VC*-Geber dar.

Um dieses Problem zu lösen, verfolgen VCG zur Steigerung des ***Deal Flow*** sowohl einen aktiven als auch einen passiven Ansatz.[190] Die aktive Suche ist mit einem hohen Zeitaufwand verbunden, denn zum einen muss ein konstanter Zufluss an Geschäftsideen sichergestellt werden, was die Erschließung und kontinuierliche Überwachung einer Vielzahl relevanter Informationsquellen für Beteiligungsoptionen erfordert. Quantität und Qualität dieses Inputs sind dabei Grundvoraussetzungen für erfolgreiche Investitionen.[191] Zum anderen müssen sämtliche Beteiligungsanfragen im Rahmen des *Screening*-Prozesses

[189] Vgl. Ibid., S. 4f.
[190] Vgl. NATHUSIUS, E. (2005), S. 89.
[191] Vgl. MANIGART, S. ET AL. (2006), S. 134.

einer Grobanalyse unterzogen werden, in der das jeweilige Erfolgspotential bestimmt wird. Erscheint eine Investition vielversprechend und bestehen keine Interessenkonflikte mit anderen Portfoliounternehmen, wird im Folgenden seitens der VCG eine intensivere Prüfung angestrebt. Der passive Ansatz beruht darauf, dass sich ein Venture-Capital-Investor von seinen Syndikatspartnern oder anderen *VC*-Gebern zu potentiell attraktiven Beteiligungen[192] einladen lässt, sei es in Erwiderung vorangegangener Einladungen[193] oder in Anerkennung vorhandener Kompetenzen und kritischer Ressourcen. Ein maßgeblicher Vorteil des passiven Ansatzes besteht darin, dass sich der eingeladene Co-Investor den kostenintensiven Suchprozess erspart, aber dennoch von der Investition profitieren kann. Um die Erfolgsaussichten dieser Methode zu erhöhen, muss eine VCG anderen Wagniskapitalgebern jedoch kontinuierlich aussichtsreiche Syndizierungsangebote unterbreiten oder über wichtige, unvollständig imitierbare, nicht substituierbare Ressourcen verfügen.

Solch ein zweigleisiges Vorgehen hilft einem *VC*-Investor, Schwankungen im eigenen *Deal Flow* zumindest bedingt auszugleichen.[194] Denn über Syndizierungen erschließen sich den teils in mehrfacher Hinsicht spezialisierten Wagniskapitalgebern neue Opportunitäten jenseits des eigenen Anlagehorizonts, wodurch sie ihren Investitionsfokus erweitern.[195]

MANIGART ET AL. (2006) haben in ihrer Studie herausgefunden, dass die Bedeutung des *Deal Flow*-Motivs auch von der Größe eines *VC*-Fonds abhängig ist. Um das zugesagte Kapital gewinnbringend anlegen zu können, bedürfen größere *VC*-Investoren ceteris paribus eines umfangreicheren Zuflusses an attraktiven Beteiligungsmöglichkeiten als ihre kleineren Wettbewerber.[196]

---

[192] In der *VC*-Literatur ist nach wie vor umstritten, ob die Qualität der zur Syndizierung angebotenen Investitionen eher als durchschnittlich oder überdurchschnittlich einzustufen ist. So argumentieren BRANDER, J. A. ET AL. (2002) einerseits, dass Venture-Capital-Geber als renditeorientierte Anleger kein Interesse daran haben können, besonders vielversprechende Beteiligungen gemeinsam zu finanzieren, da ihnen auf diese Weise Kapitalgewinne entgehen. In der Konsequenz dürften auf dem Syndizierungsmarkt nur mittelmäßige *Deals* angeboten werden, was gleichzeitig eine weniger gute Performance von Co-Investitionen implizieren würde. Andererseits konnte ein schlechteres Abschneiden von Portfoliounternehmen mit mehreren Venture-Capital-Gebern in empirischen Untersuchungen bislang nicht eindeutig nachgewiesen werden (vgl. LERNER, J. (1994); LEHMANN, E. E./BOSCHKER, K. (2002); BRANDER, J. A. ET AL. (2002); SEPPÄ, T. J. (2003); DIMOV, D. P./DE CLERCQ, D. (2006); HOCHBERG, Y. V. ET AL. (2007)). Mögliche Erklärungen hierfür könnten sein, dass VCG in Erwartung gleichwertiger Angebote tendenziell überdurchschnittlich erfolgversprechende Beteiligungen syndizieren, oder dass Syndikate eine signifikant höhere Wertschöpfung realisieren als Einzelinvestoren. Vgl. NATHUSIUS, E. (2005), S. 92f.

[193] Vgl. PISKORSKI, M. J. (2004), S. 4.

[194] MANIGART ET AL. (2006) bemerken in diesem Zusammenhang: „The reciprocation of syndicated deals between VC firms means that deal flow can be maintained even when an individual VC firm may not be the originator of the deal (Bovaird, 1990)." MANIGART, S. ET AL. (2006), S. 134.

[195] SORENSON/STUART (2001) konnten diesen Effekt in ihrer Studie sowohl für die Dimension Geographie als auch Industrie belegen. Vgl. SORENSON, O./STUART, T. E. (2001), S. 1584.

[196] Vgl. MANIGART, S. ET AL. (2006), S. 143ff.

(2) Ist es einer VCG gelungen, einen stabilen umfangreichen *Deal Flow* zu erschließen, liegt die Priorität im nächsten Schritt darauf, zielsicher eine **Selektion** der besten Beteiligungsangebote vorzunehmen. Hierbei handelt es sich jedoch um keine triviale Aufgabe, da sich das Venture-Capital-Geschäft in hohem Maße durch ex-ante Risiken und asymmetrische Informationsverteilung auszeichnet. Die Unsicherheiten können sich dabei auf zahlreiche, unterschiedliche Bereiche erstrecken wie die künftige Entwicklung von Markt oder Technologie, vorhandene Kompetenzen des Wachstumsunternehmens oder Fähigkeiten des Managements. Um einen Großteil bestehender Risiken zu erkennen, greifen Wagniskapitalgeber auf einen sophistizierten Prozess zurück, während dessen sie die Beteiligung im Vorfeld einer potentiellen Finanzierungszusage intensiv prüfen. Doch trotz einer gründlichen *Due Diligence* werden die tatsächlichen Eigenschaften und Perspektiven eines Portfoliounternehmens immer erst ex-post offenbar.

In der Sprache des *Resource-based View* verfügt jedes Unternehmen über eine einzigartige Ausstattung an Ressourcen, deren effektiver, effizienter Einsatz und Kombination nachhaltige Wettbewerbsvorteile verschaffen und damit den wirtschaftlichen Erfolg des Unternehmens maßgeblich beeinflussen.[197] Übertragen auf eine *Due Diligence* im Venture-Capital-Bereich bedeutet dies, dass jede VCG in Abhängigkeit ihrer individuellen Ressourcennutzung einen mehr oder minder großen Teil der bestehenden Informationsasymmetrien abbauen kann. Bringen nun mehrere *VC*-Geber ihre speziellen komplementären Ressourcen, Fähigkeiten und Kompetenzen in den Bewertungsprozess eines potentiellen Portfoliounternehmens ein, sollten Umfang und Tiefgang sowohl der Informationsbasis als auch der Analyse zunehmen und die Qualität der Beurteilung dadurch verbessern. NATHUSIUS (2005) nennt als Beispiel die Syndizierung einer Corporate-Venture-Capital-Gesellschaft mit einem unabhängigen, renditeorientierten Wagniskapitalgeber. Während erstere dazu prädestiniert ist, unter Hinzuziehung der erforderlichen Expertise des Mutterkonzerns die Technologieaspekte des betreffenden Wachstumsunternehmens zu begutachten, liegen die Stärken des letzteren tendenziell im Wissen um die betriebswirtschaftliche Bewertung einer Beteiligung.[198]

Neben der Argumentation des Ressourcen-basierten Ansatzes sprechen modelltheoretische Überlegungen von SAH/STIGLITZ (1986) für eine überlegene Entscheidungsfindung von mehreren unabhängigen Individuen. Bei ihrem Vergleich von Entscheidungsergebnissen in Abhängigkeit von der Entscheidungsarchitektur[199] kommen die Autoren zu dem Schluss, dass die hierarchische der polyarchischen Struktur überlegen ist. Während (Investitions-) Entscheidungen in Hierarchien nämlich von allen Beteiligten getragen werden müssen, genügt in Polyarchien die Zustimmung eines einzelnen Entscheidungsträgers. Da ein Beschluss im ersten Fall somit auf einer insgesamt breiteren Wissensgrundlage gefällt wird,

---

[197] Vgl. PENROSE, E. E. (1959), S. 75f.; HABANN, F. (2001), S. 2.

[198] Vgl. NATHUSIUS, E. (2005), S. 94f.

[199] SAH/STIGLITZ (1986) unterscheiden in diesem Zusammenhang zwischen den zwei Extremen einer Hierarchie und einer Polyarchie. Vgl. SAH, R. K./STIGLITZ, J. E. (1986), S. 716f.

lassen sich Fehlentscheidungen besser vermeiden.[200] Bezogen auf die Beteiligungsprüfung im *VC*-Kontext entspricht die *Due Diligence* durch eine einzelne VCG der polyarchischen Variante, während die hierarchische Variante ihre Entsprechung in einer syndizierten Investitionsentscheidung findet. Im Vorfeld einer Syndizierung legt der Lead-Investor potentiellen Co-Investoren Informationen über ein Beteiligungsobjekt vor, damit diese sich ein unabhängiges Urteil über die Erfolgsaussichten des betreffenden Unternehmens bilden. Zusätzliche Informationen möglicher Syndikatspartners können sich insbesondere dann als hilfreich erweisen, wenn der Lead-Investor allein zu keiner eindeutigen Entscheidung gelangt ist.[201] Stimmen andere *VC*-Geber mit komplementären Fähigkeiten nach eigener Prüfung der gemeinsamen Investition zu, ist die Wahrscheinlichkeit einer Fehlinvestition entsprechend geringer.

Insofern kann eine Syndizierung von Venture-Capital-Investitionen in der *Due Diligence*-Phase zu einer besseren Selektion aussichtsreicher Beteiligungen[202] bzw. Vermeidung falscher Investitionsentscheidungen (*Adverse Selection*) beitragen. Die Bedeutung dieses Syndizierungsmotivs nimmt jedoch im Laufe der Entwicklung eines Unternehmens infolge sinkender Unsicherheit und Informationsasymmetrie ab.

Ähnlich wie die Rationale bezüglich eines umfangreicheren *Deal Flow* und verbesserter Selektion leiten sich die Vorteile einer Syndizierung hinsichtlich einer breiteren Ressourcenbasis und verbesserter Möglichkeiten der vereinten Wertschöpfung von der Theorie des *Resource-based View* ab.[203]

(3) Ansatzpunkte sind zum einen die allgemeine Knappheit kritischer Ressourcen in der Venture-Capital-Branche[204] und zum anderen die Spezialisierung der einzelnen *VC*-Geber, die das Problem im Einzelfall noch verschärfen kann. Den Bedarf an spezifischen Ressourcen für das ex-post Management[205] ihrer Portfoliounternehmen kann eine VCG entweder allein, durch Hinzuziehen externer Branchenspezialisten oder aber durch Syndikatspartner decken.[206] Die Syndizierung von *VC*-Investitionen kann auch hier - zumindest teilweise - Abhilfe schaffen, indem sie zur Verbreiterung und Vertiefung der einer Beteiligung verfügbaren **Ressourcenbasis** beiträgt.[207] Um den Mehrwert einer Syndizierung zu maximieren, muss der Lead-Investor darauf achten, die individuellen Ressourcenausstattungen der Co-Investoren so zu kombinieren, dass substitutive und komplementäre

---

[200] Vgl. Ibid., S. 720.

[201] Vgl. BRANDER, J. A. ET AL. (2002).

[202] Vgl. LERNER, J. (1994), S. 17.

[203] Vgl. Unterkapitel 3.1.

[204] Vgl. GIFFORD, S. (1997).

[205] Vgl. SAPIENZA, H. J. ET AL. (1996).

[206] Vgl. BRANDER, J. A. ET AL. (2002).

[207] Vgl. LOCKETT, A./WRIGHT, M. (2001), S. 378.

Elemente die eigenen Kompetenzen bestmöglich ergänzen.[208]

(4) Unter Rückgriff auf diesen Fundus versuchen VCG in der Phase der Managementunterstützung[209], die Entwicklung ihrer Portfoliounternehmen zu forcieren.[210] Zur Erhöhung der **Wertschöpfung** ergreifen sie je nach Bedarf verschiedene Maßnahmen wie ein kontinuierliches *Monitoring* der operativen und finanziellen *Performance*, die Bereitstellung benötigter Finanzmittel, die Diskussion strategischer oder finanzwirtschaftlicher Fragestellungen mit dem Management, Hilfe bei der Führungspersonalbeschaffung oder die Vermittlung professioneller Kontakte (Geschäftspartner, Investment-Banken, Rechtsanwälte, Unternehmensberater, Wirtschaftsprüfer).[211] Gewöhnlich liegen Initiative und Hauptverantwortung für die Wertschöpfung innerhalb der gemeinsamen Beteiligung beim Lead-Investor, nicht zuletzt weil er unter allen *VC*-Gebern in der Regel den größten Anteil am Eigenkapital des Portfoliounternehmens hält.[212] Im Gegensatz zu seinem aktiven Engagement verhalten sich Co-Investoren tendenziell passiv und bringen ihre Kapazitäten primär auf Anfrage des Lead-Investors ein. Die Betreuungsintensität durch den Lead-Investor selbst hängt aber auch von verschiedenen Faktoren ab, u. a. seiner Beteiligungsstrategie, seiner Erfahrung und seinem Fondsvolumen, der Entwicklungsphase des Portfoliounternehmens oder dessen Innovationsgrad.[213]

Aufgrund der beschriebenen Rollenverteilung zwischen Lead- und Co-Investoren ist das *Value Adding*-Motiv für die selbst eher zurückhaltend agierenden Syndikatspartner von vergleichsweise hoher Bedeutung.[214]

Zur Beendigung der Beteiligung und Erzielung eines attraktiven Return on Investment kann das Portfoliounternehmen entweder im Rahmen eines *IPO* an die Börse gebracht oder an einen interessierten (strategischen) Investor veräußert werden.[215] Auch in diesem Kontext kann eine Syndizierung vorteilhaft sein, denn einesteils erfüllt jede beteiligte VCG eine (inkrementelle) Zertifizierungsfunktion, was sich bei einem Börsengang in einem geringeren

---

[208] MAULA/MURRAY (2001) weisen auf die komplementären Ressourcen und Wertschöpfungspotentiale unabhängiger renditeorientierter VCG einerseits und *VC*-Einheiten von Großunternehmen andererseits hin. In ihrer Untersuchung stellen sie fest, dass gemeinsame Investitionen von mehreren CVCG unter Beteiligung unabhängiger *VC*-Geber die beste Performance aufweisen. Vgl. MAULA, M. V. J./MURRAY, G. (2001), S. 164f.

[209] Vgl. Abschnitt 2.1.3.

[210] Vgl. SAHLMAN, W. A. (1990); GORMAN, M./SAHLMAN, W. A. (1989); LERNER, J. (1995); MACMILLAN, I. C. ET AL. (1989), S. 27ff.; SAPIENZA, H. J. (1992); SAPIENZA, H. J. ET AL. (1996).

[211] Vgl. GORMAN, M./SAHLMAN, W. A. (1989), S. 242; MACMILLAN, I. C. ET AL. (1989), S. 31ff.

[212] Vgl. WRIGHT, M./LOCKETT, A. (2003), S. 2073.

[213] Vgl. ELANGO, B. ET AL. (1995), S. 158; MACMILLAN, I. C. ET AL. (1989), S. 27.

[214] Vgl. MANIGART, S. ET AL. (2006), S. 136f.

[215] Daneben bestehen auch andere Alternativen, ein Engagement aufzulösen, wie ein *Secondary Sale*, ein *Buy-back* oder aber die Liquidierung; doch diese Exit-Optionen bieten zumeist keine lukrativen Renditen. Vgl. Abschnitt 2.1.3.

Underpricing[216] äußert.[217] Das Ausmaß der Zertifizierung einer beteiligten VCG hängt jedoch in nicht unerheblichem Maße von ihrer Reputation ab, d. h. je besser der Ruf eines *VC*-Investors, desto höher die Signalwirkung seines Engagements. Andernteils ist sowohl bei einem *IPO* als auch bei einem *Trade Sale* ein weitreichendes Kontaktnetzwerk gefragt, um erfahrene Investment-Banken, Rechtsanwälte, Wirtschaftsprüfer und andere Berater für den Verkaufsprozess zu gewinnen sowie ggf. potentielle Käufer zu identifizieren. Sich ergänzende Kontaktnetzwerke der Syndikatspartner erhöhen somit die Chancen für einen erfolgreichen Exit, was eine Verbesserung des *Track Record* mit sich bringt.

Neben den bereits erläuterten Motiven einer Syndizierung werden in der Literatur vereinzelt noch weitere Gründe genannt. Darunter fällt u. a. die Argumentation von ADMATI/PFLEIDERER (1994), die darlegen, dass opportunistisches Verhalten seitens bereits beteiligter VCG im Rahmen von Folgefinanzierungen nur dann ausgeschlossen werden kann, wenn sie einen konstanten Eigenkapitalanteil behalten. Denn in diesem Fall besteht für die Altinvestoren kein Interesse, ihren Informationsvorsprung gegenüber neuen *VC*-Gebern auszunutzen und Wert des Portfoliounternehmens falsch anzusetzen. Daraus folgt, dass spätere Finanzierungsrunden syndiziert werden müssen.[218]

MANIGART ET AL. (2006) arbeiten in ihrer Studie zum Syndizierungsverhalten europäischer Venture-Capital-Gesellschaften heraus, welche Rolle die Syndizierungsmotive für einzelne Wagniskapitalgeber spielen, und zwar in Abhängigkeit von Fondsvolumen, Spezialisierungsgrad, Finanzierungsphasenfokus oder Rolle im Syndikat. Die Autoren kommen dabei zu dem Ergebnis, dass sowohl für Früh- als auch für Spätphasenfinanciers die bessere Portfoliodiversifikation vor einem gesteigerten *Deal Flow* das zentrale Motiv ist. Während die verbesserte Selektion und Wertschöpfung bei Frühphaseninvestoren eine vergleichbare Rolle wie der *Deal Flow* einnehmen, ist die überlegene Auswahl von Beteiligungen für Spätphaseninvestoren von signifikant geringerer Bedeutung als das *Value Adding*, das wiederum dem *Deal Flow* nachsteht. Großen VCG geht es weniger um die Risikodiversifizierung als um eine größere Wahl an Beteiligungsoptionen. Spezialisierte Frühphasenfinanciers erhoffen sich in einem geringeren Maße Unterstützung bei der Selektion attraktiver Portfoliounternehmen als Generalisten.[219]

---

216 Als *Underpricing* wird die Differenz zwischen Emissionskurs und Erstnotiz einer neu emittierten Aktie bezeichnet. Je größer die Diskrepanz der beiden Werte, desto höher waren der Abschlag auf den Unternehmenswert und damit die Mindereinnahmen für die Altaktionäre. Vgl. BEATTY, R. P./ RITTER, J. R. (1986).

217 Vgl. STUART, T. E. ET AL. (1999); CHOWDHRY, B./NANDA, V. (1996); MEGGINSON, W. L./ WEISS, K. A. (1991).

218 Vgl. ADMATI, A. R./PFLEIDERER, P. (1994); LERNER, J. (1994), S. 16.

219 Vgl. MANIGART, S. ET AL. (2006), S. 143ff.

2.2.5 *Negative Effekte der Syndikatsbildung*

Die im vorigen Unterkapitel geschilderten Motive bzw. Vorteile einer Syndizierung erkauft sich ein Lead-Investor natürlich für einen Preis. So überlässt er zunächst seinen Co-Investoren Anteile an einem aussichtsreichen Portfoliounternehmen und verringert damit seinen potentiellen *Capital Gain*.[220] Darüber hinaus entstehen beiden Seiten gemäß der Transaktionskostentheorie Kosten im Zusammenhang mit Vorbereitung, Durchführung und Beendigung einer Syndizierung. Gleichzeitig begeben sich die Syndikatspartner in ein wechselseitiges Abhängigkeitsverhältnis, was laut *Principal-Agent*-Theorie zu Konflikten führen kann. Im Folgenden werden daher mögliche Probleme, Kosten und etwaige Gegenmaßnahmen aus Sicht der beiden Theorieansätze diskutiert.

Die Transaktionskostentheorie[221] basiert auf der Annahme, dass im Rahmen von Austauschbeziehungen zwischen mehreren Parteien Kosten anfallen.[222] Dem Grundgedanken der Theorie entsprechend können durch eine Minimierung dieser Transaktionskosten effiziente Institutionen geschaffen werden.

Dabei wird zwischen ex-ante-Transaktionskosten im Zusammenhang mit Anbahnung und Vereinbarung von Leistungsbeziehungen und ex-post-Transaktionskosten in Hinblick auf Abwicklung, Kontrolle und etwaige Anpassung derselben unterschieden.[223] WILLIAMSON (1985) nennt drei Faktoren, welche die Kosten einer Austauschbeziehung wesentlich beeinflussen: Spezifität, Unsicherheit und Häufigkeit der Transaktion. Mit steigendem Grad der Unsicherheit und Spezifität einer Leistungsbeziehung nehmen Risiko und gegenseitige Abhängigkeit der Vertragspartner zu, was die Kosten in die Höhe treibt. Eine höhere Frequenz der Transaktion wirkt sich dagegen kostensenkend aus.

Bezogen auf die Syndizierung von Venture-Capital-Investitionen lassen sich eine hohe Spezifität, ein hohes Maß an Unsicherheit und eine geringe Häufigkeit der Transaktion feststellen - Charakteristika, die allesamt für signifikante Kosten sprechen.

Im ersten Schritt entstehen bei der Anbahnung einer gemeinsamen Investition Kosten für die Suche nach und Beschaffung von Informationen über potentielle Syndikatspartner. Da die Informationslage hinsichtlich privater *VC*-Unternehmen eher dürftig ist, bedeuten Identifikation und Beurteilung möglicher Co-Investoren einen hohen Aufwand für den Lead-Investor - es sei denn, er kann auf frühere Syndikatspartner mit geeignetem Kompetenzprofil zurückgreifen. Im zweiten Schritt verursachen Vertragsformulierung, -verhandlung und Einigung sogenannte Vereinbarungskosten. Trotz existierender Vertragsvorlagen ist jede Syndizierung individuell verschieden, da sowohl Anzahl, Charakteristika, Eigenkapitalanteil, Aufgaben- und Rollenverteilung der Investoren als auch Entwicklungs-

---

[220] Vgl. Ibid., S. 131.

[221] Siehe weiterführend Abschnitt 3.1.5.

[222] Vgl. COASE, R. H. (1937); WILLIAMSON, O. E. (1985).

[223] RICHTER/FURUBOTN (1996) bezeichnen die Kosten eines Leistungsaustauschs, die vor Vertragsschluss entstehen, als ex-ante-Transaktionskosten und solche, die danach anfallen, als ex-post-Transaktionskosten. Vgl. RICHTER, R./FURUBOTN, E. G. (1996), S. 35.

phase, Branche, Eigenschaften, Kapital- und Unterstützungsbedarf des Portfoliounternehmens variieren können. Die Tatsache, dass bei Syndikaten mindestens drei Parteien involviert sind, macht ein komplexeres Vertragswerk mit multilateralen Vereinbarungen erforderlich. Im dritten Schritt fallen während der Abwicklung einer Syndizierung Organisations- und Managementkosten sowie Kontrollkosten für Qualitäts- und Terminüberwachung an. Die Finanzierung eines Wachstumsunternehmens und die damit einhergehende Wertschöpfung hängen maßgeblich von dem aktiven Engagement der Syndikatspartner ab. Damit sämtliche Aktivitäten der Wagniskapitalgeber aber zielführend ineinander greifen, müssen die einzelnen Maßnahmen aufeinander abgestimmt sein und koordiniert erfolgen, was wiederum Zeit- und Kostenaufwand für mitunter langwierige Entscheidungsprozesse mit mehreren Abstimmungsrunden impliziert.[224] Um dann sicherzustellen, dass alle Investoren den ihnen zugedachten Aufgaben auch nachkommen und nicht in ein *Social Loafing*[225] verfallen, sind die Parteien angehalten, einander zu kontrollieren. Außerdem kann eine Anpassung von Elementen der Syndizierungsvereinbarung Kosten für nachvertragliche Verhandlungen nach sich ziehen.

Neben der Transaktionskostentheorie bietet auch die *Principal-Agent*-Theorie[226] Ansätze, potentielle Negativeffekte einer gemeinsamen Investition zu identifizieren. Gegenstand der Theorie ist das Verhältnis zwischen einem Prinzipal (Auftraggeber) und seinem Agenten (Beauftragter). Der Agent handelt im Auftrag des Prinzipals, wobei beide Parteien die Konsequenzen der Entscheidungen des Agenten zu tragen haben.[227] Da alle Akteure allerdings ihren individuellen Nutzen maximieren und die Informationen asymmetrisch zugunsten des Agenten verteilt sind, besteht erhebliches Konfliktpotential zwischen beiden Parteien. So kann der Agent eigene Interessen verfolgen, die denen des Prinzipals entgegenlaufen, ohne dass dieser zwingend davon erfährt. Um opportunistisches Verhalten seitens des Agenten zu unterbinden, ist der Prinzipal bestrebt, durch entsprechende Regelungen und Gestaltungsmöglichkeiten eine weitgehende Ziel- und Interessenkongruenz zu erreichen.[228] Dadurch lassen sich effiziente Beziehungen etablieren.

Übertragen auf den Syndizierungsfall kann die vorvertraglich bestehende Unsicherheit des Lead-Investors bezüglich der Eigenschaften eines potentiellen Co-Investors *(Hidden*

---

[224] Vgl. OZDEMIR, S. Z. (2006), S. 7f. Darüber hinaus können zähe Entscheidungsfindungen und -abstimmungen in Situationen, in denen schnelles Agieren gefragt ist, auch das Risiko für die Beteiligung erhöhen. Vgl. LOCKETT, A./WRIGHT, M. (2001), S. 378.

[225] *Social Loafing* bzw. soziales Faulenzen bezeichnet ein sozialpsychologisch relevantes Phänomen, bei dem Individuen als Teil einer Gruppe eine geringere Motivation aufbringen und sich damit auch in geringerem Umfang für die Zielerreichung einsetzen, als sie dies als „Einzelkämpfer" getan hätten. Voraussetzung einer verminderten Einzelleistung ist aber, dass diese für Außenstehende nicht nachvollziehbar ist. Vgl. HARKINS, S. G./PETTY, R. E. (1982).

[226] Vgl. weiterführend Abschnitt 3.1.6.

[227] Vgl. ROSS, S. A. (1974), S. 215.

[228] Hierunter fällt z.B. die Beteiligung am Eigenkapital des Portfoliounternehmens seitens aller *VC*-Investoren.

Characteristics)[229] zur Wahl eines ungeeigneten Syndikatspartners *(Adverse Selection)*[230] führen. In diesem Fall könnten die erhofften positiven Effekte der Syndizierung möglicherweise ausbleiben, die erhöhten Kosten aber anfallen. Umgekehrt kann ein möglicher Co-Investor eine gemeinsame Beteiligung ausschlagen, wenn er befürchtet, dass der Altinvestor seinen Informationsvorsprung[231] opportunistisch ausnutzt und einen überhöhten Unternehmenswert ansetzt.[232] Durch die Mechanismen des *Screening* und *Signaling* können Lead- respektive Co-Investoren jedoch zum Abbau des Informationsgefälles beitragen und einer Fehlentscheidung vorbeugen.

Neben dieser ex-ante Informationsasymmetrie ergeben sich nachvertraglich auch Unsicherheiten hinsichtlich des Verhaltens von Syndikatspartnern. Hierbei unterscheidet die Theorie zwischen *Hidden Action* und *Hidden Intention*. Der erste Fall bezieht sich auf den Umstand, dass das Verhalten der Investoren durch ihre Partner nicht vollständig überprüfbar ist.[233] Die daraus erwachsenden Handlungsspielräume können vom Agenten opportunistisch ausgenutzt werden *(Moral Hazard)*.[234] So mag ein Syndikatsmitglied seinen Einsatz z. B. zugunsten der Wertschöpfung im Portfoliounternehmen reduzieren oder gar einstellen *(Shirking)*,[235] wenn sein Zusatznutzen aus anderweitigen Anstrengungen oder Freizeit das Grenzleid einer geringeren Wertschöpfung übersteigt. Denkbar ist auch, dass der betreffende Investor auf eine Kompensation seines Mindereinsatzes seitens anderer Co-Investoren baut.[236] Zur Behebung der mit *Hidden Action* verbundenen Probleme bieten sich die Maßnahmen des *Bonding* und *Monitoring* an, wobei weder eine vollkommene Interessengleichheit zwischen Agent und Prinzipal zu erzeugen ist, noch eine umfängliche Überwachung ökonomisch sinnvoll bzw. realisierbar wäre.

Der zweite Fall der *Hidden Intention* stellt darauf ab, dass die Absichten der Parteien (im Vorfeld) nicht durchschaubar sind. Ein Agent kann darauf spekulieren, ex-post bestehende Vertragslücken auszunutzen *(Hold Up)*;[237] diese lassen sich nicht vermeiden, da die Formulierung vollständiger Verträge faktisch unmöglich ist.

---

229 Allgemeiner wird in diesem Zusammenhang auch von *Hidden Information* gesprochen.

230 Vgl. AKERLOF, G. A. (1970), S. 493f.

231 Vgl. AMIT, R. ET AL. (1990).

232 Vgl. PISKORSKI, M. J./ANAND, B. (2004), S. 17.

233 Vgl. GORMAN, M./SAHLMAN, W. A. (1989).

234 Vgl. SAHLMAN, W. A. (1990), S. 496, 508.

235 Darüber hinaus kann ein Agent seinen Nutzen durch versteckten Konsum (*Perk Consumption*) zu Lasten des Prinzipals erhöhen, was innerhalb eines Syndikats aber weniger relevant ist.

236 HOLMSTRÖM (1982) und ALCHIAN/DEMSETZ (1972) analysieren das *Free Rider*-Problem in der Wertschöpfungsphase (vgl. HOLMSTRÖM, B. (1982); ALCHIAN, A. A./DEMSETZ, H. (1972)). NATHUSIUS (2005) geht ebenfalls auf das *Free Rider*-Verhalten von Syndikatspartnern im *VC*-Bereich ein und erarbeitet Ansätze zur Lösung dieses Problems (vgl. NATHUSIUS, E. (2005), S. 205ff.).

237 Zur Einordnung der *Hold Up*-Problematik in den Bereich der *Principal-Agent*-Theorie vgl. NATHUSIUS, E. (2005), S. 59.

Die aufgeführten Probleme infolge asymmetrisch verteilter Informationen können jedoch abgemildert werden, wenn Subjekte mehrfach mit den gleichen Partnern interagieren.[238] In diesen Fällen fungieren ihre sozialen Beziehungen als eine Art Versicherung gegen opportunistisches Verhalten der anderen Partei.[239] SORENSON/STUART (2001) haben in ihrer Studie belegt, dass VCG eine Präferenz für wiederholte Interaktionen mit bekannten Akteuren haben.[240]

Insgesamt lässt sich festhalten, dass eine Syndizierung nur dann ratsam ist, wenn die erhofften Vorteile die zusätzlichen Kosten eindeutig überwiegen.

2.3 Beteiligungserfolg im Venture-Capital-Bereich

Dieses Kapitel legt das Fundament für das Themenfeld des Beteiligungserfolgs. Abschnitt 2.3.1. liefert eingangs eine Definition und Abgrenzung der Begrifflichkeit im Sinne der vorliegenden Arbeit. In Abschnitt 2.3.2. geht es zunächst um eine differenzierte Betrachtung in der Literatur verwendeter Größen zur Bestimmung von Erfolg bzw. *Performance* in der Venture-Capital-Branche. Abschließend werden die der empirischen Untersuchung zugrunde gelegten Erfolgsindikatoren in Abschnitt 2.3.3 eingehender diskutiert und bewertet.

2.3.1 *Begriffsdefinition und Abgrenzung*

Die Lektüre wissenschaftlicher Literatur mit Fokus auf den Erfolg von Venture-Capital-Investitionen verdeutlicht, dass sich bislang kein einheitliches Verständnis von Beteiligungserfolg herauskristallisiert hat. In englischsprachigen Veröffentlichungen wird teils von *Investment Success*, teils von *Investment Performance* gesprochen. Daher ist es notwendig, die Begrifflichkeiten voneinander abzugrenzen und Beteiligungserfolg präzise zu definieren.

Erfolg allgemein wird im deutschen Sprachgebrauch definiert als „Ergebnis zielorientierten Handelns einer Person oder Institution; je nach Zielsetzung kann Erfolg unterschiedliche Inhalte haben“.[241] Zur Beurteilung von Erfolg und Misserfolg bedarf es also der Kenntnis der Zielsetzung als Referenzpunkt.

In der akademischen Literatur nehmen die Forscher unterschiedliche Perspektiven ein, um den Erfolg von *Venture Capital* zu bewerten:

- den politisch makroökonomischen Blickwinkel (1),
- die Sichtweise eines Investors in *Venture Capital* (2),
- die Perspektive einer Venture-Capital-Gesellschaft (3) oder
- den Standpunkt eines Portfoliounternehmens (4).

---

[238] Vgl. GRANOVETTER, M. (1985), S. 490.

[239] Vgl. PISKORSKI, M. J./ANAND, B. (2004), S. 17.

[240] Vgl. SORENSON, O./STUART, T. E. (2001), S. 1582.

[241] Das Bertelsmann Lexikon in 24 Bänden (1994), S. 2754.

(1) Aus **politisch makroökonomischer Sicht** wird der Beitrag der *VC*-Branche typischerweise festgemacht an der Förderung junger Unternehmen, Schaffung neuer Arbeitsplätze, Entwicklung zukunftsträchtiger Technologien oder der Besetzung von Wachstumsindustrien. Empirische Studien mit einem solchen Fokus postulieren beispielsweise eine Stärkung der Innovationskraft, Schaffung geistigen Eigentums und Beschleunigung von Wachstum durch die von *VC*-Investoren geförderte unternehmerische Aktivität.[242]

(2) Ein **Investor in *Venture Capital*** beurteilt die Attraktivität der Anlageform *Venture Capital* im Allgemeinen bzw. die Leistung eines *VC*-Fondsmanagements im Besonderen anhand der erzielten Rendite auf sein eingesetztes Kapital,[243] sprich dem Ertrag des VCG-Gesamtportfolios. Gleichzeitig berücksichtigen die Fondsmanager aber auch das mit dem Investment verbundene Risiko und die alternativen zur Verfügung stehenden Anlageklassen. Da sich Venture-Capital-Engagements durch ein vergleichsweise hohes Risiko infolge der relativ hohen Intransparenz, Illiquidität, Einzelinvestitionshöhen und Unsicherheit der Beteiligungsentwicklung auszeichnen, werden von Investoren a priori auch höhere Renditen erwartet.[244] Dass *VC*-Gesellschaften tatsächlich angemessene risikoadjustierte Erträge erwirtschaften, beurteilen die Forscher indes unterschiedlich. So bestätigen einige Studien tendenziell Überrenditen von Venture-Capital- bzw. Private-Equity-Investitionen gegenüber dem organisierten Kapitalmarkt.[245] Demgegenüber kommen andere Autoren zu dem Schluss, dass die Erträge von Private-Equity-Transaktionen hinter denen börsennotierter Gesellschaften zurückbleiben.[246]

---

[242] Vgl. ROMAIN, A./POTTELSBERGHE DE LA POTTERIE, B. V. (2004); ENGEL, D. (2002); HELLMANN, T./PURI, M. (2002); KORTUM, S. S./LERNER, J. (1998).

[243] Vgl. SÖDERBLOM, A. (2006), S. 15.

[244] Vgl. GOTTSCHALG, O. ET AL. (2004); SCHEFCZYK, M. (2004), S. 32; MANIGART, S. ET AL. (2002a), S. 292f.

[245] COCHRANE (2005) kalkuliert auf Basis von Private-Equity-Transaktionen (Früh- und Spätphasen) korrigiert um den Sample Selection Bias eine durchschnittliche Rendite von 59%, was einem arithmetischen Alpha von 32% gegenüber dem S&P 500 entspricht (vgl. COCHRANE, J. H. (2005), S. 3). LJUNGQVIST/RICHARDSON (2003) ermitteln eine Überrendite von *PE*-Investitionen (*VC*-Anteil am gesamten Fondskapital: 15%) in Höhe von 5–8% verglichen mit der Entwicklung des S&P 500 im gleichen Zeitraum, wobei *VC*-Fonds schlechter abschneiden als Investoren mit Fokus auf Spätphasen (vgl. LJUNGQVIST, A./RICHARDSON, M. (2003), S. 2, 7). JONES/RHODES-KROPF (2004) attestieren Venture-Capital-Investitionen „excess gross returns", was aber nicht bedeutet, dass auch den Investoren Überrenditen zufließen (vgl. JONES, C./RHODES-KROPF, M. (2004), S. 2, 36). KAPLAN/SCHOAR (2005) berechnen für *PE*-Transaktionen eine durchschnittliche Fondsrendite, die der S&P 500-Entwicklung ungefähr gleicht (vgl. KAPLAN, S. N./SCHOAR, A. (2005)).

[246] Vgl. MOSKOWITZ/VISSING-JØRGENSEN (2002), die aber sowohl unterschiedliche Definitionen von *Private Equity* zugrunde legen als auch andere Benchmarks verwenden. Vgl. MOSKOWITZ, T. J./VISSING-JØRGENSEN, A. (2002).

(3) Da die Interessen des Managements einer **Venture-Capital-Gesellschaft** weitgehend an denen ihrer Investoren ausgerichtet sind,[247] streben auch sie danach, eine attraktive risikoadjustierte Verzinsung des eingebrachten Kapitals zu erzielen.[248] Anders als ihre Investoren haben die *VC*-Manager jedoch weniger das Gesamtportfolio im Blick als die Entwicklung einzelner Beteiligungen. Neben der monetären Zielsetzung verfolgen VCG aber auch strategische Ziele wie die langfristige Erhöhung des verwalteten Fondsvolumens (regelmäßiges *Fundraising*), die Einnahme einer strategischen Position im *VC*-Markt und operative Ziele wie die effiziente Abwicklung der *VC*-Geschäftsprozesse.[249] Akademische Untersuchungen belegen, dass VCG für ein erfolgreiches *Fundraising* einen sehr guten *Track Record* vorweisen müssen.[250] Das finanzielle Abschneiden eines Wagniskapitalgebers wird wiederum maßgeblich von einer zentralen Position im VCG-Netzwerk begünstigt.[251]

(4) Aus Sicht eines Entrepreneurs, für den die wirtschaftliche Entwicklung seines Unternehmens als Ganzes im Vordergrund steht, bemisst sich der Beitrag eines Wagniskapitalgebers an der Wertschöpfung im **Portfoliounternehmen**, die über die reine Bereitstellung von Kapital hinausgeht. Die einschlägige Forschungsliteratur hierzu belegt, dass Venture-Capital-Gesellschaften die Professionalisierung ihrer Beteiligungen vorantreiben, sie mit potentiellen Lieferanten, Kunden und sonstigen Dienstleistern in Verbindung bringen sowie weitere Finanzierungsquellen erschließen.[252]

Zur Analyse des Einflusses verschiedener Syndizierungsparameter auf den Beteiligungserfolg nimmt die vorliegende Arbeit die Perspektive einer Venture-Capital-Gesellschaft ein. Im Mittelpunkt stehen somit die Erfolge einzelner *VC*-Beteiligungen während des Engagements der Wagniskapitalgeber und damit letztlich die finanziellen Interessen der VCG.

Demzufolge wird **Beteiligungserfolg** definiert als

- die Realisierung einer attraktiven Rendite
- auf das einem Portfoliounternehmen
- über die gesamte Beteiligungsdauer zur Verfügung gestellte Kapital.

---

[247] Eine substantielle Gehaltskomponente des *VC*-Managements ist an den *Capital Gain*, den Wertzuwachs des Fonds über die Laufzeit, gekoppelt. Über den *Carried Interest*, den dem *VC*-Geber zugedachten Anteil am Zugewinn, partizipieren die *VC*-Manager am eigenen Anlageerfolg, sofern eine gewisse Mindestvergütung für die Investoren (*Hurdle Rate*) übertroffen wird. Vgl. BVK (2004), S. 3, 8.

[248] SCHEFCZYK (2004) spricht in diesem Zusammenhang von den derivativen Zielen der VCG, da diese sich direkt aus den Zielen ihrer Investoren ableiten lassen. Vgl. SCHEFCZYK, M. (2004), S. 35.

[249] SCHEFCZYK (2004) fasst das *Fundraising*, die effiziente Prozessabwicklung und die Optimierung der eigenen Vergütung zu den originären Zielen von VCG zusammen, nicht ohne darauf hinzuweisen, dass diese sich teils widersprechen. Vgl. Ibid., S. 35f.

[250] Vgl. BAUMGÄRTNER, C. (2005).

[251] Vgl. SEPPÄ, T. J. (2003), S. 39.

[252] Vgl. SAPIENZA, H. J. (1992); ROSENSTEIN, J. ET AL. (1993); BARNEY, J. B. ET AL. (1996).

In Anlehnung an die deutschsprachige wissenschaftliche Literatur lässt sich der Begriff **Beteiligungsperformance** vom Beteiligungserfolg dahingehend abgrenzen, dass der im Rahmen einer Investition erzielte Erfolg ins Verhältnis gesetzt wird zum eingegangenen Risiko und zu einem adäquaten Vergleichsmaßstab (*Benchmark*).[253] Zur Ermittlung der Beteiligungsperformance bedarf es neben der Erfolgsermittlung also auch der Risikomessung und eines Benchmarking.[254]

Demgegenüber wird *Performance* in englischsprachigen Veröffentlichungen zuweilen mit Erfolg gleichgesetzt.[255]

2.3.2 *Erfolgsmessung*

Die Erfolgsmessung in der Venture-Capital-Branche ist mit einigen Schwierigkeiten verbunden, die sich unmittelbar aus den fundamentalen Charakteristika dieser Anlageform ergeben.[256]

Erstens handelt es sich bei *VC*-Beteiligungen um vergleichsweise illiquide Vermögenswerte, da kein funktionierender Markt für Anteile an privaten Unternehmen existiert, was nicht zuletzt mit den hohen Transaktionskosten[257] zusammenhängt. Die mangelnde Datenverfügbarkeit aufgrund fehlender Marktpreise erschwert die Anwendung quantitativer Methoden der Erfolgsmessung.

Zweitens existieren keine verpflichtenden Vorschriften für die Publikation oder genaue Berechnung von Erfolgskennzahlen seitens der Venture-Capital-Gesellschaften. Und selbst wenn der Erfolgsbeurteilung Branchen-Standards[258] zugrunde gelegt werden, so verbleiben den VCG noch immer erhebliche Ermessensspielräume, insbesondere bei der Bewertung nicht realisierter Beteiligungen. Erfolgsparameter wie auch Informationen über individuelle Beteiligungskonditionen werden prinzipiell streng vertraulich behandelt und sind dem Kreis bestehender *VC*-Fondsinvestoren vorbehalten. Im Rahmen des *Fundraising*-Prozesses werden diese *Trade Secrets* aber auch potentiellen neuen Kapitalgebern unter dem Siegel der

---

[253] Vgl. WITTROCK, C. (2001), Sp. 1643; BRUNS, C./MEYER-BULLERDIEK, F. (2003), S. 493f.; OBEID, A. (2004), S. 91f.

[254] Vgl. ASKAR, A. (2008), S. 16.

[255] HEGE ET AL. (2006) messen „Performance [...] by the internal rate of return of each *VC*-backed company between the first and the last reported financing round". HEGE, U. ET AL. (2006), S. 24.

[256] Vgl. zu den folgenden Ausführungen ASKAR, A./KNYPHAUSEN-AUFSEß, D. Z. (2007), S. 2f.

[257] Die Höhe der Kosten wird maßgeblich durch den Grad der Unsicherheit und Faktorspezifität einer Transaktion beeinflusst (vgl. NATHUSIUS, E. (2005), S. 61). Im *VC*-Kontext sind sowohl das mit jungen Wachstumsunternehmen verbundene Risiko als auch die Spezifität einer konkreten Beteiligung als (sehr) hoch einzustufen.

[258] Vgl. z. B. die Richtlinien der europäischen oder britischen Private-Equity- und Venture-Capital-Verbände (*EVCA* bzw. *BVCA*). An dieser Stelle sei darauf hingewiesen, dass sich die Richtlinien verschiedener Verbände teils deutlich unterscheiden, was die internationale Vergleichbarkeit von Renditen beeinträchtigt (vgl. KNYPHAUSEN-AUFSEß, D. Z. ET AL. (2003), S. 552f.).

Verschwiegenheit zur Verfügung gestellt. Insofern herrscht nur sehr eingeschränkte Transparenz hinsichtlich der zur Erfolgsmessung erforderlichen Datenbasis.

Drittens gestalten sich die Bewertung eines Wachstumsunternehmens und damit auch die Ermittlung der Investment-Rendite schwierig. Die tatsächliche Rentabilität eines *VC*-Engagements zeigt sich nämlich immer erst nach vollzogenem Exit, dessen Modalitäten dem Spiel von Angebot und Nachfrage unterliegen. Zuvor sorgen die nicht unerhebliche Unsicherheit und Unregelmäßigkeit der Zahlungsströme sowie zahlreiche subjektive Einschätzungen und Annahmen diesbezüglich für eine große Bandbreite bei der Evaluation des Unternehmenswertes. Dieser steigt im Zeitverlauf keineswegs monoton, sondern beschreibt vielmehr - analog zur idealtypischen Gewinnentwicklung[259] - einen J-förmigen Verlauf.

Um die wesentlichen Determinanten des Beteiligungserfolgs im Rahmen von Venture-Capital-Syndizierungen bestimmen zu können, ist eine zuverlässige Messung des Erfolgs erforderlich. Die Operationalisierung von Erfolg beeinflusst nämlich maßgeblich die Untersuchungsergebnisse.[260] Allerdings stellt die Festlegung eines geeigneten Erfolgsmaßes in der empirischen Erfolgsfaktorenforschung nach wie vor ein großes Problem dar, was nicht zuletzt den inhaltlichen und/oder methodischen Schwierigkeiten der einzelnen Erfolgsgrößen geschuldet ist.[261]

Eine Gegenüberstellung wissenschaftlicher Studien zu Erfolg(sfaktoren) von *Venture Capital* mit Fokus auf Portfoliounternehmen zeigt denn auch, dass in Abhängigkeit von Themenschwerpunkt und/oder Datenverfügbarkeit zahlreiche unterschiedliche Erfolgsmaße bzw. -indikatoren zur Anwendung kommen. Dabei wird sowohl auf ex-ante-Erfolgsschätzungen[262] als auch auf ex-post-Erfolgsmessungen zurückgegriffen. Die retrospektiven Erfolgsgrößen, die sich durch einen höheren Informationsgehalt auszeichnen, lassen sich nach SCHEFCZYK (2004) sieben nicht überschneidungsfreien Kategorien zuordnen: Subjektive Erfolgskriterien (1), Beteiligungsrentabilitätsmaße (2), Jahresabschlusskennzahlen (3), Wachstumsmaße (4), Markterfolgsindikatoren (5), Hybridmaße (6) und Insolvenzvermeidung (7). Daneben werden auch Kompositmaße eingesetzt, die sich aus Elementen der genannten Gruppen herleiten lassen.[263] Ergänzend sei außerdem auf Studien verwiesen, die zur Beurteilung von Erfolg bzw. Misserfolg einer Beteiligung auf den Exit-Typ (8) abstellen.[264]

Die Vielzahl der verwendeten Erfolgsmaße signalisiert aber auch, dass die meisten Studien nur sehr eingeschränkt vergleichbar sind.

---

[259] Vgl. Abbildung 8.

[260] Vgl. WOYWODE (2004), S. 22.

[261] Vgl. PANKOTSCH, F. (2005), S. 211; siehe auch Abschnitt 2.3.3.

[262] Vgl. TYEBJEE, T. T./BRUNO, A. V. (1984), S. 1057f.; MANIGART, S. ET AL. (2002a), S. 291ff.

[263] Vgl. SCHEFCZYK, M. (2004), S. 182f.

[264] Vgl. z. B. GOMPERS, P. A. (2002); DAS, S. R. ET AL. (2003); JÄÄSKELÄINEN, M. ET AL. (2006).

Aspekt / Quelle	Forschungsfokus	Erfolgsmaße bzw. abhängige Variablen	Erfolgsfaktoren bzw. unabhängige Variablen
TYEBJEE/ BRUNO (1984)		• Erwartete Rendite • Erwartetes Risiko	• Managementfähigkeiten • Marktattraktivität • Produktdifferenzierung
SYKES (1986)	• *Corporate Venture Capital*	• Marktwert-/Buchwert-Verhältnis	• Marketing-/Vertriebserfahrung • Geschäftsführungsexpertise
MACMILLAN ET AL. (1987)	• Erfolg in Abhängigkeit von Kriterien der *Due Diligence*	• *Return on Investment* • Umsatz • Kosten • Marktanteil	• *Familiarity* mit Management • Geringe Wettbewerbsintensität • Beteiligung als *First Mover*
MACMILLAN ET AL. (1989)	• Verhältnis von VCG und Beteiligung	• *Return on Investment* • Gewinn • Umsatz(wachstum)	• Interaktionsintensität zwischen VCG und Beteiligung
DUBINI (1989)		• *Return on Investment* • Gewinn • Umsatz(wachstum)	• Zugehörigkeit zu Strategieclustern • Clusterabhängige Management-eigenschaften
KEELEY/ ROURE (1989)		• *Internal Rate of Return*	• Vollständigkeit des Managementteams • Produktüberlegenheit • Wachstumsindustrie
BARRY ET AL. (1990)	• Erstemission (*IPO*)	• *Underpricing* (Erstnotizrendite)	• Syndizierung • Langfristiges Engagement der Lead-VCG • Alter/*IPO*-Erfahrung des Lead-Inv.
ROURE/ KEELEY (1990)		• *Internal Rate of Return*	• Vollständigkeit des Managementteams • Kurze Produktentwicklung • Geringe Käuferkonzentration
SAHLMAN (1990)		• *Return*	• Rolle als Lead-Investor
MEGGINSON/ WEISS (1991)	• Erstemission (*IPO*)	• Minimale Transaktionskosten	• VCG-Engagement • Emissionsvolumen • *Underwriter* mit geringem Marktanteil
LERNER (1994)	• Erstemission (*IPO*)	• Entscheidung pro/kontra *IPO*	• Fehlende *M&A*-Angebote • Anzahl an Patenten • Geringes Alter der Beteiligung
RAH ET AL. (1994)		• *Internal Rate of Return*	• Managementfähigkeiten • Marktattraktivität • Produkt-/Technologieüberlegenheit
GOMPERS (1996)	• Erstemission (*IPO*)	• *Underpricing* (Erstnotizrendite)	• Reputation des Emissionsführers • Geringes Emissionsvolumen • Alter der Beteiligung
LIN (1996)	• Erstemission (*IPO*)	• *Underpricing* (Erstnotizrendite)	• VCG-Engagement • Emissionsvolumen • Reputation des Emissionsführers
BRAV/ GOMPERS (1997)	• Erstemission (*IPO*)	• Marktrendite	• VCG-Beteiligung • Emissionsvolumen
STUART ET AL. (1999)	• Erstemission (*IPO*)	• Marktwert bei Erstnotiz	• Reputation der VCG • Reputation der Investmentbank • Produktkategorie
CYR ET AL. (2000)	• Erstemission (*IPO*)	• Kursentwicklung	• VCG-Engagement • Emissionsvolumen • Rentabilität der Beteiligung

Quelle \ Aspekt	Forschungsfokus	Erfolgsmaße bzw. abhängige Variablen	Erfolgsfaktoren bzw. unabhängige Variablen
CUMMING (2002)		• *Internal Rate of Return*	• Spezialisierung auf Frühphasen-finanzierungen der VCG • Hoher *VC*-Anteil am Kapital
GOMPERS (2002)	• *Corporate Venture Capital*	• Erfolgreiche Desinvestition	• Profitabilität der Beteiligung • Kurze Abfolge der Finanzierungsrunden • Strategischer *Fit* zwischen Beteiligung und Corporate-VCG
HELLMANN/ PURI (2002)	• Managerfluktuation	• Managerfluktuation	• Fehlender Markterfolg • Beteiligungsdauer der VCG
CUMMING/ MACINTOSH (2003)	• (Teil-)Desinvestitionen	• *Internal Rate of Return*	• Exit per *IPO* oder *Trade Sale* • Teilverkauf d. VCG-Anteile bei *IPO*
DAS ET AL. (2003)		• Erwartete *IPO-/Trade Sale*-Wahrscheinlichkeit • Erw. *IPO-/Trade Sale-Multiples*	• Industrie und • Entwicklungsphase der Beteiligung • Marktumfeld und -stimmung
DÁVILA ET AL. (2003)	• Wachstum in Abhängigkeit von Venture-Capital-Engagement	• Mitarbeiterwachstum	• VC-Finanzierung
DE CLERCQ/ DIMOV (2003)	• Investitionsstrategien von VCG	• Anteil erfolgreicher Exits (*IPO*)	• Spezialisierung der VCG auf ausgewählte Industrien (und Entwicklungsphasen) • Umfangreiche Syndikatsgröße über gesamte Investitionsdauer, aber nur geringe Syndikatsgröße in erster Finanzierungsrunde
GIOT/SCHWIEN-BACHER (2003)		• Haltedauer bis *IPO* (*Trade Sale* oder Liquidierung)	• Industrie (Biotech, Internet) und • Entwicklungsphase (Spätphase) der Beteiligung
LJUNGQVIST/ RICHARDSON (2003)	• *Cash Flow*, Rendite und Risiko von Private-Equity-Transaktionen	• Überschuss-*Internal Rate of Return*	• (Reales) Fondsvolumen
QUIGLEY/ WOODWARD (2003)		• Reale Bruttorendite	
CUMMING/ WALZ (2004)		• *Internal Rate of Return*	• Syndizierung • Verwendung von *Convertibles* • Überwachung und Beratung durch VCG • Günstiges legales Umfeld
FLEMING (2004)		• *Internal Rate of Return*	• Erfahrung der VCG
GOMPERS/ LERNER (2004)		• Anzahl Finanzierungsrunden • VC-Investitionsvolumen	• Industrie (hoher Anteil immaterieller Vermögensgegenstände) • Exit-Typ (*IPO*)
JONES/RHODES-KROPF (2004)	• Berücksichtigung von Risiko in Venture-Capital- und Private-Equity-Transaktionen	• Wertgewichtete *Internal Rate of Return*	• Hohe Portfoliokonzentration • Hohes Fondsrisiko
LAINE/ TORSTILA (2004)		• Exit-Quoten	• Fonds-/Fondsmanagement-Größe (Reputation) • Entwicklungsphase (Spätphase) der Beteiligung
SCHEFCZYK (2004)	• Erfolgsstrategien deutscher VCG	• *Internal Rate of Return* • Subjektive Erfolgskriterien • Insolvenzvermeidung	• Managementqualifikation • Kooperation zwischen VCG und Beteiligung • Gesellschafterstellung der VCG
COCHRANE (2005)		• Durchschnittliche *log*-Rendite	
DIMOV/ SHEPHERD (2005)		• *IPO*-Quote (*Home Run*) • Insolvenz-Quote (*Strike Out*)	• Ausbildung und Erfahrung des VCG-Managements

Aspekt / Quelle	Forschungsfokus	Erfolgsmaße bzw. abhängige Variablen	Erfolgsfaktoren bzw. unabhängige Variablen
FRIEDRICH (2005)	• Wahl von Syndikatspartnern durch Lead-PEG	• Subjektive Erfolgskriterien	• Reputation, • Räumliche Distanz und • Finanzielle Ressourcen der Co-Investoren
KAPLAN/ SCHOAR (2005)		• Überlebensquote von Portfoliounternehmen	• Fundraising-Volumen zu Boom-Zeiten
PANKOTSCH (2005)	• Betreuung der Beteiligung durch VCG	• *Internal Rate of Return* • Subjektive Erfolgskriterien • Insolvenzvermeidung	• Betreuungsstrategie (Betreuungsinhalte, nicht -intensität) • Vertrauensverhältnis zwischen VCG und Beteiligung
HEGE ET AL. (2006)	• *VC-Performance*-Vergleich von EU und US	• *Internal Rate of Return* (zwischen erster und letzter Zwischenfinanzierungsrunde)	• Betreuungsintensität • Investitionshöhe und *Staging* • Syndizierung (mit CVCG) • VCG-Spezialisierung
JÄÄSKELÄINEN ET AL. (2006)		• Anzahl IPO	• Anzahl Beteiligungen je Partner • Syndizierung

Quelle: Eigene Darstellung in Anlehnung an SCHEFCZYK (2004), S. 449ff.; SÖDERBLOM (2006), S. 50ff.

Tabelle 5: Ausgewählte Studien zum Erfolg von *Venture Capital* und dessen Einflussfaktoren

Die Analyse der in Tabelle 5 aufgeführten relevanten internationalen Studien im Hinblick auf deren abhängige Erfolgsgrößen belegt, dass die größte Gruppe der Untersuchungen auf Beteiligungsrentabilitätsmaße (2) und dabei insbesondere auf die *Internal Rate of Return* (*IRR*)[265] abstellt.[266] Der zweitgrößte Block der Arbeiten bezieht sich auf einen (erfolgreichen) Exit (8) der Beteiligung als Erfolgsindikator,[267] während die drittgrößte Fraktion der betrachteten Quellen subjektive Erfolgskriterien (1) zugrunde legt. Einige Forscher beschäftigen sich mit Fragestellungen im Zusammenhang mit dem Börsengang von Wachstumsunternehmen und ziehen das Ausmaß des *Underpricing*[268] als Maßstab für den Erfolg eines *IPO* heran.[269] Die übrigen Studien basieren ihre *Performance*-Betrachtungen auf zahlreichen weiteren abhängigen Variablen, die den verbleibenden Gruppen zugeordnet werden können:

265 Die *Internal Rate of Return* als Renditekennzahl entspricht dem internen Zinsfuß eines Investitionsprojekts. Diese wertgewichtete Rendite des eingesetzten Kapitals ist definiert als der Zinssatz, der die Summe der Barwerte aller projektbezogenen Ein- und Auszahlungen null werden lässt. Um dementsprechend den Erfolg eines Venture-Capital-Fonds zu berechnen, bedarf es zusätzlich zur Summe aller auf den aktuellen Zeitpunkt abgezinsten Kapitalzu- und –abflüsse der Berücksichtigung des diskontierten Portfoliorestwerts (vgl. *EVCA* (2006), S. 28ff.). Die *IRR* kann interpretiert werden als die relative durchschnittliche Wertsteigerung einer investierten Geldeinheit. Vgl. ASKAR, A. (2008), S. 23ff.

266 Vgl. u. a. KEELEY, R. H./ROURE, J. B. (1989); RAH, J. ET AL. (1994); CUMMING, D. J. (2002); FLEMING, G. (2004); HEGE, U. ET AL. (2006).

267 Vgl. z. B. GOMPERS, P. A. (2002); DAS, S. R. ET AL. (2003); JÄÄSKELÄINEN, M. ET AL. (2006).

268 Vgl. Abschnitt 2.2.4.2.

269 Vgl. BARRY, C. B. ET AL. (1990); GOMPERS, P. A. (1996); LIN, T. H. (1996).

Jahresabschlusskennzahlen (3)[270], Wachstumsmaße (4)[271], Hybridmaße (6)[272] und Insolvenzvermeidung (7)[273].

Die erwähnten Erfolgsmaße weisen jeweils unterschiedliche Vor- und Nachteile auf, weshalb sie für die Analyse des Beteiligungserfolgs von Venture-Capital-Investitionen mehr oder weniger gut geeignet sind. Um diesbezüglich zu einer Einschätzung zu gelangen, sollen die wichtigsten Erfolgsmessansätze im Folgenden einer genaueren Betrachtung unterzogen werden.

2.3.3 *Bewertung der Erfolgsindikatoren*

Beteiligungsrentabilitätsmaße (2) erlauben eine vergleichsweise zuverlässige Bestimmung des Beteiligungserfolgs einer VCG. Im Allgemeinen basiert die Kalkulation solcher Kennzahlen auf den historischen *Cash Flows* einer Investition. Zur Renditeermittlung stellen Forscher und Vertreter der Praxis auf Maße wie *Internal Rate of Return, Public Market Equivalent* (*PME*)[274], *Multiple*[275] oder Profitabilitätsindizes[276] ab.[277]

---

[270] Vgl. z. B. MACMILLAN, I. C. ET AL. (1989).

[271] Vgl. beispielsweise DÁVILA, A. ET AL. (2003).

[272] Vgl. SYKES, H. B. (1986).

[273] Vgl. z. B. KAPLAN, S. N./SCHOAR, A. (2005).

[274] Grundgedanke der Erfolgsmessung mittels *Public Market Equivalent* ist, die Zahlungsströme eines *VC*-Fonds bzw. eines einzelnen *VC*-Investments durch Zu- und Verkäufe von Anteilen vergleichbarer börsennotierter Fonds oder Indizes bzw. Unternehmen zu replizieren, um anschließend die relative *VC*-Fondsperformance gegenüber diesem Benchmark bestimmen zu können. Abhängig davon, ob auf ein *PME* oder *PME+* zurückgegriffen wird, unterscheiden sich die *Cash Flows* von *VC*-Investition und *Public Market Equivalent* entweder in Bezug auf den Restwert bei gleichen periodischen Ein- und Auszahlungen oder im Hinblick auf die Ausschüttungen bei identischer Investition und Restwert. Die *PME+*-Methode hat dabei den Vorteil, dass durch Skalierung der Auszahlungen in vielen Extremfällen der Aufbau einer *Short*-Position im Vergleichsportfolio verhindert werden kann, was dessen Nutzen als Benchmark in Frage stellen würde. Vgl. hierzu vertiefend ROUVINEZ, C. (2003), S. 34ff. und ASKAR, A. (2008), S. 48ff.

[275] *(Return) Multiples* setzen die kumulierten Rückflüsse aus einer Beteiligung (Auszahlungen und/oder geschätzter Unternehmenswert) ins Verhältnis zur Summe der getätigten Investitionen. Unterschieden werden (1) der *Distribution Value to Paid-in Capital* (D/PI) als Maß für den Anteil der bisherigen Ausschüttungen am investierten Kapital, (2) der *Residual Value to Paid-in Capital* (RV/PI) als Indikator für den Anteil des geschätzten Wertes des noch gebundenen am investierten Kapital sowie (3) der *Total Value to Paid-in Capital* (TV/PI) als Summe der beiden genannten Kennzahlen. Der TV/PI gibt an, in welchem Umfang sich das eingesetzte Kapital bislang verändert hat. Wenngleich *Return Multiples* den Vorteil haben, die gesamte Wertsteigerung abzubilden, so ignorieren sie doch den Zeitwert des Geldes und damit die Opportunitätskosten des gebundenen Kapitals. Insofern sind sie als zuverlässige Erfolgskennzahl weniger gut geeignet. Allerdings kann der D/PI als Maßstab für die Güte des *IRR* herangezogen werden, da er eine Aussage über das Ausmaß der bereits realisierten Auszahlungen macht. Vgl. BADER, H. (1996), S. 314; ASKAR, A. (2008), S. 42f.

[276] Ein an Venture-Capital-Verhältnisse angepasster Profitabilitätsindex bildet den Gegenwartswert einer im Laufe der Beteiligung angelegten Geldeinheit ab, indem er den Barwert aller Rückflüsse aus

Die *Internal Rate of Return*[278] mit all ihren Varianten ist hiervon die am häufigsten verwendete Kenngröße. Sie berechnet sich prinzipiell als effektive durchschnittliche (*compounded*) Rentabilität auf Basis der diskontierten Zahlungsströme zwischen VCG und Portfoliounternehmen über den Beteiligungszeitraum. Da dieses Vorgehen die investitionsrelevanten Kapitalflüsse nicht nur der Höhe nach, sondern auch in ihrer zeitlichen Abfolge berücksichtigt, ist die Kenntnis dieser Parameter für sämtliche *Cash Flows* erforderlich. Während sich die Bestimmung der *IRR* von Investitionen nach vollzogenem Exit unproblematisch gestaltet, ist die Ermittlung einer Interim-*IRR* von noch nicht veräußerten Engagements mit erheblichen Unsicherheiten behaftet. Zur Schätzung des Unternehmenswertes einer bestehenden Beteiligung müssen nämlich zahlreiche Annahmen getroffen werden, welche die Aussagekraft solch einer vorläufigen Rendite einschränken.[279]

Trotz der bestehenden Ungenauigkeiten bilden Beteiligungsrentabilitätsmaße den finanziellen Erfolg eines Engagements für einen *VC*-Investor immer noch deutlich besser ab, als dies beispielsweise über Jahresabschlusskennzahlen oder Wachstumsmaße zum Ausdruck gebracht werden kann. Zudem zeichnen sich die Rentabilitätsmaße dadurch aus, dass sie gleichzeitig Wachstums- und Rentabilitätsaspekten Rechnung tragen; so hängt der (geschätzte) dem Kalkül zugrunde liegende Unternehmenswert sowohl von Größe und Entwicklungsperspektiven des Unternehmens als auch von dessen Profitabilität ab.[280]

Exit-Typen (8) bzw. Exit-Quoten eignen sich ebenfalls als Indikator für den Investment-Erfolg. Der Messansatz beruht auf einer Differenzierung des Beteiligungserfolgs nach fünf verschiedenen Exit-Typen: *IPO, Trade Sale, Secondary Sale, Buy-back* und *Liquidation*. Der Rückgriff auf dieses indirekte Erfolgsmaß lässt sich zum einen damit begründen, dass – im Gegensatz zur unzureichenden Transparenz hinsichtlich der benötigten Datenbasis für die Bestimmung quantitativer Erfolgsgrößen – Informationen über Börsengänge, Insolvenzen

---

einem Portfoliounternehmens (ggf. inklusive geschätztem Restwert) durch das entsprechend abgezinste Investitionsvolumen dividiert. Laut dieser Definition ähnelt der Profitabilitätsindex dem TV/PI, ist letzterem jedoch überlegen, zumal er den Zeitwert des Geldes berücksichtigt. Vgl. ASKAR, A. (2008), S. 45ff.

[277] Vgl. DILLER, C./KASERER, C. (2005), S. 5

[278] Auch wenn im Laufe der weiteren Untersuchung die *IRR* der *VC*-Investition in ein einzelnes Portfoliounternehmen im Mittelpunkt steht, soll zur besseren Abgrenzung darauf hingewiesen werden, dass im Venture-Capital-Kontext *IRR* zu diversen Zwecken und auf verschiedene Weise berechnet werden. Die Renditemaße unterscheiden sich primär in Bezug auf gewählte Erfolgsebene und Aggregationsmethode. So existieren neben der Einzelunternehmensebene gemäß *EVCA* drei weitere Ebenen der *IRR*-Kalkulation: die Bruttorendite der (teilweise) realisierten Beteiligungen und die Bruttorendite aller Beteiligungen jeweils für den *VC*-Fonds sowie die Nettorendite für den Fondsinvestor (vgl. *EVCA* (2001), S. 10ff.). Um aus den *IRR* der einzelnen Beteiligungen eine Fondsrendite zu ermitteln, stehen mehrere Aggregationsmethoden zur Verfügung, von denen die geläufigsten der Median, ein gewichtetes oder ungewichtetes arithmetisches Mittel und die sogenannte *Pooled IRR* sind (vgl. ASKAR, A. (2008), S. 29).

[279] Vgl. Ibid., S. 33f.

[280] Vgl. SCHEFCZYK, M. (2004), S. 196.

sowie bedingt auch über Verkäufe an strategische oder Finanzinvestoren öffentlich zugänglich sind. Zum anderen wird der Einsatz dieses Erfolgsmaßes dadurch begünstigt, dass nach wissenschaftlichem Erkenntnisstand ein Zusammenhang zwischen Exit-Typ und Beteiligungserfolg besteht.[281] Demzufolge lässt sich ein approximatives Ranking erstellen, nach dem das *IPO* an Nummer 1 steht, da der Börsengang eines Portfoliounternehmens den *VC*-Investoren im Durchschnitt die mit Abstand höchste Rendite verspricht. Die aus Sicht der Wagniskapitalgeber beste Exit-Alternative stellt in der Regel der *Trade Sale* dar,[282] wobei die Bandbreite möglicher Renditen hierbei sehr hoch ist. Auf Rang 3 folgt der *Secondary Sale*,[283] denn anders als Kapitalmarktteilnehmer oder strategische Investoren zahlen Finanzinvestoren typischerweise keine Prämie auf den Unternehmenswert,[284] sondern handeln bei Übernahmen mitunter sogar Abschläge aus. *Buy-backs*, bei denen das Management des Portfoliounternehmens die Anteile der *VC*-Geber zurückkauft, rangieren auf Platz 4. In solchen Fällen hat sich die Entwicklung der Beteiligung nicht selten als enttäuschend erwiesen,[285] weshalb sich keine anderen Interessenten finden, die einen Aufpreis zu zahlen bereit sind. Da die Liquidierung eines Engagements nur als Ultima Ratio in Erwägung gezogen wird, wenn keine lukrativeren Alternativen bestehen, residiert die *Liquidation* auf Rang 5. *VC*-Investoren schließen solche Beteiligungen üblicherweise mit negativen Renditen bzw. Verlusten ab (vgl. Tabelle 6).

Nicht selten beschränkt sich die Erfolgsmessung in der wissenschaftlichen Literatur auf eine Teilmenge der möglichen Exit-Typen, wobei überwiegend das *IPO*[286] im Analysefokus steht.

---

[281] HEGE ET AL. (2006) bemerken hierzu beispielsweise: „Moreover, there is ample evidence that the exit choices of venture-backed start-ups follow a clear performance hierarchy, with top-performing companies choosing IPOs, companies opting for trade sales on average performing less well, whereas troubled investments would see delayed exits or write-offs." Ebenda, S. 18.

[282] Vgl. WITT, P./BRACHTENDORF, G. (2002), S. 687.

[283] Vgl. BYGRAVE, W. D. ET AL. (2000), S. 312.

[284] Der Mehrwert eines *IPO*, die sogenannte Liquiditätsprämie, beruht auf der anschließend größeren Fungibilität der Unternehmensanteile, während der Mehrwert eines *Trade Sale*, der sogenannte strategische Wert, aus den sich ergebenden Synergien zwischen strategischem Investor und Beteiligungsunternehmen resultiert. Vgl. zudem O. V. (2004), S. 524.

[285] Vgl. GEIGENBERGER, I. (1999), S. 151.

[286] JÄÄSKELÄINEN ET AL. (2006) beispielsweise konzentrieren sich auf den *IPO Track Record* einer VCG als messbare Erfolgsgröße und begründen dies wie folgt: erstens verzeichnen *VC*-Geber im Rahmen von Börsengängen nicht nur die höchsten Einzelrenditen, sondern generieren auch den Großteil der Portfoliorendite aus diesen Veräußerungen (Vgl. BYGRAVE, W. D./TIMMONS, J. A. (1992), S. 167f.). Zweitens stellt das *IPO* ein in den Medien gut dokumentiertes Ereignis dar, das für die beteiligten Investoren zudem positive Reputationseffekte mit sich bringt (vgl. JÄÄSKELÄINEN, M. ET AL. (2006), S. 191). MANIGART ET AL. (2002b) geben jedoch zu bedenken, dass es zu Verzerrungen im Verhältnis zwischen der Anzahl an *IPOs* unter den Portfoliounternehmen und dem Erfolg eines *VC*-Fonds kommen kann, sollte der Wagniskapitalgeber eine aktive *Window Dressing*-Strategie verfolgen und sich im Rahmen von Syndikaten vermehrt erst unmittelbar vor Börsengang an *IPO*-Kandidaten beteiligen (vgl. MANIGART, S. ET AL. (2002b), S. 6).

Bisweilen greifen Forscher auch auf *IPO* und *Trade Sale* als Ausprägungen eines erfolgreichen Exits[287] oder Insolvenzen als Form eines erfolglosen Investments[288] oder aber andere Kombinationen[289] zurück.

Rg.	Exit-Typ	Skalenwert	**Investment-Renditen nach Exit-Typ**					
			SOJA/REYES (1990)	**AMIT ET AL. (1998)**	**CUMMING/ MACINTOSH (2003)**		**SCHEFCZYK (2004)**	
			•Investitions-*Multiple* (über Haltedauer)	•Investment-Rendite (real, Jahresschnitt), CA Sample	•Investment-Rendite (real, Jahresschnitt), US Sample	•Investment-Rendite (real, Jahresschnitt), CA Sample	•*IRR*, DE Sample 1995	•*IRR*, DE Sample 2002/03
(1)	***Initial Public Offering (IPO)/*** Börsengang	•5	•1,95	•43% [62%] (26)	•55% [7%] (30)	•28% [3%] (36)	•36% (2)	•58% (4)
(2)	***Trade Sale/*** Veräußerung an strategischen Investor	•4	•0,40	•36% [61%] (16)	•58% [27%] (30)	•13% [2%] (16)	•29% (15)	•16% (9)
(3)	***Secondary Sale/*** Verkauf an Finanzinvestor	•3	•0,41	•23% [41%] (11)	• -8% [3%] (9)	•55% [10%] (12)	•-25% (1)	•- (0)
(4)	***Buy-back/*** Übernahme durch Gründer/ Management	•2	•0,37	• 2% [15%] (37)	•25% [2%] (6)	• 4% [1%] (41)	•19% (12)	•26% (2)
(5)	***Liquidation/*** Einstellung des Geschäftsbetriebs	•1	•-0,34 bzw. -0,37 für Abschreibung	•-100% [-] (24) (über Haltedauer)	•-90% [2%] (33)	•-92% [2%] (27)	•- (9)	•-45% (16)

Legende: [σ] = Standardabweichung
(N) = Fallzahl

Quelle: Eigene Darstellung

Tabelle 6: Selektierte empirische Befunde zum Zusammenhang zwischen Exit-Typ und Investment-Rendite[290]

---

[287] In ihrer Untersuchung zum Einfluss der Netzwerkposition einer VCG auf deren Performance legen HOCHBERG ET AL. (2007) als Kriterium für den Beteiligungserfolg u. a. einen erfolgreichen Exit des Portfoliounternehmens zugrunde, den sie als M&A Transaktion oder *IPO* definieren (vgl. ebenda, S. 262). Ein vergleichbares Vorgehen wählt auch GOMPERS (2002) (siehe ibid., S. 12f.).

[288] Um herauszufinden, wie sich verschiedene Investitionsstrategien der *VC*-Geber auf die Entwicklung ihrer Beteiligungen auswirken, analysieren DIMOV/DE CLERCQ (2006) die *Failure Rate* von *VC*-Fonds als Anteil der Portfoliounternehmen, die entweder Insolvenz angemeldet oder anderweitig die Geschäftstätigkeit eingestellt haben. Vgl. DIMOV, D. P./DE CLERCQ, D. (2006), S. 212f.

[289] DIMOV/SHEPHERD (2005) bedienen sich in ihrer Arbeit zur Erfolgswirkung von Ausbildung und Erfahrung des VCG-Managements einer dichotomen Messung von Beteiligungserfolg; sie differenzieren zwischen *Home Runs*, d.h. Portfoliounternehmen, die einen Börsengang realisieren, und *Strike Outs*, d.h. Engagements, deren Entwicklung in der Insolvenz endet. Vgl. DIMOV, D. P./ SHEPHERD, D. A. (2005), S. 2.

[290] Darüber hinaus ermitteln DAS ET AL. (2003) für Engagements mit Börsengang durchschnittliche *Multiples* zwischen 21,0 (*Early Stage*) und 4,0 (*Late Stage*), wohingegen Beteiligungen mit *Trade-Sale*-Exit jeweils deutlich niedrigere *Multiples* zwischen 10,2 (*Early Stage*) und 2,8 (*Expansion Stage*) aufweisen. Vgl. DAS, S. R. ET AL. (2003), S. 16.

Eine erhebliche Schwäche dieser Methoden besteht jedoch darin, dass sich die Betrachtung auf bereits veräußerte Beteiligungen beschränkt. Des Weiteren sorgt die Aufteilung der Portfoliounternehmen auf (nur) fünf verschiedene Exit-Typen für eine gewisse Unschärfe und erlaubt keine Unterscheidung von Beteiligungen innerhalb eines Clusters.

Mit dem Exit-Typ (8) verknüpft ist das Erfolgsmerkmal der **Insolvenzvermeidung** (7), zumal die Abwicklung der Beteiligung aufgrund von Zahlungsunfähigkeit eine mögliche Form des Exits darstellt. Der binäre Charakter des Insolvenzkriteriums gestattet nur eine äußerst grobe Unterteilung von Beteiligungserfolg, zu der es bei der Untersuchung von Stichproben mit Insolvenzfällen jedoch kaum Alternativen gibt. Nachteilig ist nämlich, dass die nicht vernachlässigbare Gruppe der marginal solventen Portfoliounternehmen, die sogenannten *Living Dead*-Investments,[291] als Erfolg eingestuft wird, wenngleich sie für ihre Investoren keine befriedigende Rendite erwirtschaftet.[292]

Subjektive Erfolgskriterien (1) bieten sich aufgrund ihrer spezifischen Vor- und Nachteile eher als Ergänzung zu anderen Erfolgskennzahlen an. Sie basieren in erster Linie auf Schätzungen von Experten, die einen Vergleich der (aktuellen) Beteiligungsrendite mit dem Geschäftsplan, der jeweiligen Branchenentwicklung oder den Anforderungen der VCG vornehmen. Alternativ oder ergänzend wird der Beteiligungserfolg von Experten auch auf einer oft fünfstufigen Ordinalskala bewertet. Problematisch an der Operationalisierung von Erfolg mittels subjektiver Kriterien ist zum einen die Gefahr von individuellen Schätzfehlern der Experten und zum anderen die eingeschränkte Vergleichbarkeit der Beurteilungen verschiedener Fachleute infolge einer unvollständigen Standardisierbarkeit.

Im Gegenzug bietet diese Herangehensweise die Möglichkeit, zahlreiche Erfolgsaspekte in die Bewertung mit einzubeziehen und hilft, formale Messfehler zu vermeiden.[293]

Jahresabschlusskennzahlen (3) sind zur Erfolgsmessung von *VC*-Beteiligungen dagegen nur bedingt geeignet. Der Ansatz bedient sich zur Beurteilung der Unternehmenssituation sowohl absoluter als auch relativer Kennzahlen aus der Jahresabschlussrechnung. Weil zahlreiche Kenngrößen jedoch lebenszyklus- und ggf. auch branchenspezifisch sind, ist die Vergleichbarkeit von Portfoliounternehmen auf Basis von Jahresabschlusskennzahlen stark eingeschränkt. Zudem handelt es sich um eine statische Betrachtungsweise, die Historie und Perspektiven des Unternehmens gleichermaßen ausklammert. Eine Erfolgsmessung aus Sicht der Venture-Capital-Gesellschaft gestaltet sich bei diesem Vorgehen umso schwieriger, zumal das Gesamtunternehmen und nicht der Anteil der VCG als Bezugspunkt dient. Vorteilhaft ist die vergleichsweise gute Datenverfügbarkeit.

---

[291] „Living dead investments are typically mid- to later-stage ventures that are economically self-sustaining, but that fail to achieve levels of sales growth or profitability necessary to produce attractive final rates of return or exit opportunities for their venture capital investors." RUHNKA, J. C. ET AL. (1992), S. 137.

[292] Vgl. SCHEFCZYK, M. (2004), S. 197.

[293] Vgl. Ibid.

Zur Beurteilung der Entwicklung junger Unternehmen werden häufig **Wachstumsmaße** (4) herangezogen, die auf einem Vergleich zentraler Unternehmenskenngrößen über einen Referenzzeitraum hinweg beruhen. Die Berechnung von Wachstumsraten hat allerdings den Nachteil, dass das Ergebnis in hohem Maße von der Merkmalsausprägung zum Ausgangszeitpunkt abhängt. Da Firmen in der *Start-up-* oder frühen Expansionsphase typischerweise mit wenigen Mitarbeitern bestenfalls geringe Umsätze erwirtschaften, weisen sie anfangs zwar numerisch beeindruckende Wachstumsraten auf, die absoluten Zuwächse nehmen sich aber eher bescheiden aus; bei Unternehmen in fortgeschrittenen Entwicklungsstadien zeigt sich hingegen das umgekehrte Bild. Ergo lassen sich Beteiligungen unterschiedlicher Finanzierungsphasen anhand von Wachstumsmaßen nur sehr bedingt vergleichen.[294]

Tabelle 7 fasst die wesentlichen Vor- und Nachteile der einzelnen Erfolgsmaße noch einmal zusammen.[295]

Abschließend ist anzumerken, dass bei der isolierten Betrachtung von Erfolgsgrößen wie einer *IRR* nicht nur die mit der Anlageklasse verbundenen nicht unerheblichen Risiken ignoriert, sondern auch potentiell vergleichbare Anlagealternativen vernachlässigt werden (Benchmarking). Diese beiden Elemente sind daher integraler Bestandteil einer ganzheitlichen *Performance*-Analyse.[296]

[294] Vgl. Ibid., S. 196.

[295] Zu den hier nicht näher erläuterten Kennzahlen der Markterfolgsindikatoren (5) und Hybridmaße (6) vgl. vertiefend Ibid., S. 195ff.

[296] *Performance* ist definiert als „der erwirtschaftete Erfolg einer Investition unter Berücksichtigung des dafür in Kauf genommenen Risikos und im Verhältnis zu einem geeigneten Vergleichsmaßstab (Benchmark)". ASKAR, A. (2008), S. 16. Siehe auch die dort angegebene weiterführende Literatur.

Nr.	Erfolgsmaß	Grundlage	Vorteile	Nachteile
(1)	**Subjektive Erfolgskriterien**	• Expertenschätzung von Renditen im Vergleich zu Geschäftsplan, Branchenentwicklung, Anforderungen der VCG oder auf einer Ordinalskala	• Einbeziehung zahlreicher Erfolgsaspekte bei der Bewertung • Vermeidung formaler Messfehler	• Eingeschränkte Vergleichbarkeit infolge mangelnder Standardisierung der Beurteilungen • Gefahr von Schätzfehlern
(2)	**Beteiligungsrentabilitätsmaße**, insb. *IRR*	• Relative Wertsteigerung des von der VCG in ein Portfoliounternehmen investierten Kapitals	• Bewertung des finanziellen Engagements der VCG an einer Beteiligung • Simultane Betrachtung von Rentabilitäts- und Wachstumsaspekten	• Erhebliche Unsicherheit bei Renditeermittlung vor Beteiligungsexit (problematische Bewertung bestehender Beteiligungen)
(3)	**Jahresabschlusskennzahlen**, z. B. Umsatz, EK-Rendite	• Absolute oder relative Kennzahlen der Jahresabschlussrechnung des Portfoliounternehmens	• Gute Datenverfügbarkeit • Gute Nachvollziehbarkeit	• Limitierte Vergleichbarkeit über Lebenszyklen • Gesamtunternehmen, nicht Anteil der VCG als Bezugspunkt • Statische Betrachtung
(4)	**Wachstumsmaße**, z. B. Umsatz, Mitarbeiterzahl	• Entwicklung zentraler Unternehmenskenngrößen innerhalb eines Referenzzeitraums	• Dynamische (wenn auch vergangenheitsorientierte) Betrachtungsweise	• Bedingte Vergleichbarkeit über Finanzierungsphasen • Abhängigkeit von der Merkmalsausprägung zum Ausgangszeitpunkt
(5)	**Markterfolgsindikatoren**, z. B. Marktanteil	• Marktposition des Portfoliounternehmens	• Gute Nachvollziehbarkeit	• Eingeschränkte Vergleichbarkeit über verschiedene Branchen • Begrenzte Aussagekraft über Wirtschaftlichkeit des Unternehmens
(6)	**Hybridmaße**, insb. Marktwert-/Buchwert-Verhältnis	• Relation verschiedener Unternehmenskennzahlen	• Zukunftsorientiertes Maß (Marktwert als Barwert der erwarteten *Cash Flows* bzw. Veräußerungserlös)	• Gesamtunternehmen, nicht Anteil der VCG als Bezugspunkt • Keine Berücksichtigung der Beteiligungskonditionen oder Unternehmensentwicklung seit *VC*-Engagement
(7)	**Insolvenzvermeidung**	• (In-)Solvenz des Portfoliounternehmens	• Erfolgsmaß für Untersuchung von Stichproben mit Insolvenzfällen	• Dichotomes Erfolgskriterium, keine Differenzierung zwischen solventen Unternehmen • Keine Erfassung von *Living Dead*-Beteiligungen als Misserfolg
(8)	**Exit-Typ**, insb. *IPO*	• Typus der Beteiligungsveräußerung	• Breite Informationsbasis aufgrund guter Datenverfügbarkeit	• Beschränkung auf abgeschlossene Beteiligungen • Festlegung auf einzelne bzw. wenige Exit-Typen
		• Ranking der fünf Exit-Typen	• Breite Informationsbasis • Korrelation mit Beteiligungsrentabilitätsmaßen (*IPO* als Exit mit meist höchsten Renditen) • Kein *Selection Bias*	• Beschränkung auf abgeschlossene Beteiligungen • Kategoriales Erfolgskriterium mit „nur" fünf Ausprägungen, keine Differenzierung innerhalb eines Exit-Typs

Quelle: Eigene Darstellung

Tabelle 7: Operationalisierungen von Erfolg im Venture-Capital-Kontext

2.4 Erfolgswirkung der Syndizierung von Venture-Capital-Investitionen

Nachdem in den vorangegangenen Unterkapiteln die wesentlichen Grundlagen der vorliegenden Forschungsarbeit gelegt worden sind, widmet sich das folgende Unterkapitel inhaltlich der Schnittmenge der drei Bereiche *Venture Capital* (2.1), Syndizierung (2.2) und Beteiligungserfolg (2.3). Dazu soll der wissenschaftliche Erkenntnisstand zur Erfolgswirkung der Syndizierung von *VC*-Investitionen ausführlich dargelegt werden. Die Literaturanalyse unterscheidet zwischen Untersuchungen, die einen allgemeinen Zusammenhang zwischen gemeinsam finanzierten *VC*-Beteiligungen und deren Erfolg feststellen, und Studien, die den Einfluss der Syndizierung auf spezifische erfolgsrelevante Parameter erforschen. Die Aufarbeitung innerhalb der zweiten Gruppe orientiert sich strukturell an den Wertschöpfungsaktivitäten von VCG entlang der Prozessphasen einer *VC*-Finanzierung.

Zu den Veröffentlichungen, die sich mit dem Erfolg von Co-Investitionen im Allgemeinen beschäftigen, zählen die folgenden sechs Publikationen.

AUDRETSCH/LEHMANN (2004) untersuchen die Rolle von Venture-Capital- und Fremdkapitalfinanzierungen für die Entwicklung junger Wachstumsunternehmen anhand einer Datenbasis von 341 Unternehmen, die zwischen 1997 und 2002 am Neuen Markt gelistet waren. Ihr Vergleich der Finanzierungsmodi und deren Einfluss auf die Unternehmensentwicklung führt zu dem Ergebnis, dass Venture-Capital-Beteiligungen stärkere Zuwachsraten verzeichnen als Firmen ohne Unterstützung von Wagniskapitalgebern.[297] Syndizierte *VC*-Engagements wiederum weisen ein höheres Umsatzwachstum auf als Unternehmen mit nur einem *VC*-Investor.[298]

HOPP/RIEDER (2006) gehen in ihrer Arbeit der Frage nach, welche Absichten VCG im Rahmen einer Syndizierung verfolgen, unter welchen Umständen sie kooperieren und welchen Erfolg die gemeinsamen Bestrebungen haben. Zu diesem Zweck stützen sich die Forscher im empirischen Teil auf einen Datensatz von 1.500 *VC*-Transaktionen in Deutschland innerhalb der vorangegangenen 10 Jahre. Die Untersuchung der Motive verleitet die Autoren zu dem Schluss, dass Wagniskapitalgeber gleichzeitig eine Risikoreduktion und eine höhere Wertschöpfung durch besseren Ressourcenzugang anstreben. Nach Auffassung der Verfasser können Co-Investitionen von VCG sowohl zur Stärkung des eigenen Industriefokus genutzt werden als auch zur Diversifikation des bestehenden Portfolios in neue Branchen. Zudem ergibt die Analyse, dass eine Syndizierung unabhängig von der Anzahl beteiligter *VC*-Gesellschaften einen signifikanten positiven Einfluss auf das Umsatzwachstum, nicht aber den Beschäftigungszuwachs von Portfoliounternehmen hat.[299]

---

[297] Vgl. AUDRETSCH, D. B./LEHMANN, E. E. (2004), S. 19f.

[298] Vgl. HOPP, C./RIEDER, F. (2006), S. 40.

[299] Vgl. HOPP, C./RIEDER, F. (2006).

Am Beispiel der US-amerikanischen Venture-Capital-Industrie beschäftigen sich HOCHBERG ET AL. (2007) mit der organisationsrelevanten Wahl eines Unternehmens zwischen Ad-hoc-Markttransaktionen (*Arm's Length*) und engen Kooperationen über Beziehungen bzw. Netzwerke. Im Mittelpunkt des Interesses stehen dabei die Auswirkungen der Entscheidung auf den Erfolg einer VCG. In ihrer Untersuchung von 47.705 Finanzierungsrunden in 16.315 Portfoliounternehmen seitens 1.974 *VC*-Firmen von 1980 bis 2003 gelangen die Forscher zu dem Schluss, dass *VC*-Gesellschaften, die durch Syndizierung von Investitionen einflussreichere bzw. zentralere Netzwerkpositionen[300] eingenommen haben, signifikant erfolgreicher sind. Der Erfolg bemisst sich dabei zum einen am Anteil erfolgreicher Veräußerungen an der Gesamtzahl der Beteiligungen und zum anderen an der Überlebenswahrscheinlichkeit der Portfoliounternehmen.[301]

DIMOV/DE CLERCQ (2006) untersuchen das Verhältnis zwischen Investitionsstrategien von VCG und den entsprechenden Ausfallquoten ihrer Portfolios. Sie stellen dabei zwei Strategieaspekte in den Vordergrund, den Spezialisierungsgrad und die Syndizierungsquote der jeweiligen *VC*-Firmen. Die Auswertung der Investment-Strategien von 200 US-basierten Venture-Capital-Gebern über einen Zeitraum von 12 Jahren macht deutlich, dass eine Fokussierung auf Entwicklungsphasen einen negativen Effekt auf die Ausfallquote im Portfolio hat, während mit einer erhöhten Syndizierungsfrequenz auch der Anteil insolventer Beteiligungen zunimmt. Die Autoren argumentieren, dass die geteilte Verantwortung in Syndikaten *VC*-Gesellschaften dazu veranlasst, Portfoliounternehmen, die hinter ihren Erwartungen zurückbleiben, schneller die Unterstützung zu versagen, als dies bei allein finanzierten Beteiligungen der Fall wäre. Außerdem wird angeführt, dass Co-Investoren angesichts sich schlecht entwickelnder Engagements zunehmend in ein *Social Loafing* verfallen und ihre limitierten Ressourcen[302] stattdessen auf die (eigenen) aussichtsreichen Portfoliounternehmen konzentrieren, mit denen sie einen Großteil der Rendite erzielen[303].[304]

Basierend auf einem größeren, aber in weiten Teilen gleichen Datensatz wie in DIMOV/DE CLERCQ (2006) versuchen DE CLERCQ/DIMOV (2003) zu eruieren, inwieweit die Teilnahme an Co-Investitionen und die Spezialisierung von VCG auf Industrien oder

---

[300] Die Zentralität einer VCG im Netzwerk bestimmt sich anhand von fünf Faktoren: der Anzahl verschiedener Co-Investoren einer VCG (1), die Häufigkeit, mit der eine VCG zu Syndikaten eingeladen wird (2), und einlädt (3), der Zugang einer VCG zu *VC*-Gebern mit dem umfangreichsten Netzwerk (4) und die Rolle einer VCG als Vermittler zwischen unterschiedlichen Teil-Netzwerken (5). Vgl. HOCHBERG, Y. V. ET AL. (2007), S. 253.

[301] Vgl. Ibid., S. 262.

[302] GIFFORD (1997) legt dar, dass VCG bei ihrer Zeitallokation vor dem Dilemma stehen, sowohl das *Fundraising* vorantreiben zu müssen, neue *Deals* zu identifizieren und abzuschließen, als auch ihren Beteiligungen die erforderliche Unterstützung zuteil werden zu lassen. Die Optimierung der Zeiteinteilung orientiert sich dabei stets am Nutzen der VCG und damit nicht zwangsläufig an dem der Portfoliounternehmen. Vgl. GIFFORD, S. (1997), S. 459f.

[303] Vgl. SAHLMAN, W. A. (1990); SAPIENZA, H. J. ET AL. (1994).

[304] Vgl. DIMOV, D. P./DE CLERCQ, D. (2006), S. 207ff.

Entwicklungsphasen die Quote erfolgreicher Exits eines Portfolios beeinflusst. Während sich ein ausgeprägter Industriefokus günstig auf den Exit-Erfolg auszuwirken scheint, gestaltet sich das Bild hinsichtlich gemeinsam durchgeführter Finanzierungen etwas vielschichtiger. Ein hoher Syndizierungsgrad in der ersten Finanzierungsrunde hat einen negativen Einfluss auf den Beteiligungserfolg, wohingegen sich eine zunehmende Zahl an Co-Investoren, die ein Portfoliounternehmen über alle Finanzierungsrunden hinweg unterstützen, positiv bemerkbar macht.[305]

SEPPÄ (2003) analysiert in seinem dritten Aufsatz, in welchem Maße Syndizierung die Effizienz von Venture-Capital-Gesellschaften beeinflusst, zum einen *Deals* erfolgreich abzuschließen und zum anderen Portfoliounternehmen zu einem Börsengang zu führen. Seine Längsschnittuntersuchung von Investitionen der 100 größten US-amerikanischen *VC*-Geber zwischen 1986 und 2000 ergibt, dass die Syndizierungshäufigkeit die Effizienz eines *VC*-Investors allgemein und insbesondere in Bezug auf die Durchführung von Investitionen verbessert. Eine positive Korrelation zeigt sich auch zwischen der Syndikatsgröße einerseits sowie der Gesamteffizienz einer VCG und ihrem *IPO Track Record* andererseits. Der Einfluss der Syndizierung nimmt dabei mit steigender Unsicherheit des Portfolios zu.[306]

Die nachfolgenden acht Studien erforschen die Effekte einer Syndizierung auf spezifische erfolgsrelevante Aspekte.

In einer grundlegenden Arbeit zum Syndizierungsverhalten bei *VC*-Investitionen testet LERNER (1994) basierend auf 651 Investitionsrunden von 271 Biotechnologieunternehmen drei Hypothesen. Seine Untersuchung ergibt erstens, dass im Rahmen einer Syndizierung bessere Investitionsentscheidungen getroffen werden (*Selection Hypothesis*), da unabhängige Beurteilungen seitens der eingeladenen VCG einen effizienteren Abbau von Informationsasymmetrien und damit eine Reduktion der Unsicherheit ermöglichen.[307] Zweitens tragen Co-Investments in späteren Finanzierungsrunden zur Vermeidung von opportunistischem Verhalten bei, wenn der Lead-Investor einen konstanten Eigenkapitalanteil behält. In diesem Fall ist nämlich anzunehmen, dass er seinen Informationsvorsprung gegenüber anderen Investoren bei der nächsten Unternehmensbewertung nicht ausnutzt.[308] Drittens beobachtet der Forscher, dass erfahrene VCG in späten Finanzierungsrunden nach einem starken Bewertungsanstieg der Wachstumsunternehmen als Investor einsteigen. Dieses aus der Fondsbranche bekannte Verhalten, das auf eine „optische Aufwertung" des Portfolios abzielt, bezeichnet er als *Window Dressing*.[309, 310]

Einen ebenfalls zentralen Aufsatz haben BRANDER ET AL. (2002) verfasst. Sie gehen in ihrer Studie der Frage nach, welches Motiv für die Bildung von Syndikaten vorrangig ist,

---

[305] Vgl. DE CLERCQ, D./DIMOV, D. P. (2003).

[306] Vgl. SEPPÄ, T. J. (2003).

[307] Vgl. SAH, R. K./STIGLITZ, J. E. (1986).

[308] Vgl. ADMATI, A. R./PFLEIDERER, P. (1994).

[309] Vgl. LAKONISHOK, J. ET AL. (1991).

[310] Vgl. LERNER, J. (1994), S. 25f.

und stellen LERNERS *Selection Hypothesis* eine *Value Added*-These gegenüber, nach der Co-Investoren durch ihre komplementären Fähigkeiten die Erfolgsaussichten der finanzierten Jungunternehmen verbessern. Daneben betrachten die Autoren Diversifikation als potentiellen weiteren Beweggrund einer Syndizierung. Mit ihrer Analyse von 584 Beteiligungsexits kanadischer VCG im Zeitraum von 1992 bis Q1 1998[311] zeigen sie, dass syndizierte *VC*-Investitionen in Kanada signifikant höhere Renditen abwerfen als Beteiligungen mit Unterstützung einer einzelnen VCG. Diesen Unterschied sehen die Forscher als Beleg für ihre Wertschöpfungshypothese. Für die Diversifikationsthese finden die Autoren ebenfalls Indizien, wenn auch schwächere.[312]

In einer umfangreichen Studie zur Rendite von Venture-Capital-Investitionen und deren Einflussfaktoren analysieren CUMMING/WALZ (2004) die *IRR* von 3.826 *VC*-Beteiligungen aus 39 Ländern, in die 72 Venture-Capital-Gesellschaften über einen Zeitraum von 32 Jahren investiert haben. Die Autoren untersuchen verschiedene potentielle Erfolgsdeterminanten aus vier Bereichen: „Rechtliches und wirtschaftliches Umfeld", „Charakteristika des *VC*-Fonds", „Eigenschaften der Portfoliounternehmen" sowie „Struktur der Investition". Einer der betrachteten Investitionsparameter reflektiert dabei, ob es sich um syndizierte Beteiligungen handelt oder nicht. Im Hinblick auf Co-Investments von *VC*-Gesellschaften kommt die Studie zu dem Ergebnis, dass gemeinsame Engagements signifikant höhere Renditen abwerfen, und begründet dies mit einer umfangreicheren Wertschöpfung durch mehrere Investoren.[313]

LEHMANN/BOSCHKER (2002) beschäftigen sich mit den Treibern und dem Erfolg der Syndizierung von *VC*-Investments. Dazu betrachten sie 155 am Neuen Markt notierte Wachstumsunternehmen mit *VC*-Finanzierung im Hinblick auf deren Mitarbeiterwachstum, Eigenkapitalaufnahme (*Capital Raised*) und Wahrscheinlichkeit eines *Delisting*. Die Analyse der Forscher zeigt, dass syndizierte Investitionen in Bezug auf alle drei Kriterien nicht signifikant besser abschneiden als Beteiligungen mit nur einer *VC*-Gesellschaft im Hintergrund (*Standalone Investment*). Folglich können sie weder die *Selection Hypothesis* von LERNER (1994) noch die *Value-Added Hypothesis* von BRANDER ET AL. (2002) stützen. Die von den Theorien abweichenden Ergebnisse begründen LEHMANN/ BOSCHKER (2002) u. a. mit einem *Selection Bias*, der sich aufgrund der Fokussierung auf besonders erfolgreiche Portfoliounternehmen mit *IPO* am Neuen Markt ergibt. Zugleich beobachten sie jedoch, dass die Quote syndizierter *VC*-Beteiligungen innerhalb der Stichprobe mit 60% sehr deutlich über dem Vergleichswert von 33% für nicht börsennotierte Venture-Capital-Engagements liegt, was auf einen Zusammenhang zwischen der Präsenz mehrerer Wagniskapitalgeber und der *IPO*-Wahrscheinlichkeit der jeweiligen Portfoliounternehmen schließen lässt.[314]

---

[311] Der anonymisierte Datensatz stammt von Macdonald & Associates, einem kanadischen Venture-Capital-Dienstleister.

[312] Vgl. BRANDER, J. A. ET AL. (2002), S. 423ff.

[313] Vgl. CUMMING, D. J./WALZ, U. (2004).

[314] Vgl. LEHMANN, E. E./BOSCHKER, K. (2002).

JÄÄSKELÄINEN ET AL. (2006) untersuchen den Zusammenhang zwischen der Anzahl an Portfoliounternehmen je Partner und den Erträgen einer Venture-Capital-Gesellschaft, wobei sie von einer umgekehrten U-förmigen Beziehung ausgehen.[315] Zudem vermuten die Autoren, dass mit steigender Syndizierungsquote auch die optimale Zahl an Beteiligungen zunimmt. Ihre Analyse von Investitionen der 94 größten unabhängigen US-amerikanischen *VC*-Firmen in 6.044 Portfoliounternehmen zwischen 1986 und 1998 kommt zu dem Ergebnis, dass das Management der VCG tatsächlich in der Lage ist, eine größere Anzahl an Portfoliounternehmen effizient zu betreuen, wenn sie im Rahmen von Syndizierungen die Ressourcen anderer Co-Investoren hinzuziehen.[316]

HEGE ET AL. (2006) richten ihr Augenmerk auf einen transatlantischen Vergleich der *Performance* von Venture-Capital-Investitionen. Bei ihrer Analyse der Entwicklung des Unternehmenswertes von 234 US-amerikanischen und 147 europäischen *VC*-Beteiligungen stellen sie fest, dass *VC*-Geber jenseits des Atlantiks signifikant höhere Renditen (*IRR*) erwirtschaften als ihre europäischen Wettbewerber. Die Forscher finden Anhaltspunkte dafür, dass US-amerikanische *VC*-Investoren tendenziell spezialisierter sind, eine aktivere Rolle wahrnehmen sowie die Instrumente des *Staging*[317] und der Syndizierung effektiver einsetzen. Im Gegensatz zu ihren europäischen Konkurrenten greifen sie in späteren Finanzierungsrunden öfter auf neue Syndikatspartner zurück und suchen dabei gezielter VCG mit relevanter Expertise und Corporate-VCG aus, die durch ihre komplementären Fähigkeiten einen wesentlichen Beitrag zur Entwicklung der Beteiligung leisten. Für die Autoren liegt ein Teil des *Performance*-Unterschieds zwischen amerikanischen und europäischen *VC*-Investoren genau hierin begründet. Nachdem keine signifikanten Abweichungen bei den Renditen erfolgreich veräußerter Portfoliounternehmen (*IPO* und *Trade Sale*) zwischen Amerika und Europa beobachtet werden können, folgern die Verfasser, dass die Gruppe der wenig erfolgreichen Unternehmen für die *Performance*-Differenz verantwortlich ist. Interessanterweise gelingt es Wagniskapitalgebern aus den Vereinigten Staaten nicht, in Europa eine bessere Leistung zu erbringen als die dort heimischen Wettbewerber.

In ihrer Arbeit über die Rolle großer Firmen als Finanziers junger Technologieunternehmen beleuchten MAULA/MURRAY (2001) den Beitrag von *Corporate Venture Capital* zum Erfolg von Portfoliounternehmen. Zu diesem Zweck analysieren die Forscher verschiedene Parameter von 325 Börsengängen US-amerikanischer *VC*-Beteiligungen aus der Informationstechnologiebranche in den Jahren 1998 bis 1999. Dabei fällt ihnen auf, dass insbesondere syndizierte Investitionen unter Beteiligung mehrerer CVCG bedeutender Technologiefirmen höhere Börsenwerte erzielen als vergleichbare *IPO*-Kandidaten mit entweder nur einer CVCG oder nur unabhängigen *VC*-Gesellschaften als Co-Investoren. MAULA/MURRAY (2001) erklären dies mit der kumulierten Zertifizierung aller

---

[315] Vgl. KANNIAINEN, V./KEUSCHNIGG, C. (2003).

[316] Vgl. JÄÄSKELÄINEN, M. ET AL. (2006), S. 185ff.

[317] Vgl. Abschnitt 2.1.3.

engagierten Investoren, der Validierung entstehender dominanter Technologien und einer geringeren Wahrscheinlichkeit von Interessenkonflikten zwischen Portfoliounternehmen und Wagniskapitalgebern. Die Autoren werten die erfolgreiche Zusammenarbeit von CVCG und VCG bei der Entwicklung börsennotierter Unternehmen zudem als Beleg für die Synergien, die aus der Kombination der komplementären Ressourcen und Fähigkeiten beider Investorentypen resultieren.[318]

BARRY ET AL. (1990) setzen sich mit der Rolle von *VC*-Investoren bei der Kreation börsennotierter Unternehmen auseinander. Durch die Übernahme von signifikanten Eigenkapitalpositionen, Mandaten im Aufsichtsrat sowie operativeren Beratungs- und Überwachungsfunktionen kontrollieren und beeinflussen *VC*-Gesellschaften die Geschicke ihrer Portfoliounternehmen.[319] Dass die Präsenz erfahrener VCG, die ein intensives *Monitoring* ihrer Wachstumsunternehmen betreiben und damit Risiken reduzieren, im Rahmen eines Börsengangs vom Markt als Qualitätssignal wahrgenommen wird, ist eine zentrale These der Autoren. Ihre Empirie stützt sich auf einen umfangreichen Datensatz, der die *IPOs* von 433 *VC*-Beteiligungen und 1.123 Firmen ohne Unterstützung eines Wagniskapitalgebers im Zeitraum von 1978 bis 1987 beinhaltet. Die Analysen ergeben, dass das *IPO-Underpricing*[320] umso geringer ausfällt, je mehr Co-Investoren sich im Rahmen einer Syndizierung an der Beteiligung engagieren (1), je länger der Lead-Investor bereits involviert ist (2), je mehr Erfahrung dieser vorweisen kann (3), je mehr *IPOs* er schon begleitet hat (4) und je größer der EK-Anteil ist, den die VCG auf sich vereinen (5).[321]

Eine Analyse der vorgestellten Arbeiten im Hinblick auf den regionalen Fokus und die verwendeten Erfolgsmaße ergibt, dass für den deutschen Venture-Capital-Markt keine verlässlichen Aussagen über den Einfluss der *VC*-Syndizierung auf den Beteiligungserfolg getroffen werden können.

Von den identifizierten Untersuchungen beziehen sich nämlich ca. zwei Drittel auf den US-amerikanischen bzw. kanadischen *VC*-Markt, und ein weiteres Siebtel ist länderübergreifend angelegt. Lediglich drei der 14 Arbeiten konzentrieren sich auf den deutschen Venture-Capital-Markt.

Dabei bedienen sich die auf Deutschland ausgerichteten Studien der Erfolgsmaße Umsatz- bzw. Mitarbeiterwachstum, die kaum Rückschlüsse auf den Beteiligungserfolg zulassen.[322] Denn Umsatz- und Mitarbeiterwachstum sind keine eindeutigen Indikatoren einer Steigerung von Profitabilität und *Cash Flow*, der zur Unternehmensbewertung herangezogen wird. Darüber hinaus lassen sich Portfoliogesellschaften über verschiedene Branchen und

---

[318] Vgl. MAULA, M. V. J./MURRAY, G. (2001), S. 164ff.

[319] Vgl. JENSEN, M. C. (1989).

[320] Vgl. Abschnitt 2.2.4.2.

[321] Vgl. BARRY, C. B. ET AL. (1990), S. 447ff.

[322] Die Untersuchungen von AUDRETSCH/LEHMANN (2004) und LEHMANN/BOSCHKER (2002) haben zudem das Manko eines *Selection Bias*, da sie sich auf am Neuen Markt gelistete Unternehmen beschränken.

Finanzierungsphasen hinweg nur sehr bedingt miteinander vergleichen.[323] Drei weitere Publikationen stellen auf Beteiligungsrentabilitätsmaße (*IRR*) ab und umgehen damit die genannten Schwierigkeiten. Das Gros der Forschungsarbeiten greift hingegen auf Exit-Typen als Erfolgsmaß zurück. Während sechs Veröffentlichungen sich allein auf *IPOs* beschränken, bezieht eine Untersuchung auch *Trade Sales* mit in die Definition eines erfolgreichen Exits ein. Eine andere Studie konzentriert sich stattdessen auf Liquidationen als Misserfolgsindikator. Allen acht Arbeiten ist damit gemein, dass sie ein dichotomes Erfolgskriterium anlegen, welches eine nur sehr grobe Unterscheidung des Beteiligungserfolgs gestattet.

Zentrales Anliegen des eigenen Forschungsvorhabens ist es daher, durch die Verwendung eines weiter ausdifferenzierten Erfolgsmaßes ein vollständigeres und valideres Bild von den Effekten einer *VC*-Syndizierung auf deutsche Portfoliounternehmen zu zeichnen.

2.5 Synthese

Kapitel 2 soll mit einer Zusammenfassung der wesentlichen Erkenntnisse aus den Grundlagenbereichen *Venture Capital* (2.1), Syndizierung (2.2) und Beteiligungserfolg (2.3) sowie der Erfolgswirkung der Syndizierung (2.4) abgeschlossen werden.

Eingangs von Unterkapitel 2.1 ist der Begriff ***Venture Capital*** basierend auf einer vergleichenden Literaturanalyse definiert worden als über den nicht-organisierten Kapitalmarkt bezogenes Eigenkapital, das jungen Wachstumsunternehmen für einen begrenzten Zeitraum verbunden mit einer aktiven Managementunterstützung gegen Überlassung einer Minderheitsbeteiligung bereitgestellt wird, um über die Laufzeit eine signifikante Steigerung des Unternehmenswertes zu erzielen.

Nach Abstecken des Themenfeldes wurden die Venture-Capital-Gesellschaften als (Haupt-) Akteure in den Fokus gerückt, wobei zum einen ihre Rolle als Finanzintermediär zwischen (institutionellen) Kapitalgebern und kapitalbedürftigen Wachstumsunternehmen thematisiert und zum anderen ihre Heterogenität hinsichtlich organisatorischer, strategischer und operativer Ausrichtung herausgestellt worden sind.

Im Anschluss wurde das Geschäftsmodell der *VC*-Investoren näher betrachtet, welches auf der Vorbereitung, Durchführung und Auflösung von Investitionen in junge Wachstumsunternehmen beruht. In diesem Zusammenhang wurde der sophistizierte fünfstufige Beteiligungsprozess vorgestellt, der sich von der Kapitalakquisition über die Investition, Managementunterstützung und Desinvestition bis zur Kapitalrückzahlung erstreckt, und dessen spezielle Mechanismen den *VC*-spezifischen Risiken Rechnung tragen.

---

323 Siehe hierzu Abschnitt 2.3.3 (4).

Um auch die Anlässe von Venture-Capital-Beteiligungen genauer zu verstehen, folgte eine Darstellung des Phasenmodells einer idealtypischen Unternehmensentwicklung. Für die charakteristischen Entwicklungsstufen von der *Seed-* bis zur *Bridge*-Phase wurde abschließend der jeweilige Bedarf an Kapital und Managementunterstützung abgeleitet, wodurch alternative Finanzierungsanlässe und -zeitpunkte identifiziert werden konnten.

Unterkapitel 2.2 begann mit einer Herleitung des Syndikatsbegriffs. Daran schloss sich eine literaturgestützte Definition der **Venture-Capital-Syndizierung** an, unter der im Folgenden ein gemeinsames Investment von Eigenkapital seitens mehrerer *VC*-Geber in eine einzelne Beteiligung zur Erzielung einer gemeinsamen Rendite verstanden wird.

Als nächstes wurde der typische Prozess einer *VC*-Syndizierung detailliert geschildert, der von der Initiierung eines Syndikats über die Auswahl der Partner, Ausgestaltung der Struktur und das Management des Syndikats bis zu seiner Beendigung reicht.

Mit dem Wissen um den Ablauf einer Co-Investition konnten auch die Rollen der beteiligten VCG voneinander abgegrenzt werden. Dabei wurde zwischen dem Lead-Investor als Initiator und Hauptverantwortlichem des Syndikats und den engagierten Co-Investoren als tendenziell passiveren Wagniskapitalgebern differenziert.

Der letzte Teil des Unterkapitels widmete sich eingehend den Beweggründen und Problemen im Zusammenhang mit einer Syndizierung. Die erhofften Vorteile konnten danach unterschieden werden, ob sie auf Fonds-Ebene eintreten, wie z. B. eine verbesserte Portfoliodiversifikation oder eine höhere Reputation der VCG, oder aber auf Beteiligungsebene, darunter eine bessere Selektion von Portfoliounternehmen und eine breitere Basis verfügbarer Ressourcen. Als Nachteile wurden zum einen zusätzliche Transaktionskosten u. a. für Anbahnung, Vereinbarung und Kontrolle eines Syndikats identifiziert und zum anderen mögliche negative Effekte, die durch opportunistisches Verhalten der involvierten Investoren auftreten können.

Unterkapitel 2.3 ging ausführlich auf den **Erfolg im Venture-Capital-Kontext** ein. Im ersten Schritt erfolgte eine Bestimmung der Begrifflichkeit für die eigene Untersuchung, wonach Beteiligungserfolg als die Erzielung einer attraktiven Rendite auf das einem Unternehmen über die Beteiligungsdauer bereitgestellte Kapital aufgefasst werden soll.

Angesichts der Intransparenz der Renditen von Venture-Capital-Fonds, geschweige denn Einzelinvestitionen, ging es im zweiten Schritt um eine Identifikation und Systematisierung der verschiedenen Erfolgsmessansätze in der *VC*-Forschung. Die vergleichende Literaturanalyse konnte acht Gruppen von Erfolgsmaßen klassifizieren, darunter Beteiligungsrenditen, Jahresabschlusskennzahlen, Wachstumsgrößen und Exit-Typen.

Der dritte Schritt bestand in einer Analyse der wesentlichen Erfolgsindikatoren und einer kritischen Bewertung vor dem Hintergrund des eigenen Forschungsvorhabens. Daraus ging hervor, dass Beteiligungsrentabilitätsmaße die vergleichsweise zuverlässigste Bestimmung des Beteiligungserfolgs erlauben, gefolgt von Exit-Typen, subjektiven Erfolgskriterien, Jahresabschlusskennzahlen und Wachstumsgrößen.

Nach intensiver Beschäftigung mit den drei Themensträngen der vorliegenden Arbeit führte Unterkapitel 2.4 diese zusammen und bereitete den wissenschaftlichen Erkenntnisstand bezüglich des **Einflusses einer *VC*-Syndizierung auf den Beteiligungserfolg** umfassend auf. Daraus ergab sich, dass Co-Investments im überwiegenden Teil der Untersuchungen gemessen am jeweiligen Erfolgskriterium besser abschneiden als Einzelinvestments. Allerdings werden die beobachteten *Performance*-Unterschiede auf verschiedene Weisen erklärt, sei es mit der Größe oder dem Wachstum des Syndikats im Allgemeinen, sei es durch spezifische Vorteile wie eine überlegene Selektion, eine größere Wertschöpfung oder eine umfassendere Zertifizierung. Vereinzelt werden jedoch auch nicht signifikante oder gar negative Effekte der Syndizierung(sfrequenz) beobachtet.

Angesichts nur vereinzelter Studien über die Erfolgswirkung von Syndizierungen deutscher Venture-Capital-Investitionen und deren Beschränkung auf wenig aussagekräftige Erfolgsmaße zielt das eigene Forschungsvorhaben darauf ab, den bisherigen Erkenntnisstand durch eine quantitative Untersuchung und validere Erfolgsmessung auszubauen.

Auf Grundlage der bislang gewonnenen Erkenntnisse und Anknüpfungspunkte werden in Kapitel 3 die zentralen Hypothesen zu den Parametern der Syndizierung sowie den Charakteristika der beteiligten Akteure hergeleitet.

3 Herleitung der Hypothesen zu Syndizierungsparametern und deren Zusammenhang mit dem Beteiligungserfolg

Nachdem in Kapitel 2 das zum Verständnis der vorliegenden Arbeit erforderliche Fundament gelegt worden ist, formuliert Kapitel 3 Hypothesen zu den Zusammenhängen zwischen wesentlichen Syndizierungsparametern bzw. Eigenschaften der involvierten Parteien und dem Beteiligungserfolg. Doch bevor die einzelnen Annahmen getrennt nach den Bildungsblöcken des Forschungsmodells (vgl. Unterkapitel 3.2) in den Unterkapiteln 3.3, 3.4 und 3.5 hergeleitet werden können, muss in Unterkapitel 3.1 der theoretische Bezugsrahmen festgelegt werden, der die inhaltliche Basis des vorliegenden Forschungsbeitrags bildet. Abschließend fasst Unterkapitel 3.6 die Hypothesen noch einmal zusammen.

3.1 Theoretischer Bezugsrahmen

In der betrachteten Venture-Capital-Literatur bedienen sich Autoren zahlreicher Theorien, um das Phänomen und/oder einzelne Aspekte der Syndizierung zu erklären. Auch die vorliegende Arbeit leitet Hypothesen aus verschiedenen Theorieansätzen ab. Daher setzt sich der theoretische Bezugsrahmen aus mehreren, insgesamt sechs, Theorien zusammen, die in den folgenden Abschnitten (3.1.1 bis 3.1.6) in ihren Grundzügen vorgestellt und um Beispiele aus der Venture-Capital-Forschung angereichert werden.

Einen Überblick über die sechs relevanten Theorien, in deren Rahmen sich das Thema Syndizierung bewegt, und die im Anschluss behandelt werden, verschafft Abbildung 11.

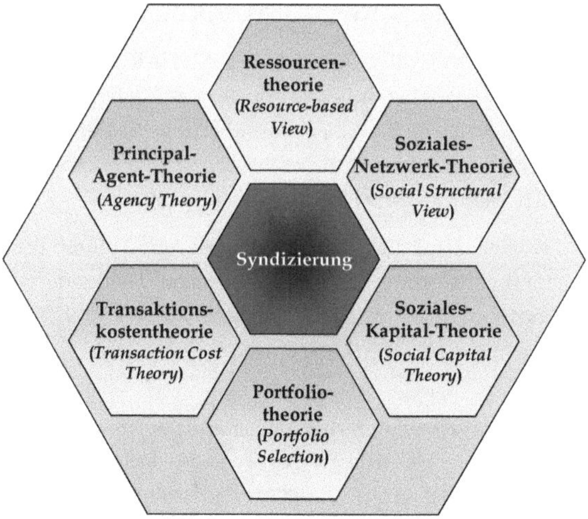

Quelle: Eigene Darstellung

Abbildung 11: Im Zusammenhang mit Syndizierung verwendete Theorieansätze

3.1.1 *Ressourcentheorie*[324]

In ihrer für die Ressourcentheorie grundlegenden Arbeit definiert PENROSE (1959) die Ressourcen eines Unternehmens als „physical things a firm buys, leases, or produces for its own use, and the people hired on terms that make them effectively part of the firm."[325] Sie interpretiert ein Unternehmen damit als Bündel physischer und humaner Ressourcen, die es in die Lage versetzen, seine „productive opportunity"[326] wahrzunehmen. Wachstum und letztlich Wettbewerbsposition einer Firma sind abhängig von der Ressourcenbasis, den etablierten Beziehungen sowie der Expertise des Managements im effektiven Einsatz der vorhandenen Ressourcen. Allerdings weist BARNEY (1991) in seinem zentralen Beitrag darauf hin, dass nur solche *Assets* Ressourcen darstellen, die ökonomisch relevant sind und Wettbewerbsvorteile verleihen, weshalb sie vier Charakteristika aufweisen müssen:[327]

- wertvoll, d. h. die Ressourcen verhelfen dem Unternehmen entweder zu einer niedrigeren Kostenbasis oder zur Durchsetzung höherer Preise für seine Produkte oder Dienstleistungen
- rar oder unternehmensspezifisch, d. h. sie tragen zur Differenzierung der Firma gegenüber der Konkurrenz bei
- unvollständig imitierbar, d. h. die Ressourcen fördern die nachhaltige Wettbewerbsfähigkeit des Unternehmens, da sie „path dependent, causally ambiguous, or socially complex" sind und damit nur schwer replizierbar
- nicht (kurzfristig) substituierbar, d. h. sie haben Bestand und verschaffen dem Unternehmen einen länger anhaltenden Wettbewerbsvorteil

In Abwesenheit dieser Eigenschaften könnten die Ressourcen von Konkurrenten kurzfristig beschafft oder entwickelt werden und der Vorteil gegenüber Kontrahenten wäre dahin.

Andere Forscher wie DAS/TENG (2000) oder EISENHARDT/SCHOONHOVEN (1996) haben die Anwendung der Ressourcentheorie von der unternehmensinternen Ebene auf den interorganisationalen Bereich (z. B. Allianzen) übertragen. Darüber hinaus bildet der *Resource-based View* den Ausgangspunkt für weitere Forschungsstränge wie den auf GRANT (1996) zurückgehenden *Knowledge-based View* eines Unternehmens.

Im Venture-Capital-Kontext wird die Ressourcentheorie von Autoren primär herangezogen, um entweder VCG auf ihre Ressourcen hin zu untersuchen (1) oder den Wertbeitrag der *VC*-Investoren für ihre Portfoliounternehmen zu bestimmen (2).

---

[324] Im Englischen auch als *Resource-based View* bezeichnet. Der Terminus *Resource-based* geht auf WERNERFELT (1984) zurück, der sich damit explizit von der seinerzeit vorherrschenden Sicht eines Unternehmens als Kombination von Produkt-Markt-Positionen distanzieren wollte. Vgl. WERNERFELT, B. (1984), S. 171ff.

[325] PENROSE, E. E. (1959), S. 67.

[326] Ibid., S. 67.

[327] Vgl. BARNEY, J. B. (1991), S. 105f.

(1) Wenige Studien betrachten Wagniskapitalgeber als Ressourcenbündel, darunter BYGRAVE (1987; 1988) und FRIEDRICH (2005). Nach BYGRAVE (1988) benötigen *VC*-Gesellschaften drei unterschiedliche Arten von Ressourcen: erstens Finanzmittel, die sie in Beteiligungen investieren können, zweitens ein reger Zufluss an Business-Plänen, aus denen attraktive Engagements ausgewählt werden können, und drittens Managementkapazitäten, die eine Identifikation aussichtsreicher *Deals* und eine effektive Betreuung der Beteiligungen gewährleisten.[328] BYGRAVE (1987) und FRIEDRICH (2005) betrachten die Bildung von *VC*-Syndikaten respektive die Wahl der geeigneten Co-Investoren aus dem *Resource-based View*. BYGRAVE (1987) findet heraus, dass der Austausch von Informationen und Wissen ein wichtigeres Motiv für die Syndizierung von *VC*-Investitionen zu sein scheint als der Transfer von Kapital.[329] FRIEDRICH (2005) spezifiziert das von Lead-Investoren gesuchte Ressourcenprofil eines adäquaten Co-Investors dahingehend, dass dieser über eine hohe Reputation, hinreichende Finanzmittel, ein umfangreiches organisationales Netzwerk und eine geographische Distanz zur gemeinsamen Beteiligung verfügen sollte.[330]

(2) Wesentliche Forschungsbeiträge zur Wertschöpfung von Wagniskapitalgebern haben MACMILLAN ET AL. (1989), GORMAN/SAHLMAN (1989), ROSENSTEIN ET AL. (1993), SAPIENZA (1992), SAPIENZA ET AL. (1996) oder HELLMANN/PURI (2002) geleistet. Auch wenn die genannten Autoren ihre Untersuchungen nicht konsequent auf der Ressourcentheorie aufbauen, so lehnen sie sich in ihrer Argumentation doch an deren zentralen Gedanken an, u. a. die Betrachtung vorhandener Ressourcen als Quelle von Wettbewerbsvorteilen. Im Hinblick auf den Wertbeitrag von *VC*-Gesellschaften kommen sie zu dem Ergebnis, dass diese über die Beschaffung des erforderlichen Kapitals hinaus auch andere relevante Dienstleistungen erbringen. So überwachen sie die finanzielle und operative Entwicklung ihrer Portfoliounternehmen, bieten sich als kritische Gesprächspartner an, helfen bei der Besetzung von Führungspositionen, gestalten *Incentive*-Systeme und vermitteln Kontakte zu professionellen Dienstleistern. Dadurch unterstützen sie ihre Beteiligungen bei der Akkumulation von erfolgskritischen Ressourcen und stärken so deren jeweilige Wettbewerbsposition.

3.1.2 *Soziales-Netzwerk-Theorie*[331]

Die Betrachtung der Märkte als soziale Strukturen findet erst Verbreitung, als Vertreter der Wirtschaftssoziologie (*Economic Sociology*) wie WHITE (1981) und BAKER (1984) zu argumentieren beginnen, dass Marktteilnehmer - anders als von der neoklassischen Theorie unterstellt - weder rein rational noch völlig unabhängig voneinander agieren.[332] In seiner fundamentalen Arbeit beschäftigt sich GRANOVETTER (1985) mit der Einbettung (*Embeddedness*) ökonomischen Handelns in den Strukturen sozialer Beziehungen. Der Autor

---

[328] Vgl. BYGRAVE, W. D. (1988), S. 137ff.

[329] Vgl. BYGRAVE, W. D. (1987), S. 139ff.

[330] Vgl. FRIEDRICH, A. (2005), S. 163ff.

[331] Im Englischen auch als *Social Structural View* betitelt.

[332] Vgl. SEPPÄ, T. J. (2003), S. 25.

versucht mit seinem Beitrag, eine wesentliche Schwäche der beiden diesbezüglich vorherrschenden Theorien zu beheben. Während der neoklassische Ansatz nämlich von einem eigennützigen, rein rationalen Verhalten der Marktakteure ausgeht und damit ein vom Autor als *undersocialized* bezeichnetes Konzept verfolgt, steckt wirtschaftliches Verhalten aus reformistischer Sicht im Korsett gesellschaftlicher Verhaltensmaßstäbe, so dass WRONG (1961) sie als *oversocialized* kritisiert.[333,334] Nach GRANOVETTER (1985) haben aber beide extremen Standpunkte gemein, dass sie das Verhalten und die Entscheidungen eines unabhängigen (*atomized*) Marktteilnehmers annehmen. Der Verfasser argumentiert hingegen, dass Institutionen und deren Verhalten in einem ökonomischen System von den bestehenden sozialen Beziehungen geprägt und beeinflusst werden. Als Begründung verweist er z. B. auf die verbreitete Präferenz von Marktteilnehmern, Geschäftspartner mit hoher Reputation zu bevorzugen. Besser als „anonyme" Hinweise auf die hohe Reputation eines Partners sind hingegen positive Aussagen eines vertrauenswürdigen Informanten und noch besser eigene Erfahrungen mit diesem Partner.[335] Diese Erkenntnisse sind auch im Zusammenhang mit Syndizierung von Bedeutung.

Später wird der *Social Structural View* von GULATI (1995) herangezogen, um die Bildung von Allianzen zu erklären. Durch die interorganisationale Zusammenarbeit von Unternehmen entsteht ein Geflecht aus Beziehungen, in das alle Akteure unterschiedlich stark eingebunden sind. Innerhalb dieses sozialen Netzwerks werden Informationen über Vertrauenswürdigkeit und Kompetenzen aller Akteure übertragen. Daher sind vorangegangene Interaktionen entscheidend für die Entstehung künftiger Allianzen, wobei Unternehmen, die bereits miteinander kooperiert haben, mit hoher Wahrscheinlich weitere Allianzen schmieden. GULATI (1995) schlägt mit seiner Arbeit einen Bogen zwischen der Netzwerktheorie und dem Ressourcenabhängigkeitsansatz, indem er die Rolle von soziostrukturellen Faktoren und Risiken für die Bildung interorganisationaler Kooperationen untersucht.[336] In einer späteren Arbeit kommt GULATI (1998) zu dem Schluss, dass soziale Netzwerke als Übertragungsmedien von Informationen Unternehmen zwar Gelegenheiten bieten, aber auch Einschränkungen für sie bedeuten und zudem Verhalten und *Performance* der Allianzen beeinflussen.[337]

Zahlreiche Forscher haben auf diesen Ergebnissen aufgesetzt und weitere Erkenntnisse gewonnen. So finden BAUM ET AL. (2000) u. a. heraus, dass Biotechnologie-Start-ups, die Allianzen entlang der Wertschöpfungskette formen, eine bessere *Performance* aufweisen. Als Motiv für die Bildung von Netzwerken führen Autoren primär den Ressourcenbedarf eines

---

333 Vgl. WRONG, D. H. (1961), S. 183ff.

334 DUESENBERRY (1960) brachte die beiden Sichtweisen auf folgenden Nenner: „economics is all about how people make choices; sociology is all about how they don't have any choices to make". DUESENBERRY, J. (1960), S. 233.

335 Vgl. GRANOVETTER, M. (1985), S. 490.

336 Vgl. GULATI, R. (1995), S. 643.

337 Vgl. GULATI, R. (1998), S. 310f.

Unternehmens an,[338] wobei auch das Prestige der Netzwerkposition eines anderen Unternehmens von Bedeutung sein kann.[339] Für die Analyse von Netzwerken und der Positionen einzelner Unternehmen darin ist ebenfalls das soziologische Konzept des sozialen Status entscheidend. Denn der Status einer Firma gilt als Indikator für deren Qualität.[340] PODOLNY (1994) belegt mit seiner Untersuchung zudem, dass die Bedeutung von Status mit wachsender Unsicherheit im Markt zunimmt. Unternehmen werden in solchen Fällen nämlich wählerischer und bevorzugen Geschäftspartner, die sie aus der Vergangenheit bereits kennen. Können sie indes nicht auf etablierte Beziehungen zurückgreifen und lässt sich die Qualität potentieller Partner nicht beobachten, basieren Unternehmen die Auswahl ihrer Geschäftspartner auf deren Status, wobei angesichts großer Unsicherheit fast ausschließlich Firmen mit vergleichbarem Status in Betracht gezogen werden.[341]

BYGRAVE (1988) überträgt als erster Forscher Erkenntnisse von GRANOVETTERS *Embeddedness*-Ansatz auf den Venture-Capital-Kontext, indem er seine Untersuchung der Strukturen US-amerikanischer VCG-Netzwerke auf den Syndizierungsgeflechten der Wagniskapitalgeber aufsetzt. Auf diesem Konzept aufbauend hat in der Folge eine Vielzahl von Akademikern Rolle und Eigenschaften von VCG-Netzwerken sowie deren Einfluss auf Verhalten und Erfolg von VCG analysiert.[342] Mit Bezug auf die Soziales-Netzwerk-Theorie und den Ressourcenabhängigkeitsansatz gehen PISKORSKI/ANAND (2004) der Frage nach, ob eher die aktuelle Netzwerkposition oder die verfügbaren Ressourcen eines Unternehmens dessen künftige Position bestimmen. Ihre Forschungsergebnisse belegen, dass *VC*-Investoren, die Randpositionen im VCG-Netzwerk einnehmen, über relevante (finanzielle) Ressourcen verfügen müssen, um Zugang zu Syndikaten mit etablierten VCG zu erhalten. Demgegenüber sind Wagniskapitalgeber in zentralen Positionen unabhängig von ihren Mitteln in der Lage, mit angesehenen *VC*-Gesellschaften zu syndizieren. Die Autoren argumentieren, dass der Ressourcenaustausch zwar die zugrunde liegende Rationale für Co-Investitionen darstellt, bei der Partnerwahl aber Netzwerk-Aspekte entscheidend sind.[343] SORENSON/STUART (2001) finden heraus, dass US-amerikanische VCG, die aktiv an Syndizierungsnetzwerken partizipieren, bestehende regionale und industriespezifische Grenzen der Kapitalanlage leichter überwinden und den geographischen Fokus ihrer Investitionen signifikant erweitern.[344]

Mit der Soziales-Netzwerk-Theorie verbunden ist die Soziales-Kapital-Theorie, auf die nun näher eingegangen wird.

---

[338] Vgl. z. B. GULATI, R./GARGIULO, M. (1999); AHUJA, G. (2000).

[339] Vgl. STUART, T. E. (1998), S. 668ff.

[340] Vgl. PODOLNY, J. M. (1993).

[341] Vgl. PODOLNY, J. M. (1994).

[342] Vgl. z. B. PODOLNY, J. M. (2001); SORENSON, O./STUART, T. E. (2001); PISKORSKI, M. J./ ANAND, B. (2004); HOCHBERG, Y. V. ET AL. (2007).

[343] Vgl. PISKORSKI, M. J./ANAND, B. (2004).

[344] Vgl. SORENSON, O./STUART, T. E. (2001), S. 1584f.

3.1.3 *Soziales-Kapital-Theorie*

In den letzten beiden Jahrzehnten hat der Terminus soziales Kapital Verbreitung gefunden als Paradigma für den Beitrag sozialer Aspekte zur Erklärung individuellen oder kollektiven Verhaltens. So sind zahlreiche Phänomene wie z. B. Statusaufbau, politisches Engagement oder Wettbewerbsvorteile ökonomischer Organisationen unter dem Aspekt des sozialen Kapitals untersucht worden.[345] Die Forschung hat sich dabei primär die Frage nach dem Nutzen von sozialem Kapital gestellt und diese aus unterschiedlichen Perspektiven zu beantworten gesucht. So hat sich PUTNAM auf die Gesellschaft als Analyseebene konzentriert, während COLEMAN und BOURDIEU auf die individuelle Ebene abgestellt haben. COLEMAN (1988) geht davon aus, dass „just as physical and human capital facilitate productive activity, social capital does as well"[346]. Nach seiner Auffassung ruht soziales Kapital in den Beziehungen zwischen Individuen.[347] Anders als bei anderen Arten von Kapital verfügen die beteiligten Parteien gemeinsam über soziales Kapital und nicht eine Seite allein.[348] Die Sichtweise von sozialem Kapital als Mehrwert von Beziehungen beschäftigt sich mit der zielführenden Etablierung von Verbindungen und deren Nutzung zum kurz- und/oder langfristigen Aufbau von physischen und immateriellen Ressourcen. Diese können sozialen, psychologischen, emotionalen und ökonomischen Charakter haben.

WOOLCOCK (1998) hingegen definiert den Begriff soziales Kapital sehr weit, denn dieser umfasst für ihn allgemein „norms and networks facilitating collective actions for mutual benefits"[349]. Soziales Kapital kann in Abhängigkeit vom jeweiligen Kontext verschiedene Formen annehmen, lässt sich aber an fünf Facetten beobachten:[350]

- Netzwerke, d. h. die Beziehungsgeflechte von Gruppen oder Individuen, die in Größe und Dichte variieren,
- Reziprozität, d. h. die Erwartung, dass Gefallen und Dienste kurz- oder langfristig erwidert werden,
- Vertrauen, d. h. der subjektive Glaube daran, dass Individuen sich erwartungsgemäß aufrichtig verhalten,
- Soziale Normen, d. h. tradierte gemeinsame Werte, die das Verhalten von Individuen und Gruppen beeinflussen, und
- individuelle und kollektive Effektivität, d. h. das aktive freiwillige Engagement von Subjekten in der Gesellschaft.

---

[345] Für eine detaillierte Literaturübersicht vgl. LIN, N. (2001).

[346] COLEMAN, J. S. (1988), S. 101.

[347] Vgl. Ibid.

[348] Vgl. BURT, R. (1992).

[349] WOOLCOCK, M. (1998), S. 155.

[350] Vgl. BOURDIEU, P. (1983); PAXTON, P. (2002).

Diese fünf Aspekte treten stets in verschiedenen Konstellationen in Erscheinung und bestimmen das Verhalten von Personen, Gruppen, Organisationen, Gesellschaften oder Netzwerken.

OZDEMIR (2006) analysiert das Syndizierungsverhalten von Venture-Capital-Gesellschaften vor dem Hintergrund der Theorien des Sozialen Kapitals[351] und des Sozialen Austauschs[352]; diese unterstellen, dass Unternehmen soziale Forderungen aufbauen, wenn sie anderen Dienste oder Gefälligkeiten erweisen, und soziale Verbindlichkeiten anhäufen, wenn sie Gefallen entgegennehmen. Er kommt zu dem Ergebnis, dass VCG, die häufiger als Co- denn als Lead-Investoren an Syndikaten teilgenommen haben, d. h. Nettoverbindlichkeiten hinsichtlich ihrer Syndizierungsbilanz aufweisen, eher andere Wagniskapitalgeber zu gemeinsamen Investitionen einladen als sonstige VCG - selbst wenn dies unter finanziellen und ökonomischen Gesichtspunkten nicht die zu bevorzugende Variante darstellt. Allerdings würde ein *VC*-Investor, der erhaltene Einladungen zu Syndikaten nicht erwidert, seine Aussichten auf künftige Co-Investments signifikant schmälern. Insofern haben soziale Strukturen und insbesondere soziale Verbindlichkeiten einen nachweisbaren Einfluss auf die Syndizierungsstrategien von *VC*-Gebern.[353]

3.1.4 *Portfoliotheorie*

Die auf MARKOWITZ (1952; 1959) zurückgehende Portfoliotheorie (*Portfolio Selection*) basiert auf dem Grundgedanken, dass rational handelnde, risikoaverse Investoren aus den möglichen Anlagealternativen ein ihren Präferenzen entsprechendes optimales Portfolio auswählen. Indem ein Anleger ein effizientes Portfolio wählt, das seinen individuellen Risiko- bzw. Renditepräferenzen entspricht, maximiert er seinen monetären Nutzen. Für sein Optimierungskalkül sind neben den eigenen Präferenzen aber auch die Charakteristika möglicher Portfolios entscheidend. Die Portfoliotheorie unterscheidet Portefeuilles nach deren erwarteter Rendite (μ)[354] als Indikator für das Ertragspotential und nach der Standardabweichung (σ)[355] des Erwartungswertes als Risikomaß. Entsprechend dem μ/σ-Prinzip zeichnen sich effiziente Portfolios dadurch aus, dass sie bei vergleichbarem Risikoniveau die

---

[351] Vgl. COLEMAN, J. S. (1988).

[352] Vgl. BLAU, P. M. (1964).

[353] Vgl. OZDEMIR, S. Z. (2006), S. 32f.

[354] Laut Theorie ergibt sich die Rendite eines Portefeuilles für den Investor aus der Veränderung des Portfoliowertes sowie etwaigen Ausschüttungen (z. B. Dividenden) während der betrachteten Periode im Verhältnis zum Ausgangswert des Portfolios. Da die künftige Entwicklung eines Portfolios jedoch mit Unsicherheit behaftet ist, wird auf den Erwartungswert (μ) abgestellt, der sich berechnet als die Summe der möglichen Renditeausprägungen gewichtet mit ihren entsprechenden Wahrscheinlichkeiten. Vgl. FABOZZI ET AL. (2002), S. 241ff.

[355] Die Portfoliotheorie unterstellt eine Normalverteilung der erwarteten Portfoliorenditen. Vgl. FABOZZI ET AL. (2002), S. 243ff.

maximale erwartete Rendite abwerfen bzw. bei gleichem erwartetem Renditeniveau das geringste Risiko aufweisen.[356]

Ermöglicht wird eine Reduktion der Standardabweichung durch die Zusammenstellung eines Portfolios aus Einzelwerten, deren Renditen nicht vollständig miteinander korreliert sind; der Diversifikationseffekt auf die Risikominderung fällt dabei umso größer aus, je geringer die Korrelation ist.[357] Allerdings lässt sich nicht das gesamte Risiko einer Investition im Zuge der Diversifizierung reduzieren. Gemäß der Portfoliotheorie setzt sich das Gesamtrisiko einer Anlage nämlich aus zwei Komponenten zusammen: dem systematischen Risiko und dem unsystematischen Risiko. Während ersteres allen Anlagealternativen gemein ist[358] und damit von etwaigen Diversifikationsaktivitäten unberührt bleibt, ist letzteres anlagespezifisch, so dass es durch intelligente Kombination von Einzelwerten mit niedriger Korrelation substantiell verringert werden kann. Demgegenüber beeinflusst die Portfoliodiversifikation den Erwartungswert der Portfoliorendite nicht systematisch, da dieser sich unabhängig von der Anzahl der einzelnen Positionen als gewichteter Durchschnitt der erwarteten Renditen der Einzelwerte ergibt. In der Konsequenz bedeutet dies, dass die Portfoliodiversifikation eine Risikoreduktion ermöglicht, ohne gleichzeitig die erwartete Rendite zu beeinträchtigen.

Aufbauend auf den grundlegenden Arbeiten von MARKOWITZ (1952; 1959) entwickelten SHARPE (1964), LINTNER (1965) und MOSSIN (1966) Mitte der 1960er Jahre das *Capital Asset Pricing Model.*

Im Gegensatz zu institutionellen Investoren, die am Kapitalmarkt agieren, gestaltet sich die Diversifikation des Portefeuilles für Venture-Capital-Gesellschaften im Sinne der Portfoliotheorie deutlich schwieriger, zumal sowohl eine signifikante ex-ante Informationsasymmetrie bei der Investitionsentscheidung besteht,[359] als auch die Investitionen nicht beliebig zu stückeln sind bzw. die Größe eines *VC*-Fonds im Verhältnis zum Kapitalbedarf eines Portfoliounternehmen (zu) klein ist.[360] Eine Möglichkeit, ihre Finanzmittel dennoch auf eine größere Zahl an Portfoliounternehmen aufzuteilen und so das Risiko zu reduzieren, bietet den Wagniskapitalgebern die Syndizierung von *VC*-Investitionen. So finden JÄÄSKELÄINEN ET AL. (2006) Anhaltspunkte dafür, dass häufige Syndizierung

---

[356] In einem Koordinatensystem, in dem Risiko (σ) und erwartete Rendite (μ) gegeneinander abtragen werden, bildet die Menge der optimalen Portfolios die sogenannte Effizienzkurve. Vgl. PERRIDON, L./STEINER, M. (2002), S. 264.

[357] Eine maximale Senkung des Anlagerisikos ergäbe sich durch Kombination von Einzelwerten, deren erwartete Renditen vollständig negativ korreliert sind.

[358] Das systematische Risiko reflektiert damit das Risiko der Kapitalanlage selbst und wird daher auch als Marktrisiko oder gesamtwirtschaftliches Risiko bezeichnet.

[359] D. h. *VC*-Investoren sind nur bedingt und mit größerem Aufwand in der Lage, die Korrelation der Beteiligung mit dem bestehenden Portfolio zu bestimmen, um darauf aufbauend eine Anlageentscheidung zu treffen. Vgl. WRIGHT, M./ROBBIE, K. (1998), S. 524ff.

[360] D. h. VCG können ihr Portfolio aufgrund ihrer limitierten finanziellen Ressourcen nicht beliebig diversifizieren. Vgl. SAHLMAN, W. A. (1990).

(insbesondere als Co-Investor) mit einem umfangreicheren Portfolio einhergehen.[361] ZACHARAKIS (2002) zeigt darüber hinaus, dass größere Spätphasen-Engagements öfter syndiziert werden als kleinere risikoreichere Frühphasen-Investitionen, was für das Motiv der Portfoliodiversifikation spricht.[362] Unter Umständen ist die Bildung eines Syndikats sogar das einzige Instrument, um an einem im Vergleich zum eigenen Fonds relativ großen *Deal* zu partizipieren, ohne das gesamte Portfolio aus dem Gleichgewicht zu bringen.[363]

3.1.5 *Transaktionskostentheorie*

Die Transaktionskostentheorie bzw. der Transaktionskostenansatz geht auf die grundlegenden Arbeiten von COASE (1937; 1960) und WILLIAMSON (1985) zurück.[364] Sie beruht auf der Annahme, dass jegliches ökonomisches Handeln (Transaktions-)Kosten verursacht. Die Akteure sind bestrebt, für jede Transaktion die jeweils effizienteste, kostenminimierende Organisationsform aus Markt, Hybrid und Hierarchie zu wählen.

Als Transaktion(skosten) „werden allgemein die (Kosten der) Herausbildung, Zuordnung, Übertragung und Durchsetzung von [Verfügungsrechten an Gütern und Dienstleistungen]" definiert.[365] Dabei kann differenziert werden zwischen ex-ante-Transaktionskosten, die vor Vertragsschluss für Suche und Information, Verhandlung und Vertragserstellung anfallen, und ex-post-Transaktionskosten, die im Anschluss für Kontrolle, Durchsetzung und etwaige Anpassungen des Vertrags entstehen.[366] Nach WILLIAMSON (1985) bestimmen drei Faktoren maßgeblich die Kosten einer Austauschbeziehung: Spezifität, Unsicherheit und Häufigkeit. Eine geringe Spezifität und Unsicherheit der Transaktion führen zu einer Abwicklung über das institutionelle Arrangement des Marktes. Mit steigendem Grad der Unsicherheit und Spezifität einer Leistungsbeziehung (steigende Wechselkosten) nehmen die gegenseitige Abhängigkeit und das Risiko opportunistischen Verhaltens der Vertragspartner zu (*Small Numbers Problem*), so dass sich die hybride Organisationsform einer Unternehmenskooperation als beste Alternative erweist, da die Partner durch Vereinbarung von Informationspflichten oder Sanktionen eigennütziges Verhalten limitieren können. Spezifische Investitionen und große Unsicherheit favorisieren eine unternehmensinterne Durchführung der Transaktion als effizienteste Variante. Während Komplexität, asymmetrische Informationsverteilung und Opportunismus angesichts begrenzter Rationalität der Vertragspartner die Transaktionskosten erhöhen, wirkt sich eine hohe Frequenz des Güter- bzw. Leistungsaustauschs unabhängig von der optimalen Organisationsform

---

[361] Vgl. JÄÄSKELÄINEN, M. ET AL. (2006), S. 199. Demgegenüber kommt CUMMING (2006) zu dem Ergebnis, dass kanadische VCG, die im Durchschnitt öfter co-investieren, ein vergleichsweise kleineres Portfolio unterhalten als ihre Wettbewerber. Vgl. CUMMING, D. J. (2006), S. 1085.

[362] Vgl. ZACHARAKIS, A. (2002).

[363] Vgl. MANIGART, S. ET AL. (2006), S. 134.

[364] Vgl. COASE, R. H. (1937); COASE, R. H. (1960); WILLIAMSON, O. E. (1985).

[365] SCHEFCZYK, M. (2004), S. 152.

[366] WILLIAMSON, O. E. (1985) spricht von *Search Costs*, *Contracting Costs*, *Monitoring Costs* und *Enforcement Costs*.

kostensenkend aus. Zudem können soziale Kontrollmechanismen wie Kultur, Reputation und Vertrauen sowie die Transaktionserfahrung der Akteure zu einer Reduzierung der Kosten beitragen.

Im Hinblick auf Venture-Capital-Investitionen, und insbesondere *VC*-Syndizierungen, lassen sich eine hohe Spezifität, ein hohes Maß an Unsicherheit sowie eine geringe Häufigkeit der Transaktionen konstatieren - allesamt Faktorausprägungen, die zu höheren Kosten führen.

So entstehen im Rahmen der Anbahnung einer Co-Investition Kosten für die Suche und Beschaffung von Informationen über mögliche Syndikatspartner. In Anbetracht einer dürftigen Informationslage bezüglich privater *VC*-Unternehmen ist mit der Identifikation und Beurteilung potentieller Co-Investoren ein hoher Aufwand für den Lead-Investor verbunden - es sei denn, ehemalige Syndikatspartner kommen in Betracht. Im Kontext der Vertragsformulierung, -verhandlung und Einigung fallen Vereinbarungskosten an, die aufgrund der individuell verschiedenen Regelungen, u. a. hinsichtlich Eigenkapitalanteil, Rollen- und Aufgabenverteilung der Investoren oder Kapital- und Unterstützungsbedarf der Portfoliogesellschaft, ebenfalls hoch ausfallen. Während der Investitionsdauer schlagen Kosten für das Management und die Kontrolle der syndizierten Beteiligung zu Buche. Dabei ist nicht nur zu überwachen, dass das Wachstumsunternehmen die gesetzten Meilensteine erreicht, sondern auch, dass die engagierten Co-Investoren in koordinierter Weise ihre Beiträge zur Wertschöpfung leisten. Darüber hinaus können in dieser Phase notwendige Vertragsanpassungen weitere Verhandlungskosten nach sich ziehen. Abschließend laufen noch Kosten für die Vorbereitung und Implementierung der Beteiligungsveräußerung auf, die sich je nach gewähltem Exit-Typ stark unterscheiden.

3.1.6 *Principal-Agent-Theorie*

Die *Principal-Agent*-Theorie wird erstmals von JENSEN/MECKLING (1976) vorgestellt und setzt sich intensiv mit der Beziehung zwischen einem Prinzipal (z. B. Kapitalgeber, Entrepreneur) und seinem Agenten (z. B. Finanzintermediär, Arbeitnehmer) auseinander. Dabei beauftragt der Prinzipal den Agenten, seine Interessen zu vertreten. Obgleich der Auftraggeber erwartet, dass sein Vertreter den erteilten Auftrag bestmöglich zu erfüllen sucht, so kann er dessen Verhalten doch weder vollständig, noch unmittelbar kontrollieren. Durch seine Vertretungsfunktion beeinflusst der Agent mit seinen Entscheidungen nicht nur den eigenen, sondern auch den Nutzen des Prinzipals.[367] Da die Theorie unterstellt, dass beide Seiten ihren individuellen Nutzen maximieren, sind angesichts unterschiedlicher Interessen Zielkonflikte unvermeidlich. Begünstigt durch eine asymmetrische Informationsverteilung kann der Agent seine Entscheidungsspielräume zum eigenen Vorteil ausnutzen, was dem Prinzipal aber gleichzeitig zum Nachteil gereicht. In Anbetracht diverser exogener Faktoren, die die Leistungen des Vertreters beeinflussen, und aufgrund mangelnder

[367] Vgl. ROSS, S. A. (1974), S. 215.

Kontrollmöglichkeiten kann dem Auftraggeber ein opportunistisches Verhalten des Agenten verborgen bleiben.

Um solch eigennütziges Agieren seitens des Beauftragten zu unterbinden und eine effiziente Beziehung zu etablieren, ist der Prinzipal bestrebt, durch entsprechende vertragliche Gestaltungsmöglichkeiten eine weitgehende Ziel- und Interessenkongruenz zu erreichen.[368] Zu diesem Zweck müssen differenzierte vertragliche Regelungen erarbeitet werden, die den unterschiedlichen Formen der Verhaltensunsicherheit des Agenten begegnen.

Prinzipiell sind drei Grundtypen von Verhaltensunsicherheit und die daraus resultierenden Gefahren für den Prinzipal voneinander abzugrenzen (vgl. Abbildung 12), die nachfolgend kurz erläutert werden:

- *Hidden Characteristics* und *Adverse Selection* (1),
- *Hidden Intention* und *Hold Up* (2) sowie
- *Hidden Action* bzw. *Hidden Information* und *Moral Hazard* (3).

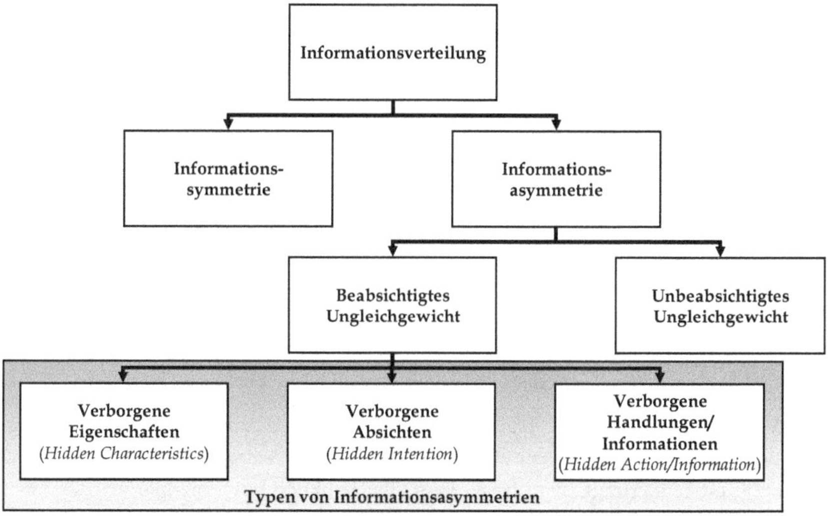

Quelle: In Anlehnung an AMIT ET AL. (1998), S. 441ff.; PICOT ET AL. (1999), S. 91; ECKERMANN (2006), S. 7

Abbildung 12: Typen von Informationsasymmetrien

(1) Verborgene Eigenschaften (*Hidden Characteristics*) sind Merkmale des Agenten oder Bestimmungsfaktoren seines Verhaltens, die bereits vor Vertragsabschluss feststehen, allerdings erst im Nachhinein offenbar werden. So mag ein Wachstumsunternehmen auf der

368 Hierunter fällt z.B. die Beteiligung am Eigenkapital des Portfoliounternehmens seitens aller *VC*-Investoren.

Suche nach *Venture Capital* die eigenen Stärken übertrieben positiv darstellen oder Schwächen verbergen, um eine höhere Unternehmensbewertung zu erzielen. Die aus dieser Verhaltensunsicherheit resultierende Gefahr für den Prinzipal, die *VC*-Gesellschaft, besteht in der Finanzierung einer Firma, die den eigenen Selektionskriterien eigentlich nicht gerecht wird (*Adverse Selection*). Abhilfe können hier z. B. eine sorgfältige *Due Diligence* (*Screening*) oder eine erfolgsabhängige Vergütung der bzw. Haftungsklauseln für die Unternehmenseigner schaffen. Darüber hinaus haben Wachstumsunternehmen die Möglichkeit, durch das Aussenden von Qualitätssignalen (*Signaling*) zum Abbau des Informationsgefälles beizutragen.

(2) Verborgene Absichten (*Hidden Intention*) manifestieren sich erst nach Vertragsschluss, lassen sich aber aufdecken. So kann das Management einer Beteiligung nach Abschluss eines Beteiligungsvertrages die aus Vertragslücken entstehenden Freiräume opportunistisch ausnutzen und einen geringere (Arbeits-)Leistung erbringen. Für den *VC*-Investor ist damit die Gefahr verbunden, dass sich das nicht interessenkonforme Verhalten des Managements (*Hold Up*) in einer geringeren Kapitalrendite niederschlägt. Mögliche Gegenmaßnahmen sind *Incentives* oder Sanktionsmöglichkeiten.

(3) Verborgene Handlungen bzw. Informationen (*Hidden Action* bzw. *Hidden Information*) treten erst nach Vertragsabschluss auf. Dass der Prinzipal seinen Agenten nicht ununterbrochen überwachen kann, versetzt letzteren in die Lage, seinen Handlungsspielraum bzw. Informationsvorsprung zum eigenen Vorteil auszunutzen. Erneut bezogen auf den *VC*-Bereich könnte die Geschäftsführung eines Portfoliounternehmens beispielsweise geneigt sein, das erhaltene Kapital in prestigeträchtige, wenig lukrative Projekte zu investieren, oder sich anderweitig persönliche Vorteile zu verschaffen (z. B. private Nutzung eines Dienstwagens) (*Perk Consumption*). Die korrespondierende Gefahr für den *VC*-Geber als Prinzipal besteht darin, dass der Agent die ihm überlassenen Finanzmittel zweckentfremdet einsetzt (*Moral Hazard*) und dadurch eine Steigerung des Unternehmenswertes ausbleibt. Diesem Problem kann die VCG nur entgegenwirken, indem sie sich Mitspracherechte bei wichtigen Entscheidungen ausbedingt oder Geschäftsausgaben budgetiert bzw. überwacht.

Im Venture-Capital-Kontext handelt es sich prinzipiell um eine zweistufige *Agency*-Konstellation, wobei der (institutionelle) Investor als Prinzipal der *VC*-Gesellschaft als Agent Kapital überträgt, der dieses in seiner Funktion als Prinzipal an das Portfoliounternehmen als Agenten weiterreicht.

Im Rahmen einer *VC*-Syndizierung mit mehreren Investoren werden die Beziehungen jedoch deutlich komplexer. Abbildung 13 sieht von den Relationen der VCG zu ihren Finanzinvestoren ab und betrachtet die Beziehungen der Syndikatspartner zueinander sowie deren Verhältnisse mit dem Portfoliounternehmen. Dabei fällt auf, dass die *Principal-Agent*-Beziehungen nie einseitig, sondern immer bilateral bestehen. Im Innenverhältnis des Syndikats handelt der Lead-Investor als Vertreter des Co-Investors, der wesentliche Teile der *Due Diligence* und Betreuung an den Initiator der Syndizierung delegiert. Im Gegenzug erwartet der Lead-Investor von seinem Agenten, dem Co-Investor, einen Beitrag zur Wertschöpfung im Portfoliounternehmen, der über die reine Kapitalbereitstellung hinausgeht.

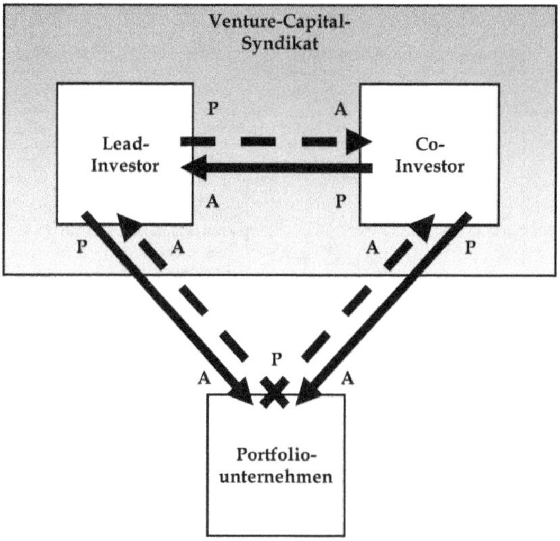

Legende: P = Principal
A = Agent
= Primäre Principal-Agent-Beziehung
= Sekundäre Principal-Agent-Beziehung

Quelle: Eigene Darstellung in Anlehnung an SCHEFCZYK (2004), S. 147

Abbildung 13: *Principal-Agent*-Beziehungen im Rahmen einer syndizierten *VC*-Beteiligung

Im Außenverhältnis agiert das Management der Beteiligung im Auftrag von Lead- und Co-Investor, wenn es seine Anstrengungen konsequent auf eine Steigerung des Firmenwertes richtet. Gleichzeitig fordert die Geschäftsführung als Prinzipal Unterstützungsleistungen der Wagniskapitalgeber ein, welche die Entwicklung der Portfoliogesellschaft vorantreiben.

In der Venture-Capital-Literatur wird die *Principal-Agent*-Theorie von Autoren herangezogen, um die Beziehungen der Akteure auf dem Venture-Capital-Markt genauer zu untersuchen. So beleuchten KAPLAN/STRÖMBERG (2004) beispielsweise die Vertragsgestaltung zwischen VCG und Beteiligung vor dem Hintergrund der beschriebenen *Agency*-Probleme.[369] Andere Forscher bauen z. B. in ihren Analysen der Strukturen und Prozesse von Corporate-Venture-Capital-Gesellschaften auf der *Principal-Agent*-Theorie auf.[370]

3.1.7 *Zusammenfassung*

Nachdem die sechs Theorien nacheinander vorgestellt und mit Anwendungsbeispielen aus der Venture-Capital-Forschung angereichert worden sind, fasst Tabelle 8 die zentralen Aspekte abschließend noch einmal übersichtlich zusammen.

---

369 Vgl. KAPLAN, S. N./STRÖMBERG, P. (2004).

370 Vgl. hierzu SYKES, H. B. (1992); KANN, A. (2001); KNYPHAUSEN-AUFSEß, D. Z. (2005).

Theorie / Aspekt	**Ressourcentheorie** (*Resource-based View*)	**Soziales-Netzwerk-Theorie** (*Social Structural View*)	**Soziales-Kapital-Theorie** (*Social Capital Theory*)	**Portfoliotheorie** (*Portfolio Selection*)	**Transaktionskostentheorie** (*Transaction Cost Theory*)	***Principal-Agent*-Theorie** (*Agency Theory*)
Ziel	• Sicherung von Wettbewerbsvorteilen durch Auf-/Ausbau einzigartiger strategischer Ressourcen	• Erreichen von (Wettbewerbs-) Vorteilen durch Aufbau/Pflege sozialer Netzwerke/ Interaktionen	• Erschließung von (Wettbewerbs-) Vorteilen durch Ansammlung von sozialem Kapital	• Erstellung eines optimalen Investment-Portfolios durch bestmögliche Kombination von Anlagealternativen unter Berücksichtigung der anlegerspezifischen Risiko/ Rendite-Präferenz	• Schaffung effizienter Institutionen durch Minimierung der Transaktionskosten	• Gestaltung effizienter Beziehungen zwischen Akteuren durch Gleichrichtung ihrer Interessen
Ansatz • Allgemein	• Einmalige, strategisch wertvolle Ressourcen bzw. deren überdurchschnittlich effiziente Nutzung sind Quelle des Unternehmenserfolgs (vgl. PFEFFER/ SALANCIK (1978); PENROSE (1959))	• Netzwerke sind soziale Strukturen aus Individuen/ Organisationen als Knotenpunkten, die durch enge und lose Beziehungen untereinander verbunden sind (vgl. BARNES (1954); GRANOVETTER (1973))	• Soziales Kapital sind Ressourcen, die sich über soziale Netzwerke mobilisieren lassen; dazu muss in soziale Beziehungen „investiert" werden (vgl. LIN (2001); COLEMAN ('88); BECKER (1996))	• Portfoliorisiko kann bei gleicher Renditeerwartung durch Kombination nicht perfekt korrelierter *Assets* reduziert werden (Diversifikation des unsystematischen Risikos) (vgl. MARKOWITZ (1952))	• Transaktionen verursachen Kosten; Kostenumfang wird beeinflusst durch Faktorspezifität, Unsicherheit und Häufigkeit der Transaktion; Akteure wählen effizienteste Organisationsform (vgl. COASE ('37, '60); WILLIAMSON (1985))	• *Agent* handelt im Auftrag des *Principal*; Konsequenzen der Entscheidung des Agenten sind von beiden zu tragen (vgl. ROSS (1974); JENSEN (1976))
• VC-Kontext	• Signifikante Wertsteigerung der Portfoliounternehmen wird erzielt durch Einbringung umfangreicher Ressourcen, Fähigkeiten und Kompetenzen seitens aller beteiligten VCG	• Zahlreiche Verbindungen zu anderen VCG ermöglichen Beschaffung wichtiger externer Informationen/ Ressourcen zur Steigerung des Beteiligungswerts und eigenen Erfolgs	• VCG akkumulieren soziales Kapital durch Kooperation mit und Aufbau von Vertrauen zu anderen Wagniskapitalgebern	• Risiko/Rendite-Profil eines *VC*-Fonds lässt sich durch effiziente Diversifikation des Beteiligungsportfolios (auch mittels gemeinsamer Investitionen) optimieren	• Syndikate sind potentiell die effizienteste Form der Durchführung von *VC*-Investitionen	• Es gibt drei *Principal-Agent*-Beziehungen - Beteiligung agiert an Stelle der VCG und umgekehrt - Co-Investor tritt für Lead-Inv. auf und umgekehrt - VCG vertritt die *Fund*-Investoren
Problem	• Ressourcen sind unter VCG heterogen verteilt • Ressourcenbedarf der Beteiligungen variiert stark aufgrund der unterschiedlichen Situationen	• Ausschluss aus Netzwerken stellt Eintrittsbarriere für neue Wettbewerber dar • Zugang zu Netzwerken erschließt sich nur über Bereitstellung von Ressourcen und Expertise	• Nur das Angebot relevanter Expertise und Ressourcen ermöglicht den Zugang zu Netzwerken und damit die Ansammlung von sozialem Kapital	• Ressourcen der VCG (Mgmt-kapazität und Kapital), speziell kleiner VCG, sind beschränkt • Anlagealternativen weisen stark unterschiedliche Risiko/Rendite-Profile auf und sind nicht beliebig „skalierbar"	• Messung von Transaktionskosten ist schwierig • Geringere Anbahnungs- und Überwachungskosten können durch höhere Vereinbarungs- und Ausführungskosten überkompensiert werden	• Akteure maximieren ihren individuellen Nutzen • Informationsasymmetrien existieren zugunsten des Agenten, z. B. *Hidden Information /Characteristics, Hidden Action, Hidden Intention*
Anwendung	• Erläutert das Verhalten von VCG zur Erschließung (extern) verfügbarer Ressourcen (z. B. durch Kooperation im Rahmen von Syndikaten)	• Begründet die Erfolgsunterschiede zwischen VCG über die Güte ihrer Beziehungsnetzwerke, die sie auch durch Syndizierungen etabliert haben	• Erklärt die Erfolgsdifferenz zwischen VCG über die Qualität ihrer u. a. durch Syndikate aufgebauten Beziehungsnetzwerke	• Beschreibt das *VC*-spezifische Verhalten zur Risikoreduktion u. a. mittels Syndizierungen	• Erläutert die Syndizierung von *VC*-Investitionen in risikoreiche Beteiligungen als Kooperationsform mit den geringsten Transaktionskosten	• Erklärt die VC-spezifischen Maßnahmen zum Abbau von Informationsunterschieden (z. B. *Due Diligence* durch alle Syndikatspartner) und zur Sicherstellung der Interessenkongruenz (z. B. *Staging*, Vertragsgestaltung)

Quelle: Eigene Darstellung

Tabelle 8: Zusammenstellung der wesentlichen Theorien mit kurzer Erläuterung

Ausgehend von diesen Theorien werden in den Unterkapiteln 3.3 bis 3.5 die Hypothesen der vorliegenden Forschungsarbeit abgeleitet. Zuvor soll in Sektion 3.2 allerdings der Rahmen für die Herleitung der Thesen aufgezogen werden.

3.2 Potentielle Einflussfaktoren des Beteiligungserfolgs im Kontext einer Venture-Capital-Syndizierung

Das ultimative Ziel dieses Unterkapitels besteht in der Erstellung eines integrierten Forschungsmodells, welches den Erfolg syndizierter Venture-Capital-Beteiligungen zutreffend abbildet und Rückschlüsse auf die wesentlichen Erfolgsfaktoren zulässt. Zu diesem Zweck werden mögliche Determinanten des Beteiligungserfolgs identifiziert, anschließend systematisiert und priorisiert, bevor die maßgeblichen Einflussfaktoren dann in eine schlüssige Gesamtstruktur überführt werden.

Die im ersten Schritt zu erstellende Liste möglicher Einflussfaktoren des Beteiligungserfolgs basiert zum einen auf den Quellen, die im Rahmen der eigenen Literaturanalyse ausfindig gemacht worden sind, und zum anderen auf Sekundärquellen, die sich eingehend mit dem Erfolg im Venture-Capital-Kontext befasst haben. Insgesamt können weit über 50 potentielle Erfolgsdeterminanten identifiziert werden, die den Beteiligungserfolg entweder mittel- oder unmittelbar beeinflussen. Von einer Auflistung der Variablen wird an dieser Stelle abgesehen.[371]

Im zweiten Schritt werden diese Einflussfaktoren zunächst systematisiert, um sie im Anschluss nach ihrer Relevanz für die eigene Untersuchung zu ordnen. Durch ein induktives Vorgehen erfolgt eine Klassifizierung der identifizierten potentiellen Erfolgsdeterminanten,[372] die schließlich sechs disjunkte und exhaustive Kategorien unterscheidet:

- politische, rechtliche und soziale Rahmenbedingungen,
- ökonomisches Umfeld,
- Beschaffenheit eines möglichen Venture-Capital-Syndikats,
- Charakteristika der Venture-Capital-Gesellschaft(en),
- Eigenschaften der Beteiligung und
- *Deal*-Spezifika.

Abbildung 14 bereitet diese Klassifizierung graphisch auf und führt für alle Kategorien beispielhaft ausgewählte Einflussfaktoren an.

---

[371] Eine bereits recht ausführliche Liste findet sich in SÖDERBLOM, A. (2006), S. 51ff.

[372] Auch wenn bei der Erstellung der Liste zahlreiche Quellen berücksichtigt worden sind, ist nicht davon auszugehen, dass die Aufstellung die Gesamtheit aller Einflussfaktoren abbildet.

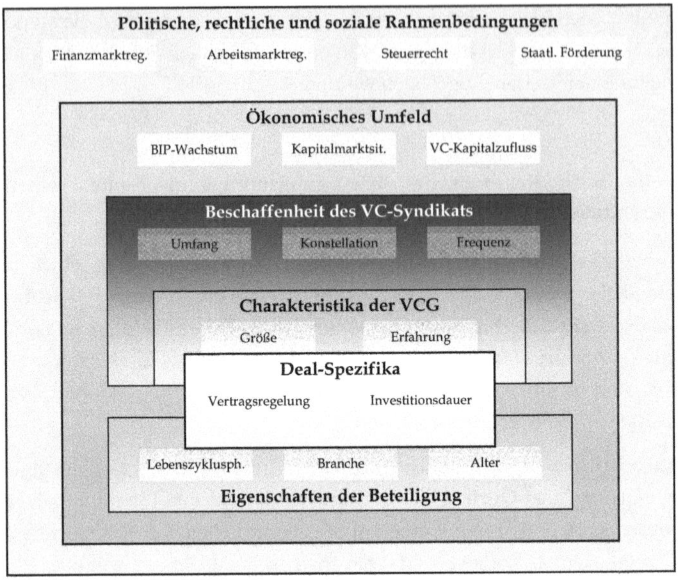

Quelle: Eigene Darstellung

Abbildung 14: Systematisierung der potentiellen Einflussfaktoren des Beteiligungserfolgs

In Anbetracht des eigenen Forschungsvorhabens - Syndizierung von Venture-Capital-Investitionen in Deutschland - können die **politischen, rechtlichen und sozialen Rahmenbedingungen** sowie das **ökonomische Umfeld** vernachlässigt werden, da sie allen *VC*-Investitionen gleichermaßen zugrunde liegen. Allerdings haben sich im Betrachtungszeitraum von 2000 bis Q1 2007 deutliche Veränderungen des Umfelds ergeben (z. B. konjunkturelle Schwankungen), die es zu berücksichtigen gilt. Die Erfassung der zeitlichen Dimension rechtfertigt im Kontext der Arbeit aber keinen separaten Modellblock. Demgegenüber reflektieren die **Beschaffenheit des Syndikats** und die **Charakteristika der Syndikatspartner** zusammen mit den **Eigenschaften der Beteiligung** die wesentlichen strukturellen Aspekte von Co-Investitionen. Die **Spezifika des *Deals*** beinhalten ebenfalls relevante Parameter, die einesteils als flankierende Erfolgsindikatoren eingehen, anderenteils aber unberücksichtigt bleiben müssen, da sie mit dem geplanten Erhebungsdesign nicht zu erfassen sind (z. B. individuelle vertragliche Regelungen). Dadurch „zerfällt" diese Kategorie im Hinblick auf die Modellstruktur.

Insgesamt kristallisieren sich also die Eigenschaften der *VC*-Geber, der Syndikatszusammensetzung und der Beteiligung als maßgebliche Bildungsblöcke des eigenen Forschungsmodells heraus.

Ein Vergleich mit der einschlägigen *VC*-Literatur zeigt, dass auch andere wissenschaftliche Beiträge eine ähnliche Herangehensweise wählen. So gruppieren CUMMING/WALZ (2004) ihre Einflussfaktoren in drei vergleichbaren Kategorien, „VC fund characteristics", „investment characteristics" und „entrepreneurial firm characteristics", wobei sie diese um die Kategorie „market and legal factors" ergänzen.[373] Und auch MAULA (2001) zieht auf Basis seines Literaturstudiums eine entsprechende Schlussfolgerung zu den zentralen Wertschöpfungsfaktoren: „Taken together, these studies on the factors influencing the value creation for new ventures suggest that there are important factors related to partner characteristics, venture characteristics, and relationship characteristics."[374]

Im dritten Schritt geht es nun darum, die priorisierten Bildungsblöcke in eine integrierte Modellstruktur zu überführen und die jeweils zentralen Einflussfaktoren festzulegen.

Vor dem Hintergrund der vorangegangenen Ausführungen ergibt sich eine Gesamtstruktur bestehend aus den drei Blöcken:

- Charakteristika der beteiligten Venture-Capital-Geber (1),
- Beschaffenheit des Venture-Capital-Syndikats (2) sowie
- Eigenschaften der Beteiligung (3).

(1) Zu den wesentlichen **Charakteristika von Venture-Capital-Gesellschaften**[375], auf die in wissenschaftlichen Arbeiten wiederholt abgestellt worden ist, zählen verschiedene Anlageschwerpunkte, Erfahrung, Größe, Reputation und Eigentümerstruktur.[376] Für die eigene Untersuchung wird dieses Spektrum um Netzwerkposition und Herkunft der Wagniskapitalgeber erweitert, so dass schließlich folgende Eigenschaften von Interesse sind:

- Spezialisierung(sgrad) hinsichtlich
  - Branche, d. h. die Konzentration einer VCG auf einen oder mehrere Industriezweige,
  - Finanzierungsphase, d. h. die Schwerpunktsetzung eines Wagniskapitalgebers auf einzelne Lebenszyklusphasen (z. B. eine Früh- oder Spätphasenorientierung),
  - Geographie, d. h. die Ausrichtung eines *VC*-Investors auf bestimmte Länder bzw. Regionen,
- Position im VCG-Netzwerk, d. h. die Einbindung und Zentralität eines *VC*-Financiers in das Netzwerk der aktiven *VC*-Gesellschaften,
- Alter, d. h. die Dauer des Bestehens der *VC*-Managementgesellschaft zum jeweiligen Investitionszeitpunkt,

---

[373] Vgl. CUMMING, D. J./WALZ, U. (2004), S. 11.

[374] MAULA, M. V. J. (2001), S. 49.

[375] Vgl. hierzu ausführlich auch Abschnitt 2.1.2.

[376] Vgl. u. a. SIEGEL, R. ET AL. (1988); GUPTA, A. K./SAPIENZA, H. J. (1992), S. 349.

- personelle & finanzielle Ressourcen, d. h. das *Capital under Management* der *VC*-Gesellschaft sowie die Anzahl an *Investment Professionals* und Mitarbeitern zum jeweiligen Finanzierungszeitpunkt,
- VCG-Typ, d. h. die Abhängigkeit des *VC*-Managements von bestimmten Kapitalgebern wie renditeorientierten Investoren, Unternehmen, Finanzinstituten oder dem öffentlichen Sektor,[377] und
- Herkunft, d. h. die nationalen bzw. regionalen Wurzeln der *VC*-Gesellschaft.

Nicht explizit unterschieden werden die VCG in der vorliegenden Untersuchung nach ihrer bevorzugten Art und Intensität der Managementunterstützung.

(2) Im Hinblick auf die **Beschaffenheit eines Venture-Capital-Syndikats** werden in der *VC*-Forschung neben dessen Größe auch verschiedene Konstellationen erfasst, darunter die Teilnahme von Vertretern unterschiedlicher VCG-Typen oder Nationalitäten bzw. Regionen.[378] Der vorliegende Forschungsbeitrag greift zur Analyse des *VC*-Konsortiums genau diese drei Dimensionen auf:

- Umfang, d. h. die Anzahl der Syndikatspartner,
- Konstellation der VCG-Typen, d. h. die Syndikatszusammensetzung hinsichtlich der Eigentümerstrukturen beteiligter *VC*-Geber, und
- Inter-/Nationalität, d. h. die Struktur der Investorengruppe nach deren Herkunft.

Im Rahmen der Betrachtung des *VC*-Syndikats ist ebenfalls eine Differenzierung der Wagniskapitalgeber nach ihrer Rolle im Konsortium als Lead- oder Co-Investor erforderlich. Aufgrund der herausgehobenen Position des Lead-Investors im Syndikat und seiner zentralen Bedeutung für die Wertschöpfung im Portfoliounternehmen können die beteiligten *VC*-Gesellschaften nicht undifferenziert betrachtet werden. So beobachten WRIGHT/ LOCKETT (2003) bei Lead-Investoren eine aktivere Einflussnahme auf das Management ihrer Beteiligungen, während Co-Investoren im Gegensatz dazu eine eher passive Rolle einnehmen.[379] Auch die Syndizierungsmotive von Lead-Investoren sind nicht zwingend identisch mit denen der Co-Investoren wie MANIGART ET AL. (2002b) bemerken.[380] Denn während erstere tendenziell eine Optimierung ihrer Portfoliodiversifikation zu erreichen suchen, sind letztere auf einen besseren Ressourcenzugang ausgerichtet.

---

[377] In Abschnitt 2.1.2 werden deutsche VCG nach den Kriterien Eigentümerstruktur und Sektorzugehörigkeit kategorisiert. Bei der Eigentümerstruktur werden *captive*, *semi-captive* und *independent* VCG voneinander abgegrenzt, je nachdem, ob ein Venture-Capital-Fonds einen Mehrheitseigentümer, einen Investor mit bedeutender Eigentumsposition (> 20–50% der Anteile) oder eine breite Eigentümerbasis hat. Bei der Sektorzugehörigkeit werden Wagniskapitalgeber danach unterschieden, ob sie dem privaten oder öffentlichen Sektor angehören.

[378] Vgl. beispielsweise SCHWIENBACHER, A. (2005), S. 15f. oder NAHATA, R. (2008), S. 13f.

[379] Vgl. WRIGHT, M./LOCKETT, A. (2003), S. 2092ff.; GORMAN, M./SAHLMAN, W. A. (1989), S. 235.

[380] Vgl. MANIGART, S. ET AL. (2002b), S. 3.

(3) Was schließlich die **Eigenschaften der Beteiligung** anbelangt, so sind in der relevanten Theorie und Empirie primär Indikatoren eingesetzt worden, die verschiedene Facetten der mit einem Engagement verbundenen Unsicherheit reflektieren, darunter Reifegrad, Größe und Tätigkeitsfeld eines Portfoliounternehmens. Die eigene Arbeit ergänzt diese drei um das Alter der Beteiligung zum Zeitpunkt der ersten Finanzierungsrunde:

- Lebenszyklusphase[381], d. h. die Entwicklungsstufe des Unternehmens zum Investitionstermin,
- Größe, d. h. sowohl Firmenumsatz als auch -mitarbeiterzahl zum Investitions- und Desinvestitionszeitpunkt,
- Branche, d. h. der bzw. die Industriezweig(e), in dem bzw. denen das Portfoliounternehmen tätig ist, und
- Alter, d. h. die Dauer des Bestehens der betreffenden Firma zum Zeitpunkt von Investition und Veräußerung seitens der VCG.

Alle beschriebenen (strukturellen) Parameter einer syndizierten Venture-Capital-Investition hängen voraussichtlich - mehr oder minder stark - mit dem **Beteiligungserfolg** zusammen. Abgebildet wird die Zielgröße über das in Abschnitt 2.3.3 diskutierte Erfolgskriterium des

- Exit-Typs, d. h. der realisierten Veräußerungsmethode, über die sich die *VC*-Geber von ihrem Engagement getrennt haben, (z. B. ein Börsengang, ein Verkauf an einen strategischen Investor oder aber eine Liquidierung),

welches von zwei weiteren Indikatoren flankiert werden soll:

- Beteiligungswachstum, d. h. die Veränderung von Umsatz und Mitarbeiterzahl einer Beteiligung von der Investition bis zum Ausstieg der VCG, und
- Anzahl Finanzierungsrunden, d. h. die Häufigkeit, mit der ein Portfoliounternehmen seine *VC*-Investoren von der Bereitstellung neuer meilensteingebundener Finanzmittel überzeugen konnte.

Nachdem nun alle vier Bildungsblöcke umschrieben worden sind, stellt Abbildung 15 den Forschungsrahmen der eigenen Arbeit abschließend noch einmal übersichtlich dar.

---

[381] Vgl. Abschnitt 2.1.4 für weiterführende Erläuterungen.

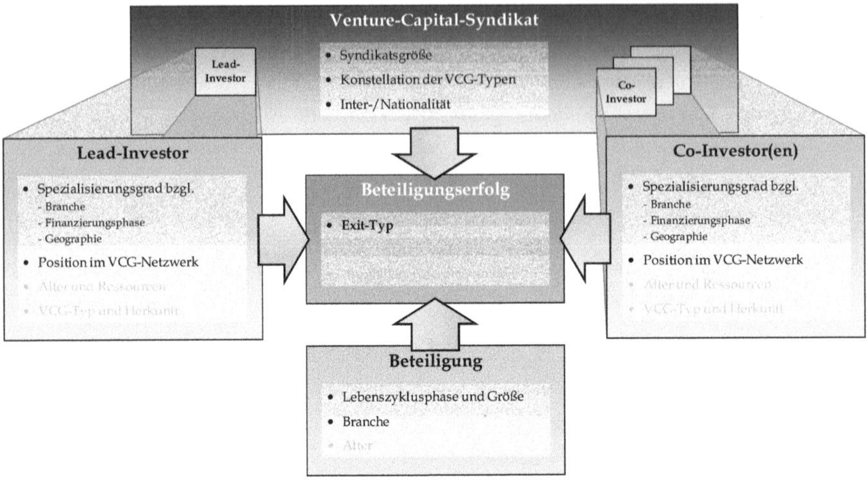

Legende: **Abhängige Variable**
Unabhängige Variable
Kontrollvariable

Quelle: Eigene Darstellung

Abbildung 15: Modell der zu analysierenden Syndizierungsparameter

3.3 Charakteristika der Venture-Capital-Gesellschaften

In diesem Unterkapitel werden die soeben umrissenen wesentlichen Merkmale von *VC*-Gesellschaften wieder aufgegriffen. Dabei werden zunächst die unabhängigen Variablen Spezialisierung(sgrad) (3.3.1) und Netzwerkposition (3.3.2) einer eingehenden Betrachtung unterzogen. In Anlehnung an die vorgestellten Theorien und unter Rückgriff auf die relevante Venture-Capital-Literatur werden dann diesbezüglich mehrere Hypothesen zum Zusammenhang mit dem Beteiligungserfolg aufgestellt. Die Abschnitte 3.3.3 bzw. 3.3.4 gehen anschließend auf die Kontrollvariablen Alter und Ressourcen bzw. VCG-Typ und Herkunft ein.

3.3.1 *Spezialisierung(sgrad)*

Wie in Abschnitt 2.1.2. erwähnt, kann eine Venture-Capital-Gesellschaft den eigenen Handlungsraum sehr weit auslegen und sich an Unternehmen unterschiedlicher Branchen, Entwicklungsphasen und/oder Regionen beteiligen. Alternativ kann sie aber auch einen engeren Fokus wählen und sich auf ausgewählte Sektionen entlang der Achsen des Optionenraums beschränken,[382] wobei die Schwerpunktsetzung über die Dimensionen hinweg üblicherweise unterschiedlich stark ausgeprägt ist.

---

[382] Vgl. SAHLMAN, W. A. (1990), S. 489; ELANGO, B. ET AL. (1995), S. 171.

Im folgenden Abschnitt sollen auf Basis theoretischer Überlegungen und praktischer Befunde Hypothesen zu den Auswirkungen einer Spezialisierungsstrategie von *VC*-Gebern auf den Erfolg ihrer Portfoliounternehmen aufgestellt werden. Dazu werden zunächst die grundlegenden Vorteile einer Spezialisierung herausgearbeitet, danach die Vorzüge einer Diversifikation diskutiert und abschließend die drei primären Spezialisierungsdimensionen genauer beleuchtet:

- Branche (3.3.1.1),
- Finanzierungsphase (3.3.1.2) und
- Geographie (3.3.1.3).

Durch die sequentielle Betrachtung der drei Bereiche soll aber nicht der Eindruck entstehen, dass die Dimensionen gänzlich unabhängig voneinander sind. GUPTA/SAPIENZA (1992) belegen nämlich, dass *VC*-Investoren mit einer Frühphasenorientierung gleichzeitig einen engeren Industriefokus und geographischen Radius wählen.[383] Und MANIGART ET AL. (2006) weisen in ihrer Befragung von VCG nach, dass Wagniskapitalgeber, die sich auf spätere Finanzierungsphasen konzentrieren, eine weniger ausgeprägte Präferenz für einzelne Branchen haben.[384]

Zur Herleitung von Hypothesen hinsichtlich der Anlagestrategien von *VC*-Gesellschaften liefern sowohl die Ressourcen- als auch die Portfoliotheorie interessante Ansatzpunkte.

Aus Sicht des ***Resource-based View*** verfügen Unternehmen über physische, finanzielle, humane, organisationale und technologische Ressourcen, deren effizienter Einsatz und weiterer Ausbau nachhaltige Wettbewerbsvorteile verschaffen. Im Venture-Capital-Geschäft versuchen Wagniskapitalgeber, durch gezielten Aufbau entsprechender erfolgskritischer Ressourcen überdurchschnittliche Renditen auf das *Capital under Management* zu erwirtschaften. Eine Option in diesem Kontext ist, sich durch eine fokussierte Investitionsstrategie spezifisches *Know-how* anzueignen, das neben einer überlegenen Selektion aussichtsreicher Wachstumsunternehmen auch eine höhere Wertschöpfung in den Portfoliogesellschaften ermöglicht.

VC-Gesellschaften, die sich dazu entschließen, ihre Aktivitäten auf ausgewählte Branchen, Finanzierungsphasen und/oder Geographien[385] zu konzentrieren, können innerhalb ihrer Fokusbereiche effektiver und effizienter erforderliches Wissen und relevante Erfahrungen akkumulieren, die sich zudem leichter auf verwandte Beteiligungen übertragen lassen.[386]

---

[383] Vgl. GUPTA, A. K./SAPIENZA, H. J. (1992), S. 359.

[384] Vgl. MANIGART, S. ET AL. (2006), S. 141.

[385] In vielen Forschungsarbeiten spielt die geographische Dimension entweder nur eine untergeordnete Rolle oder findet gar keinen Eingang in die Untersuchung. Vgl. GUPTA, A. K./ SAPIENZA, H. J. (1992); NORTON, E./TENENBAUM, B. H. (1993).

[386] Vgl. GUPTA, A. K./SAPIENZA, H. J. (1992); NORTON, E./TENENBAUM, B. H. (1993); DE CLERCQ, D. ET AL. (2001).

Die spezifische Expertise von *VC*-Investoren wirkt sich auf wesentlichen Stufen der Wertschöpfungskette eines Wagniskapitalgebers überwiegend positiv aus.

So können spezialisierte VCG einen steten branchenspezifischen *Deal Flow* generieren, indem sie sowohl ein umfangreiches Kontaktnetzwerk und einen regen Austausch mit Universitäten, Branchenexperten, Gründern und anderen Investoren pflegen,[387] als auch aktiv Business-Plan-Wettbewerbe begleiten.[388] Darüber hinaus können ihnen ein positiver *Track Record* erfolgreich abgeschlossener Beteiligungen und eine hohe Reputation in Branchenkreisen zu einem regen Zufluss an Geschäftsplänen verhelfen - sei es auf direktem Wege von Entrepreneuren oder auf indirektem Wege über potentielle Syndizierungspartner.[389]

Die gesammelten Erfahrungen und fundierten Kenntnisse der technologischen Entwicklung, Kundenbedürfnisse und Wettbewerbsdynamik innerhalb einer Industrie oder das Wissen um den Kapital- und Unterstützungsbedarf von Ventures in bestimmten Lebenszyklusphasen ermöglichen *VC*-Spezialisten eine umfassendere *Due Diligence* und Reduktion bzw. Kontrolle der beteiligungsimmanenten Risiken sowie letztlich eine überlegene Selektion aussichtsreicher Ventures.[390] Aus diesem Grunde sind spezialisierte VCG bei der Auswahl ihrer Beteiligungen auch in geringerem Maße auf Syndikatspartner angewiesen.[391] Diese Vorzüge sind aber mit einem deutlichen zeitlichen Mehraufwand gegenüber den Anstrengungen generalistisch orientierter *VC*-Investoren verbunden.[392]

Des Weiteren können spezialisierte VCG die Managementunterstützung ihrer Portfoliounternehmen effektiver gestalten; denn ihr umfängliches Verständnis bestimmter Industrien oder kritischer Erfolgsfaktoren einzelner Finanzierungsphasen[393] versetzt sie in die Lage, schnelle, konsequente Reaktionen ihrer Beteiligungen auf spezifische Herausforderungen zu forcieren.[394] Eine Einflussnahme auf die Geschäfte des Portfoliounternehmens wird dadurch erleichtert, dass das Management der Beteiligung die Expertise eines *VC*-Spezialisten respektiert und etwaige Verbesserungsvorschläge eher annimmt.[395] Weitreichende Gemeinsamkeiten von *VC-Professionals* und Management hinsichtlich des spezifischen Erfahrungshintergrunds sorgen zudem dafür, dass die Partner Wissen gegenseitig schneller

---

387 Vgl. SORENSON, O./STUART, T. E. (2001), S. 1552.

388 Vgl. JUNGWIRTH, C./MOOG, P. (2004), S. 9f.

389 Vgl. BYGRAVE, W. D. (1987), S. 152.

390 Vgl. GUPTA, A. K./SAPIENZA, H. J. (1992), S. 359; NORTON, E./TENENBAUM, B. H. (1993), S. 431; SORENSON, O./STUART, T. E. (2001), S. 1552; DIMOV, D. P./DE CLERCQ, D. (2006), S. 218.

391 Vgl. MANIGART, S. ET AL. (2006), S. 136.

392 JUNGWIRTH/MOOG (2004) basieren ihre Kategorisierung von VCG als Generalist bzw. Spezialist zum einen auf der Selbsteinschätzung der *VC*-Geber sowie deren Portfoliozusammensetzung nach Industrien und zum anderen auf der beruflichen Erfahrung und Qualifikation der *Professionals* und Mitarbeiter einer VCG. Vgl. JUNGWIRTH, C./MOOG, P. (2004), S. 8f.

393 Vgl. DIMOV, D. P./DE CLERCQ, D. (2006), S. 210.

394 Vgl. GUPTA, A. K./SAPIENZA, H. J. (1992), S. 359.

395 Vgl. BUSENITZ, L. W. ET AL. (1997).

absorbieren können.[396] Lässt sich das *Know-how* eines *VC*-Spezialisten allerdings nur bedingt auf die Situation eines Portfoliounternehmens übertragen, so kann sich eine Kooperation als unfruchtbar oder gar schädlich erweisen, wenn Entwicklungen falsch eingeschätzt und/ oder falsche Entscheidungen getroffen werden.[397]

Nachteilig kann sich für den spezialisierten *VC*-Investor jedoch die starke Abhängigkeit von seinen bevorzugten Branchen auswirken, wenn beispielsweise Schwankungen im Anlegersentiment bzw. Trends zu signifikanten Veränderungen der Branchenbewertungen führen. Damit variieren auch die einem Engagement zugrunde liegenden *Multiples*, was im ungünstigen Fall zu steigenden Beteiligungskosten oder zu sinkenden Veräußerungserlösen führen kann.

Vor diesem Hintergrund bietet sich auch die **Portfoliotheorie** an, um auf das Anlageverhalten von *VC*-Gesellschaften zu schließen. Der Theorie zufolge streben rationale, risikoaverse Investoren danach, ein optimales Investment-Portfolio zusammenzustellen, das bei gegebener Renditeerwartung das geringste Risiko aufweist. Ermöglicht wird die Risikominimierung prinzipiell dadurch, dass *Assets* miteinander kombiniert werden, deren Renditen nicht vollständig korreliert sind. Im Rahmen von Diversifikationsstrategien versuchen *VC*-Geber daher, durch Investitionen in Beteiligungen unterschiedlicher Branchen, Lebenszyklusphasen und/oder Geographien ihr Portfoliorisiko zu reduzieren.[398, 399]

Ein weiter ausgelegtes Tätigkeitsfeld kann sich demzufolge in einigen Belangen als vorteilhaft erweisen. Dabei stehen *VC*-Generalisten beim Portfoliomanagement verschiedene strategische Optionen offen.[400] Angesichts ihrer limitierten Finanzierungsphasen- und/oder Branchenexpertise erscheinen entweder betreuungsintensivere Frühphasenengagements in technologieärmeren Branchen oder Spätphaseninvestitionen als Co-Investoren in Hochtechnologiebereichen sinnvoll. Beide Strategien erlauben den Aufbau eines breit gestreuten Portfolios und den Zugang zu unterschiedlichen Sektoren des Venture-Capital-Marktes.[401]

Vorzüge bietet der Ansatz einer Portfoliodiversifizierung bei der Generierung eines umfangreichen *Deal Flow*. Generalistisch orientierte VCG müssen zur erfolgreichen Umsetzung ihrer Investitionsstrategie Business-Pläne von Unternehmen aus unterschiedlichen Industrien und/oder Lebenszyklusphasen heranziehen und daraus ein effizientes Portfolio zusammen-

---

396 Vgl. LANE, P. J./LUBATKIN, M. (1998).

397 Vgl. DIMOV, D. P./DE CLERCQ, D. (2006), S. 218.

398 Vgl. NORTON, E./TENENBAUM, B. H. (1993), S. 431.

399 MANIGART ET AL. (2002a) gelangen auf Basis der Auswertungen ihrer Umfrage unter *Venture Capitalists* in US, UK, FR, NL und BE allerdings zu dem Schluss, dass eine Diversifizierung über Finanzierungsphasen von VCG gewöhnlich nicht als Strategie zur Risikoreduktion betrachtet wird. Vgl. MANIGART, S. ET AL. (2002a), S. 306.

400 Vgl. JUNGWIRTH, C./MOOG, P. (2003).

401 Vgl. JUNGWIRTH, C./MOOG, P. (2004), S. 5.

stellen. Insofern können sie sich eines größeren Pools an Beteiligungsmöglichkeiten bedienen und eine kritischere Auswahl der aussichtsreichen Investments treffen.[402]

Das kontinuierliche *Screening* von Geschäftsplänen unterschiedlicher Unternehmen unterstützt die Implementierung und laufende Verbesserung effizienter Analyseprozesse, so dass *VC*-Generalisten gegenüber *VC*-Spezialisten Vorteile in Form geringerer *Screening*-Kosten haben.[403]

Sowohl während der *Monitoring*-Phase als auch im Rahmen des Desinvestitionsprozesses profitieren generalistische *VC*-Geber von ihrem weitreichenden Kontaktnetzwerk. Um eine umfängliche Managementunterstützung leisten zu können, müssen *VC*-Gesellschaften den jeweiligen Kapital- und Beratungsbedarf ihrer Beteiligungen entweder vollständig selber decken oder bestehende Defizite durch Hinzuziehen von Syndizierungspartnern bzw. externen Branchenspezialisten kompensieren können.[404] Da *VC*-Generalisten jedoch nicht in der Lage sind, sämtliche Bedürfnisse ihrer Portfoliounternehmen zu befriedigen, kommen ihnen ihre vielseitigen Beziehungen hierbei zugute.

Wenn Wagniskapitalgeber im Verlauf der Beteiligungsveräußerung namhafte, erfahrene Dienstleister wie Investment-Banken, Rechtsanwälte oder Wirtschaftsprüfer hinzuziehen sowie Kontakte zu potentiellen Käufern herstellen können, verbessern sie die Chancen auf einen erfolgreichen Exit ihrer Portfoliounternehmen signifikant.

Schließlich sind *VC*-Investoren mit einem breit gefächerten Investment-Portfolio per definitionem in einem deutlich geringeren Ausmaß von wenigen Branchen und/oder Lebenszyklusphasen abhängig als *VC*-Spezialisten. Dieser Umstand macht ihr Geschäftsmodell weniger anfällig für spezifische Risiken einzelner Industrien.[405]

Wenngleich sich jeweils nachvollziehbare Argumente für die Überlegenheit einer der beiden Strategien finden lassen, zeigt die Empirie der Venture-Capital-Forschung jedoch, dass eine Spezialisierung unter *Performance*-Gesichtspunkten die bessere Alternative zu sein scheint.

3.3.1.1 Branche

VC-Gesellschaften können die Bereitstellung von Eigenkapital auf Unternehmen aus ausgesuchten Branchen limitieren. Das Spektrum der Industrien reicht dabei von Informationstechnologien über Medizin, Pharma, Biotechnologie bis hin zur Energieversorgung.[406] Zwischen den Industrien bestehen allerdings gravierende Unterschiede hinsichtlich wesentlicher Erfolgsfaktoren wie z. B. Beteiligungsmöglichkeiten oder Wettbewerb um *Deal Flow*.[407] Um sich auf branchenspezifische Eigenheiten bestmöglich einzustellen und die

---

402 Vgl. DE CLERCQ, D./DIMOV, D. P. (2004), S. 245.

403 Vgl. JUNGWIRTH, C./MOOG, P. (2004), S. 6.

404 Vgl. BRANDER, J. A. ET AL. (2002).

405 Vgl. NORTON, E./TENENBAUM, B. H. (1993); DE CLERCQ, D. ET AL. (2001); DE CLERCQ, D./ DIMOV, D. P. (2004).

406 Vgl. hierzu das Klassifikationsschema für Industrien von *Venture Economics* (*VEIC*) im Anhang.

407 Vgl. HOCHBERG, Y. V. ET AL. (2007), S. 259.

Erfolgsaussichten der eigenen Portfoliounternehmen zu verbessern, können Wagniskapitalgeber eine Spezialisierung auf selektierte Branchen vornehmen.

Wie SORENSON/STUART (2001) in ihrer Untersuchung feststellen, ist die Wahrscheinlichkeit, dass ein ausschließlich auf die Industrie des Targets spezialisierter *VC*-Geber ein *Venture* finanziert, um fast das Sechsfache höher, als wenn der *VC*-Investor nie zuvor Beteiligungen dieser Branche gefördert hat.[408] Dieser Umstand liefert einen Hinweis darauf, dass *VC*-Gesellschaften eine deutliche Präferenz für ihr „home turf" haben.

Aufgrund der umfangreicheren Akkumulation von erfolgskritischem Fachwissen und Erfahrungen sind *VC*-Spezialisten auch dazu prädestiniert, Unzulänglichkeiten und Fehlentwicklungen ihrer Beteiligungen schnell zu aufzudecken und korrigierend einzugreifen.[409]

BOTTAZZI ET AL. (2008) belegen denn auch, dass sich spezialisierte, erfahrene und hochqualifizierte VCG deutlich häufiger aktiv in das Management ihrer Portfoliounternehmen einbringen.[410] SEPPÄ (2003) behauptet sogar, dass eine Spezialisierung von Venture-Capital-Investoren auf Industrien oder Finanzierungsphasen unerlässlich ist, um einen Beitrag zur Wertschöpfung in jungen Wachstumsunternehmen zu leisten.[411] Auch BYGRAVE (1987) zieht als Fazit seiner Arbeit zum Syndizierungsverhalten von VCG, dass branchenspezifisches Wissen ein entscheidendes Differenzierungsmerkmal von *VC*-Investoren darstellt. Daher empfiehlt der Forscher Entrepreneuren, sich bei der Wahl ihrer Wagniskapitalgeber an jene zu halten, die über ausgewiesene Expertise im Kerngeschäft des Unternehmens verfügen.[412]

Die Studie von DE CLERCQ/DIMOV (2003) ergibt, dass eine Spezialisierung von VCG sowohl auf ausgesuchte Industrien, als auch auf Entwicklungsstufen positive Konsequenzen für die Quote erfolgreicher Veräußerungen im Portfolio hat. Während von einer Branchenspezialisierung ein stark positiver Effekt auf den proportionalen Exit-Erfolg ausgeht, erweist sich eine Konzentration auf bestimmte Lebenszyklusphasen als weniger erfolgversprechend.[413]

DIMOV/DE CLERCQ (2006) kommen in ihrer Untersuchung zu dem Ergebnis, dass eine Spezialisierung auf ausgewählte Bereiche einem Scheitern von Beteiligungen entgegenwirkt. Dabei beobachten die Autoren aber nur für eine Konzentration auf bestimmte Finanzierungsphasen einen signifikant negativen Einfluss auf die Ausfallquote im Portfolio. Eine Branchenspezialisierung hat zwar einen erwartungsgemäß negativen, aber nicht signifikanten Effekt. Vor dem Hintergrund der identischen Wirkungsrichtung und hohen Korrelation beider Spezialisierungsansätze argumentieren DIMOV/DE CLERCQ (2006)

---

408 Vgl. SORENSON, O./STUART, T. E. (2001), S. 1581.

409 Vgl. EISENHARDT, K. M. (1989); CABLE, D. M./SHANE, S. (1997); DE CLERCQ, D./DIMOV, D. P. (2004), S. 245.

410 Vgl. BOTTAZZI, L. ET AL. (2008), S. 507f.; HEGE, U. ET AL. (2006), S. 4.

411 Vgl. SEPPÄ, T. J. (2003), S. 30.

412 Vgl. BYGRAVE, W. D. (1987), S. 139f.; MÄKELÄ, M. M. (2004), S. 14.

413 Vgl. DE CLERCQ, D./DIMOV, D. P. (2003).

indes, dass mit einer Branchenspezialisierung zugleich eine Beschränkung auf bestimmte Finanzierungsphasen einhergeht.[414]

Auf Basis der vorangegangenen Ausführungen werden die folgenden Hypothesen zu den Charakteristika des Lead-Investors aufgestellt:

Hypothese 1a: *Eine Spezialisierung des Lead-Investors auf die Branche des Investments ist mit einem größeren Beteiligungserfolg verbunden.*

Hypothese 1b: *Eine Spezialisierung des Lead-Investors auf die Branche des Investments schlägt sich nicht im Beteiligungserfolg nieder.*

Analog zu den Hypothesen 1a und 1b werden gleichgerichtete, wenn auch schwächere Wirkungszusammenhänge für Co-Investoren formuliert:[415]

Hypothese 1c: *Eine Spezialisierung von Co-Investoren auf die Branche des Investments ist mit einem größeren Beteiligungserfolg verbunden.*

Hypothese 1d: *Eine Spezialisierung von Co-Investoren auf die Branche des Investments schlägt sich nicht im Beteiligungserfolg nieder.*

3.3.1.2 Finanzierungsphase

Eine Spezialisierung hinsichtlich der Finanzierungsphasen kann seitens der *VC*-Geber innerhalb des Kontinuums von frühen *Seed*- bis zu späten *Bridge*-Phasen erfolgen. *VC*-Gesellschaften investieren typischerweise zu relativ genau definierten Zeitpunkten, die sich nach signifikanten Entwicklungsfortschritten von Wachstumsunternehmen richten, wie z. B. der Fertigstellung des Produkt- oder Servicekonzepts, dem Beginn der (inter)nationalen Expansion, dem Erreichen des *Break-even* oder der Vorbereitung eines Börsengangs.[416] Mit den alternativen Einstiegszeitpunkten sind dabei zugleich unterschiedliche Bedarfs- und Risiko/Rendite-Profile der potentiellen Beteiligungen verbunden.[417] Ebenso variiert die durchschnittliche Haltedauer von Portfoliounternehmen mit der Wahl der Beteiligungsphase. So ist u. a. anzunehmen, dass Spätphaseninvestoren häufiger in erfolgreiche Exits ihrer Engagements involviert sind als ihre Konkurrenten mit einer Präferenz für Unternehmen in frühen Entwicklungsstufen.[418] Laut BYGRAVE/TIMMONS (1992) sind die Unterschiede zwischen Früh- und Spätphasenfinanzierungen derartig gravierend, dass *VC*-Investoren mit Fokus auf die *Late Stage*-Phase, insbesondere auf kleine *LBO-Deals*, nicht als *Venture Capitalists* betrachtet werden sollten.[419] In Anbetracht solcher Diskrepanzen scheint eine Spezialisierung auf ausgewählte Finanzierungsphasen strategisch sinnvoll zu sein.

---

[414] Vgl. DIMOV, D. P./DE CLERCQ, D. (2006), S. 218.

[415] Vgl. GORMAN, M./SAHLMAN, W. A. (1989); WRIGHT, M./LOCKETT, A. (2003).

[416] Vgl. SAHLMAN, W. A. (1990), S. 475 und Tabelle A.2 im Anhang.

[417] Vgl. hierzu auch Abschnitt 2.1.4.

[418] Vgl. SEPPÄ, T. J. (2003), S. 129.

[419] Vgl. BYGRAVE, W. D./TIMMONS, J. A. (1992); ELANGO, B. ET AL. (1995), S. 159.

So finden MANIGART ET AL. (2002a) in ihrer Arbeit über die Einflussfaktoren der erwarteten Renditen von Venture-Capital-Investitionen auch heraus, dass *VC*-Spezialisten niedrigere Renditeanforderungen an Frühphasenbeteiligungen stellen als ihre generalistisch aufgestellten Wettbewerber. Im Einklang mit der Ressourcentheorie folgern sie daraus, dass die Spezialisierungsstrategie hinsichtlich der Finanzierungsphasen eine effektivere Methode der Risikokontrolle und Wertschöpfung darstellt als die Diversifikation.[420]

Darüber hinaus ergibt die Untersuchung von DE CLERCQ/DIMOV (2003), dass eine Konzentration von VCG auf ausgewählte Entwicklungsstufen positive Auswirkungen auf den Anteil erfolgreicher Desinvestitionen im Portfolio hat, die aber weniger stark ausfallen als die Effekte einer Branchenspezialisierung.[421] Und auch DIMOV/DE CLERCQ (2006) stellen in ihrem Beitrag fest, dass eine Fokussierung auf einzelne Finanzierungsphasen einem Scheitern von Beteiligungen maßgeblich entgegenwirkt.

Aus den vorhergehenden Überlegungen und empirischen Befunden kann eine weitere Hypothese zu den Eigenschaften des Lead-Investors abgeleitet werden:

Hypothese 2a: *Eine Spezialisierung des Lead-Investors auf die Finanzierungsphase des Investments ist mit einem größeren Beteiligungserfolg verbunden.*

In Analogie zur Branchenspezialisierung wird zudem eine konkurrierende These aufgestellt, die keinen signifikanten Effekt einer Konzentration auf Finanzierungsphasen erwartet:

Hypothese 2b: *Eine Spezialisierung des Lead-Investors auf die Finanzierungsphase des Investments schlägt sich nicht im Beteiligungserfolg nieder.*

Entsprechend den Thesen 2a und 2b werden die Hypothesen 2c und 2d zu den Eigenheiten von Co-Investoren verfasst, die wiederum jeweils schwächere Effekte unterstellen:

Hypothese 2c: *Eine Spezialisierung von Co-Investoren auf die Finanzierungsphase des Investments ist mit einem größeren Beteiligungserfolg verbunden.*

Hypothese 2d: *Eine Spezialisierung von Co-Investoren auf die Finanzierungsphase des Investments schlägt sich nicht im Beteiligungserfolg nieder.*

3.3.1.3 Geographie

Bei einer Spezialisierung hinsichtlich der Geographie können *VC*-Geber ihren Aktionsradius auf ausgewählte Kontinente, Sprachräume, Länder oder einzelne Regionen limitieren.[422] Die

---

[420] Aufgrund fehlender Daten ist es den Autoren nicht möglich, Zusammenhänge zwischen einer Branchenspezialisierung und den erwarteten Renditen zu untersuchen. Vgl. MANIGART, S. ET AL. (2002a), S. 307.

[421] Vgl. DE CLERCQ, D./DIMOV, D. P. (2003).

[422] Zahlreiche in Deutschland ansässige unabhängige *VC*-Gesellschaften beschränken sich denn auch auf den deutschsprachigen Raum (DE, AT, CH, LU) oder Deutschland, während öffentlich geförderte Wagniskapitalgeber (z. B. MBG) – ihrem Ziel einer regionalen Wirtschaftsförderung verpflichtet – nur Unternehmen aus ihrem Bundesland finanziell unterstützen. Vgl. hierzu die Firmenprofile der

strategische Entscheidung wird in der Literatur zumeist mit geringeren Transaktionskosten für Betreuung und Unterstützung der finanzierten Portfoliounternehmen begründet.[423] Trotz aller technologischen Fortschritte in Kommunikation und Transport stellt die räumliche Distanz zwischen *Venture* und Investor immer noch eine beachtliche Hürde für eine gründliche *Due Diligence* und den Abbau bestehender Informationsasymmetrien dar.[424] Mit steigenden Transaktionskosten reduziert sich nämlich die Frequenz der Interaktionen zwischen *VC*-Financier und Beteiligung,[425] was sowohl eine effektive und zeitnahe Unterstützung[426] als auch den Aufbau von Vertrauen[427] beeinträchtigen kann.

Wenn *VC*-Gesellschaften attraktive Beteiligungsmöglichkeiten außerhalb ihres gewohnten Investitionsradius identifizieren, sind sie daher bestrebt, vertraute Syndikatspartner hinzuzuziehen, in deren Einzugsbereich sich das potentielle Portfoliounternehmen befindet. Diese können dann nämlich die Beteiligungsprüfung und -verhandlung sowie das anschließende *Monitoring* vor Ort koordinieren und unterstützen.[428]

Insofern kann sich die physische Nähe zu potentiellen Beteiligungen als strategischer Wettbewerbsvorteil erweisen. Voraussetzung für die geographische Spezialisierung eines Wagniskapitalgebers ist allerdings, dass Venture-(Capital-)Cluster mit hinreichend hohem Aktivitätsniveau existieren.[429]

Vor dem Hintergrund der bisherigen Aussagen wird für den Lead-Investor folgende Hypothese aufgestellt:

Hypothese 3a: *Eine Spezialisierung des Lead-Investors auf die Region des Investments ist mit einem größeren Beteiligungserfolg verbunden.*

Auf die Formulierung einer Gegenhypothese wird an dieser Stelle verzichtet, da nicht genügend Anhaltspunkte vorliegen, die vermuten lassen, dass *VC*-Finanzierungen innerhalb des geographischen Anlagefokus weniger erfolgversprechend sind als *VC*-Investitionen außerhalb dieses Bereichs. Vielmehr bergen Venture-Capital-Transaktionen in fremden Regionen zusätzliche Risiken infolge einer geringeren Transparenz über lokale Marktverhältnisse, eingeschränkter Einfluss- und Kontrollmöglichkeiten seitens der *VC*-Financiers oder allgemeiner sprachlicher und kultureller Barrieren.

---

ordentlichen Mitglieder des BVK, die im Internet abrufbar sind unter: http://www.bvkap.de/privateequity.php/cat/81/title/Ordentliche_Mitglieder_%28Investoren%29

423 Vgl. SORENSON, O./STUART, T. E. (2001); MASON, C. M./HARRISON, R. T. (2002).

424 Vgl. SORENSON, O./STUART, T. E. (2001), S. 1550; MANIGART, S. ET AL. (2006), S. 136.

425 Vgl. SAPIENZA, H. J. (1992), S. 19.

426 Vgl. FRIEDRICH, A. (2005), S. 81.

427 Vgl. SAPIENZA, H. J. (1992), S. 18f.

428 Vgl. SORENSON, O./STUART, T. E. (2001), S. 1582f.

429 *VC*-Ballungszentren wie *Silicon Valley, San Francisco, New York* oder *Boston* in den Vereinigten Staaten haben sich in Deutschland bislang nicht herausbilden können.

Für Co-Investoren wird erneut ein vergleichbarer Zusammenhang postuliert:

Hypothese 3b: *Eine Spezialisierung von Co-Investoren auf die Region des Investments ist mit einem größeren Beteiligungserfolg verbunden.*

3.3.2 *Position im VCG-Netzwerk*

Ziel dieses Abschnitts ist es, mit Bezug auf theoretische Argumente und empirische Ergebnisse Thesen zum Einfluss einer (de-)zentralen Position von *VC*-Investoren auf den Erfolg ihrer Beteiligungen zu formulieren. Zu diesem Zweck erfährt die Netzwerkposition von *VC*-Gebern und ihre Rolle für die Portfoliounternehmen im Folgenden eine eingehende Betrachtung.

Gemäß der Soziales-Netzwerk-Theorie[430] entstehen Netzwerke durch interorganisationale Kooperationen von Unternehmen. Das Geflecht aus individuellen Beziehungen der Firmen verknüpft die einzelnen Parteien entweder auf direktem oder indirektem Wege untereinander. Die Verbindungen innerhalb des Netzwerks dienen dabei als Kanäle, über die Unternehmen verschiedenste Informationen und Ressourcen austauschen. Der Grad der Einbindung einer Firma in das Netzwerk richtet sich zum einen nach dem Ausmaß der eigenen Zusammenarbeit mit anderen Unternehmen; zum anderen ist aber auch das Aktivitätsniveau der Kooperationspartner entscheidend. Zahlreiche enge Kontakte einer Firma zu einflussreichen Partnern verhelfen zu einer zentralen Position im Netzwerk. Insofern legt die Soziales-Netzwerk-Theorie nahe, dass gut verdrahtete Unternehmen über ihre Beziehungen Zugang zu einer breiten Ressourcenbasis erhalten, die sie bei Bedarf für ihre Zwecke mobilisieren können.

Nach der Soziales-Kapital-Theorie[431] sind die Beziehungen von Unternehmen auch Grundlage für die Akkumulation von sozialem Kapital, das genau wie physisches oder Humankapital die ökonomische Wertschöpfung unterstützt. Gesellschaften, die eine Vielzahl guter Kontakte unterhalten, verfügen zumeist über umfangreiches soziales Kapital, das auch die Beschaffung wichtiger physischer und immaterieller Ressourcen erleichtert.

Im Venture-Capital-Kontext haben Forscher in Anlehnung an BYGRAVE (1987; 1988) syndizierte Beteiligungen als relevanteste Form der zwischenbetrieblichen Kollaboration ausgemacht. Dass Wagniskapitalgeber junge Wachstumsunternehmen häufig zusammen mit anderen *VC*-Investoren finanzieren, lässt sich nicht zuletzt auf die charakteristischen Merkmale des Venture-Capital-Marktes zurückführen, der sich erfahrungsgemäß durch großes Risiko, hohe Intransparenz sowie die Knappheit an kritischen Ressourcen auszeichnet. Durch Kooperationen mit anderen Eigenkapitalgebern kann eine VCG ihre Erfolgsaussichten im Hinblick auf verschiedene Aspekte der Wertschöpfungskette verbessern. So führt ein gegenseitiger Austausch mit Syndikatspartnern über attraktive *Deals* zu einer höheren Transparenz hinsichtlich potentieller Beteiligungsmöglichkeiten bzw.

---

430 Vgl. Abschnitt 3.1.2.

431 Vgl. Abschnitt 3.1.3.

einem umfangreicheren *Deal Flow*.[432] Die Kombination der spezifischen Expertise und individuellen Erfahrungen aller involvierten *VC*-Gesellschaften[433] sowie ein sequentieller *Due Diligence*-Prozess[434] unterstützen zudem den Abbau der transaktionsbezogenen Risiken und ermöglichen eine überlegene Selektion der aussichtsreichsten Wachstumsunternehmen. Die wechselseitige Vermittlung von Kontakten und Management-Ressourcen, die Weitergabe erfolgskritischer Erkenntnisse[435] sowie die Ermöglichung von Folgefinanzierungen über andere *VC*-Partner[436] tragen ebenfalls zu einer besseren Wertschöpfung im Portfoliounternehmen bei.

Durch die gemeinsame Bereitstellung von Eigenkapital für Ventures, die intensive Zusammenarbeit der *VC*-Gesellschaften über den gesamten Beteiligungszeitraum und das daraus erwachsende Abhängigkeitsverhältnis entstehen enge Bindungen zwischen Lead- und Co-Investoren. Diese Beziehungen haben in der Regel über die individuellen Beteiligungen hinaus Bestand und begründen die persönlichen Netzwerke der VCG.[437] Da sich Wagniskapitalgeber in ihrem Syndizierungsverhalten deutlich voneinander abheben, unterscheiden sich auch die individuellen Netzwerke in Umfang sowie Intensität und Richtung der einzelnen Beziehungen.

Demzufolge kann auch die Struktur des gesamten VCG-Netzwerks nicht homogen sein. Vielmehr kristallisieren sich zentrale Bereiche heraus, die von eng eingebundenen *VC*-Investoren mit hoher Syndizierungsquote gebildet werden, und Randlagen, die tendenziell aus nur schlecht integrierten Eigenkapitalgebern bestehen. *VC*-Gesellschaften in zentralen Positionen[438] profitieren in der Regel von einem quantitativ und qualitativ höheren Zufluss

---

432 LERNER (1994) argumentiert, dass VCG ihre Wettbewerber zu Co-Investitionen einladen in der Erwartung, dass diese sich künftig erkenntlich zeigen und ein Angebot erwidern. Vgl. LERNER, J. (1994), S. 18.

433 VCG spezialisieren sich tendenziell auf einzelne Industrien und Geographien. Über den Austausch von Informationen mit ihren Syndikatspartnern können sie die eigenen Grenzen jedoch überwinden und relevante Erkenntnisse hinzugewinnen. Vgl. SORENSON, O./STUART, T. E. (2001).

434 Wenn *VC*-Geber ihre positive Einschätzung hinsichtlich einer Beteiligungsmöglichkeit mit der Beurteilung unabhängiger potentieller Co-Investoren abgleichen und nur bei Konsens Kapital bereitstellen, können sie die Qualität ihrer Investitionsentscheidung deutlich verbessern. Vgl. SAH, R. K./ STIGLITZ, J. E. (1986).

435 Vgl. BYGRAVE, W. D. (1988).

436 Vgl. HOCHBERG, Y. V. ET AL. (2007), S. 252.

437 VCG bauen jedoch nicht beliebig große persönliche Netzwerke auf, sondern investieren wiederholt mit einem kleinen Kreis anderer VCG. Vgl. Ibid., S. 265.

438 Die Zentralität einer VCG im Netzwerk lässt sich anhand verschiedener Indikatoren bestimmen, die häufig der Graphentheorie entlehnt sind. HOCHBERG ET AL. (2007) setzen beispielsweise auf fünf Faktoren: die Anzahl verschiedener Co-Investoren einer VCG (1), die Häufigkeit, mit der eine VCG zu Syndikaten eingeladen wird (2), und einlädt (3), der Zugang einer VCG zu *VC*-Gebern mit dem umfangreichsten Netzwerk (4) und die Rolle einer VCG als Vermittler zwischen unterschiedlichen Teil-Netzwerken (5). Vgl. Ibid., S. 253.

an erfolgsrelevanten Ressourcen und Informationen,[439] was ihnen nachhaltige Wettbewerbsvorteile verschafft. Zudem beeinflusst die Zentralität innerhalb eines Netzwerks die Wahrscheinlichkeit, dass ein *VC*-Investor mit anderen zentralen Wagniskapitalgebern in Kontakt kommt, zu Syndikaten eingeladen wird und zwischen anderen VCG mit komplementären Fähigkeiten oder Beteiligungen vermittelt, die nicht unmittelbar in Verbindung stehen[440]. Mit der Anzahl der Syndizierungsbeziehungen zu anderen *Venture Capitalists* verbessern sich zudem Reputation[441] und (sozialer) Status[442] der betreffenden *VC*-Gesellschaft. Eine hohe Reputation sendet ein wichtiges Qualitätssignal, das insbesondere in Situationen gravierender asymmetrischer Informationsverteilung zwischen den Marktteilnehmern große Beachtung findet. Im *VC*-Kontext kann sich ein guter Ruf somit als (entscheidender) Wettbewerbsvorteil erweisen. Auch der soziale Status eines Unternehmens fungiert als Indikator für dessen Qualität.[443] Die Bedeutung von Status wächst ebenfalls mit der Unsicherheit im Markt. In Ermangelung bestehender Beziehungen zu anderen Firmen und angesichts einer nur unzureichend observierbaren Qualität potentieller Partner basieren Unternehmen die Auswahl ihrer Geschäftspartner nämlich primär auf deren Status.[444] Dementsprechend sind Venture-Capital-Geber mit hohem Status und zentraler Netzwerkposition in der Lage, mehr und prestigeträchtigere Partner zu gewinnen als Firmen in Randlagen.[445]

Um zunächst Zugang zum VCG-Netzwerk zu erhalten und nachfolgend eine zentralere Position einnehmen zu können, müssen Aspiranten in der Regel spezifisches Wissen und *Know-how*, wichtige Ressourcen[446] oder wertschöpfungsrelevante Fähigkeiten[447] aufbieten. Auch der Zugang zu seinem Heimatmarkt kann einem interessierten *VC*-Geber die Kooperation mit etablierten VCG im Zielmarkt ermöglichen.[448] Für den Ausbau der Netzwerkposition spielt außerdem die Wahl der Syndikatspartner eine bedeutende Rolle, da die Affinität zu zentral angesiedelten VCG die eigene Position und Reputation verbessert.

Während der Aufbau von Beziehungen mit einem hohen Aufwand verbunden ist, gestalten sich deren Pflege und damit die Beibehaltung einer zentralen Position tendenziell einfacher.[449] Infolge einer Erosion ihrer Ressourcen erleiden VCG mit einem hohen Zentralitätsgrad auch nicht zwingend den Verlust ihrer Netzwerkposition. Vielmehr können sie ihre Situation stabilisieren, wenn sie Verbindungen zu *VC*-Gebern in Randbereichen

[439] Vgl. hierzu ausführlicher auch Abschnitt 2.2.4.1.
[440] Vgl. HOCHBERG, Y. V. ET AL. (2007), S. 272.
[441] Vgl. GULATI, R. (1995); GULATI, R. (1999).
[442] Vgl. PODOLNY, J. M. (1993); LERNER, J. (1994); PODOLNY, J. M. (2001), S. 34.
[443] Vgl. PODOLNY, J. M. (1994).
[444] Vgl. Ibid.
[445] Vgl. SEPPÄ, T. J. (2003), S. 148.
[446] Vgl. BYGRAVE, W. D. (1987), S. 152; PISKORSKI, M. J./ANAND, B. (2004), S. 2.
[447] Vgl. HOCHBERG, Y. V. ET AL. (2007), S. 254.
[448] Vgl. HOCHBERG, Y. V. ET AL. (2009), S. 2.
[449] Vgl. HOCHBERG, Y. V. ET AL. (2007), S. 293f.

unterhalten.[450] Dann werden etablierte *Venture Capitalists* aus zwei Gründen weiterhin mit der ressourcengeschwächten VCG kooperieren: erstens möchten sie sich einen Zugang zu den Ressourcen der dezentralen *VC*-Geber sichern und zweitens versuchen sie zu vermeiden, dass die betroffene VCG mit ihren Syndizierungspartnern einen alternativen Netzwerkkern bildet, der den eigenen schwächt bzw. aufweicht.[451]

GULATI (1998) zieht als ein Fazit seiner Literaturanalyse zu *Alliances and Networks,* dass soziale Netzwerke einen signifikanten Einfluss auf Verhalten und *Performance* von Allianzen ausüben. Dieser Einfluss wird durch zwei Effekte zu erklären versucht: den jeweiligen Informationsvorsprung, den soziale Netzwerke verleihen, und die Kontrollvorteile, die verschiedene Netzwerkpositionen gewähren.[452] Mit der Menge an Informationen, die Unternehmen dank ihrer relationalen und strukturellen Einbettung aus ihren Netzwerken extrahieren können, verbessern sie ihre Erfolgsaussichten. Ebenso können günstige Netzwerkpositionen von Unternehmen zu deren Erfolg beitragen,[453] wenn diese sich z. B. in vorteilhafte Verhandlungspositionen übersetzen lassen.[454]

Wesentlicher Erkenntnisgewinn der Untersuchung von SEPPÄ (2003) ist, dass sich die Netzwerkposition einer VCG positiv auf deren Erfolg auswirkt. Bei genauer Betrachtung ist die Zentralität eines Wagniskapitalgebers im VCG-Netzwerk ein bestimmender Faktor nicht nur der künftigen *Performance,* sondern auch der künftigen Position. Demgegenüber korreliert der Erfolg eines *VC*-Investors zwar positiv mit seinem zukünftigen Erfolg, scheint aber keinen Effekt auf die Entwicklung der Netzwerkposition zu haben. Das bedeutet, dass ein positiver Zusammenhang zwischen Erfolg und Zentralität besteht, die Wirkung aber von der Zentralität auf die *Performance* ausgeht und nicht umgekehrt.[455]

Auch HOCHBERG ET AL. (2007) kommen in ihrer Arbeit zu dem Schluss, dass *VC*-Fonds, deren Managementgesellschaften zentralere bzw. einflussreichere Netzwerkpositionen einnehmen, deutlich erfolgreicher abschneiden als ihre schlechter aufgestellten Wettbewerber; dabei definieren die Autoren Erfolg über den Anteil der Portfoliounternehmen, denen ein *IPO*- oder *Trade Sale*-Exit gelingt. Mit zunehmender Zentralität der *VC*-Geber steigen außerdem Überlebenschancen bzw. -dauer ihrer Beteiligungen.[456] Da zentralere Positionen „[a] better investment performance, both at the fund and the portfolio company levels"[457], nach sich ziehen, sollten etablierte VCG die Verbesserung ihrer Netzwerkposition als eine wesentliche strategische Herausforderung begreifen.[458]

---

[450] Vgl. PISKORSKI, M. J./ANAND, B. (2004), S. 1f.

[451] Vgl. Ibid., S. 24.

[452] Vgl. GULATI, R. (1998), S. 296.

[453] Vgl. AHUJA, G. (1996); ZAHEER, A./ZAHEER, S. (1997).

[454] Vgl. GULATI, R. (1998), S. 298.

[455] Vgl. SEPPÄ, T. J. (2003), S. 175.

[456] Vgl. HOCHBERG, Y. V. ET AL. (2007), S. 296.

[457] Ibid., S. 293.

[458] Ibid., S. 254.

Zusammenfassend lässt sich daher festhalten, dass eine zentrale Position im VCG-Netzwerk aufgrund einer besseren Versorgung mit kritischen Informationen und Ressourcen sowie etwaiger Kontrollvorteile nachhaltige Wettbewerbsvorteile verschafft und den Erfolg sowohl des *VC*-Investors als auch seiner Portfoliounternehmen begünstigt.

Vor diesem Hintergrund wird für den Lead-Investor die nachstehende Hypothese formuliert:

Hypothese 4a: *Eine zentralere Position des Lead-Investors im Syndizierungsnetzwerk der in Deutschland ansässigen VC-Gesellschaften ist mit einem größeren Beteiligungserfolg verbunden.*

Da im Laufe der Literaturrecherchen keine Anhaltspunkte identifiziert werden konnten, die darauf hindeuten, dass Wagniskapitalgeber in Randlagen des VCG-Netzwerks eine höhere Wertschöpfung erzielen als ihre eng eingebundenen Konkurrenten, wird im Folgenden keine Gegenhypothese aufgestellt.

Für Co-Investoren werden wiederum gleichgerichtete, wenn auch leicht schwächere Zusammenhänge angenommen:

Hypothese 4b: *Eine zentralere Position von Co-Investoren im Syndizierungsnetzwerk der in Deutschland ansässigen VC-Gesellschaften ist mit einem größeren Beteiligungserfolg verbunden.*

3.3.3 *Alter und Ressourcen*

Bei den VCG-Eigenschaften Alter (1) und Ressourcen (2) handelt es sich um Faktoren, die aufgrund ihrer Relevanz häufiger in empirische Untersuchungen von Venture-Capital-Fragestellungen einbezogen werden.[459] Dadurch soll ausgeschlossen werden, dass diese Variablen als potentielle Erfolgstreiber die Wirkungszusammenhänge zwischen den unabhängigen Variablen und dem Beteiligungserfolg unbemerkt überlagern, so dass es zu Fehlinterpretationen der Ergebnisse kommen kann.[460]

(1) Eine Relation zwischen **Alter** und Erfolg eines *VC*-Investors ist im relevanten Schrifttum häufig unterstellt bzw. belegt worden, wenn auch mit unterschiedlichen Effekten. So kommt SAHLMAN (1990) zu dem Schluss, dass die sehr hohen Erträge erfolgreicher Wagniskapitalgeber direkt mit deren Alter, Größe und historischen *Performance* zusammenhängen.[461] Laut GOMPERS/LERNER (2004) ist das Alter einer VCG über Erfahrung und Reputation scheinbar positiv mit deren Erfolg korreliert.[462] SCHEFCZYK (2004) vermutet aufgrund von Erfahrungskurveneffekten und Skalenvorteilen ebenfalls positive Auswirkungen von Alter

[459] Vgl. GOMPERS, P. A. (1996); GOMPERS, P. A./LERNER, J. (1999), S. 14ff.; DE CLERCQ, D./ DIMOV, D. P. (2003), S. 1ff.; SEPPÄ, T. J. (2003), S. 129.

[460] So nehmen DE CLERCQ/DIMOV (2004) das Alter der VCG als Kontrollvariable auf, um mögliche Unterschiede zwischen älteren und jüngeren *Venture Capitalists* im Hinblick auf deren Syndizierungsmuster und Netzwerke zu erklären. Vgl. DE CLERCQ, D./DIMOV, D. P. (2004), S. 249

[461] Vgl. SAHLMAN, W. A. (1990); SEPPÄ, T. J. (2003), S. 24.

[462] Vgl. GOMPERS, P. A./LERNER, J. (2004); LAINE, M./TORSTILA, S. (2004), S. 7.

und Größe eines *VC*-Gebers auf den Beteiligungserfolg, kann diese jedoch nur für die Größe statistisch nachweisen.[463] SEPPÄ (2003) ist der Auffassung, dass keine explizite Beziehung zwischen Alter und *Performance* eines *VC*-Gebers existiert.[464] Demgegenüber konstatieren DE CLERCQ/DIMOV (2003) gar einen negativen Effekt des Alters auf die *Performance*.[465]

Die Venture-Capital-Literatur greift zudem häufiger auf das Alter eines *Venture Capitalists* als Proxy für dessen Erfahrung, Reputation und Kontaktnetzwerk zurück. NAHATA (2008) misst u. a. über das Alter die Branchenexpertise eines Wagniskapitalgebers[466] und ermittelt statistisch signifikante Unterschiede beim Durchschnittsalter zwischen Lead-Investoren, deren Portfoliounternehmen einen erfolgreichen Exit realisieren konnten, und ihren jüngeren Wettbewerbern, denen dies nicht gelungen ist.[467] Einen Zusammenhang zwischen dem Alter einer *VC*-Gesellschaft als Approximation für deren Reputation und der Investitionserfahrung kann auch HSU (2004) feststellen.[468] Aus seiner Analyse verschiedener Indikatoren von Reputation zieht SEPPÄ (2003) die Quintessenz, dass der *IPO*-Marktanteil einer VCG zwar das beste Proxy darstellt, aber Erfahrung und Alter ähnlich signifikante Ergebnisse liefern.[469] GOMPERS (1996) beobachtet, dass etablierte *VC*-Geber außerdem über ein hochwertigeres Kontaktnetzwerk verfügen, was u. a. die Kooperationen mit höher angesehenen *Underwritern* im Rahmen von Beteiligungs-*IPOs* nahelegen.[470] DE CLERCQ/DIMOV (2004) bedienen sich neben der Anzahl getätigter Investments auch des Alters eines *VC*-Investors, um dessen Größe abzubilden.[471] Das Fazit von SEPPÄ (2003) zur Verwendung der Altersvariable lautet: „While age [...] is a good proxy for experience and prominence, it does not as such measure the experience, performance, or status of any single venture capital firm."[472]

Da das Alter eines Wagniskapitalgebers den Erfolg der Portfoliounternehmen entweder auf direkte oder indirekte Weise zu beeinflussen scheint, soll diese VCG-Eigenschaft im Kontext der eigenen Untersuchung als Kontrollvariable berücksichtigt werden.

---

463 Vgl. SCHEFCZYK, M. (2004), S. 215f., 351f.

464 Vgl. SEPPÄ, T. J. (2003), S. 91.

465 Vgl. DE CLERCQ, D./DIMOV, D. P. (2003).

466 Einen vergleichbaren Ansatz haben bereits LERNER (1994), GOMPERS (1996) und HOCHBERG ET AL. (2007) verfolgt. SØRENSEN (2007) argumentiert, dass die kumulierte Anzahl an Investitionsrunden einer VCG ein besseres Maß für deren Erfahrung ist als das Alter, da letzteres nicht erlaubt, zwischen aktiven und inaktiven Investoren zu differenzieren. Vgl. SØRENSEN, M. (2007).

467 Vgl. NAHATA, R. (2008), S. 12.

468 Vgl. HSU, D. H. (2004), S. 1809.

469 Vgl. SEPPÄ, T. J. (2003), S. 101.

470 Vgl. GOMPERS, P. A. (1996), S. 141.

471 Vgl. DE CLERCQ, D./DIMOV, D. P. (2004), S. 249.

472 SEPPÄ, T. J. (2003), S. 98.

(2) Die essentiellen **Ressourcen** einer Venture-Capital-Gesellschaft bestehen aus:

- dem Kapital, das für Beteiligungen zur Verfügung steht (I),
- den *Investment Professionals*, die für das Management des *VC*-Fonds, die Investitionsentscheidungen sowie die Wertschöpfung in den Portfoliounternehmen verantwortlich zeichnen (II), und
- den Informationen über potentielle Targets (III).[473]

Da davon auszugehen ist, dass der Mangel an bzw. die Verfügbarkeit von eben diesen Ressourcen einen signifikanten Einfluss auf Geschäft und Erfolg eines *VC*-Investors haben, sind sie als Kontrollvariablen zu berücksichtigen.[474]

Beispielsweise gelangen LAINE/TORSTILA (2004) in ihrer Untersuchung der Exit-Quoten aufgelöster US-amerikanischer *VC*-Fonds zu dem Ergebnis, dass der Anteil erfolgreicher Beteiligungsveräußerungen eines Fonds sowohl mit seinem Volumen als auch mit dem gesamten von der Managementgesellschaft verwalteten Kapital signifikant positiv korreliert ist. Die Autoren begründen dies mit einem besseren *Track Record*, einer höheren Reputation und damit einer überlegenen Zertifizierung beim Exit seitens der etablierten VCG.[475] HOPP (2006) kann dagegen keinerlei Zusammenhang zwischen der Erfolgsquote von VCG und den herangezogenen Größenindikatoren - Anzahl realisierter Investitionen, *Capital under Management* oder Investitionsvolumen - für den Schweizer Venture-Capital-Markt nachweisen. Lediglich die Anzahl aufgelegter *VC*-Fonds ist positiv, wenn auch nur bedingt signifikant mit dem Exit-Erfolg korreliert.[476] Ferner legen ELANGO ET AL. (1995) dar, dass es starke Abweichungen bei der Ressourcenausstattung der einzelnen Wagniskapitalgeber gibt, die sich in erster Linie auf deren finanzielle Kapazitäten, aber in geringerem Umfang auch auf deren personelle Ressourcen erstrecken.[477]

(I) Die finanziellen Ressourcen eines *VC*-Gebers erheben zahlreiche Forscher in Form des aktuellen (Fonds-übergreifenden) *Capital under Management* der Managementgesellschaft.[478] Diese Kontrollvariable fungiert als Indikator für Reputation und Erfahrung einer VCG. So argumentieren LAINE/TORSTILA (2004), dass Wagniskapitalgeber mit einem guten *Track Record* im Rahmen des *Fundraising* mehr Finanzinvestoren überzeugen und fähigere Entrepreneure als „Schützlinge" gewinnen als ihre jüngeren Wettbewerber.[479]

---

[473] Vgl. BYGRAVE, W. D. (1987), S. 143.

[474] Vgl. JÄÄSKELÄINEN, M. ET AL. (2006), S. 194.

[475] Vgl. LAINE, M./TORSTILA, S. (2004), S. 3, 19.

[476] Vgl. HOPP, C. (2006), S. 11f.

[477] Vgl. ELANGO, B. ET AL. (1995), S. 169.

[478] Vgl. SEPPÄ, T. J. (2003), S. 128; LAINE, M./TORSTILA, S. (2004), S. 3; HOPP, C. (2006), S. 11f.; HOCHBERG, Y. V. ET AL. (2009), S. 18. HOCHBERG ET AL. (2009) stellen in ihrer Arbeit zu den Markteintrittsschranken der amerikanischen *VC*-Branche allerdings auf das kumulierte *Capital under Management* einer VCG seit deren Gründung ab.

[479] Vgl. LAINE, M./TORSTILA, S. (2004), S. 7f.

(II) Über das verwaltete Kapital hinaus erfassen Akademiker zumeist die personellen Ressourcen einer VCG, auch wenn beide Größen miteinander zusammenhängen.[480] Die Mitarbeiterstärke und insbesondere die Anzahl der *Investment Professionals* werden als Indikator für die kumulierte Erfahrung und Expertise einer Managementgesellschaft bemüht und signalisieren damit auch den potentiellen *Value Added* für eine Beteiligung. Einen etwas anderen Ansatz verfolgt SEPPÄ (2003) in seiner Studie zum Verhältnis von Netzwerkposition und *Performance* einer VCG. Er legt einer seiner abhängigen Variablen für den Erfolg von *VC*-Investoren die historische Entwicklung der Anzahl der General Partner zugrunde. Der Forscher geht nämlich davon aus, dass nur erfolgreiche *VC*-Geber ihren Stamm an Partnern im Zeitverlauf ausbauen können, während erfolglose *VC*-Gesellschaften ihre General Partner verlieren.[481]

Neben den genannten finanziellen und personellen Ressourcen ziehen einige Forscher zusätzlich auch Maße wie z. B. den Marktanteil bei Investitionen als Indikator der Größe einer VCG hinzu.[482]

(III) Der *Deal Flow* eines *VC*-Investors ist für Akademiker in der Regel nicht nachvollziehbar, so dass diese Ressourcenart häufig nicht erhoben wird. LAINE/TORSTILA (2004) setzen hingegen auf das Fondsvolumen, das den Umfang der verfügbaren Investment-Möglichkeiten widerspiegeln soll.[483]

Wie JÄÄSKELÄINEN ET AL. (2006) geht die vorliegende Arbeit davon aus, dass sich die Ressourcenstärke oder -schwäche eines *VC*-Gebers auf seine Erfolgsaussichten auswirkt und mittelbar auch den Erfolg seiner Beteiligungen beeinflusst. Daher finden die finanziellen und personellen Ressourcen der VCG als Kontrollvariablen Eingang in die statistische Analyse.

3.3.4 *VCG-Typ und Herkunft*

Die VCG-Eigenschaften Typ und Herkunft haben in der Venture-Capital-Forschung eine unterschiedliche Bedeutung. Der VCG-Typ (1) wird einerseits häufig als Kontrollvariable berücksichtigt, repräsentiert andererseits aber den Forschungsgegenstand mehrerer Arbeiten, die sich explizit mit den Unterschieden zwischen den primären VCG-Kategorien befassen.[484] Die Herkunft (2) der VCG spielt hingegen zumeist eine untergeordnete Rolle.

(1) Eine genauere Betrachtung der Gesamtheit der Wagniskapitalgeber zeigt, dass es sich keineswegs um eine homogene Gruppe handelt, sondern dass sich vielmehr ein breites Spektrum an unterschiedlichen **VCG-Typen** identifizieren lässt.[485]

---

[480] Vgl. ELANGO, B. ET AL. (1995), S. 158; SEPPÄ, T. J. (2003), S. 170; CUMMING, D. J. (2006), S. 1118.

[481] Vgl. SEPPÄ, T. J. (2003), S. 162.

[482] Vgl. Ibid., S. 135.

[483] Vgl. LAINE, M./TORSTILA, S. (2004), S. 7f.

[484] Vgl. TYKVOVÁ, T. (2004).

[485] Vgl. TYKVOVÁ, T./WALZ, U. (2004), S. 16.

Wie in Abschnitt 2.1.2 erwähnt können zur Klassifizierung der *VC*-Gesellschaften vier Kriterien herangezogen werden: Eigentümerstruktur[486], Sektorzugehörigkeit[487], Spezialisierungsgrad[488] und Managementunterstützung[489].[490] Während die Eigentümerstruktur auf den Einfluss einzelner Investoren abstellt und zwischen abhängigen, bedingt-abhängigen und unabhängigen *VC*-Gebern unterscheidet, geht es bei der Sektorzugehörigkeit um die Unterteilung in den privaten und den öffentlichen Sektor. Der Spezialisierungsgrad im Hinblick auf Branche, Finanzierungsphase oder Geographie[491] und die Managementunterstützung bezüglich inhaltlicher Schwerpunkte und Intensität ermöglichen eine weitere Differenzierung der Wagniskapitalgeber.

Verbreitet hat sich eine weniger detaillierte Klassifizierung nach Eigentumsverhältnissen[492] bzw. Trägerschaft der VCG durchgesetzt. Demnach werden lediglich vier Typen von Venture-Capital-Gesellschaften voneinander abgegrenzt:[493]

- unabhängige, renditeorientierte *VC*-Geber (I),
- Corporate-Venture-Capital-Gesellschaften (II),
- *VC*-Einheiten von Finanzinstituten (III) und
- öffentliche Wagniskapitalgeber (IV).

Zwischen den vier Gruppen lassen sich deutliche Unterschiede im Hinblick auf Zielsetzung, Struktur, Wertschöpfung und Investitionsverhalten beobachten, die zum einen auf die divergierenden Interessen der unterschiedlichen Kapitalgeber der jeweiligen VCG

---

486 Vgl. BOVAIRD, C. (1990), S. 159ff.; ZEMKE, I. (1995), S. 81ff.

487 Vgl. WÖHE, G./BILSTEIN, J. (1994) (1994), S. 121f.

488 Vgl. NORTON, E./TENENBAUM, B. H. (1993), S. 431ff.; SORENSON, O./STUART, T. E. (2001), S. 1562ff.

489 Vgl. GIFFORD, S. (1997), S. 459ff.

490 Vgl. SCHEFCZYK, M. (2004), S. 20f.

491 Vgl. hierzu auch Abschnitt 3.3.1.

492 Diese lassen sich durch eine Kombination der beiden Kriterien Eigentümerstruktur und Sektorzugehörigkeit herleiten.

493 Vgl. TYKVOVÁ, T./WALZ, U. (2004), S. 10; BOTTAZZI, L. ET AL. (2008), S. 508. Auch HOPP (2006) verfolgt prinzipiell diesen Ansatz, differenziert VCG, die ihr Kapital maßgeblich aus der Bankenbranche beziehen, jedoch danach, ob sie dem privaten, öffentlichen oder genossenschaftlichen Sektor angehören. Die Ersten werden dem „Banking"-, die Zweiten dem „Public"- und die Dritten dem „Co-operative"-Segment zugeschlagen. Darüber hinaus erfasst er *VC*-Geber, die aus dem Ausland stammen und über keine inländische Dependance verfügen, in einer eigenen Kategorie als „Foreign Investors" (vgl. HOPP, C. (2006), S. 15ff.). HOPP/RIEDER (2005) unterscheiden in ihrer Untersuchung sogar 16 VCG-Typen, wobei sie ihrer Klassifikation gleichzeitig mehrere Kriterien zugrunde legen wie Eigentumsverhältnisse, Herkunft, Spezialisierung und Branche des Corporate Investor (vgl. HOPP, C./RIEDER, F. (2005), S. 26). Demgegenüber beschränken sich LAINE/ TORSTILA (2004) auf drei VCG-Typen: „independent, banking, and corporate" (LAINE, M./ TORSTILA, S. (2004), S. 12).

zurückzuführen sind. Zum anderen spielen aber auch die individuellen Fähigkeiten und Erfahrungen der *Investment Professionals* eine wichtige Rolle.[494]

(I) **Unabhängige, renditeorientierte VCG** stellen mit ca. 60%[495] den Großteil der in Deutschland aktiven *VC*-Investoren. Hinter ihnen stehen zahlreiche Geldgeber wie Kreditinstitute, Versicherungen, Dachfonds, Pensionsfonds, Industrieunternehmen und Privatanleger. Sie alle eint ihre rein finanzielle Zielsetzung und das Streben nach einer attraktiven, langfristigen Rendite auf ihr eingesetztes Kapital.[496]

Um den Anforderungen der eigenen Investoren gerecht zu werden, sind in der Venture-Capital-Branche vergleichsweise einheitliche Strukturen, Prozesse und Mechanismen geschaffen worden,[497] die eine weitgehende Gleichrichtung der Interessen von Geldgebern und *VC*-Management erreichen. Dazu zählen z. B. die Gesellschaftsform der *Limited Partnership* (vergleichbar einer Kommanditgesellschaft)[498], die langfristige Kapitalüberlassung[499] und das *Incentive*-System einer VCG, das aus einer festen Basiskomponente besteht[500] sowie einem erfolgsabhängigen Vergütungsbestandteil[501]. Diese und weitere Regelungen sorgen dafür, dass sich unabhängige, renditeorientierte VCG in ihrem Handeln überwiegend auf die Wertsteigerung ihrer Fonds konzentrieren.

Was das Investitionsverhalten betrifft, so gehen unabhängige wie auch Corporate-VCG tendenziell größere Eigenkapitalpositionen für einen längeren Zeitraum ein. Darüber hinaus nutzen sie konsequenter die Instrumente des *Staging* und der Syndizierung. Auch beim *IPO* zeichnen sie sich durch ein besseres Timing gegenüber ihren Wettbewerbern aus.[502] Venture-Capital-Fonds, die primär auf Finanzmittel von Privatpersonen oder Unternehmen zurückgreifen, investieren dabei bevorzugt in Hochtechnologiefirmen in frühen Entwicklungsstadien, während Wagniskapitalgeber mit Pensionsfonds und Versicherungen als Mehrheitseignern eher auf Spätphasenfinanzierungen in Branchen mit geringem Risikoprofil setzen.[503]

---

[494] Vgl. TYKVOVÁ, T. (2004), S. 9; TYKVOVÁ, T./WALZ, U. (2004), S. 16.

[495] Bezugsgröße ist die Zusammensetzung der ordentlichen Mitglieder des BVK im Jahr 2009.

[496] Vgl. HELLMANN, T. (2000), S. 9.

[497] Vgl. YANG, Y. (2006), S. 17.

[498] Diese Organisationsform gewährt dem Fondsmanagement eine weitgehende Unabhängigkeit bei der Investition des eingeworbenen Kapitals, sofern sich diese im Rahmen der im Fondsprospekt niedergelegten Anlagegrenzen bewegt. Vgl. HELLMANN, T. (2000), S. 11.

[499] *VC*-Fonds haben üblicherweise eine Laufzeit von zehn Jahren, die ggf. um bis zu drei Jahre verlängert werden kann. Vgl. GOMPERS, P. A. (1996), S. 135.

[500] Als fixes Entlohungselement wird eine jährliche Managementgebühr von typischerweise 1,25% bis 2,50% des Fondsvolumens erhoben. Vgl. BADER, H. (1996), S. 155.

[501] Die variable Komponente, der *Carried Interest*, besteht in der Regel aus einem 20%-igen Anteil des *Capital Gain*, des über die gesamte Fondslaufzeit erzielten Wertzuwachses. Vgl. HELLMANN, T. (2000), S. 11

[502] Vgl. TYKVOVÁ, T. (2004), S. 9.

[503] Vgl. MAYER, C. ET AL. (2003), S. 1.

(II) Demgegenüber spielen **Corporate-VCG** zahlenmäßig eine relativ unbedeutende Rolle (ca. 5%[504] der deutschen *VC*-Geber). Sie sind den Zielen verpflichtet, die sich ihre Mutterkonzerne für die Corporate-Venturing-Aktivitäten gesetzt haben. Diese gehen zumeist über eine rein finanzielle Zielsetzung hinaus und umfassen strategische Aspekte von mindestens ebenso großer Bedeutung.[505] Dabei handelt es sich in der Regel um eines oder mehrere der folgenden Anliegen: „[die] Sicherung von Absatz- und Beschaffungsmärkten, [den] Zugang zu Technologien und Produkten [(*window on technology*[506])], [den] Zugang zu kritischen Ressourcen, wie z. B. Forschungs- und Entwicklungskapazitäten und/oder [die] Ausgliederung und Verselbstständigung von Unternehmensteilen."[507] Darüber hinaus kann das Betreiben von *CVC*-Aktivitäten zur Stärkung des Unternehmertums[508] und Flexibilisierung der Prozesse innerhalb der Muttergesellschaft beitragen.[509] Aus diesen zusätzlichen Zielsetzungen können sich jedoch Interessenkonflikte ergeben, die den CVCG im Wettbewerb um Entrepreneure mit attraktiven Geschäftsideen zum Nachteil gereichen.[510]

Ähnlich verschiedenartig wie die jeweiligen Zielsetzungen der Mutterkonzerne präsentieren sich die Organisationsstrukturen der in Deutschland ansässigen CVCG. So haben im Jahr 2003 rund 55% der CVCG über einen einem unabhängigen *VC*-Geber vergleichbaren Fonds verfügt, ca. 25% der Corporate-Venturing-Einheiten konnten nur auf ein jährlich neu festgelegtes Budget zugreifen, während sich ungefähr 20% der CVCG Ad-hoc-Genehmigungen für jede Investition verschaffen mussten.[511] Einerseits verhelfen eigene finanzielle Mittel einer Corporate-Venturing-Einheit zu größerer Unabhängigkeit von der Geschäftssituation der Muttergesellschaft, was einen nicht unwesentlichen Faktor für eine erfolgreiche Investitionstätigkeit darstellt.[512] Andererseits ist es nicht zweckmäßig, die Strukturen von VCG lediglich zu kopieren, wenn der Konzern strategische Vorteile aus den eigenen Corporate-Venturing-Aktivitäten ziehen möchte. Vielmehr sollte der Aufbau eine Nutzung der von den Beteiligungen erbrachten Leistungen ermöglichen.[513] Lässt sich infolge fehlender oder falscher Anlagestrategien kein Mehrwert für die Muttergesellschaft ableiten, schwindet auch deren Rückhalt und damit die Stabilität des *CVC*-Programms.[514] Genau wie bei den Organisationsformen existieren keine einheitlichen Regelungen hinsichtlich der

---

[504] Siehe Fußnote 495.

[505] Vgl. SIEGEL, R. ET AL. (1988), S. 235f.; HELLMANN, T. (2000), S. 9. SYKES (1990) bemerkt hierzu: „The impact of possible capital gains on total corporate results is viewed as minor compared with the potential for development of new business." SYKES, H. B. (1990), S. 38.

[506] Vgl. WINTERS, T. E./MURFIN, D. L. (1988), S. 208.

[507] SCHEFCZYK, M. (2004), S. 34. Vgl. hierzu ausführlich auch SCHWEEN, K. (1996), S. 78ff.

[508] Vgl. WINTERS, T. E./MURFIN, D. L. (1988), S. 208; BRETTEL, M. ET AL. (2005), S. 117.

[509] Für einen Vergleich bestehender Klassifizierungen der strategischen Ziele von *CVC*-Programmen vgl. YANG, Y. (2006), S. 219.

[510] Vgl. HELLMANN, T. (2002), S. 285.

[511] Vgl. WEBER, C. (2005), S. 15.

[512] Vgl. Ibid., S. 15.

[513] Vgl. CHESBROUGH, H. W. (2000), S. 46.

[514] Vgl. GOMPERS, P. A./LERNER, J. (2000), S. 19.

Mitspracherechte des Mutterkonzerns.[515] Was die *Incentive*-Strukturen von CVCG anbelangt, so werden Investment-Manager meist über eine Kombination aus Fixgehalt und variablem Bonus entlohnt, wobei letzterer häufig nicht an der Fondsrendite, sondern an individuell vereinbarten Zielen bemessen wird.[516] Die finanziell weniger attraktiven Vergütungsmodelle sind auch mit verantwortlich dafür, dass nur sehr vereinzelt *Investment Professionals* aus unabhängigen VCG in den *CVC*-Bereich wechseln, dafür aber erfolgreiche *CVC*-Manager verbreitet zu VCG abwandern.[517] Ergo entstammt die überwiegende Mehrheit der Beschäftigten den Mutterkonzernen.[518]

Den jeweiligen Zielen, Erfahrungen und Kompetenzen des *CVC*-Fondsmanagements entsprechend investieren die unternehmenseigenen Wagniskapitalgeber in aussichtsreiche Start-ups. Dabei konzentrieren sich CVCG auf Portfoliounternehmen, deren Geschäftsfelder an die Branche(n) des Mutterkonzerns angrenzen,[519] und deren Produkte und Dienstleistungen das Angebot der Muttergesellschaft ergänzen und keine direkten Substitute darstellen.[520] Während der Erfolg der Portfoliounternehmen dem Geschäft des Mutterkonzerns im Falle komplementärer Produkte und Dienstleistungen zuträglich ist, kann eine erfolgreiche Beteiligung mit substitutivem Leistungsspektrum das Angebot der Muttergesellschaft kannibalisieren, was zu Interessenskonflikten führt.

Es ist davon auszugehen, dass darunter auch die Wertschöpfung der CVCG im Portfoliounternehmen leidet. Corporate-Venturing-Einheiten können insbesondere dann einen großen Mehrwert leisten, wenn sich ihre Portfoliounternehmen in Industrien bewegen, die dem Kerngeschäft der Muttergesellschaft benachbart sind.[521] Dann sind nicht nur eine Übertragung der Reputation sowie ein Transfer kritischer Fähigkeiten und Ressourcen auf das Start-up möglich, sondern auch eine Eröffnung des Zugangs zu Beschaffungs- und

---

515 So können laut WITT/BRACHTENDORF (2002) nur rund zwei Drittel der 21 untersuchten deutschen CVCG autonom über eine syndizierte Beteiligung entscheiden, die übrigen bedürfen der Zustimmung ihrer Muttergesellschaft. Vgl. WITT, P./BRACHTENDORF, G. (2002), S. 688.

516 Vgl. Ibid., S. 690.

517 Vgl. DUSHNITSKY, G./LENOX, M. J. (2004), S. 3.

518 Vgl. WEBER, C./DIERKES, M. (2002), S. 65ff.

519 GUPTA/SAPIENZA (1992) finden heraus, dass Corporate-VCG „less industry diversity but broader geographic scope relative to non-corporate VCFs" bevorzugen (GUPTA, A. K./SAPIENZA, H. J. (1992), S. 347). Nach Auswertung eines umfangreichen *VentureOne*-Datensatzes – 32.364 Investitionen in 8.506 Finanzierungsrunden von 1983 bis 1994 – kommen GOMPERS/LERNER (2000) zu dem Schluss, dass sich der Portfoliomix über alle CVCG hinweg nur geringfügig von dem unabhängiger renditeorientierter VCG unterscheidet (vgl. GOMPERS, P. A./LERNER, J. (2000), S. 18, 33).

520 Vgl. HELLMANN, T. (2002); BOTTAZZI, L./DA RIN, M. (2003), S. 25f.

521 GOMPERS/LERNER (2000) und HENDERSON/LELEUX (2005) sprechen in diesem Zusammenhang von einem notwendigen „strategic overlap" zwischen den Sparten der Muttergesellschaft und den Portfoliounternehmen. Vgl. GOMPERS, P. A./LERNER, J. (2000), S. 46; HENDERSON, J./LELEUX, B. (2005), S. 92.

Distributionskanälen, eine Herstellung von relevanten Industriekontakten sowie erste Referenzbestellungen seitens des Mutterkonzerns.[522]

Enge Kooperation zwischen den Sparten der Muttergesellschaft und dem Portfoliounternehmen wichtig, um *Know-how* und Expertise übertragen zu können. Für den Fall, dass sich die Aktivitäten von Portfoliounternehmen und Konzern ergänzen, stehen die Chancen auf ein *IPO* für Investments einer CVCG mindestens ebenso gut wie für solche unabhängiger renditeorientierter VCG.[523] *Performance*-Differenzen innerhalb der CVCG-Gruppe werden von Forschern mit den unterschiedlichen Zielsetzungen der jeweiligen Corporate-Venturing-Programme begründet.[524]

(III) **VCG von Finanzinstituten** repräsentieren ca. 10%[525] der deutschen Wagniskapitalgeber.[526] Da Deutschland traditionell über ein von Banken dominiertes Finanzsystem verfügt, überrascht es wenig, dass deren *VC*-Einheiten einen signifikanten Marktanteil für sich beanspruchen.[527]

Ähnlich wie Corporate-VCG verbinden die Kreditinstitute neben finanziellen auch strategische Ziele mit der Vergabe von Wagniskapital. Diese können sich auf einen oder mehrere der nachfolgenden Aspekte richten: die Stärkung der eigenen Marktposition in den klassischen Bereichen des Bankgeschäfts durch Generierung von Folgeaufträgen,[528] die Erweiterung der Produktpalette für Firmenkunden sowie die Akquise von Erfahrung im Umgang mit Wachstumsunternehmen, u. a. zur Entwicklung von Finanzinnovationen.[529, 530]

Die *VC*-Einheiten von Finanzinstituten weisen unterschiedliche Organisationsformen auf, die ein den CVCG vergleichbares Spektrum abdecken. Die Investment-Manager agieren dabei nicht wie Partner einer unabhängigen renditeorientierten VCG, sondern sind vielmehr

---

522 Vgl. KNYPHAUSEN-AUFSEß, D. Z. (2005), S. 39ff.

523 Vgl. GOMPERS, P. A./LERNER, J. (2000), S. 19.

524 Vgl. DUSHNITSKY, G./LENOX, M. J. (2004), S. 4.

525 Vgl. Fußnote 495. Die *VC*-Einheiten von Sparkassen und Landesbanken sind darin nicht enthalten.

526 Zum Vergleich hierzu hat der Anteil der *VC*-Fonds, die von Banken gemanagt werden, in Silicon Valley nicht einmal 5% betragen. Vgl. HELLMANN, T. (2000), S. 10.

527 Vgl. TYKVOVÁ, T./WALZ, U. (2004), S. 16. LANDIER (2001) führt die starke Präsenz der von Banken abhängigen *VC*-Einheiten in Europa auf das Stigma der Insolvenz zurück, das sich in höheren Kreditkosten für erfolglose Unternehmer ausdrückt. Vgl. LANDIER, A. (2001), BOTTAZZI, L./DA RIN, M. (2003), S. 26.

528 HELLMANN ET AL. (2003) stellen bei ihrer Analyse fest, dass Banken deutlich häufiger als andere VCG-Typen in Wachstumsunternehmen investieren, die anschließend Kredite aufnehmen. Vgl. HELLMANN, T. ET AL. (2003), S. 12.

529 Vgl. Ibid., S. 34.

530 Die Bereitstellung von EK durch den Kreditgeber trägt zudem in zweierlei Hinsicht zur Risikoreduktion bei: zum einen verbessert sich die Kapitalstruktur des Kunden und zum anderen sichert sich die Bank Informations-, Kontroll- und Mitspracherechte. Vgl. SCHEFCZYK, M. (2004), S. 33.

Angestellte der Bank.[531] Dementsprechend sind auch die Anreizsysteme nicht optimal auf die Wertsteigerung der Portfoliounternehmen ausgerichtet.[532]

Banken scheinen ihre Fähigkeiten bei der Beschaffung von Eigen- oder Fremdkapital für etablierte Unternehmen sowie ihre Kompetenzen in der Kreditwürdigkeitsprüfung nicht nachhaltig erfolgreich auf den Venture-Capital-Kontext übertragen zu können. Vermutlich geht es den Finanzinstituten auch weniger um einen möglichst hohen *Value Added* für das Portfoliounternehmen, denn um den Aufbau von Beziehungen zu künftigen Kreditnehmern.[533] Konsistent mit dieser Beobachtung sind auch die Ergebnisse anderer Forscher, die bei *VC*-Einheiten von Banken ein signifikant niedrigeres Engagement observieren als bei unabhängigen oder Corporate-VCG.[534]

Im Hinblick auf ihr Anlageverhalten setzen die VCG von Banken tendenziell auf syndizierte Spätphasenfinanzierungen, vorzugsweise im Heimatmarkt.[535]

(IV) Die **VCG des öffentlichen Sektors** machen mit 25%[536] wiederum einen beträchtlichen Anteil der *VC*-Investoren aus.[537] Dies liegt in der großen Bedeutung des öffentlichen Sektors und der tendenziell interventionistisch geprägten Kultur in Deutschland begründet.[538] Als Investoren stehen hinter öffentlichen *VC*-Gebern vorrangig staatliche Körperschaften. Der Staat verfolgt mit der Einrichtung von Venture-Capital-Einheiten keine Renditeziele, sondern fördert primär Unternehmensgründungen, Technologieentwicklungen und/oder regionale Wirtschaftszentren.[539]

Aufgrund breit angelegter Förderungsaufträge und vergleichsweise dünner Personaldecken investieren öffentliche VCG in der Regel als Co-Investoren gemeinsam mit unabhängigen oder Corporate-VCG.[540] Allerdings sind den staatlich unterstützten Wagniskapitalgebern im Hinblick auf den Einsatz der öffentlichen Fördermittel durch gesetzliche Vorgaben enge Grenzen gesetzt, so dass attraktive Anlagemöglichkeiten teilweise nicht genutzt werden können. Zudem verhalten sich die staatlich geförderten VCG deutlich passiver als ihre traditionellen Wettbewerber und beschränken sich meist auf die Rolle eines Kapitalgebers.[541] Insofern hält sich der *Value Added* von öffentlichen VCG für ihre Beteiligungen in Grenzen.

---

[531] Vgl. TYKVOVÁ, T./WALZ, U. (2004), S. 8.

[532] Vgl. HELLMANN, T. ET AL. (2003), S. 15.

[533] Vgl. Ibid., S. 14f.

[534] Vgl. BOTTAZZI, L. ET AL. (2008), S. 508.

[535] Vgl. HELLMANN, T. ET AL. (2003), S. 15; MAYER, C. ET AL. (2003), S. 1.

[536] Vgl. Fußnote 495. Darin enthalten sind auch die *VC*-Einheiten von Sparkassen und Landesbanken.

[537] Vgl. TYKVOVÁ, T./WALZ, U. (2004), S. 8.

[538] Vgl. Ibid., S. 16.

[539] Vgl. SCHEFCZYK, M. (2004), S. 35; TYKVOVÁ, T./WALZ, U. (2004), S. 7.

[540] Vgl. TYKVOVÁ, T./WALZ, U. (2004), S. 8.

[541] Angesichts der Zurückhaltung öffentlicher VCG stellen sich DA RIN ET AL. (2005) die Frage, ob die staatlichen Gelder nicht besser zu einer Verbesserung der Rahmenbedingungen für die Venture-Capital-Branche eingesetzt werden sollten. Vgl. DA RIN, M. ET AL. (2005), S. 25.

Wie Tabelle 9 zeigt, bestehen deutliche Unterschiede zwischen den einzelnen VCG-Typen.[542]

Aspekt / Typ	Unabhängige VCG	Corporate VCG	Bankenabhängige VCG	Öffentliche VCG
Zielsetzung	•Finanzielle Ziele (langfristige Rendite-orientierung)	•Finanzielle sowie •Zahlreiche strategische Ziele (u. a. Zugang zu *Window on Technology*)	•Finanzielle und •Strategische Ziele (u. a. Folgeaufträge für klassisches Bankgeschäft)	•Strukturpolitische Ziele (u. a. Stärkung der regionalen Wirtschaft)
Struktur				
•Organisation	•Typischerweise *VC*-Fonds mit zehnjähriger Laufzeit •Rechtsform einer - Kapital- (z. B. GmbH, AG) oder - Kommanditgesellschaft (*Limited Partnership*)	•Verschiedene Modelle wie - VCG-ähnliche Fonds, - Einheiten mit jährlich neu festgelegtem Budget oder - Ad-hoc-Bewilligungen von Investitionen •Überwiegend Kapital-gesellschaften	•Verschiedene Modelle wie - VCG-ähnliche Fonds, - Einheiten mit jährlich neu festgelegtem Budget oder - Ad-hoc-Bewilligungen von Investitionen •Überwiegend Kapital-gesellschaften	•Verschiedene Modelle wie - Einheiten mit jährlich neu festgelegtem Budget, - Ad-hoc-Bewilligungen von Investitionen oder - VCG-ähnliche Fonds •Rechtsform einer Kapital-gesellschaft (GmbH)
•Autonomie	•Hoch (lediglich regelmäßiges Reporting an Investoren)	•Bedingt (Unterschiede zum einen grundsätzlich, zum anderen Aufgaben-spezifisch)	•Bedingt	•Gering
•Vergütung	•Sehr attraktiv	•Weniger attraktiv	•Attraktiv	•Weniger attraktiv
•Incentive-System	•Einheitlich geregelt (Kombination aus Managementgebühr als festem Bestandteil und *Carried Interest* als variabler Komponente)	•Hohe Bandbreite - Kombinationen aus Fix-gehalt, variablem Bonus und/oder Optionen - VCG-ähnliche Systeme - Hybride Varianten	•Hohe Bandbreite - Kombinationen aus Fix-gehalt, variablem Bonus und/oder Optionen - VCG-ähnliche Systeme - Hybride Varianten	
•Lebensdauer	•Tendenziell länger (insb. erfolgreiche VCG mit mehreren Folgefonds)	•Tendenziell kürzer (insb. CVCG ohne strate-gischen Investitionsansatz)	•Tendenziell kürzer (u. a. abhängig vom Erfolg der Einheit und Bank)	•Tendenziell länger (u. a. abhängig von den Prioritäten der aktuellen Wirtschaftspolitik)
•Stabilität	•Relativ stabil	•Eher instabil	•Eher instabil	•Eher stabil
Wertschöpfung				
•*Value added*	•Hoch	•Bedingt bis hoch (u. a. abhängig von der Ausgestaltung des *CVC*-Programms)	•Bedingt	•Gering
•Monitoring-Modus	•Intensiv	•Weniger intensiv	•Nicht intensiv	•Nicht intensiv
Anlagefokus				
•Branche	•Wenige bis viele Industrien (Branchenspezialisierung unterschiedlich ausgeprägt – alternativ Phasenfokus)	•Ausgewählte Industrien (inab. ans Kerngeschäft der Muttergesellschaft angrenzende Branchen)	•Wenige Industrien (insb. mit geringerem Risikoprofil und hohem Kreditbedarf)	•Wenige bis viele Industrien (abhängig vom jeweiligen Förderungsauftrag)
•Finanzierungs-phase	•Frühe bis späte Phasen (tendenziell Frühphasen – alternativ Branchenfokus)	•Eher Frühphasen (wg. Zugang zum *Window on New Technologies*)	•Eher Spätphasen (insb. zur Stärkung des eigenen Kreditgeschäfts)	•Frühe bis späte Phasen (abhängig vom jeweiligen Förderungsauftrag)
•Geographie	•National bis kontinental	•Kontinental bis global	•Tendenziell national	•Regional bis national

Quelle: Eigene Darstellung in Anlehnung an YANG (2006), S. 218

Tabelle 9: Unterschiede zwischen den VCG-Typen

Viele der skizzierten Differenzen schlagen sich auch in den Erfolgsaussichten der Portfolio-unternehmen der jeweiligen VCG-Typen nieder.

---

542 So nimmt beispielsweise auch HSU (2004) den VCG-Typ als Kontrollvariable in seine Untersuchung auf, da er von Unterschieden in den Bereichen Organisation und Incentive-System zwischen den Gruppen ausgeht. Vgl. ebenda, S. 1821.

So finden TYKVOVÁ/WALZ (2004) bei ihrer Analyse der *Post-IPO-Performance* von *VC*-Beteiligungen heraus, dass der Unternehmenswert von Engagements unabhängiger *VC*-Investoren im Durchschnitt signifikant stärker zulegt als die Werte der Börsenkandidaten anderer VCG-Typen. Beteiligungen von CVCG entwickeln sich eher durchschnittlich, während die Investments von *VC*-Einheiten der Finanzdienstleistungsbranche tendenziell unterdurchschnittlich abschneiden. Durchweg am schlechtesten präsentieren sich die Beteiligungen öffentlicher Wagniskapitalgeber.[543]

LAINE/TORSTILA (2004) gehen in ihrer Untersuchung der Frage nach, welche Determinanten die Exit-Quoten von Venture-Capital-Fonds bestimmen. Dabei fällt ihnen auf, dass die Unterstützung seitens bankenabhängiger VCG einen negativen Effekt auf die *IPO*-Quote hat, wohingegen die Förderung durch Corporate-VCG die Quote der Börsengänge erhöht. Aufgrund einer geringen Fallzahl muss die Aussage jedoch mit Vorsicht genossen werden.[544]

(2) Ein weiteres Unterscheidungsmerkmal der in Deutschland aktiven *VC*-Gesellschaften stellt deren **Herkunft** dar. Dabei können *VC*-Investoren entweder nach deren Nationalität oder deren räumlicher und kultureller Nähe zum Zielmarkt voneinander abgegrenzt werden.

TYKVOVÁ/WALZ (2004) gehen davon aus, dass sich VCG aus dem Ausland aufgrund ihrer abweichenden *Governance*-Strukturen, Unternehmenskulturen und *Track Record* deutlich von den deutschen *VC*-Investoren unterscheiden.[545]

HEGE ET AL. (2006) zeigen, dass US-amerikanische VCG deutlich höhere Renditen erwirtschaften als ihre europäischen Wettbewerber, was die Autoren zum Teil auf Unterschiede in Vertragsgestaltung, *Staging*-Frequenz und Syndizierungsverhalten zurückführen. Allerdings scheinen VCG aus den Vereinigten Staaten nicht in der Lage zu sein, diesen *Performance*-Vorsprung in Europa zu replizieren.[546]

In die eigene empirische Untersuchung gehen die beiden beschriebenen Charakteristika von *VC*-Gebern als Kontrollvariablen ein, da weniger die Eigenschaften einzelner Investoren als die Zusammensetzung des Syndikats[547] von Interesse ist. Da einige Forscher den Faktoren VCG-Typ und Herkunft jedoch einen Einfluss auf den Erfolg attestieren,[548] soll eine

---

[543] Vgl. TYKVOVÁ, T./WALZ, U. (2004), S. 27f. Zudem kommen die Autoren zu dem Ergebnis, dass die Performance börsennotierter Unternehmen mit Venture-Capital-Unterstützung besser ist als die ihrer Pendants ohne entsprechenden Rückhalt.

[544] Vgl. LAINE, M./TORSTILA, S. (2004), S. 17.

[545] Vgl. TYKVOVÁ, T./WALZ, U. (2004), S. 8.

[546] Vgl. HEGE, U. ET AL. (2006), S. 3.

[547] Vgl. hierzu die Abschnitte 3.4.2 und 3.4.3.

[548] Vgl. MAULA, M. V. J. (2001); MAULA, M. V. J./MURRAY, G. (2001); TYKVOVÁ, T. (2004); TYKVOVÁ, T./WALZ, U. (2004).

Messung der beiden Variablen mögliche Effekte aufdecken und Fehlinterpretationen der Ergebnisse vermeiden helfen.[549]

3.4 Beschaffenheit des Venture-Capital-Syndikats

Das folgende Unterkapitel widmet sich der Herleitung von Hypothesen zum Zusammenhang zwischen dem Beteiligungserfolg und den in Unterkapitel 3.2 eingeführten Parametern eines Venture-Capital-Syndikats. Dazu werden für die unabhängigen Variablen Syndikatsgröße (3.4.1), Konstellation der VCG-Typen (3.4.2) und Inter-/Nationalität des Syndikats (3.4.3) jeweils zunächst die relevanten Theorieaspekte und empirischen Forschungsergebnisse vorgestellt. Darauf aufbauend werden anschließend die zentralen Thesen der vorliegenden Untersuchung formuliert.

3.4.1 *Syndikatsgröße*

Um mögliche Auswirkungen der Syndikatsgröße auf den Erfolg von Portfoliounternehmen zu ermitteln, lassen sich mehrere Theorieansätze anführen, die jedoch teils gegenläufige Effekte prognostizieren: während eine bessere Informations- und Ressourcenversorgung (1) durch eine größere Investorengruppe für eine positive Relation sprechen, wirken höhere Koordinationskosten (2) eines umfangreicheren Syndikats sowie psychologische und gruppendynamische Aspekte wie *Escalation of Commitment* (3) oder *Social Loafing* (4) in die entgegengesetzte Richtung. Dementsprechend werden im aktuellen Abschnitt zwei alternative Hypothesen aufgestellt.

(1) Der Ressourcentheorie[550] zufolge werden die Entwicklungsperspektiven eines Unternehmens von seiner **Ressourcenbasis** bestimmt, weshalb der Aufbau eines soliden Fundaments an kritischen Ressourcen eine strategisch bedeutsame Aufgabe darstellt. Im Rahmen einer Venture-Capital-Finanzierung wird das Management eines Portfoliounternehmens bei dieser Aufgabe von seinen Wagniskapitalgebern unterstützt. Indem VCG ihren Investments z. B. bei der Beschaffung externer Ressourcen, der Besetzung von Führungspositionen oder der Einführung von *Incentive*-Systemen helfen, tragen sie wesentlich zur Wertschöpfung und Professionalisierung ihrer Beteiligungen bei. Durch die Akkumulation erfolgskritischer Ressourcen werden so auch Wettbewerbsposition und Zukunftsaussichten der Portfoliounternehmen verbessert.

Vor diesem Hintergrund scheint es naheliegend, dass ein größeres Syndikat einem Start-up eine umfassendere Versorgung mit Informationen und Ressourcen bieten kann als ein einzelner *VC*-Geber. Mit dem Umfang der Investorengruppe wächst nämlich in der Regel

[549] Auch DE CLERCQ/DIMOV (2004) ziehen das Alter von *Venture Capitalists* als Kontrollvariable hinzu, um potentielle Differenzen zwischen jüngeren und älteren Wagniskapitalgebern im Hinblick auf deren Netzwerke und Syndizierungsmuster isolieren zu können. Vgl. DE CLERCQ, D./DIMOV, D. P. (2004), S. 249.

[550] Vgl. Abschnitt 3.1.1.

auch der gemeinsame Wissens- und Erfahrungsschatz, auf den eine Beteiligung zugreifen kann.[551] In diesem Zusammenhang kommt der Diversität der verfügbaren Informationen und Ressourcen eine besondere Bedeutung zu, da sich mit ihr die Wahrscheinlichkeit erhöht, dass für kritische Themen zeitnah adäquate Lösungen erarbeitet werden. Außerdem ist bei einer größeren Zahl an Syndikatspartnern auch von einem größeren kumulierten VCG-Engagement auszugehen,[552] was die (raschere) Aufdeckung einer sich verschlechternden *Performance* und ein schnelleres Ergreifen von Gegenmaßnahmen ermöglichen sollte. Eine intensive Zusammenarbeit zwischen *VC*-Gesellschaften und *Venture* erhöht also den Wertbeitrag für das Portfoliounternehmen.[553]

Dieser Argumentationsstrang kulminiert in folgender Hypothese:

Hypothese 5a: *Eine größere Anzahl der in einem Syndikat vertretenen VC-Geber ist mit einem größeren Beteiligungserfolg verbunden.*[554]

Demgegenüber sprechen einige Argumente für eine entgegengesetzte Wirkungsrichtung.

(2) Gemäß der *Principal-Agent*-Theorie[555] fallen in hierarchischen Strukturen sogenannte *Agency Costs* an, da zum einen der Prinzipal bzw. Eigentümer sicherstellen muss, dass ein von ihm bestellter Agent bzw. Manager nicht opportunistisch, sondern in seinem Sinne handelt. Dazu kann der Prinzipal zu verschiedenen Maßnahmen greifen, die von rigoroser Selektion der Interessenten über ex-ante Vertragsgestaltungen mit *Incentives* für die Unternehmensführung bis zu ex-post Überwachung, Kontrolle und Sanktion der Manager-Aktivitäten reichen. Zum anderen nimmt auch der Agent Kosten auf sich, um dem Prinzipal seine Qualitäten zu signalisieren. Doch *Agency Costs* entstehen auch zwischen Partnern in horizontalen Kooperationen,[556] zu denen sich auch Venture-Capital-Syndikate zählen lassen. So kann die Zusammenarbeit zwischen den *VC*-Investoren zu Komplikationen und Verzögerungen bei Entscheidungsprozessen führen,[557] die im Ernstfall erhebliche negative Konsequenzen für die gemeinsame Beteiligung haben können. Diese *Agency Costs* sind vermutlich die Folge unterschiedlicher Ansichten und Prioritäten der Syndikatspartner, die mit wachsender Zahl an *VC*-Gesellschaften deutlich zunehmen.[558] Der steigende interne

---

[551] Vgl. BRANDER, J. A. ET AL. (2002), S. 426.

[552] Vgl. DIMOV, D. P./DE CLERCQ, D. (2006), S. 211.

[553] Vgl. SAPIENZA, H. J. (1992), S. 20.

[554] GIOT/SCHWIENBACHER (2003) formulieren in ihrer Arbeit folgende Hypothese zum Einfluss der Syndikatsgröße auf den Exit-Erfolg: „Larger syndicate sizes should increase the likelihood of exiting from a successful venture, either through a trade sale or an IPO." (Ibid., S. 7). Ihre statistischen Auswertungen belegen, dass sich mit der Größe der Investorengruppe zwar die Wahrscheinlichkeit eines *Trade Sale* signifikant erhöht, aber die Aussichten auf ein (schnelleres) *IPO* nur geringfügig besser werden. Vgl. ebenda, S. 15ff.

[555] Vgl. Abschnitt 3.1.6.

[556] Vgl. JENSEN, M. C./MECKLING, W. H. (1976).

[557] CITRON ET AL. (1997) haben dieses Phänomen bei der Aushandlung von Kreditbedingungen zwischen Banksyndikaten und *MBOs* beobachtet. Vgl. CITRON, D. ET AL. (1997), S. 293.

[558] Vgl. WRIGHT, M./LOCKETT, A. (2003), S. 2083.

Koordinationsaufwand in komplexeren Syndikatsstrukturen wirkt sich angesichts der limitierten Managementkapazitäten von VCG tendenziell zu Lasten einer effektiven Betreuung der jeweiligen Beteiligungen aus.

(3) Darüber hinaus können **psychologische Aspekte** eine Rolle spielen. Typischerweise ziehen sich Investoren aus schwächelnden Engagements zunehmend zurück und nehmen eine Reallokation ihrer limitierten Ressourcen zugunsten potentiell aussichtsreicherer Portfoliounternehmen vor.[559] Aufgrund der rückläufigen Unterstützung steigt auch die Wahrscheinlichkeit, dass sich die ohnehin erfolglosen Beteiligungen zu sogenannten „living dead"-Investments[560] entwickeln und perspektivlos dahin fristen. Allerdings lässt sich zuweilen ein gegenläufiger Effekt, die *Escalation of Commitment*, beobachten, wenn *VC*-Investoren ihr Engagement für ein Portfolioinvestment ausweiten, obgleich die wirtschaftlichen Unternehmensperspektiven einen solchen Schritt nicht rechtfertigen.[561] Getrieben von der Hoffnung auf eine künftige *Performance*-Steigerung und der Absicht, die eigene Investitionsentscheidung zu verteidigen,[562] versuchen Investment-Manager unter Umständen, eine potentielle Insolvenz hinauszuzögern. Wie Untersuchungsergebnisse belegen, ist die Wahrscheinlichkeit einer *Escalation of Commitment* in späteren Finanzierungsrunden bei bereits früh syndizierten Beteiligungen jedoch deutlich geringer als bei Einzelinvestitionen.[563] Ergo sollte ein möglicher psychologischer Effekt mit positiver Wirkung auf den Unternehmenserfolg bei größeren Syndikaten kleiner ausfallen.

(4) Auch **gruppendynamische Aspekte** wie das *Social Loafing*[564] können einen negativen Einfluss auf den Erfolg des Portfoliounternehmens haben. Forscher haben herausgefunden, dass Individuen im Rahmen einer Teamarbeit weniger hoch motiviert sind und dementsprechend eine geringere Leistung zur Zielerreichung erbringen als bei vollständiger Eigenverantwortung.[565] Insofern kann das Ergebnis einer Gruppenanstrengung durchaus schlechter ausfallen als die Summe der möglichen Eigenleistungen.[566] Bezogen auf den Venture-Capital-Kontext lässt sich argumentieren, dass VCG die eigenen Anstrengungen stets vom erwarteten Engagement der anderen Co-Investoren abhängig machen.

---

[559] Vgl. DIMOV, D. P./DE CLERCQ, D. (2006), S. 209.

[560] Vgl. RUHNKA, J. C. ET AL. (1992), S. 137ff. und Fußnote 291.

[561] Vgl. STAW, B. M. (1976); BIRMINGHAM, C. ET AL. (2003), S. 219.

[562] Vgl. STAW, B. M. (1980).

[563] Vgl. BIRMINGHAM, C. ET AL. (2003), S. 222, 226.

[564] Vgl. EARLEY, P. C. (1989) und Fußnote 225.

[565] Vgl. HARKINS, S. G./PETTY, R. E. (1982).

[566] Daneben finden sich aber auch Publikationen, die nahelegen, dass Teamarbeit durchaus positive Effekte auf die *Performance* haben kann. Exemplarisch sei auf die viel beachtete Veröffentlichung von KATZENBACH/SMITH (1993) verwiesen, die fünf Typen von Teams und deren jeweiligen Einfluss auf die *Performance* unterscheiden. Danach können die Leistungen von *Working Groups*, die sich aus den einzelnen Beiträgen der Gruppenmitglieder zusammensetzen, erhöht werden, indem *Real Teams* oder *High-Performance Teams* gebildet werden. Diese Teams erzielen *Performance*-Ergebnisse, die die Summe der Einzelleistungen (deutlich) übersteigen. Vgl. KATZENBACH, J. R./SMITH, D. K. (1993).

Da *VC*-Geber die aufgrund ihres Zeitallokationsdilemmas[567] begrenzten Betreuungskapazitäten sehr sorgfältig auf die vorhandenen Portfoliounternehmen aufteilen müssen, ist davon auszugehen, dass insbesondere schlecht abschneidenden syndizierten Beteiligungen wenig Aufmerksamkeit zuteil wird.[568]

Aus dem vorangehenden Diskurs ergibt sich nachstehende Hypothese:

Hypothese 5b: *Eine größere Anzahl der in einem Syndikat vertretenen VC-Geber ist mit einem geringeren Beteiligungserfolg verbunden.*

Andere Forscher sind hingegen zu dem Ergebnis gekommen, dass weniger die absolute Anzahl der Syndikatspartner, sondern vielmehr deren Veränderung Rückschlüsse auf die Entwicklung einer Portfoliogesellschaft zulässt.[569]

Im Vorfeld einer möglichen Investition prüft nämlich jeder neue *VC*-Geber das betreffende Wachstumsunternehmen auf bestehende Potentiale und Risiken. Und nur wenn die im Rahmen der *Due Diligence* aufgezeigten Entwicklungsperspektiven ein finanzielles Engagement attraktiv erscheinen lassen, wird eine bislang nicht investierte *VC*-Gesellschaft frisches Kapital bereitstellen. Somit lässt sich der Eintritt eines neuen Financiers als Qualitätssignal der Beteiligung interpretieren.

Zudem ist davon auszugehen, dass ein weiterer Wagniskapitalgeber primär dann einsteigt, wenn er davon überzeugt ist, selbst neue Impulse setzen und einen zusätzlichen Beitrag zur Wertschöpfung im Unternehmen leisten zu können.

Demzufolge wird abschließend folgende Hypothese formuliert:

Hypothese 5c: *Eine zwischen erster und letzter Finanzierungsrunde zunehmende Anzahl der VC-Investoren ist mit einem größeren Beteiligungserfolg verbunden.*

3.4.2 *Konstellation der im Syndikat vertretenen VCG-Typen*

In diesem Abschnitt werden mögliche Zusammenhänge zwischen Beteiligungserfolg und der Syndikatszusammensetzung hinsichtlich der darin vertretenen VCG-Typen eruiert. Zu diesem Zweck erfolgt im ersten Schritt eine kurze Zusammenfassung der relevanten Theorieaspekte. In Schritt zwei werden die wesentlichen empirischen Forschungsergebnisse zur Korrelation von Erfolg und Syndikatskonstellation wiedergegeben. Abschließend wird im dritten Schritt die Hypothese der eigenen Untersuchung formuliert.

Wie in den Abschnitten 2.1.2 und 3.3.4 dargelegt, handelt es sich bei Venture-Capital-Investoren keineswegs um eine homogene Gruppe. Eine Kategorisierung der Wagniskapitalgeber anhand der beiden Kriterien Eigentümerstruktur und Sektorzugehörigkeit erlaubt vielmehr eine Abgrenzung von vier Primärtypen: unabhängige, renditeorientierte VCG (1), Corporate-VCG (2), VCG von Finanzinstituten (3) und VCG des öffentlichen

---

[567] Vgl. GIFFORD, S. (1997).

[568] Vgl. DIMOV, D. P./DE CLERCQ, D. (2006), S. 210ff.

[569] Vgl. DE CLERCQ, D./ DIMOV, D. P. (2003).

Sektors (4). Die divergierenden Ziele und Interessen der jeweiligen Hauptinvestoren[570] sowie die verschiedenen Ressourcen der Managementgesellschaften schlagen sich denn auch in einem unterschiedlichen Anlageverhalten der *Venture Capitalists* nieder. Während unabhängige und Corporate-VCG über alle Finanzierungsphasen hinweg investieren, betätigen sich bankenabhängige und öffentlich geförderte *VC*-Geber in Deutschland typischerweise als *Bridge*-Investoren. Zudem übernehmen unabhängige VCG und CVCG tendenziell größere Eigenkapitalanteile für einen längeren Zeitraum, greifen häufiger auf Instrumente wie *Staging* und Syndizierung zurück und stellen ein besseres *IPO*-Timing unter Beweis als ihre Wettbewerber.[571] Insgesamt zeichnen sich unabhängige *VC*-Geber gegenüber CVCG durch ein aktiveres Investitionsverhalten aus, wobei bankabhängige und öffentliche *VC*-Investoren diesbezüglich das Schlusslicht bilden.[572]

Nach der Ressourcentheorie[573] verfügt jedes Unternehmen außerdem über eine individuelle Ausstattung an spezifischen, nur begrenzt imitierbaren, nicht substituierbaren wertvollen Ressourcen. Die teils komplementären Informationen, Kompetenzen, Kapazitäten und Kontaktnetzwerke der unterschiedlichen VCG-Typen bieten im Rahmen von Syndizierungen Gelegenheiten für eine höhere Wertschöpfung in gemeinsamen Portfoliounternehmen,[574] denn kein *VC*-Geber ist seinen Konkurrenten in jeder Hinsicht überlegen.

Corporate-Venture-Capital-Gesellschaften beispielsweise tragen neben der Bereitstellung von Eigenkapital - entweder direkt oder indirekt über die Muttergesellschaft - in fünf Bereichen zur Wertschöpfung in den Beteiligungen bei[575]: Reputationsübertragung auf das Wachstumsunternehmen (*Corporate Certification*) (1), Stimulierung des Geschäfts durch erste Referenzbestellungen (2), Gewährung des Zugangs zu Distributionskanälen (3), Unterstützung im *R&D*-Bereich (4) und Herstellung von Kontakten zur Industrie (5).

---

[570] GUPTA/SAPIENZA (1992) äußern beispielsweise unter Bezug auf SIEGEL ET AL. (1988), dass *CVC*-Investitionen in der Regel unter unternehmensstrategischen Gesichtspunkten vorgenommen werden. Insofern sei davon auszugehen, dass sich Finanzierungen auf Ventures in Industriezweigen konzentrieren, die dem Kerngeschäft der Muttergesellschaft verbunden sind (vgl. GUPTA, A. K./ SAPIENZA, H. J. (1992), S. 351). Argumente für *CVC*-Investitionen in Start-ups aus benachbarten Technologiebereichen lassen sich sowohl aus der modernen Portfoliotheorie herleiten, als auch empirisch nachweisen. So legen BREALEY/MYERS (2000) dar, dass eine Risikodiversifikation durch Unternehmen aus Investorensicht zu Ineffizienzen führt, da letztere dies aufgrund ihrer Risikopräferenzen und Portfoliozusammensetzung effizienter können (vgl. BREALEY, R. A./MYERS, S. C. (2000)). SYKES (1986) und GOMPERS/LERNER (2000) bescheinigen insbesondere solchen Unternehmen die besten Erfolgschancen im CVC, die sich auf strategische Investitionen in angrenzenden Bereichen konzentrieren (vgl. SYKES, H. B. (1986), S. 74; GOMPERS, P. A./LERNER, J. (2000), S. 46).

[571] Vgl. TYKVOVÁ, T. (2004), S. 9.

[572] Vgl. BOTTAZZI, L. ET AL. (2008), S. 508.

[573] Vgl. Abschnitt 3.1.1.

[574] Vgl. SEPPÄ, T. J. (2003), S. 115.

[575] Vgl. MAULA, M. V. J. (2001); MAULA, M. V. J./MURRAY, G. (2001); HELLMANN, T. (2002); DUSHNITSKY, G./LENOX, M. J. (2004); GOMPERS, P. A./LERNER, J. (2004); RIYANTO, Y. E./ SCHWIENBACHER, A. (2006); KNYPHAUSEN-AUFSEß, D. Z. (2005), S. 25.

Insbesondere in den Dimensionen *Technological Capabilities* und *Social Capital* können CVCG einen signifikanten Beitrag zum Aufbau kritischer Fähigkeiten von Start-ups leisten, hingegen nur bedingt in den Bereichen *Entrepreneurial Orientation* und *Strategic Development and Realization*.[576] Um jedoch als Corporate-Venture-Capital-Gesellschaft erfolgreich zu sein und seinen Beteiligungen einen Mehrwert bieten zu können, bedarf es eines *Strategic Overlap* zwischen den Sparten der Muttergesellschaft und den Portfoliounternehmen.[577] MAULA (2001) gelangt zu der Einschätzung, dass „in contrast to corporate venture capital investors backed by major corporations, independent venture capital investors have few resources that they could share."[578] Auch bankabhängige *VC*-Investoren scheinen ihre Expertise aus dem Kreditgeschäft nicht auf den Venture-Capital-Bereich übertragen zu können,[579] und öffentlich geförderte *VC*-Geber agieren in der Regel als passive Co-Investoren.[580]

Verschiedene Forscher haben bereits Belege dafür gefunden, dass Syndikate mit Beteiligung von CVCG die Erfolgsaussichten der gemeinsamen Portfoliounternehmen verbessern.

Aus ihrer Untersuchung ziehen MAULA/MURRAY (2001) das Fazit, dass es eine „Hackordnung" zu geben scheint, nach der syndizierte *VC*-Investments mit Unterstützung mehrerer CVCG eine bessere *IPO-Performance*[581] realisieren als solche mit nur einer CVCG im Hintergrund als wiederum solche ohne CVCG-Beteiligung. Ventures, die nicht nur von VCG, sondern auch von CVCG finanziert werden, entwickeln sich zudem schneller als ihre Pendants.[582] Diese Unterschiede erklären die Autoren mit der kumulierten Zertifizierung aller investierten hoch angesehenen Unternehmen.[583] Abschließend werten sie die erfolgreiche Zusammenarbeit von CVCG und VCG bei der Entwicklung börsennotierter Unternehmen als Beleg für die Synergien, die aus der Kombination der komplementären Ressourcen und Fähigkeiten beider Investorentypen resultieren.[584]

HEGE ET AL. (2006) kommen bei ihrem transatlantischen Vergleich der *Performance* von Venture-Capital-Investitionen zu dem Schluss, dass Wagniskapitalgeber in den Vereinigten Staaten signifikant höhere Renditen (*IRR*) erzielen als ihre Wettbewerber in Europa. Als mögliche Ursachen dieser Diskrepanz machen sie bei US-amerikanischen *VC*-Investoren folgende Faktoren aus: eine tendenziell höhere Spezialisierung, ein aktiveres Management

---

[576] Vgl. KNYPHAUSEN-AUFSEß, D. Z. (2005), S. 39ff.

[577] Vgl. HENDERSON, J./LELEUX, B. (2005), S. 92.

[578] MAULA, M. V. J. (2001), S. 40.

[579] Vgl. HELLMANN, T. ET AL. (2003), S. 1f.

[580] Vgl. BOTTAZZI, L. ET AL. (2008), S. 508.

[581] MAULA/MURRAY (2001) definieren die abhängige Variable als Marktkapitalisierung eines Portfoliounternehmens am Tag der Erstnotiz (*IPO*) (vgl. ebenda, S. 174). Die Beteiligung von CVCG wird über die Präsenz von „Global Fortune 500 information and communications technology corporations" innerhalb der Investorengruppe ermittelt (ebenda, S. 175).

[582] Vgl. MAULA, M. V. J./MURRAY, G. (2001), S. 178.

[583] Vgl. Ibid., S. 180f.

[584] Vgl. Ibid., S. 184.

sowie einen effektiveren Einsatz von *Staging*[585] und Syndizierung, wobei diese gezielt erfahrene VCG und Corporate-VCG mit komplementären Fähigkeiten und Ressourcen hinzuziehen. Die Ergebnisse verleiten HEGE ET AL. (2006) zu der Aussage, dass „the presence of corporate venture capital […] [has] a significant positive impact on returns".[586]

Basierend auf den bisherigen Argumenten kann hinsichtlich eines Zusammenhangs zwischen der Konstellation der VCG-Typen und dem Erfolg eines Portfoliounternehmens folgende Hypothese aufgestellt werden:

Hypothese 6: *Die Einbindung von unabhängigen und Corporate-Venture-Capital-Gesellschaften in ein Syndikat ist mit einem größeren Beteiligungserfolg verbunden.*

Da im Laufe der Literaturrecherche keine Indizien zu Tage getreten sind, die für einen negativen Effekt einer Syndikatsbeteiligung von CVCG sprechen, wird an dieser Stelle auf die Formulierung einer Gegenhypothese verzichtet.

3.4.3 *Inter-/Nationalität des Syndikats*

Der folgende Abschnitt befasst sich mit der vermuteten Relation zwischen der Präsenz internationaler Wagniskapitalgeber im *VC*-Syndikat und dem Erfolg der Portfoliounternehmen. Analog zu den vorangegangenen Abschnitten werden dazu zunächst Theorieansätze aufgezeigt, die in diesem Kontext Anhaltspunkte für mögliche Zusammenhänge und Wirkungsrichtungen liefern. Anschließend werden empirische Arbeiten vorgestellt, die sich bereits mit dem Themenbereich beschäftigt haben, so dass abschließend eine Hypothese für die eigene Untersuchung aufgestellt werden kann.

Zahlreiche Forscher haben sich bereits mit dem Aspekt der geographischen Entfernung zwischen VCG und Portfoliounternehmen beschäftigt.[587] Dabei gelangen die Autoren überwiegend zur Ansicht, dass *VC*-Gesellschaften mit zunehmender räumlicher Distanz zum Investment steigende Kosten[588] sowohl für die ex-ante Beteiligungsprüfung als auch für die ex-post Unterstützung in Kauf nehmen müssen.[589] Wegen der höheren **Transaktionskosten**[590] sinkt zumeist die Frequenz der Interaktionen zwischen *VC*-Investor und Engagement,[591] was nicht nur eine effektive und zeitnahe Unterstützung beeinträchtigen,[592] sondern auch den Aufbau von Vertrauen auf beiden Seiten behindern kann.[593] Dass eine größere geographische Entfernung zwar zu einem (deutlich) verringerten persönlichen

---

585 Vgl. Abschnitt 2.1.3.

586 HEGE, U. ET AL. (2006), S. 2.

587 Vgl. POWELL, W. W. ET AL. (2001); SORENSON, O./STUART, T. E. (2001); MÄKELÄ, M. M. (2004); FRIEDRICH, A. (2005); FRITSCH, M./SCHILDER, D. (2006).

588 Diese Kosten beinhalten neben dem finanziellen auch den zeitlichen Aufwand seitens der VCG.

589 Vgl. SORENSON, O./STUART, T. E. (2001), S. 1550, 1555; MASON, C. M./HARRISON, R. T. (2002); GOMPERS, P. A./LERNER, J. (2004), S. 249ff.; MANIGART, S. ET AL. (2006), S. 136.

590 Vgl. Abschnitt 3.1.5.

591 Vgl. SAPIENZA, H. J. (1992), S. 19.

592 Vgl. FRIEDRICH, A. (2005), S. 81.

593 Vgl. SAPIENZA, H. J. (1992), S. 18f.

Interaktionsniveau führt, aber nicht zwingend eine signifikante Reduzierung des wahrgenommenen *Value Added* verursacht, haben SAPIENZA ET AL. (1996) belegen können.[594] Nichtsdestoweniger wird eine regionale Nähe zwischen Portfoliounternehmen und *VC*-Geber vielfach als wichtige Voraussetzung für eine erfolgreiche Managementunterstützung gewertet.[595] Ein Anhaltspunkt für diese These ist u. a., dass betreuungsintensive *Early Stage*-Investitionen primär in Wachstumsunternehmen getätigt werden, deren Standort unweit von der Niederlassung des Lead-Investors gelegen ist.[596]

Zusätzlich zu den beschriebenen Effekten können im Falle grenzüberschreitender *VC*-Investitionen außerdem Schwierigkeiten infolge sprachlicher und kultureller Unterschiede auftreten, die das Verhältnis zwischen Portfoliounternehmen und *VC*-Geber tendenziell belasten. Deshalb, aufgrund geringerer Einfluss- und Kontrollmöglichkeiten sowie angesichts unzureichender Markteinblicke in andere Länder üben sich Venture-Capital-Gesellschaften bei internationalen Transaktionen denn auch eher in Zurückhaltung.[597]

Etwas anders gestaltet sich die Situation im Rahmen grenzüberschreitender Syndizierungen, bei denen *Venture Capitalists* typischerweise in späteren Finanzierungsrunden bewusst auch ausländische Co-Investoren hinzuziehen.[598] Dass dabei der Unternehmensstandort der Allianzpartner wegen seiner erfolgsrelevanten Bedeutung ein wichtiges Auswahlkriterium darstellt, weisen HITT ET AL. (2000) in ihrer Arbeit nach.[599] MÄKELÄ (2004), der sich in seiner Untersuchung eingehend mit dem Thema grenzübergreifender Co-Investments beschäftigt, geht davon aus, dass das Hinzustoßen ausländischer Co-Investoren zwei primäre Effekte hat: einen signifikanten Anstieg der Transaktionskosten (1) und *Endorsement Benefits* (2).[600]

(1) Unmittelbare Folge der größeren geographischen, kulturellen und/oder sprachlichen Entfernung des im Ausland ansässigen *VC*-Gebers sind zum Teil deutlich erhöhte **Transaktionskosten** für die Überwindung von Kommunikationsschwierigkeiten sowie für die Herbeiführung gemeinsamer Entscheidungen.[601] Mit zunehmender Entfernung einer VCG vom Portfoliounternehmen nimmt auch ihre Bereitschaft ab, sich stärker einzubringen, sollten sich die Entwicklungsperspektiven der Beteiligung eintrüben bzw. dessen erwarteter

---

[594] Vgl. SAPIENZA, H. J. ET AL. (1996), S. 441, 460f.

[595] Vgl. SAPIENZA, H. J./TIMMONS, J. A. (1989), S. 252f.; SAPIENZA, H. J. (1992), S. 20ff.; SCHEFCZYK, M. (2004), S. 245f.

[596] Vgl. SAPIENZA, H. J. (1992), S. 19.

[597] Vgl. MANIGART, S. ET AL. (2006), S. 135.

[598] Vgl. MÄKELÄ, M. M. (2004), S. 27f. Dabei greifen erstere bevorzugt auf ihnen vertraute Partner zurück, die das Monitoring der Beteiligung vor Ort durchführen können (vgl. SORENSON, O./ STUART, T. E. (2001), S. 1582f.).

[599] Vgl. HITT, M. A. ET AL. (2000), S. 454.

[600] Vgl. MÄKELÄ, M. M. (2004), S. ii.

[601] Vgl. WILLIAMSON, O. E. (1975; 1979); DUNNING, J. H. (1988); MÄKELÄ, M. M. (2004), S. 37.

Unternehmenswert sinken.[602]

(2) Auf der anderen Seite können sich für Portfoliounternehmen auch Vorteile in den Heimatmärkten der ausländischen Venture-Capital-Gesellschaften ergeben. Diese verfügen nach der Ressourcentheorie[603] nämlich über erforderliches Wissen, *Know-how* und soziales Kapital[604] im Hinblick auf die lokalen Märkte und können ihren Beteiligungen zudem ***Endorsement Benefits*** verschaffen.[605] Um den Wachstumsunternehmen jedoch bedeutende Vorteile bei der Internationalisierung bieten zu können, müssen die ausländischen Co-Investoren einen guten Bezug zu den strategisch wichtigen Zielmärkten der Portfoliounternehmen haben. Dann können die *VC*-Geber die Entwicklung der Beteiligungen positiv beeinflussen, indem sie deren Anpassung an die lokalen Märkte und Wettbewerber forcieren, was jenen letztlich zu höherer Akzeptanz verhilft.[606] Falls die ausländischen Co-Investoren jedoch keinen entsprechenden Bezug zu den Zielmärkten (*Good Market Fit*) haben, können sie die Internationalisierungsstrategien der Portfoliounternehmen in die falsche Richtung leiten, so dass beispielsweise falsche Märkte penetriert werden.[607] Solche Fehlentscheidungen würden einer Beteiligung offensichtlich zum Schaden gereichen.

Angesichts der entgegengesetzten Wirkungsrichtungen der geschilderten Effekte kann der Gesamteffekt eines international zusammengesetzten Syndikats auf den Beteiligungserfolg sowohl positiv als auch negativ ausfallen. Daher sollen im Folgenden zwei konkurrierende Hypothesen aufgestellt werden:

Hypothese 7a: *Die Teilnahme ausländischer VC-Gesellschaften an einem Syndikat schlägt sich negativ im Beteiligungserfolg nieder.*

Hypothese 7b: *Die Teilnahme ausländischer VC-Gesellschaften an einem Syndikat schlägt sich positiv im Beteiligungserfolg nieder.*

3.5 Eigenschaften der Beteiligung

Ziel der nachfolgenden Abschnitte ist es jeweils, potentielle Auswirkungen der wesentlichen Merkmale von Wachstumsunternehmen auf deren Erfolg zu eruieren. Dazu werden im ersten Schritt für die unabhängigen Variablen Lebenszyklusphase und Größe (3.5.1) sowie Branche (3.5.2) des Portfoliounternehmens auf Basis der relevanten Theorieansätze und empirischen Befunde weitere Hypothesen für die eigene Untersuchung hergeleitet.

---

602 Neben der Distanz moderieren auch die finanzielle Bedeutung des Engagements für den *VC*-Investor sowie dessen Beziehungen zu anderen VCG und relevanten Unternehmen im Umfeld der Beteiligung diesen Zusammenhang. Vgl. MÄKELÄ, M. M. (2004), S. 28f.

603 Vgl. Abschnitt 3.1.1.

604 Vgl. Abschnitt 3.1.3.

605 Vgl. MÄKELÄ, M. M. (2004), S. 29f.

606 Vgl. Ibid., S. 29f.

607 Vgl. Ibid., S. 30.

Im zweiten Schritt wird die Kontrollvariable Alter der Beteiligung und deren Berücksichtigung in der *VC*-Forschung näher betrachtet (3.5.3).

Bei seinem Vergleich des Investitionsverhaltens US-amerikanischer VCG aus Silicon Valley einerseits und von der Route 128 andererseits stellt CASTILLA (2003) fest, dass signifikante Unterschiede hinsichtlich der Dimensionen Lebenszyklusphase, Branche und Entfernung der Portfoliounternehmen zur VCG bestehen.[608] Zahlreiche weitere Untersuchungen stellen auf die vier Beteiligungsmerkmale Lebenszyklusphase, Größe, Branchenzugehörigkeit und Alter ab, wobei diese je nach Forschungsfrage um andere Elemente wie Standort oder Exit-Zeitpunkt ergänzt werden.[609]

Wie in den Abschnitten 2.2.5 und 3.1.6 dargelegt existieren im Rahmen von Venture-Capital-Syndizierungen mehrere ***Principal-Agent*-Beziehungen** - zwischen Portfoliounternehmen und ihren *VC*-Gebern einerseits und zwischen Lead- und Co-Investor(en) andererseits -, bei denen eine Seite im Auftrag der anderen handelt. Die *Agency*-Theorie unterstellt zudem eine asymmetrische Verteilung der Informationen zwischen den Parteien und eine Maximierung des individuellen Nutzens durch alle Beteiligten. Daraus resultieren für den Prinzipal Unsicherheiten hinsichtlich der Eigenschaften (*Hidden Characteristics*) und Verhaltensweise (*Hidden Action* und *Hidden Intention*) eines Agenten und damit die drei bereits beschriebenen Problemtypen: *Adverse Selection*[610], *Moral Hazard*[611] und *Hold Up*.

Um die negativen Konsequenzen einer Auswahl wenig attraktiver Beteiligungen, eines opportunistischen Ausnutzens von Handlungsspielräumen und eines verminderten Einsatzes seitens des Managements der Portfoliounternehmen zu minimieren, sind VCG bestrebt, einen möglichst großen Teil bestehender und potentieller Risiken aufzudecken und bestenfalls zu eliminieren. Zu diesem Zweck haben Wagniskapitalgeber ein umfangreiches Instrumentarium entwickelt, das eine Vielzahl an Maßnahmen und Mechanismen wie *Screening, Due Diligence, Incentive*-Systeme, *Monitoring* oder Syndizierung umfasst.[612] Doch auch wenn die Gegenseite zusätzlich durch *Signaling* und *Bonding* zur Reduktion von Unsicherheiten beiträgt, ist deren vollständige Auflösung letztendlich nicht möglich.

Am Beispiel der *Principal-Agent*-Beziehung zwischen *VC*-Investor und Beteiligung überträgt sich eine höhere Unsicherheit bezüglich der Eigenschaften und des Verhaltens einer Portfoliogesellschaft in höhere Abschläge bei der Unternehmensbewertung durch externe Wagniskapitalgeber.

Im Vorfeld einer Investition bestehende Unsicherheiten eines Wachstumsunternehmens können mehrere Ursachen haben, darunter dessen „Bürde der Neuheit" (*Liability of Newness*)

---

[608] Vgl. CASTILLA, E. J. (2003), S. 127.

[609] Vgl. u. a. AMIT, R. ET AL. (1998), S. 455ff.; BRANDER, J. A. ET AL. (2002), S. 444f.; SEPPÄ, T. J. (2003), S. 93; TYKVOVÁ, T./WALZ, U. (2004), S. 9; HEGE, U. ET AL. (2006), S. 11f.

[610] Vgl. AKERLOF, G. A. (1970), S. 493f.

[611] Vgl. SAHLMAN, W. A. (1990), S. 496, 508.

[612] Vgl. SCHEFCZYK, M. (2004), S. 158f.

und „Bürde der Kleinheit" (*Liability of Smallness*)[613] sowie potentielle Risiken der jeweiligen Industrien und verwendeten Technologien. Während die Neuheit direkt mit dem Alter zusammenhängt,[614] bezieht sich die Kleinheit auf Lebenszyklusphase und Größe,[615] und die Technologie- und Industrierisiken betreffen die Branche der Beteiligung.[616]

3.5.1 *Lebenszyklusphase und Größe*

Die Eigenschaften Lebenszyklusphase und Größe sind i. d. R. miteinander korreliert, da sich die Phaseneinteilung streng an signifikanten Unternehmensentwicklungen orientiert.[617] So ist anzunehmen, dass mit fortschreitender Entwicklung und Kommerzialisierung des Produkt- und/oder Dienstleistungsangebots von Wachstumsunternehmen auch deren Umsatz und Mitarbeiterzahl zulegen. Analog hierzu argumentiert SCHEFCZYK (2004), dass „Größenindikatoren in der Realität primär Aspekte der Finanzierungsphase abbilden, da in späteren Finanzierungsphasen größere Transaktionsvolumina und Unternehmensgrößen üblich sind."[618] BOTTAZZI/DA RIN (2003) sehen den Umsatz als primäre Maßzahl für den Reifegrad innovativer Firmen, da die Kommerzialisierung von Produkten und Dienstleistungen eine Voraussetzung für das Überleben von Unternehmen ist.[619]

Wie im vorangehenden Abschnitt erwähnt, tragen Wachstumsunternehmen in ihren frühen Phasen die „Bürde der Kleinheit". Danach wird ein Zusammenhang zwischen Unternehmensgröße und Ausfallquote postuliert, demzufolge die Überlebenswahrscheinlichkeit kleinerer Firmen ceteris paribus geringer ausfällt als die größerer Altersgenossen.[620] Erklärt wird dieses Phänomen durch Größen- bzw. Kostennachteile, z. B. in Forschung und Entwicklung, Wettbewerbsnachteile bei der Beschaffung kritischer Ressourcen, z. B. qualifizierten Personals, oder Kapitalmarktrestriktionen für kleinere Unternehmen.[621, 622]

Forscher haben in ihren Untersuchungen zudem signifikante Unterschiede zwischen kleinen Firmen und großen Konzernen entdeckt, z. B. in Bezug auf deren jeweilige Kapitalmarktrenditen.[623]

---

613 Vgl. STINCHCOMBE, A. L. (1965); ALDRICH, H./AUSTER, E. R. (1986), S. 167ff.

614 Siehe hierzu Abschnitt 3.5.3.

615 Diese Aspekte werden in Abschnitt 3.5.1 behandelt.

616 Weitere Ausführungen hierzu finden sich in Abschnitt 3.5.2.

617 Vgl. PLUMMER, J. L. (1987), S. I-11ff.; SAHLMAN, W. A. (1990), S. 475, 479.

618 SCHEFCZYK, M. (2004), S. 217.

619 Vgl. AUDRETSCH, D. B. (1995); BOTTAZZI, L./DA RIN, M. (2003), S. 17.

620 Vgl. STINCHCOMBE, A. L. (1965); ALDRICH, H./AUSTER, E. R. (1986), S. 165ff.

621 Vgl. WOYWODE, M. (2006), S. 65f.

622 An dieser Stelle sei angemerkt, dass die Operationalisierung der Größe einer Beteiligung in der Venture-Capital-Literatur auf unterschiedliche Weise erfolgt. So werden neben Umsatz und Mitarbeiterzahl auch die kumulierten erhaltenen *VC*-Investitionen als Maßzahl herangezogen. Vgl. z. B. BRANDER, J. A. ET AL. (2002), S. 445; BOTTAZZI, L./DA RIN, M. (2003), S. 17; SCHEFCZYK, M. (2004), S. 217.

623 Vgl. FAMA, E. F./FRENCH, K. R. (1992).

Darüber hinaus finden Akademiker auch zwischen Entwicklungsphase und Ausfallrisiko von *VC*-Beteiligungen eine negative Relation.[624] Die Untersuchungsergebnisse von RUHNKA/YOUNG (1991) zeigen, dass das durchschnittliche erwartete Ausfallrisiko von 66% für *Seed*-Phasen-Investitionen auf ca. 20% für *Bridge*-Finanzierungen sinkt. Parallel dazu werden auch die durchschnittlichen jährlichen Renditeerwartungen von 73% für Frühphasen auf 35% für Spätphasen zurückgefahren.[625]

Dementsprechend gehen zahlreiche Autoren davon aus, dass mit voranschreitender Entwicklung eines Unternehmens der Grad bestehender Informationsasymmetrien abnimmt.[626] Dass das Risiko/Rendite-Profil von *VC*-Investitionen in *Early Stage*-Phasen deutlich ausgeprägter ist, lässt sich auch am Verhalten der Venture-Capital-Investoren ablesen. So greifen letztere insbesondere in Frühphasen auf das Instrument der Syndizierung i. e. S. zurück, um durch Hinzuziehen externer Ressourcen die höheren Risiken der Portfoliounternehmen reduzieren zu können.[627]

Auf Basis der Ausführungen zu den Zusammenhängen zwischen Lebenszyklusphase, Größe und Unsicherheit von Beteiligungen sollen die folgenden Hypothesen formuliert werden:

Hypothese 8: *VC-Beteiligungen, die zum Zeitpunkt der ersten Finanzierungsrunde noch in frühen Lebenszyklusphasen sind, haben einen geringeren Erfolg als jene, die in späteren Phasen erstmals Venture Capital erhalten.*

Hypothese 9: *VC-Beteiligungen, die zum Zeitpunkt der ersten Finanzierungsrunde vergleichsweise klein sind, haben einen geringeren Erfolg als jene, die dann bereits größer sind.*

3.5.2 *Branche*

Wie in Unterkapitel 3.5 eingangs erwähnt, können die bestehenden Unsicherheiten eines Wachstumsunternehmens auf dessen „Bürde der Neuheit", „Bürde der Kleinheit" und/oder auf potentielle Technologie- und Industrierisiken zurückgeführt werden.

Insbesondere im Zuge der Entwicklung neuer Technologien, die im Extremfall noch den Grundstein neuer Industrien legen, kommen zu den unternehmensspezifischen Risiken weitere Unsicherheiten hinsichtlich eines erfolgreichen *Proof of Concept* und vorteilhafter Marktreaktionen hinzu. Daher liegen die Ausfallraten von Wachstumsunternehmen in innovativen Branchen auch über dem industrieweiten Durchschnitt.[628] Das hohe

---

[624] Vgl. RUHNKA, J. C./YOUNG, J. E. (1991), S. 123; SCHEFCZYK, M. (2004), S. 299.

[625] Vgl. RUHNKA, J. C./YOUNG, J. E. (1991), S. 123. Für den deutschen Markt beobachtet SCHEFCZYK (2004) eine Ausfallquote von lediglich 26% in der *Seed*-Phase und von 9% bei *MBO/MBI*-Transaktionen. Vgl. SCHEFCZYK, M. (2004), S. 298f.

[626] Vgl. z. B. CUMMING, D. J./MACINTOSH, J. G. (2001), S. 450; SEPPÄ, T. J. (2003), S. 93.

[627] Vgl. BYGRAVE, W. D. (1987), S. 149; LOCKETT, A./WRIGHT, M. (2001), S. 386ff.

[628] Als Beispiel für eine Branche mit höheren Insolvenzquoten nennen DIMOV/DE CLERCQ (2006) explizit die „Computer related"-Industrie. Vgl. DIMOV, D. P./DE CLERCQ, D. (2006), S. 214.

Ausfallrisiko, sehr spezifische, überwiegend immaterielle Aktiva und geringe Veräußerungswerte im Insolvenzfall[629] führen zudem zu vergleichsweise hohen Bewertungsabschlägen für Unternehmen aus Hochtechnologiebereichen.

Dementsprechend nehmen verschiedene Akademiker einen Zusammenhang zwischen Branche, Technologie und Innovationsgrad des Portfoliounternehmens auf der einen Seite und dem Ausmaß an Informationsasymmetrien auf der anderen Seite an.[630]

Um bestehende Technologie- und Industrierisiken zu reduzieren, wenden VCG wiederum verschiedene Maßnahmen und Instrumente an. So spezialisieren sich zahlreiche *VC*-Geber auf selektierte Branchen, da sie sich von der Akkumulation erfolgskritischen Fachwissens und industriespezifischer Erfahrungen eine Verringerung des Informationsgefälles zum Portfoliounternehmen versprechen.[631] Forscher haben zudem Hinweise darauf gefunden, dass eine Branchenspezialisierung des *VC*-Managements die Ausfallquote des *VC*-Fonds zu senken vermag.[632]

Ein weiteres Mittel der Risikominderung, das in technologie- und wissensintensiven Branchen verstärkt zum Einsatz kommt, ist das *Staging* von *VC*-Investitionen.[633] Dabei erfolgt die Bereitstellung des Eigenkapitals in mehreren Schritten, wobei jede Finanzierungsrunde vom Erreichen gewisser Meilensteine abhängig gemacht wird.

Darüber hinaus kann sich auch die Syndizierung von *VC*-Beteiligungen in risikoträchtigen Industrien bei der Reduzierung von Unsicherheiten als hilfreich erweisen. In Ermangelung erforderlicher eigener Kompetenzen können Wagniskapitalgeber alternativ durch Hinzuziehen geeigneter *VC*-Spezialisten die benötigten Ressourcen beschaffen, um die Erfolgsaussichten der betreffenden Portfoliounternehmen zu verbessern. Auf Co-Investments scheinen VCG bevorzugt dann zurückzugreifen, wenn die Engagements Branchen entstammen, die ein ungünstigeres Risikoprofil und höhere Informationsasymmetrien aufweisen.[634] Außerdem setzen Lead-Investoren in solchen Fällen auf größere Gruppen von Co-Investoren[635] sowie tendenziell längere Haltedauern (*Duration*) der Beteiligungen.[636]

---

[629] Vgl. CUMMING, D. J./MACINTOSH, J. G. (2001), S. 449f.

[630] Vgl. z. B. BYGRAVE, W. D. (1987), S. 144; CUMMING, D. J./MACINTOSH, J. G. (2001), S. 449f.

[631] Zur Branchenspezialisierung vertiefend siehe auch Abschnitt 3.3.1.

[632] Wenngleich der Effekt eines ausgeprägten Industriefokus auf die Ausfallquote des Portfolios statistisch nicht signifikant ist, argumentieren die Autoren auf Basis weiterer Indizien zugunsten einer Bestätigung ihrer These. Vgl. DIMOV, D. P./DE CLERCQ, D. (2006), S. 218.

[633] Vgl. GOMPERS, P. A. (1995), S. 1474f.

[634] Vgl. BYGRAVE, W. D. (1987), S. 151; HOPP, C./RIEDER, F. (2006), S. 21.

[635] Vgl. HOPP, C./RIEDER, F. (2006), S. 10.

[636] Vgl. CUMMING, D. J./MACINTOSH, J. G. (2001), S. 449f. Allerdings finden die Autoren trotz erwartungsgemäßer Wirkungsrichtungen bis auf eine Ausnahme keine signifikanten Zusammenhänge zwischen *Duration* und Technologieniveau der Unternehmen. Vgl. CUMMING, D. J./ MACINTOSH, J. G. (2001), S. 459.

Wegen seiner Bedeutung für die Erklärung vieler Diskrepanzen wird das industrielle Tätigkeitsfeld der Portfoliounternehmen von vielen Venture-Capital-Forschern denn auch in ihren Untersuchungen entweder als unabhängige[637] oder als Kontrollvariable[638] berücksichtigt.

Vor dem Hintergrund der Ausführungen wird die nachstehende These aufgestellt:

Hypothese 10: *Aufgrund spezifischer Industrie- und Technologierisiken beeinflusst die Branchenzugehörigkeit von VC-Beteiligungen deren Erfolg.*

3.5.3 *Alter*

Das Alter einer Beteiligung ist von deren Lebenszyklusphase und Größe in der Regel nicht vollkommen unabhängig.

Die „Bürde der Neuheit" resultiert aus einer sehr kurzen bzw. ggf. nicht vorhandenen Unternehmenshistorie, anhand derer die Qualitäten von Business-Plan, Management oder operativen Fähigkeiten beurteilt werden können.[639] Dadurch gestaltet sich der Aufbau von Beziehungen zu Lieferanten, Kunden und Kapitalgebern für junge Firmen schwieriger als für etablierte Konkurrenten, was einen Wettbewerbsnachteil darstellt. Dementsprechend weisen junge Gesellschaften letztendlich auch eine höhere Ausfallquote auf.[640]

Mit zunehmendem Alter der Unternehmen und jeder neuen Information nimmt die Unsicherheit über deren Erfolgspotential jedoch ab, was sich bei positiver Entwicklung u. a. in einer steigenden Investitionsbereitschaft der Venture-Capital-Geber bzw. höheren Unternehmensbewertungen[641] und sinkenden Syndizierungsquoten der *VC*-Finanzierungen[642] äußert. Die Institutionalisierung des *Staging*-Mechanismus ebenfalls als Beleg für diesen Zusammenhang gewertet werden.[643]

Vor diesem Hintergrund wird das Alter von Beteiligungen in der *VC*-Literatur denn auch häufig als Indikator für deren Unsicherheit und Risiko verwendet.[644] In die eigene Empirie geht das Alter als Kontrollvariable ein.

---

637 Vgl. z. B. BRANDER, J. A. ET AL. (2002), S. 444ff.; HOPP, C./RIEDER, F. (2006), S. 38.

638 Vgl. z. B. SEPPÄ, T. J. (2003), S. 66, 93; DIMOV, D. P./DE CLERCQ, D. (2006), S. 214.

639 Vgl. BEATTY, R. P./RITTER, J. R. (1986), S. 222; SAHLMAN, W. A. (1990), S. 513; SEPPÄ, T. J. (2003), S. 105.

640 Vgl. WOYWODE, M. (2006), S. 67ff.

641 Vgl. STUART, T. E. ET AL. (1999), S. 332; SEPPÄ, T. J. (2003), S. 98f.

642 Vgl. BYGRAVE, W. D. (1987), S. 151; HOPP, C./RIEDER, F. (2006), S. 17. Demgegenüber finden DE CLERCQ/DIMOV (2004) keine signifikante Relation zwischen dem Alter einer Beteiligung und der Syndizierung. Vgl. DE CLERCQ, D./DIMOV, D. P. (2004), S. 252.

643 Vgl. GOMPERS, P. A. (1995); STUART, T. E. ET AL. (1999), S. 332; SEPPÄ, T. J. (2003), S. 105f.

644 Vgl. z. B. BYGRAVE, W. D. (1987), S. 151f.; STUART, T. E. ET AL. (1999), S. 332; SEPPÄ, T. J. (2003), S. 98f.; HOPP, C./RIEDER, F. (2006), S. 11.

3.6 Zusammenfassung der Hypothesen

Aufbauend auf dem in Unterkapitel 3.1 vorgestellten Theoriegerüst, dem in Unterkapitel 3.2 festgelegten Bezugsrahmen und einem umfassenden Studium der jeweils relevanten Forschungsergebnisse sind in den vorangegangenen Abschnitten (3.3.1, 3.3.2, 3.4.1 bis 3.5.2) die zentralen Hypothesen der vorliegenden Untersuchung formuliert worden.

In Tabelle 10 werden diese analog zur Struktur des Forschungsmodells noch einmal abschließend zusammengefasst.

Hypothese	Einflussfaktor bzw. unabhängige Variable	Bezugsgröße	Erwartete Erfolgswirkung	Theorieansätze	Referenzliteratur
Charakteristika der Venture-Capital-Gesellschaften (Lead- und Co-Investor(en))					
1a	•Spezialisierung auf die Branche der Beteiligung	•Lead-Investor	•positiv	•Ressourcentheorie	•DE CLERCQ/DIMOV ('03)
1b			•nicht signifikant	•Portfoliotheorie	•DIMOV/DE CLERCQ ('06)
1c		•Co-Investor(en)	•positiv		
1d			•nicht signifikant		
2a	•Spezialisierung auf die Finanzierungsphase der Beteiligung	•Lead-Investor	•positiv	•Ressourcentheorie	•MANIGART ET AL. ('02)
2b			•nicht signifikant	•Portfoliotheorie	•DE CLERCQ/DIMOV ('03)
2c		•Co-Investor(en)	•positiv		•DIMOV/DE CLERCQ ('06)
2d			•nicht signifikant		
3a	•Fokussierung auf die Region der Beteiligung	•Lead-Investor	•positiv	•Ressourcentheorie	•SORENSON/STUART ('01) •MANIGART ET AL. ('06)
3b		•Co-Investor(en)	•positiv		
4a	•Zentralere Position im VCG-Syndizierungsnetzwerk	•Lead-Investor	•positiv	•Soziales Netzwerk Theorie	•SEPPÄ ('03) •HOCHBERG ET AL. ('07)
4b		•Co-Investor(en)	•leicht positiv	•Soziales Kapital Theorie	
Beschaffenheit des Venture-Capital-Syndikats					
5a	•Anzahl der *VC*-Investoren	•Syndikat	•positiv	•Ressourcentheorie	•BRANDER ET AL. ('02) •GIOT/SCHWIENBACHER ('03)
5b			•negativ	•*Principal-Agent*-Theorie	•WRIGHT/LOCKETT ('03) •DIMOV/DE CLERCQ ('06)
5c	•Zunehmende Anzahl der *VC*-Investoren		•positiv		
6	•Einbindung unabhängiger und Corporate-VCG	•Syndikat	•positiv	•Ressourcentheorie	•MAULA/MURRAY ('01) •HEGE ET AL. ('06)
7a	•Teilnahme ausländischer VCG	•Syndikat	•negativ	•Transaktionskosten-theorie	•SAPIENZA ('92) •MÄKELÄ ('04)
7b			•positiv	•Ressourcentheorie	•MANIGART ET AL. ('06)
Eigenschaften der Beteiligung					
8	•Frühe Lebenszyklusphasen	•Beteiligung	•negativ	•*Principal-Agent*-Theorie – Informationsasymmetrien	•RUHNKA/YOUNG ('91) •LOCKETT/WRIGHT ('01) •SEPPÄ ('03)
9	•Geringe Unternehmensgröße				•SCHEFCZYK ('04)
10	•Branchenzugehörigkeit	•Beteiligung	•unterschiedlich	•*Principal-Agent*-Theorie – Informationsasymmetrien	•BYGRAVE ('87) •CUMMING/MACINTOSH ('01) •HOPP/RIEDER ('06)

Quelle: Eigene Darstellung

Tabelle 10: Zusammenfassung der Hypothesen

Damit endet der Theorieteil der vorliegenden Arbeit. Die aufgestellten Hypothesen werden in den folgenden Kapiteln auf Basis der erhobenen Daten und unter Verwendung geeigneter statistischer Methoden getestet.

4 Datenerhebungs- und -analysemethoden

Mit diesem Kapitel beginnt der empirische Teil der vorliegenden Untersuchung, der sich in vier Sektionen unterteilen lässt. Dabei werden im unmittelbaren Anschluss zunächst die Datenerhebungs- und -analysemethoden vorgestellt, bevor sich die nachfolgenden Kapitel mit den Datenauswertungen anhand verschiedener statistischer Verfahren beschäftigen (vgl. Abbildung 16).

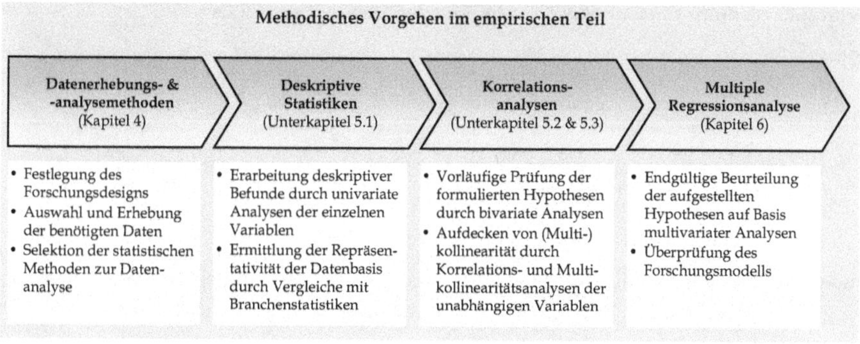

Quelle: Eigene Darstellung

Abbildung 16: Methodisches Vorgehen im empirischen Teil

Kapitel 4 widmet sich der methodischen Herangehensweise, die einen wesentlichen Bestandteil des Forschungsdesigns darstellt. Im Folgenden werden daher die Methoden beschrieben, die zur Untersuchung der aufgestellten Hypothesen angewandt werden. In Unterkapitel 4.1 werden die Operationalisierungen sämtlicher Variabler ausführlich beschrieben und mit Analogien aus der *VC*-Literatur unterlegt. Während sich Unterkapitel 4.2 mit dem Vorgehen bei der Auswahl der Untersuchungsobjekte und der Erhebung des Datensatzes befasst, stehen in Unterkapitel 4.3 die zur Datenanalyse verwandten statistischen Verfahren im Vordergrund. Unterkapitel 4.4 resümiert abschließend die Ergebnisse dieses Kapitels.

4.1 Operationalisierung der Variablen

Theoretische Begriffe lassen sich in der Regel nicht empirisch beobachten oder erfahren, weshalb sie auch als (latente) Konstrukte[645] bezeichnet werden. Um die entsprechenden Sachverhalte bzw. Zusammenhänge dennoch nachweisen zu können, ist es erforderlich,

[645] Unter einem theoretischen Konstrukt wird ein empirisch nicht erkennbarer Sachverhalt innerhalb einer wissenschaftlichen Theorie verstanden.

die Begriffe im Rahmen der Operationalisierung in messbare Merkmale zu überführen.[646] Laut BORTZ/DÖRING (2006) standardisiert „eine operationale Definition [ ] einen Begriff durch die Angabe der Operationen, die zur Erfassung des durch den Begriff bezeichneten Sachverhaltes notwendig sind, oder durch Angabe von messbaren Ereignissen, die das Vorliegen dieses Sachverhaltes anzeigen (Indikatoren)."[647] Dabei empfiehlt es sich, insbesondere im Falle komplexer Konstrukte, auf Operationalisierungen früherer Untersuchungen zurückzugreifen.[648] Demzufolge werden die gewählten Indikatoren und Messmethoden der Variablen jeweils mit den korrespondierenden Operationalisierungen relevanter Venture-Capital- bzw. Private-Equity-Arbeiten abgeglichen.

Die Struktur des Unterkapitels bilden die vier Grundbausteine des Forschungsmodells:

- Charakteristika der Venture-Capital-Gesellschaften (4.1.1),
- Beschaffenheit des Venture-Capital-Syndikats (4.1.2),
- Eigenschaften der Beteiligung (4.1.3) und
- Beteiligungserfolg (4.1.4).

Innerhalb jedes Abschnitts wird dabei zunächst auf die (un)abhängigen Variablen eingegangen, bevor anschließend etwaige Kontrollvariablen näher beleuchtet werden.

4.1.1 *Charakteristika der Venture-Capital-Gesellschaften*

Dieser Block des Forschungsmodells umfasst zum einen die Aspekte Spezialisierung(sgrad)[649] und Position im VCG-Netzwerk[650] als unabhängige Variable, zum anderen die Gesichtspunkte Alter und Ressourcen[651] sowie VCG-Typ und Herkunft[652] als Kontrollvariable.

4.1.1.1 Spezialisierung(sgrad)

Wie aus den Erläuterungen im Rahmen der Hypothesenableitung hervorgeht, nehmen Venture-Capital-Investoren eine mehr oder minder stark ausgeprägte Spezialisierung entlang dreier Dimensionen vor:

- Branche (1),
- Finanzierungsphase (2) und
- Geographie (3).

---

[646] Vgl. RAITHEL, J. (2008), S. 36.

[647] BORTZ, J./DÖRING, N. (2006), S. 63.

[648] Vgl. Ibid.

[649] Vgl. Abschnitt 3.3.1.

[650] Vgl. Abschnitt 3.3.2.

[651] Vgl. Abschnitt 3.3.3.

[652] Vgl. Abschnitt 3.3.4.

Um jeweils das Ausmaß der Konzentration von VCG auf einzelne Abschnitte der drei Diversifikationsachsen bestimmen zu können, bedarf es spezifischer wie übergreifender Maße und Messmethoden, die in den folgenden Absätzen behandelt werden.

(1) Die Ermittlung der fokalen **Branche** und des **Spezialisierungsgrades** vollzieht sich über zwei verschiedene Indikatoren, von denen der erste den präferierten Industriesektor abbildet und der zweite das entsprechende Konzentrationsmaß.

Die Einordnung der VCG nach ihrem favorisierten Branchenbereich erfolgt im Prinzip anhand der *Primary Industry Minor Group*, der dritthöchsten Hierarchieebene des *Venture Economics*-Industrieklassifikationsschemas (*VEIC*),[653] die das Universum möglicher Industrien in neun Segmente unterteilt. Allerdings werden im Rahmen der vorliegenden Untersuchung die zwei internetbezogenen Kategorien aggregiert, so dass sich insgesamt acht Industrien unterscheiden lassen: *Communications, Computer Hardware, Computer Software & Services, Internet Specific, Semiconductors/Other Electronics Related, Biotechnology, Medical/ Health Related* und *Non-High Technology*.[654]

Als Kennzahl zur Konzentrationsmessung kommt der verbreitet eingesetzte Herfindahl-Hirschman-Index zur Anwendung, der wie folgt definiert ist:

$$HHI := \frac{\sum_{i=1}^{N} c_i^2}{\left(\sum_{i=1}^{N} c_i\right)^2} = \sum_{i=1}^{N}\left(\frac{c_i}{N * \bar{c}}\right)^2 = \sum_{i=1}^{N} p_i^2$$

Legende: c_i = Anzahl Beteiligungen in Industrieklasse i
$\bar{c}$ = Arithmetisches Mittel der Anzahl Beteiligungen je Industrieklasse
p_i = Anteil Beteiligungen in Industrieklasse i
i = Primäre Industrieklasse

Formel 1: Berechnung des Herfindahl-Hirschman-Index am Beispiel der Branchenkonzentration

[653] Das *VEIC*-Schema wurde von *Thomson Financial* entwickelt, um Beteiligungen von Venture-Capital-Gesellschaften möglichst trennscharf verschiedenen Industriesegmenten zuordnen zu können. Genau wie die *Standard Industrial Classification* (*SIC*) *Codes* bilden die *VEIC Codes* ein hierarchisches Klassifikationsschema. Aber während mithilfe der *SIC Codes* alle Industrien der amerikanischen Wirtschaft abgebildet werden sollen, liegt der Schwerpunkt der *VEIC Codes* im Bereich der Hochtechnologiebranchen, die dafür feiner aufgefächert sind. Das *VEIC*-Schema unterscheidet insgesamt sechs Hierarchieebenen: die *Primary Industry Class* (3 Kategorien), die *Primary Industry Major Group* (6 Kategorien), die *Primary Industry Minor Group* (9 Kategorien), die *Primary Industry Subgroup 1* (17 Kategorien), die *Primary Industry Subgroup 2* (59 Kategorien) und die *Primary Industry Subgroup 3* (590 Kategorien). Vgl. YANG, Y. (2006), S. 95.

[654] Vgl. *Venture Economics* (Stand: März 2007).

Grundlage für die Berechnung der Branchenspezialisierung sind dabei sämtliche bis März 2007 von *VentureXpert* erfassten Investments der *VC*-Managementgesellschaften.[655] Dieses fiktive fondsübergreifende Beteiligungsportfolio wird den Analysen zugrunde gelegt, da sich aus den verfügbaren aggregierten Daten keine jahresspezifischen Portfoliozusammensetzungen ableiten lassen. Die Annahme einer im Zeitverlauf konstanten Anlagepräferenz bzw. eines Anlageverhaltens unterstellt jedoch, dass das jeweilige *VC*-Management von Anbeginn seiner Investitionstätigkeit über die erforderliche Expertise und Erfahrung in den jeweiligen Industriesektoren verfügt und einen klar definierten Anlagefokus festgelegt hat, den es über die Fondslaufzeit hinweg erwartungsgemäß umsetzen kann.

Eine Analyse der Venture-Capital- bzw. Private-Equity-Literatur zeigt, dass mehrere Forscher hinsichtlich der beiden zentralen Indikatoren ein analoges oder zumindest vergleichbares Vorgehen wählen.

Zur Klassifizierung der Branchenspezialisierung von *VC*-Gesellschaften bedienen sich zahlreiche Autoren des *VEIC*-Klassifikationsschemas, wobei sie jedoch nicht selten auf unterschiedlichen Hierarchieebenen aufsetzen. Während HOPP (2006) die *Primary Industry Class* zur Klassifizierung heranzieht,[656] basieren HOCHBERG ET AL. (2007) ihre Analyse auf der *Primary Industry Major Group*[657], der zweithöchsten Ebene in der *VEIC*-Systematik.[658] Eine feinere Untergliederung mit jeweils neun Kategorien nehmen HELLMANN ET AL. (2003), DE CLERCQ/DIMOV (2004) und DIMOV/DE CLERCQ (2006) sowie SEPPÄ (2003) und JÄÄSKELÄINEN ET AL. (2006) vor. Dabei legen die Wissenschaftler in den ersten drei Publikationen eine Klassifikation auf Basis des „one-digit Venture Economics code“[659] zugrunde,[660] während in den beiden letzten Veröffentlichungen auf die *Primary Industry Minor Group*[661], die dritthöchste Hierarchiestufe, Bezug genommen wird, um Aussagen über den Industriefokus der Venture-Capital-Geber zu treffen.[662] Andere Forscher wiederum

---

[655] Wenngleich die Historie getätigter Investitionen bei einzelnen amerikanischen *VC*-Gebern bis in die 1960er Jahre zurückreicht, so fallen doch mehr als zwei Drittel der kumulierten Investments zentraler VCG in den relevanten Zeitraum von 1996 bis März 2007.

[656] Vgl. HOPP, C. (2006), S. 31.

[657] Sie weist alle Beteiligungen einer der folgenden sechs Gruppen zu: *Communications, Computer Related, Semiconductors/Other Electronics Related, Biotechnology, Medical/Health Related* oder *Non-High Technology*.

[658] Vgl. HOCHBERG, Y. V. ET AL. (2007), S. 259ff.

[659] HELLMANN, T. ET AL. (2003), S. 7. Dieser Ansatz führt zu einer Differenzierung zwischen folgenden Gruppen: *Communications, Computer Related, Semiconductors/Other Electronics Related, Biotechnology, Medical/Health Related, Consumer Related, Industrial, Energy* und *Other Manufacturing and Services*.

[660] Vgl. Ibid., S. 7; DE CLERCQ, D./DIMOV, D. P. (2004), S. 248f.; DIMOV, D. P./DE CLERCQ, D. (2006), S. 213

[661] Diese Hierarchiestufe unterscheidet die neun Kategorien: *Communications, Computer Hardware, Computer Software, Semiconductors/Other Electronics Related, Internet Communications, Internet/Computer Related, Medical/Health Related, Biotechnology* und *Non-High-Technology*.

[662] Vgl. SEPPÄ, T. J. (2003), S. 129; JÄÄSKELÄINEN, M. ET AL. (2006), S. 195.

arbeiten mit individuellen Klassifikationen in Anlehnung an das *VEIC*-Schema, darunter HEGE ET AL. (2006), die sieben Industrien voneinander abgrenzen,[663] und HOPP (2006), der eine Unterteilung in elf Branchen verwendet.[664]

Auf den Herfindahl-Hirschman-Index als Konzentrationsmaß greifen zudem DE CLERCQ/ DIMOV (2004), DIMOV/DE CLERCQ (2006), JÄÄSKELÄINEN ET AL. (2006), HOPP (2006) und LOSSEN (2006) zurück.[665]

(2) Die Zuordnung der VCG nach ihrer bevorzugten **Finanzierungsphase** erfolgt anhand der *VentureXpert*-Klassifizierung, die sieben Phasen unterscheidet: *Seed/Start-up* (1), *Early Stage* (2), *Expansion* (3), *Later Stage* (4), *Bridge* (5) und *Buyout/Acquisition* (6) sowie *Other* (7).[666]

Analog zur Bestimmung der Branchenkonzentration wird der Herfindahl-Hirschman-Index auch für die Verteilung der Investitionen nach Finanzierungsphasen berechnet, wobei die in Formel 1 enthaltene Variable p_i, der Anteil Beteiligungen in Industrieklasse i, durch p_f, den Anteil Portfoliogesellschaften in Finanzierungsphase f, zu ersetzen ist.

Als Datenbasis für die Ermittlung des Finanzierungsphasenfokus der Venture-Capital-Geber dienen wiederum sämtliche bis März 2007 von *VentureXpert* registrierten Investitionen der *VC*-Managementgesellschaften.[667] Demzufolge wird der übergreifenden Präferenz einer VCG eine höhere Bedeutung beigemessen als der spezifischen Ausrichtung individueller Fonds und deren verantwortlicher *Professionals*. Die Entscheidung, dieses hypothetische aggregierte Portfolio einer jahresspezifischen Momentaufnahme als Analysegrundlage vorzuziehen, resultiert faktisch aus einer unzureichenden Detailtiefe der verfügbaren Daten. Aufgrund der signifikanten Unterschiede zwischen Früh- und Spätphasenfinanzierungen[668] und infolge der daraus resultierenden andersartigen Anforderungen an das Management einer VCG ist allerdings auch anzunehmen, dass die Anlagepräferenzen des *VC*-Managements im Zeitverlauf tendenziell stabil bzw. nur geringen Schwankungen unterworfen sind.

Mehrere Venture-Capital-Forscher greifen zur Kategorisierung der Wagniskapitalgeber nach ihrer bevorzugten Finanzierungsphase auf die von *VentureXpert* verwendete Klassifikation zurück, setzen aber auf unterschiedlichen Granularitätsebenen auf. So wählen DE CLERCQ/DIMOV (2004), DIMOV/DE CLERCQ (2006) und JÄÄSKELÄINEN ET AL.

---

[663] Vgl. HEGE, U. ET AL. (2006), S. 11.

[664] Vgl. HOPP, C. (2006), S. 16.

[665] Vgl. DE CLERCQ, D./DIMOV, D. P. (2004), S. 248f.; DIMOV, D. P./DE CLERCQ, D. (2006), S. 213; JÄÄSKELÄINEN, M. ET AL. (2006), S. 195; HOPP, C. (2006), S. 25f.; HOPP, C. (2006), S. 7, 19; LOSSEN, U. (2006), S. 14f.

[666] Diese Logik ist überwiegend deckungsgleich mit den Beschreibungen der Venture-Capital-Finanzierungsphasen von PLUMMER (1987), die in Tabelle A.2. im Anhang zu finden sind.

[667] Wenngleich die Historie getätigter Investitionen bei einzelnen amerikanischen *VC*-Gebern bis in die 1960er Jahre zurückreicht, so fallen doch mehr als zwei Drittel der kumulierten Investments zentraler VCG in den relevanten Zeitraum von 1996 bis März 2007.

[668] Vgl. BYGRAVE, W. D./TIMMONS, J. A. (1992); ELANGO, B. ET AL. (1995), S. 159.

(2006) eine sechsstufige Skala, wobei in den ersten beiden Publikationen zwischen *Seed Stage, Start-up Stage, Other Early Stage, Expansion Stage, Later/Acquisition Stage* und *Other* differenziert wird,[669] während letztere eine Abgrenzung von *Seed Stage, Early Stage, Expansion Stage, Later Stage, Acquisitions/Buyouts und Other/Unknown* vornimmt.[670] Im ersten Fall wird also die Frühphasen-, im zweiten Fall die Spätphasenfinanzierung etwas breiter aufgefächert. Demgegenüber bestimmen SEPPÄ (2003) und HOPP (2006) den jeweiligen Finanzierungsphasenfokus von *VC*-Gesellschaften über eine dreistufige Skala, die sich aus *Early Stage, Expansion Stage* und *Later Stage*[671] bzw. aus *Start-up/Seed, Early Stage* und *Late Stage* zusammensetzt. JUNGWIRTH/MOOG (2004) halten lediglich *Early Stage*- und *Late Stage-Investoren* auseinander.[672]

Zur Quantifizierung des Spezialisierungsgrades von VCG hinsichtlich Finanzierungsphasen bedienen sich beispielsweise MANIGART ET AL. (2002a), DE CLERCQ/DIMOV (2004), DIMOV/DE CLERCQ (2006), JÄÄSKELÄINEN ET AL. (2006), HOPP (2006) und LOSSEN (2006) des Herfindahl-Hirschman-Indizes.[673]

(3) Zur Ermittlung der **geographischen Anlagepräferenz** von *VC*-Gebern und des Ausmaßes der Konzentration werden wiederum zwei Indikatoren verwendet.

Die Operationalisierung des Anlagehorizonts einer VCG orientiert sich teils an nationalen, teils an regionalen, teils an kontinentalen Grenzen und umfasst folgende fünf Kategorien: Deutschland (1), deutschsprachiges Europa (ohne Deutschland) (2), anderssprachiges Europa (3), Nordamerika (4) sowie Rest der Welt (d. h. Südamerika, Afrika, Asien und Australien) (5). Diese unabhängige Variable bildet somit neben der Distanz des geographischen Anlageschwerpunkts zu Deutschland ebenfalls sprachliche und soziokulturelle Differenzen ab.

Um den geographischen Spezialisierungsgrad quantitativ zu erfassen, wird wiederum der Herfindahl-Hirschman-Index als Konzentrationsmaß genutzt. Dabei ist die Variable p_i, der Anteil Portfoliogesellschaften in Industrieklasse i, in Formel 1 durch p_g, den Anteil Beteiligungen in Region g, auszutauschen.

Zur Determinierung des geographischen Anlageschwerpunkts der *VC*-Geber wird erneut auf das hypothetische aggregierte Portfolio aller bis März 2007 von *VentureXpert* erfassten Beteiligungen der *VC*-Managementgesellschaften zurückgegriffen. Dass dieser Ansatz etwaige historische Schwankungen im Bereich des geographischen Investitionshorizonts ignoriert, erscheint angesichts der vergleichsweise stabilen regionalen Anlagepräferenzen der in Deutschland agierenden VCG relativ unproblematisch.

---

[669] Vgl. DE CLERCQ, D./DIMOV, D. P. (2004), S. 249; DIMOV, D. P./DE CLERCQ, D. (2006), S. 213.
[670] Vgl. JÄÄSKELÄINEN, M. ET AL. (2006), S. 195.
[671] Vgl. SEPPÄ, T. J. (2003), S. 129, 163f.
[672] Vgl. JUNGWIRTH, C./MOOG, P. (2004), S. 15.
[673] Vgl. MANIGART, S. ET AL. (2002a), S. 302; DE CLERCQ, D./DIMOV, D. P. (2004), S. 249; DIMOV, D. P./DE CLERCQ, D. (2006), S. 213; JÄÄSKELÄINEN, M. ET AL. (2006), S. 195; HOPP, C. (2006), S. 25f.; HOPP, C. (2006), S. 7, 19; LOSSEN, U. (2006), S. 14.

In der analysierten Venture-Capital-Literatur konnte keine identische Methode bei der Klassifizierung des geographischen Anlagefokus beobachtet werden. Anstatt wie in der vorliegenden Arbeit den Anlageschwerpunkt eines *VC*-Investors zu bestimmen, stellen GUPTA/SAPIENZA (1992), POWELL ET AL. (2001) und JUNGWIRTH/MOOG (2004) in ihren Untersuchungen auf den Investitionsradius ab. Während POWELL ET AL. (2001) zwischen VCG mit lokalem, nicht lokalem und übergreifendem Anlagehorizont unterscheiden,[674] nehmen GUPTA/ SAPIENZA (1992) eine graduelle Differenzierung zwischen rein lokal agierenden VCG auf der einen Seite und national investierenden Wagniskapitalgebern auf der anderen Seite vor - ein höherer Wert auf ihrer fünfstufigen Skala indiziert, dass der betreffende Wagniskapitalgeber einen weiteren Anlagehorizont hat.[675] JUNGWIRTH/MOOG (2004), deren Forschung sich nicht auf ein Land beschränkt, grenzen im Hinblick auf den Investitionsradius einer VCG drei Kategorien voneinander ab: regional, national oder international.[676]

Nachdem nun die Operationalisierungen der wesentlichen Spezialisierungsdimensionen und -grade ausführlich dargelegt worden sind, widmen sich die folgenden Absätze der wissenschaftlichen Umsetzung der unabhängigen Variablen Position im VCG-Netzwerk.[677]

4.1.1.2 Position im VCG-Netzwerk

Die Netzwerkanalyse beschäftigt sich im Allgemeinen mit der Struktur von Netzwerken, wobei die gegenseitigen Beziehungen der Mitglieder solcher Kollektive im Mittelpunkt des Interesses stehen. Netzwerke, deren Akteure beispielsweise nur vereinzelt und über längere Wege miteinander verbunden sind, zeichnen sich tendenziell durch ein geringes Maß an Solidarität, zähen Informationsfluss und schwachen Zusammenhalt aus.[678] Ein wesentlicher Teil der Analyse ist auf die Identifikation einflussreicher Individuen gerichtet. Um auf soziale Macht bzw. (de)zentrale Position der einzelnen Akteure innerhalb eines Kollektivs schließen zu können, bedient sich die Netzwerkanalyse der Graphentheorie.[679]

Abbildung 17 illustriert die Struktur eines fiktiven Netzwerks anhand eines gerichteten Graphen. Während die 16 blauen Knoten die Akteure des Kollektivs repräsentieren, visualisieren die schwarzen Pfeile ihre Beziehungen zueinander. Die Pfeilrichtung gibt zudem an, von welchem Individuum die Verbindung ausgeht und zu wem sie führt.[680]

---

674 Vgl. POWELL, W. W. ET AL. (2001), S. 15.

675 Vgl. GUPTA, A. K./SAPIENZA, H. J. (1992), S. 354.

676 Vgl. JUNGWIRTH, C./MOOG, P. (2004), S. 15f.

677 Vgl. Abschnitt 3.3.2.

678 Vgl. HANNEMAN, S. 35.

679 Eine umfangreiche Abhandlung zu den Methoden der Netzwerkanalyse findet sich bei WASSERMAN, S./FAUST, K. (1997).

680 Lässt sich den Verbindungen zwischen Akteuren eines Netzwerks keine Richtung zuweisen, werden die Beziehungen nicht durch Pfeile, sondern durch Kanten symbolisiert, und es ist von einem ungerichteten Graphen die Rede.

Im Rahmen der folgenden Ausführungen wird auf die fünf exemplarischen Individuen I bis V verwiesen, um die verwendeten Maße anschaulich darzustellen.

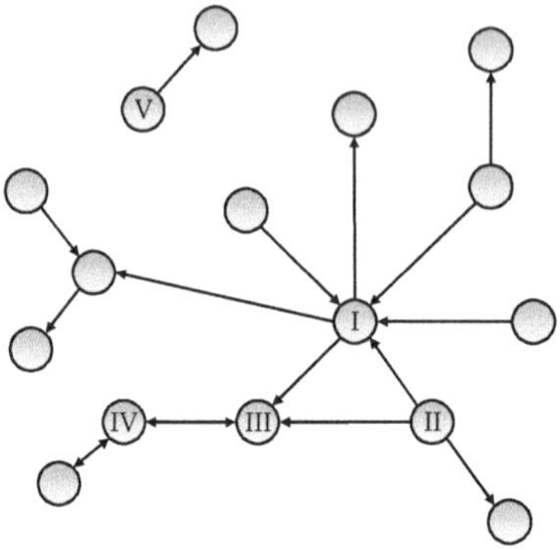

Quelle: Eigene Darstellung

Abbildung 17: Graphische Darstellung eines fiktiven Netzwerks

Die eigene Untersuchung zieht zur Beurteilung der Zentralität einer *VC*-Gesellschaft insgesamt fünf Indikatoren heran, die jeweils unterschiedliche Facetten des Einflusses einer VCG beleuchten und sich drei Gruppen zuteilen lassen:

- *Degree* (1),
- *Closeness* (2) und
- *Betweenness* (3).

(1) Die **Gradzentralität** (*Degree*) basiert auf der einfachen Überlegung, dass sich die soziale Macht eines Individuums auf der Anzahl seiner Kontakte zu anderen Akteuren innerhalb des Netzwerks gründet. Am Beispiel des Graphen wird deutlich, dass Individuum I mit insgesamt sieben Kontakten (unabhängig von der Richtung) eine zentralere Position einnimmt als Individuum IV mit nur zwei Kontakten.

Formal bemisst sich die normalisierte[681] Gradzentralität (*Degree*) d eines Akteurs (Knotens) i nach der Zahl der Kontakte (Kanten) zu anderen Akteuren (Knoten) des Netzwerks (Graphen) G im Verhältnis zur Anzahl der maximal möglichen Verbindungen:

[681] Um die Vergleichbarkeit der Gradzentralitäten von Akteuren in unterschiedlich großen Netzwerken sicherzustellen, wird die Zahl der Kontakte eines Individuums $\deg(i)$ zur Anzahl der theoretisch möglichen Verbindungen innerhalb des Netzwerks $n-1$ in Beziehung gesetzt. Vgl. HOCHBERG, Y. V. ET AL. (2007), S. 257.

$$d(i) = \frac{\deg(i)}{n-1}$$

Legende: deg(*i*) = Anzahl der Kanten des Knotens *i*
n = Anzahl der Knoten des Graphen $G := (I,E)$, $i \in I$, $e \in E$
i = Knoten (*vertex*) *i*
e = Kante (*edge*) *e*

Formel 2: Berechnung der normalisierten *Gradzentralität*

Übertragen auf den Venture-Capital-Kontext beschreibt die Gradzentralität die Anzahl der Kontakte, die ein *VC*-Investor (Akteur) über die Summe seiner syndizierten Beteiligungen (Verbindungen) zu anderen Wagniskapitalgebern unterhält. Mit steigender Zahl von Beziehungen zu anderen VCG erhält ein *VC*-Investor ceteris paribus Zugang zu einem größeren Fundus an relevanten Informationen und Ressourcen wie *Deal Flow*, Expertise, Kontakten oder Kapital. Diese Faktoren erhöhen Einfluss und Zentralität des *VC*-Investors im Netzwerk sowie dessen Unabhängigkeit von einzelnen Wettbewerbern.

Neben der Gradzentralität eines Individuums können weitere Zentralitätsmaße berechnet werden, sofern eine entsprechende Datenbasis vorhanden ist.[682] Da der verfügbare Datensatz nicht nur Informationen über die Partner eines Syndikats enthält, sondern auch über die Identität der initiierenden Lead- und reagierenden Co-Investoren, lassen sich ebenfalls Eingangs- (*Indegree*) d_I und Ausgangsgradzentralität (*Outdegree*) d_O der VCG ermitteln.[683]

Nachdem die Eingangsgradzentralität in der vorliegenden Untersuchung die Anzahl der von einer *VC*-Gesellschaft akzeptierten Syndizierungsanfragen anderer Wagniskapitalgeber reflektiert, kann ein hoher Wert für d_I als Popularität der betreffenden VCG interpretiert werden. Ein hoher Beliebtheitsgrad bedingt somit gleichzeitig eine umfangreichere Auswahl an Investitionsmöglichkeiten.[684] In Abbildung 17 verzeichnen die Individuen I und III die höchsten Eingangsgradzentralitäten von vier bzw. drei.

Dagegen bildet die Ausgangsgradzentralität die von einem *VC*-Geber ausgesprochenen und von anderen Wagniskapitalgebern angenommenen Einladungen zu Syndikaten ab. Ein hoher *Outdegree* d_O eines Akteurs im Netzwerk bedeutet im Rahmen der vorliegenden Arbeit, dass eine VCG als Lead-Investor vielen Co-Investoren attraktive Beteiligungsmöglichkeiten unterbreitet hat. Unter der Prämisse, dass sich Co-Investoren für erhaltene Syndizierungsangebote revanchieren und ihrerseits als Lead-Investoren auftreten, können

---

[682] Zu diesem Zweck muss es sich formal um einen gerichteten Graphen handeln, d. h., die Relationen zwischen den Knoten eines Graphen können sinnvoll durch Pfeile und nicht durch bloße Kanten abgebildet werden. Dies ist beispielsweise dann der Fall, wenn ein Akteur Kontakt zu einem anderen aufnimmt, der dessen Anfrage erwidert.

[683] Die Kalkulation der normalisierten Eingangs- und Ausgangsgradzentralität erfolgt prinzipiell auf Basis von Formel 2, wobei zur Berechnung des *Indegree* d_I bzw. *Outdegree* d_O eines Akteurs *i* lediglich solche Relationen herangezogen werden, die zu ihm führen bzw. von ihm ausgehen.

[684] Vgl. HOCHBERG, Y. V. ET AL. (2007), S. 253.

Individuen mit einer hohen Ausgangsgradzentralität damit rechnen, künftig zu zahlreichen Syndikaten eingeladen zu werden.[685] Im fiktiven Graphen verfügen die beiden Individuen I und II über den höchsten *Outdegree* von drei.

(2) In Ergänzung zu den Indikatoren der Gradzentralität, die die quantitative Dimension der Beziehungen eines Individuums zu anderen Akteuren eines Netzwerks wiedergeben, bieten sich zusätzliche Kenngrößen an, die als weiteren Aspekt sozialer Macht auch die „Qualität" der Kontakte erfassen. Grundgedanke des ***Closeness***-Ansatzes ist, dass die Nähe eines Individuums zu den anderen Akteuren im Netzwerk seinen Einfluss erhöht, da es seine Partner durch (direkten) Austausch oder bilaterale Verhandlungen manipulieren kann.[686]

Als nützliches Maß hat sich in diesem Zusammenhang die Eigenvektor-Zentralität (*Eigenvector Centrality*)[687] erwiesen, die nicht nur die eigenen Kontakte eines Individuums berücksichtigt, sondern auch die Kontakte seiner Kontakte. Unterhält ein Akteur z. B. Beziehungen zu zahlreichen Partnern, die ihrerseits umfangreiche persönliche Netzwerke pflegen (siehe Individuum I in Abbildung 17), ist er der Gesamtheit der Mitglieder des Netzwerks näher als ein anderer, der lediglich Verbindungen zu vergleichsweise isolierten Individuen etabliert hat (siehe Individuum V).[688] Ergo nimmt der erste Akteur auch eine zentralere Position innerhalb der gesamten Netzwerkstruktur ein als der zweite.

Mathematisch lässt sich die *Eigenvector Centrality ev* eines Akteurs (Knotens) *i* unter Verwendung der sogenannten Adjazenzmatrix *A* (a_{ij})[689] wie folgt ermitteln:

$$ev_i = \frac{1}{\lambda} \sum_{j=1}^{n} a_{ij} ev_j$$

Legende: λ = Konstante
i, j = Knoten i bzw. j, wobei $i \neq j$
n = Anzahl der Knoten
a_{ij} = Adjazenzmatrix (A)

Formel 3: Berechnung der Eigenvektor-Zentralität[690]

---

[685] Vgl. PISKORSKI, M. J. (2004); HOCHBERG, Y. V. ET AL. (2007), S. 253.

[686] Vgl. HANNEMAN/RIDDLE (2009), Kapitel 10, S. 3.

[687] Diese von BONACICH (1972; 1987) konzipierte Messgröße, die je nach Symmetrie bzw. Asymmetrie der Verbindungen als Indikator von Zentralität bzw. sozialem Status herangezogen werden kann, ist in der Soziologie schnell zum Standard avanciert. Vgl. PODOLNY, J. M. (1993), S. 869f.; BONACICH, P. (1972; 1987).

[688] Vgl. NEWMAN, S. 4.

[689] In der *Social Network*-Analyse fasst eine $n \times n$-Adjazenz- oder -Nachbarschaftsmatrix *A* die bilateralen Beziehungen der n Knoten eines Graphen *G* zusammen. Handelt es sich um einen ungerichteten, ungewichteten Graphen, ist die Matrix symmetrisch entlang der Diagonalen, und für ihre Einträge gilt $a_{ij} = a_{ji} = 1$, wenn eine Verbindung zwischen j und i existiert, und $a_{ij} = a_{ji} = 0$, falls nicht.

Prinzipiell kann *ev* auch als rekursives Maß der Gradzentralität gesehen werden, bei dem sich die Zentralität eines Individuums aus der Summe seiner Beziehungen zu anderen Akteuren ergibt, die jeweils mit den entsprechenden Zentralitäten der Kontakte gewichtet werden.[691]

Bezogen auf die vorliegende Untersuchung kann die Eigenvektor-Zentralität einer *VC*-Gesellschaft als Maßstab für deren (de)zentrale Position im VCG-Netzwerk und damit deren Einfluss interpretiert werden. Je stärker die *Eigenvector Centrality* eines *VC*-Investors ausgeprägt ist, desto kürzer sind seine Verbindungen zu den am besten verdrahteten Wagniskapitalgebern des Netzwerks.[692]

(3) Darüber hinaus wird als fünfter Zentralitätsindikator die ***Betweenness*** berechnet. Der Leitgedanke des *Betweenness*-Ansatzes besteht darin, dass Individuen, die als Bindeglieder bzw. Intermediäre zwischen anderen Akteuren fungieren, Einfluss auf jene ausüben können, die von ihren „Dienstleistungen" abhängen.[693] Individuen mit einer hohen *Betweenness* nehmen Schlüsselfunktionen im netzwerkinternen Informationsfluss wahr und folglich zentrale Positionen innerhalb des Kollektivs ein. Im Umkehrschluss trägt die Anzahl der Kontakte eines Akteurs zu dessen Unabhängigkeit von einzelnen und damit gewissermaßen zu dessen Einfluss bei. Ein Blick auf den Graphen zeigt, dass Individuum IV und sein Partner beispielsweise für eine Kontaktaufnahme zu beinahe allen anderen Mitgliedern des Netzwerks - abgesehen von Akteur V und seinem Nachbarn - nicht ohne die Hilfe von Individuum III auskommen. Demgegenüber ist niemand innerhalb des Kollektivs zum Aufbau einer Beziehung auf Akteur V angewiesen.

Die normalisierte[694] *Betweenness* b eines Akteurs (Knotens) i bestimmt sich mathematisch nach der Anzahl der kürzesten Verbindungen (*Geodesic Paths*) zwischen den anderen Akteuren (Knoten) des Netzwerks (Graphen) G, die über i laufen, dividiert durch die maximal mögliche *Betweenness*:

[690] Um die Eigenvektor-Zentralitäten von Akteuren in unterschiedlich großen Netzwerken miteinander vergleichen zu können, bedarf es wiederum einer Normalisierung der Werte. Dazu werden die jeweiligen *Eigenvector Centralities* durch die größtmögliche Eigenvektor-Zentralität innerhalb des Netzwerks dividiert. Vgl. HOCHBERG, Y. V. ET AL. (2007), S. 257.

[691] Vgl. Ibid., S. 257.

[692] Vgl. Ibid., S. 253.

[693] Vgl. HANNEMAN/RIDDLE (2009), Kapitel 10, S. 18; HOCHBERG, Y. V. ET AL. (2007), S. 258.

[694] Damit die *Betweenness* von Individuen unterschiedlich umfangreicher Netzwerke miteinander vergleichbar ist, wird der Anteil der kürzesten Verbindungen zwischen den anderen Akteuren des Kollektivs, die über Individuum i laufen, jeweils in Bezug gesetzt zur maximal möglichen *Betweenness* innerhalb des Netzwerks $(n-1)(n-2)/2$ bei ungerichteten bzw. $(n-1)(n-2)$ bei gerichteten Graphen. Vgl. HOCHBERG, Y. V. ET AL. (2007), S. 258.

$$b(i) = \frac{\sum\limits_{\substack{i \neq j \neq k \in I \\ i \neq k}} \frac{\sigma_{jk}(i)}{\sigma_{jk}}}{(n-1)(n-2)/2}$$

Legende: i, j, k = Knoten i bzw. j bzw. k
n = Anzahl der Knoten des Graphen G
σ_{jk} = Anzahl der kürzesten Verbindungen zwischen den Knoten j und k
$\sigma_{jk}(i)$ = Anzahl der kürzesten Verbindungen zwischen den Knoten j und k, die über Knoten i laufen

Formel 4: Berechnung der normalisierten *Betweenness*

Im Venture-Capital-Kontext schließlich gibt die *Betweenness* an, in welchem Ausmaß eine *VC*-Gesellschaft als Vermittler zwischen Wagniskapitalgebern agiert, die über komplementäre Informationen und Ressourcen verfügen, aber in keiner unmittelbaren Beziehung zueinander stehen.[695]

Abschließend sei darauf hingewiesen, dass sich die Zentralitätsmaße in der eigenen Analyse auf das gesamte Netzwerk der betroffenen Venture-Capital-Gesellschaften beziehen, wodurch implizit angenommen wird, dass jede VCG mit jeder anderen in Verbindung stehen kann. Da jedoch davon auszugehen ist, dass Netzwerke von *VC*-Investoren in der Realität um geographische, finanzierungsphasen- und/oder branchenspezifische Schwerpunkte konzentriert sind, dürften die Indikatorwerte die relevante Zentralität der *VC*-Geber tendenziell untertreiben.

Die Datenbasis zur Bestimmung der Position im VCG-Netzwerk bzw. zur Berechnung der Zentralitätsmaße umfasst sämtliche (syndizierten) Investitionen in Portfoliogesellschaften, die nach 1991 in Deutschland gegründet worden sind und deren erste Investitionsrunde spätestens 7,5 Jahre nach Unternehmensgründung stattgefunden hat.[696] Da die Netzwerkpositionen von *VC*-Investoren[697] im Zeitverlauf gewissen Schwankungen unterworfen sind, die sich zum einen aus individuellen Veränderungen im Umfeld der etablierten VCG ergeben und zum anderen aus nicht unwesentlichen Fluktuationen innerhalb der deutschen Venture-Capital-Industrie resultieren, werden die Positionen der Wagniskapitalgeber im VCG-Netzwerk für den Beobachtungszeitraum von 2000 bis 2007 auf Jahresbasis ermittelt. Die fünf Zentralitätsmaße (z. B. für das Jahr 2000) bauen dabei auf all jenen (gemeinsamen) Beteiligungen der *VC*-Investoren auf, welche binnen der drei vorangehenden Kalenderjahre (z. B. von 1997 bis 1999) als Portfoliounternehmen geführt worden sind.[698]

---

[695] Vgl. Ibid., S. 258.

[696] In Summe handelt es sich um über 900 deutsche Beteiligungen, deren Grundstein jeweils zwischen Anfang 1992 und Ende 2006 gelegt worden ist.

[697] Mit *VC*-Investoren sind in diesem Kontext die *VC*-Managementgesellschaften und nicht einzelne Fonds gemeint.

[698] Mathematisch erfolgt die Berechnung der Indikatoren anhand der erwähnten Adjazenz-Matrizen.

Durch die Beschränkung auf eine dreijährige Betrachtungsphase[699] wird implizit die Annahme getroffen, dass professionelle Beziehungen der VCG untereinander über die Zeit erodieren. Sofern die Kontakte nämlich nicht kontinuierlich gepflegt werden, ist auch nicht davon auszugehen, dass die Partner enge Vertraute der jeweiligen *VC*-Geber bleiben.[700]

Eine Betrachtung des Venture-Capital-Literaturzweigs, der sich mit Netzwerk-Aspekten befasst, zeigt, dass die Forscher nicht nur auf verschiedene, sondern auch auf unterschiedlich viele Faktoren zurückgreifen, um die Zentralität einzelner Wagniskapitalgeber im VCG-Netzwerk zu approximieren. Einheitlich ist das Vorgehen der Autoren jedoch dahingehend, dass sie die Beziehungsgeflechte auf syndizierten Investitionen aufbauen.[701]

So nutzen PODOLNY (1993) und SEPPÄ (2003) lediglich die Eigenvektor-Zentralität $c_i(\alpha,\beta)$ von BONACICH (1987)[702] als Indikator der Position eines *VC*-Investors im Kollektiv.[703] Der Tatsache, dass sich Netzwerk-Konstellationen durch das Eintreten weiterer und Ausscheiden etablierter *VC*-Gesellschaften ändern,[704] trägt SEPPÄ (2003) Rechnung, indem er die Zentralitätsmaße über den Faktor α standardisiert.[705]

BYGRAVE (1988), SORENSON/STUART (2001), CASTILLA (2003) und PISKORSKI/ANAND (2004) hingegen limitieren die Anzahl der Zentralitätsindikatoren auf drei, wobei sie überwiegend verschiedene Maße heranziehen. Zwar verwenden sowohl SORENSON/STUART (2001) als auch PISKORSKI/ANAND (2004) die Eigenvektor-Zentralität als dritten Indikator, aber ihre anderen Messgrößen haben wenig miteinander gemein, sind sie doch in Abhängigkeit vom jeweiligen Forschungsschwerpunkt gewählt worden.[706] Während BYGRAVE (1988) und CASTILLA (2003) beide die Gradzentralität als Kennzahl zugrunde

---

[699] Wenngleich SORENSON/STUART (2001) und HOCHBERG ET AL. (2007) in ihren Arbeiten über die US-amerikanische Venture-Capital-Branche ein Zeitfenster von fünf Jahren verwenden, stellen HOCHBERG ET AL. (2007) in ihrer Untersuchung fest, dass eine Periode von drei Jahren im Vergleich zu Fünf-, Sieben- oder Zehnjahreszeiträumen tendenziell mit stärkeren Effekten einhergeht. Vgl. SORENSON, O./STUART, T. E. (2001), S. 1568; HOCHBERG, Y. V. ET AL. (2007), S. 264f.

[700] Vgl. SORENSON, O./STUART, T. E. (2001), S. 1568.

[701] Vgl. hierzu neben den im Folgenden genannten Quellen auch MÄKELÄ, M. M. (2004), S. 16 und PISKORSKI, M. J./ANAND, B. (2007), S. 2f.

[702] Vgl. BONACICH, P. (1987).

[703] Vgl. PODOLNY, J. M. (1993), S. 869; SEPPÄ, T. J. (2003), S. 161.

[704] In der Folge können sich auch die Zentralitätswerte einzelner *VC*-Geber ändern, selbst wenn deren Syndizierungsbeziehungen gleich bleiben.

[705] Konkret wird α so gewählt, dass in jedem Jahr des Beobachtungszeitraums die Summe der quadrierten Zentralitäten der Anzahl VCG im Kollektiv entspricht. Vgl. SEPPÄ, T. J. (2003), S. 162.

[706] Während SORENSON/STUART (2001) auf „mean affiliation" und „affiliate distance" setzen, um die Bedeutung persönlicher Netzwerke für den geographischen Anlagehorizont zu eruieren, bedienen sich PISKORSKI/ANAND (2004) der Beziehungsintensität und „gemeinsamer Dritter" zweier *VC*-Investoren (vgl. GULATI, R./GARGIULO, M. (1999)), um den Einfluss von Ressourcen, sozialer Macht und Prestige bei der Veränderung von Netzwerken zu untersuchen. Vgl. SORENSON, O./STUART, T. E. (2001), S. 1566ff.; PISKORSKI, M. J./ANAND, B. (2004), S. 21.

legen, gibt es bei ihren übrigen Indikatoren keine Überschneidungen.[707] CASTILLA (2003) ergänzt den *Degree* um *Betweenness* und *Closeness*, wobei er alle drei Messgrößen derart standardisiert, dass sie nur Werte zwischen 0 und 100 einnehmen.[708]

HOCHBERG ET AL. (2007) schließlich arbeiten mit fünf Indikatoren, um die Position eines Wagniskapitalgebers im VCG-Netzwerk abzubilden. Dazu gehören die (un)gerichteten Gradzentralitäten *Degree*, *Indegree* und *Outdegree*[709] sowie die *Eigenvector Centrality* und die *Betweenness Centrality*.[710] Damit liefert diese Untersuchung im Hinblick auf die Operationalisierung der Position im VCG-Netzwerk die Blaupause für die eigene Arbeit.

Nach der präzisen Formulierung[711] der unabhängigen Variablen Spezialisierung(sgrad)[712] und Position im VCG-Netzwerk[713] beschäftigt sich der zweite Block dieses Abschnitts mit der Messbarmachung der folgenden Kontrollvariablen:

- Alter (4.1.1.3),
- finanzielle und personelle Ressourcen (4.1.1.4),
- VCG-Typ (4.1.1.5) und
- Herkunft (4.1.1.6).

4.1.1.3 Alter

Wie in Abschnitt 3.3.3 bereits dargelegt, wird das Alter von *VC*-Investoren vielfach als Kontrollvariable in Forschungsfragen einbezogen, wobei es in der Regel als Proxy für deren Erfahrung, Reputation und Kontaktnetzwerk dient.[714]

Um potentielle Auswirkungen altersbedingter Verhaltensunterschiede zwischen *VC*-Gesellschaften erfassen zu können,[715] wird das Alter der Wagniskapitalgeber jeweils über die Differenz zwischen dem Investitions- und dem Gründungsjahr der *VC*-Managementgesellschaft berechnet. Diese Methode ist jedoch nicht sehr präzise, zumal erfahrene *VC*-Manager bzw. -Partner immer wieder ihre etablierten *VC*-Gesellschaften verlassen, um neue Unternehmen zu gründen und Fonds aufzulegen. Daher liegen alte und neue VCG im

---

[707] BYGRAVE (1988) macht zudem Gebrauch von der „Anzahl Syndikate" und dem „index of point centrality" nach ALDRICH, H./WHETTEN, D. A. (1981). Vgl. BYGRAVE, W. D. (1988), S. 150f.

[708] Vgl. CASTILLA, E. J. (2003), S. 118f.

[709] Vgl. HOCHBERG, Y. V. ET AL. (2007), S. 256f.

[710] Vgl. Ibid., S. 257f.

[711] WELGE/AL-LAHAM (2003) verwenden die Begriffe „Operationalisierung" und „präzise Formulierung" synonym. Vgl. WELGE, M. K./AL-LAHAM, A. (2003), S. 117.

[712] Vgl. Abschnitt 3.3.1.

[713] Vgl. Abschnitt 3.3.2.

[714] Vgl. z. B. JÄÄSKELÄINEN, M. ET AL. (2006), S. 194; NAHATA, R. (2008), S. 2f.

[715] In diesem Kontext sei auf das sogenannte „grandstanding"-Phänomen verwiesen, das GOMPERS (1996) in der US-amerikanischen *VC*-Industrie beobachtet hat. Vgl. GOMPERS, P. A. (1996).

Hinblick auf ihre Erfahrung, Reputation und Kontaktnetzwerke oft nicht so weit auseinander, wie ein einfacher Vergleich ihres Alters suggeriert.[716]

Da einzelne statistische Auswertungen Klassenbildungen der stetigen Altersvariablen erfordern, wird fallweise eine Einteilung der *VC*-Geber in fünf Alterskategorien vorgenommen:

- < 5 Jahre (erster *VC*-Fonds aufgelegt, aber nur bedingt investiert),
- ≥ 5 Jahre bis < 10 Jahre (Rückzahlung des Kapitals aus erstem Fonds teilweise erfolgt und *Performance* absehbar, gegebenenfalls zweiter Fonds aufgelegt),
- ≥ 10 Jahre bis < 15 Jahre (Rendite des ersten Fonds ersichtlich, *Performance* des zweiten Fonds abschätzbar, gegebenenfalls dritter Fonds geschlossen),
- ≥ 15 Jahre bis < 20 Jahre (existierender *Track Record* vergangener Investments) und
- ≥ 20 Jahre (etablierte Reputation der VCG und erfahrenes Team von *VC-Professionals*).

Eine Vielzahl von *VC*-Forschern wählt ein vergleichbares Vorgehen, darunter z. B. LERNER (1994), SORENSON/STUART (2001), DE CLERCQ/DIMOV (2003), SEPPÄ (2003) und JÄÄSKELÄINEN ET AL. (2006). Allerdings bestimmen sie das Alter nicht alle auf Jahres-, sondern teilweise auf Quartals- oder Tagesbasis,[717] wodurch aber keine qualitativen Unterschiede zu erwarten sind.

Als Grundlage für die Bestimmung des Alters der *VC*-Gesellschaften dienen die *VentureXpert*-Datenbankeinträge zur Firmengründung („Firm Founding Date") und den Zeitpunkten der jeweiligen Investitionen in bzw. Exits von Portfoliounternehmen. Nach Zufallsstichproben der Datenqualität sind in begründeten Einzelfällen Anpassungen des Datensatzes durch den Autor vorgenommen worden.

4.1.1.4 Finanzielle und personelle Ressourcen

Finanzielle und personelle Ressourcen von *VC*-Gebern werden regelmäßig in Untersuchungen unterschiedlicher Venture-Capital-Fragestellungen berücksichtigt, da das Ausmaß der verfügbaren einschlägigen Ressourcen wie Kapital, *Professionals* und *Deal Flow*[718] den Erfolg eines *VC*-Investors maßgeblich beeinflussen kann.[719] Aus diesem Grunde sollen die genannten Ressourcen denn auch als Kontrollvariable in die eigene Arbeit aufgenommen werden.

---

[716] Vgl. Ibid., S. 139.

[717] Vgl. LERNER, J. (1994), S. 23; SORENSON, O./STUART, T. E. (2001), S. 1566; DE CLERCQ, D./ DIMOV, D. P. (2003); SEPPÄ, T. J. (2003), S. 129; JÄÄSKELÄINEN, M. ET AL. (2006), S. 194f.

[718] Vgl. BYGRAVE, W. D. (1987), S. 143.

[719] Vgl. hierzu ausführlicher Abschnitt 3.3.3.

Die **finanziellen Ressourcen** lassen sich relativ gut über das *Capital under Management* eines spezifischen Fonds bzw. der *VC*-Managementgesellschaft abbilden.[720] Es reflektiert die Kapitalzusagen der Finanzinvestoren, die im Rahmen des *Fundraisings* eines Fonds bzw. sämtlicher noch aktiven Fonds einer VCG gemacht worden sind. Dabei ist es unerheblich, ob bzw. inwieweit diese *Capital Commitments* durch den *Venture Capitalist* bereits abgerufen worden sind. Da im Zeitverlauf durch die Auflage neuer und das Auslaufen[721] bestehender *VC*-Fonds teils signifikante Schwankungen des *Capital under Management* auftreten können, erfolgt die Ermittlung der entsprechenden Werte auf Jahresbasis. Dies ermöglicht eine relativ zuverlässige Aussage über die finanzielle Ausstattung der *VC*-Geber zum jeweiligen Investitionszeitpunkt. Die Erfassung des *Capital under Management* erfolgt prinzipiell in Euro, Angaben in Fremdwährungen werden mit entsprechenden jahresdurchschnittlichen Euro-Wechselkursen umgerechnet. Anschließend findet eine Bereinigung der Daten um inflationäre Tendenzen statt, wobei die Inflationsraten in Deutschland zugrunde gelegt werden.[722]

Da es sich bei der Verwendung des *Capital under Management* als Indikator für die finanziellen Ressourcen einer VCG um gängige Praxis handelt, sei lediglich exemplarisch auf einige Paper verwiesen, wie SEPPÄ (2003), LAINE/TORSTILA (2004), HOPP (2006), JÄÄSKELÄINEN ET AL. (2006) und HOCHBERG ET AL. (2009).[723]

Die **personellen Ressourcen** einer *VC*-Managementgesellschaft, ihr Personal im Allgemeinen bzw. ihre (*Investment*) *Professionals* im Besonderen sind ein weiterer differenzierender Faktor im Wettbewerb der Wagniskapitalgeber. Die quantitative Komponente, die Personalintensität, lässt sich unkompliziert über die Summe der Mitarbeiter bzw. die Anzahl der Investment-Manager (vom Analysten bis zum Senior Partner) erheben. Doch anders als beim Kapital, welches ein homogenes Gut darstellt, existieren innerhalb der Gruppe der *Professionals* teils deutliche Qualitätsunterschiede, die durch die gewählte Operationalisierung jedoch nicht erfasst werden können. Aufgrund der relativ dürftigen Informationslage hinsichtlich der in Deutschland beschäftigten Experten wird für die vorliegende Untersuchung neben der deutschen jeweils auch die globale Größenordnung auf Jahresbasis festgehalten.

Auch der Rückgriff auf die Zahl an *Investment Professionals* als Beleg für die personellen Ressourcen einer *VC*-Gesellschaft ist in der Venture-Capital-Literatur verbreitet. Daher sollen auch hier nur einige Arbeiten beispielhaft angeführt werden: SAHLMAN (1990),

---

720 Vgl. z. B. JÄÄSKELÄINEN, M. ET AL. (2006), S. 194.

721 Nach Ablauf der Fondslaufzeit von üblicherweise zehn Jahren (vgl. SAHLMAN, W. A. (1990), S. 490) reduziert sich das einem *VC*-Investor zur Verfügung stehende *Capital under Management* wieder um das betreffende Fondsvolumen.

722 Die jährlichen Raten schwanken zwischen 0,6% (1999) und 2,0% (2005) und belaufen sich auf einen Gesamteffekt (Wertverlust) von 9,5% im Zeitraum von 1999 bis 2006.

723 Vgl. z. B. SEPPÄ, T. J. (2003), S. 128; LAINE, M./TORSTILA, S. (2004), S. 3; HOPP, C. (2006), S. 11f.; JÄÄSKELÄINEN, M. ET AL. (2006), S. 194; HOCHBERG, Y. V. ET AL. (2009), S. 18. HOCHBERG ET AL. (2009) erheben in ihrer Arbeit das kumulierte *Capital under Management* einer *VC*-Managementgesellschaft seit deren Gründung.

ELANGO ET AL. (1995), SEPPÄ (2003) und CUMMING (2006).[724] SCHEFCZYK (2004) setzt hingegen auf die Zahl der Mitarbeiter eines *VC*-Investors und unterscheidet nicht explizit zwischen *Professionals* und *Back Office*.[725]

Der *Deal Flow* schließlich wird von den *VC*-Gebern nicht kommuniziert und damit auch nicht statistisch erfasst. Eine Berechnung auf Basis der getätigten Investitionen und einer „Investitionsquote"[726] vorzunehmen, erscheint ebenfalls nicht opportun, da erhebliche Unterschiede sowohl im Hinblick auf die Qualität der eingereichten Business-Pläne als auch das Anforderungsniveau der verschiedenen VCG bestehen. Zu den wenigen Forschern, die dennoch den *Deal Flow* abzubilden versuchen, gehören LAINE/TORSTILA (2004). Sie verwenden das Fondsvolumen als Indikation für die verfügbaren Anlagemöglichkeiten.[727]

Was die verwendete Datenbasis für die Ermittlung der finanziellen und personellen Ressourcen von VCG anbelangt, so konnte nur sehr selten auf die vorliegenden Daten von *VentureXpert* zurückgegriffen werden. Da das Kapital und in geringerem Umfang auch die Belegschaft eines *VC*-Gebers im Zeitverlauf teils deutlichen Schwankungen unterliegt,[728] ist eine Erfassung der Größen auf Jahresbasis ratsam. In Ermangelung solcher Informationen im verfügbaren *VentureXpert*-Datensatz[729] sind verschiedene andere Quellen wie die jährlichen Publikationen des Magazins *GoingPublic* (*Corporate Finance und Private Equity Guide*), des BVK (*BVK-Jahrbuch*), die historisch vorhandenen Homepage-Inhalte[730] der betreffenden Venture-Capital-Gesellschaften sowie Internet und Presse im Allgemeinen herangezogen worden. Über die Kombination der gewonnenen Informationen kann ein solides, wenn auch nicht lückenloses Bild der finanziellen und personellen Ressourcen der wesentlichen VCG gezeichnet werden.

4.1.1.5 VCG-Typ

Der VCG-Typ stellt ein weiteres wesentliches Unterscheidungsmerkmal von *VC*-Gebern dar,[731] denn die verschiedenen Interessen der jeweiligen Hauptanteilseigner übertragen sich nicht selten in Differenzen der *VC*-Gesellschaften hinsichtlich Zielsetzung, Struktur,

---

[724] Vgl. SAHLMAN, W. A. (1990), S. 488; ELANGO, B. ET AL. (1995), S. 169; SEPPÄ, T. J. (2003), S. 128; CUMMING, D. J. (2006), S. 1092.

[725] Vgl. SCHEFCZYK, M. (2004), S. 284.

[726] SAHLMAN (1990) bemerkt in diesem Zusammenhang: „Although a typical large venture-capital firm receives up to 1,000 proposals each year, it invests in only a dozen or so new companies." (SAHLMAN, W. A. (1990), S. 488). Dies entspräche einer „Investitionsquote" von ca. 1%.

[727] Vgl. LAINE, M./TORSTILA, S. (2004), S. 7f.

[728] Dies ist insbesondere für die im Beobachtungszeitraum immer noch junge deutsche Venture-Capital-Branche zutreffend.

[729] Die Angaben zu den Ressourcen einer VCG beschränken sich nämlich auf über alle relevanten *VC*-Investoren hinweg uneinheitliche Momentaufnahmen der finanziellen und personellen Kapazitäten in Form des „Capital under Management" und einer mehr oder minder ausführlichen Liste von „Executives".

[730] Hierzu hat sich der Autor der *Internet Archive WayBack Machine* (http://www.archive.org) bedient.

[731] Vgl. hierzu ausführlicher Abschnitt 3.3.4.

Wertschöpfung und Investitionsverhalten. Deshalb sollen mögliche Effekte aus unterschiedlichen Eigentumsverhältnissen in der eigenen Arbeit erfasst werden, indem der VCG-Typ als Kontrollvariable in die empirische Untersuchung einbezogen wird.

In der Venture-Capital-Literatur hat sich eine Klassifizierung herausgebildet, die vier Typen von Wagniskapitalgebern voneinander abgrenzt:[732]

- unabhängige, renditeorientierte *VC*-Geber,
- Corporate-Venture-Capital-Gesellschaften,
- *VC*-Einheiten von Finanzinstituten und
- öffentliche Wagniskapitalgeber.

Auch die vorliegende Arbeit orientiert sich an einer solchen Untergliederung, unterscheidet jedoch auf einer etwas granulareren Ebene zwischen sechs Eigentümergruppen und damit VCG-Typen:

Die Kategorie der unabhängigen, renditeorientierten *VC*-Geber setzt sich aus zwei Fraktionen zusammen: privaten *VC*-Gesellschaften (1), welche eine (ausgewogene) Gruppe ausgewählter institutioneller und privater Investoren hinter sich wissen, und börsennotierten VCG (2), die über eine breite, nur bedingt steuerbare Investorenbasis verfügen.[733] Zu den Corporate-Venture-Capital-Gesellschaften (3) zählen hingegen all jene Wagniskapitalgeber, die finanziell (und organisatorisch) maßgeblich von Industrieunternehmen abhängen.[734] Daneben umfasst das Segment *VC*-Einheiten von Finanzinstituten (4) solche *VC*-Geber, deren Mehrheitseigner der Finanzdienstleistungsbranche, d. h. Banken,

---

[732] Vgl. z. B. TYKVOVÁ, T./WALZ, U. (2004), S. 10; BOTTAZZI, L. ET AL. (2008), S. 508. Auch HOPP (2006) verfolgt prinzipiell diesen Ansatz, differenziert VCG, die ihr Kapital maßgeblich aus der Bankenbranche beziehen, jedoch danach, ob die Finanzinstitute dem privaten, öffentlichen oder genossenschaftlichen Sektor angehören. Im ersten Fall werden die Wagniskapitalgeber dem „Banking"-, im zweiten dem „Public"- und im dritten Fall dem „Co-operative"-Segment zugeschlagen. Darüber hinaus erfasst der Autor *VC*-Investoren, die aus dem Ausland stammen und über keine inländische Dependance verfügen, in einer eigenen Kategorie als „Foreign Investors" (vgl. HOPP, C. (2006), S. 15ff.). HOPP/RIEDER (2005) unterscheiden in ihrer Untersuchung sogar 16 VCG-Typen, wobei sie ihrer Klassifikation gleichzeitig mehrere Kriterien zugrunde legen wie Eigentumsverhältnisse, Herkunft, Spezialisierung und Branche des Corporate Investor (vgl. HOPP, C./RIEDER, F. (2005), S. 26). Demgegenüber beschränken sich LAINE/TORSTILA (2004) auf lediglich drei VCG-Typen: „independent, banking, and corporate" (LAINE, M./TORSTILA, S. (2004), S. 12).

[733] *VentureXpert* klassifiziert die Vertreter dieser beiden VCG-Typen unter „Firm Type" überwiegend (knapp 90% der relevanten Firmen) als „Private Equity Firm Investing Own Capital", vereinzelt aber auch anders, so z. B. als „Incubator", „Private Equity Advisor or Fund of Fund Manager" oder „Management Consulting Firm".

[734] In der *VentureXpert*-Datenbank werden diese VCG unter „Firm Type" primär (zu über 85%) als „Corporate Subsidiary or Affiliate" oder „Corporate Venture Program" und in den verbleibenden Fällen als „Private Equity Firm Investing Own Capital", „Affiliate/Subsidiary of Other Financial Institution" oder „Incubator" geführt.

Versicherungen oder sonstigen Finanzinstituten, zuzurechnen sind.[735] In die Gruppe der öffentlichen Wagniskapitalgeber fallen schließlich sowohl VCG, die auf finanzielle Mittel des Bundes und/oder der Länder angewiesen sind wie deren Förderbanken und öffentliche Beteiligungsgesellschaften (5), als auch solche, die anderweitig öffentliche Förderungen erhalten wie Sparkassen und Landesbanken (6).[736, 737]

Wie eingangs umrissen, lässt sich in Bezug auf die Operationalisierung des VCG-Typs zwar kein einheitliches Vorgehen der Venture-Capital-Forscher erkennen, aber ihre Ansätze weisen zumindest eine gewisse Schnittmenge auf, in deren Rahmen sich auch die eigene Arbeit bewegt.

Grundlage der Zuweisung eines Wagniskapitalgebers zu einer der sechs genannten Kategorien ist prinzipiell die „Firm Type"-Klassifizierung von *VentureXpert*. Für die vier Gruppen private *VC*-Gesellschaften, börsennotierte VCG, Corporate-Venture-Capital-Gesellschaften und *VC*-Einheiten von Finanzinstituten lassen sich jeweils weitgehende inhaltliche Übereinstimmungen feststellen,[738] während die Eingruppierung von Förderbanken und öffentlichen Beteiligungsgesellschaften sowie Sparkassen und Landesbanken unter öffentliche Wagniskapitalgeber nicht der *VentureXpert*-Logik entspricht und somit zu Diskrepanzen führt. Grundsätzlich ist jedoch nur dann vom Basisdatensatz abgewichen worden, wenn die Ergebnisse von Datenbank-, Internet- und/oder Presserecherchen einen solchen Schritt begründet erscheinen ließen.[739]

---

[735] Die Ausprägungen der Variable „Firm Type" beschränken sich in diesem Segment größtenteils (über 80% der maßgeblichen *VC*-Investoren) auf die Kategorien „Investment/Merchant Bank Subsidiary or Affiliate", „Affiliate/Subsidiary of Other Financial Institution", „Investment/Merchant Bank Investing Own or Client Funds", „Commercial Bank Affiliate or Subsidiary", „Insurance Firm Affiliate or Subsidiary" und „Bank Group". Daneben finden sich die Bezeichnung „Private Equity Firm Investing Own Capital" und andere Einzelfälle.

[736] Die „Firm Type"-Einträge für VCG dieser beiden Fraktionen sind sehr heterogen und umfassen nur zum Teil (zu knapp 25%) Begriffe, die sich unmittelbar mit dem öffentlichen Sektor in Verbindung bringen lassen wie „Affiliate/Subsidiary of Public Institution", „Business Development Fund" oder „Federal Government Affiliated Program". Der Rest entfällt auf die Bereiche *VC*-Geber von Finanzinstituten (z. B. „Bank Group", „Commercial Bank Affiliate or Subsidiary") und unabhängige VCG („Private Equity Firm Investing Own Capital"). Diese Inhomogenität ist das Resultat vieler manueller Anpassungen, die eine stringente Zuweisung der VCG mit Bezug zur öffentlichen Hand sicherstellen sollen.

[737] HOPP/RIEDER (2006) wählen diesbezüglich die gleiche Zuordnung. Vgl. HOPP, C./RIEDER, F. (2006), S. 13.

[738] Vgl. hierzu die Fußnoten 733, 734 und 735.

[739] So wird beispielsweise die E.ON Venture Partners GmbH in *VentureXpert* als „Affiliate/ Subsidiary of Other Financial Institution" geführt, obgleich sie als „eigenständige[r] Venture Capital Arm des E.ON Konzerns" (siehe www.eon-venturepartners.com vom 11.12.2004) in die Kategorie Corporate-Venture-Capital-Gesellschaften gehört.

4.1.1.6 Herkunft

Die Herkunft von *VC*-Gesellschaften hat in der Venture-Capital-Literatur gemessen an den bereits thematisierten Charakteristika bislang eine eher untergeordnete Rolle gespielt. Gleichwohl kommen Ökonomen zu dem Ergebnis, dass sich Beteiligungen internationaler VCG durch eine signifikant bessere *Performance* auszeichnen als ihre Wettbewerber mit nationalen Investoren.[740] Dieser Beobachtung soll im vorliegenden Forschungsvorhaben nachgegangen werden, weshalb die VCG-Herkunft als Kontrollvariable Eingang in die Empirie findet.

In den relevanten Publikationen zum deutschen Venture-Capital-Markt wird oft nur eine dichotome Unterscheidung vorgenommen, die *VC*-Geber entweder nach ihrem Unternehmenssitz[741] oder der Existenz bzw. Absenz einer deutschen Niederlassung[742] in- und ausländische Wagniskapitalgeber trennt. Die eigene Untersuchung beschreitet in dieser Hinsicht einen anderen Weg und grenzt *VC*-Investoren nach deren räumlicher und kultureller Nähe zum Zielmarkt, Deutschland, voneinander ab. Die Einordnung der Venture-Capital-Geber richtet sich dabei nach der Lage ihres Stammsitzes in einer der fünf folgenden Regionen: Deutschland, deutschsprachiges Europa (ohne Deutschland), sonstiges Europa (exklusive der deutschsprachigen Staaten), Nordamerika und restliche Welt (Südamerika, Afrika, Asien und Australien).

Die Einsortierung einer *VC*-Gesellschaft erfolgt dabei stets auf Basis der in *VentureXpert* hinterlegten Adresse des Stammsitzes in Verbindung mit einem Länder-Regionen-Mapping.

4.1.1.7 Zusammenfassung

Tabelle 11 fasst die gewählte Operationalisierung der beschriebenen Variablen für Lead-Investoren noch einmal übersichtlich zusammen.

---

740 Vgl. TYKVOVÁ, T./WALZ, U. (2004), S. 23. Die Autoren mutmaßen, dass dies auch mit dem längeren *Track Record* der ausländischen VCG zusammenhängen kann. Vgl. TYKVOVÁ, T./WALZ, U. (2004), S. 21.

741 Vgl. z. B. TYKVOVÁ, T./WALZ, U. (2004), S. 10.

742 Vgl. u. a. HOPP, C./RIEDER, F. (2006), S. 13 und HOPP, C. (2006), S. 15.

Variable	SPSS-Label	Kurzbeschreibung der Operationalisierung	Skalen-niveau	Skalen-ausprägung	Quelle
Charakteristika der Venture-Capital-Gesellschaften (Lead-Investoren)					
• **Spezialisierung auf Branchen**	• Lead_VC_ PIMiG_pref • Lead_VC_ PIMiG_pref_match • Lead_VC_ PIMiG_HHI	• Historisch präferierte Industrieklasse (auf Basis sämtlicher seit 1996 in *VentureXpert (VX)* erfassten Beteiligungen der VCG) • Auf Branche der Portfoliogesellschaft zutreffende Spezialisierung • Herfindahl-Hirschman-Index über hist. präferierte Industrieklassen	• Nominal • Nominal • Kardinal	• 8 Kategorien (1000: *Communi-cations* - 6000: *Non-High Tech.*) • *Dummy* (0: nein, 1: ja) • Indexwert (0-1)	• *Venture-Economics (VE)* • *VentureXpert (VX)*
• **Spezialisierung auf Finanzierungs-phasen**	• Lead_VC_ stg_pref • Lead_VC_ stg_pref_match • Lead_VC_ stg_HHI	• Historisch präferierte Finanzierungs-phase (auf Basis aller seit 1996 in *VX* erfassten Beteiligungen der VCG) • Auf Phase der Portfoliogesellschaft zutreffende Spezialisierung • Herfindahl-Hirschman-Index über hist. präferierte Finanzierungsphasen	• Ordinal • Nominal • Kardinal	• 7 Klassen (1: *Seed/Start-up* - 7: Sonstige) • *Dummy* (0: nein, 1: ja) • Indexwert (0-1)	• *VX*
• **Spezialisierung auf Regionen**	• Lead_VC_ reg_pref • Lead_VC_ reg_pref_match • Lead_VC_ reg_HHI	• Historisch präferierter regionaler Fokus (auf Basis aller seit 1996 in *VX* erfassten Beteiligungen der VCG) • Auf Region der Portfoliogesellschaft zutreffende Spezialisierung • Herfindahl-Hirschman-Index über hist. präferierte Regionen	• Nominal • Nominal • Kardinal	• 5 Kategorien (1: Dtld. - 5: Rest der Welt) • *Dummy* (0: nein, 1: ja) • Indexwert (0-1)	• *VX*
• **Zentralere Position im VCG-Syndizierungs-netzwerk**	• Lead_VC_nw_n_deg • Lead_VC_nw_n_outdeg • Lead_VC_nw_n_indeg • Lead_VC_nw_n_EV • Lead_VC_nw_n_btw	• Normalisierte Gradzentralität • Norm. Ausgangsgradzentralität • Norm. Eingangsgradzentralität • Norm. Eigenvektorzentralität • Norm. *Betweenness*-Zentralität (alle Maße auf Basis der im Datensatz enthaltenen Beteiligungen der VCG)	• Kardinal (alle Maße)	• Prozentzahl (0-100%) (alle Maße)	• *VX* • *UCINET*
• Alter	• Lead_VC_age_iN	• Bestehen seit Gründung in Jahren (zum Zeitpunkt der jeweils letzten Finanzierungsrunde einer Beteiligung)	• Kardinal	• Ganze Zahl (≥0)	• *VX* • Internet (homepages, archive.org)
• Ressourcen	• Lead_VC_sz_cum_gl • Lead_VC_sz_emp_gl • Lead_VC_sz_pfc_gl	• *Capital under Management* in Mio. € (inflationsbereinigt, global) • Zahl der Mitarbeiter (global) • Anzahl Portfoliounternehmen (global) (alle Größen zum Zeitpunkt der jeweils letzten Finanzierungsrunde einer Beteiligung)	• Kardinal (alle Maße)	• Reelle Zahl (≥0) • Natürliche Zahl (>0) • Natürliche Zahl (>0)	• *VX* • Internet (homepages, archive.org)
• VCG-Typ	• Lead_VC_type	• Typus der *VC*-Gesellschaft	• Nominal	• 6 Kategorien (1: private VCG - 6: *VC*-Einheit von Spk./LB)	• *VX* • Internet (homepages, archive.org)
• Herkunft	• Lead_VC_origin_reg • Lead_VC_origin_ctry	• Regionaler Standort der Unternehmenszentrale • Nationaler Standort der Zentrale	• Nominal • Nominal	• 5 Kategorien (1: Dtld. - 5: Rest der Welt) • Länderschlüssel	• *VX* • Internet (homepages, archive.org)

Legende: **Variablenname (fett)** = unabhängige Variable
Variablenname (normal) = Kontrollvariable

Quelle: Eigene Darstellung

Tabelle 11: Operationalisierung der Variablen zur Beschreibung der Charakteristika des Lead-Investors

Und Tabelle 12 zeigt abschließend, wie die entsprechenden Variablen für die Gruppe der Co-Investoren aggregiert werden.

Variable	SPSS-Label	Kurzbeschreibung der Operationalisierung	Skalen-niveau	Skalen-ausprägung	Quelle
Charakteristika der Venture-Capital-Gesellschaften (Co-Investor(en))					
• **Spezialisierung auf Branchen**	•Co_VC_ PIMiG_pref_match	• Übereinstimmung der historisch präferierten Industrieklasse* mindestens eines Co-Investors mit der Branche der Beteiligung	• Nominal	• *Dummy* (0: nein, 1: ja)	• *Venture-Economics (VE)* • *VentureXpert (VX)*
	•Co_VC_ PIMiG_HHI_match_ max	• Maximaler Herfindahl-Hirschman-Index eines Co-Investors mit Fokus auf die Beteiligungsbranche	• Kardinal	• Indexwert (0-1)	
• **Spezialisierung auf Finanzierungs-phasen**	•Co_VC_ stg_pref_match	• Übereinstimmung der historisch präferierten Finanzierungsphase* eines Co-Investors mit der Lebens-zyklusphase der Portfoliogesellschaft	• Nominal	• *Dummy* (0: nein, 1: ja)	• *VX*
	•Co_VC_ stg_HHI_match_ max	• Maximaler Herfindahl-Hirschman-Index eines Co-Investors mit Fokus auf die Finanzierungsphase des Portfoliounternehmens	• Kardinal	• Indexwert (0-1)	
• **Spezialisierung auf Regionen**	•Co_VC_ reg_pref_match	• Übereinstimmung des historisch präferierten regionalen Fokus* eines Co-Investors mit der Herkunfts-region der Beteiligung	• Nominal	• *Dummy* (0: nein, 1: ja)	• *VX*
	•Co_VC_ reg_HHI_match_ max	• Maximaler Herfindahl-Hirschman-Index eines Co-Investors mit Fokus auf die Region der Beteiligung	• Kardinal	• Indexwert (0-1)	
• **Zentralere Position im VCG-Syndizierungs-netzwerk**	•Co_VC_ nw_n_deg_max •Co_VC_ nw_n_outdeg_max •Co_VC_ nw_n_indeg_max •Co_VC_ nw_n_EV_max •Co_VC_ nw_n_btw_max	• Maximum der normalisierten Gradzentralität • Maximum der normalisierten Ausgangsgradzentralität • Maximum der normalisierten Eingangsgradzentralität • Maximum der normalisierten Eigenvektorzentralität • Maximum der normalisierten *Betweenness*-Zentralität (alle Maße auf Basis der im Datensatz enthaltenen Beteiligungen der VCG)	• Kardinal (alle Maße)	• Prozentzahl (0-100%) (alle Maße)	• *VX* • *UCINET*
• Alter	•Co_VC_age_iN_mdn	• Median der Altersklassen aller engagierten Co-Investoren (zum Zeitpunkt der jeweils letzten Finan-zierungsrunde einer Beteiligung)	• Ordinal	• 5 Klassen (1: <5 Jahre - 5: ≥20 Jahre)	• *VX* • Internet (homepages, archive.org)
• Ressourcen	•Co_VC_sz_cum_gl_avg •Co_VC_sz_emp_gl_avg •Co_VC_sz_pfc_gl_avg	• Mittelwert des *Capital under Management* in Mio. € (inflationsbereinigt, global) • Mittelwert der Zahl der Mitarbeiter (global) • Mittelwert der Anzahl Portfolio-unternehmen (global) (alle Größen zum Zeitpunkt der jeweils letzten Finanzierungsrunde einer Beteiligung)	• Kardinal (alle Maße)	• Reelle Zahl (≥0) (alle Maße)	• *VX* • Internet (homepages, archive.org)

Legende: **Variablenname (fett)** = unabhängige Variable
Variablenname (normal) = Kontrollvariable
* = vgl. die entsprechenden Angaben in Tabelle 11

Quelle: Eigene Darstellung

Tabelle 12: Operationalisierung der Variablen zur Beschreibung der Charakteristika der Co-Investoren

4.1.2 *Beschaffenheit des Venture-Capital-Syndikats*

Nachdem im vorigen Abschnitt alle Indikatoren und Messmethoden der unabhängigen und Kontrollvariablen aus dem Bereich Charakteristika der Venture-Capital-Gesellschaften ausführlich dargelegt worden sind, beschäftigen sich die nachfolgenden Ausführungen mit dem Block des Forschungsmodells, der die Beschaffenheit des Venture-Capital-Syndikats eingehender untersucht.

Im Hinblick auf die Syndikatszusammensetzung rückt die eigene Untersuchung drei wesentliche Faktoren in den Vordergrund, denen ein Einfluss auf den Beteiligungserfolg beigemessen werden kann:[743]

- Syndikatsgröße (4.1.2.1),
- Konstellation der VCG-Typen (4.1.2.2) und
- Inter-/Nationalität des Syndikats (4.1.2.3).

Um mögliche Effekte auf die Entwicklung der Portfoliounternehmen jeweils isolieren und bewerten zu können, gehen alle Parameter als unabhängige Variable in die statistische Auswertung ein. Die folgenden Passagen setzen sich daher mit der Operationalisierung dieser Faktoren auseinander.

4.1.2.1 Syndikatsgröße

Die Syndikatsgröße[744] reflektiert den Umfang der Investorengruppe, die sich im Zeitverlauf an einem Wachstumsunternehmen beteiligt hat. Da Venture-Capital-Gesellschaften danach streben, den Wert ihres Investment-Portfolios zu maximieren, indem sie ihren Beteiligungen neben finanziellen Mitteln weitere Ressourcen und Informationen zur Verfügung stellen, kann die Anzahl der engagierten Wagniskapitalgeber als Indikator der einem Portfoliounternehmen zugänglichen Ressourcenbasis interpretiert werden.

Der für diese Arbeit maßgeblichen Definition von Syndizierung i. w. S.[745] folgend umfasst die Gruppe der Syndikatspartner nicht nur Teilnehmer einzelner Finanzierungsrunden, sondern vielmehr die Gesamtheit der *VC*-Investoren, die während der Beteiligungsdauer Kapital bereitgestellt haben.

Wenngleich die Syndikatsgröße innerhalb der Venture-Capital-Forschung vielfach betrachtet worden ist, hat sich bislang keine einheitliche Operationalisierungsweise herauskristallisiert, die eine Vergleichbarkeit der Ergebnisse erleichtern bzw. ermöglichen würde. Zu den Publikationen, die sich gleicher Messmethoden bedienen wie die vorliegende Arbeit, zählen u. a. KAPLAN/STRÖMBERG (2004) und NAHATA (2008), der den Einfluss dieser und anderer Determinanten auf den Beteiligungserfolg zu bestimmen versucht.[746]

---

[743] Vgl. Unterkapitel 3.4.

[744] Vgl. Abschnitt 3.4.1.

[745] Vgl. Abschnitt 2.2.2.

[746] Vgl. KAPLAN, S. N./STRÖMBERG, P. (2004), S. 2206; NAHATA, R. (2008), S. 13f., 21.

Demgegenüber definieren beispielsweise GIOT/SCHWIENBACHER (2003) und WRIGHT/ LOCKETT (2003) Syndizierung im engeren Sinne und verwenden Operationalisierungen, die auf den Umfang der Investorengruppen einzelner Finanzierungsrunden abstellen.[747] Auch HEGE ET AL. (2006) verfolgen diesen Ansatz, betrachten aber neben der Syndikatsgröße in der ersten Investitionsrunde auch deren arithmetisches Mittel über die verschiedenen Etappen hinweg.[748] SCHWIENBACHER (2005) erfasst für seine Untersuchung von Venture-Capital-Exits zwar die Anzahl der Syndikatspartner einer VCG, jedoch begnügt er sich mit einem unspezifischen investitionsübergreifenden Durchschnittswert je Wagniskapitalgeber.[749]

Die Einträge der eigenen Datenbasis speisen sich aus den *VentureXpert*-Angaben in der Rubrik „Firms and Funds Investing in this Company". Darin werden jene Managementgesellschaften und korrespondierenden Fonds aufgelistet, die sich im Rahmen einer oder mehrerer Finanzierungsrunden am betreffenden Portfoliounternehmen beteiligt haben. Die Syndikatsgröße ergibt sich dann als Summe der unterschiedlichen in der Investorengruppe repräsentierten *VC*-Gesellschaften (*Firms*). Der Vollständigkeit halber sei angemerkt, dass in begründeten Ausnahmefällen Ergänzungen des Konsortiums vorgenommen worden sind.

4.1.2.2 Konstellation der VCG-Typen

Um die Beschaffenheit des *VC*-Syndikats weiter zu analysieren, richtet sich das Augenmerk in diesem Abschnitt auf die Zusammensetzung der Investorengruppe hinsichtlich der darin vertretenen VCG-Typen. Wie bereits ausführlich beschrieben[750] bestehen deutliche Unterschiede zwischen den vier VCG-Typen in Bezug auf deren jeweilige Zielsetzungen, vorhandene Kompetenzen, Ressourcen, verfügbare Informationen und damit letztlich deren Beiträge zur Wertschöpfung von Portfoliounternehmen.[751] Während unabhängige VCG konsequent die Wertsteigerung ihrer Fonds bzw. ihrer Engagements im Blick haben, verfolgen Corporate-Venture-Capital-Gesellschaften und *VC*-Einheiten von Finanzinstituten auch strategische Eigeninteressen, was ihren Beitrag zur Entwicklung der Beteiligungen zuweilen schmälert. Öffentliche Beteiligungsgesellschaften beschränken sich - Förderungsmotiven verpflichtet - meist auf die Bereitstellung von Kapital. Da sich die Vertreter der einzelnen VCG-Typen in ihren Leistungsprofilen signifikant voneinander unterscheiden, kann eine geschickte bzw. weniger intelligente Kombination ihrer teils substitutiven, teils komplementären Ressourcenbasen betroffenen Beteiligungen entscheidende Wettbewerbsvor- bzw. -nachteile verschaffen.

Daher wird die Konstellation der VCG-Typen als weitere unabhängige Variable im Forschungsmodell berücksichtigt. Grundlage für die Zuordnung der Syndikate zu einer von insgesamt sechs Klassen sind die Ausprägungen des VCG-Typ-Merkmals aller engagierten

---

747 Vgl. GIOT, P./SCHWIENBACHER, A. (2003), S. 5; WRIGHT, M./LOCKETT, A. (2003), S. 2076.

748 Vgl. HEGE, U. ET AL. (2006), S. 11f.

749 Vgl. SCHWIENBACHER, A. (2005), S. 15f.

750 Vgl. die Abschnitte 3.3.4, 4.1.1 sowie 3.4.2.

751 Vgl. z. B. TYKVOVÁ, T./WALZ, U. (2004), S. 27f.

Wagniskapitalgeber[752]. Neben Syndikaten nur unabhängiger VCG (1) werden fünf Kategorien gemischter Investorengruppen voneinander abgegrenzt: Konsortien ohne unabhängige *VC*-Geber (2), Syndikate aus unabhängigen und Corporate-*VC*-Gesellschaften (3), Kapitalgebergremien aus unabhängigen und Financial Institution-VCG (4), Investorengruppen von unabhängigen und staatlich beeinflussten Wagniskapitalgebern (5) sowie sonstige Kombinationen von mindestens drei verschiedenen VCG-Typen (6).

Wenngleich sich bereits mehrere Wissenschaftler mit dem Zusammenhang zwischen Syndikaten verschiedener VCG-Typen und dem Erfolg der zugehörigen Engagements befasst haben, sind dem Autor keine Arbeiten bekannt, die eine der eigenen Untersuchung vergleichbare Operationalisierung dieser Variablen verwenden. Ein Großteil der Publikationen konzentriert sich nämlich auf die Auswirkungen, die eine Präsenz bzw. Absenz von CVCG auf die Beteiligungsentwicklung hat. Trotz voneinander abweichender Messmethoden haben sie inhaltlich übereinstimmende Belege dafür gefunden, dass Syndikate unter Beteiligung unabhängiger und Corporate-VCG die Erfolgsaussichten gemeinsamer Portfoliounternehmen verbessern.[753] Dagegen rückt SCHWIENBACHER (2005) die Teilnahme von VCG des öffentlichen Sektors in den Betrachtungsmittelpunkt.[754]

Da sich die Variable Konstellation der VCG-Typen von den Merkmalsausprägungen des VCG-Typs der beteiligten *Venture Capitalists* ableitet, lassen sich die Daten letzten Endes auf die teils modifizierten „Firm Type"-Einträge in *VentureXpert* zurückführen.

4.1.2.3 Inter-/Nationalität des Syndikats

Die Inter-/Nationalität von Syndikaten ist bereits Gegenstand von Publikationen gewesen, die deren Auswirkungen auf die Entwicklung von Portfoliounternehmen unterstellt und z. T. belegt haben. Dabei geht es prinzipiell um zwei entgegenlaufende Effekte, die aus der geographischen Distanz und kulturellen Andersartigkeit von VCG und deren Investments resultieren. Einerseits können sich Beeinträchtigungen der Wertschöpfung durch höhere Transaktionskosten ergeben, andererseits sind Internationalisierungsvorteile aufgrund des *Endorsement* durch ausländische Wagniskapitalgeber in deren Heimatmärkten möglich.[755]

Um die in diesem Zusammenhang formulierten Hypothesen 7a bzw. 7b anhand des eigenen Datensatzes prüfen zu können, wird die Inter-/Nationalität des Syndikats als weitere unabhängige Variable erfasst. Aufbauend auf den Informationen zur Herkunft der im Konsortium vertretenen *Venture Capitalists* werden sechs Kategorien definiert: rein deutsche Co-Investition (1), Kapitalgebergremium aus dem deutschsprachigen Europa (2), *VC*-Syndikat aus dem sonstigen Europa (inklusive Deutschlands) (3), Zusammenschluss

---

[752] Hierbei werden - wiederum der Definition von Syndizierung i. w. S. folgend - sämtliche *Venture Capitalists* berücksichtigt, die während der Beteiligungsdauer Kapital bereitgestellt haben.

[753] Vgl. u. a. GOMPERS, P. A./LERNER, J. (2000), S. 19f.; MAULA, M. V. J./MURRAY, G. (2001), S. 178; LAINE, M./TORSTILA, S. (2004), S. 17; NAHATA, R. (2008), S. 13f.

[754] Vgl. SCHWIENBACHER, A. (2005), S. 15f.

[755] Vgl. diesbezüglich Abschnitt 3.4.3.

nordamerikanischer und deutscher *VC*-Geber (4), Investorengruppe aus dem Rest der Welt plus Deutschland (5) sowie *VC*-Syndizierung ohne deutsche Beteiligung (6). Dadurch können Investorengruppen nach ihrer Nationalität bzw. räumlichen und kulturellen Nähe[756] zum Portfoliounternehmen voneinander abgegrenzt werden.

Eine Betrachtung der einschlägigen *VC*-Literatur zeigt jedoch, dass im Hinblick auf nationale, geographische und kulturelle Entfernung zwischen Investor und Investment unterschiedliche Operationalisierungsweisen zu finden sind. Dabei lassen sich zwei Methoden grob auseinanderhalten: Während eine größere Gruppe auf die physische Distanz – teilweise in Verbindung mit anderen Indikatoren – abstellt, rückt eine kleinere Fraktion die Herkunft einzelner VCG in den Mittelpunkt. Die eigene Arbeit verfolgt einen individuellen Ansatz, bewegt sich aber gewissermaßen innerhalb der Schnittmenge der anderen Herangehensweisen, da sich die Klassifizierung der Inter-/Nationalität von *VC*-Syndikaten über ein geographisch und kulturell geprägtes Klassifikationsschema auf Basis der Nationalitäten beteiligter *VC*-Geber vollzieht.

In die erste Gruppe der Untersuchungen fallen z. B. die Beiträge von SAPIENZA (1992), POWELL ET AL. (2001), SORENSON/ STUART (2001) und MÄKELÄ/MAULA (2006). SAPIENZA (1992) und POWELL ET AL. (2001) legen ihren Operationalisierungen der physischen Distanz zwischen Kapitalgeber und Beteiligung jeweils die geschätzte Reisezeit zum Portfoliounternehmen zugrunde.[757] SORENSON/STUART (2001) kalkulieren die physische Strecke mithilfe der sphärischen Geometrie unter Rückgriff auf Längen- und Breitengradkoordinaten der Niederlassungen von Investoren und Investments.[758] Demgegenüber verwenden MÄKELÄ/MAULA (2006) drei verschiedene Maße zur Beurteilung der Nähe bzw. Entfernung: geographischer Abstand, kulturelle Distanz[759] sowie ein Standort im In- oder Ausland.[760] Diese drei Dimensionen fassen die Autoren zu einer qualitativen Bewertung zusammen, die vier Kategorien kennt: keine, geringe, mittlere und hohe Distanz.[761]

Zur zweiten Fraktion gehören beispielsweise die Publikationen von TYKVOVÁ/WALZ (2004) und HEGE ET AL. (2006). TYKVOVÁ/WALZ (2004) untersuchen *Performance*-Unterschiede zwischen Beteiligungen, deren Kapitalgeber von deutschen VCG angeführt werden, und Portfoliounternehmen mit ausländischen Lead-Investoren.[762]

---

756 Vgl. HOFSTEDE, G. (2009): http://www.geerthofstede.nl (konsultiert am 30.11.2009)

757 Während bei SAPIENZA (1992) die Reisezeit jedoch als quantitative Variable in die empirische Untersuchung eingeht (vgl. ebenda, S. 27), nutzen POWELL ET AL. (2001) die ermittelten Fahrtzeiten „nur" für eine binäre Unterscheidung zwischen lokalen und nicht-lokalen VCG (Fahrtzeit < 1 Std. bzw. > 1 Std.) (vgl. Ibid., S. 14).

758 Vgl. SORENSON, O./STUART, T. E. (2001), S. 1563f.

759 Die Berechnung erfolgt anhand der Formel von KOGUT/SINGH (1988) unter Verwendung der Indizes nationaler Kulturen von HOFSTEDE, G. (2001).

760 Vgl. KOGUT, B./SINGH, H. (1988); GRINBLATT, M./KELOHARJU, M. (2001).

761 Vgl. MÄKELÄ, M. M./MAULA, M. V. J. (2006), S. 286f.

762 Vgl. TYKVOVÁ, T./WALZ, U. (2004), S. 13.

Weil HEGE ET AL. (2006) vermuten, dass US-amerikanische Venture-Capital-Gesellschaften auch europäischen Investments zu einer besseren *Performance* verhelfen können als ihre europäischen *VC*-Wettbewerber, differenzieren die Autoren in ihrem Paper „nur" zwischen Syndikaten mit und ohne Beteiligung US-amerikanischer VCG.[763]

Zumal sich die Variable Inter-/Nationalität des Syndikats über die Eintragungen zur Herkunft der beteiligten Wagniskapitalgeber ergibt, können deren Merkmalsausprägungen letztlich bis auf die „Firm Nation"-Einträge in *VentureXpert* zurückgeführt werden.

4.1.2.4 Unterscheidung von Lead- und Co-Investoren

Im Kontext der *VC*-Syndizierung ist die Differenzierung der Wagniskapitalgeber nach ihrer Rolle im Konsortium als Lead- oder Co-Investor von zentraler Bedeutung. Denn die jeweilige Aufgabe impliziert einen mehr oder minder großen Beitrag zur Wertschöpfung des Portfoliounternehmens und damit ein entsprechendes Maß an Verantwortung.[764] Aufgrund ihrer Schlüsselfunktion für die Beteiligungsentwicklung stehen Lead-Investoren denn auch in zahlreichen empirischen Analysen im Vordergrund.[765]

Um die von den Syndikatspartnern übernommenen Rollen korrekt zuordnen zu können, müssen objektive, für Externe nachvollziehbare Entscheidungskriterien definiert werden.

Im Rahmen einer Analyse der relevanten Venture-Capital-Literatur haben sich zwei Differenzierungsmerkmale herauskristallisiert, die wiederholt zur Identifizierung von Lead-Investoren herangezogen werden:

- größter finanzieller Beitrag innerhalb der Investorengruppe (1) und
- frühe Erstinvestition mit anschließendem kontinuierlichem Investment (2).

(1) Zur Gruppe der *VC*-Forscher, die Lead- und Co-Investoren anhand ihrer finanziellen Beiträge auseinanderhalten, gehören u. a. LIN/SMITH (1995), WRIGHT/ LOCKETT (2003), KAPLAN/STRÖMBERG (2004), JÄÄSKELÄINEN ET AL. (2006), SÖDERBLOM (2006) und HOCHBERG ET AL. (2009). Doch während KAPLAN/STRÖMBERG (2004), JÄÄSKELÄINEN ET AL. (2006) und HOCHBERG ET AL. (2009) die absolute Investitionshöhe innerhalb einer Finanzierungsrunde zum ausschlaggebenden Kriterium erheben,[766]

---

[763] Dabei legen HEGE ET AL. (2006) eine Definition von Syndizierung i. w. S. zugrunde. Vgl. ebenda, S. 15.

[764] Zu den Funktionen eines Lead-Investors vgl. WEITNAUER (2000), S. 185ff.; JÄÄSKELÄINEN, M. ET AL. (2006), S. 189f. Co-Investoren spielen demgegenüber eine eher passive Rolle, da sie sich z. T. auf die Bereitstellung finanzieller Mittel beschränken. Siehe auch GORMAN, M./SAHLMAN, W. A. (1989), S. 235.

[765] Vgl. z. B. SAPIENZA, H. J. (1992); TYKVOVÁ, T./WALZ, U. (2004), S. 8; WELPE, I. (2004), S. 30f.

[766] Vgl. KAPLAN, S. N./STRÖMBERG, P. (2004), S. 2191; JÄÄSKELÄINEN, M. ET AL. (2006), S. 193; HOCHBERG, Y. V. ET AL. (2009), S. 30.

halten LIN/SMITH (1995), WRIGHT/LOCKETT (2003) und SÖDERBLOM (2006) den relativen Anteil am Eigenkapital der Portfoliounternehmen für maßgeblich.[767]

(2) Neben dem substantiellen Anteil am stimmberechtigten Kapital der Beteiligungen, den Lead-Investoren für ihren signifikanten Beitrag zu deren Entwicklung erhalten, zeichnen sie sich gegenüber der Gruppe ihrer Co-Investoren durch ein frühes, kontinuierliches Investment aus. GORMAN/SAHLMAN (1989) beispielsweise nehmen eine Unterscheidung zwischen Lead- und Nonlead- bzw. Co-Investoren vor, die sich daran orientiert, ob die Erstinvestition der VCG in der *Seed*- oder *Start-up*-Phase erfolgt („lead") oder nicht („non-lead").[768] ELANGO ET AL. (1995) stellen in ihrer empirischen Untersuchung fest, dass ungefähr zwei Drittel der Frühphasenfinanciers angeben, Lead-Investoren zu sein, während VCG, die sich in späteren Phasen - abgesehen von der *LBO*-Phase - engagieren, überwiegend als Co-Investoren einsteigen.[769] Die Ergebnisse der Stichprobe von WELPE (2004) zeichnen ein ähnliches Bild, denn zwei Drittel der Lead-Investoren haben sich bereits in der *Seed*- oder *Start-up*-Phase an Portfoliounternehmen beteiligt, während sich lediglich ein Drittel der Syndikatsführer in der Expansions- oder anderen Spätphasen dem Syndikat angeschlossen hat.[770]

Den zitierten Quellen folgend macht die vorliegende Arbeit die Bestimmung des Lead-Investors innerhalb eines Syndikats an den beiden nachstehenden Kriterien fest:

- größter Eigenkapitalanteil der Syndikatspartner (I) und
- früheste Erstinvestition mit maximaler Anzahl begleiteter Finanzierungsrunden (II).

(I) Um die *VC*-Geber mit dem **größten Anteil am Eigenkapital** der Portfoliounternehmen bestimmen zu können, müssen - in Ermangelung verfügbarer *VentureXpert*-Daten[771] - verschiedene andere Quellen[772] diesbezüglich durchsucht werden. Auf Basis gewonnener Informationen zu individuellen Beteiligungsquoten können für 66% der syndizierten Engagements Lead-Investoren identifiziert werden.[773] Für weitere 16% der *VC*-Investments lassen sich zwar keine konkreten Anteilshöhen ermitteln, jedoch geben die gefundenen Quellen entweder qualitative Hinweise auf zentrale Kapitalgeber oder suggerieren eine

767 Vgl. LIN, T. H./SMITH, R. L. (1995), S. 16; WRIGHT, M./LOCKETT, A. (2003), S. 2090; SÖDERBLOM, A. (2006), S. 4.

768 Vgl. GORMAN, M./SAHLMAN, W. A. (1989), S. 234.

769 Vgl. ELANGO, B. ET AL. (1995), S. 167.

770 Vgl. WELPE, I. (2004), S. 142.

771 Auch HELLMANN ET AL. (2003) bemerken in ihrem Beitrag: „Unfortunately, Venture Economics does not report who is the lead investor." (Ibid., S. 9).

772 Vgl. Abschnitt 4.2.2.

773 JÄÄSKELÄINEN ET AL. (2006) bemerken in dem Zusammenhang: „However, since we were able to identify the lead investor in 66.2% of all investment rounds with more than one investor, the measure should still be powerful enough to capture the effect of lead investing." Ibid., S. 193.

Rangfolge der Syndikatspartner, anhand derer auf die Lead-Investoren geschlossen werden kann.[774]

(II) Für die verbleibenden 18% muss die Zuweisung der Lead-Investor-Rolle anhand einer Kombination aus **frühester Erstinvestition** und **maximaler Anzahl begleiteter Finanzierungsrunden** erfolgen. Dieser Ansatz führt allerdings nur zu approximativen Ergebnissen, da sich VCG im Laufe der Beteiligung zuweilen aus ihren anfänglichen Führungsrollen zurückziehen.

4.1.2.5 Zusammenfassung

Tabelle 13 fasst die Operationalisierung der unabhängigen und Kontrollvariablen des Modellblocks Beschaffenheit des Venture-Capital-Syndikats noch einmal übersichtlich zusammen.

Variable	SPSS-Label	Kurzbeschreibung der Operationalisierung	Skalen-niveau	Skalen-ausprägung	Quelle
Beschaffenheit des Venture-Capital-Syndikats					
• **Anzahl der *VC*-Investoren**	• VC_nr_iN • VC_nr_i1	• Anzahl Syndikatspartner (von erster bis zur letzten Finanzierungsrunde) • Anzahl Syndikatspartner (in erster Finanzierungsrunde)	• Kardinal • Kardinal	• Natürliche Zahl (>0) • Natürliche Zahl (>0)	• *VentureXpert (VX)*
• **Einbindung unabhängiger und Corporate-VCG**	• Syn_const_ VC_type_u_corp • Syn_const_ VC_type	• Simultane Präsenz von unabhängigen und Corporate-VCG • Konstellation der VCG-Typen	• Nominal • Nominal	• *Dummy* (0: nein, 1: ja) • 6 Kategorien (1: nur unabh. VCG - 6: U-, C- & FI-VCG)	• *VX* • Internet (homepages, archive.org)
• **Teilnahme ausländischer VCG**	• Synd_const_ VC_origin_non_DE • Synd_const_ VC_origin	• Teilnahme von Syndikatspartnern mit Unternehmenszentrale im Ausland • Konstellation des Syndikats nach regionaler Herkunft der VCG	• Nominal • Nominal	• *Dummy* (0: nein, 1: ja) • 6 Kategorien (1: Deutschland - 6: außerhalb Deutschlands)	• *VX* • Internet (homepages, archive.org)
• Lead-Investor	• Lead_VC	• Investor mit größtem finanziellen Beitrag innerhalb der Investorengruppe sowie frühestem und gleichzeitig längstem Engagement	• Nominal		• *VX* • Internet (homepages, archive.org)

Legende: **Variablenname (fett)** = unabhängige Variable
Variablenname (normal) = Kontrollvariable

Quelle: Eigene Darstellung

Tabelle 13: Operationalisierung der Variablen zur Beschreibung der Beschaffenheit des Venture-Capital-Syndikats

[774] Ein Beispiel für solche Hinweise ist der Auszug aus einer Success Story von Wellington Partners: „[The founders of webmiles] soon convinced Wellington Partners to lead the first round of financing for such an innovative player in the German retail sector." Vgl. http://www.wellington-partners.com/wp/suc_tech_webmiles.html (Zugriff am 02.12.2009).

4.1.3 *Eigenschaften der Beteiligung*

In diesem Abschnitt werden die relevanten Eigenschaften der zu untersuchenden Portfoliounternehmen im Hinblick auf ihre Operationalisierung spezifiziert. Die Struktur orientiert sich an der Reihenfolge bei der Hypothesenbildung, so dass eingangs die unabhängigen Variablen Lebenszyklusphase und Größe der Beteiligungen (4.1.3.1, 4.1.3.2)[775] sowie deren Branche (4.1.3.3)[776] und zuletzt die Kontrollvariable Alter (0)[777] der Portfoliounternehmen thematisiert werden.

Wie die Lektüre von Unterkapitel 3.5 vermittelt hat, bilden alle vier Variablen eine spezifische Komponente des mit einer Beteiligung verbundenen Risikos ab.

4.1.3.1 Lebenszyklusphase

Die Lebenszyklusphase[778] von Portfoliounternehmen ist ein wesentlicher Indikator für deren inhärente Risiken, da sich die Phasen über eine fortschreitende Unternehmensentwicklung definieren. So müssen VCG trotz gründlicher *Due Diligence* ihre Investitionsentscheidung für oder gegen ein *Early Stage*-Start-up in der Regel angesichts höherer Informationsasymmetrien treffen, als dies bei *Later Stage*-Engagements der Fall ist.[779]

Damit potentielle Einflüsse unterschiedlicher Lebenszyklusphasen auf den Beteiligungserfolg ermittelt werden können, findet die Variable *Company Stage* als unabhängige Größe Eingang in die empirische Untersuchung. In Anlehnung an das Phasenmodell von NATHUSIUS (2001) bzw. SCHEFCZYK (2004) und die in *VentureXpert* verwendete Kategorisierung der Unternehmensentwicklungsphasen erfolgt im Rahmen der vorliegenden Arbeit eine Unterteilung in sieben Stufen, die jedoch nicht gänzlich überschneidungsfrei sind. Im Einzelnen werden die Etappen *Seed/Start-up* (1), *Early Stage* (2), *Expansion* (3), *Later Stage* (4), *Bridge* (5) und *Buy-out/Turnaround/Acquisition* (6) voneinander abgegrenzt. Darüber hinaus existiert noch eine Sonstige-Gruppe (7). Die jeweiligen Phasen werden sowohl zum Zeitpunkt der Erstinvestition als auch der letzten Finanzierungsrunde aufgenommen.

Die Auseinandersetzung mit der einschlägigen *VC*-Literatur zeigt jedoch, dass im Hinblick auf die Lebenszyklusphasen unterschiedliche Operationalisierungsweisen zur Anwendung kommen, die ein einheitliches oder vorherrschendes Vorgehen vermissen lassen. Konkret werden die idealtypische Entwicklung eines Unternehmens und die korrespondierenden Finanzierungsrunden in drei bis sechs Phasen unterteilt. DE CLERCQ/DIMOV (2004) und DIMOV/DE CLERCQ (2006) greifen für ihre Variablenberechnungen jeweils auf eine sechsstufige Kategorisierung zurück, die sich an der *VentureXpert*-Klassifikation orientiert und folgende Etappen unterscheidet: *Seed Stage, Start-up Stage, Other Early Stage, Expansion*

---

[775] Vgl. Abschnitt 3.5.1.

[776] Vgl. Abschnitt 3.5.2.

[777] Vgl. Abschnitt 3.5.3.

[778] Vgl. Abschnitte 2.1.4 und 3.5.1 für weiterführende Erläuterungen.

[779] Vgl. SORENSON, O./STUART, T. E. (2001), S. 1558.

Stage, Later/Acquisition Stage und *Other.*[780] BRANDER ET AL. (2002) grenzen hingegen fünf Phasen voneinander ab (*Seed, Start-up, Early Growth, Later Stage* bzw. *Follow-on* oder *Mezzanine* sowie *Turnaround/LBO*), jedoch nicht ohne darauf hinzuweisen, dass jede Form der Kategorisierung einer gewissen Willkür nicht entbehrt.[781] MANIGART ET AL. (2006) wiederum gehen in diesem Zusammenhang von vier Phasen aus und differenzieren zwischen *Seed, Start-up, Expansion* und *Replacement/Buy-out.*[782] Demgegenüber beschränken sich SEPPÄ (2003) und WRIGHT/LOCKETT (2003) in ihren Arbeiten auf die drei Stufen *Early Stage, Expansion Stage* und *Later Stage.*[783]

Datengrundlage für die Lebenszyklusphase sind die Ausprägungen der *Company Stage*-Variablen aus *VentureXpert.* In Ermangelung alternativer Quellen kann an dieser Stelle keine Überprüfung der Datenqualität vorgenommen werden.

4.1.3.2 Größe

Auch wenn die Größe[784] von Unternehmen typischerweise mit deren Lebenszyklusphase zusammenhängt,[785] stellt sie doch eine separate Komponente des Risikos dar und soll daher als unabhängige Variable in die nachfolgende Analyse einbezogen werden.

Um mögliche Effekte auf den Beteiligungserfolg eruieren zu können, wird die Größe der Portfoliounternehmen zum einen über deren Umsatz und zum anderen über deren Mitarbeiterzahl abgebildet. Dabei werden für die Zeitpunkte der ersten und letzten Investitionsrunde sowie den Exit der Portfoliounternehmen die inflationsbereinigten Jahresumsätze in Euro und die Anzahl der Mitarbeiter zum Jahresende ermittelt. Liegt das Datum von Investition bzw. Exit in der ersten Kalenderjahreshälfte, werden die Werte des Vorjahres herangezogen; liegt der Termin hingegen in der zweiten Jahreshälfte, werden die Kennzahlen des gleichen Kalenderjahres zugrunde gelegt. Begründen lässt sich dieser Ansatz damit, dass erst ab Mitte des Kalenderjahres eine hinreichend hohe Transparenz hinsichtlich der weiteren Geschäftsentwicklung herrscht, so dass ein Bezug auf die Jahresendwerte als Referenzgröße gerechtfertigt ist.

Ein Vergleich der relevanten Veröffentlichungen, die auch auf die Größe von Beteiligungen Bezug nehmen, macht deutlich, dass drei verschiedene Indikatoren in unterschiedlichen Kombinationen zum Einsatz kommen: Umsatz, Mitarbeiterzahl und akkumuliertes *Venture Capital* einer Beteiligung.[786] Ursache hierfür ist nicht zuletzt, dass keines der drei Maße ein

---

[780] Vgl. DE CLERCQ, D./DIMOV, D. P. (2004), S. 249; DIMOV, D. P./DE CLERCQ, D. (2006), S. 213.

[781] Vgl. BRANDER, J. A. ET AL. (2002), S. 428f.

[782] Vgl. MANIGART, S. ET AL. (2006), S. 141.

[783] Vgl. SEPPÄ, T. J. (2003), S. 64; WRIGHT, M./LOCKETT, A. (2003), S. 2076.

[784] Vgl. Abschnitt 3.5.1 für ergänzende Erläuterungen.

[785] Vgl. z. B. PLUMMER, J. L. (1987), S. I-11ff.; SAHLMAN, W. A. (1990), S. 475, 479; SAPIENZA, H. J. (1992), S. 24; SCHEFCZYK, M. (2004), S. 217.

[786] Vgl. z. B. BRANDER, J. A. ET AL. (2002), S. 445; BOTTAZZI, L./DA RIN, M. (2003), S. 17; SCHEFCZYK, M. (2004), S. 217.

wirklich zuverlässiger Indikator für die Größe von Start-ups ist.[787] In der Mehrzahl der betrachteten Publikationen, darunter SCHEFCZYK (2004), PANKOTSCH (2005) und HOPP/RIEDER (2006), werden ebenfalls simultan die beiden Maße Umsatz und Mitarbeiterzahl verwendet.[788] MAULA (2001) und LEHMANN/BOSCHKER (2002) begnügen sich hingegen mit der Anzahl der Beschäftigten als Maß für die Unternehmensgröße, wobei in die statistischen Auswertungen jeweils deren Logarithmus eingeht.[789] BRANDER ET AL. (2002) schließlich setzen auf eine Kombination aus den zentralen Unternehmensressourcen, der Anzahl der Mitarbeiter (dem Humankapital) einer Gesellschaft und deren akkumuliertem *Venture Capital* (dem physischen Kapital).[790]

Als Ausgangsbasis für die Bestimmung der Größe einer Beteiligung dienen dem Autor die jahresspezifischen Einträge zu Umsatz und Mitarbeiterzahl in der *MARKUS*-Datenbank von *BvDEP*, die in mehreren Fällen[791] um Informationen aus anderen Quellen wie Unternehmensmitteilungen, Presseberichten, Fachzeitschriften oder sonstigen Medien ergänzt worden sind.[792]

4.1.3.3 Branche

Die Branche eines Wachstumsunternehmens stellt für Venture-Capital-Gesellschaften neben den Unsicherheiten infolge eines unzureichenden *Track Record* („Bürde der Neuheit") und mangelnder Größe („Bürde der Kleinheit"[793]) den dritten wesentlichen Risikofaktor dar.[794]

Damit etwaige Einflüsse des Branchenrisikos auf den Erfolg von Portfoliounternehmen in den statistischen Auswertungen isoliert werden können, wird die primäre Industriezugehörigkeit jeder Beteiligung ebenfalls als unabhängige Variable erfasst. Dabei wird die erste der angegebenen Klassifizierungen der Branche eines Portfoliounternehmens aus der *VentureXpert*-Datenbank auf das Aggregationsniveau der *Primary Industry Minor Group* transformiert, was eine eindeutige Zuordnung zu einer der acht folgenden Industriezweige ermöglicht: *Communications, Computer Hardware, Computer Software & Services, Internet Specific, Semiconductors/Other Electronics Related, Biotechnology, Medical/Health Related* und *Non-High Technology*.

---

[787] SCHEFCZYK (2004) gibt z. B. zu bedenken, dass Wachstumsunternehmen in früheren Phasen meist keine oder nur marginale Umsätze realisieren und nur wenige Mitarbeiter beschäftigen. Zudem können Mitarbeiterzahlen durch unterschiedliche Fertigungstiefen und Unternehmensstrukturen verzerrt werden. Vgl. ebenda, S. 217f.

[788] Vgl. SCHEFCZYK, M. (2004), S. 292f.; PANKOTSCH, F. (2005); HOPP, C./RIEDER, F. (2006), S. 20f.

[789] Vgl. MAULA, M. V. J. (2001), S. 125, 127; LEHMANN, E. E./BOSCHKER, K. (2002), S. 10.

[790] Vgl. Ibid., S. 445.

[791] Hierbei handelt es sich in erster Linie um Lücken in der *MARKUS*-Datenbank von *BvDEP*.

[792] Vgl. hierzu auch die Ausführungen in Abschnitt 4.2.2.

[793] Vgl. STINCHCOMBE, A. L. (1965); ALDRICH, H./AUSTER, E. R. (1986), S. 167ff.

[794] Vgl. BYGRAVE, W. D. (1987), S. 148ff.; siehe auch Unterkapitel 3.5 für weitere Erläuterungen.

Eine Analyse der in diesem Kontext bedeutsamen Venture-Capital-Veröffentlichungen macht deutlich, dass sich zahlreiche Forscher auf die *Venture Economics Industry Codes* beziehen, wenngleich sie auf unterschiedlichen Granularitätsebenen aufsetzen. HOPP (2006) arbeitet beispielsweise mit einer eigens modifizierten *VEIC*-Klassifikation, anhand derer alle Beteiligungen einer von insgesamt 13 Branchen zugeschlüsselt werden können.[795] Analog zur vorliegenden Arbeit orientieren sich JÄÄSKELÄINEN ET AL. (2006) bei ihren Berechnungen der Branchenkonzentration von Venture-Capital-Portfolios an der *Primary Industry Minor Group*-Logik, wobei jedoch der Bereich *Internet Communications* separat ausgewiesen wird.[796] SEPPÄ (2003) greift auf ein ähnliches *VEIC*-Schema zurück, welches zwar auf das Segment *Internet Communications* verzichtet, aber dafür den Sektor *Non-High Technology* in die Branchen *Consumer Related, Industrial/Energy* und *Other Products* aufbricht.[797] DE CLERCQ/DIMOV (2004) und DIMOV/DE CLERCQ (2006) übernehmen ein *VEIC*-Schema mit neun Kategorien, das einer im *Non-High Technology*-Bereich weiter ausdifferenzierten Version der *Primary Industry Major Group*[798] entspricht. Im Einzelnen unterscheiden die beiden Autoren folgende Gruppen: *Communications, Computer Related, Electronics Related, Biotechnology, Medical/Pharmaceutical, Energy Related, Consumer Related, Industrial Products* und *Other Manufacturing & Services.*[799] Im Gegensatz zu diesen weitgehend vergleichbaren Ansätzen begnügen sich Forscher, die ihre empirischen Daten aus anderen Quellen als *VentureXpert* beziehen, mit weniger detaillierten Branchenklassifikationen. So grenzen z. B. BRANDER ET AL. (2002) lediglich vier Industriezweige, nämlich *Computers & Communications, Biotechnology, Manufacturing* und *Other,* voneinander ab,[800] während SCHEFCZYK (2004) in seinem Erhebungsinstrument sechs Branchen vorsieht, darunter Elektrotechnik/EDV, Chemie/Biotechnologie, Maschinenbau/ Stahl, Nahrung, Handel und Sonstige.[801]

Nach der präzisen Formulierung der unabhängigen Variablen Lebenszyklusphase und Größe sowie Branche der Beteiligung liegt im zweiten Teil dieses Abschnitts der Fokus auf der Operationalisierung der Kontrollvariablen Alter des Portfoliounternehmens.

---

[795] Der Autor macht drei Anpassungen: Erstens spaltet er die Kategorie *Medical/Health* in ihre beiden Bestandteile auf, zweitens unterscheidet er im *Industrial Sector* zwischen *Products* und *Services,* drittens bildet er neue Gruppen für die Bereiche *Software* und *Internet.* Vgl. HOPP, C. (2006), S. 9, 11.

[796] Vgl. JÄÄSKELÄINEN, M. ET AL. (2006), S. 195.

[797] Vgl. SEPPÄ, T. J. (2003), S. 93.

[798] Sie weist alle Beteiligungen einer der folgenden sechs Gruppen zu: *Communications, Computer Related, Semiconductors/Other Electronics Related, Biotechnology, Medical/Health Related* oder *Non-High Technology.*

[799] Vgl. DE CLERCQ, D./DIMOV, D. P. (2004), S. 248; DIMOV, D. P./DE CLERCQ, D. (2006), S. 213.

[800] Vgl. BRANDER, J. A. ET AL. (2002), S. 438.

[801] Vgl. SCHEFCZYK, M. (2004), S. 461.

4.1.3.4 Alter

Das Alter[802] von Portfoliounternehmen findet entweder als unabhängige oder als Kontrollvariable[803] wiederholt Eingang in die Empirie von Venture-Capital-Untersuchungen. Dabei reflektiert es die einem Engagement anhaftende Unsicherheit, die aus einem unzureichenden oder fehlenden *Track Record* resultiert, anhand dessen sich die Qualität des Unternehmens von externen Beobachtern bestimmen ließe.[804]

Um mögliche Effekte unterschiedlicher Risikoklassen der Beteiligungen erfassen und isolieren zu können, wird das Alter der Portfoliounternehmen als Differenz zwischen dem jeweiligen Investitionsdatum und dem Gründungszeitpunkt des Start-ups ermittelt. Im Einzelnen werden die Zeitspannen bis zur ersten und letzten Finanzierungsrunde sowie bis zum Exit auf Tagesbasis kalkuliert.

Eine Analyse der Venture-Capital-Literatur offenbart hingegen eine Präferenz zahlreicher Forscher für eine jahresgenaue Betrachtung, darunter SEPPÄ (2003), DE CLERCQ/DIMOV (2004), LEHMANN (2004) und HEGE ET AL. (2006).[805] Lediglich TYKVOVÁ/WALZ (2004) setzen ebenfalls auf eine präzisere Messung.[806] Allerdings ist nicht zu erwarten, dass die beiden Messansätze zu signifikanten qualitativen Unterschieden im Ergebnis führen.

Zur Bestimmung des Alters der Beteiligungen werden zum einen die in *VentureXpert* hinterlegten Daten der ersten und letzten Investitionsrunden herangezogen und zum anderen die vom Autor substantiell überarbeiteten Einträge zu Exits und Unternehmensgründungen (*Company Founding Date*). Hinsichtlich der beiden letztgenannten Dimensionen haben stichprobenartige Überprüfungen der Rohdaten auf Datenvollständigkeit und -qualität nämlich deutliche Mängel aufgedeckt, so dass umfangreiche manuelle Ergänzungen und Korrekturen erforderlich waren, um die Aussagefähigkeit der Ergebnisse zu sichern. Die notwendigen Informationen sind über verschiedene Datenbanken[807] (*MARKUS*-Datenbank von *BvDEP*, *InsolDatenbank* von *InsolNet*, *IPO*-Statistiken der *FWB*), archivierte historische Homepage-Inhalte (über *WayBack Machine* von *Internet Archive*) sowie über Internet- und Presserecherchen im Allgemeinen beschafft worden.

4.1.3.5 Zusammenfassung

Tabelle 14 stellt die Operationalisierungen der beschriebenen Variablen abschließend noch einmal zusammen.

---

[802] Vgl. Abschnitt 3.5.3.

[803] Vgl. z. B. SEPPÄ, T. J. (2003), S. 93; TYKVOVÁ, T./WALZ, U. (2004), S. 19f.

[804] Vgl. SAHLMAN, W. A. (1990); SEPPÄ, T. J. (2003), S. 98f., 105.

[805] Vgl. SEPPÄ, T. J. (2003), S. 96; DE CLERCQ, D./DIMOV, D. P. (2004), S. 251; LEHMANN, E. E. (2004), S. 14; HEGE, U. ET AL. (2006), S. 11, 30.

[806] Vgl. TYKVOVÁ, T./WALZ, U. (2004), S. 13.

[807] Vgl. hierzu auch die Ausführungen in Abschnitt 4.2.2.

Variable	SPSS-Label	Kurzbeschreibung der Operationalisierung	Skalen-niveau	Skalen-ausprägung	Quelle
Eigenschaften der Beteiligung					
•**Lebenszyklus-phase**	•C_st_i1	•Lebenszyklusphase der Beteiligung (zum Zeitpunkt der ersten Finanzierungsrunde)	•Ordinal	•7 Klassen (1: *Seed/Start-up* - 7: Sonstige)	•*VentureXpert* (*VX*)
•**Größe**	•C_szr_ia_i1 •C_szr_ia_xit •C_sze_i1 •C_sze_xit	•Umsatz in Mio. € (inflationsbereinigt, zum Zeitpunkt der ersten Finanzierungsrunde und des Exits) •Mitarbeiterzahl (zum Zeitpunkt der ersten Finanzierungsrunde und des Exits)	•Kardinal (alle Maße)	•Reelle Zahl (≥0) •Natürliche Zahl (>0)	•*BvDEP – MARKUS* •Internet (homepages, archive.org)
•**Branche**	•C_PIMiG_code_1	•Industrieklasse (*Primary Industry Minor Group*)	•Nominal	•8 Kategorien (1000: *Communications* - 6000: *Non-High Tech.*)	•*Venture-Economics* •*VX*
•Alter	•C_age_i1	•Bestehen seit Gründung in Tagen (zum Zeitpunkt der ersten Finanzierungsrunde)	•Kardinal	•Ganze Zahl (≥0)	•*VX* •Internet (homepages, archive.org)
•Jahr	•C_yr_i1 •C_yr_iN •C_yr_xit	•Kalenderjahr der ersten bzw. letzten Finanzierungsrunde •Kalenderjahr des Exits	•Kardinal (alle Maße)	•Natürliche Zahl (≥1997) (alle Maße)	•*VX* •Internet (homepages, archive.org)

Legende: **Variablenname (fett)** = unabhängige Variable
Variablenname (normal) = Kontrollvariable

Quelle: Eigene Darstellung

Tabelle 14: Operationalisierung der Variablen zur Beschreibung der Eigenschaften der Beteiligung

4.1.4 *Beteiligungserfolg*

Der letzte Abschnitt dieses Unterkapitels beschäftigt sich mit den abhängigen Variablen des Forschungsmodells, den Indikatoren des Beteiligungserfolgs[808] und deren Operationalisierung.

Für die Zwecke der eigenen Untersuchung sind aus den im *VC*-Bereich verbreiteten Erfolgsmaßen[809] drei verschiedene Messgrößen qualitativer und quantitativer Art ausgewählt worden, die jeweils unterschiedliche Erfolgsaspekte reflektieren:

- Exit-Typ (4.1.4.1),
- Beteiligungswachstum (4.1.4.2) und
- Anzahl Finanzierungsrunden (4.1.4.3).

Alle drei Messgrößen bilden die Beteiligungsentwicklung auf Basis einer Ex-post-Betrachtung ab, weshalb sie sich durch einen hohen Informationsgehalt auszeichnen.[810] Andererseits reduziert sich die Grundgesamtheit der relevanten Portfoliounternehmen auf abgeschlossene *VC*-Engagements.

---

[808] Vgl. Unterkapitel 2.3.

[809] Vgl. hierzu die Abschnitte 2.3.2 und 2.3.3.

[810] Vgl. SCHEFCZYK, M. (2004), S. 182f.

Die nachfolgenden Absätze setzen sich intensiv mit den jeweiligen Messmethoden der unterschiedlichen Erfolgsindikatoren auseinander. Denn nur eine zuverlässige Erfolgsmessung[811] ermöglicht im zweiten Schritt die Bestimmung der wesentlichen Determinanten des Beteiligungserfolgs im Rahmen von Venture-Capital-Syndizierungen.

4.1.4.1 Exit-Typ

Im Hinblick auf den Exit-Typ eines Portfoliounternehmens als qualitativen Indikator der Beteiligungsentwicklung können fünf Kategorien unterscheiden werden: *IPO, Trade Sale, Secondary Sale, Buy-back* und *Liquidation*.[812] Die Feststellung der realisierten Form von Beteiligungsexits stellt eine indirekte Messung von Erfolg dar. Allerdings lassen sich mit Verweis auf diverse empirische Ergebnisse über Zusammenhänge zwischen Exit-Typ und Investment-Rendite[813] auch Rückschlüsse auf das Ausmaß des Erfolgs von Portfoliounternehmen ziehen. In Anlehnung an die relevante Venture-Capital-Forschung und insbesondere basierend auf den Beobachtungen von AMIT ET AL. (1998) verwendet die vorliegende Arbeit anstelle eines nominalskalierten Merkmals mit den fünf genannten Exit-Ausprägungen vielmehr ein approximatives Ranking der unterschiedlichen Veräußerungsmodi. Der Rangfolge der Exit-Typen liegen dabei die Investment-Renditen zugrunde, die sich über den jeweiligen Desinvestitionskanal im Mittel erzielen lassen.

Wie Tabelle 6 verdeutlicht, sind über ein *IPO* in der Regel die mit Abstand höchsten Kapitalerträge zu erzielen.[814] Untersuchungsübergreifend kristallisiert sich der *Trade Sale* als die beste Alternative zum Börsengang heraus. Obgleich die Position des *Secondary Sale* gemessen an den korrespondierenden Renditen nicht eindeutig ist,[815] wird ihm auf der Ordinalskala Rang 3 zugewiesen. Ein *Buy-back* verspricht abgesehen von der Liquidierung tendenziell die geringsten Renditen und nimmt deshalb innerhalb des Spektrums den

---

811 Zu inhaltlichen und/oder methodischen Schwierigkeiten einzelner Erfolgsgrößen vgl. Abschnitt 2.3.3 sowie PANKOTSCH, F. (2005), S. 211.

812 Für eine ausführlichere Darstellung siehe Abschnitte 2.1.3 und 2.3.3.

813 Vgl. z. B. SOJA, T. A./REYES, J. E. (1990), S. 191; BYGRAVE, W. D./TIMMONS, J. A. (1992), S. 167ff.; AMIT, R. ET AL. (1998), S. 460; JÄÄSKELÄINEN, M. ET AL. (2006), S. 191f. Weitere indikative Resultate diesbezüglich liefern die empirischen Untersuchungen von CUMMING/ MACINTOSH (2003) und von SCHEFCZYK (2004). Vgl. CUMMING, D. J./MACINTOSH, J. G. (2003), S. 533; SCHEFCZYK, M. (2004), S. 300.

814 Lediglich die Ergebnisse des US-amerikanischen Datensatzes von CUMMING/MACINTOSH (2003) weisen - vermutlich aufgrund von Ausreißern im Bereich der Akquisitionen - für das *Trade-Sale*-Segment eine marginal höhere Rendite aus als für die *IPO*-Gruppe. Vgl. CUMMING, D. J./ MACINTOSH, J. G. (2003), S. 533.

815 Dass die Rentabilitäten des *Secondary-Sale*-Segments über die empirischen Arbeiten hinweg derart stark oszillieren, lässt sich inhaltlich damit begründen, dass Finanzinvestoren in einigen Fällen Prämien auf den Unternehmenswert zahlen, mitunter aber auch signifikante Abschläge aushandeln. Begünstigt wird der Effekt zudem durch die geringen Fallzahlen in den selektierten Studien, weshalb Extremwerte deutlicher zu Tage treten.

vorletzten vierten Platz ein.[816] Die *Liquidation* als die am wenigsten attraktive Veräußerungsvariante beschert den Eigentümern eines Unternehmens typischerweise signifikante Kapitalverluste.[817]

Unter diesen Annahmen ist es möglich, das ursprünglich nominalskalierte Merkmal des Exit-Typs in ein Charakteristikum mit ordinalem Messniveau zu transformieren.

Über die angeführten Quellen hinaus gelangen auch andere *VC*-Forscher in ihren Synthesen zur Bedeutung der Exit-Typen für den Beteiligungserfolg zu der gleichen oder zumindest ähnlichen Einschätzungen. Allerdings beschränken sich nicht wenige Autoren in ihren Ausführungen auf eine Teilmenge der möglichen Veräußerungsmodi, wobei zumeist das *IPO*, entweder allein oder zusammen mit dem *Trade Sale*, im Fokus steht.

Bezug nehmend auf die Ergebnisse von SAHLMAN (1990), BARRY (1994) sowie BLACK/ GILSON (1999) suggerieren beispielsweise LAINE/TORSTILA (2004) eine Rangfolge der Desinvestitionskanäle, innerhalb derer der Börsengang die erste Stelle für sich beansprucht, gefolgt vom *Trade Sale* als bedeutendster Alternative, dem *Secondary Sale* als weiterer Variante mit weniger attraktiven Renditen und dem *Buy-back* bzw. *Buy-out* als letzter verbleibender Verkaufsoption.[818] Die Liquidierung als Konsequenz eines Misserfolgs wird von den Verfassern nicht thematisiert, würde aber wohl das Ende der Liste bilden. JÄÄSKELÄINEN ET AL. (2006) bescheinigen dem *IPO* ebenfalls die höchsten assoziierten Kapitalerträge und stufen auch den *Trade Sale* mit Verweis auf die Arbeit von COCHRANE (2005) als zweitbeste Wahl ein.[819] SCHEFCZYK (2004) unterstellt in Bezug auf die Desinvestitionskanäle ein Gefälle zwischen *Going Public* und *Trade Sale* als interessanten Veräußerungsmöglichkeiten sowie *Secondary Purchase* und *Buy-back* als ungünstigen Varianten, kann diese These aber nur bedingt empirisch belegen.[820] DE CLERCQ/DIMOV (2003) gehen nur soweit, Börsendebüts und Verkäufe an strategische Investoren als erfolgreiche Exits zu klassifizieren.[821] DIMOV/SHEPHERD (2005) unterscheiden bei ihrer binären *Performance*-Messung nur zwischen *IPO* (*Home Run*) als erfolgreichem Exit und *Liquidation* (*Strike Out*) als Misserfolg.[822]

Um die notwendigen Informationen zur gewählten Veräußerungsmethode der Portfoliounternehmen deutscher VCG zu erhalten, hat der Autor als Grundlage die Angaben zu

---

[816] Ausnahmen bilden die beiden Datensätze von CUMMING/MACINTOSH (2003) und SCHEFCZYK (2004), bei denen die *Secondary Sales* eine besonders schwache Performance zeigen.

[817] Alle herangezogenen Studien kommen diesbezüglich zu dem gleichen Befund.

[818] Vgl. LAINE, M./TORSTILA, S. (2004), S. 3ff.

[819] Vgl. JÄÄSKELÄINEN, M. ET AL. (2006), S. 192.

[820] Vgl. SCHEFCZYK, M. (2004), S. 300f.

[821] Vgl. Ibid.

[822] Vgl. ebenda, S. 4.

Company Status und Exit aus der *VentureXpert*-Datenbank herangezogen.[823] Als die Inhalte aus *VentureXpert* in den eigenen Datensatz übernommen worden sind, hat nachfolgende Zuschlüsselungslogik Anwendung gefunden: Während die Rubrik *IPO* aus Firmen mit dem Status „Went Public" besteht, fallen in die Kategorie *Trade Sale* alle Unternehmen, deren Status „Acquisition" oder „Merger" lautet. Da *Secondary Sales* und *Buy-backs* innerhalb der *VX*-Datenbank nicht separat ausgewiesen werden, ist eine Übernahme an diesen Stellen nicht möglich gewesen. Der Gruppe *Liquidation* sind schließlich jene Gesellschaften zugeschlagen worden, deren Status sie als „Defunct" oder „Bankrupt - Chapter 7" oder „Bankrupt - Chapter 11" qualifiziert.[824]

Nachdem routinemäßige stichprobenartige Überprüfungen von Datenvollständigkeit und -qualität entlang dieser beiden Dimensionen jedoch gravierende Mängel des Datensatzes aufgedeckt haben,[825, 826] mussten umfangreiche manuelle Recherche- und Korrekturarbeiten durchgeführt werden, um die lücken- und fehlerhaften Informationen aus *VentureXpert* grundlegend zu überarbeiten. Als zentrale Quellen haben in diesem Zusammenhang neben verschiedenen Datenbanken[827] aktuelle und archivierte Homepages der Portfoliounternehmen, beteiligter Venture-Capital-Gesellschaften und relevanter Verbände sowie Tages- und Fachpresse gedient.

4.1.4.2 Beteiligungswachstum

Das Wachstum bildet den Fokus der zweiten Indikatorengruppe des Beteiligungserfolgs. Die Untersuchung konzentriert sich auf die Entwicklung zweier zentraler Unternehmenskenngrößen, Umsatz und Mitarbeiterzahl, über einen Referenzzeitraum, vom Kalenderjahr der Erstinvestition bis zum Jahr des Exits. Dementsprechend handelt es sich in diesem Kontext um eine dynamische Betrachtungsweise quantitativer Merkmale.

---

[823] DE CLERCQ/DIMOV (2003) halten sich an die Einträge im Feld „Public Status" der *VentureXpert*-Datenbank und fassen die Firmen mit den Ausprägungen „In Registration", „Public" oder „Subsidiary" zur Gruppe der erfolgreichen Investments zusammen. Vgl. ebenda, S. 1ff.

[824] DIMOV/SHEPHERD (2005) wählen diesbezüglich ein analoges Vorgehen. Vgl. Ibid., S. 9.

[825] Im Ausgangsdatensatz haben die Anteile von *IPO, Trade Sale, LBO* und *Liquidation* bzw. Insolvenz an der Summe der Desinvestitionen deutscher Beteiligungen 28%, 34%, 23% und 15% betragen. Eine Quote erfolgloser Engagements von nur 15% lässt sich mit anderen Beobachtungen des deutschen oder amerikanischen Venture-Capital-Marktes aber nicht in Einklang bringen. Des Weiteren erscheint eine Fraktion abgeschlossener Investitionen aus den letzten zehn Jahren von nur 25% sehr fraglich.

[826] HOPP (2006) äußert sich zu dieser Problematik wie folgt: „As TVE [Thomson Venture Economics] indicates information about the current status of the firm only in a rare amount of cases with accuracy it could well be that some of the firms went into bankruptcy during the period under investigation. However, without a reliable source of information it has turned out to be impossible to get an accurate estimate on whether all the firms in the sample are still active or whether some have gone bust during the period 1995–2005. As a consequence, I will not make inferences with respect to bankruptcy or successful exits in this paper." HOPP, C. (2006), S. 12.

[827] Unter anderem *InsolDatenbank* von *InsolNet* und *IPO*-Statistiken der FWB. Vgl. hierzu auch Abschnitt 4.2.2.

Den mathematischen Berechnungen der durchschnittlichen jährlichen Wachstumsraten[828] von Umsatz und Mitarbeiterzahl liegen folgende Formeln zugrunde:

$$CAGR_U(t_i,t_I)=\left(\frac{U(t_I)}{U(t_i)}\right)^{\frac{1}{t_I-t_i}}-1 \quad \text{bzw.} \quad CAGR_M(t_i,t_I)=\left(\frac{M(t_I)}{M(t_i)}\right)^{\frac{1}{t_I-t_i}}-1$$

Legende: CAGR = *Compound Annual Growth Rate* (durchschnittliche jährliche Wachstumsrate)
U = Umsatz (in Euro)
M = Mitarbeiterzahl
i = Finanzierungsrunde i
I = Exit
t_i = Kalenderjahr der Finanzierungsrunde i

Formel 5: Berechnung der durchschnittlichen jährlichen Wachstumsraten von Umsatz und Mitarbeiterzahl

Das prozentuale Beteiligungswachstum ergibt sich folglich als geometrisches Mittel der relativen Veränderung von Umsatz bzw. Mitarbeiterzahl zwischen dem Jahr der ersten Investitionsrunde und dem der Desinvestition. Dabei werden ausgehend vom Zeitpunkt der relevanten *VC*-Transaktion die entsprechenden Werte des nächstgelegenen Kalenderjahresendes herangezogen, d. h. bei einer Transaktion bis zum 30.06. der jeweilige Vorjahresendwert und ab dem 01.07. die Kenngröße desselben Kalenderjahres.

Verschiedene Forscher legen ihren Variablenberechnungen analoge oder vergleichbare Methoden zugrunde. Dabei stellen manche Autoren auf beide Kenngrößen ab, während andere sich wiederum auf das Wachstum entweder der Beschäftigten oder der Erlöse beschränken. Identisch ist die Herangehensweise von HOPP/RIEDER (2006), die sowohl „Sales Growth" als auch „Employee Growth" als durchschnittliche Wachstumsraten über die Beteiligungsdauer der *VC*-Geber hinweg ermitteln und zur *Performance*-Messung verwenden.[829] Daneben referieren BOTTAZZI/DA RIN (2003) auf das Wachstum von Umsatz und Mitarbeiterzahl als abhängige Variable, um den Einfluss von *Venture Capital* auf die Entwicklung von Portfoliounternehmen nach einem *IPO* aufzuzeigen.[830] LEHMANN/BOSCHKER (2002) nehmen zwar u. a. auch Bezug auf die Veränderung der Beschäftigtenzahlen im Rahmen eines Börsengangs, führen aber einen Vorher-nachher-Differenzvergleich der jeweiligen natürlichen Logarithmen durch.[831] Desgleichen begnügen sich DÁVILA ET AL. (2003) in ihrem Paper mit der (monatlichen) Mitarbeiterentwicklung

[828] Zu den inhaltlichen Schwächen der Berechnung von Wachstumsraten als Erfolgsgrößen siehe Abschnitt 2.3.3 und SCHEFCZYK, M. (2004), S. 196.

[829] Vgl. HOPP, C./RIEDER, F. (2006), S. 38.

[830] Vgl. BOTTAZZI, L./DA RIN, M. (2003), S. 17ff.

[831] Vgl. LEHMANN, E. E./BOSCHKER, K. (2002), S. 10f., 24.

als stellvertretendem Indikator für Wachstum im Umfeld von Finanzierungsrunden.[832]

Demgegenüber basieren z. B. MACMILLAN ET AL. (1989) ihre Messung des Beteiligungserfolgs auf der Entwicklung anderer Kennzahlen, darunter Umsatz, Marktanteil, Ergebnis und ROI.[833]

Was die Datengrundlage für die Kalkulation der Wachstumsindikatoren anbelangt, so stammt der überwiegende Teil der Informationen aus der *MARKUS*-Datenbank von *BvDEP*[834]. Die darin enthaltenen Angaben zu Jahresumsatz (in Euro, nicht inflationsbereinigt) und Mitarbeiterzahl der maßgeblichen Portfoliounternehmen sind für die relevanten Transaktionszeitpunkte in den eigenen Datensatz aufgenommen worden. Angesichts unvollständiger Informationen mussten zusätzlich zahlreiche weitere Quellen konsultiert werden, u. a. aktuelle und historische Homepages der Unternehmen, beteiligter *VC*-Fonds und betroffener Branchenverbände, Artikel aus Tagespresse und Fachzeitschriften sowie in Einzelfällen die Presseabteilungen noch existierender Gesellschaften.

4.1.4.3 Anzahl der Finanzierungsrunden

Die Anzahl der Finanzierungsrunden repräsentiert schließlich den dritten Indikator des Beteiligungserfolgs. Im Gegensatz zu Exit-Typ und Wachstumsmaßen handelt es sich bei der Häufigkeit der Investitionsrunden indes nicht um eine klassische Kennzahl zur Erfolgsmessung. Nichtsdestoweniger finden sich theoretische wie empirische Indizien in der Venture-Capital-Forschung, die eine Verwendung der *Staging*-Frequenz als abhängige Erfolgsgröße rechtfertigen.

Aus Gründen der Risikominderung stellen Venture-Capital-Gesellschaften ihren Portfoliounternehmen das zur Geschäftsentwicklung erforderliche Eigenkapital in mehreren Schritten zur Verfügung, wobei jede Finanzierungsrunde vom Erreichen gewisser Meilensteine abhängt.[835] Neben der retrospektiven Bewertung bisheriger Leistungen gehen jeder weiteren Finanzierungszusage aber auch intensive Prüfungen der Unternehmenssituation und -perspektiven voraus. Da anzunehmen ist, dass renditeorientierte Wagniskapitalgeber nur dann neue Mittel bereitstellen, wenn sie von den Erfolgsaussichten der Anlage überzeugt sind, lässt sich die Anzahl abgeschlossener Investitionsrunden als positives Signal der Qualität einer Beteiligung werten.[836] GOMPERS (1995) kann diesen Zusammenhang auf Basis seiner empirischen Resultate auch nachweisen, denn die Gruppe der besonders

---

[832] Hierzu merken die Autoren selbst an: „While employee growth is a frequently used approach (Evans, 1987; Hall, 1987), it captures only one aspect of growth, albeit an important one." (DÁVILA, A. ET AL. (2003), S. 698). Zudem finden sie Belege für einen signifikanten Zusammenhang zwischen der Veränderung der Mitarbeiterzahl und einer Änderung des Eigenkapitalwerts. Vgl. ebenda, S. 690.

[833] Vgl. MACMILLAN, I. C. ET AL. (1989), S. 30f.

[834] Siehe weiterführend Fußnote 861.

[835] Vgl. hierzu Abschnitt 2.1.3.

[836] Vgl. SEPPÄ, T. J. (2003), S. 106. GOMPERS/LERNER (2004) formulieren die These wie folgt: „Total venture financing and the number of financing rounds should also be higher for successful projects than for failures if venture capitalists utilize information in investment decisions." (Ibid., S. 172).

erfolgreichen börsennotierten Beteiligungen zeichnet sich durch eine signifikant höhere Anzahl an Finanzierungsrunden (und -volumina) aus als die Gesamtheit der untersuchten Firmen oder jene Engagements, die entweder im Rahmen eines *Trade Sale* veräußert worden oder der Insolvenz zum Opfer gefallen sind.[837] DAS ET AL. (2003) stellen bei ihren Analysen ebenfalls eine außerordentlich hohe Korrelation zwischen der Anzahl von Investitionsrunden und *IPO* fest.[838]

Die Einträge des eigenen Datensatzes zur Anzahl Finanzierungsrunden basieren überwiegend auf den Inhalten der *VentureXpert*-Datenbank und errechnen sich als Summe der erfassten „Investment Rounds". In Ermangelung alternativer Informationsquellen ist dem Verfasser keine systematische Überprüfung der Datenvollständigkeit und -qualität möglich gewesen. In einzelnen Fällen sind jedoch manuelle Ergänzungen vorgenommen worden, wenn seriöse Angaben darauf hingewiesen haben. LERNER (1994), SEPPÄ (2003) und GOMPERS/ LERNER (2004) merken hinsichtlich der Zuverlässigkeit der *VX*-Angaben zu Investitionsrunden an, dass deren Anzahl gelegentlich zu hoch ausgewiesen wird.[839]

4.1.4.4 Zusammenfassung

Eine übersichtliche Darstellung der Operationalisierung aller selektierten Indikatoren des Beteiligungserfolgs findet sich in Tabelle 15.

Variable	SPSS-Label	Kurzbeschreibung der Operationalisierung	Skalenniveau	Skalenausprägung	Quelle
Beteiligungserfolg					
• **Beteiligungserfolg**	• C_xit_IDr	• Exit-Typ (Desinvestitionskanal)	• Ordinal	• 5 Kategorien (1: *Liquidation* – 5: *IPO*)	• *VX* • Internet (homepages, archive.org) • *BvDEP – MARKUS*
	• C_cagrre_1x • C_cagrre_Nx	• Ø-liche jährl. Umsatzwachstumsrate von erster bzw. letzter Finanzierungsrunde bis Exit	• Kardinal • Kardinal	• Prozentzahl (≥-100%)	
	• C_cagree_1x • C_cagree_Nx	• Analoge Ø-liche jährl. Mitarbeiterwachstumsrate	• Kardinal • Kardinal	• Prozentzahl (≥-100%)	
	• C_rd_N	• Anzahl Finanzierungsrunden	• Kardinal	• Natürliche Zahl (>0)	

Legende: **Variablenname (fett)** = abhängige Variable

Quelle: Eigene Darstellung

Tabelle 15: Operationalisierung der Variablen zur Beschreibung des Beteiligungserfolgs

[837] Vgl. GOMPERS, P. A. (1995), S. 1474f.

[838] Vgl. DAS, S. R. ET AL. (2003), S. 5.

[839] Als Ursachen für diesen Umstand werden die schrittweise Zuteilung des Eigenkapitals und Abweichungen in den veröffentlichten Datumsangaben ausgemacht. Vgl. SEPPÄ, T. J. (2003), S. 161 sowie LERNER, J. (1994) und GOMPERS, P. A./LERNER, J. (2004).

4.2 Auswahl und Konzeption der Datenerhebungsmethoden

Im Kontext wissenschaftlicher Arbeiten muss bei der Datenerhebung „eine Reihe von Entscheidungen darüber getroffen werden, wann, wo, wie und wie oft die empirischen Indikatoren an welchen Objekten erfaßt werden sollen“[840]. Die Summe der Entscheidungen bezeichnen die Autoren als „Forschungsdesign“.[841]

Dieses Unterkapitel erläutert das Vorgehen bei der Erstellung des Datensatzes. In Abschnitt 4.2.1 werden die Untersuchungsobjekte bestimmt, deren Daten erhoben und anschließend analysiert werden sollen. Anschließend geht es in Abschnitt 4.2.2 um die methodische Herangehensweise bei der Datenerhebung.

4.2.1 *Auswahl der Untersuchungsobjekte*

Einer Bestimmung der Untersuchungsobjekte geht die Definition der Population als Gesamtheit aller Beobachtungseinheiten voraus, über die im Rahmen der Untersuchung Aussagen gemacht werden sollen. In Anbetracht der Zielsetzung des eigenen Forschungsvorhabens, die Auswirkungen struktureller Syndizierungsparameter auf den Erfolg deutscher Venture-Capital-Beteiligungen zu analysieren, kommen als Grundgesamtheit prinzipiell sämtliche *VC*-Portfoliounternehmen mit Sitz in Deutschland in Frage.

Einen groben Anhaltspunkt liefern diesbezüglich die Statistiken des Bundesverbands Deutscher Kapitalbeteiligungsgesellschaften, die im Zeitraum von 2003 bis 2006 ein durchschnittliches Gesamtportfolio der ordentlichen Mitglieder[842] von ungefähr 5.500 Beteiligungen erfassen.[843] Davon entfallen schätzungsweise über 90% auf das Venture-Capital-Segment und wiederum fast 90% auf in Deutschland ansässige Engagements, so dass die Grundgesamtheit vermutlich ca. 4.500 Portfoliounternehmen umfasst.[844]

Angesichts dieser Größenordnung ist nachvollziehbar, dass von einer Vollerhebung Abstand genommen und stattdessen eine Teilerhebung angestrebt wird. Da deren Elemente nicht zufällig, sondern anhand von im Vorfeld der Untersuchung festgelegten Kriterien bestimmt werden, handelt es sich um eine bewusste Auswahl.[845] Um im Rahmen der Empirie zu aussagekräftigen Ergebnissen zu gelangen, muss sichergestellt werden, dass alle *VC*-Investments folgenden sechs Kriterien genügen:

---

[840] SCHNELL, R. ET AL. (2008), S. 211.

[841] Vgl. ebenda.

[842] Über die Jahre 2000 bis 2006 registrierte der BVK im Durchschnitt ca. 180 ordentliche Mitglieder, d. h. Venture-Capital- und Private-Equity-Investoren mit Unternehmenssitz oder Niederlassung in Deutschland. Vgl. BVK (2007), S. 3.

[843] Vgl. Ibid., S. 33.

[844] Zur Berechnung der prozentualen Anteile sind als Referenzgröße jeweils die mittleren jährlichen Investitionen in Portfoliounternehmen (Anzahl) zugrunde gelegt worden. Vgl. BVK (2004), S. 5; BVK (2005), S. 7; BVK (2006), S. 8; BVK (2007), S. 9; BVK (2007), S. 35.

[845] Vgl. SCHNELL, R. ET AL. (2008), S. 267.

- Unternehmenssitz in Deutschland (1),
- Gründung nach 1995 (2),
- mindestens eine Investitionsrunde im Zeitraum von 2000 bis 2006 (3),
- keine Private-Equity-Finanzierung (4),
- mindestens ein unabhängiger, renditeorientierter Venture-Capital-Geber mit Unternehmenssitz bzw. Niederlassung in Deutschland (5) und
- abgeschlossener Exit (6).

(1) Eine Beschränkung der *VC*-Beteiligungen auf solche Unternehmen mit **Unternehmenssitz in Deutschland** ist erforderlich, um unverfälschte Aussagen über die Effekte der Syndizierung von Venture-Capital-Investitionen in Deutschland machen zu können. Denn durch diese Selektion werden potentielle Einflüsse nationaler Unterschiede minimiert bzw. unterbunden. Als relevante Faktoren sehen *VC*-Forscher in diesem Zusammenhang u. a. die rechtlichen, steuerlichen und gesellschaftlichen Rahmenbedingungen, das (Eigen-)Kapitalmarktumfeld und länderspezifische Förderprogramme.[846]

(2) Eine Fokussierung auf Portfoliounternehmen, deren **Gründung nicht vor dem 01.01.1996** vollzogen worden ist, soll die Zeitspanne zwischen dem Beginn der Geschäftstätigkeit und der ersten Venture-Capital-Finanzierung reduzieren.[847]

(3) Durch die Maßgabe, dass **mindestens eine Investitionsrunde im Zeitraum von 2000 bis 2006** stattgefunden haben muss, werden solche Beteiligungen ausgeschlossen, die nach dem Platzen der sogenannten *Dotcom-Blase* im März 2000 keine Anschlussfinanzierung mehr erhalten haben. Unter der Zurückhaltung der Investoren sollten dabei primär jene Start-ups gelitten haben, die eines soliden Geschäftsmodells entbehrten. Insofern werden solche *VC*-Beteiligungen weitgehend herausgefiltert und damit unerwünschte Verzerrungen der Datenbasis vermieden.

(4) Die Prämisse, dass **keine Private-Equity-Finanzierung** vorliegt, ergibt sich unmittelbar aus der Themenstellung der vorliegenden Arbeit, die sich explizit mit dem Themenfeld *Venture Capital* und der Finanzierung von jungen Wachstumsunternehmen beschäftigt. Private-Equity-Gesellschaften hingegen agieren überwiegend im *Buy-out*-Marktsegment, was außerhalb des gewählten Themenfelds liegt.

---

[846] Vgl. z. B. BLACK, B. S./GILSON, R. J. (1998); BECKER, R./HELLMANN, T. (2003); SCHEFCZYK, M. (2004), S. 61ff.; CUMMING, D. J. ET AL. (2006); HEGE, U. ET AL. (2006).

[847] Wenngleich sich aus einer Kombination der Kriterien (2) und (3) theoretisch eine maximale Spanne von elf Jahren errechnet, so liegt dieser Wert für fast 95% der Portfoliounternehmen faktisch bei vier Jahren und weniger.

(5) Die Präsenz **mindestens eines unabhängigen *VC*-Gebers mit Standort in Deutschland** wird vorausgesetzt, da das Investitions- und Syndizierungsverhalten insbesondere inländischer *VC*-Gesellschaften von Interesse ist. Während Einzelengagements ausländischer Wagniskapitalgeber aufgrund dieser Einschränkung durch das Raster fallen, werden syndizierte Investments mit grenzüberschreitender *VC*-Beteiligung bewusst inkludiert. Die Erforschung der Bildung internationaler Syndikate mit deutschen *VC*-Vertretern wird dadurch nicht beeinträchtigt. Leichte Abstriche sind jedoch im Bereich der Netzwerkanalyse zu machen, da die Verbindungen grenzüberschreitender Syndikate zur Finanzierung ausländischer Portfoliounternehmen ignoriert werden.

(6) Das Auswahlkriterium **abgeschlossener Exit** wird aus zweierlei Gründen angelegt: Zum einen lässt sich erst nach Beendigung einer *VC*-Beteiligung der tatsächliche Wertbeitrag seitens der involvierten Venture-Capital-Gesellschaften hinreichend gut beurteilen.[848] Zum anderen kann damit ein weiterer Erfolgsindikator, der Exit-Typ, in die Untersuchung einbezogen werden.

Zur Bestimmung der korrespondierenden Auswahlgesamtheit[849] an Portfoliounternehmen liegen dem Autor keine geeigneten Quellen vor, die ein hinreichend vollständiges und zugleich detailliertes Bild des deutschen Venture-Capital-Marktes zeichnen würden.

4.2.2 *Konzeption und Ablauf der Datenerhebung*

Im Hinblick auf die Datenbeschaffung lassen sich prinzipiell primär- und sekundärstatistische Methoden auseinanderhalten.

Während im Rahmen der Primärstatistik originäre Daten neu erhoben werden,[850] geht es bei der Sekundärforschung um die Auswertung und Auswahl von Informationen, die bereits zu früheren Zeitpunkten und möglicherweise anderen Zwecken erfasst worden sind.[851] Dementsprechend zeichnen sich primärstatistische Erhebungen in methodischer Hinsicht durch eine flexiblere Gestaltung der Datenbasis und inhaltlich durch eine höhere Zuverlässigkeit und Aktualität der Informationen aus. Dagegen liegen die Vorteile der Sekundärstatistik im methodischen Bereich in einem geringeren Aufwand für die Datenbeschaffung, sowohl in zeitlicher als auch in finanzieller Hinsicht. Das Hauptproblem kann hingegen darin bestehen, der Fragestellung adäquate Daten zu beschaffen.[852]

Auch wenn eine Untersuchung auf sekundärstatistischer Basis aus Gründen der Wirtschaftlichkeit meist erstrebenswert ist, haben im vorliegenden Fall zusätzliche Faktoren den Ausschlag für eine solche Vorgehensweise gegeben. So lässt sich über eine Verknüpfung der Informationen verschiedener Datenbanken eine deutlich breitere Datenbasis generieren,

---

[848] SCHEFCZYK (2004) spricht in diesem Zusammenhang von einem höheren Informationsgehalt retrospektiver Erfolgsgrößen. Vgl. ebenda, S. 182ff.

[849] Vgl. SCHNELL, R. ET AL. (2008), S. 271ff.

[850] Vgl. BEREKOVEN, L. ET AL. (2006).

[851] Vgl. FANTAPIÉ ALTOBELLI, C. (1998), S. 308.

[852] Vgl. SCHNELL, R. ET AL. (2008), S. 248ff. und RAITHEL, J. (2008), S. 54.

als sie eine eigene Umfrage je liefern könnte. Zudem liegt der Fokus der vorliegenden Arbeit auf der Analyse abgeschlossener *VC*-Beteiligungen. Da die Untersuchungsobjekte jedoch in vielen Fällen nicht mehr bzw. nicht mehr in ihrer ursprünglichen Form existieren,[853] lassen sich die erforderlichen Daten über sie auch nicht mehr erheben. Und auch *VC*-Investoren geben sich angesichts von Misserfolgen ihrer Portfoliounternehmen häufig verschlossen und keine Informationen über solche Engagements preis, so dass sich auf diesem Wege auch nur fragmentarisch Daten erheben ließen.

Um die Effekte der Syndizierung auf den Beteiligungserfolg dennoch umfassend beurteilen und mögliche Verzerrungen des Datensatzes infolge eines *Survival Bias*[854] oder eines *Selection Bias*[855] weitgehend reduzieren zu können, soll eine Kombination der Inhalte renommierter Datenbanken das Fundament des eigenen Datensatzes bilden.

Um die Hypothesen der eigenen Arbeit annehmen oder verwerfen zu können, sind zahlreiche Daten zusammenzutragen, die den Informationsbedarf hinsichtlich

- der Venture-Capital-Transaktionen und beteiligten Akteure (1),
- der Eigenschaften der *VC*-Beteiligungen (2),
- der Exit-Details der ehemaligen Portfoliounternehmen (3) sowie
- der Charakteristika der finanzierenden Venture-Capital-Gesellschaften (4)

decken.

(1) Zunächst ist eine Liste relevanter Datenbanken zu erstellen, die hinreichend detaillierte Informationen zu deutschen Venture-Capital- und Private-Equity-Transaktionen und deren beteiligten Akteuren enthalten.[856] Wesentliche Evaluationskriterien bei der Auswahl einer geeigneten Sekundärquelle sind Quantität, Qualität und Detailniveau der Informationen über Venture-Capital-Transaktionen und die daran beteiligten Akteure gewesen. Auf Grundlage der in Tabelle 16 aufgeführten Datenbanken ist die Entscheidung zugunsten von *VentureXpert* von *Thomson Venture Economics* ausgefallen,[857] einer der beiden Referenz-

---

[853] Beispiele hierfür sind Firmenauflösungen oder -restrukturierungen infolge von Liquidationen, Insolvenzen oder auch Akquisitionen mit anschließender Integration.

[854] Vgl. z. B. NICOLAI, A./KIESER, A. (2002), S. 585.

[855] Vgl. u. a. SEPPÄ, T. J. (2003), S. 11; COCHRANE, J. H. (2005), S. 4ff.; HEGE, U. ET AL. (2006), S. 2.

[856] Vgl. Tabelle 16.

[857] JÄÄSKELÄINEN ET AL. (2006) verweisen auf die weit verbreitete Nutzung der Venture Economics-Datenbank in der Venture-Capital-Forschung: „This extensive source has been used in previous VC research (e.g., Bygrave, 1987; Gompers, 1995; Lerner, 1994; Podolny, 2001; Sorenson & Stuart, 2001). Venture Economics has gathered VC investment data since the 1970s using annual reports of VC funds, personal contacts with funds' personnel, initial public offering (IPO) prospectuses, and acquisitions announced in the media. The database contains information on over 210,000 private equity investments [...], and it is widely recognized as a leading source of U.S. VC investment data." (JÄÄSKELÄINEN, M. ET AL. (2006), S. 191). Bezogen auf den europäischen Markt ergänzen HEGE ET AL. (2006) Folgendes: „Venture Economics offers the best available data base for

datenbanken der Venture-Capital- und Private-Equity-Branche.[858] Ausschlaggebend für das Votum pro *VentureXpert* und contra *VentureSource* sind letztlich weniger Unterschiede in der Abdeckung des *VC-* und *PE*-Marktes, sondern vielmehr praktische Erwägungen im Zusammenhang mit den Zugriffsmöglichkeiten gewesen. Im Rahmen einer Forschungskooperation mit dem Lehrstuhl für *Entrepreneurship* an der *European Business School*[859] konnten die für das Forschungsvorhaben benötigten Daten von *VentureXpert* heruntergeladen werden.[860]

Nr.	Name	Anbieter	Inhalt	Objekte	Relevante Informationsbasis
(1)	***Venture-Xpert***	• *Venture Economics (Thomson Financial)*	• Venture-Capital- und Private-Equity-*Stakeholder* und -Transaktionen • Global • >20 Jahre	• Gesellschaften und Fonds mit Fokus auf - *Venture Capital (VC)* - *Private Equity (PE)* • Portfoliounternehmen der *VC-* und *PE*-Fonds • Investoren in *VC-* und *PE*-Fonds (*Limited Partners*) • *Executives*	• Charakteristika der VCG und PEG, darunter - Gründung und VCG-Typ - Verwaltetes Kapital und Fondsübersicht - Investitionen und Portfolioprofil • Informationen über Fonds, mitunter - Fondstyp und -fokus - Fondsvolumen (*Commitments*) - Fonds-Investments • Eigenschaften der Portfoliounternehmen wie - Gründung, Status, Industriezugehörigkeit - Investoren- und Fondsübersicht - Finanzierungsrunden mit Volumen, Phase etc.
(2)	***Venture Source* (inkl. *Library House*)**	• *VentureOne (Dow Jones)*	• Venture-Capital-*Stakeholder* und -Transaktionen • USA, Canada, Europa, Israel, Indien und China	• Venture-Capital-Gesellschaften (>8.000) und -Fonds • Portfoliounternehmen der *VC*-Fonds (>30.000) • *Executives*	• Charakteristika der VCG wie - Verwaltetes Kapital und Fondsübersicht - Investitionen und Portfolioprofil • Informationen über Fonds, mitunter - Fondstyp und -fokus - Fondsvolumen (*Commitments*) • Eigenschaften der Portfoliounternehmen wie - Gründung, Industriezugehörigkeit - Meilensteine und Finanzierungsrunden • Unternehmensbewertungen
(3)	***ZEPHYR***	• *Bureau van Dijk Electronic Publishing*	• *M&A-*, *IPO-* und Private-Equity-Transaktionen • Europa, USA (zunehmend global) • >10 Jahre	• *M&A*-Transaktionen (>600.000) • *Joint Ventures* • *IPO* • Private-Equity-Transaktionen • *Stakeholder*-Informationen	• *Deal*-Informationen, z. B. - *Deal*-Typ, -Status und -Rational - *Deal*-Volumen und -Finanzierung - Berater • Eigenschaften von *Target*, Käufer und Verkäufer wie - Beschreibung - Finanzdaten

performance-related data on European venture capital markets, even though the reporting is substantially less complete than on the US side." (HEGE, U. ET AL. (2006), S. 9).

[858] Die renommierteste Alternative zu *VentureXpert* ist *VentureSource* von *VentureOne* (Dow Jones).

[859] In diesem Zusammenhang gebührt mein aufrichtiger Dank Herrn Prof. Dr. Heinz Klandt für die Gewährung des Zugangs zu *VentureXpert* und die überaus freundliche Aufnahme an seinem Lehrstuhl.

[860] Die Definition der Abfragen in *VentureXpert* sowie der Download der Rohdaten erfolgte in der Woche vom 26.02. bis zum 02.03.2007.

Nr.	Name	Anbieter	Inhalt	Objekte	Relevante Informationsbasis
(4)	*SDC Platinum* TM	• *Thomson Financial*	• *M&A*, Allianzen sowie *IPO* und Anleihe-emissionen • Global • ~25 Jahre	• *Mergers & Acquisitions*, Allianzen, *LBO*, *Spin-offs* etc. (>620.000) • *IPO*, Wandelanleihen, Privatplatzierungen etc. (>170.000) • Emissionen von Anleihen, *MBS/ABS*, *CDO* etc. (>590,000) • *Stakeholder*-Informationen	• *Deal*-Informationen, darunter - Emittent und Industriezugehörigkeit - *Deal*-Typ und -Status - *Deal*-Volumen und Handelsspanne - Konsortialführer • Eigenschaften der beteiligten *Stakeholder* wie - Beschreibung - Finanzielle Eckdaten
(5)	*M&A Analytics*	• *Dealogic*	• *M&A*, *IPO* • Global	• Akquisitionen • *IPO* • *Buy-outs* • Rekapitalisierungen etc. • *Stakeholder*-Informationen	• *Deal*-Informationen, mitunter - Detaillierte *Deal*-Beschreibung - *Deal*-Volumen und *Multiples* - Berater • Eigenschaften von *Target*, Käufer und Verkäufer wie - Beschreibung - Finanzdaten
(6)	*Historical Deals*	• *merger-market*	• Öffentliche und private *M&A*-Transaktionen • Amerika, Europa, Asien • >10 Jahre • *Deals* >10 Mio. £	• *M&A*-Transaktionen • *Stakeholder*-Informationen	• *Deal*-Informationen, darunter - Finanzielle Eckdaten - Exit *Multiples* • Eigenschaften der beteiligten *Stakeholder* wie - Beschreibung
(7)	**BVK**	• BVK	• Venture-Capital-Transaktionen • Primär deutsch-sprachiger Raum • >5 Jahre	• Venture-Capital-Transaktionen	• *Deal*-Informationen wie - *Target*-Name und -Branche - Finanzierungsrunde, -zeitpunkt und Investitionsvolumen - *VC*-Investor-Name

Quelle: Eigene Darstellung

Tabelle 16: Alternative Quellen für Sekundärdaten zu *VC-/PE*-Transaktionen

(2) Über die in *VentureXpert* enthaltenen Daten hinaus bedarf es zur Beantwortung der Forschungsfragen ergänzender Informationen zur Entwicklung der Unternehmensgröße der berücksichtigten *VC*-Beteiligungen. Um möglichst zuverlässige Kernfinanzdaten - primär Umsatz und Mitarbeiterzahl - deutschsprachiger Unternehmen zu erhalten, ist die *MARKUS*-Datenbank von *BvDEP* ausgewählt worden. Diese zeichnet sich gegenüber alternativen Quellen wie der *Creditreform*-Bilanzdatenbank FINN, der Hoppenstedt-Bilanzdatenbank oder den Bundesanzeiger-Jahresabschlüssen durch eine breite Abdeckung insbesondere kleinerer Kapitalgesellschaften aus.[861]

---

861 Die *MARKUS*-Datenbank von *BvDEP* enthält ausführliche Informationen zu einer Million deutscher, österreichischer und luxemburgischer Unternehmen und deckt etwa 97% aller im Handelsregister eingetragenen und wirtschaftsaktiven deutschen Gesellschaften ab. Die unternehmensspezifischen Informationen werden vom Verband der Vereine *Creditreform* e.V. zusammengetragen, wobei prinzipiell auf öffentliche Register, Bundesanzeiger, Bilanzen und Geschäftsberichte, Tagespresse und Befragungen zurückgegriffen wird. Umsätze und Mitarbeiterzahlen beruhen primär auf Selbstauskünften der gelisteten Firmen.

(3) Wenngleich die *VentureXpert*-Datenbank Informationen zum Status der Portfoliounternehmen von Venture-Capital-Fonds enthält, haben stichprobenartige Überprüfungen eine mangelnde Aktualität dieser Daten aufgedeckt. Daher müssen zur Ermittlung der Exit-Details ehemaliger *VC*-Investments weitere Quellen herangezogen werden. Im Falle eines *Börsengangs* lassen sich die Informationen aufgrund der daraus resultierenden Publikationspflichten der Kapitalgesellschaft bzw. des betroffenen Börsenbetreibers relativ problemlos über deren Homepages beziehen. Bei einem *Trade Sale* gestaltet sich die Datenbeschaffung ein wenig schwieriger, denn die Benachrichtigung der Öffentlichkeit richtet sich nach dem Ermessen der Vertragsparteien, die über Details solcher Transaktionen zumeist Stillschweigen vereinbaren. Zudem „verschwinden" die akquirierten Unternehmen nicht selten im Rahmen einer anschließenden Integration in den Strukturen der übernehmenden Gesellschaft. Dementsprechend können benötigte Inhalte bestenfalls über archivierte Pressemitteilungen oder Homepages ermittelt werden. Als beste Anlaufstellen für eine gezielte Suche haben sich in diesem Zusammenhang *Factiva*[862], *Google*[863] und *Internet Archive WayBack Machine*[864] erwiesen. Im Falle eines *Secondary Sale* sind die erforderlichen Informationen noch schlechter zu bekommen, denn eine entsprechende Publikation erfolgt – wenn überhaupt – oft nur seitens der akquirierenden VCG. Erschwerend kommt hinzu, dass bei *Secondary Purchases* teils mehrere Beteiligungen en bloc den Besitzer wechseln, so dass die einzelnen Übernahmekandidaten nicht einmal namentlich erwähnt, geschweige denn Einzelheiten genannt werden.[865] Wie bei einer Akquisition durch einen strategischen Investor können auch hier allenfalls die bereits genannten Suchmaschinen weiterhelfen. Mitteilungen über *Buy-backs* ausfindig zu machen, gelingt auch nur in Ausnahmefällen – vermutlich, weil diese Form der Beteiligungsveräußerung weder für Unternehmer noch für Investoren ein positives Ereignis darstellt. Da keine spezifischen Quellen für die

---

[862] Dieser Service von Dow Jones ermöglicht umfassende Recherchen und bietet Zugriff auf über 28.000 Quellen (darunter Informationen von Nachrichtenagenturen, Zeitungen, Journale, Magazine, Abschriften von Fernseh- und Radiosendungen) aus 157 Ländern in 23 Sprachen. Vgl. http://www.dowjones.de/site/factivacom.html (Zugriff am 02.01.2010).

[863] Google ist gemessen an den weltweiten Suchanfragen unbestrittener Marktführer unter den Internetsuchmaschinen. Die Zahl der indexierten Dokumente übersteigt seit Mitte 2008 eine Billion. Vgl. http://googleblog.blogspot.com/2008/07/we-knew-web-was-big.html.

[864] Das *Internet Archive* als gemeinnützige Organisation hat sich der Langzeitarchivierung frei verfügbarer digitaler Daten verschrieben. Das Web-Archiv kann mit Hilfe der *WayBack Machine* durchsucht werden, die Zugang zu den gespeicherten Versionen aller bei Alexa Internet (http://www.alexa.com) hinterlegten *URLs* gewährt. Der Gesamtumfang beträgt über 150 Milliarden Internetseiten (Stand: Dezember 2009). Vgl. http://www.archive.org/about/about.php.

[865] Als Beispiel sei ein Auszug einer Pressemitteilung von Cipio Partners, einer auf Secondary Direct-Transaktionen spezialisierten *VC*-Gesellschaft, zitiert: „Cipio Partners […] and 3i Group Plc [...] today announced the signing of a definitive agreement for the sale of interests in ten companies currently part of 3i's European Venture portfolio." Vgl. http://www.cipiopartners.com/html/news/cipio_news_20_04_09.html (Zugriff am 02.12.2009). Eine entsprechende Nachricht auf der Internetseite von 3i ist nicht zu finden gewesen.

Identifikation solcher Exit-Typen ermittelt werden konnten, sind wiederum die erwähnten Recherche-Instrumente zum Einsatz gekommen. Im Falle einer Einstellung der Geschäftstätigkeit oder einer Insolvenz eines Investments (*Liquidation*) lassen sich die benötigten Exit-Details in der Regel nicht über die Internetseiten der engagierten Wagniskapitalgeber beschaffen, da diese ihre Reputation nicht mit der Bekanntgabe von Fehlinvestitionen belasten wollen. Die Absenz einer aktiven Homepage eines ehemaligen Portfoliounternehmens lässt auch nicht zwingend auf dessen erfolgloses Ende schließen. Und auch die Presse nimmt zuweilen keine Notiz vom Dahinscheiden eines (ökonomisch noch wenig bedeutenden) Start-ups. Zur Datengewinnung in diesem Kontext tragen vielmehr zwei Quellen maßgeblich bei. Zum einen beinhalten die (Insider-)Informationen der Mitglieder von *BooCompany*[866] Hinweise auf das Ende zahlreicher Firmen. Zum anderen macht die *InsolDatenbank* von *InsolNet*[867] verlässliche Angaben zur Eröffnung und Beendigung von Insolvenzverfahren deutscher Unternehmen.

(4) Des Weiteren werden Informationen zur Größe der finanzierenden VCG benötigt, darunter das *Capital under Management*, die Anzahl der *Investment Professionals* bzw. Beschäftigten und der Umfang des Portfolios. Da diese Kennzahlen jedoch für die jeweiligen Investitionszeitpunkte erhoben werden müssen, sind für aktive *VC*-Gesellschaften mitunter umfangreiche Zeitreihendaten zusammenzutragen. Jahresspezifische Firmenprofile deutscher Venture-Capital-Gesellschaften mit den erforderlichen Angaben lassen sich beispielsweise über die Mitgliederverzeichnisse des BVK, der *EVCA* oder den *Corporate Finance und Private Equity Guide* des Magazins *GoingPublic* beschaffen.[868] Letzterer hebt sich im direkten Vergleich durch einen größeren Datenumfang ab.[869] Die Publikation enthält für den Großteil in Deutschland aktiver Venture-Capital-Gesellschaften relativ ausführliche Angaben zum (investierten) *Capital under Management*, der Anzahl der Mitarbeiter bzw. *Investment Professionals*, der Portfoliogröße sowie zu Adress- und Kontaktdaten.

---

[866] Hierbei handelt es sich nach eigenen Aussagen um „Europas führende[n] Anbieter und Distributor für exitorientierte Unternehmensmeldungen." Siehe http://www.boocompany.com.

[867] *InsolNet* ist ein Informationsdienst, der die Basisdaten zu sämtlichen seit 1999 in Deutschland eröffneten Regelinsolvenzverfahren bereitstellt. Die Datenbank enthält über 370.000 Einträge (Stand: Dezember 2009). Vgl. http://www.insolnet.de.

[868] Nach dem Wissen des Autors gibt es für den deutschen Venture-Capital-Markt keine Referenzquelle wie *Pratt's Guide to VC Sources* für die Vereinigten Staaten. Vgl. JÄÄSKELÄINEN, M. ET AL. (2006), S. 191.

[869] Die *GoingPublic Media AG* kommentiert ihre eigene Publikation wie folgt: Der *Corporate Finance & Private Equity Guide 2007* „ist mit seinem mehr als 100-seitigen Adress- und Steckbriefteil und der Listung von mehr als 900 Playern seit nunmehr 7 Jahren das umfangreichste, im deutschsprachigen Raum erhältliche „Who is who?" der Financial Community und Nachschlagewerk rund um die Venture-Capital- und Private-Equity-, IPO- und M&A-Industrie. Der „Guide 2007" entsteht seit 2002 in bewährter Zusammenarbeit mit dem Bundesverband Deutscher Kapitalbeteiligungsgesellschaften - *German Private Equity and Venture Capital Association* e.V. (BVK) - sowie der Deutsche Börse AG." Vgl. http://www.goingpublic.de/angebote/.

Für fehlende Wagniskapitalgeber sind die entsprechenden Informationen manuell über diverse Quellen bezogen worden.

Abschließend sei darauf hingewiesen, dass trotz der Konsultation einer Vielzahl renommierter Quellen und eines signifikanten Zeitaufwands auf einigen Dimensionen kein vollständiges Bild gezeichnet werden kann. Hierzu zählen insbesondere die Variablen der Größe von Beteiligungen (Umsatz, Mitarbeiterzahl) und von *VC*-Gesellschaften (*Capital under Management*, Anzahl der Mitarbeiter sowie Portfolioumfang).[870]

Insbesondere die Aggregation der Größenvariablen für die Gruppe der Co-Investoren ist von dem Problem fehlender Daten betroffen. Für den Umgang mit fehlenden Werten bieten sich grundsätzlich drei alternative Vorgehensweisen an, darunter die klassischen, imputationsbasierten und modellbasierten Verfahren. Die Vor- und Nachteile dieser Methoden werden in der Literatur kontrovers diskutiert.

Der Ausschluss von *Missing Data* im Rahmen der klassischen Verfahren kann einen mitunter erheblichen Informationsverlust nach sich ziehen, wenn daraus eine drastische Reduzierung der Stichprobe und/oder Verfälschung des verbleibenden Datensatzes resultiert. Das Ersetzen fehlender durch möglichst „plausible" Werte im Umfang der imputationsbasierten Verfahren kann zwar eine Verringerung der Fallzahl vermeiden, aber im Gegenzug zu (stark) verzerrten Varianz- und Parameterschätzungen führen. Modellbasierte Verfahren sind einerseits präziser, andererseits aber deutlich aufwendiger als die zuvor genannten Varianten der *Missing Data*-Techniken.

Um weder eine weitere Reduktion der Stichprobe noch einen zu hohen Schätzaufwand in Kauf nehmen zu müssen, fällt die Entscheidung zugunsten imputationsbasierter Verfahren aus. Nachdem sowohl multiple als auch singuläre regressionsbasierte Imputationen zu wenig plausiblen Ergebnissen geführt haben,[871] sind Substitutionen auf Grundlage mehrerer Verhältnisschätzer, CuM/Mitarbeiter, Portfoliogesellschaften/Mitarbeiter und CuM/ Portfoliogesellschaft, vorgenommen worden. Diese Schätzwerte für einzelne VCG-Größen-Jahres-Kombinationen sind abschließend mit anderen historischen Datenpunkten derselben *VC*-Geber – sofern verfügbar – verglichen und plausibilisiert worden.

4.3 Auswahl und Konzeption der Datenanalysemethoden

Nachdem in Unterkapitel 4.2 die Methoden zur Erhebung der empirischen Daten dargelegt worden sind, folgt nun eine Beschreibung der anzuwendenden Datenanalysemethoden. In Abschnitt 4.3.1 werden dazu die uni- und bivariaten Verfahren skizziert, bevor in Abschnitt 4.3.2 das kumulative logistische Modell ausführlich vorgestellt wird.

---

[870] Wie mit dieser Problematik im Vorfeld der Aggregation entsprechender Co-Investoren-Charakteristika umgegangen worden ist, wird in Abschnitt 4.3.1 ausgeführt.

[871] Dies hängt u. a. mit den nicht linearen Verteilungen der Größenmerkmale von *VC*-Gesellschaften zusammen.

Der Schwerpunkt dieses Unterkapitels liegt eindeutig im Bereich der ordinalen Regressionsanalyse, die für das Forschungsvorhaben von zentraler Bedeutung ist.

4.3.1 *Beschreibung der verwendeten uni- und bivariaten Verfahren*

In diesem Abschnitt werden die Methoden erörtert, die im Rahmen der deskriptiven Statistik zur Anwendung kommen.

Die primären Ziele univariater Verfahren bestehen zum einen in einer übersichtlichen Darstellung wesentlicher Informationen und Strukturen der Daten, zum anderen in einer Identifikation etwaiger fehlender, falscher oder extremer Werte der einzelnen Variablen. Zur Beschreibung der Merkmalsverteilungen werden hauptsächlich Häufigkeiten, Lage- und Streuungsmaße ermittelt, deren Berechnungsmethoden jedoch vom Skalenniveau der einbezogenen Variablen abhängen. Für nominalskalierte Merkmale wie die Branche der Beteiligung kommen zur Informationsverdichtung lediglich der Modus (häufigster Wert) und absolute bzw. relative Häufigkeiten in Betracht. Bei ordinalskalierten Variablen wie der Lebenszyklusphase von Wachstumsunternehmen lassen sich aufgrund der natürlichen Rangordnung zusätzlich Quantile wie der Median (Zentralwert) als Lagemaße sowie kumulierte Häufigkeiten und Spannweite als Streuungsmaße errechnen. Kardinalskalierte Merkmalsverteilungen wie die Syndikatsgröße können in Bezug auf ihre zentrale Tendenz zudem über das arithmetische Mittel (Mittelwert) und hinsichtlich ihrer Dispersion durch die Standardabweichung charakterisiert werden. Aus einem Vergleich von Minimum, Maximum, Zentral- und Mittelwert lassen sich auch Rückschlüsse auf eine etwaige Schiefe der Verteilung ziehen. Minimal- und Maximalwerte geben außerdem Aufschluss über Extremwerte, die auf Ausreißer oder falsche Werte hindeuten können.

Neben diesen univariaten kommen auch bivariate Verfahren zum Einsatz. Vorrangige Zielsetzung letzterer ist die Untersuchung der Existenz, Richtung und Stärke von Zusammenhängen zwischen Variablenpaaren. Um solche Abhängigkeiten aufspüren zu können, steht ein breites Spektrum an Assoziations- und Korrelationsmaßen zur Verfügung, die sich wiederum nach Skalendignität unterscheiden.

Im Falle nominalskalierter Variabler erfolgt die Messung von Zusammenhängen über Assoziationsmaße, die zwar die Stärke, nicht aber die Richtung der Beziehung abbilden. Dazu zählt beispielsweise *Cramérs V* mit einem Wertebereich von null bis eins, wobei null keinen und eins einen sehr starken Zusammenhang indiziert. Für ordinalskalierte Daten eignen sich *Spearmans Rho*[872] und *Kendalls Tau-b*, die als Rangkorrelationskoeffizienten auch eine Aussage zur Richtung des Zusammenhangs (positiv oder negativ) erlauben. Absolutwerte signalisieren dabei ab 0,2 tendenziell eine geringe, ab 0,5 eine mittlere, ab 0,7 eine hohe und ab 0,9 eine sehr hohe Korrelation. Im Falle kardinalskalierter Merkmale wird schließlich der Korrelationskoeffizient nach Pearson herangezogen, der im Wertebereich

---

[872] Während die Berechnung von *Spearmans Rho* eine Äquidistanz der Ränge voraussetzt, stellt *Kendalls Tau-b* keine Anforderungen, die über das ordinale Skalenniveau hinausgehen.

unter 0,5 auf einen eher schwachen, bis 0,8 auf einen mittleren und darüber auf einen starken Zusammenhang hinweist.

Im Kontext der Zusammenhangsanalysen mit dem Beteiligungserfolg (Unterkapitel 5.2) werden vorwiegend graphische Darstellungen in Form von Marimekkos[873] verwendet. Diese zweidimensionalen Abbildungen lassen mögliche Zusammenhänge der Beobachtungswerte besser erkennen als die ihnen zugrunde liegenden Kreuztabellierungen. Dazu sind für kardinale Merkmale allerdings sinnvolle Klassen zu bilden, mit deren Einteilung aber ein Informationsverlust verbunden ist.

Die statistische Signifikanz bivariater Zusammenhänge wird mittels der Irrtumswahrscheinlichkeit α angegeben.

4.3.2 *Charakterisierung des gewählten multivariaten Verfahrens, der kumulativen logistischen Regression*

Um die multivariaten Zusammenhänge und das Forschungsmodell zu untersuchen, wird auf ein ordinales Regressionsmodell zurückgegriffen, das zu den strukturenprüfenden Verfahren zählt. Zunächst ist es auf der einen Seite von nominalen und auf der anderen Seite von metrischen Modellen abzugrenzen.

Im Hinblick auf die (primäre) abhängige Variable, den Exit-Erfolg, wäre die Verwendung eines multinomialen *Logit*-Modells prinzipiell möglich, allerdings würde dies einen Verzicht auf wesentliche Informationen, die Rangordnung der Exit-Typen, bedeuten. Zudem bedürfen multinomiale Modelle einer (deutlich) höheren Parameterzahl und sind schlechter zu interpretieren.[874] Der Einsatz eines klassischen Regressionsmodells stellt hingegen hohe Anforderungen an das Skalenniveau (kardinal) der Variablen, was selbst bei einer großen Kategorienzahl der ordinalen Größe bestenfalls approximativ erfüllt wäre.[875] Außerdem wird angenommen, dass bei gegebenen unabhängigen Parametern eine symmetrische Verteilung der abhängigen Variablen vorliegt, was in ordinalen Modellen eher untypisch ist. Und schließlich kann die Fehlerverteilung eines metrischen Modells für Variable mit wenigen Kategorien nicht adäquat sein.[876] Angesichts der überschaubaren Zahl von Exit-Typen scheidet das klassische Modell für die vorliegende Untersuchung aus. Insofern kommt am ehesten das ordinale Regressionsmodell in Frage, das zudem den Vorteil hat,

[873] Diese Form der graphischen Darstellung hat die Bezeichnung ihrem Aussehen zu verdanken, das an einen (bunten) Wandteppich erinnert (vgl. http://www.mekkographics.com). Dabei wird vermutlich Bezug auf das finnische Unternehmen *Marimekko* genommen, das sich in den 60er- und 70er-Jahren mit seinem schlichten, aber farbenfrohen Mode- und Textildesign einen Namen gemacht hat (vgl. http://www.marimekko.fi/eng).

[874] Vgl. TUTZ, G. (2000), S. 207.

[875] Vgl. Ibid., S. 208.

[876] Vgl. Ibid.

mit verschiedenen Skalenniveaus arbeiten zu können.[877]

Das kumulative Modell, das auf MCCULLAGH (1980) zurückgeht, ist aufgrund seiner guten Interpretierbarkeit die am häufigsten verwendete Variante des ordinalen Regressionsmodells und soll auch in diesem Kontext Anwendung finden.

4.3.2.1 Grundlagen

Anders als die klassische (lineare) Regressionsanalyse, die eine unmittelbare Schätzung des empirischen Beobachtungswertes vornimmt, zielt die ordinale Regression darauf ab, die Wahrscheinlichkeit für das Eintreten einzelner Ausprägungen der empirisch beobachteten Größe abzuleiten.[878] Zu diesem Zweck wird die bedingte kumulierte Wahrscheinlichkeit für das Auftreten eines Wertes der ordinalskalierten Zielgröße y kleiner-gleich einem bestimmten Wert k in Abhängigkeit von den Prädiktoren x_j modelliert ($P(y \leq k \mid x)$).[879, 880] Nach erfolgter Schätzung der Modellparameter lassen sich dann Wahrscheinlichkeiten für das Eintreten der Kategorien k von Y berechnen, wobei Vorzeichen und Höhe der Regressionskoeffizienten Wirkungsrichtung und -stärke der Einflussvariablen angeben.

In Bezug auf ein (kumulatives) *Logit*-Modell sind mehrere Betrachtungsebenen voneinander abzugrenzen, die auf unterschiedliche Weise miteinander verknüpft sind, wie Abbildung 18 verdeutlicht.

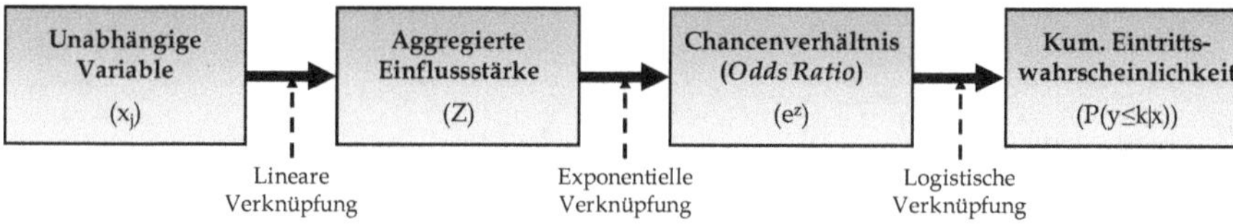

Quelle: Eigene Darstellung in Anlehnung an BACKHAUS ET AL. (2008), S. 251

Abbildung 18: Zusammenhänge zwischen den Betrachtungsgrößen der logistischen Regression

Aus der Linearkombination der unabhängigen Variablen X_j mit deren Regressionskoeffizienten β_j sowie eines Parameters β_0 und einer Residualgröße U_k ergibt sich nach Maßgabe von Formel 6 die aggregierte Einflussstärke der Prädiktoren, die Variable Z.[881]

---

[877] Dabei kommen metrische und kategoriale Variable in Frage, wobei letztere vor Aufnahme in das Modell in Binärvariable transformiert werden. Vgl. BACKHAUS, K. ET AL. (2008), S. 245.

[878] Vgl. Ibid., S. 244f.

[879] Vgl. JANSSEN, J./LAATZ, W. (2007), Online-Ergänzung, S. 1.

[880] Die Tatsache, dass jeweils (nur) auf eine kumulierte Eintrittswahrscheinlichkeit abgestellt wird, zeigt, dass es sich bei diesem Modell um einen Spezialfall der binär-logistischen Regression handelt. Vgl. NORUSIS, M. J. (2005), S. 70.

[881] Vgl. BACKHAUS, K. ET AL. (2008), S. 248f.

$$z_k = \beta_0 + \sum_{j=1}^{J} \beta_j \times x_{jk} + u_k$$

Formel 6: Berechnung der (latenten) Variablen Z

Z kann dabei als latente stetige Variable aufgefasst werden, deren gruppierte Werte die diskreten Ausprägungen der empirisch beobachtbaren Variablen Y darstellen. Im vorliegenden Fall ließen sich die Ausprägungen der ordinalen Variablen Exit-Typ als Klasseneinteilungen der latenten stetigen Variablen Investment-Rendite bzw. Beteiligungserfolg interpretieren.[882]

Durch ihre Aggregationsfunktion trägt die Variable Z somit einen Teil zur Bestimmung des Zusammenhangs zwischen den Prädiktoren X_j und der abhängigen Variablen Y bei.[883] Um von der Einflussstärke Z zu einer Aussage über die Eintrittswahrscheinlichkeit einer bestimmten Ausprägung von Y zu gelangen, bedarf es zusätzlich einer geeigneten *Link*-Funktion, an die zwei Anforderungen gestellt werden: Zum einen haben die geschätzten Wahrscheinlichkeiten $P(y \leq k \mid x)$ Werte zwischen null und eins anzunehmen, und zum anderen wird ein nicht-linearer Zusammenhang zwischen den Prädiktoren X_j und der Wahrscheinlichkeit $P(y \leq k \mid x)$ gefordert.[884] Wenngleich mehrere Verknüpfungsfunktionen zur Auswahl stehen,[885] wird aufgrund besserer Interpretationsmöglichkeiten zumeist die logistische Funktion verwendet, der das (kumulative) *Logit*-Modell seinen Namen verdankt.

$$P = \frac{e^z}{1+e^z} \text{ bzw. } P = \frac{1}{1+e^{-z}}$$

Legende: e = 2,71828183 (Eulersche Zahl)

Formel 7: Logistische Funktion

Wie Formel 7 zu entnehmen ist, legt die logistische (Wahrscheinlichkeits-)Funktion der Berechnung den Exponentialwert der Variablen Z zur Basis e zugrunde. Der Wert e^z lässt sich hierbei auffassen als das Chancenverhältnis (*Odds Ratio*) zugunsten von $P(y \leq k \mid x)$, d. h. als das Verhältnis der Wahrscheinlichkeit $P(y \leq k \mid x)$ zu ihrer Gegenwahrscheinlichkeit $P(y > k \mid x)$ (vgl. Formel 8).

[882] Vgl. hierzu auch die Ausführungen in 2.3.3, 4.1.4.1 und Tabelle 6.

[883] Vgl. BACKHAUS, K. ET AL. (2008), S. 249.

[884] Vgl. JANSSEN, J./LAATZ, W. (2007), S. 459f.

[885] Dazu zählen die *Logit-*, *Probit-*, *Negative log-log-*, *Complementary log-log-* und die *Cauchit*-Funktionen.

$$\frac{P(y \leq k|x)}{1-P(y \leq k|x)} = \frac{1}{1+e^{-z_k}} \times \frac{1+e^{-z_k}}{e^{-z_k}} = \frac{1}{e^{-z_k}} = e^{z_k}$$

Formel 8: Herleitung des Chancenverhältnisses (*Odds Ratio*)

Abschließend sind die *Odds Ratios* in die logistische Funktion einzusetzen, so dass sich unter Berücksichtigung von Formel 6 und Formel 7 folgender kumulativer logistischer Regressionsansatz[886] ergibt:

$$P(y \leq k|x) = \frac{1}{1+e^{-z_k}}$$

$$\text{mit } z_k = \beta_0 + \sum_{j=1}^{J} \beta_j \times x_{jk} + u_k$$

Formel 9: Kumulative logistische Regressionsfunktion

Die durch diese Gleichung beschriebene Wahrscheinlichkeitsverteilung hat einen S-förmigen Verlauf und zeichnet sich dadurch aus, dass für beliebige Werte z die Funktionswerte bzw. Wahrscheinlichkeiten in das Intervall [0,1] fallen.[887]

4.3.2.2 Vorgehensweise

An die Erläuterung der Grundlagen des kumulativen logistischen Regressionsmodells reiht sich nun eine Beschreibung der diesbezüglichen Methodik, die sich in fünf Schritte unterteilen lässt:

- Modellformulierung (1),
- Modellselektion (2),
- Prüfung der Modellannahmen (3),
- Prüfung des Gesamtmodells (4) und
- Interpretation der Regressionskoeffizienten (5).

(1) Im Zuge der **Modellformulierung** sollten - wie bereits geschehen - auf Basis sachlogischer Überlegungen zum einen die Merkmalsausprägungen der ordinalen abhängigen Variablen definiert und zum anderen diejenigen Einflussgrößen bestimmt werden, die das Auftreten der einzelnen Kategorien maßgeblich bestimmen. Zu den jeweiligen

[886] Dieser Ansatz wird auch als „proportional odds model" bezeichnet. Vgl. TUTZ, G. (2000), S. 214f.

[887] Vgl. JANSSEN, J./LAATZ, W. (2007), S. 460; BACKHAUS, K. ET AL. (2008), S. 249f.

Zusammenhängen sind anschließend Hypothesen aufzustellen, die es durch das Modell zu überprüfen gilt.[888]

(2) Im Rahmen der **Modellselektion** kommen Verfahren (z. B. Rückwärtsselektion) zur Anwendung, die anhand eines festzulegenden Auswahlkriteriums (z. B. *Akaike Information Criterion*) ein effizientes, da präzises und zugleich parameterökonomisches Modell identifizieren helfen. Diese iterativen Verfahren setzen sich aus zwei Teilschritten zusammen:

- Schätzung der Regressionsfunktion (I) und
- Prüfung der Merkmalsvariablen und Modellanpassung (II).

(I) Die Schätzung einer kumulativen logistischen Regressionsfunktion erfolgt typischerweise mit Hilfe der *Maximum-Likelihood*-Methode. Dieser Ansatz versucht, die Wahrscheinlichkeit (*Likelihood*) zu maximieren, die empirischen Beobachtungswerte für möglichst viele Fälle zu erhalten, indem die Regressionskoeffizienten β_j der Einflussfaktoren X_j entsprechend variiert und determiniert werden.[889] Maximiert wird letztendlich die *LogLikelihood*-Funktion[890], wobei *SPSS* auf den *Polytomous Universal Models (PLUM)*-Algorithmus zurückgreift. Nach erfolgter Schätzung liegen die Parameter für das vollständige Ausgangsmodell vor[891] und können auf ihren Einfluss hin überprüft werden.

(II) Um ein Modell-*Overfitting* zu vermeiden, sollten Einflussgrößen, die gemäß der Wald-Statistik[892] nicht signifikant sind, aus dem Modell ausgeschlossen werden, da ihr Beitrag zur Erklärung der abhängigen Variablen vernachlässigbar ist. Nach Entfernung des Prädiktors mit der geringsten Signifikanz wird für das angepasste Modell eine erneute Schätzung nach Schritt (I) vorgenommen.

Verbessert sich das zugrunde gelegte Auswahlkriterium im Vergleich zur vorigen Modellvariante, ist das angepasste Modell jenem vorzuziehen. Dieser Iterationsprozess wird so lange fortgeführt, bis sich das Kriterium durch den Ausschluss weiterer Merkmalsvariabler nicht mehr optimieren lässt. Am Ende steht ein effizientes Modell, das dann auf seine Eigenschaften geprüft werden kann.

(3) Das Ziel einer **Prüfung der Modellannahmen** besteht darin, die Anwendbarkeit der statistischen Methode für den vorliegenden Datensatz zu gewährleisten, um belastbare Resultate zu erzielen.

Analog zu anderen Regressionsverfahren ist auch bei der ordinalen Regression ein Auftreten von (Multi-)Kollinearität der unabhängigen Variablen zu verhindern. Eine sehr hohe Korrelation der Regressoren (bzw. deren Linearkombinationen) führt nämlich dazu,

---

[888] Vgl. BACKHAUS, K. ET AL. (2008), S. 251.

[889] Vgl. Ibid., S. 253.

[890] Vgl. JANSSEN, J./LAATZ, W. (2007), S. 464.

[891] Im Folgenden wird von einer Rückwärtsselektion ausgegangen.

[892] Das Funktionsprinzip der Wald-Statistik orientiert sich am t-Test der linearen Regression. Vgl. BACKHAUS, K. ET AL. (2008), S. 273.

dass die Verfahren zur Parameterschätzung instabil und die Schätzungen der Regressionskoeffizienten unzuverlässig werden. Um ein Vorliegen von (Multi-)Kollinearität aufzudecken, können neben Korrelationsmatrizen, die Aufschluss über Assoziationen zweier Variabler geben, auch Toleranzen[893] bzw. *Variance Inflation Factors* (*VIF*)[894] herangezogen werden, die Zusammenhänge zwischen mehreren Variablen abbilden.[895] Deuten die Indikatoren auf (Multi-)Kollinearität hin, bieten sich prinzipiell mehrere Möglichkeiten, damit umzugehen, darunter der Ausschluss der betroffenen Variablen, die Aggregation selbiger mittels Faktorenanalyse oder die Erhöhung des Stichprobenumfangs.[896]

Eine wesentliche Annahme ordinaler Regressionsmodelle ist zudem die sogenannte *Parallel Lines Assumption*, die für alle Ausprägungen der abhängigen Variablen parallel verlaufende Regressionslinien der Prädiktoren unterstellt. Um diese Prämisse zu überprüfen, steht ein entsprechender Test zur Verfügung, der die mit minus zwei multiplizierten *LogLikelihoods* zweier Modelle vergleicht, von denen eines die Parallelität für alle Kategorien der ordinalen Zielgröße erzwingt (Nullhypothese), während das andere diesbezüglich keine Vorgaben macht. Fällt der Unterschied der Vergleichswerte groß aus, ist das Testergebnis signifikant, und das Modell verliert seine Gültigkeit. In solchen Fällen kann entweder eine Anpassung des Modells oder der Übergang zu einer multinomialen logistischen Regression[897] erwogen werden.

Abschließend sollte eine Ausreißerdiagnostik z. B. anhand von *Pearson*-Residuen[898] durchgeführt werden. Sprechen keine triftigen sachlogischen Argumente für eine weitere Berücksichtigung etwaiger Ausreißer, sollten sie aus der Stichprobe ausgeschlossen werden, da sie in der Regel die Modellgüte beeinträchtigen.

(4) Um eine Beurteilung der (Anpassungs-)Güte des Regressionsansatzes insgesamt geht es im Kontext der **Prüfung des Gesamtmodells**. Die Bewertung kann dabei mittels verschiedener Gütekriterien erfolgen:

---

[893] Die Toleranz ist definiert als die Differenz aus Eins und dem Bestimmtheitsmaß für die Regression der unabhängigen Variablen X_j auf die anderen Regressoren.

[894] Der *VIF* ist der Kehrwert der Toleranz und repräsentiert denjenigen Faktor, um den sich die Varianz eines Regressionskoeffizienten vergrößert, wenn die (Multi-)Kollinearität zunimmt. Vgl. BELSLEY, D. A. ET AL. (2004), S. 93f.

[895] Vgl. BACKHAUS, K. ET AL. (2008), S. 89ff.

[896] Vgl. Ibid., S. 92.

[897] In der multinomialen logistischen Regression werden separate Koeffizienten für jede Kategorie der unabhängigen Variable geschätzt. Vgl. NORUSIS, M. J. (2005), S. 80.

[898] Die Pearson- bzw. standardisierten Residuen reflektieren jeweils die Diskrepanz zwischen der empirischen Beobachtung und der anhand des Modells geschätzten Wahrscheinlichkeit der Gruppenzugehörigkeit. Hohe Differenzen liefern somit Hinweise auf mögliche Ausreißer. Vgl. BACKHAUS, K. ET AL. (2008), S. 269.

- Gütemaße auf Basis der *LogLikelihood*-Funktion (I)[899],
- *Pseudo-R^2*-Statistiken (II)[900] und
- Beurteilung der Klassifikationsergebnisse (III)[901].

(I) Zu den Gütemaßen auf Basis der LogLikelihood-Funktion zählen zwei Tests, darunter der *Likelihood-Ratio*-Test und die Devianzanalyse. Der *Likelihood-Ratio*-Test korrespondiert mit dem F-Test der multiplen linearen Regression[902] und vergleicht die mit minus zwei multiplizierten *LogLikelihoods* eines vollständigen Modells und eines Modells, das lediglich aus einem konstanten Term besteht. Ist nur eine kleine absolute Abweichung der Vergleichswerte festzustellen, haben die Prädiktoren keinen maßgeblichen Einfluss auf die Ausprägung der abhängigen Variablen, was eine geringe Modellgüte impliziert. Die beim *Likelihood-Ratio*-Test verwendete minuszweifache logarithmierte *Likelihood* wird auch als Devianz bezeichnet und entspricht der Fehlerquadratsumme der linearen Regression.[903] Die Devianzanalyse testet die Nullhypothese, dass ein Modell eine perfekte Anpassung besitzt. Weicht die Devianz nur unwesentlich von null ab, kann auf eine hohe Anpassungsgüte des Modells geschlossen werden.

(II) Die *Pseudo-R^2*-Statistiken orientieren sich am Bestimmtheitsmaß R^2 der linearen Regressionsanalyse[904] und sollen den Anteil der durch das Modell erklärten Variation bestimmen, wobei die Variation in der logistischen Regression auf das Verhältnis der *(Log)Likelihoods* von Nullmodell und endgültigem Modell abstellt. Drei häufig verwendete Maße sind *Cox & Snell-R^2*, *Nagelkerke-R^2* sowie *McFadden-R^2*. Kleine Differenzen zwischen den *(Log)Likelihoods* von vollständigem und Nullmodell übersetzen sich in R^2-Werte nahe null. Grundsätzlich kann ab Werten von 0,2 auf eine akzeptable und von 0,4 auf eine gute Modellanpassung geschlossen werden.

(III) Die Beurteilung der Klassifikationsergebnisse beruht auf einem Vergleich der empirisch beobachteten mit den prognostizierten Gruppenzugehörigkeiten der Untersuchungsobjekte. Dazu werden in einer sogenannten *Confusion Matrix* erfasste gegen geschätzte Zugehörigkeiten abgetragen, wodurch sich Fehlklassifikationen ober- und unterhalb der Hauptdiagonalen erkennen lassen. Der Quotient aus richtig vorhergesagten Beobachtungen und Stichprobenumfang wird als *Hit Rate* bezeichnet und ist der maximalen und/oder proportionalen Trefferquote gegenüberzustellen. Liegt die *Hit Rate* (deutlich) höher als die Trefferquoten, kann dies als Indiz für eine hohe Modellgüte gewertet werden. Zur Kreuzvalidierung der Klassifikationsergebnisse sollten zusätzliche Tests wie *Press's Q*-Test durchgeführt werden.

---

[899] Vgl. auch 6.2.3.1.

[900] Vgl. hierzu 6.2.3.2.

[901] Vgl. 6.2.3.3.

[902] Vgl. BACKHAUS, K. ET AL. (2008), S. 263.

[903] Vgl. Ibid., S. 261.

[904] Vgl. Ibid., S. 263.

Welchen Beitrag die einzelnen Regressoren zur Erklärung der Beobachtungen leisten, ist Gegenstand des letzten Schrittes.

(5) Die **Interpretation der Regressionskoeffizienten** gestaltet sich in der (kumulativen) logistischen Regression deutlich schwieriger als im Falle einer klassischen Regressionsanalyse, zumal kein linearer Zusammenhang zwischen den unabhängigen Variablen und der Zielgröße besteht.[905] Aufgrund der multiplen Transformationen im logistischen Modell sind weder die Parameterschätzungen untereinander vergleichbar noch ihr Einfluss über den Ausprägungsbereich konstant.[906] Durch ihren S-förmigen Verlauf bildet die logistische Funktion eine Art Sättigungseffekt ab, so dass Änderungen der latenten Variablen Z in ihren Extrembereichen keinen wesentlichen Einfluss auf die Eintrittswahrscheinlichkeiten der abhängigen Variablen haben. Demzufolge lassen sich die Regressionskoeffizienten β_j auch nicht als globale Maße der Einflussstärke der Variablen X_j auf $P(y \leq k \mid x)$ interpretieren.

Im Rahmen einer logistischen Regression bieten sich in Abhängigkeit von der Bezugsgröße verschiedene Interpretationsmöglichkeiten, die nachfolgend skizziert werden.

Bezugsgröße / Effekt	Regressionskoeffizient (β)	Effektkoeffizient (e^{β})	*Logit* (z)	*Odds* ($P(y \leq k \mid x) / P(y > k \mid x)$) ($e^{z}$)	Eintrittswahrscheinlichkeit $P(y \leq k \mid x)$
Positiv	>0	>1	steigt um β	steigt um e^{β}	steigt
Negativ	<0	<1	sinkt um β	sinkt um e^{β}	fällt

Quelle: Eigene Darstellung in Anlehnung an BACKHAUS ET AL. (2008), S. 260

Tabelle 17: Interpretationsmöglichkeiten der Regressionskoeffizienten im (kumulativen) *Logit*-Modell

Wie aus Tabelle 17 hervorgeht, lässt sich aus einem positiven Regressionskoeffizienten bzw. einem Effektkoeffizienten (*Odds Ratio*) größer eins eine (nur unspezifische) steigende Eintrittswahrscheinlichkeit[907] einer höheren Kategorie der ordinalen Zielgröße ableiten. Greifbarer wird die Aussage, wenn statt auf die Eintrittswahrscheinlichkeit auf die *Odds*[908] (Chancen- oder Quotenverhältnis) Bezug genommen wird. Das Chancenverhältnis als Quotient aus Wahrscheinlichkeit und Gegenwahrscheinlichkeit eines bestimmten Ereignisses erhöht sich nämlich (konstant) um den Faktor der *Odds Ratio* e^{β}, wenn die entsprechende unabhängige Variable um eine Einheit zunimmt. Analog lässt sich die Interpretation erleichtern, wenn auf die *Logits*[909] (logarithmierte *Odds*) bzw. die aggregierte Einflussstärke Z abgestellt wird. Die *Logits* nehmen (linear) um den Faktor β zu, wenn der Wert des Regressors um eine Einheit steigt. Genau umgekehrt verhält es sich im Falle negativer Regressionskoeffizienten.

[905] Vgl. hierzu auch Abbildung 18.

[906] Vgl. BACKHAUS, K. ET AL. (2008), S. 256.

[907] Deren Wertebereich beschränkt sich auf das Intervall [0,1].

[908] Der korrespondierende Wertebereich erstreckt sich auf das Intervall $[0,+\infty]$.

[909] Der entsprechende Wertebereich weitet sich auf das Intervall $[-\infty,+\infty]$ aus.

Bei der Interpretation der Parameter ist außerdem danach zu differenzieren, ob es sich um eine stetige, binäre oder kategoriale Einflussgröße handelt. Liegt eine stetige unabhängige Variable zugrunde, verhält es sich so wie gerade beschrieben. Im Falle eines dichotomen Prädiktors verändern sich die logarithmierten *Odds* dann um den Wert des Regressionskoeffizienten, wenn ersterer nicht die Ausprägung null, sondern eins annimmt. Handelt es sich hingegen um einen Einflussfaktor mit m Kategorien, so werden m−1 Parameter jeweils im Verhältnis zur Referenzkategorie m geschätzt. Dementsprechend verändern sich die *Odds* zugunsten einer höheren Ausprägung der Zielgröße um den Wert des Effektkoeffizienten einer bestimmten Kategorie, wenn der Einflussfaktor nicht den Referenzwert, sondern diese bestimmte Ausprägung annimmt.

Um die Resultate der kumulativen logistischen Regressionsanalyse noch anschaulicher zu machen, können zusätzlich Sensitivitätsanalysen durchgeführt werden, die den Einfluss unterschiedlicher Ausprägungen der Prädiktoren auf die Eintrittswahrscheinlichkeiten der abhängigen Variablen simulieren.[910] Dazu sind zunächst die entsprechenden Wahrscheinlichkeiten für den Referenzfall zu ermitteln, der die Stichprobenmittelwerte der unabhängigen Variablen zugrunde legt. Anschließend werden die einzelnen Parameter nacheinander systematisch variiert, während jeweils alle anderen Größen konstant gehalten werden. Die daraus resultierenden neuen Eintrittswahrscheinlichkeiten sind abschließend mit den Ausgangswerten des Referenzfalls zu vergleichen, wobei die Differenzen Rückschlüsse auf die relative Bedeutung der unabhängigen Variablen zulassen.[911]

Abschließend sei ergänzt, dass für jeden Parameter auf Basis der Wald-Statistik Signifikanzniveau und Konfidenzintervall berechnet werden. Umschließen dessen Grenzen den Wert null, kann der Regressionskoeffizient nicht als von null verschieden betrachtet werden und ist somit auch nicht signifikant. Die Interpretation nicht-signifikanter Parameter sollte - wenn überhaupt - allerdings nur mit allergrößter Vorsicht vorgenommen werden.

4.4 Synthese

Kapitel 4 schließt mit einem Resümee der wesentlichen Erkenntnisse aus der Variablenoperationalisierung (4.1) sowie den methodischen Grundlagen der Datenerhebung (0) und -analyse (4.3).

In den Abschnitten von Unterkapitel 4.1 sind die **Operationalisierungen** der unabhängigen und abhängigen Variablen des Forschungsmodells ausführlich beschrieben und mit Literaturvergleichen unterlegt worden.

---

[910] Vgl. FRENZEN, H./KRAFFT, M. (2008), S. 642ff.

[911] Allerdings ist zu beachten, dass die *Logit-Link*-Funktion keinen linearen Verlauf hat und die angegebenen prozentualen Unterschiede somit nicht beliebig auf andere Ausgangswerte übertragen werden können.

Abschnitt 4.1.1 widmete sich dem Block Charakteristika der *VC*-Gesellschaften und definierte zunächst für die unabhängige Variable Spezialisierung(sgrad) drei Präferenzindikatoren (Branche, Finanzierungsphase, Geographie) mit korrespondierenden Konzentrationsmaßen (HHI) und für die Position im VCG-Netzwerk fünf teils verwandte Zentralitätsmaße (drei Gradzentralitäten, Eigenvektor- und *Betweenness*-Zentralität). Anschließend wurden für die Kontrollvariablen Alter und Ressourcen ein Bestehens- bzw. drei Größenindikatoren (*Capital under Management*, Mitarbeiterzahl, Anzahl Portfoliounternehmen, jeweils global) festgelegt sowie für VCG-Typ und Herkunft jeweils ein kategoriales Maß eingeführt.

In Abschnitt 4.1.2 ging es dann um die Messbarmachung der unabhängigen Variablen des Bildungsblocks Beschaffenheit des Venture-Capital-Syndikats. Entsprechend wurde für die drei herausgehobenen Aspekte der Syndikatszusammensetzung - Größe, Engagement verschiedener VCG-Typen sowie Präsenz unterschiedlicher Nationalitäten - jeweils eine geeignete Messgröße bestimmt.

Abschnitt 4.1.3 beschäftigte sich mit den Operationalisierungen der Eigenschaften der Beteiligung. Dabei wurden zuerst für die unabhängigen Variablen Lebenszyklusphase, Größe und Branche ein Phasen-, zwei Größen- (Umsatz, Mitarbeiterzahl) und ein Industriezugehörigkeitsindikator bestimmt. Zuletzt stand die Messung der Kontrollvariablen Alter im Vordergrund, für die ein Maß festgelegt worden ist.

In Abschnitt 4.1.4 wurden daraufhin die abhängigen Variablen des Blocks Beteiligungserfolg und deren Operationalisierung thematisiert. In diesem Zusammenhang konnte für die primäre Größe, den Exit-Typ, ein adäquater Indikator definiert werden sowie für die Kontrollgrößen, das Beteiligungswachstum und die Anzahl Finanzierungsrunden, zwei (Umsatz- und Mitarbeiterwachstum) bzw. eine Messgröße.

Unterkapitel 4.2 hat sich anschließend mit dem Vorgehen bei der **Auswahl der Untersuchungsobjekte** und der angewandten Erhebungsmethode auseinandergesetzt.

In Abschnitt 4.2.1 ging es zunächst um die Bestimmung der Grundgesamtheit, deutscher Portfoliounternehmen von in der BRD ansässigen Venture-Capital-Gesellschaften. Danach wurde die Auswahl der Stichprobe erläutert, die sich auf bereits veräußerte deutsche Beteiligungen beschränkt, die nach 1995 gegründet und im Zeitraum von 2000 bis 2006 von mindestens einem unabhängigen Venture-Capital-Geber mit Sitz in Deutschland finanziert worden sind.

Abschnitt 4.2.2 stellte im Anschluss die Herangehensweise bei der Datenerhebung vor. Einem sekundärstatistischen Ansatz folgend wurden die benötigten Informationen über Abfragen verschiedener renommierter Datenbanken sowie umfangreiche Presse- und Internetrecherchen beschafft.

Unterkapitel 4.3 hat sich abschließend den **statistischen Methoden der Datenanalyse** gewidmet. Dabei wurde anfangs auf die verwendeten uni- und bivariaten Verfahren eingegangen, bevor das gewählte multivariate Verfahren ausführlich erörtert worden ist.

In Abschnitt 4.3.1 standen die Methoden der deskriptiven Statistik im Mittelpunkt, wobei klassische Kennzahlen univariater Analysen (z. B. Lage- und Streuungsmaße) genauso eingeführt wurden wie Assoziations- und Korrelationsmaße bivariater Verfahren (u. a. *Cramérs V* und *Kendalls Tau-b*).

Abschnitt 4.3.2 präsentierte die kumulative logistische Regression als selektiertes multivariates Verfahren zur Überprüfung von Hypothesen und Forschungsmodell. Dazu wurden die Grundlagen des logistischen Regressionsansatzes beschrieben, der auf die Schätzung von Eintrittswahrscheinlichkeiten einzelner Ausprägungen der Zielgröße in Abhängigkeit von bestimmten Einflussfaktoren abzielt. Darauf folgte eine nähere Betrachtung der entsprechenden Methodik, die sich in fünf Schritte gliedert.

5 Empirische Datenauswertung - uni- und bivariate Analysen

Das folgende Kapitel stellt empirische Ergebnisse vor, die erste Indikationen für die Beantwortung der in Unterkapitel 1.2 formulierten Forschungsfragen und Belege für die einzelnen in Unterkapitel 3.6 zusammengefassten Hypothesen liefern. In Unterkapitel 5.1 wird die Stichprobe anhand univariater Analysen wesentlicher Variabler charakterisiert, um ein Verständnis von Quantität und Qualität der Datengrundlage sowie deren Aussagekraft zu entwickeln. Unterkapitel 5.2 befasst sich anschließend mit bivariaten Analysen, die potentielle Zusammenhänge zwischen den relevanten Einflussfaktoren und dem Beteiligungserfolg aufdecken sollen und damit eine erste Bewertung der Hypothesen erlauben. Die Korrelationsanalysen für die einzelnen Variablenblöcke des Forschungsmodells in Unterkapitel 5.3 sollen Erkenntnisse über Beziehungen zwischen den Indikatoren liefern. Die Multikollinearitätsanalyse dient abschließend dem Aufspüren und der Beseitigung linearer Zusammenhänge zwischen den erklärenden Variablen und damit der Vorbereitung multivariater Regressionsanalysen in Kapitel 6.

5.1 Charakteristika und Repräsentativität der Datenbasis

In diesem Unterkapitel geht es um die Darstellung und Plausibilisierung der wesentlichen Eigenschaften der Portfoliounternehmen (Untersuchungsobjekte) (Abschnitt 5.1.1) und deren Venture-Capital-Investoren (Abschnitt 5.1.2) sowie um einen Vergleich dieser Parameter mit geeigneten Statistiken zur Venture-Capital-Branche. Diese Gegenüberstellung soll erste Indikationen für die Repräsentativität[912] der eigenen Datenbasis liefern.

Den angekündigten spezifischen Untersuchungen seien allerdings einige einschränkende Bemerkungen vorausgeschickt. Denn die Beantwortung der Fragen, welches Fragment der Grundgesamtheit durch den vorliegenden Datensatz repräsentiert wird und inwieweit die gewonnenen Erkenntnisse intertemporal generalisierbar sind, gestaltet sich sehr schwierig. Als problematisch erweist sich zum einen der Umstand, dass die Betrachtung der Untersuchungseinheiten sowohl Aspekte von Längs- als auch Querschnittanalysen einschließt, da die betrachteten Beteiligungen zu unterschiedlichen Zeitpunkten finanziert und veräußert worden sind. Insofern liegen den einzelnen Investitionen teilweise abweichende ökonomische, rechtliche und soziale Rahmenbedingungen zugrunde. Zum anderen liegt der Fokus der eigenen Arbeit auf dem Segment der unabhängigen, renditeorientierten *VC*-Geber und damit „nur" auf einem Teilbereich der Grundgesamtheit. Da weder der Bundesverband Deutscher Kapitalbeteiligungsgesellschaften noch andere dem Autor geläufige Quellen entsprechende Teilstatistiken für dieses Segment bereithalten, müssen die Eigenschaften der Stichprobe mit denen der jeweils besten verfügbaren Teilmenge des deutschen Venture-

---

912 Repräsentativität liegt vor, wenn die Verteilungen aller interessierenden Merkmale der auswertbaren Stichprobe mit denen der theoretisch definierten Grundgesamtheit übereinstimmen. Ein solches Sample stellt dann ein verkleinertes, aber sonst wirklichkeitsgetreues Abbild der angebbaren Grundgesamtheit dar. Vgl. BORTZ, J./DÖRING, N. (2006).

Capital-Marktes verglichen werden. Die Referenzwerte werden dabei in erster Linie den Jahresstatistiken des BVK entnommen, der darin das umfassendste verfügbare Bild der deutschen *VC-/PE*-Branche zeichnet.

Der eigene Datensatz umfasst insgesamt 424 *VC*-Investments, welche von 285 namentlich bekannten Venture-Capital-Managementgesellschaften und einer unbekannten Zahl anderer Wagniskapitalgeber[913] finanziert und anschließend wieder abgestoßen worden sind.

5.1.1 *Beteiligungen*

Eingangs sollen die sechs in Abschnitt 4.2.1 vorgestellten Selektionskriterien der Untersuchungsobjekte, d. h. die geforderten Eigenschaften der Portfoliounternehmen, kurz rekapituliert werden:

- Unternehmenssitz in Deutschland (1),
- Gründung nach 1995 (2),
- mindestens eine Investitionsrunde im Zeitraum von 2000 bis 2006 (3),
- keine Private-Equity-Finanzierung (4),
- mindestens ein unabhängiger, renditeorientierter Venture-Capital-Geber mit Unternehmenssitz bzw. Niederlassung in Deutschland (5) und
- abgeschlossener Exit (6).

Aufgrund dieser bewusst getroffenen Auswahl bestimmter *VC*-Engagements ergeben sich erwartungsgemäß mehr oder minder deutliche Unterschiede zwischen den Merkmalsausprägungen der eigenen Datenbasis und denen der verfügbaren Referenzgruppe.

Nachfolgend werden die sieben relevantesten Charakteristika von Venture-Capital-Investments - Investitionszeitpunkt, Lebenszyklusphase, Größe, Branche, Alter sowie Veräußerungszeitpunkt und Exit-Typ - sequentiell beleuchtet und mit Statistiken des BVK verglichen, um Auffälligkeiten und Besonderheiten herauszuarbeiten.

5.1.1.1 Investitionszeitpunkt

Wie zu Beginn des Unterkapitels erwähnt, sind die *VC*-Beteiligungen zu unterschiedlichen Zeitpunkten finanziert worden. Für eine Gegenüberstellung von Stichprobe und Gesamtmarkt bieten sich grundsätzlich zwei Alternativen: Vergleiche auf Jahresbasis - im Einzelfall präziser - gehen zu Lasten der Gesamtaussage, was eine jahresübergreifende Betrachtung adäquater erscheinen lässt, die streng genommen aber historisch identische Distributionen der Vergleichswerte voraussetzt.

---

[913] Diese fallen gemäß *VentureXpert* in eine von sechs Kategorien: *Individuals, Management, Undisclosed Corporate Investor, Undisclosed Investor, Undisclosed Non-Venture Firm* oder *Undisclosed Venture Firm*.

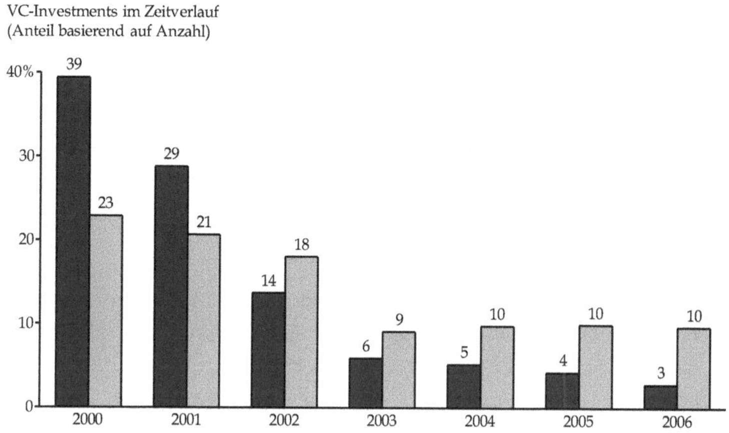

Legende: ■ Stichprobe (jeweils letzte Investitionsrunde) (N = 424)[914]
□ BVK-Statistiken (2000–2006)[915]

Quelle: Eigene Darstellung

Abbildung 19: Repräsentativität der beobachteten Venture-Capital-Investitionen im Zeitverlauf

Inwieweit diese Prämisse erfüllt ist, lässt sich an Abbildung 19 ablesen. Darauf sind die Verteilungen der Venture-Capital-Investitionen auf die Jahre 2000 bis 2006 abgetragen, und zwar für die Stichprobe und die BVK-Statistik. Die Verbandszahlen vermitteln dabei einen Eindruck vom Einbruch des deutschen Venture-Capital-Marktes nach dem Platzen der *Dotcom-Blase.* Ein Vergleich der beiden Datensätze verdeutlicht zudem, dass die Stichprobe in den Jahren 2000 und 2001 (39% bzw. 29%) im Vergleich zur BVK-Statistik (23% bzw. 21%) eindeutig überrepräsentiert ist, während der Zeitraum von 2002 bis 2006 mit einem Anteil von insgesamt 32% an der eigenen Untersuchung relativ zu den 57% in der Verbandsstatistik offensichtlich unterrepräsentiert ist. Zieht man zudem in Betracht, dass die BVK-Werte für die Jahre 2000 bis 2002 potentielle Doppelzählungen in unbekannter Größenordnung enthalten, so fällt die Verzerrung noch stärker aus. Demzufolge setzt sich die Datenbasis überwiegend aus Start-ups und Wachstumsunternehmen zusammen,

---

[914] Die Erstinvestitionen der zu untersuchenden Portfoliounternehmen erstrecken sich über den Zeitraum von 1997 bis 2006, wobei der Schwerpunkt eindeutig um die Jahrtausendwende liegt.

[915] Die BVK-Daten beziehen sich für das Jahr 2000 auf die Investitionen der BVK-Mitglieder exklusive *MBO-*, *MBI-* und *LBO*-Transaktionen. In den Jahren 2001 und 2002 beruhen sie auf den Angaben der Fachgruppen *Early Stage, Later Stage* und MBG (jeweils bereinigt um den *Buy-out-* bzw. Private-Equity-Anteil) sowie auf der Teilstatistik *Venture Capital* für den Zeitraum 2003 bis 2006. Ein durchgängiger Vergleichsdatensatz ist leider nicht verfügbar, da der Bundesverband in 2003 eine Änderung seiner statistischen Erhebungsmethode vorgenommen hat. Das Ziel dieser Modifikation, bei der die Erfassung von Investitionen und Exits auf Einzeltransaktionsmeldungen umgestellt worden ist, besteht in der Eliminierung von Doppelzählungen (z. B. infolge von Syndizierungen).

die um den Höhepunkt der Interneteuphorie herum ihre (erste und) letzte Venture-Capital-Finanzierung erhalten haben.

Obschon eine derartige Verzerrung des Datensatzes vorliegt, die nicht zuletzt der Anforderung eines bereits vollzogenen Beteiligungsexits geschuldet ist, soll aus pragmatischen Gründen auf jahresgenaue Vergleiche verzichtet werden. Umso essentieller wird jedoch sein, diesem Umstand bei der Interpretation nachfolgender Auswertungen vollumfänglich Rechnung zu tragen.

5.1.1.2 Lebenszyklusphase

Tabelle 18 gibt einen Überblick über die Lebenszyklus- bzw. Finanzierungsphasen der zu untersuchenden Beteiligungen zum Zeitpunkt der Erstinvestition. Dabei spiegeln die linken beiden Spalten die Merkmalsverteilung der Stichprobe wider, während die rechten beiden Spalten die auf Basis der aggregierten BVK-Statistiken errechneten Erwartungswerte wiedergeben.

Lebenszyklusphase der Beteiligung

	Beobachtete Transaktionen[a]		**Erwartete Transaktionen[b,c]**	
Phase	**Häufigkeit (Prozent)**	**Kumulierte Prozente**	**Häufigkeit (Prozent)**	**Kumulierte Prozente**
Seed/Start-up[d]	136 (32,1%)	32,1%	29 (6,7%)	6,7%
Early Stage[e]	133 (31,4%)	63,4%	157 (37,0%)	43,7%
Expansion	134 (31,6%)	95,0%	212 (50,0%)	93,8%
Later Stage[f]	6 (1,4%)	96,5%	11 (2,7%)	96,5%
Buy-out/Turnaround/ Acquisition[g]	15 (3,5%)	100,0%	15 (3,5%)	100,0%
Gesamt	424 (100,0%)		424 (100,0%)	

a. Zum Zeitpunkt der ersten registrierten Investitionsrunde
b. Zum Zeitpunkt unterschiedlicher Finanzierungsrunden
c. Bezugsgröße für die Erwartungswerte sind die aggregierten Angaben der BVK-Statistiken von 2000 bis 2006.[916]
d. Entspricht in der BVK-Statistik der Phase „Seed"
e. Korrespondiert mit der „Start-up"-Phase in der BVK-Nomenklatur
f. Wird an dieser Stelle dem Segment „Bridge" der BVK-Terminologie gegenübergestellt
g. Enthält nicht das klassische *Buy-out*-Geschäft von Private-Equity-Gesellschaften

Quelle: Eigene Darstellung

Tabelle 18: Repräsentativität der beobachteten Lebenszyklusphase der Beteiligungen

916 Siehe Fußnote 915.

Demnach befindet sich fast ein Drittel der beobachteten Wachstumsunternehmen in der *Seed/Start-up*-Phase (32,1%) sowie jeweils ein knappes weiteres Drittel in der *Early Stage*- bzw. Expansionsphase (31,4% bzw. 31,6%), wenn sie von *VC*-Gesellschaften erstmals Kapital erhalten. Die verbleibenden 5% entfallen auf Spätphasen und besondere Anlässe (*Later Stage* und *Buy-out/Turnaround/Acquisition*).

Im Gegensatz dazu liegt der Schwerpunkt der im Zeitraum von 2000 bis 2006 kumulierten Venture-Capital-Investitionen[917] eindeutig im Bereich der Expansionsfinanzierungen (50,0%) und auch in die *Early Stage*-Phase fällt ein größerer Teil (37,0%). Erheblich schwächer ist demgegenüber das Segment der *Seed/Start-up*-Investitionen vertreten (6,7%). Insgesamt präsentiert sich die Verteilung der Untersuchungsobjekte im Hinblick auf ihre Lebenszyklusphase deutlich linkssteiler als die des breiteren Venture-Capital-Marktes. Um eine Generalisierbarkeit der Ergebnisse zu gewährleisten, ist die Lebenszyklusphase folglich als Kontrollvariable in die statistischen Analysen aufzunehmen.

Die beobachtete relative Verschiebung hin zu früheren Finanzierungsphasen entspricht weitgehend den Erwartungen. Denn zum einen beschränkt sich die eigene Betrachtung auf Erstinvestitionen, während die BVK-Statistik sämtliche Transaktionen abbildet. Zum anderen führt aber auch die Überrepräsentanz von Investments im Jahr 2000 in Verbindung mit der im damaligen Zeitraum deutlich ausgeprägteren Investorenpräferenz für Frühphasenfinanzierungen zu einer Verstärkung dieser Tendenz. Auffällig ist hingegen, dass bei einem substantiellen Anteil der Wachstumsunternehmen die erste Finanzierungsrunde erst in der Expansionsphase erfolgt. Der Anteil der Venture-Capital-Investments in dieser Entwicklungsphase hat sich von 43% im Jahr 2000 auf 58% im Jahr 2006 kontinuierlich ausgeweitet[918] und signalisiert die geschwundene Risikobereitschaft der in Deutschland aktiven Wagniskapitalgeber.

Zusammenfassend lässt sich festhalten, dass es sich zum Zeitpunkt der Erstinvestition erwartungskonform vorwiegend um Beteiligungen in ihren früheren Entwicklungsphasen handelt.

5.1.1.3 Größe

Einen Vergleich der Größenverhältnisse der beobachteten Portfoliounternehmen mit denen des Venture-Capital-Marktes ermöglicht Tabelle 19. Die beiden linken Tabellenspalten reflektieren dabei wesentliche Verteilungsmerkmale des Beteiligungsumsatzes, wohingegen die beiden rechten Spalten auf die Mitarbeiterzahl abstellen.

---

[917] Vgl. hierzu die langfristige BVK-Statistik zur Entwicklung der Investitionen nach Finanzierungsphasen BVK (2007), S. 35.

[918] Vgl. Ibid., S. 35.

Größe der Beteiligung

		Umsatz (in Mio. €)		Mitarbeiterzahl (in Personen)	
		Beobachtet[a]	Erwartet[b,c]	Beobachtet[a]	Erwartet[b,c]
N	Gültig	266	–	332	–
	Fehlend	158	–	92	–
Mittelwert		2,516	15,336	20	134
Median		0,407	3,000	8	60
Standardabweichung		11,05	39,84	38,66	472,71
Minimum		0,000	0,500	1	5
Maximum		138,942	500,00	345	5.000,0
Perzentile	25	0,008	0,500	3	15
	75	1,500	7,500	20	60

a. Zum Zeitpunkt der ersten registrierten Investitionsrunde
b. Zum Zeitpunkt unterschiedlicher Finanzierungsrunden
c. Bezugsgröße für die Erwartungswerte sind die aggregierten Angaben der BVK-Venture-Capital-Teilstatistiken von 2003 bis 2006 (für die Zeit vor 2003 existieren keine analogen Auswertungen). Die BVK-Daten zur Beteiligungsgröße werden in acht ungleich breiten Klassen erfasst, so dass der Berechnung die jeweiligen Klassenmitten zugrunde liegen.

Quelle: Eigene Darstellung

Tabelle 19: Repräsentativität der beobachteten Größe der Beteiligungen

Im Vorfeld einer genaueren Betrachtung sei angemerkt, dass die Vollständigkeit des Datensatzes entlang dieser Dimensionen zu wünschen übrig lässt, denn die Anteile gültiger Werte für Umsatz und Mitarbeiter betragen nur 62,7% respektive 78,3%. Daher werden die Untersuchungsobjekte nach Verfügbarkeit ihrer Umsätze zum Zeitpunkt der Erstinvestition in zwei Gruppen eingeteilt und ein Chi-Quadrat-Test auf stochastische Unabhängigkeit des Beteiligungsexits vom Vorhandensein von Umsatzzahlen durchgeführt.

Kreuztabelle: Exit-Typ * Verfügbarkeit Umsatzdaten

Exit-Typ der Beteiligung	Umsatzdaten verfügbar (Anzahl)[a] Ja	Nein
IPO	36	4
Trade Sale	84	33
Buy-back	17	3
Liquidation	129	118
Gesamt	266	158

a. Zum Zeitpunkt der ersten registrierten Investitionsrunde

Chi-Quadrat-Tests

	Wert	df	Asymptotische Signifikanz (2-seitig)
Pearson Chi-Quadrat	32,735[a]	3	,000
Likelihood-Quotient	35,932	3	,000
Zusammenhang linear-mit-linear	25,978	1	,000
Anzahl gültiger Fälle	424		

a. 0 Zellen (0%) haben eine erwartete Häufigkeit < 5. Die minimale erwartete Häufigkeit ist 7,45.

Quelle: Eigene Darstellung

Tabelle 20: Kreuztabelle und Chi-Quadrat-Tests zu Datenlücken bei der beobachteten Beteiligungsgröße

Sowohl die Verteilungen der Exits in der Kreuztabelle als auch die Chi-Quadrat-Testergebnisse in Tabelle 20 zeigen, dass die Ausprägungen der Zielgröße innerhalb der beiden Teilmengen keineswegs identisch sind. Das Kontingenzmaß *Cramérs V* von 0,278 attestiert den beiden Variablen zudem einen mittleren Zusammenhang.[919] Ähnliche Resultate ergeben sich für die analogen Auswertungen der Mitarbeiterzahlen (Signifikanzwert des χ^2-Tests = 0,001 und *Cramérs V* = 0,201, ohne Darstellung). Das bedeutet, dass die Aussagekraft der vorhandenen Umsatzdaten eingeschränkt ist und etwaige Interpretationen dieses Größenindikators mit entsprechender Vorsicht vorzunehmen sind.

Die durchschnittliche Beteiligung des eigenen Datensatzes generiert zum Zeitpunkt der Erstinvestition einen jährlichen Umsatz von 2,5 Mio. € (Median: 0,4 Mio. €) und beschäftigt 20 Mitarbeiter (Median: 8 Mitarbeiter).

Die Gegenüberstellung der Lage- und Streuungsmaße für Stichprobe und BVK-Statistik offenbart bei Erlösen und Beschäftigten gleichermaßen erhebliche Differenzen. Demzufolge sind die Wachstumsunternehmen der Verbandsstatistik im Durchschnitt deutlich größer, und zwar um Faktor 6 bis 7,5 (basierend auf Mittelwert bzw. Median). Bezüglich der Dispersion kann konstatiert werden, dass die beobachteten Spannweiten mit 139 Mio. € beim Umsatz bzw. 344 bei den Mitarbeitern wesentlich geringer ausfallen als die marktbreiten Vergleichswerte von 500 Mio. € bzw. 4.995.[920] Damit ergeben sich auch (viel) geringere Standardabweichungen für die Stichprobe.

Als Ursache der festgehaltenen Diskrepanzen lassen sich mehrere Faktoren ausmachen. Zunächst beziehen sich die Größenangaben in der eigenen Untersuchung nur auf Erstinvestitionen, wohingegen der BVK die entsprechenden Daten über alle Finanzierungsrunden hinweg erfasst. Des Weiteren spielt auch hier die linkssteile Verteilung über die Zeit eine Rolle, denn sie kompensiert eine eindeutig zunehmende Neigung der Wagniskapitalgeber zu Spätphaseninvestitionen. Dadurch fallen die in den Jahren 2003 bis 2006 finanzierten durchschnittlich größeren Beteiligungen nämlich weniger stark ins Gewicht. Zudem basieren die Referenzwerte der Verbandsstatistik nur auf dem Datenmaterial eben dieser Zeitspanne. Schließlich führt das Einbeziehen einiger in Venture-Capital-Dimensionen übermäßig groß erscheinender Unternehmen mit Erlösen von 500 Mio. € bzw. Beschäftigtenzahlen von 5.000 zu einer Erhöhung vieler Verteilungsparameter.

5.1.1.4 Branche

Die Verteilung der Portfoliounternehmen auf die acht Industriezweige des *VEIC-PIMiG*-Klassifikationsschemas wird in Abbildung 20 visualisiert, und zwar sowohl für den eigenen Datensatz als auch für die Verbandsstatistik.

---

919 Nach COHEN (1988) lässt sich ein Cramérs V zwischen 0,17 und 0,29 bei drei Freiheitsgeraden als mittlere Effektstärke interpretieren. Vgl. COHEN, J. (1988).

920 Angesichts der Maximalwerte der öffentlichen Statistik stellt sich jedoch die Frage der richtigen Klassifizierung solcher Investments als Venture-Capital-Beteiligungen.

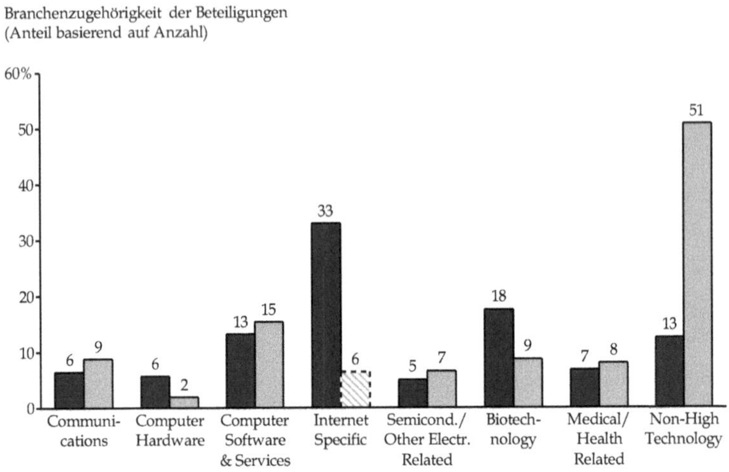

Legende: ■ Stichprobe (N = 424)
□ Aggregierte BVK-Statistiken (2000–2006)[921]
▨ Schätzung auf Basis der BVK-Statistiken (2000–2002)

Quelle: Eigene Darstellung

Abbildung 20: Repräsentativität der beobachteten Branchenzugehörigkeit der Beteiligungen

Bei der Betrachtung fallen ein paar Diskrepanzen ins Auge. Ein besonders gravierender Unterschied besteht in der Kategorie *Non-High Technology*. Während lediglich 13% der eigenen Stichprobe diesem Segment zuzurechnen sind, entfällt gut die Hälfte der vom BVK im Zeitraum von 2000 bis 2006 aufgenommenen Transaktionen auf diese Sammelgruppe.[922] Weitere Differenzen zeigen sich in den Bereichen *Internet Specific* und *Biotechnology*, in denen 33% bzw. 17% der eigenen Untersuchungsobjekte einer groben Schätzung[923] von gut 6% bzw. einem Wert von 9% gegenüberstehen.[924] Darüber hinaus gibt es noch eine nennens-

---

921 Siehe Fußnote 915.

922 Unter das Segment *Non-High Technology* werden die folgenden vom BVK separat erfassten Industriezweige subsumiert: Land-/Forstwirtschaft/Fischerei, Eisen/Stahl/Leichtmetalle, Chemie/ Werkstoffe, Baugewerbe, Maschinen-/Anlagenbau, Industrieprodukte/-automation, Umwelttechnologien, Energie, Konsumgüter, Handel, Transportwesen, Gastronomie und Hotellerie, Finanzdienstleistungen, sonstige Dienstleistungen und Sonstiges.

923 Notwendig wird eine Überschlagskalkulation, weil der BVK das Segment *Internet Specific* nicht als Branche definiert und damit nicht systematisch erhebt. Die Schätzung muss sich daher an Zahlen orientieren, die der Verband für die Querschnittskategorien *Internet* und *E-Commerce* in den Jahren 2000 bis 2002 ausweist. Jeweils bezogen auf die Gesamtsumme der *VC*-Investitionen im Referenzjahr liegen die Quoten 2000 bei 10%, 2001 bei 5% und 2002 bei 3%.

924 Würde man zwecks eines besseren Vergleichs mit der BVK-Statistik alternativ versuchen, die Kategorie *Internet Specific* auf die übrigen Branchen umzulegen, so würden schätzungsweise drei

werte Abweichung in der Branche *Computer Hardware*. Diese Differenz sollte aber nicht überinterpretiert werden, da sich eine gegenläufige Verschiebung in der verwandten Branche *Computer Software & Services* zeigt, die auf Abgrenzungsschwierigkeiten schließen lässt.

Auch in diesem Kontext hängen die besagten Unterschiede zum Teil mit der rechtsschiefen Distribution der eigenen Stichprobe zusammen. Denn eine jahresspezifische Analyse der BVK-Statistiken deckt ab 2002 deutliche Verschiebungen von den Branchen *Communications, Computer Software & Services* und *Biotechnology* hin zu den Industriezweigen der *Non-High Technology* (z. B. Handel oder Maschinen-/Anlagenbau) auf.[925] Ähnlich wie die festgestellte Tendenz zu Spätphasenfinanzierungen zeugt auch die zunehmende Konzentration auf weniger technologielastige und damit risikoärmere Branchen von einer abnehmenden Risikoneigung der in Deutschland aktiven Venture-Capital-Gesellschaften.

Zusammenfassend bleibt festzuhalten, dass der eigene Datensatz das *New Economy*-Segment mit insgesamt 58% der Beteiligungen deutlich übergewichtet, während der Schwerpunkt der vom Branchenverband erfassten Portfoliounternehmen auf der *Old Economy* liegt.

5.1.1.5 Alter

Mangels entsprechender Anhaltspunkte für den *VC*-Gesamtmarkt wird nur ein Überblick über die Altersverteilung zum Zeitpunkt der ersten registrierten Investitionsrunde gegeben.

Alter der Beteiligung[a]

		Alter (in Tagen)
N	Gültig	424
	Fehlend	0
Mittelwert		524
Median		355
Standardabweichung		514,30
Minimum		0
Maximum		2.385
Perzentile	25	127
	75	757

a. Zum Zeitpunkt der ersten registrierten Investitionsrunde

Quelle: Eigene Darstellung

Tabelle 21: Verteilung des beobachteten Alters der Beteiligungen

Viertel auf die Bereiche *Computer Software & Services, Computer Hardware* und *Communications* entfallen sowie ein Viertel auf *Non-High Technology*.

925 Konkret sacken die Anteile bei *Communications* von 10% (gewichteter Durchschnitt von 2000 bis 2002) auf 6% (gewichteter Durchschnitt von 2003 bis 2006) ab, bei *Computer Software & Services* fällt die Quote in den gleichen Zeiträumen ähnlich stark von 18% auf 11% und in *Biotechnology* sinkt der entsprechende Wert von 10% auf 7%. Demgegenüber steigt der Anteil der Sammelgruppe *Non-High Technology* von 46% auf 58% und darin insbesondere der Teilbereich Handel (von 5% auf 9%).

Tabelle 21 ist zu entnehmen, dass sich das Durchschnittsalter der Portfoliounternehmen des eigenen Datensatzes im Bereich von ca. 12 (Median) bis 17 Monaten (Mittelwert) bewegt. Während die jüngsten Beteiligungen ihre Gründung erst im Rahmen der Venture-Capital-Finanzierung vollzogen haben, blicken die ältesten Gesellschaften bei Erhalt des Wagniskapitals bereits auf eine 6,5-jährige Entwicklung zurück.

5.1.1.6 Veräußerungszeitpunkt

Abschließend geht es um die Verteilung der (primären) abhängigen Variable des Forschungsmodells, des Exit-Typs. Doch wie eingangs bei den Investitionen soll der Blick zunächst auf die Entwicklung der Beteiligungsveräußerungen im Zeitverlauf gerichtet werden. Abbildung 21 stellt der Stichprobe die Vergleichswerte der Verbandsstatistik gegenüber. Dabei ist bewusst auf einen Vergleich der Jahre 2000 und 2007 verzichtet[926] und der Fokus stattdessen auf den Zeitraum von 2001 bis 2006 gelegt worden.

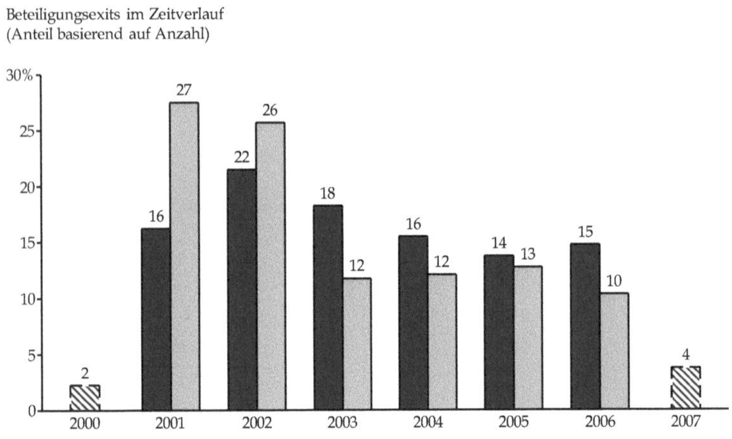

Legende: ■ Stichprobe (2001–2006) (N = 400)
▨ Stichprobe (2000, 2007) (N = 24)[927]
□ Aggregierte BVK-Statistiken (2001–2006)[928]

Quelle: Eigene Darstellung

Abbildung 21: Repräsentativität der beobachteten Beteiligungsexits im Zeitverlauf

[926] Da die Wahrscheinlichkeit der Desinvestition eines Portfoliounternehmens 2000 aufgrund einer von jenem Jahr an geforderten Finanzierungsrunde sehr gering ist, erscheint es wenig sinnvoll, die Stichprobe für diesen Zeitraum mit der Grundgesamtheit zu vergleichen. Ähnlich verhält es sich für das Jahr 2007, in dem Exits nur bis Ende des zweiten Quartals berücksichtigt worden sind.

[927] Um die Proportionen zu den Stichprobenanteilen von 2001 bis 2006 zu wahren, sind die jeweiligen Anzahlen auf die Summe der Exits dieser Zeitspanne bezogen worden.

[928] Siehe Fußnote 915.

Die Zahlen des BVK zeigen einen drastischen Einbruch der Veräußerungsaktivitäten von *VC*-Gesellschaften 2003 und ein anschließendes Verharren auf nahezu konstantem Niveau.[929]. Die Tatsache, dass sich mehr als die Hälfte der Exits in den beiden Jahren 2001 und 2002 vollzieht, kann als Beleg für die Bereinigung der *VC*-Portfolios gewertet werden. Erfolgreiche Beteiligungen sind zeitnah entweder über die Börse (N = 172) oder an strategische (N = 210) bzw. Finanzinvestoren (N = 75) veräußert worden, während eine Vielzahl aussichtsloser Engagements (N = 903) rasch abgeschrieben worden sind. Darüber hinaus blieb in den beiden folgenden Jahren der Zugang zum Kapitalmarkt versperrt (N = 2) und das Interesse strategischer Investoren an *M&A*-Aktivitäten quasi aus (N = 79).

Die Abweichungen der beobachteten Exit-Quoten von den erwarteten Werten pendeln zwischen 11 Prozentpunkten 2001 und 1 Prozentpunkt 2005. Dabei sind die Jahre 2001 und 2002 in der eigenen Untersuchung tendenziell unterrepräsentiert, während der Zeitraum von 2003 bis 2006 mehr oder minder stark überproportional ins Gewicht fällt.

Die relativ große Differenz zwischen BVK und Stichprobe im Jahr 2001 bzw. in geringerem Ausmaß 2002 erscheint nachvollziehbar, denn angesichts der Prämisse einer letzten Investitionsrunde ab dem Jahr 2000 bedeutet eine Veräußerung 2001 bzw. 2002 eine unterdurchschnittliche, im Mittel nur ein- bzw. zweijährige Haltedauer. Das umgekehrte Verhältnis der Exit-Verteilungen ab 2003 lässt sich durch die Unterrepräsentanz in den Vorjahren und gegebenenfalls auch über die bereits erwähnten Modifikationen in der BVK-Statistik erklären.

Um etwaige Implikationen der merklichen Unterrepräsentanz der Stichprobe 2001 und 2002 sowie der Überrepräsentanz ab 2003 herauszuarbeiten, werden die jährlichen Verteilungen der Exit-Typen einer genaueren Betrachtung unterzogen.[930] Dabei wird deutlich, dass von 2001 bis 2002 ein überdurchschnittlich hoher *IPO*- (13%) und ein eher unterdurchschnittlicher Liquidationsanteil (66%) vorliegen, während sich die Jahre ab 2003 durch eine sehr niedrige *IPO*-Quote (2%), aber erhöhte *Trade Sale*- (19%) und Liquidationsraten (72%) auszeichnen.[931] Die Kombination beider Verteilungseigenschaften sollte für die eigene Untersuchung einen insgesamt geringeren *IPO*- sowie höhere *Trade Sale*- und Liquidationsanteile erwarten lassen.

5.1.1.7 Exit-Typ

Abbildung 22 vermittelt einen Eindruck von der Verteilung der Beteiligungsexits auf die fünf maßgeblichen Desinvestitionskanäle. Unabhängig von der Datenquelle ist zunächst auffällig, dass Liquidationen ca. 60–70% aller registrierten Veräußerungen ausmachen,

---

[929] Ein nicht quantifizierbarer Einfluss auf den Rückgang der Exits kann sich wiederum aus der 2003 vorgenommenen Änderung in der Datenerhebung des BVK ergeben. Vgl. hierzu Fußnote 915.

[930] Vgl. die BVK-Statistiken der Jahre 2001 bis 2006.

[931] Zur Sicherstellung der Vergleichbarkeit sind bei der Ermittlung der Quoten von 2003 bis 2006 die nur 2005 und 2006 verfügbaren *Buy-back*-Transaktionen ignoriert worden.

während sich der verbleibende Anteil überwiegend aus *Trade Sales* und in geringerem Umfang aus *IPOs* zusammensetzt. *Secondary Sales* und *Buy-backs*[932] spielen eine Nebenrolle.

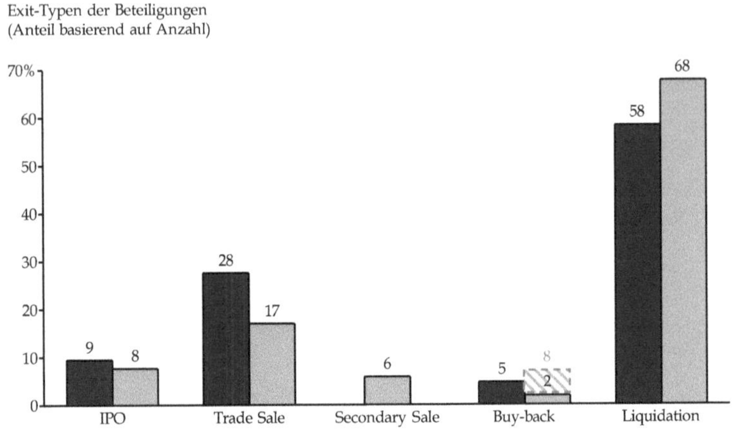

Legende: ■ Stichprobe (N = 424)
□ Aggregierte BVK-Statistiken (2001–2006)[933, 934]
▨ Schätzung auf Basis der BVK-Statistiken (2005–2006)

Quelle: Eigene Darstellung

Abbildung 22: Repräsentativität der beobachteten Beteiligungsveräußerungen nach Exit-Typ

---

[932] Rein rechnerisch beträgt die *Buy-back*-Quote laut BVK-Datenmaterial von 2001 bis 2006 1,9%. Allerdings erfasst die Verbandsstatistik *Buy-backs* erst seit 2005 systematisch. In diesem und dem Folgejahr hat die Rate der Anteilsrückkäufe an der Gesamtzahl der Exits bei durchschnittlich 7,7% gelegen. Diesem Umstand Rechnung tragend ist der gestrichelte Block oberhalb des *Buy-back*-Balkens als extrapolierte Schätzung hinzugefügt worden.

[933] Die Daten beruhen auf den Angaben der Fachgruppen *Early Stage, Later Stage* und MBG für die Jahre 2001 und 2002 (jeweils bereinigt um einen interpolierten Private-Equity-Anteil) sowie auf der Teilstatistik *Venture Capital* für den Zeitraum von 2003 bis 2006. Aufgrund der Umstellung der statistischen Erhebungsmethode des BVK 2003 ist ein durchgängiger Vergleichsdatensatz nicht verfügbar.

[934] Neben den fünf aufgeführten Exitkanälen unterscheidet die BVK-Statistik noch zwischen der Rückzahlung stiller Beteiligungen sowie von Gesellschaftsdarlehen, Aktienverkauf nach vorherigem *IPO* und sonstigen Exits. Diese Kategorien werden bei der Gegenüberstellung allerdings nicht berücksichtigt, da stille Beteiligungen und Gesellschaftsdarlehen gar nicht öffentlich und damit auch nicht in der *VX*-Datenbank erfasst werden, sonstige Exits lediglich eine undefinierbare Sammelgruppe darstellen und die Berücksichtigung von Aktienverkäufen nach *IPO* im Zeitverlauf zu Doppelzählungen führen würde. Vgl. Interview mit BVK-Vertreter.

Die größten prozentualen Abweichungen zum Markt lassen sich bei Verkäufen an strategische (+11 Prozentpunkte) und an Finanzinvestoren (+6 Prozentpunkte) sowie bei Liquidationen (−10 Prozentpunkte) beobachten, während sich Börsengänge und Rückkäufe auf jeweils ähnlichen Niveaus bewegen. Damit entspricht nur die *Trade Sale*-Quote der Stichprobe, die tatsächlich deutlich höher liegt als die der Verbandsstatistik, den Erwartungen, wohingegen die Ergebnisse hinsichtlich der *IPO*- und Liquidationsrate den Vermutungen widersprechen.

Dass der eigene Datensatz deutlich mehr Veräußerungen an strategische Investoren enthält und gleichzeitig nur wenige *Buy-backs*, kann darauf zurückgeführt werden, dass ausschließlich solche Portfoliounternehmen in die Stichprobe aufgenommen worden sind, die mindestens einen unabhängigen, renditeorientierten Venture-Capital-Geber hinter sich wissen. Vertreter dieser VCG-Klasse verhelfen ihren Portfoliounternehmen nämlich häufiger zu einem erfolgreichen Exit als die Summe ihrer Konkurrenten und haben damit auch geringere Ausfallquoten.[935] Auf einen Rückkauf als Exit-Typ setzen insbesondere die in der vorliegenden Untersuchung untergewichteten Förderbanken und öffentlichen Beteiligungsgesellschaften.[936] Die Absenz von *Secondary Sales* hat mutmaßlich erhebungstechnische Gründe. Zum einen werden diese Transaktionen von den beteiligten Venture-Capital-Gesellschaften weniger gut kommuniziert,[937] was die Identifikation solcher Verkäufe über die Presse erschwert. Zum anderen lassen sich auch aus den *VentureXpert*-Informationen zu Abfolge und Teilnehmern von Finanzierungsrunden keine sicheren Rückschlüsse auf einen möglichen Inhaberwechsel innerhalb der Venture-Capital-Community ziehen.[938]

Zusammenfassend lässt sich festhalten, dass *Trade Sales* überproportional häufig in der Stichprobe auftreten, während Börsengänge und Liquidationen unterrepräsentiert sind und über *Secondary Sales* keine Aussage getroffen werden kann.

5.1.2 *Venture-Capital-Gesellschaften*

Nachdem die Portfoliounternehmen nun ausführlich behandelt worden sind, rückt der folgende Abschnitt die beteiligten *VC*-Geber in den Fokus. Dazu werden nacheinander univariate Analysen der vier wesentlichen Charakteristika vorgenommen - VCG-Typ, Herkunft, Alter und Ressourcen - und wo möglich mit den Referenzwerten des BVK verglichen.

Von den zu Beginn des Abschnitts 5.1.1 rekapitulierten Selektionskriterien der Untersuchungsobjekte haben einige auch einen Einfluss auf die Zusammensetzung der Investorengruppe:

---

935 Vgl. hierzu die linke Seite von Abbildung 34.

936 Vgl. SCHEFCZYK, M. (2004), S. 266.

937 Vgl. hierzu Fußnote 865.

938 Aus Sicht der Beteiligung stellt ein solcher Investorenwechsel auch keinen Exit dar, kann doch ein *Secondary Sale* mit einer weiteren Finanzierungsrunde verglichen werden, bei der sich der ehemalige Lead-Investor auf seine Rolle als reiner Kapitalgeber zurückzieht.

- mindestens ein unabhängiger, renditeorientierter Venture-Capital-Geber mit Unternehmenssitz bzw. Niederlassung in Deutschland,
- mindestens eine Investitionsrunde im Zeitraum von 2000 bis 2006 und
- keine Private-Equity-Finanzierung.

Festzustellen, welche Eigenschaften die beobachteten Wagniskapitalgeber aufweisen und inwieweit sich diese von den entsprechenden Vergleichswerten des Venture-Capital-Marktes unterscheiden, ist Gegenstand der nachstehenden Abschnitte.

5.1.2.1 Spezialisierung

Welche Schwerpunkte die beobachteten Risikokapitalanleger bei ihrer Investitionstätigkeit entlang der Dimensionen Branche (1), Finanzierungsphase (2) und Geographie (3) gesetzt haben, ist Gegenstand des folgenden Abschnitts. Für diese Charakteristika liegen dem Autor keine zweckdienlichen Referenzwerte vor, so dass zur Repräsentativität der Datenbasis keine Aussagen gemacht werden können.

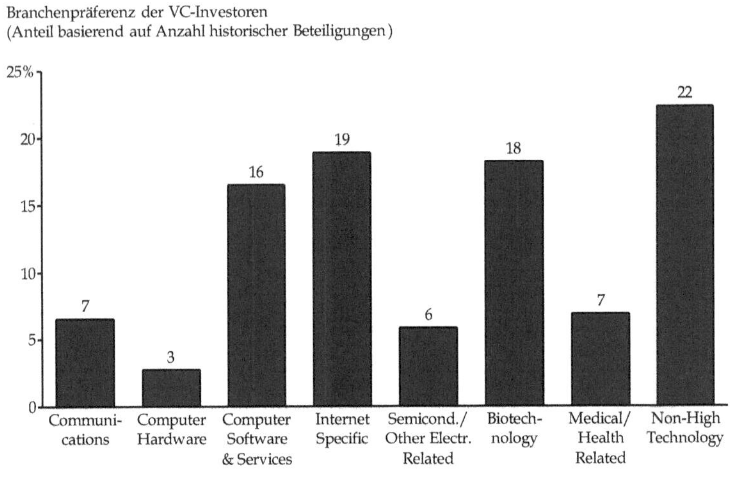

Legende: ■ Stichprobe (N = 285)

Quelle: Eigene Darstellung

Abbildung 23: Verteilung der beobachteten Branchenspezialisierung der VCG

(1) Abbildung 23 veranschaulicht, auf welche **Branchen** sich die *VC*-Investoren in der Vergangenheit konzentriert haben. Neben jungen Unternehmen aus dem Bereich *Non-High Technology* haben insbesondere Wachstumsunternehmen der Wirtschaftszweige *Internet Specific, Biotechnology* und *Computer Software & Services* das Interesse der VCG für sich gewonnen. Insgesamt drei Viertel aller Investoren haben ihr Kapital vornehmlich in einer

der vier Branchen angelegt. Angesichts einer solchen Investitionsbereitschaft nimmt es nicht wunder, dass sich der *New Economy*-Hype in eben diesen Industriebereichen abgespielt hat.

(2) Die Spezialisierung der *VC*-Investoren auf einzelne **Finanzierungsphasen** wird aus Abbildung 24 ersichtlich. Anders als bei der Branchenverteilung lässt sich in dieser Dimension ein auffallend eindeutiger Schwerpunkt ausmachen, denn über 75% der VCG haben sich primär der Finanzierung von Unternehmen im Expansionsstadium verschrieben. Entgegen den Erwartungen spezialisieren sich gerade einmal 15% der Wagniskapitalgeber auf den Frühphasenbereich, wohingegen ein Anteil von 8% im Segment der *Bridge*-Finanzierungen wiederum überraschend hoch erscheint.

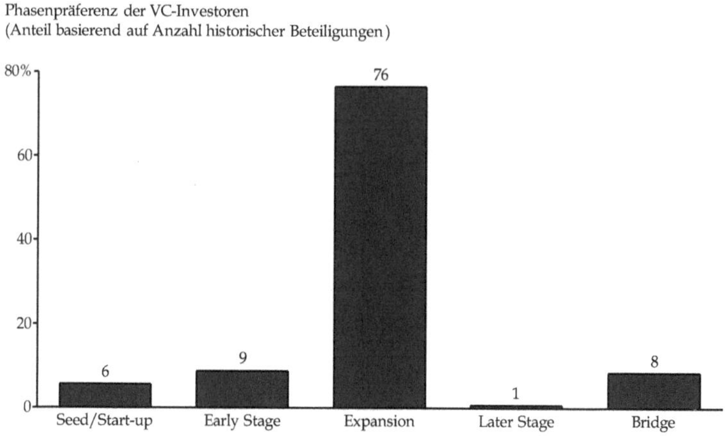

Legende: ■ Stichprobe (N = 285)

Quelle: Eigene Darstellung

Abbildung 24: Verteilung der beobachteten Spezialisierung der VCG auf Finanzierungsphasen

(3) Die **geographischen Präferenzen** der untersuchten Wagniskapitalgeber gehen schließlich aus Abbildung 25 hervor. Fast die Hälfte der Venture-Capital-Gesellschaften engagiert sich schwerpunktmäßig in Deutschland, während knapp ein Drittel den Fokus auf Nordamerika legt und das verbleibende Fünftel sein Kapital in Europa investiert.

Eine Gegenüberstellung von regionalen Präferenzen und Herkunft der *VC*-Geber zeigt relativ analoge Verteilungen mit Ausnahme leichter Verschiebungen zwischen deutschsprachigem Europa und Nordamerika. Die Differenzen deuten darauf hin, dass Investoren aus Österreich, der Schweiz, aber auch aus Deutschland häufiger im Ausland – insbesondere den Vereinigten Staaten als größtem Venture-Capital-Markt – aktiv werden als ihre Wettbewerber aus anderen Nationen. Dieser Effekt erklärt sich auch durch die unterschiedlich hohe Attraktivität der heimischen Venture-Capital-Märkte.

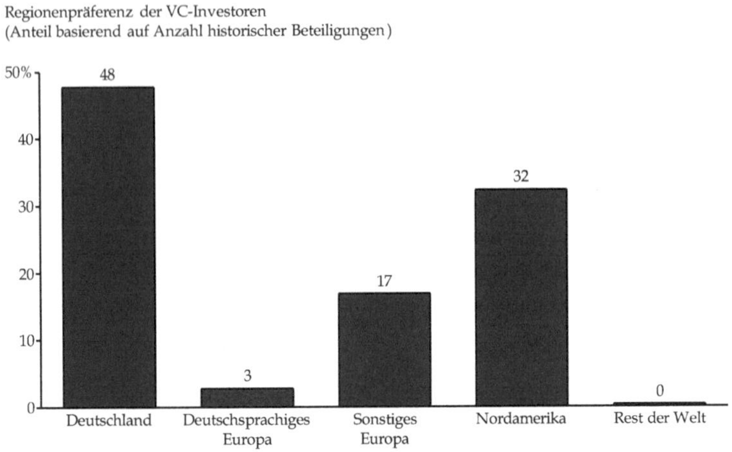

Legende: ■ Stichprobe (N = 285)

Quelle: Eigene Darstellung

Abbildung 25: Verteilung der beobachteten Spezialisierung der VCG nach Geographie

Aus dieser Betrachtung ergibt sich, dass eine für die Stichprobe repräsentative *VC*-Gesellschaft den Großteil ihres verwalteten Vermögens für die Wachstumsfinanzierung deutscher *New Economy*-Unternehmen aufgewendet hat.

5.1.2.2 Position im VCG-Netzwerk

Dieser Abschnitt widmet sich dem Netzwerk, das die in Deutschland aktiven Wagniskapitalgeber durch Syndizierung ihrer deutschen Beteiligungen errichtet haben, und den Positionen der einzelnen *VC*-Investoren darin.

Tabelle 22 stellt die einschlägigen Verteilungsmerkmale der fünf selektierten Indikatoren für **Zentralität im VCG-Netzwerk** zusammen und vermittelt dadurch einen Eindruck vom Syndizierungsverhalten der beobachteten Wagniskapitalgeber.

Eine Betrachtung der *Degree*-Maße zeigt, dass die untersuchten VCG im Mittel eine normalisierte Gradzentralität von 1,30%, Ausgangsgradzentralität von 0,72% und Eingangsgradzentralität von 0,66% haben. Dementsprechend unterhält der durchschnittliche in Deutschland aktive Wagniskapitalgeber Syndizierungsbeziehungen[939] zu etwas über 1% der *VC*-Gesellschaften, bezieht knapp 0,75% aller *Venture Capitalists* in ein Syndikat ein, wenn er als Lead-Investor fungiert, und wird von 0,67% aller *VC*-Financiers zu einem Co-Investment eingeladen. Angesichts der Tatsache, dass mehr als die Hälfte aller Beteiligungen von einem Venture-Capital-Syndikat finanziert wird,[940] deuten diese niedrigen Gradzentralitäten

---

[939] Hierbei spielt es keine Rolle, ob der Wagniskapitalgeber als Lead- oder als Co-Investor agiert.

[940] Vgl. Tabelle 24.

darauf hin, dass die VCG wiederholt mit einer begrenzten Anzahl von Partnern co-investieren, was zugleich für relativ stabile, exklusive Beziehungen spricht. Des Weiteren lässt sich hieraus auch eine Zurückhaltung einiger Wagniskapitalgeber hinsichtlich gemeinsamer Beteiligungen folgern.[941]

Position im VCG-Netzwerk[a]

			Degree		*Closeness*	*Betweenness*
		Normalisierte Grad-zentralität	**Normalisierte Ausgangsgrad-zentralität**	**Normalisierte Eingangsgrad-zentralität**	**Normalisierte Eigenvektor-zentralität**	**Normalisierte *Betweenness***
N	Gültig	285	285	285	285	285
	Fehlend	5	5	5	5	5
Mittelwert		1,30	0,72	0,66	4,48	0,63
Median		0,62	0,00	0,41	2,25	0,00
Standardabweichung		2,25	1,80	1,20	7,01	2,09
Minimum		0,00	0,00	0,00	0,00	0,00
Maximum		19,95	18,78	16,63	55,42	18,63
Perzentile	25	0,32	0,00	0,30	0,32	0,00
	75	1,35	0,79	0,75	5,31	0,48

a. Die Lage- und Streuungsmaße der Verteilungen berechnen sich jeweils auf Basis mehrjähriger Durchschnittswerte für die Zentralitätsindikatoren der untersuchten *VC*-Gesellschaften.

Quelle: Eigene Darstellung

Tabelle 22: Verteilung der beobachteten Position der Wagniskapitalgeber im VCG-Netzwerk

Im Hinblick auf die normalisierte Eigenvektor-Zentralität und *Betweenness* sind Mittelwerte von 4,48% bzw. 0,63% zu beobachten. Das bedeutet, dass die durchschnittliche *VC*-Gesellschaft knapp 4,5% der maximalen Netzwerkzentralität erreicht sowie auf ihrer Position zwischen 0,6% aller möglichen Syndikatspartner steht bzw. vermittelt. Die jeweils (deutlich) niedrigeren Mediane und Modi signalisieren zudem ausgeprägt rechtsschiefe Verteilungen der *Degree-*, *Closeness-* und *Betweenness*-Maße. Unterstrichen wird dies durch die gemessen an den Mittelwerten sehr hohen Maxima und Standardabweichungen. Ergo lassen sich deutliche Unterschiede hinsichtlich der Netzwerkposition und des Einflusses der einzelnen Wagniskapitalgeber konstatieren.

Abbildung 26, eine umfassende Darstellung der Netzwerkstruktur, veranschaulicht noch einmal die bisherigen Befunde.

---

[941] Vgl. hierzu auch Abbildung 26 und die diesbezüglichen Erläuterungen.

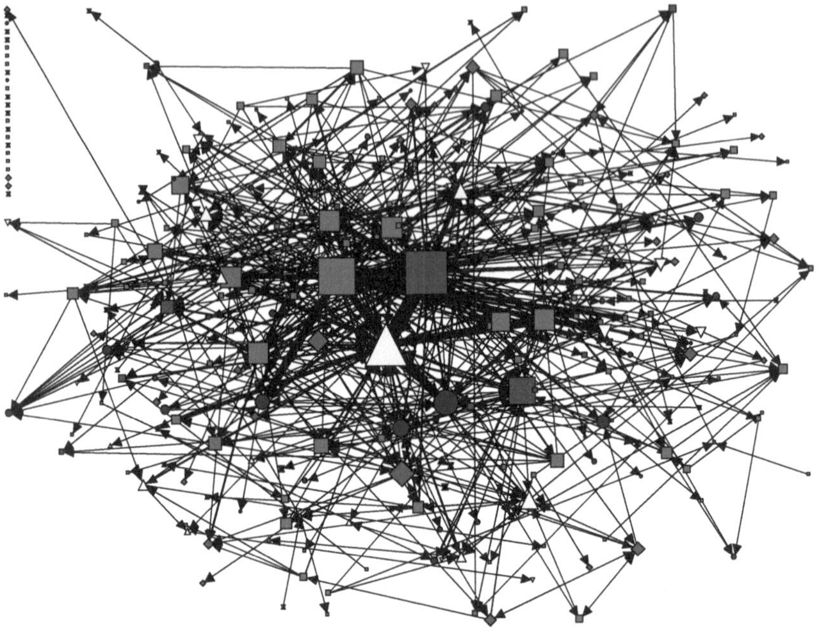

Legende: ■ Private, unabh., renditeorientierte VCG ■ Öffentliche, unabh., renditeorientierte *VC*-Geber
◆ Corporate-Venture-Capital-Gesellschaften ● *VC*-Einheiten von Finanzinstituten
△ Förderbanken und öffentl. Beteiligungsges. ▽ *VC*-Einheiten von Sparkassen und Landesbanken
Größe = Eigenvektor-Zentralität (indikativ) Linienstärke = Anzahl gemeinsamer Investitionen

Quelle: Eigene Darstellung unter Verwendung von UCINET 6 (Version 6.152)

Abbildung 26: Struktur des Netzwerks in Deutschland aktiver *VC*-Gesellschaften basierend auf den beobachteten Syndizierungen der Jahre 2000 bis 2002

Im Graphen repräsentiert jeder Knoten eine Beteiligungsgesellschaft und jede Kante eine gemeinsame Syndizierung. Während Form und Farbe der Knoten die verschiedenen VCG-Typen widerspiegeln (siehe Legende), indiziert deren Größe den Eigenvektor und damit die Zentralität des Wagniskapitalgebers. Die (Pfeil-)Richtung der Kanten reflektiert, ob es sich um eine eingehende oder ausgehende Verbindung handelt, was der Einladung zur Teilnahme an einem Co-Investment bzw. der Initiierung eines Syndikats entspricht. Die Dicke der Pfeile signalisiert zudem die Anzahl der gemeinsamen Investitionen zweier *VC*-Partner. Die Anordnung der Knoten erfolgt nach dem *Spring Embedding*-Algorithmus,[942] der auf deren paarweise geodätischen Distanzen basiert.

---

[942] Der Grundgedanke des *Spring Embedding* beruht darauf, dass sich Knoten gegenseitig abstoßen, wobei Kanten sie wie Federn (*Springs*) wieder zusammenziehen. Über ein iteratives Verfahren werden die Knoten des Netzwerks so positioniert, dass sich die wirkenden Kräfte im Gleichgewicht befinden. Vgl. hierzu auch EADES, P. (1984) und BORGATTI, S. P. ET AL. (2002).

Durch die optischen Orientierungshilfen lassen sich aktive Syndizierungspartner im Zentrum des Netzwerks sehr gut von weniger eng eingebundenen VCG in der Peripherie und allein investierenden Wagniskapitalgebern am Rand abgrenzen. Insofern belegt die Darstellung die bereits erwähnten Unterschiede in den Netzwerkpositionen.

5.1.2.3 Alter

Abbildung 27 zeigt abschließend die Verteilung der beobachteten Investoren auf die fünf definierten Alterskategorien, und zwar auf Basis sowohl der jeweils ersten als auch der jeweils letzten registrierten Investition. Dabei fällt ins Auge, dass über 70% der VCG auf eine weniger als zehnjährige Historie zurückblicken. Diese Beobachtung belegt die insgesamt noch kurze Geschichte der deutschen Venture-Capital-Branche. Mehr als 55% bzw. ca. 45% der Marktteilnehmer sind zudem der Gruppe der sehr jungen Wagniskapitalgeber zuzurechnen, die gerade aus ihrem ersten Fonds investiert. Die restlichen (knapp) 30% existieren überwiegend seit weniger als 20 Jahren (16% bzw. 18%) und nur gut 10% aller VCG lassen sich als etablierte Spieler betrachten.

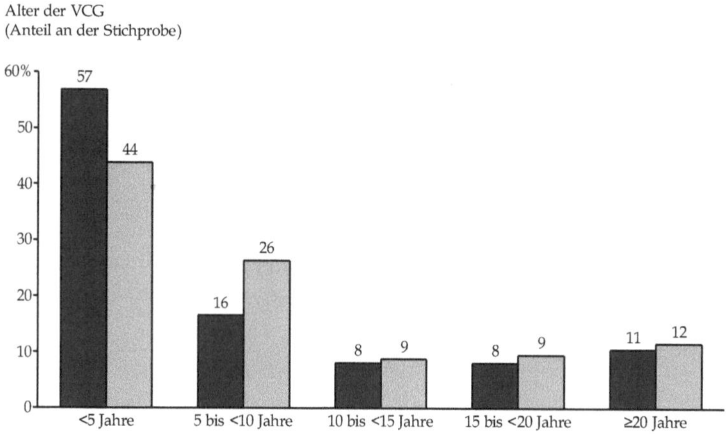

Legende: ■ Alter zum Zeitpunkt der ersten registrierten Investition (N = 285)
□ Alter zum Zeitpunkt der letzten registrierten Investition (N = 285)

Quelle: Eigene Darstellung

Abbildung 27: Repräsentativität des beobachteten Alters der *VC*-Gesellschaften

5.1.2.4 VCG-Typ

Tabelle 23 verschafft dem Leser einen Überblick darüber, wie sich die in der Stichprobe enthaltenen *VC*-Gesellschaften auf die sechs definierten Investorengruppen verteilen. Bedauerlicherweise existieren diesbezüglich keine Zeitreihendaten für den deutschen Venture-Capital-Markt, so dass lediglich eine grobe Überprüfung der Repräsentativität anhand einer zeitlich versetzten Momentaufnahme der BVK-Mitgliederstruktur erfolgen kann.

VCG-Typ

		Beobachtete Häufigkeit (Gültige Prozente)	Erwartete Häufigkeit[a] (Prozent)
Gültig	Private, unabhängige, renditeorientierte VCG	145 (50,9%)	180 (63,0%)
	Öffentliche, unabhängige, renditeorientierte *VC*-Geber	18 (6,3%)	
	Corporate-Venture-Capital-Gesellschaften	41 (14,4%)	11 (4,0%)
	VC-Einheiten von Finanzinstituten	52 (18,2%)	26 (9,0%)
	Förderbanken und öffentliche Beteiligungsgesellschaften	15 (5,3%)	34 (12,0%)
	VC-Einheiten von Sparkassen und Landesbanken	14 (4,9%)	34 (12,0%)
	Gesamt	285 (100,0%)	285 (100,0%)
Fehlend	System	6	
Gesamt		291	

a. Bezugsgröße für die Erwartungswerte sind Aussagen eines BVK-Vertreters zur Zusammensetzung der ordentlichen Mitglieder des BVK im Jahr 2009.

Quelle: Eigene Darstellung

Tabelle 23: Repräsentativität der beobachteten Investorentypen

Erwartungsgemäß sind unabhängige, renditeorientierte VCG mit einer Quote von 57% an der Gesamtheit der Kapitalgeber die größte Fraktion der Stichprobe, gefolgt von Venture-Capital-Einheiten von Finanzinstituten mit 18% sowie Corporate-Venture-Capital-Gesellschaften mit 14%. Öffentlich geförderte Beteiligungsgesellschaften stellen die verbleibenden 10%.

Größere positive Abweichungen von den Angaben des BVK lassen sich in den Kategorien Corporate-VCG (+10 Prozentpunkte) und *VC*-Einheiten von Finanzinstituten (+9 Prozentpunkte) ausmachen, während negative Differenzen in den Klassen Förderbanken und öffentliche Beteiligungsgesellschaften (−7 Prozentpunkte), *VC*-Einheiten von Sparkassen und Landesbanken (−7 Prozentpunkte) sowie unabhängige, renditeorientierte VCG (−6 Prozentpunkte) auftreten.

Die Unterrepräsentanz öffentlich geförderter Beteiligungsgesellschaften könnte sich darauf zurückführen lassen, dass sie nur dann Eingang in den Datensatz gefunden haben, wenn ihre Investitionen von unabhängigen Wagniskapitalgebern mitfinanziert worden sind. Die scheinbare Überrepräsentanz der *VC*-Divisionen von Industrieunternehmen bzw. von Vertretern der Finanzbranche im eigenen Datensatz resultiert unter anderem aus dem notgedrungen schlechten Vergleich mit der BVK-Mitgliederstruktur 2009. Angesichts ausbleibender finanzieller und/oder strategischer Erfolge haben sich innerhalb der vergangenen Dekade nämlich zahlreiche Konzerngesellschaften von ihren *VC*-Aktivitäten getrennt. So sind von zwischenzeitlich über 25 Corporate-VCG nur vier erhalten geblieben.

In Anbetracht der aufgeführten Argumente scheint die Verteilung der beobachteten Investoren über die einzelnen VCG-Typen weitgehend repräsentativ zu sein. Eine unterproportionale Gewichtung lässt sich hingegen bei öffentlich geförderten Beteiligungsgesellschaften vermuten.

5.1.2.5 Herkunft

Welcher Herkunft die Venture-Capital-Investoren der Stichprobe sind, lässt sich anhand von Abbildung 28 ersehen. Mangels geeigneter Vergleichszahlen für den deutschen *VC*-Markt muss eine Einschätzung der Repräsentativität an dieser Stelle entfallen.

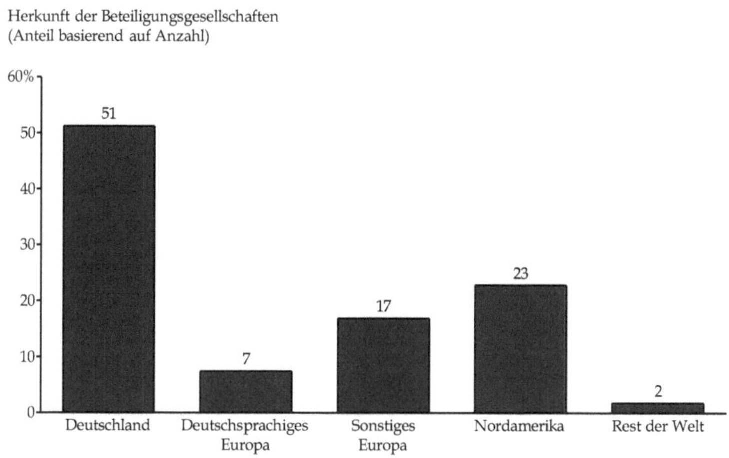

Legende: ■ Stichprobe (N = 285)

Quelle: Eigene Darstellung

Abbildung 28: Verteilung der beobachteten Herkunft beteiligter *VC*-Gesellschaften

Die Graphik zeigt, dass gut die Hälfte der in der Stichprobe vertretenen Wagniskapitalgeber aus Deutschland stammt (N = 146), ein knappes Viertel aus den Vereinigten Staaten und Canada (N = 65), weitere 17% aus den übrigen Ländern Europas (N = 48)[943], 7% aus Österreich und der Schweiz (N = 21) sowie 2% aus Asien und Australien (N = 5). Von den VCG nicht deutschen Ursprungs verfügen 23% zudem über mindestens ein deutsches Büro.

---

[943] Die meisten der Wagniskapitalgeber aus dem sonstigen Europa haben ihren Unternehmenssitz im Vereinigten Königreich (N = 20 bzw. 42%), gefolgt von Frankreich (N = 13 bzw. 27%) und den Niederlanden (N = 5 bzw. 10%).

Angesichts der Forderung, dass jedes zu untersuchende Portfoliounternehmen wenigstens eine Beteiligungsgesellschaft mit deutscher Niederlassung zu ihrem Investorenkreis zählt, ist es bemerkenswert, dass in Summe nur 63% der im Datensatz vertretenen *VC*-Geber über eine Repräsentanz in Deutschland verfügen.

5.1.3 *Syndizierung*

Dieser Abschnitt widmet sich einer Beschreibung des Syndizierungsverhaltens der beobachteten Venture-Capital-Gesellschaften. Anhaltspunkte hierfür liefert Tabelle 24, in der sowohl deskriptive Analysen (linker Teil) als auch Häufigkeitsverteilungen (rechter Teil) enthalten sind.

Syndikatsgröße

		Anzahl VCG ... ... in erster Finanz.runde	**Anzahl VCG ... ... in letzter Finanz.runde**
N	Gültig	424	424
	Fehlend	0	0
Mittelwert		1,54	2,48
Median		1	2
Modus		1	1
Standardabweichung		0,969	2,264
Minimum		1	1
Maximum		8	17
Perzentile	25	1	1
	75	2	3

Syndikatsgröße

Anzahl VCG ...	**... in erster Finanz.runde**	**... in letzter Finanz.runde**
1	277 (65,3%)	180 (42,5%)
2	102 (24,1%)	111 (26,2%)
3	27 (6,4%)	53 (12,5%)
4	10 (2,4%)	32 (7,5%)
5	3 (0,7%)	13 (3,1%)
6–9	5 (1,1%)	25 (5,9%)
≥ 10	-	10 (2,3%)
Gesamt	424 (100,0%)	424 (100,0%)

Anmerkung: Die Auswertungen schließen auch Portfoliounternehmen mit nur einem VC-Investor („Syndikatsgröße" = 1) ein.

Quelle: Eigene Darstellung

Tabelle 24: Verteilung der beobachteten Syndikatsgröße

Die Lage- und Streuungsmaße der Stichprobe belegen, dass in der ersten Finanzierungsrunde überwiegend Einzelinvestitionen zu verzeichnen sind (Modus und Median = 1), ein gewichtiger Part der Portfoliounternehmen aber zwischen zwei und acht Wagniskapitalgebern (Mittelwert = 1,54, Maximum = 8) zählt, wobei eine Tendenz zum unteren Ende der Spanne besteht (Standardabweichung = 0,969). Analoge Betrachtungen der Syndizierungsverhältnisse während der letzten Finanzierungsrunde eröffnen, dass zwar nach wie vor die meisten Beteiligungen nur von einer VCG gestützt werden (Modus = 1), aber die mittlere bzw. durchschnittliche Venture-Capital-Investition von zwei (Median) bzw. zweieinhalb (Mittelwert) Syndikatsmitgliedern gestemmt wird. Die erhöhte Standardabweichung (σ = 2,264) und der Maximalwert von 17 signalisieren die zunehmende Spannweite der Syndikatsgröße.

Einen genaueren Eindruck vermitteln die Häufigkeitsverteilungen, nach denen die Syndizierungsquote der ersten Finanzierungsrunde 35% (N = 147) und die der letzten gar 58% (N = 244) beträgt. Von diesen 244 syndizierten *VC*-Investments bauen 45% neben dem Lead-Investor auf nur einen Co-Investor, 22% auf immerhin zwei und das verbleibende Drittel auf drei oder mehr Syndikatspartner.

Zwecks einer groben Einschätzung der Stichprobenrepräsentativität seien als Referenz die hier nicht abgebildeten BVK-Statistiken von 2003 bis 2006 angeführt. Demnach liegt die durchschnittliche Syndizierungsquote bei lediglich 25% aller Investitionen.[944, 945] Allerdings ist anzumerken, dass die BVK-Zahlen auch stille Beteiligungen, per se Einzelinvestments, der MBG beinhalten, was die Quote signifikant niedriger ausfallen lässt. Doch auch unabhängig davon wird der Anteil gemeinschaftlich durchgeführter Investitionen am eigenen Datensatz deutlich überrepräsentiert sein. Einer Beantwortung der Forschungsfragen sollte dieser Umstand jedoch nicht abträglich sein.

5.1.4 *Zusammenfassende Befunde zur Repräsentativität der Datenbasis*

Auf den Ebenen der Portfoliounternehmen (1), *VC*-Gesellschaften (2) und Syndizierung (3) lassen sich unterschiedlich starke Abweichungen der eigenen Stichprobe vom deutschen Venture-Capital-Markt konstatieren.

(1) Die Untersuchung der **Beteiligungscharakteristika** und deren Vergleich mit den BVK-Statistiken haben Verzerrungen im Bereich der Branchenzugehörigkeit, der Investitionen im Zeitverlauf sowie bei den Veräußerungsmodalitäten aufgedeckt. Weitgehend erwartungskonform sind die Ergebnisse der Gegenüberstellungen von Lebenszyklusphase und Größe ausgefallen. Zur Repräsentativität der Altersverteilung kann keine Aussage gemacht werden.

Während die Verbandsstatistik im Zeitraum von 2000 bis 2006 vorwiegend Beteiligungen in der *Old Economy* verzeichnet, sind die Portfoliounternehmen der eigenen Untersuchung primär der *New Economy* zuzuschlagen. Dies resultiert nicht zuletzt aus einer Überrepräsentanz der Stichprobe bei den Investitionen der Jahre 2000 und 2001, der Spätphase des *Dotcom-Hypes*. In Bezug auf den zeitlichen Verlauf der Exits ist eine überproportionale Gewichtung des Zeitraums von 2003 bis 2006 festzustellen, und hinsichtlich der Desinvestitionskanäle sind *Trade Sales* übermäßig stark und *IPOs* zu selten vertreten.

---

[944] Vgl. hierzu die Auswertungen zum Co-Venturing in den folgenden BVK-Statistiken: BVK (2004), BVK (2005), BVK (2006) und BVK (2007). Im Zeitraum von 2000 bis 2002 liegt die Quote auf ähnlichem Niveau. Vgl. BVK (2001), BVK (2002) und BVK (2003).

[945] Zum Vergleich: Für die größten VCG des amerikanischen Venture-Capital-Marktes beobachten JÄÄSKELÄINEN ET AL. (2006) eine Syndizierungsrate von ca. 80% und eine mittlere Syndikatsgröße von 4,22 Investoren, was eine deutlich höhere Kooperationsbereitschaft unter den transatlantischen Wettbewerbern belegt. Vgl. JÄÄSKELÄINEN, M. ET AL. (2006), S. 196.

Erwartungsgemäß befinden sich die beobachteten Wachstumsunternehmen zum Zeitpunkt der Erstinvestition nicht nur in früheren Entwicklungsphasen, sondern sind umsatz- wie beschäftigungsseitig auch deutlich kleiner als der marktbreite Durchschnitt.

(2) Die involvierten **Wagniskapitalgeber** haben sich lediglich im Hinblick auf den VCG-Typ mit der Mitgliederstruktur des BVK vergleichen lassen. Über die Verteilung der Merkmale *Spezialisierung* (Branche, Finanzierungsphase und Geographie), *Position im VCG-Netzwerk* sowie *Alter* und *Ressourcenausstattung* liegen dem Autor keine entsprechenden Marktdaten vor, so dass eine Beurteilung der Repräsentativität entfallen muss.

Trotz gewisser Unwägbarkeiten scheint die Verteilung der beobachteten Investoren über die VCG-Typen weitgehend repräsentativ zu sein. Allein der Anteil öffentlich geförderter Beteiligungsgesellschaften fällt etwas unterproportional aus.

(3) Was das **Syndizierungsverhalten** der untersuchten Risikokapitalinvestoren betrifft, zeichnet sich im Vergleich zu den vorliegenden BVK-Statistiken eine deutlich erhöhte Syndizierungsquote ab - auch nach einer Bereinigung um MBG-Transaktionen.

Abschließend ist daher festzuhalten, dass die Stichprobe aufgrund der unterschiedlichen Verzerrungen zwar nicht repräsentativ für den deutschen Venture-Capital-Gesamtmarkt ist, aber dem Segment der primär renditeorientierten VCG symptomatisch ähneln sollte.

5.2 Zusammenhänge mit dem Beteiligungserfolg

Nach den deskriptiven Analysen der definierten Modellvariablen und einer Einschätzung zur Repräsentativität der Datenbasis für den deutschen Venture-Capital-Markt geht es im folgenden Unterkapitel um erste Betrachtungen der Zusammenhänge zwischen den potentiellen Einflussfaktoren des Beteiligungserfolgs und dem Exit-Typ. Diese bivariaten Analysen können Hinweise auf potentielle Wechselwirkungen zwischen den jeweiligen unabhängigen und der primären abhängigen Variable liefern, was vorläufige Hypothesentests ermöglicht.

Die dreigliedrige Struktur des Unterkapitels orientiert sich an den Blöcken des Forschungsmodells: Charakteristika der Venture-Capital-Gesellschaften (5.2.1), Beschaffenheit des Syndikats (5.2.2) und Eigenschaften der Beteiligung (5.2.3). Abschnitt 5.2.4 führt die separat diskutierten Resultate abschließend noch einmal zusammen.

5.2.1 *Einfache Zusammenhangsanalysen der Charakteristika der Venture-Capital-Gesellschaften*

Die nachstehenden Abschnitte beschäftigen sich mit der Identifikation potentieller Zusammenhänge zwischen den beschriebenen Merkmalen von Venture-Capital-Gesellschaften und dem Exit-Erfolg ihrer Beteiligungen. Dabei wird auf die Rolle von Lead- und Co-Investoren gleichermaßen eingegangen.

5.2.1.1 Spezialisierung(sgrad)

In diesem Abschnitt werden die drei Spezialisierungsstrategien hinsichtlich Branche (5.2.1.1.1), Finanzierungsphase (5.2.1.1.2) und Geographie (5.2.1.1.3) sequentiell beleuchtet.

5.2.1.1.1 Branche

Wie in Abschnitt 3.3.1.1 ausgeführt gibt es Argumente dafür, dass ein klarer Branchenfokus Venture-Capital-Investoren hilft, industriespezifisches Wissen, Erfahrungen und Kontakte zu akkumulieren und damit die Erfolgsaussichten entsprechender Industriebeteiligungen zu verbessern. Deswegen sind auch die Hypothesen 1a bis 1d formuliert worden, die hier wieder aufgegriffen werden:

Hypothese 1a: *Eine Spezialisierung des Lead-Investors auf die Branche des Investments ist mit einem größeren Beteiligungserfolg verbunden.*

Hypothese 1b: *Eine Spezialisierung des Lead-Investors auf die Branche des Investments schlägt sich nicht im Beteiligungserfolg nieder.*

Hypothese 1c: *Eine Spezialisierung von Co-Investoren auf die Branche des Investments ist mit einem größeren Beteiligungserfolg verbunden.*

Hypothese 1d: *Eine Spezialisierung von Co-Investoren auf die Branche des Investments schlägt sich nicht im Beteiligungserfolg nieder.*

Einer Antwort auf die Frage näher zu kommen, inwieweit eine Konzentration der Wagniskapitalgeber auf den Industriezweig ihrer Portfoliogesellschaften mit bestimmten Veräußerungstypen zusammenfällt, ist Gegenstand der folgenden Absätze.

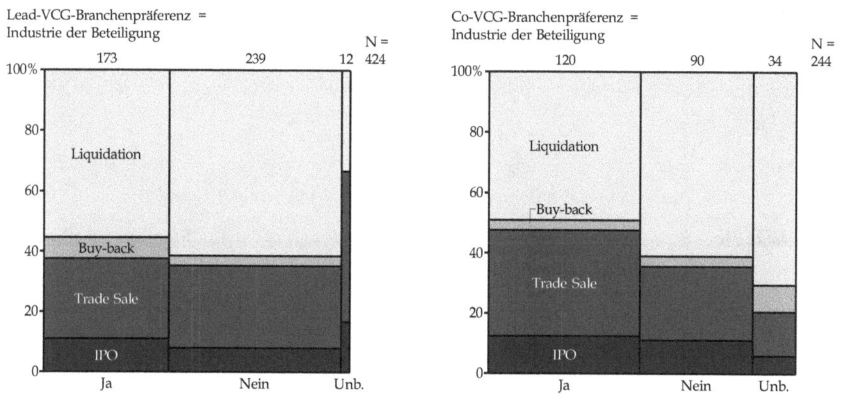

Anmerkung: Die Auswertungen zu den Lead-Investoren beziehen sich nicht nur auf die verantwortlichen Kapitalgeber der 244 syndizierten Beteiligungen, sondern auch auf die VC-Financiers der 180 Einzelinvestments.

Quelle: Eigene Darstellung

Abbildung 29: Erfolgswirkung einer Spezialisierung von Lead- bzw. Co-Investoren auf die Branche der Beteiligung

Abbildung 29 visualisiert zu diesem Zweck die Verteilung der Untersuchungsobjekte entlang der Dimensionen Exit-Typ und zutreffende Branchenpräferenz des Einzel- bzw. Lead-Investors (linke Seite) bzw. der Co-Investoren (rechte Seite). Die Darstellungsform des Marimekkos veranschaulicht sehr schön die relative Bedeutung einzelner Ausprägungen der ins Verhältnis gesetzten Merkmale. Die Fläche eines Segments repräsentiert dabei die Relevanz der Merkmalskombination innerhalb der Grundgesamtheit.

An der linken Graphik lässt sich gut ablesen, dass Beteiligungen, deren Lead-Investoren eine zutreffende Branchenspezialisierung vorweisen können, hinsichtlich Börsengängen und *Buy-back*-Transaktionen etwas besser abschneiden als die Kontrollgruppe ohne eine solche Fokussierung. Die *Trade Sale*-Quote erweist sich in beiden Segmenten als nahezu identisch. Demgegenüber haben die zwölf Investments der VCG mit unbekannter Branchenpräferenz besonders häufig einen erfolgreichen Exit realisieren können.[946] Auf Basis dieser ersten Anhaltspunkte erscheint Hypothese 1b eher zuzutreffen als 1a.

Das rechte Marimekko reflektiert die entsprechenden Zusammenhänge für Co-Investoren. Die Ausrichtung mindestens eines Co-Investors auf den Industriezweig des gemeinsamen Portfoliounternehmens schlägt sich in einer leicht erhöhten *IPO*- und einer markant höheren *Trade Sale*-Rate nieder. Die *Buy-back*-Anteile stimmen exakt überein. Diesen Befunden folgend liegt es vorläufig nahe, These 1c gegenüber 1d den Vorzug zu geben.

5.2.1.1.2 Finanzierungsphase

Auch für die Vorteilhaftigkeit einer Spezialisierung auf Finanzierungsphasen lassen sich Gründe anführen, die in Sektion 3.3.1.2 hergeleitet worden sind und kurz rekapituliert werden sollen. Über den Lebenszyklus eines Wachstumsunternehmens ändert sich dessen Bedarf an finanzieller und Management-Unterstützung dem Umfang und der Art nach signifikant. Eine Spezialisierung auf ausgewählte Finanzierungsphasen versetzt Venture-Capital-Gesellschaften in die Lage, benötigte Ressourcen zu beschaffen und ihren Portfoliounternehmen gezielt bereitzustellen. Aus diesen Überlegungen leiten sich die Thesen 2a bis 2d ab:

Hypothese 2a: *Eine Spezialisierung des Lead-Investors auf die Finanzierungsphase des Investments ist mit einem größeren Beteiligungserfolg verbunden.*

Hypothese 2b: *Eine Spezialisierung des Lead-Investors auf die Finanzierungsphase des Investments schlägt sich nicht im Beteiligungserfolg nieder.*

Hypothese 2c: *Eine Spezialisierung von Co-Investoren auf die Finanzierungsphase des Investments ist mit einem größeren Beteiligungserfolg verbunden.*

Hypothese 2d: *Eine Spezialisierung von Co-Investoren auf die Finanzierungsphase des Investments schlägt sich nicht im Beteiligungserfolg nieder.*

---

[946] Über mögliche Ursachen kann allenfalls spekuliert werden. Daher wird das Fragment Unbekannt in den folgenden Betrachtungen auch ausgeklammert.

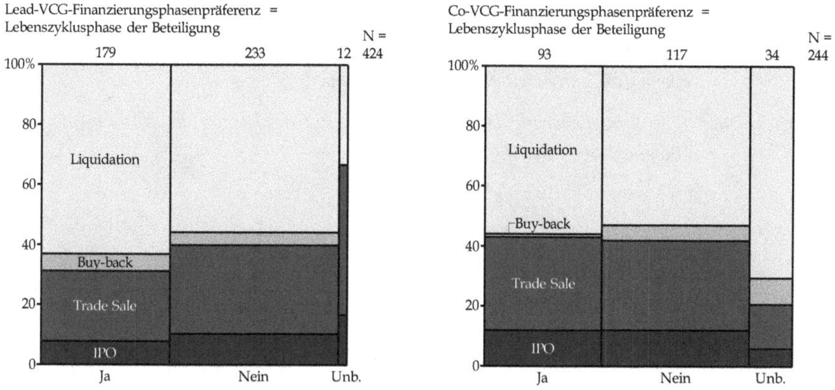

Anmerkung: Die Auswertungen zu den Lead-Investoren beziehen sich nicht nur auf die verantwortlichen Kapitalgeber der 244 syndizierten Beteiligungen, sondern auch auf die VC-Financiers der 180 Einzelinvestments.

Quelle: Eigene Darstellung

Abbildung 30: Erfolgswirkung einer Spezialisierung von Lead- bzw. Co-Investoren auf die Finanzierungsphase der Beteiligung

Hinweise auf mögliche Zusammenhänge zwischen einer passenden Phasenfokussierung der Wagniskapitalgeber und dem Exit-Erfolg ihrer Investments sollen wiederum die der Struktur nach bekannten Marimekkos in Abbildung 30 liefern.

Die linke Darstellung illustriert erneut die Beziehungen der beiden Variablen für Einzel- bzw. Lead-Investoren. Demnach scheint sich eine Konzentration auf die Lebenszyklusphase des Portfoliounternehmens nicht auszuzahlen, denn die Quote liquidierter Engagements liegt gut 7 Prozentpunkte höher als bei der Vergleichsgruppe. Insbesondere Verkäufe an strategische Investoren gelingen den verantwortlichen VCG deutlich seltener als ihren Konkurrenten ohne entsprechende Spezialisierung. Dies impliziert einen negativen Zusammenhang zwischen einer zutreffenden Fokussierung auf die Lebenszyklusphase der Portfoliounternehmen und deren Exit-Erfolg, so dass sowohl These 2a als auch 2b vorübergehend abgelehnt werden müssten.

Die rechte Darstellung widmet sich der analogen Untersuchung für die Co-Investorengruppe, bei der sich marginale bis keine Differenzen zwischen den Fraktionen mit und ohne zutreffende Phasenspezialisierung ausmachen lassen. Gemäß den vorbehaltlichen Ergebnissen scheint Hypothese 2c abzulehnen und 2d anzunehmen zu sein.

5.2.1.1.3 Geographie

In diesem Abschnitt geht es schließlich um die geographische Ausrichtung der Anlagestrategie von Venture-Capital-Gebern. Als Argumente für den positiven Effekt einer regionalen Schwerpunktsetzung auf den Beteiligungserfolg sind in Sektion 3.3.1.3 eine bessere Betreuungs- und Unterstützungsleistung für die finanzierten Portfoliounternehmen infolge geringerer Transaktionskosten des Investors genannt worden.

Daraus resultierten Hypothesen 3a und 3b:

Hypothese 3a: *Eine Spezialisierung des Lead-Investors auf die Region des Investments ist mit einem größeren Beteiligungserfolg verbunden.*

Hypothese 3b: *Eine Spezialisierung von Co-Investoren auf die Region des Investments ist mit einem größeren Beteiligungserfolg verbunden.*

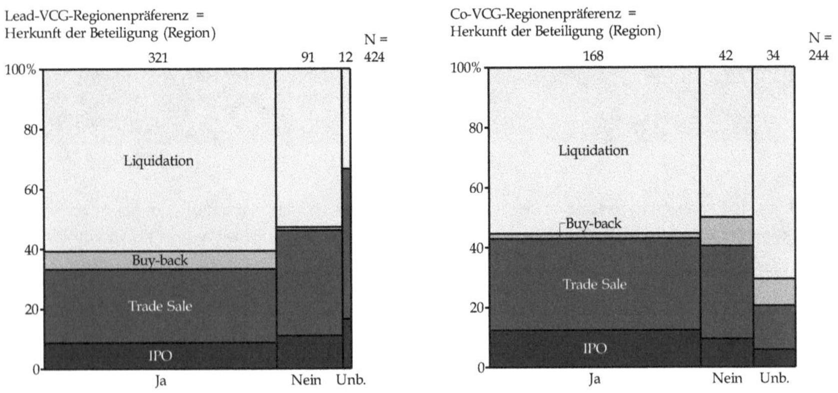

Anmerkung: Die Auswertungen zu den Lead-Investoren beziehen sich nicht nur auf die verantwortlichen Kapitalgeber der 244 syndizierten Beteiligungen, sondern auch auf die VC-Financiers der 180 Einzelinvestments.

Quelle: Eigene Darstellung

Abbildung 31: Erfolgswirkung einer Spezialisierung von Lead- bzw. Co-Investoren auf die Region der Beteiligung

In der linken Hälfte von Abbildung 31 suggerieren die relativen Anteile der genutzten Exit-Kanäle, dass eine geographische Spezialisierung der Einzel- bzw. Lead-Investoren auf den deutschen Venture-Capital-Markt[947] mit unterproportionalen Erfolgsquoten verbunden ist. Denn *IPO*- und *Trade Sale*-Raten liegen im Fall einer zutreffenden Fokussierung leicht (−2 Prozentpunkte) bis deutlich (−11 Prozentpunkte) niedriger als im Fall einer mangelnden Übereinstimmung. Daher ist man auch hier geneigt, Hypothese 3a zu verwerfen.

Die rechte Hälfte der Graphik beleuchtet die Verhältnisse bei Co-Investoren. Daraus geht hervor, dass sich die geographische Spezialisierung mindestens eines Syndikatspartners in Bezug auf *Trade Sales* nicht und hinsichtlich Börsengängen von Portfoliounternehmen positiv (+3 Prozentpunkte) auswirkt. Insofern ist - basierend auf den bivariaten Betrachtungen - These 3b tendenziell anzunehmen.

[947] Da die Untersuchungsobjekte allesamt in Deutschland ansässige Unternehmen sind, übersetzt sich eine Übereinstimmung von Beteiligungsherkunft und regionaler Präferenz des Investors in einen Deutschlandfokus.

Resümierend lässt sich festhalten, dass auf Grundlage einfacher Zusammenhangsanalysen eine Spezialisierung des Lead-Investors tendenziell negative Effekte auf den Exit-Erfolg seiner Beteiligungen hat, während eine entsprechende Fokussierung der Co-Investoren den Anteil erfolgreicher Veräußerungen der Tendenz nach positiv zu beeinflussen scheint.

5.2.1.2 Position im VCG-Netzwerk

Wie in Abschnitt 3.3.2 ausführlich beschrieben, gibt es plausible Argumente und empirische Indizien, die für eine Erfolgswirkung zentraler Netzwerkpositionen sprechen. Durch die Syndizierung von Investitionen als relevanteste Form interorganisationaler Zusammenarbeit von *VC*-Gesellschaften begründen sich zumeist nachhaltige direkte Beziehungen zu den Syndikatspartnern und entstehen indirekte Verbindungen zu deren Kontakten. Über diese Netzwerke tauschen die Wagniskapitalgeber verschiedenste Informationen und erfolgskritische Ressourcen aus,[948] was angesichts der Intransparenz und des Ressourcenmangels auf dem Venture-Capital-Markt besonders wichtig ist. Allerdings unterscheiden sich *VC*-Financiers in ihrem Syndizierungsverhalten und damit auch ihre Netzwerke in Umfang und Intensität der Beziehungen. Insbesondere gut verdrahtete Eigenkapitalgeber in zentralen Netzwerkpositionen profitieren von einer stabilen Versorgung mit erfolgsrelevanten Informationen und Ressourcen, was zudem ihre Reputation und ihren (sozialen) Status verbessert. Gemäß der Ressourcentheorie übersetzt sich eine überdurchschnittliche Ausstattung an kritischen Ressourcen für deren Inhaber in nachhaltige Wettbewerbsvorteile. Letztere schlagen sich nicht nur in einer besseren *Performance* der VCG nieder, sondern begünstigen auch den Erfolg ihrer *VC*-Beteiligungen.

Daher sind für Lead- und Co-Investoren folgende Hypothesen aufgestellt worden:

Hypothese 4a: *Eine zentralere Position des Lead-Investors im Syndizierungsnetzwerk der in Deutschland ansässigen VC-Gesellschaften ist mit einem größeren Beteiligungserfolg verbunden.*

Hypothese 4b: *Eine zentralere Position von Co-Investoren im Syndizierungsnetzwerk der in Deutschland ansässigen VC-Gesellschaften ist mit einem größeren Beteiligungserfolg verbunden.*

Abbildung 32 soll Aufschluss über etwaige bivariate Zusammenhänge zwischen der Netzwerkposition und dem Beteiligungserfolg geben.

---

[948] Dazu zählen im Wertschöpfungssegment der Beteiligungselektion *Deal Flow* und *Due Diligence*, im Bereich der Beteiligungsunterstützung Kontakte, Management-Ressourcen und Kapital sowie in der Phase der Beteiligungsveräußerung Kontakte und Prozess-*Know-how*.

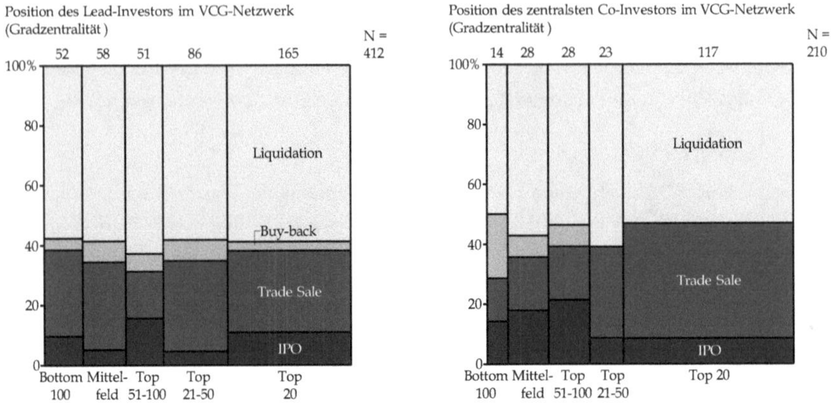

Anmerkung: Die Kategorisierung der Wagniskapitalgeber basiert auf mehrjährigen Mittelwerten der normalisierten Gradzentralitäten aller in der Stichprobe enthaltenen, namentlich bekannten VC-Gesellschaften (N = 285). Die jahresspezifischen Gradzentralitäten sind hingegen auf Basis der Syndizierungsaktivitäten von bis zu 338 VCG berechnet worden.

Quelle: Eigene Darstellung

Abbildung 32: Erfolgswirkung einer zentralen Position von Einzel- bzw. Lead- und Co-Investoren im VCG-Netzwerk

Das linke Marimekko zeigt in gewohnter Manier die Verhältnisse für Einzel- bzw. Lead-Investoren. Bei der Betrachtung fallen spontan zwei Dinge ins Auge: Erstens wird die Mehrheit aller Portfoliounternehmen (über 60%) maßgeblich von Top 50-VCG finanziert, und zweitens fallen die Erfolgsquoten zwischen den fünf Kategorien der Netzwerkzentralität relativ einheitlich aus. Die erste Beobachtung lässt sich damit erklären, dass die Top 50-VCG prinzipiell zu den aktiveren Investoren gehören - denn nur durch eine entsprechend große Anzahl an Investitionen sind die für eine zentrale Netzwerkposition notwendigen Beziehungen zu anderen Wagniskapitalgebern aufzubauen. Zudem handelt es sich bei den 412 Beteiligungen überwiegend um syndizierte Beteiligungen (232). Was die Anteile erfolgreicher Exits anbelangt, zeichnet sich ein leicht U-förmiger Verlauf über die verschiedenen Positionssegmente ab, dessen Höhepunkte am linken und rechten Ende bei 38% liegen, während sich der Tiefpunkt im Segment der Top 51–100 bei nur 31% befindet.[949] Diese zweite Beobachtung entspricht damit nicht den Erwartungen.

Die rechte Graphik visualisiert die entsprechenden Zusammenhänge für den am zentralsten gelegenen Co-Investor. Auch hier sind zwei Aspekte bemerkenswert: Zum einen summiert sich der Anteil der Top 20-VCG allein auf über 50%, und zum anderen steigen die kumulierten *IPO*- und *Trade Sale*-Quoten mit zunehmender Zentralität des am besten ver-

[949] Würde hingegen lediglich die *IPO*-Rate als Erfolgsmaß zugrunde gelegt, sähe das Ergebnis beinahe diametral entgegengesetzt aus, denn danach schneidet die Gruppe der Top 51–100-VCG bei weitem am besten ab (16% vs. 11% und weniger). Insgesamt ergäbe sich dann ein W-förmiger Verlauf.

netzten Co-Investors beinahe monoton an. Die erste Feststellung verwundert weniger stark, wenn man bedenkt, dass stets auf den zentralsten Syndikatspartner abgestellt wird. Die Annahme diesbezüglich ist nämlich, dass bereits ein eng ins VCG-Netzwerk eingebundener Eigenkapitalgeber in der Lage ist, über seine Kontakte die Chancen des gemeinsamen Portfoliounternehmens auf eine erfolgreiche Entwicklung nachhaltig positiv zu beeinflussen. Der zweite Befund - eine mit der Netzwerkzentralität von 29% auf 47% fast stetig steigende Erfolgsquote - deckt sich mit den Erwartungen. Wie im Falle der Lead-Investoren würde die *IPO*-Rate als Entscheidungskriterium jedoch zu anderen Schlussfolgerungen führen, denn der Anteil der Börsengänge bewegt sich für die in der Netzwerkperipherie gelegenen VCG mit 19% auf einem doppelt so hohen Niveau wie für die Top-50-VCG.

Fazit aus den Erläuterungen ist, dass Hypothese 4a auf Basis der bivariaten Untersuchungen eher abzulehnen ist, wohingegen These 4b vorübergehend angenommen werden kann.

5.2.1.3 VCG-Alter

In diesem und dem nachfolgenden Abschnitt geht es um potentielle Zusammenhänge zwischen den Kontrollvariablen VCG-Alter, -Typ sowie -Herkunft und dem gewählten Desinvestitionskanal. Wird ein Einfluss der Variablen vermutet oder festgestellt, so sind diese im Rahmen der statistischen Überprüfung des Forschungsmodells zwingend zu berücksichtigen.

Während mögliche Effekte der Altersvariablen sowohl für Einzel- bzw. Lead- als auch für Co-Investoren ausgewertet werden, erfolgt die Analyse von VCG-Typ und -Herkunft auf den Beteiligungserfolg nur für die Einzel- bzw. Lead-Investoren.

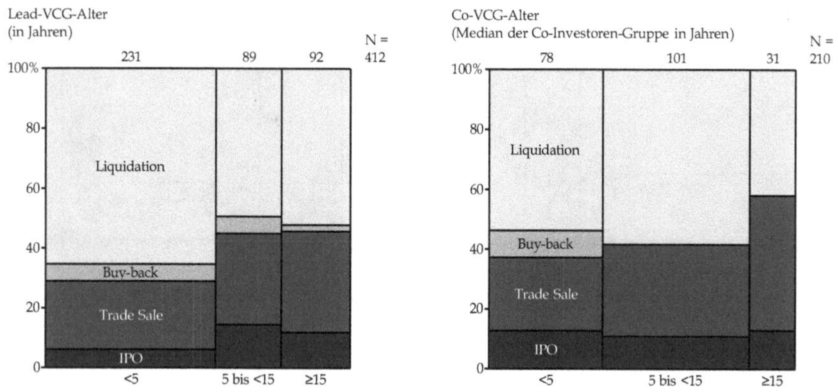

Anmerkung: Die Auswertungen zu den Lead-Investoren beziehen sich nicht nur auf die verantwortlichen Kapitalgeber der 244 syndizierten Beteiligungen, sondern auch auf die *VC*-Financiers der 180 Einzelinvestments (Verfügbarkeit der Daten vorausgesetzt).

Quelle: Eigene Darstellung

Abbildung 33: Erfolgswirkung des Alters der Lead-VCG

Abbildung 33 zeigt die Beziehung zwischen dem Alter von Lead- bzw. Co-Investoren und dem Exit-Typ der Beteiligungen.

Wie in Abschnitt 3.3.3 bereits dargelegt unterstellen und belegen mehrere Arbeiten einen positiven Zusammenhang zwischen VCG-Alter - als Proxy für Erfahrung und Reputation - und deren Erfolg. Hinweise auf die Gültigkeit einer solchen Relation für den eigenen Datensatz liefern sowohl die Auswertungen zu den Einzel- bzw. Lead-Investoren als auch die Analysen für die Co-Investoren. Konkret lässt sich an der linken Graphik ablesen, dass Venture-Capital-Gesellschaften innerhalb der ersten fünf Jahre nach ihrer Gründung nur 29% ihrer Engagements zu einem erfolgreichen Exit verhelfen, während die Quote bei Unternehmen mit 5- bis knapp 15-jährigem Bestehen 45% beträgt und bei Wagniskapitalgebern mit über 15-jähriger Geschichte 46%. Für die Gruppe der Co-Investoren (rechte Graphik) liegen die entsprechenden Werte bei 37% (< 5 Jahre), 42% (5 bis < 15 Jahre) sowie 58% (≥ 15 Jahre).

Aufgrund der unterschiedlich stark ausgeprägten Fähigkeit, Beteiligungen erfolgreich abzustoßen, wird auch das Alter der VCG als Kontrollvariable in die empirische Untersuchung eingehen.

5.2.1.4 VCG-Typ und -Herkunft

Der folgende Abschnitt widmet sich potentiellen Effekten von VCG-Typ und -Herkunft auf den Beteiligungserfolg.

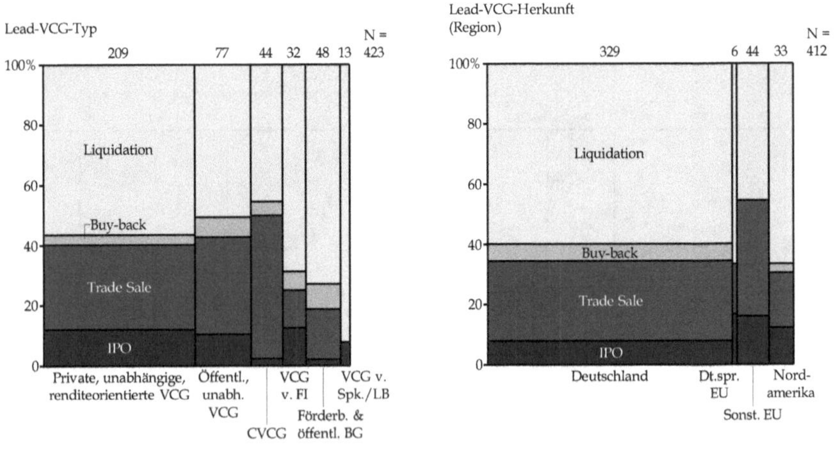

Anmerkung: Die Auswertungen zu den Lead-Investoren beziehen sich nicht nur auf die verantwortlichen Kapitalgeber der 244 syndizierten Beteiligungen, sondern auch auf die VC-Financiers der 180 Einzelinvestments (Verfügbarkeit der Daten jeweils vorausgesetzt).

Quelle: Eigene Darstellung

Abbildung 34: Erfolgswirkung von VCG-Typ und Herkunft des Lead-Investors

Die linke Seite von Abbildung 34 zeigt in bekannter Darstellungsweise die prozentuale Verteilung der Exit-Varianten in Abhängigkeit vom VCG-Typ des Einzel- bzw. Lead-Investors. Demnach gehören private wie börsennotierte unabhängige, renditeorientierte Wagniskapitalgeber mit einer Quote erfolgreicher Desinvestitionen[950] von über 40% zu den besseren Anlegern, lediglich überflügelt von Corporate-*VC*-Gesellschaften. Letztere schneiden bei der Realisierung von *IPOs* zwar sehr schlecht ab (2%), fädeln aber anteilig mit Abstand die meisten Verkäufe an strategische Investoren ein (48%). Unabhängige Einzel- bzw. Lead-Investoren verhelfen ihren Portfoliounternehmen überproportional häufig zu einem Börsengang (12% bzw. 10%) und können gleichzeitig eine solide *Trade Sale*-Quote (28% bzw. 32%) vorweisen. Gegenüber diesen drei VCG-Typen fällt die Gruppe der *VC*-Einheiten von Finanzinstituten (FI), von Sparkassen (Spk.) und Landesbanken (LB) sowie der Förderbanken und öffentlichen Beteiligungsgesellschaften deutlich ab. Zwar überzeugen VCG von Finanzinstituten bei der Vorbereitung von Neuemissionen (13%), enttäuschen aber bei der Durchführung von *M&A*-Transaktionen (13%). Öffentlich geförderte Beteiligungsgesellschaften erzielen als Einzel- bzw. Lead-Investoren in nicht einmal 20% der Fälle einen erfolgreichen Exit für ihre Portfoliounternehmen, und bei Sparkassen und Landesbanken beträgt die Rate keine 10%.

Insofern scheinen sich die in Abschnitt 3.3.4 herausgearbeiteten Unterschiede zwischen den VCG-Typen tatsächlich in abweichenden Erfolgsaussichten ihrer Portfoliounternehmen niederzuschlagen.

Die rechte Seite der Graphik bringt die Herkunft der verantwortlichen Investoren mit den Veräußerungskanälen ihrer Portfoliogesellschaften in Beziehung. Dabei zeigt sich, dass gemessen am Anteil erfolgreicher Desinvestitionen allein die Lead-Investoren aus dem sonstigen Europa mit 55% nennenswert besser abschneiden als die Repräsentanten der anderen Regionen (30-36%). Ersteren gelingen *IPOs* in beachtlichen 16% und *Trade Sales* in 39% der untersuchten Beteiligungsfälle. Über die Ursachen dieser guten *Performance* kann vorerst nur spekuliert werden - die Herkunft allein scheint als Erklärung etwas dürftig.

Nichtsdestoweniger wird auch die Herkunft als Kontrollvariable Eingang in das ordinale Regressionsmodell finden.

5.2.2 *Einfache Zusammenhangsanalysen der Beschaffenheit des Syndikats*

Nachdem die Beziehungen zwischen VCG-Charakteristika und dem Exit-Erfolg ihrer Beteiligungen einer ersten Untersuchung unterzogen worden sind, widmen sich die folgenden Teilabschnitte der Identifikation möglicher Zusammenhänge zwischen der Beschaffenheit von Syndikaten und deren Wertbeiträgen zur Entwicklung der Portfoliounternehmen.

---

950 Hierunter werden Börsengänge und Verkäufe an strategische Investoren subsumiert.

5.2.2.1 Syndikatsgröße

In Abschnitt 3.4.1 sind bereits Argumente angeführt worden, die für einen Zusammenhang zwischen der Anzahl beteiligter *VC*-Geber und einer erfolgreichen Entwicklung ihrer Portfoliounternehmen sprechen. Dabei postuliert die Ressourcentheorie aufgrund einer besseren Informations- und Ressourcenversorgung der Beteiligung eine positive Beziehung, wohingegen erhöhte Koordinationskosten und gruppendynamische Effekte konträre Auswirkungen erwarten lassen. Folglich sind auch die alternativen Hypothesen 5a und 5b aufgestellt worden, die hier noch einmal wiederholt werden:

Hypothese 5a: *Eine größere Anzahl der in einem Syndikat vertretenen VC-Geber ist mit einem größeren Beteiligungserfolg verbunden.*

Hypothese 5b: *Eine größere Anzahl der in einem Syndikat vertretenen VC-Geber ist mit einem geringeren Beteiligungserfolg verbunden.*

Darüber hinaus haben die theoretischen Argumente und empirischen Befunde zum Erfolgsbeitrag wachsender Syndikate zur Formulierung von Hypothese 5c geführt:

Hypothese 5c: *Eine zwischen erster und letzter Finanzierungsrunde zunehmende Anzahl der VC-Investoren ist mit einem größeren Beteiligungserfolg verbunden.*

Um die ersten beiden Hypothesen im Rahmen erster bivariater Untersuchungen zu testen, wird in Abbildung 35 jeweils der Exit-Erfolg in Abhängigkeit von der Anzahl involvierter *VC*-Investoren abgetragen.

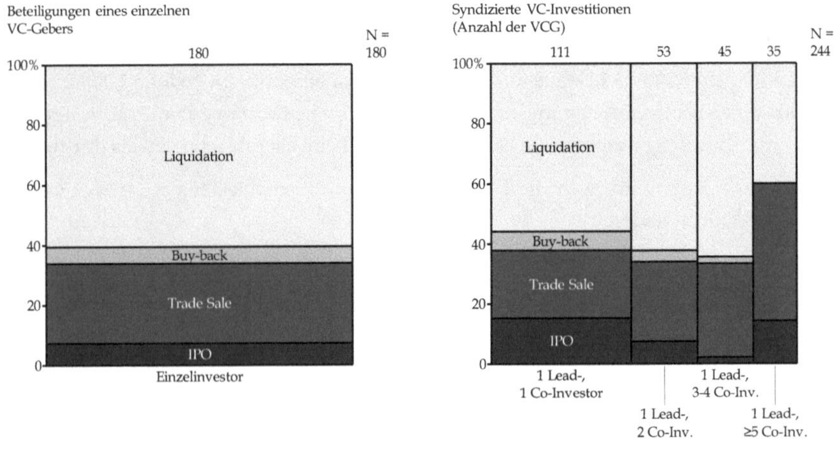

Anmerkung: Die Anzahl der VCG bezieht sich auf den Zeitpunkt der jeweils letzten Finanzierungsrunde.

Quelle: Eigene Darstellung

Abbildung 35: Erfolgswirkung der Syndikatsgröße

Die linke Darstellung visualisiert die abgeschlossenen Beteiligungen einzelner Wagniskapitalgeber, die als Referenz für die syndizierten Investments dienen sollen. Der Anteil erfolgreicher Veräußerungen für diese Gruppe beträgt insgesamt 34%, darunter 7% *IPOs* und 27% *Trade Sales.*

Das rechte Marimekko zeigt die entsprechenden Ergebnisse für Syndikate unterschiedlichen Umfangs (mindestens 2 und maximal 17 Investoren). Gemeinsame Engagements von zwei *VC*-Gesellschaften bringen es auf eine Erfolgsquote von knapp 38%, wovon 15 Prozentpunkte auf *IPOs* und 23 Prozentpunkte auf *Trade Sales* entfallen. Auf Basis dieser vorläufigen Befunde scheint es sich zu lohnen, einen zweiten *VC*-Geber hinzuzuziehen, wenn als Desinvestitionskanal ein *IPO* anvisiert wird. Dass die Beurteilung anders ausfällt, wenn der Verkauf an einen strategischen Investor angepeilt wird, widerspricht allerdings den Erwartungen. Mit zunehmender Syndikatsgröße sinkt die Rate erfolgreicher Veräußerungen zunächst von knapp 38% auf gut 33%. Für die Gruppe der Syndikate mit mindestens sechs Partnern liegt sie allerdings bei ganzen 60% (14% *IPOs* und 46% *Trade Sales*). In Anbetracht dieser Verhältnisse scheinen beide Einflussfaktoren - wachsende gemeinsame Ressourcenbasis und steigende Koordinationskosten - eine Rolle zu spielen.

Um Hypothese 5c zu untersuchen, differenziert Abbildung 36 die syndizierten Beteiligungen danach, ob die Investorengruppe zwischen der ersten und letzten Finanzierungsrunde gewachsen (linke Seite) oder unverändert (rechte Seite) geblieben ist.

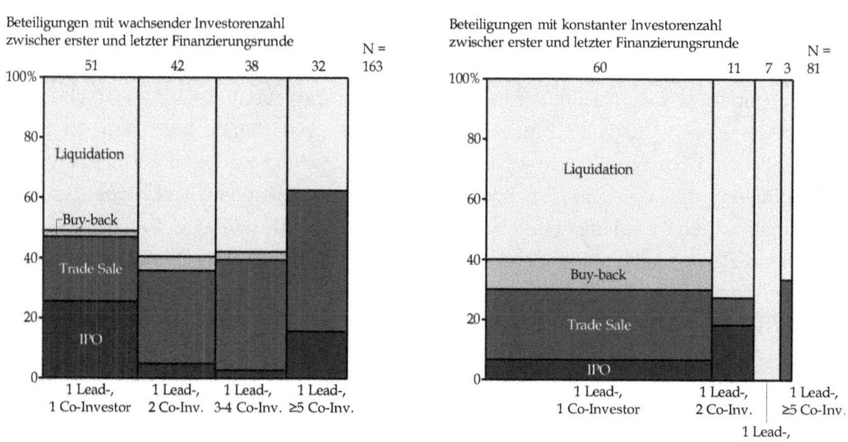

Quelle: Eigene Darstellung

Abbildung 36: Erfolgswirkung einer wachsenden Syndikatsgröße

Aussehen und Aussage der linken Graphik gleichen denen der rechten Seite von Abbildung 35. Demnach sind kleine (1 Lead- und 1 Co-Investor) und besonders große (1 Lead- und ≥ 5 Co-Investoren) Syndikate augenscheinlich eher in der Lage, ihre Portfoliounternehmen an der Börse zu platzieren oder an einen strategischen Investor weiterzureichen, als die beiden verbleibenden Gruppen mittelgroßer *VC*-Konsortien. Dabei liegt der Anteil erfolgreicher Exits je nach Syndikatsgröße zwischen akzeptablen 36% und herausragenden 63%.

Im Vergleich dazu bewegt sich die aggregierte *IPO*- und *Trade Sale*-Quote der Engagements mit stagnierender Investorengruppe (rechte Darstellung) zwischen fatalen 0% und mäßigen rund 30%. Ein Zusammenhang zwischen Syndikatsgröße und Exit-Erfolg scheint - sieht man von den vier bis fünf Mitglieder umfassenden *VC*-Konsortien ab - für diese Fraktion nicht zu bestehen. Die Verschiebungen zwischen *IPO*- und *Trade Sale*-Segmenten wirken relativ erratisch, was auch auf die geringen Fallzahlen zurückgeführt werden kann.

Als vorläufiges Fazit lassen sich drei Dinge festhalten: Erstens sind syndizierte Beteiligungen gemessen an der Veräußerungsmethode erfolgreicher als Einzelinvestments. Zweitens scheint ein nicht linearer, U- bzw. J-förmiger Zusammenhang zwischen der Syndikatsgröße und dem Exit-Erfolg von Portfoliounternehmen zu bestehen. Drittens manifestieren sich deutliche *Performance*-Unterschiede zwischen Venture-Capital-Engagements, die über die Beteiligungsdauer hinweg eine wachsende Zahl von Wagniskapitalgebern für sich gewinnen konnten, und solchen, denen dies nicht gelungen ist. Demzufolge ist Hypothese 5b vorerst abzulehnen, während 5a und 5c (tendenziell) anzunehmen sind.

5.2.2.2 Konstellation der im Syndikat vertretenen VCG-Typen

Die Argumentation aus Abschnitt 3.4.2 für einen Einfluss der VCG-Typen-Konstellation auf den Beteiligungserfolg basiert auf der Beobachtung, dass Venture-Capital-Gesellschaften keineswegs eine homogene Gruppe darstellen. Teils abweichende Interessen der jeweils maßgeblichen Finanzinvestoren sowie individuell verschiedene Ressourcenausstattungen determinieren das Wertschöpfungspotential eines Wagniskapitalgebers. Eine geschickte Kombination der komplementären Ressourcen unterschiedlicher VCG-Typen im Rahmen einer Syndizierung sollte daher den Wertbeitrag für das gemeinsame Portfoliounternehmen erhöhen. Da sich unabhängige und Corporate-VCG hinsichtlich der ihnen verfügbaren Ressourcen besonders gut ergänzen, wird folgende Hypothese formuliert:

Hypothese 6: *Die gleichzeitige Einbindung von unabhängigen und Corporate-Venture-Capital-Gesellschaften ins Syndikat ist mit einem größeren Beteiligungserfolg verbunden.*

Eine vorläufige Überprüfung dieser These soll unter Zuhilfenahme von Abbildung 37 erfolgen, die den VCG-Typ bzw. die VCG-Typen-Konstellation mit dem Exit-Erfolg in Beziehung bringt.

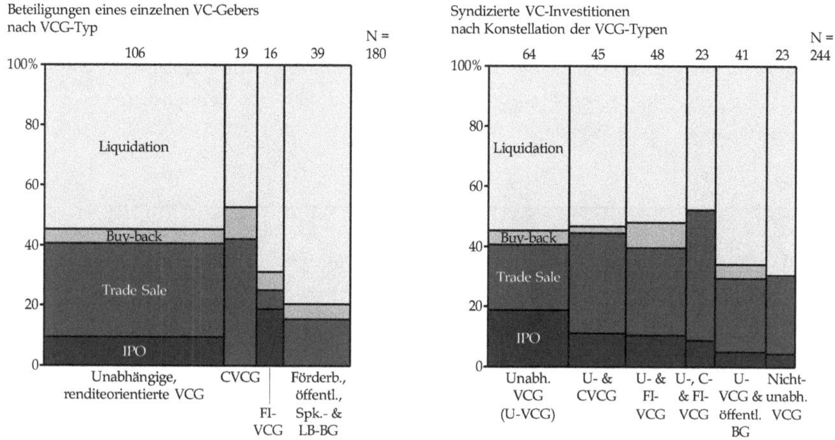

Quelle: Eigene Darstellung

Abbildung 37: Erfolgswirkung der Konstellationen von VCG-Typen

Auf der linken Seite werden die Desinvestitionskanäle der Einzelinvestments getrennt nach VCG-Typ dargestellt. Aus der Graphik geht hervor, dass unabhängige, renditeorientierte und Corporate-Venture-Capital-Gesellschaften mit 41% bzw. 42% erfolgreicher Exits signifikant besser abschneiden als *VC*-Einheiten von Finanzinstituten oder öffentlich geförderte Beteiligungsgesellschaften, die mit bescheidenen 25% bzw. mageren 15% aufwarten. Dabei lassen sich deutliche Unterschiede in der Verteilung von *IPOs* und *Trade Sales* ausmachen. So liegen die Stärken der Wagniskapitalgeber von Finanzinstituten eindeutig bei der Vorbereitung und Durchführung von Börsengängen (19%), wohingegen die *VC*-Einheiten von Industrieunternehmen ihre Beteiligungen überdurchschnittlich häufig an strategische Investoren weiterreichen können (42%). Unabhängige VCG realisieren jeweils solide *IPO*- (9%) und *Trade Sale*-Quoten (31%), während die Aktivitäten von Förderbanken, öffentlichen Beteiligungsgesellschaften sowie *VC*-Divisionen von Sparkassen und Landesbanken nur selten in *M&A*-Transaktionen münden (15%). Diese Befunde erscheinen plausibel, vermitteln sie doch den Eindruck, dass *VC*-Einheiten von Finanzinstituten sich des Konzern-*Know-hows* im Neuemissionsgeschäft bedienen, CVCG die Kontakte der Muttergesellschaft innerhalb der Industrie zu nutzen wissen, unabhängige VCG sich opportunistisch verhalten und Beteiligungsgesellschaften mit öffentlichem Förderauftrag die finanziellen Zielsetzungen zuweilen hinten anstellen (müssen).

Die beobachteten Erfolgsquoten sollen im nächsten Schritt als Maßstab für die Beurteilung der Vorteilhaftigkeit gemischter Syndikate herangezogen werden. Die rechte Seite der Abbildung lässt ein insgesamt erhöhtes Niveau erfolgreicher Veräußerungen von 39% erkennen, das sich mit 34% bei den Einzelinvestments vergleicht. Über diesen pauschalen quantitativen Effekt hinaus bestehen aber auch qualitative Unterschiede, denn der *IPO*-Anteil beträgt statt 7% ganze 11%. Daraus die Schlussfolgerung zu ziehen, eine

Syndizierung von Venture-Capital-Investitionen sei in jedem Falle erstrebenswert, wäre allerdings nicht ganz zutreffend. Da es nämlich nicht nur *Win-win*-Situationen bzw. -Konstellationen gibt, in denen alle Beteiligten ihre Chancen auf eine bessere *Performance* erhöhen, hängt der Mehrwert einer gemeinsamen Finanzierung vielmehr vom Standpunkt des Betroffenen ab (siehe Tabelle 25).

VCG-Typen der Co-Investoren / VCG-Typ des Lead-Investors	Unabhängige, renditeorientierte VCG	Corporate-VCG	*VC*-Einheit eines Finanzinstituts	Förderbank, öffentliche, Spk.- oder LB-Beteiligungsgesellschaft
Unabhängige, renditeorientierte VCG	↗	↗	→	↘
Corporate-VCG	↗	-	↘	↘
VC-Einheit eines Finanzinstituts	↗	→	-	↘
Förderbank, öffentliche, Spk.- oder LB-Beteiligungsgesellschaft	↗	↗	↗	-

Legende: ↗ erhöhte, → vergleichbare, ↘ niedrigere Erfolgsquote als bei Einzelinvestment des Lead-Investors, - keine Aussage möglich

Quelle: Eigene Darstellung

Tabelle 25: Wahl passender Co-Investoren nach VCG-Typ

Während aus Sicht eines unabhängigen, renditeorientierten Lead-Investors in der Regel nur Syndizierungen mit seinesgleichen und Corporate-VCG wirklich zielführend sind,[951] ist für Vertreter aller VCG-Typen ein Co-Investment mit einem unabhängigen Wagniskapitalgeber erstrebenswert.[952] Gemeinsame Finanzierungen mit öffentlich geförderten Beteiligungsgesellschaften scheinen sich dagegen tendenziell negativ auf den Exit-Erfolg der Portfoliounternehmen auszuwirken. Die Effekte von Kooperationen mit *VC*-Einheiten von Finanzinstituten fallen unterschiedlich aus.

Ein Vergleich der Quoten erfolgreicher Desinvestitionen verleitet zu dem Schluss, dass sich - wie eingangs aufgegriffen - gerade eine Kombination komplementärer Ressourcen bewährt.[953] So lässt sich die aggregierte *IPO*- und *Trade Sale*-Rate für renditeorientierte VCG von 41% auf 44% erhöhen, wenn sie Corporate-VCG hinzuziehen, und sogar auf 52%, wenn das Syndikat zusätzlich noch *VC*-Einheiten von Finanzinstituten involviert. Bemerkenswert ist zudem, dass sich sowohl die Präsenz öffentlich geförderter Beteiligungsgesellschaften als

---

[951] Vgl. die erste Zeile in Tabelle 25.

[952] Vgl. die erste Spalte in Tabelle 25.

[953] Vgl. Abbildung 37.

auch die Absenz unabhängiger Wagniskapitalgeber in deutlich geringeren Exit-Erfolgsquoten von rund 30% niederschlagen.

Gemessen an der *IPO*-Quote allein fällt das Urteil anders aus, und Co-Investments mehrerer unabhängiger *VC*-Geber führen das Ranking an (19%), gefolgt von Syndikaten aus unabhängigen VCG einerseits und Venture-Capital-Divisionen von Industrieunternehmen (11%) bzw. Finanzinstituten (10%) andererseits. Interessant ist, dass gemischte Konsortien aus renditeorientierten, unternehmens- und banken- bzw. versicherungsabhängigen Risikokapitalfinanciers hinsichtlich des *IPO*-Anteils zurückfallen (9%). Das Schlusslicht bilden wiederum Syndikate unter Beteiligung von öffentlich geförderten *VC*-Gebern (5%) bzw. Co-Investments ohne Unterstützung unabhängiger VCG (4%).

Die vorläufigen Befunde verdeutlichen, dass die Beurteilung vorteilhafter Syndikatskonstellationen mitunter stark vom gewählten Erfolgsmaß abhängt. Dementsprechend fällt auch die vorübergehende Bewertung von Hypothese 6 unterschiedlich aus: Während sich für einen renditeorientierten Lead-Investor eine Co-Investition mit einer CVCG gegenüber einem Einzelinvestment in der Regel bezahlt macht, ist im Hinblick auf eine hohe *IPO*-Rate eine Kooperation mit anderen unabhängigen Co-Investoren am vielversprechendsten. Insgesamt kann Hypothese 6 nicht abgelehnt werden.

5.2.2.3 Inter-/Nationalität des Syndikats

Der folgende Abschnitt knüpft an Sektion 3.4.3 an, in der eine Relation zwischen einem international besetzten *VC*-Syndikat und dem Erfolg des Portfoliounternehmens unterstellt worden ist. Dabei baut der Argumentationsstrang, der von negativen Auswirkungen grenzüberschreitender Co-Investitionen ausgeht, auf den signifikant höheren Transaktionskosten[954] für Interaktionen zwischen Beteiligung und Wagniskapitalgebern sowie innerhalb der Investorengruppe auf. Aufgrund erhöhter Kosten pendelt sich die Interaktionsfrequenz auf unterdurchschnittlichem Niveau ein, was wiederum das Wertschöpfungspotential der Venture-Capital-Gesellschaften beeinträchtigt. Der konträre Argumentationsstrang stützt sich auf die Ressourcentheorie, nach der ausländische *VC*-Financiers, die in strategisch wichtigen Zielmärkten der Portfoliounternehmen aktiv sind, deren dortige Expansion durch ihr marktspezifisches *Know-how* und soziales Kapital maßgeblich begünstigen können.

In Anbetracht eines unklaren Gesamteffekts für den Beteiligungserfolg sind zwei konkurrierende Hypothesen aufgestellt worden:

Hypothese 7a: *Die Teilnahme ausländischer VC-Gesellschaften an einem Syndikat schlägt sich negativ im Beteiligungserfolg nieder.*

Hypothese 7b: *Die Teilnahme ausländischer VC-Gesellschaften an einem Syndikat schlägt sich positiv im Beteiligungserfolg nieder.*

---

[954] Diese werden primär verursacht durch die mit geographischer Entfernung steigenden Transferkosten und sekundär durch zusätzlich erforderliche Maßnahmen zur Überwindung kulturell und sprachlich bedingter Kommunikationsschwierigkeiten.

Bezug nehmend auf die bivariaten Untersuchungen in Abbildung 38 sollen die Hypothesen nachfolgend auf ihre Gültigkeit überprüft werden.

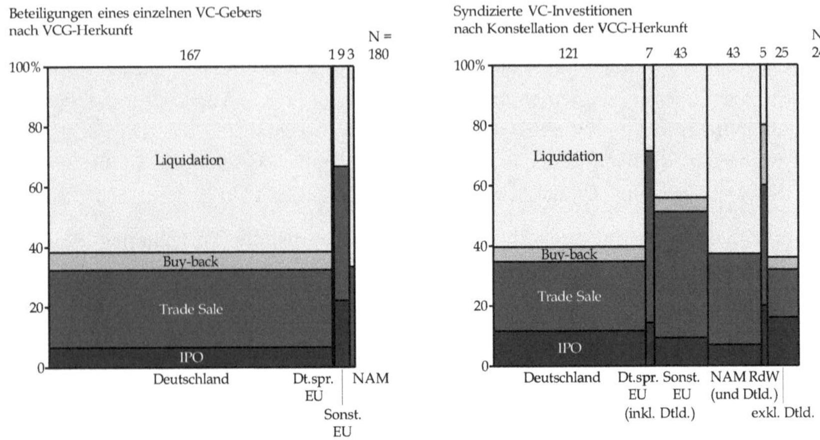

Legende: Dt.spr. = Deutschsprachig
EU = Europa
NAM = Nordamerika
RdW = Rest der Welt
exkl. Dtld. = Co-Investitionen von *VC*-Gebern ausländischer bzw. unbekannter Herkunft, darunter mindestens einer mit deutscher Niederlassung

Quelle: Eigene Darstellung

Abbildung 38: Erfolgswirkung der Inter-/Nationalität des Syndikats

Das linke Marimekko bezieht sich erneut auf Einzelinvestments und setzt die Herkunft der jeweiligen *VC*-Gesellschaft ins Verhältnis zum Exit-Erfolg der Beteiligung. Ziel der Betrachtung ist es, die Beobachtungen anschließend in die Interpretation der Ergebnisse zur Erfolgswirkung grenzüberschreitender Syndikate einfließen zu lassen.

Der Graphik ist zu entnehmen, dass über 90% der beobachteten Einzelinvestitionen ihr *Venture Capital* von einem Financier deutschen Ursprungs erhalten haben. Dieser hohe Anteil erklärt sich zum einen über das Selektionskriterium mindestens eines unabhängigen *VC*-Gebers mit Unternehmenssitz oder Niederlassung in Deutschland und zum anderen über eine gewisse Zurückhaltung ausländischer *Venture Capitalists* im Bereich der Einzelinvestments. Im Hinblick auf die aggregierte *IPO*- und *Trade Sale*-Quote schneiden die Wagniskapitalgesellschaften deutscher Herkunft mit 32% unterdurchschnittlich ab; allerdings beruhen die signifikant höheren Vergleichswerte von 67% für ihre Wettbewerber aus den nicht deutschsprachigen Ländern Europas auf sehr geringen Fallzahlen, was deren Generalisierbarkeit einschränkt. Nur Fallstudiencharakter haben die Beobachtungen in den beiden verbleibenden Kategorien, so dass bewusst auf eine Stellungnahme verzichtet wird.

Die rechte Abbildung bringt die Beteiligungsveräußerungen mit der originären Zusammensetzung des Syndikats in Verbindung. Es ist zu erkennen, dass rein deutsche Co-Investments mit einer Exit-Erfolgsquote von insgesamt 35% nur leicht über dem Niveau der Einzelinvestitionen liegen, der *IPO*-Part allerdings 12% statt 7% beträgt. Im Vergleich dazu realisieren internationale Investorengruppen mit deutscher Beteiligung eine leicht bis sehr viel bessere *Performance* (zwischen 37% und 71%). Von den vier Gruppierungen sind zwei jedoch so schwach vertreten, dass sie kaum repräsentativ sein können und daher nicht näher betrachtet werden. Relativ belastbar erscheint hingegen die Aussage, dass Kooperationen von Wagniskapitalgebern aus Deutschland und dem sonstigen europäischen Ausland ihren Portfoliounternehmen überdurchschnittlich gute Erfolgsaussichten bieten (51%). Syndikate ohne deutsche VCG bewegen sich mit 32% auf einem beinahe ähnlichen Niveau wie rein deutsche Co-Investitionen. Auf Basis der *IPO*-Quote allein würde sich ein anderes Bild ergeben, nach dem rein deutsche Syndizierungen einen leichten Vorsprung hätten.

Als Begründung für eine positive Erfolgswirkung internationaler Syndikate ist eingangs die Unterstützung der Beteiligungen bei der Penetration ausländischer Märkte genannt worden. Darüber hinaus könnten die *Performance*-Unterschiede auch mit einer größeren Erfahrung und besseren Reputation ausländischer *VC*-Geber zusammenhängen, was angesichts des geringen Durchschnittsalters deutscher Wagniskapitalgeber durchaus denkbar ist.

Insgesamt sprechen die vorläufigen Befunde eher für die Gültigkeit von Hypothese 7b, was im Rahmen der Überprüfung des Forschungsmodells noch zu validieren ist.

5.2.3 *Einfache Zusammenhangsanalysen der Eigenschaften der Beteiligung*

Abschließend geht es darum herauszufinden, ob bzw. welche Eigenschaften der Beteiligung mit ihrem Erfolg in Verbindung gebracht werden können. Die nachstehenden Teilabschnitte befassen sich daher mit bivariaten Untersuchungen zur Erfolgswirkung der beschriebenen Beteiligungsmerkmale.

5.2.3.1 Lebenszyklusphase und Größe

Aus den Ausführungen des Abschnitts 3.5.1 geht hervor, dass Wachstumsunternehmen in frühen Phasen die „Bürde der Kleinheit" zu schultern haben. Denn aufgrund von Größen-, Kosten- und weiteren Wettbewerbsnachteilen haben kleinere Unternehmen ceteris paribus eine geringere Überlebenswahrscheinlichkeit als größere Altersgenossen.

Neben dem Größeneffekt scheint aber auch ein negativer Zusammenhang zwischen der Entwicklungsphase von *VC*-Beteiligungen und deren Ausfallrisiko zu bestehen. Zurückgeführt wird diese Relation auf die insbesondere in Frühphasen beachtlichen Unsicherheiten, die mit voranschreitender Entwicklung allerdings abnehmen.

Basierend auf den Beziehungen zwischen Größe, Lebenszyklusphase und Unsicherheit von Unternehmen sind folgende Hypothesen formuliert worden:

Hypothese 8: *VC-Beteiligungen, die zum Zeitpunkt der ersten Finanzierungsrunde noch in frühen Lebenszyklusphasen sind, haben einen geringeren Erfolg als jene, die in späteren Phasen erstmals Venture Capital erhalten.*

Hypothese 9: *VC-Beteiligungen, die zum Zeitpunkt der ersten Finanzierungsrunde vergleichsweise klein sind, haben einen geringeren Erfolg als jene, die dann bereits größer sind.*

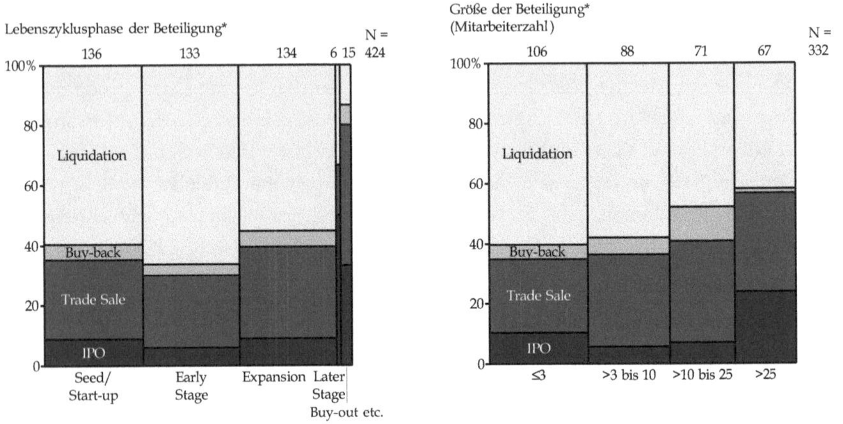

Legende: * = zum Zeitpunkt der ersten registrierten Finanzierungsrunde

Quelle: Eigene Darstellung

Abbildung 39: Erfolgswirkung von Lebenszyklusphase und Größe einer Beteiligung

Die linke Seite von Abbildung 39 setzt die Lebenszyklusphase der Beteiligung zu deren Exit-Erfolg ins Verhältnis. Bei der Betrachtung fällt auf, dass Portfoliounternehmen, die bereits in der frühen *Seed/Start-up*-Phase finanziert werden, bessere Perspektiven hinsichtlich eines *IPO* oder *Trade Sale* haben (35%) als Unternehmen, die erst in der anschließenden *Early Stage*-Phase Wagniskapital erhalten (30%). Für die *Expansion-* und *Later Stage*-Phasen sowie für *Buy-out/Turnaround/Acquisition*-Anlässe bewegen sich die Anteile erfolgreicher Desinvestitionen wieder auf (deutlich) höheren Niveaus (40%, 67% und 80% respektive). Während letztere Beobachtung Theorie und Erwartung entspricht, ist die relativ hohe Erfolgsquote im Frühphasensegment ein wenig überraschend. Auch wenn an dieser Stelle über mögliche Ursachen nur spekuliert werden kann, ist denkbar, dass das erhöhte Insolvenzrisiko früher Lebenszyklusphasen durch einen größeren Wertschöpfungsbeitrag der *VC*-Investoren infolge einer längeren Haltedauer überkompensiert wird.

Die rechte Darstellung reflektiert die Zusammenhänge zwischen der Beteiligungsgröße gemessen an der Mitarbeiterzahl und den Anteilen erfolgreicher Veräußerungen. Die Graphik zeigt sehr schön, dass mit der Unternehmensgröße zum Zeitpunkt der ersten Finanzierungsrunde auch deren Überlebenswahrscheinlichkeit steigt. So beträgt die aggregierte *IPO*- und *Trade Sale*-Quote für Unternehmen mit höchstens 3 Mitarbeitern 35%, für Gesellschaften mit 4 bis 10 Beschäftigten marginal bessere 36%, für Unternehmen mit 11 bis 25 Angestellten ganze 41% und für Unternehmen mit über 25 Mitarbeitern sogar 57%.

Demnach gibt es ambivalente Indizien hinsichtlich Hypothese 8 – falls ein Zusammenhang besteht, so scheint er nicht monoton zu sein – und relativ eindeutige, wenn auch vorläufige Resultate bezüglich der Gültigkeit von Hypothese 9.

5.2.3.2 Branche

Wie in Abschnitt 3.5.2 dargelegt lasten neben der „Bürde der Neuheit" und der „Bürde der Kleinheit" auch Technologie-, Industrie- und Marktrisiken auf jungen Wachstumsunternehmen. Die mit einem Start-up assoziierte Unsicherheit wächst dabei mit zunehmendem Innovationsgrad und Technologieniveau des Geschäftsbereichs, was nicht zuletzt überdurchschnittlich hohe Ausfallraten in jungen technologieintensiven Industriezweigen belegen. Auch die mitunter stark ausgeprägte Branchenspezialisierung von *VC*-Gesellschaften, die auf einen Abbau bestehender Informationsasymmetrien abzielt, zeugt von industriespezifischen Risikoprofilen.

Vor diesem Hintergrund ist die nachstehende Hypothese aufgestellt worden:

Hypothese 10: *Aufgrund spezifischer Industrie- und Technologierisiken beeinflusst die Branchenzugehörigkeit von VC-Beteiligungen deren Erfolg.*

Zur vorläufigen Überprüfung von Hypothese 10 wird in Abbildung 40 die Verteilung der Exit-Typen getrennt nach Beteiligungsbranchen abgetragen.

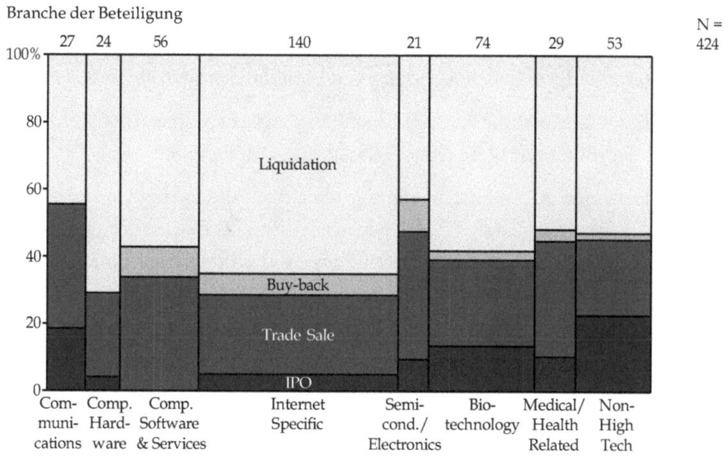

Quelle: Eigene Darstellung

Abbildung 40: Erfolgswirkung der Branche einer Beteiligung

Das Marimekko illustriert zudem die Aufteilung der Untersuchungsobjekte auf die acht *Primary Industry Minor Groups* und reflektiert damit die Anlageschwerpunkte der betrachteten *VC*-Gesellschaften. Auffällig ist, dass die von Investoren bevorzugten

Industriezweige *Internet Specific* und *Biotechnology*[955] - abgesehen von der Computerbranche - die niedrigsten Erfolgsquoten aufweisen (29% bzw. 39%), während in den „Nischen" *Communications* (56%), *Semiconductors* (48%) und *Medical/Health Related* (45%) sowie den Segmenten der Sammelgruppe *Non-High Technology* (45%) insgesamt deutlich mehr *IPOs* und *Trade Sales* realisiert werden. Diese Beobachtung könnte mit den unterschiedlichen Risikoprofilen der Branchen zusammenhängen, wonach *Biotechnology* und *Internet Specific* den riskant(er)en Industrien zuzurechnen sind. Als weitere Erklärung ließen sich Effekte des Biotechbooms und Internethypes anführen. Während der Hochphasen trifft nämlich ein übertriebenes Finanzierungsinteresse seitens der *VC*-Community auf eine beschränkte Anzahl qualitativ hochwertiger Unternehmen(sgründungen), wodurch letztlich auch zahlreiche weniger aussichtsreiche Start-ups Wagniskapital erhalten, die den hoch gesteckten Erwartungen schließlich nicht gerecht werden.[956]

Unabhängig von ihrer Ursache können die Abweichungen der branchenspezifischen Erfolgsquoten als erstes Indiz für die Beibehaltung von Hypothese 10 gewertet werden.

5.2.3.3 Alter

In Sektion 3.5.3 ist bereits angeklungen, dass auf jungen Wachstumsunternehmen auch die „Bürde der Neuheit" liegt. Denn angesichts mangelnder bis spärlicher Referenzen bleiben viele (potentielle) *Stakeholder* eher skeptisch und zurückhaltend, wodurch der Aufbau von Beziehungen zu Lieferanten, Kunden und Kapitalgebern verlangsamt und somit die Geschäftsentwicklung beeinträchtigt wird. Dieser Umstand trägt auch zu den höheren Ausfallquoten junger Gesellschaften bei. Über die Lebensdauer von Unternehmen werden bestehende Unsicherheiten jedoch zunehmend abgebaut, und die Erfolgsaussichten verbessern sich gleichzeitig, was sich an geringeren Liquidationsraten ablesen lässt.

Abbildung 41 bereitet den bivariaten Zusammenhang zwischen dem Alter der Beteiligung und deren mehr oder minder erfolgreicher Veräußerung graphisch auf.

Die Darstellung lässt eine Art Wellenbewegung über den Altersverlauf hinweg erkennen. Danach bestehen erwartungsgemäß vergleichsweise geringe Erfolgsaussichten (aggregierte *IPO*- und *Trade Sale*-Quote von 31%) für Beteiligungen, die ihre ersten Finanzmittel in der *Seed*-Phase (Alter ≤ 3 Monate) erhalten. Die Perspektiven verbessern sich merklich für die Gruppe der Portfoliogesellschaften, deren Gründung maximal zwölf Monate zurückliegt (mittlere Erfolgsquote von 39%), um sich dann - eher unvermutet - für Unternehmen mit ein- bis zweijähriger Historie wieder stark einzutrüben (durchschnittliche Quote von 28%). Etablierte Unternehmen in späteren Lebenszyklusphasen (Alter > 2 Jahre) realisieren erwartungskonform wieder deutlich mehr Börsengänge (im Mittel 14%) und *Trade Sale*-Exits (im Mittel 32%).

---

[955] Im Vergleich zur Grundgesamtheit des deutschen Venture-Capital-Marktes sind beide Industriezweige in der Stichprobe jedoch überrepräsentiert. Vgl. Abschnitt 5.1.1.4.

[956] Vgl. hierzu auch die Ausführungen zum inhaltlich verwandten *Money Chasing Deals*-Phänomen in GOMPERS, P. A./LERNER, J. (2000).

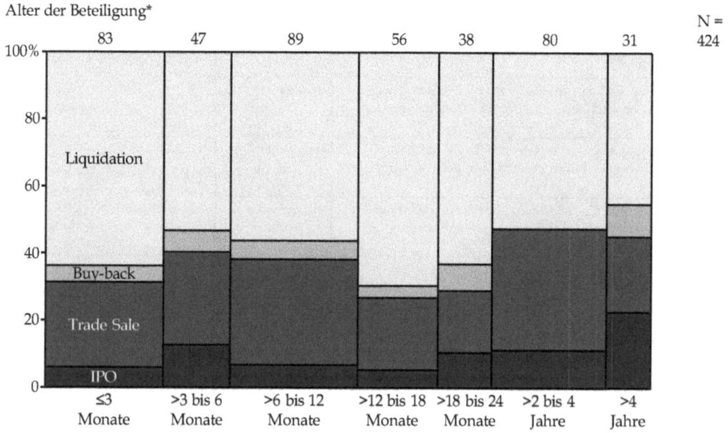

Legende: * = zum Zeitpunkt der ersten registrierten Finanzierungsrunde

Quelle: Eigene Darstellung

Abbildung 41: Erfolgswirkung des Alters einer Beteiligung

In Anbetracht solcher Unterschiede in den Erfolgsaussichten von Beteiligungen wird das Alter der Portfoliounternehmen als Kontrollvariable bei der Überprüfung des Forschungsmodells berücksichtigt.

5.2.4 *Bivariate Befunde zu den Forschungshypothesen*

Tabelle 26 fasst abschließend die Ergebnisse der auf bivariaten Untersuchungen basierenden Hypothesentests übersichtlich zusammen. Von den 15 unterstellten Zusammenhängen – teilweise ergänzt um Alternativhypothesen – sind zehn (tendenziell) anzunehmen und fünf (tendenziell) abzulehnen. Diese vorläufigen Einschätzungen orientieren sich primär an den graphischen Auswertungen und sekundär an den aufgeführten statistischen Testwerten.

Nr.	Hypothese	Vorläufiger Befund	Kommentar
1a	Eine Spezialisierung des Lead-Investors auf die Branche des Investments ist mit einem größeren Beteiligungserfolg verbunden.	tendenziell abzulehnen	• Effektstärke (*Cramérs V*) = 0,102 • p-Wert (*Pearson* χ^2) = 0,231
1b	Eine Spezialisierung des Lead-Investors auf die Branche des Investments schlägt sich nicht im Beteiligungserfolg nieder.	tendenziell anzunehmen	
1c	Eine Spezialisierung von Co-Investoren auf die Branche des Investments ist mit einem größeren Beteiligungserfolg verbunden.	tendenziell anzunehmen	• Effektstärke (*Cramérs V*) = 0,124 • p-Wert (*Pearson* χ^2) = 0,198 (nach Aggregation von *Buy-back* & *Liquidation* zu *erfolgloser Exit* zwecks Erhöhung der Erwartungswerte)
1d	Eine Spezialisierung von Co-Investoren auf die Branche des Investments schlägt sich nicht im Beteiligungserfolg nieder.	tendenziell abzulehnen	

Nr.	Hypothese	Vorläufiger Befund	Kommentar
2a	Eine Spezialisierung des Lead-Investors auf die Finanzierungsphase des Investments ist mit einem größeren Beteiligungserfolg verbunden.	abzulehnen	• Effektstärke (*Cramérs V*) = 0,090 • p-Wert (*Pearson* χ^2) = 0,338
2b	Eine Spezialisierung des Lead-Investors auf die Finanzierungsphase des Investments schlägt sich nicht im Beteiligungserfolg nieder.	abzulehnen	
2c	Eine Spezialisierung von Co-Investoren auf die Finanzierungsphase des Investments ist mit einem größeren Beteiligungserfolg verbunden.	abzulehnen	• Effektstärke (*Cramérs V*) = 0,014 • p-Wert (*Pearson* χ^2) = 0,980 (nach Aggregation von *Buy-back* & *Liquidation* zu *erfolgloser Exit* zwecks Erhöhung der Erwartungswerte)
2d	Eine Spezialisierung von Co-Investoren auf die Finanzierungsphase des Investments schlägt sich nicht im Beteiligungserfolg nieder.	anzunehmen	
3a	Eine Spezialisierung des Lead-Investors auf die Region des Investments ist mit einem größeren Beteiligungserfolg verbunden.	abzulehnen	• Effektstärke (*Cramérs V*) = 0,135 • p-Wert (*Pearson* χ^2) = 0,058 (1 Zelle (12,5%) mit Erwartungswert <5)*
3b	Eine Spezialisierung von Co-Investoren auf die Region des Investments ist mit einem größeren Beteiligungserfolg verbunden.	tendenziell anzunehmen	• Effektstärke (*Cramérs V*) = 0,037 • p-Wert (*Pearson* χ^2) = 0,866 (nach Aggregation von *Buy-back* & *Liquidation* zu *erfolgloser Exit* zwecks Erhöhung der Erwartungswerte)
4a	Eine zentralere Position des Lead-Investors im Syndizierungsnetzwerk der in Deutschland ansässigen *VC*-Gesellschaften ist mit einem größeren Beteiligungserfolg verbunden.	abzulehnen	• Effektstärke (*Cramérs V*) = 0,105 • p-Wert (*Pearson* χ^2) = 0,332 (nach Aggregation von *Buy-back* & *Liquidation* zu *erfolgloser Exit* zwecks Erhöhung der Erwartungswerte, 2 Zellen (13,3%) mit Erwartungswert <5)
4b	Eine zentralere Position von Co-Investoren im Syndizierungsnetzwerk der in Deutschland ansässigen *VC*-Gesellschaften ist mit einem größeren Beteiligungserfolg verbunden.	anzunehmen	• Effektstärke (*Cramérs V*) = 0,168 • p-Wert (*Pearson* χ^2) = 0,064 (nach Aggregation von *Buy-back* & *Liquidation* zu *erfolgloser Exit* sowie von *Bottom 100* & *Mittelfeld* zu *Sonstige* zwecks Erhöhung der Erwartungswerte, 2 Zellen (16,7%) mit Erwartungswert <5)
5a	Eine größere Anzahl der in einem Syndikat vertretenen *VC*-Geber ist mit einem größeren Beteiligungserfolg verbunden.	tendenziell anzunehmen	• Effektstärke (*Cramérs V*) = 0,143 • p-Wert (*Pearson* χ^2) = 0,026 (nach Aggregation von *Buy-back* & *Liquidation* zu *erfolgloser Exit* zwecks Erhöhung der Erwartungswerte, 2 Zellen (13,3%) mit Erwartungswert <5)*
5b	Eine größere Anzahl der in einem Syndikat vertretenen *VC*-Geber ist mit einem geringeren Beteiligungserfolg verbunden.	abzulehnen	
5c	Eine zwischen erster und letzter Finanzierungsrunde zunehmende Anzahl der *VC*-Investoren ist mit einem größeren Beteiligungserfolg verbunden.	anzunehmen	• Effektstärke (*Cramérs V*) = 0,155 • p-Wert (*Pearson* χ^2) = 0,017
6	Die Einbindung von unabhängigen und Corporate-Venture-Capital-Gesellschaften in ein Syndikat ist mit einem größeren Beteiligungserfolg verbunden.	tendenziell anzunehmen	• Effektstärke (*Cramérs V*) = 0,108 • p-Wert (*Pearson* χ^2) = 0,173 (nach Aggregation von *U- & CVCG* und *U-, C- & FI-VCG* einerseits sowie aller anderen VCG-Typen-Konstellationen zu *Sonstige Syndikate* andererseits zwecks Erhöhung der Erwartungswerte, 1 Zelle (12,5%) mit Erwartungswert <5)*
7a	Die Teilnahme ausländischer *VC*-Gesellschaften an einem Syndikat schlägt sich negativ im Beteiligungserfolg nieder.	tendenziell abzulehnen	• Effektstärke (*Cramérs V*) = 0,117 • p-Wert (*Pearson* χ^2) = 0,343 (nach Aggregation aller VCG-Herkunft-Konstellationen außer *Deutschland* zu *Syndikat mit ausländischen VCG* zwecks Erhöhung der Erwartungswerte, 1 Zelle (12,5%) mit Erwartungswert <5)*
7b	Die Teilnahme ausländischer *VC*-Gesellschaften an einem Syndikat schlägt sich positiv im Beteiligungserfolg nieder.	tendenziell anzunehmen	
8	*VC*-Beteiligungen, die zum Zeitpunkt der ersten Finanzierungsrunde noch in frühen Lebenszyklusphasen sind, haben einen geringeren Erfolg als jene, die in späteren Phasen erstmals Venture Capital erhalten.	tendenziell anzunehmen	• Effektstärke (*Cramérs V*) = 0,153 • p-Wert (*Pearson* χ^2) = 0,003 (nach Aggregation von *Buy-back* & *Liquidation* zu *erfolgloser Exit* sowie von *Expansion* & *Later Stage* zwecks Erhöhung der Erwartungswerte, 2 Zellen (16,7%) mit Erwartungswert <5)*

Nr.	Hypothese	Vorläufiger Befund	Kommentar
9	*VC*-Beteiligungen, die zum Zeitpunkt der ersten Finanzierungsrunde vergleichsweise klein sind, haben einen geringeren Erfolg als jene, die dann bereits größer sind.	anzunehmen	• Effektstärke (*Cramérs V*) = 0,156 • p-Wert (*Pearson* χ^2) = 0,004 (nach Aggregation von *Buy-back* & *Liquidation* zu *erfolgloser Exit* sowie von *Expansion* & *Later Stage* zwecks Erhöhung der Erwartungswerte, 2 Zellen (12,5%) mit Erwartungswert <5)*
10	Aufgrund spezifischer Industrie- und Technologierisiken beeinflusst die Branchenzugehörigkeit von *VC*-Beteiligungen deren Erfolg.	anzunehmen	• Effektstärke (*Cramérs V*) = 0,193 • p-Wert (*Pearson* χ^2) = 0,005 (nach Aggregation von *Buy-back* & *Liquidation* zu *erfolgloser Exit* zwecks Erhöhung der Erwartungswerte, 4 Zellen (16,7%) mit Erwartungswert <5)*

Legende: * = Damit der χ^2-Test zuverlässige Ergebnisse liefert, sollte die erwartete Häufigkeit jeder Zelle in der Kreuztabelle wenigstens 5 betragen. Unter Inkaufnahme einer eingeschränkten Aussagekraft kann diese Forderung jedoch dahingehend abgeschwächt werden, „dass nicht mehr als 20% der Felder eine erwartete Häufigkeit unter 5 haben"[957].

Quelle: Eigene Darstellung

Tabelle 26: Zusammenfassung der Befunde bivariater Untersuchungen zu den formulierten Hypothesen

5.3 Korrelationsanalysen

Bevor das Forschungsmodell mittels eines ordinalen Regressionsansatzes getestet werden kann, sollen potentielle Zusammenhänge zwischen den wesentlichen Einflussfaktoren des Modells identifiziert werden. Denn ein Vorliegen von (Multi-)Kollinearität in der Gruppe der erklärenden Variablen einer Regression würde dazu führen, dass die Koeffizienten der stark korrelierten Prädiktoren nicht zuverlässig geschätzt werden können.[958]

Zur Aufdeckung von (Multi-)Kollinearität kann zum einen auf Korrelationsmatrizen zurückgegriffen werden, die Aufschluss über Assoziationen zweier Variabler geben. Um jedoch Zusammenhänge zwischen mehreren Variablen diagnostizieren zu können, sind zum anderen Toleranzen bzw. *Variance Inflation Factors* (*VIF*)[959] zu berechnen.[960]

Dieses Vorgehen wird in den folgenden Abschnitten zugrunde gelegt.

5.3.1 *Korrelationsanalysen der Charakteristika der Venture-Capital-Gesellschaften*

Um die geeigneten Korrelationsmaße zu bestimmen, müssen die Variablen daraufhin überprüft werden, ob sie die jeweiligen Anforderungen an Skalenniveau und Verteilung erfüllen. Der Korrelationskoeffizient nach Pearson als aussagekräftiges Maß für lineare Zusammenhänge setzt Intervallskalierung und Normalverteilung der Merkmale voraus. Das erste Kriterium erfüllen alle Variablen mit Ausnahme der drei dichotomen Präferenzmerkmale.

---

[957] BROSIUS, F. (2004), S. 425.

[958] Vgl. BACKHAUS, K. ET AL. (2008), S. 89f.; JANSSEN, J./LAATZ, W. (2007), S. 454.

[959] Entsprechende Definitionen finden sich in Abschnitt 4.3.2.2 Unterpunkt (3).

[960] Vgl. BACKHAUS, K. ET AL. (2008), S. 91.

Inwieweit erstere auch normalverteilt sind, kann mithilfe des Kolmogorov-Smirnov-Anpassungstests (K-S-Tests) untersucht werden. Die Testergebnisse widerlegen jedoch eine (annähernde) Normalverteilung sämtlicher neun Variablen.[961] Daher werden alle Variablen unter Verwendung von *Kendalls Tau-b* und *Spearmans Rho* auf mögliche Zusammenhänge überprüft.

Wie Tabelle 27 verdeutlicht, existieren beinahe ausschließlich signifikante (63/66 Paare), überwiegend mittlere bis hohe Korrelationen der Lead-VCG-Charakteristika. Die stärksten Zusammenhänge sind zwischen den verschiedenen Zentralitätsmaßen zu beobachten, was die Wertebereiche der (Rang-)Korrelationskoeffizienten belegen: $0{,}458 \leq \tau_b \leq 0{,}824$ und $0{,}620 \leq \rho \leq 0{,}947$. Insbesondere die Gradzentralität ist eng mit den anderen vier Netzwerkzentralitätsmaßen verknüpft, was jedoch größtenteils definitorische Ursachen hat und damit nicht überrascht.[962]

Weitere mittlere bis sehr starke Zusammenhänge lassen sich zwischen den drei Größenindikatoren ausmachen, wobei die Assoziationen der VCG-Mitarbeiterzahl (letzte Runde, global) mit dem Portfolioumfang ($\tau_b = 0{,}649^{**}$, $\rho = 0{,}833^{**}$) das obere Ende und mit dem *Capital under Management* ($\tau_b = 0{,}541^{**}$, $\rho = 0{,}721^{**}$) das untere Ende der Spanne markieren. Diese Befunde decken sich mit den Erwartungen, erfordert der Aufbau eines *VC*-Portfolios doch den Einsatz von Kapital und Managementkapazitäten.

Die mittlere bis hohe Korrelation von Alter und finanziellen Zusagen an einen *Venture Capitalist* ($\tau_b = 0{,}530^{**}$, $\rho = 0{,}699^{**}$) spiegelt zudem den Einfluss bzw. die Notwendigkeit eines erfolgreichen *Track Record* auf bzw. für das Einwerben von Anlagekapital wider. Beide Variablen weisen interessanterweise auch einen mittleren bis starken negativen Zusammenhang mit einer zutreffenden Regionenpräferenz des Lead-Investors auf. Demnach verfügen *VC*-Fonds mit historischem Anlageschwerpunkt auf Deutschland tendenziell über weniger Erfahrung (Alter) und ein geringeres *Capital under Management* als ihre Konkurrenten mit Ausrichtung auf außerdeutsche Länder und Regionen.

Und auch zwischen der Indikatorengruppe einer zentralen Position im VCG-Netzwerk und den Merkmalen der VCG-Größe gibt es relativ enge Verbindungen, was sich wiederum an den jeweiligen Korrelationskoeffizienten ablesen lässt ($0{,}323 \leq \tau_b \leq 0{,}528$, $0{,}441 \leq \rho \leq 0{,}696$).

---

[961] Die asymptotische Signifikanz (zweiseitig) beträgt in allen neun Fällen 0,000, während die Z-Werte zwischen 3,982 für die Eigenvektorzentralität und 9,039 für die Anzahl der Portfoliogesellschaften pendeln.

[962] Die Gradzentralität – die Summe aller ungerichteten Verbindungen eines Individuums – ergibt sich nämlich als Vereinigungsmenge der Eingangs- und Ausgangsgradzentralität – aller eingehenden und ausgehenden Verbindungen dieses Subjekts. Daraus folgt, dass mit zunehmendem *In-* bzw. *Outdegree* tendenziell auch der *Degree* steigt. Ähnlich verhält es sich mit der Eigenvektorzentralität, die als eine Art gewichteter Gradzentralität angesehen werden kann, so dass eine Erhöhung des *Degree* auch eine höhere *Eigenvector Centrality* bedingt. Und auch Betweenness- und Gradzentralität sind inhaltlich stark assoziiert, denn jeder zusätzliche Kontakt eines Individuums verbessert dessen Vermittlungsposition zwischen den anderen Akteuren im Netzwerk.

Ein solcher Zusammenhang erscheint auch plausibel, zumal eine umfangreichere Ressourcenausstattung von *VC*-Gesellschaften deren Handlungsspielraum bei der Syndizierung von Investitionen erweitert und damit eine zentralere Netzwerkposition ermöglicht.

Demgegenüber finden sich nur sehr schwache, fast ausnahmslos negative Assoziationen mit einer zutreffenden Branchen- oder Finanzierungsphasenspezialisierung von Lead-Investoren ($\tau_b \geq -0{,}191$, $\rho \geq -0{,}232$). Auch wenn die Verknüpfungen eher schwach sind, so verwundern doch die beinahe durchgängig negativen Vorzeichen. Im Hinblick auf die Größenindikatoren könnte ein möglicher Erklärungsansatz hierfür lauten, dass sich *VC*-Geber mit weniger umfangreichen Ressourcen über ihre spezifische Branchen- und/oder Finanzierungsphasenexpertise für eine Rolle als Lead-Investor empfehlen bzw. qualifizieren müssen. Überdies ist auch nicht davon auszugehen, dass kleinere Risikokapitalfonds, ihre limitierten Gelder und Managementkapazitäten über zahlreiche Branchen und Phasen verteilen. Zugleich attestieren die negativen Zusammenhänge der Präferenzvariablen mit den Netzwerkzentralitäten, dass die spezialisierten *VC*-Financiers der Tendenz nach nicht zum engeren Kreis der deutschen Venture-Capital-Gemeinde zählen.

Tabelle 28 reflektiert die entsprechenden Korrelationen für die Gruppe der Co-Investoren. Wenngleich die Co-Investoren derselben Grundgesamtheit entstammen wie die Lead-Investoren, können sich dennoch Unterschiede hinsichtlich der Charakteristika ergeben, die zum einen auf eine abweichende Zusammensetzung der Individuen und zum anderen auf die Effekte des gewählten Aggregationsverfahrens[963] zurückzuführen sind. Dennoch ist der Gesamteindruck der Korrelationsanalysen für die Gruppe der Co-Investoren dem Lead-Investoren-Ergebnis sehr ähnlich. Analog zur ersten Gruppe bestehen die stärksten Zusammenhänge zwischen den fünf Gradzentralitäten ($0{,}351 \leq \tau_b \leq 0{,}849$, $0{,}480 \leq \rho \leq 0{,}961$), weitere (sehr) starke Assoziationen zwischen den Größenindikatoren ($0{,}625 \leq \tau_b \leq 0{,}688$, $0{,}820 \leq \rho \leq 0{,}866$) und schwache bis sehr starke Beziehungen zwischen den beiden Blöcken ($0{,}221 \leq \tau_b \leq 0{,}617$, $0{,}334 \leq \rho \leq 0{,}808$). Keinerlei signifikante Zusammenhänge lassen sich zwischen den Merkmalen übereinstimmender Branchen- oder Phasenspezialisierungen und den anderen Variablen feststellen.

---

[963] Für die Variablen der Netzwerkzentralität ist jeweils auf die maximale Merkmalsausprägung aller engagierten Co-Investoren abgestellt worden, während für die Größenindikatoren jeweils der Mittelwert und für das Alter der Median über die Syndikatspartner berechnet worden ist. Eine Übereinstimmung der VCG-Präferenzen mit den Eigenschaften der Beteiligung wird bereits dann registriert, wenn einer der Co-Investoren diese aufweist.

Kendall Tau-b \ Spearman-Rho[a]													
		Lead-VCG-Branchenpräferenz = Industrie der Bet.	Lead-VCG-Phasenpräferenz = Phase der Beteiligung	Lead-VCG-Regionenpräferenz = Region der Bet.	Lead-VCG-Grad-zentralität	Lead-VCG-Ausgangsgrad-zentralität	Lead-VCG-Eingangsgrad-zentralität	Lead-VCG-Eigenvektor-zentralität	Lead-VCG-Betweenness-Zentralität	Lead-VCG-Alter (letzte Rd.)	Lead-VCG-Capital under Mgmt (global)	Lead-VCG-Mitarbeiterzahl (global)	Lead-VCG-Portfoliogesellsch. (global)
Lead-VCG-Branchenpräferenz = Industrie der Bet.	Korrel.koeff.	1,000	-,021	,192**	-,108*	-,121*	-,090	-,129**	-,103*	-,121*	-,200**	-,141**	-,164**
	Sig. (2-seitig)	.	,664	,000	,028	,014	,068	,008	,036	,014	,000	,008	,001
	N	412	412	412	412	412	412	412	412	412	314	358	374
Lead-VCG-Phasenpräferenz = Phase der Beteiligung	Korrel.koeff.	-,021	1,000	,101*	-,142**	-,128**	-,104*	-,137**	-,125*	-,162**	-,232**	-,118*	-,097
	Sig. (2-seitig)	,664	.	,041	,004	,009	,036	,005	,011	,001	,000	,025	,061
	N	412	412	412	412	412	412	412	412	412	314	358	374
Lead-VCG-Regionenpräferenz = Region der Beteiligung	Korrel.koeff.	,192**	,101*	1,000	-,353**	-,376**	-,250**	-,320**	-,380**	-,513**	-,682**	-,439**	-,526**
	Sig. (2-seitig)	,000	,041	.	,000	,000	,000	,000	,000	,000	,000	,000	,000
	N	412	412	412	412	412	412	412	412	412	314	358	374
Lead-VCG-Gradzentralität	Korrel.koeff.	-,089*	-,118**	-,292**	1,000	,931**	,817**	,938**	,947**	,574**	,623**	,657**	,688**
	Sig. (2-seitig)	,028	,004	,000	.	,000	,000	,000	,000	,000	,000	,000	,000
	N	412	412	412	412	412	412	412	412	412	314	358	374
Lead-VCG-Ausgangsgrad-zentralität	Korrel.koeff.	-,101*	-,107**	-,313**	,818**	1,000	,620**	,873**	,876**	,530**	,606**	,589**	,606**
	Sig. (2-seitig)	,014	,009	,000	,000	.	,000	,000	,000	,000	,000	,000	,000
	N	412	412	412	412	412	412	412	412	412	314	358	374
Lead-VCG-Eingangsgrad-zentralität	Korrel.koeff.	-,076	-,087*	-,211**	,644**	,458**	1,000	,760**	,761**	,443**	,441**	,611**	,633**
	Sig. (2-seitig)	,068	,036	,000	,000	,000	.	,000	,000	,000	,000	,000	,000
	N	412	412	412	412	412	412	412	412	412	314	358	374
Lead-VCG-Eigenvektor-zentralität	Korrel.koeff.	-,107**	-,113**	-,264**	,807**	,719**	,580**	1,000	,866**	,526**	,615**	,584**	,627**
	Sig. (2-seitig)	,009	,006	,000	,000	,000	,000	.	,000	,000	,000	,000	,000
	N	412	412	412	412	412	412	412	412	412	314	358	374
Lead-VCG-Betweenness-Zentralität	Korrel.koeff.	-,086*	-,104*	-,318**	,824**	,728**	,596**	,707**	1,000	,543**	,609**	,643**	,696**
	Sig. (2-seitig)	,036	,012	,000	,000	,000	,000	,000	.	,000	,000	,000	,000
	N	412	412	412	412	412	412	412	412	412	314	358	374
Lead-VCG-Alter (letzte Rd.)	Korrel.koeff.	-,102*	-,137**	-,435**	,433**	,394**	,322**	,393**	,420**	1,000	,699**	,612**	,723**
	Sig. (2-seitig)	,014	,001	,000	,000	,000	,000	,000	,000	.	,000	,000	,000
	N	412	412	412	412	412	412	412	412	412	314	358	374
Lead-VCG-Capital under Mgmt (global)	Korrel.koeff.	-,164**	-,191**	-,560**	,450**	,444**	,323**	,459**	,433**	,530**	1,000	,721**	,739**
	Sig. (2-seitig)	,000	,000	,000	,000	,000	,000	,000	,000	,000	.	,000	,000
	N	314	314	314	314	314	314	314	314	314	314	286	303
Lead-VCG-Mitarbeiterzahl (global)	Korrel.koeff.	-,117**	-,098*	-,364**	,496**	,437**	,455**	,440**	,489**	,455**	,541**	1,000	,833**
	Sig. (2-seitig)	,008	,026	,000	,000	,000	,000	,000	,000	,000	,000	.	,000
	N	358	358	358	358	358	358	358	358	358	286	358	345
Lead-VCG-Portfoliogesellschaften (global)	Korrel.koeff.	-,136**	-,080	-,434**	,510**	,438**	,469**	,462**	,528**	,559**	,566**	,649**	1,000
	Sig. (2-seitig)	,001	,061	,000	,000	,000	,000	,000	,000	,000	,000	,000	.
	N	374	374	374	374	374	374	374	374	374	303	345	374

Legende: a = Werte oberhalb der Diagonalen geben *Spearmans Rho* und Werte unterhalb der Diagonalen *Kendalls Tau-b* an.
* = Die Korrelation ist auf dem Niveau ,05 (2-seitig) signifikant.
** = Die Korrelation ist auf dem Niveau ,01 (2-seitig) signifikant.

Quelle: Eigene Darstellung

Tabelle 27: Korrelationsanalysen zu den Charakteristika der Lead-Investoren

		Kendall Tau-b \ Spearman-Rho[a]											
		Co-VCG-Branchenpräferenz = Industrie der Bet.	Co-VCG-Phasenpräferenz = Phase der Beteiligung	Co-VCG-Regionenpräferenz = Region der Bet.	Co-VCG-Grad-zentralität_max	Co-VCG-Ausgangsgrad-zentralität_max	Co-VCG-Eingangsgrad-zentralität_max	Co-VCG-Eigenvektor-zentralität_max	Co-VCG-Betweenness-Zentralität_max	Co-VCG-Altersgruppe_mdn	Co-VCG-Capital under Mgmt_ avg (global)	Co-VCG-Mitarbeiterzahl_ avg (global)	Co-VCG-Portfoliogesellsch._ avg (global)
Co-VCG-Branchenpräferenz = Industrie der Bet.	Korrel.koeff.	1,000	-,022	,072	,057	,076	,056	-,005	,072	-,021	,068	-,045	-,021
	Sig. (2-seitig)	.	,750	,298	,408	,275	,418	,948	,296	,757	,334	,526	,769
	N	210	210	210	210	210	210	210	210	210	204	204	204
Co-VCG-Phasenpräferenz = Phase der Beteiligung	Korrel.koeff.	-,022	1,000	,110	-,008	,003	,056	,010	-,006	-,124	-,125	-,116	-,080
	Sig. (2-seitig)	,749	.	,111	,903	,969	,421	,881	,932	,072	,074	,099	,257
	N	210	210	210	210	210	210	210	210	210	204	204	204
Co-VCG-Regionenpräferenz = Region der Beteiligung	Korrel.koeff.	,072	,110	1,000	,213**	,086	,291**	,161*	,168*	-,127	-,300**	-,213**	-,068
	Sig. (2-seitig)	,297	,111	.	,002	,212	,000	,019	,015	,067	,000	,002	,331
	N	210	210	210	210	210	210	210	210	210	204	204	204
Co-VCG-Gradzentralität_max	Korrel.koeff.	,047	-,007	,176**	1,000	,685**	,923**	,953**	,961**	,468**	,610**	,659**	,779**
	Sig. (2-seitig)	,407	,903	,002	.	,000	,000	,000	,000	,000	,000	,000	,000
	N	210	210	210	210	210	210	210	210	210	204	204	204
Co-VCG-Ausgangsgrad-zentralität_max	Korrel.koeff.	,063	,002	,072	,557**	1,000	,480**	,636**	,592**	,286**	,334**	,437**	,376**
	Sig. (2-seitig)	,274	,969	,211	,000	.	,000	,000	,000	,000	,000	,000	,000
	N	210	210	210	210	210	210	210	210	210	204	204	204
Co-VCG-Eingangsgrad-zentralität_max	Korrel.koeff.	,047	,046	,242**	,792**	,351**	1,000	,889**	,920**	,404**	,552**	,586**	,768**
	Sig. (2-seitig)	,416	,420	,000	,000	,000	.	,000	,000	,000	,000	,000	,000
	N	210	210	210	210	210	210	210	210	210	204	204	204
Co-VCG-Eigenvektor-zentralität_max	Korrel.koeff.	-,004	,009	,133*	,827**	,487**	,699**	1,000	,909**	,474**	,653**	,673**	,799**
	Sig. (2-seitig)	,948	,881	,020	,000	,000	,000	.	,000	,000	,000	,000	,000
	N	210	210	210	210	210	210	210	210	210	204	204	204
Co-VCG-Betweenness-Zentralität_max	Korrel.koeff.	,060	-,005	,139*	,849**	,472**	,770**	,746**	1,000	,501**	,654**	,690**	,808**
	Sig. (2-seitig)	,295	,932	,015	,000	,000	,000	,000	.	,000	,000	,000	,000
	N	210	210	210	210	210	210	210	210	210	204	204	204
Co-VCG-Altersgruppe_mdn	Korrel.koeff.	-,020	-,114	-,116	,361**	,218**	,298**	,370**	,384**	1,000	,598**	,582**	,618**
	Sig. (2-seitig)	,757	,072	,067	,000	,000	,000	,000	,000	.	,000	,000	,000
	N	210	210	210	210	210	210	210	210	210	204	204	204
Co-VCG-Capital under Mgmt_ avg (global)	Korrel.koeff.	,056	-,103	-,246**	,450**	,221**	,380**	,494**	,462**	,494**	1,000	,820**	,820**
	Sig. (2-seitig)	,333	,074	,000	,000	,000	,000	,000	,000	,000	.	,000	,000
	N	204	204	204	204	204	204	204	204	204	204	204	204
Co-VCG-Mitarbeiterzahl_ avg (global)	Korrel.koeff.	-,037	-,095	-,175**	,492**	,308**	,413**	,516**	,506**	,473**	,661**	1,000	,866**
	Sig. (2-seitig)	,524	,099	,002	,000	,000	,000	,000	,000	,000	,000	.	,000
	N	204	204	204	204	204	204	204	204	204	204	204	204
Co-VCG-Portfoliogesellschaften_ avg (global)	Korrel.koeff.	-,017	-,065	-,056	,584**	,257**	,564**	,603**	,617**	,488**	,625**	,688**	1,000
	Sig. (2-seitig)	,769	,256	,330	,000	,000	,000	,000	,000	,000	,000	,000	.
	N	204	204	204	204	204	204	204	204	204	204	204	204

Legende: a = Werte oberhalb der Diagonalen geben *Spearmans Rho* und Werte unterhalb der Diagonalen *Kendalls Tau-b* an.

* = Die Korrelation ist auf dem Niveau ,05 (2-seitig) signifikant.

** = Die Korrelation ist auf dem Niveau ,01 (2-seitig) signifikant.

Quelle: Eigene Darstellung

Tabelle 28: Korrelationsanalysen zu den Charakteristika der Co-Investoren

5.3.2 *Korrelationsanalysen der Variablen der Syndikatsstruktur*

Da es sich bei den Variablen der Syndikatsbeschaffenheit mit Ausnahme der nicht normalverteilten[964] Zahl von Venture-Capital-Gebern zum Zeitpunkt der ersten und letzten Finanzierungsrunde um dichotome Merkmale handelt, kommt eine Berechnung des Korrelationskoeffizienten nach Pearson nicht in Frage, so dass wiederum *Kendalls Tau-b* und *Spearmans Rho* als Kriterien angelegt werden.

Kendall Tau-b \ Spearman-Rho[a]						
		VCG-Anzahl (erste Rd.)	VCG-Anzahl (letzte Rd.)	Syndikatswachstum (erste bis letzte Rd.)	Syndikat - unabhängige plus Corporate VCG	Syndikat - Teilnahme ausländischer VCG
VCG-Anzahl (erste Rd.)	Korrel.koeff.	1,000	**,640****	**,106***	,096	,040
	Sig. (2-seitig)	.	,000	,029	,135	,535
	N	424	424	424	244	244
VCG-Anzahl (letzte Rd.)	Korrel.koeff.	**,589****	1,000	**,740****	**,366****	**,473****
	Sig. (2-seitig)	,000	.	,000	,000	,000
	N	424	424	424	244	244
Syndikatswachstum (erste bis letzte Rd.)	Korrel.koeff.	**,102***	**,674****	1,000	**,166****	**,345****
	Sig. (2-seitig)	,029	,000	.	,009	,000
	N	424	424	424	244	244
Syndikat - unabhängige plus Corporate VCG	Korrel.koeff.	,090	**,332****	**,166****	1,000	**,233****
	Sig. (2-seitig)	,134	,000	,009	.	,000
	N	244	244	244	244	244
Syndikat - Teilnahme ausländischer VCG	Korrel.koeff.	,037	**,430****	**,345****	**,233****	1,000
	Sig. (2-seitig)	,534	,000	,000	,000	.
	N	244	244	244	244	244

Legende: a = Werte oberhalb der Diagonalen geben *Spearmans Rho* und Werte unterhalb der Diagonalen *Kendalls Tau-b* an.
* = Die Korrelation ist auf dem Niveau ,05 (2-seitig) signifikant.
** = Die Korrelation ist auf dem Niveau ,01 (2-seitig) signifikant.

Quelle: Eigene Darstellung

Tabelle 29: Korrelationsanalysen zu den Variablen der Syndikatsstruktur

Tabelle 29 vermittelt, dass die Eigenschaften des Syndikats überwiegend hochsignifikant korreliert sind, wobei es große Abweichungen hinsichtlich der Stärke des Zusammenhangs gibt.

Auffällig sind die starken Assoziationen der VCG-Anzahl (letzte Runde) mit dem Syndikatswachstum zwischen erster und letzter Finanzierungsrunde ($\tau_b = 0{,}674^{**}$, $\rho = 0{,}740^{**}$) und mit der VCG-Anzahl (erste Runde) ($\tau_b = 0{,}589^{**}$, $\rho = 0{,}640^{**}$). Gut nachvollziehbar ist die erste Beobachtung, denn die Wahrscheinlichkeit eines Syndikatswachstums steigt mit zunehmender Größe des Konsortiums in der letzten Investitionsrunde, unterstellt man eine tendenziell geringe Investorenzahl in Frühphasen. Dass diese Annahme jedoch nicht uneingeschränkt

[964] Die Z-/(Signifikanz)-Werte des Kolmogorov-Smirnov-Anpassungstests belaufen sich für die VCG-Anzahl (erste Runde) auf 7,473 (0,000) und für die VCG-Anzahl (letzte Runde) auf 5,561 (0,000).

zutrifft, belegt die zweite identifizierte Korrelation, nach der viele größere *VC*-Syndikate der letzten Runde nämlich bereits zu Beginn umfangreicher gewesen sind.

Zudem bestehen mittelstarke Zusammenhänge zwischen der VCG-Anzahl (letzte Runde) und der Teilnahme ausländischer Wagniskapitalgeber (τ_b = 0,430**, ρ = 0,473**) sowie der simultanen Präsenz unabhängiger und Corporate-VCG (τ_b = 0,332**, ρ = 0,366**), während die beiden letzteren in keinerlei Verbindung zur Anzahl der Venture-Capital-Investoren in der ersten Runde zu stehen scheinen.

Die mittelstarken Assoziationen erklären sich dadurch, dass mit wachsender Anzahl an Syndikatspartnern eine Einbeziehung ausländischer *Venture Capitalists* ins Konsortium genauso wahrscheinlicher wird wie ein gleichzeitiges Engagement zweier bestimmter VCG-Typen.

5.3.3 *Korrelationsanalysen der Eigenschaften der Beteiligungen*

Eingangs soll wiederum die Anwendbarkeit des Korrelationskoeffizienten nach Pearson geprüft werden. Abgesehen vom ordinalen Merkmal der Lebenszyklusphase sind alle Eigenschaften intervallskaliert. Der Kolmogorov-Smirnov-Anpassungstest soll diese Variablen auf eine Normalverteilung hin untersuchen. Da den Testresultaten[965] entsprechend die Nullhypothesen mit einer Irrtumswahrscheinlichkeit von 0,0% zurückgewiesen werden können, kommen erneut *Kendalls Tau-b* und *Spearmans Rho* zum Einsatz.

Kendall Tau-b \ Spearman-Rho[a]					
		Lebenszyklusphase der Beteiligung	Umsatz der Beteiligung (erste Rd.)	Mitarbeiterzahl der Beteiligung (erste Rd.)	Alter der Beteiligung (erste Rd.)
Lebenszyklusphase der Beteiligung	Korrel.koeff.	1,000	**,356****	**,221****	**,404****
	Sig. (2-seitig)	.	,000	,000	,000
	N	424	266	332	424
Umsatz der Beteiligung (erste Rd.)	Korrel.koeff.	**,282****	1,000	**,715****	**,578****
	Sig. (2-seitig)	,000	.	,000	,000
	N	266	266	246	266
Mitarbeiterzahl der Beteiligung (erste Rd.)	Korrel.koeff.	**,178****	**,541****	1,000	**,349****
	Sig. (2-seitig)	,000	,000	.	,000
	N	332	246	332	332
Alter der Beteiligung (erste Rd.)	Korrel.koeff.	**,319****	**,412****	**,244****	1,000
	Sig. (2-seitig)	,000	,000	,000	.
	N	424	266	332	424

Legende: a = Werte oberhalb der Diagonalen geben *Spearmans Rho* und Werte unterhalb der Diagonalen *Kendalls Tau-b* an.

** = Die Korrelation ist auf dem Niveau ,01 (2-seitig) signifikant.

Quelle: Eigene Darstellung

Tabelle 30: Korrelationsanalysen zu den Eigenschaften der Beteiligungen

---

[965] Die Z-/(Signifikanz)-Werte betragen für den Umsatz 6,686 (0,000), die Mitarbeiterzahl 5,612 (0,000) und für das Alter 3,175 (0,000).

Tabelle 30 zeigt ausschließlich hochsignifikante Korrelationen unterschiedlichen Ausmaßes. So besteht ein mittlerer (τ_b = 0,541**) bis starker (ρ = 0,715**) Zusammenhang zwischen Umsatz und Mitarbeiterzahl eines Portfoliounternehmens. Diese Beobachtung überrascht wenig, zumal die Herstellung von Produkten und Erbringung von Dienstleistungen - und damit mittelbar auch die Umsätze - an den Einsatz von Humankapital gekoppelt sind.

Des Weiteren finden sich mittlere bis niedrige Korrelationen des Beteiligungsalters mit dem Umsatz (τ_b = 0,412**, ρ = 0,578**) und der Lebenszyklusphase (τ_b = 0,319**, ρ = 0,404**). Auch dieser Befund scheint plausibel, da mit zunehmendem Alter eines Unternehmens auch Entwicklung, Erstellung und Kommerzialisierung ihres Produkt- bzw. Dienstleistungsangebots vorangetrieben werden. Mit dem Erreichen bestimmter Entwicklungsstadien ändert sich per definitionem auch die Lebenszyklusphase.

5.3.4 *Korrelationsanalysen der Erfolgsindikatoren*

Die Merkmale werden zunächst auf Intervallskalierung und Normalverteilung hin untersucht. Das erste Kriterium erfüllen alle Variablen mit Ausnahme des ordinalskalierten Exit-Typs. Inwieweit erstere entsprechend verteilt sind, kann erneut der K-S-Test beantworten. Die Ergebnisse widerlegen eine (annähernde) Normalverteilung der vier Variablen.[966] Daher werden alle Faktoren unter Verwendung der (Rang-)Korrelationskoeffizienten auf mögliche Zusammenhänge überprüft.

Aus Tabelle 31 geht hervor, dass sich für die Erfolgsindikatoren überwiegend signifikante, aber sehr schwache Assoziationen feststellen lassen. Insbesondere der Exit-Typ, das zentrale Maß für den Beteiligungserfolg, scheint nicht mit den beiden Wachstumsgrößen für Umsatz (τ_b = 0,092, ρ = 0,122) und Mitarbeiter (τ_b = 0,066, ρ = 0,084) zusammenzuhängen bzw. nur sehr schwach mit der Anzahl Finanzierungsrunden (τ_b = 0,111*, ρ = 0,123*). Letztere verbindet wiederum nur sehr wenig mit dem Umsatz- bzw. Mitarbeiterwachstum, was die Koeffizienten τ_b = 0,132*, ρ = 0,173* bzw. τ_b = 0,123*, ρ = 0,161** entsprechend belegen. Dass sich eine bestimmte Veränderung von Umsätzen und Beschäftigtenzahlen nicht in bestimmte Veräußerungsformen übersetzt, erschließt sich nicht auf Anhieb. Mögliche Erklärungsansätze hierfür lassen sich sowohl auf messtechnischer als auch auf inhaltlicher Ebene identifizieren.

Zum einen gestaltet sich die Berechnung von Wachstumsraten gerade bei jungen Start-ups problematisch, können doch bereits kleine Unterschiede in der Unternehmensgröße zu Beginn der Betrachtungsperiode enorme Ausschläge bei den Raten verursachen. Zum anderen gibt es desinvestitionskanalbezogene Aspekte, die gegen einen solchen Zusammenhang sprechen. Für ein erfolgreiches Börsendebüt zum Beispiel scheinen Branchenzugehörigkeit und Wachstumsphantasie eines *IPO*-Aspiranten mitunter eine wichtigere Rolle zu spielen als eine solide historische Geschäftsentwicklung.[967] Auch die Suche

---

[966] Die Z-/(Signifikanz)-Werte für Umsatz- und Mitarbeiterwachstum lauten 3,503 (0,000) bzw. 3,581 (0,000), für die Anzahl Finanzierungsrunden 6,478 (0,000) und für die Investitionsdauer 2,254 (0,000).

[967] Besonders deutlich ist dieser Aspekt während des *Dotcom*-Booms zu Tage getreten.

strategischer Investoren nach Akquisitionskandidaten orientiert sich oftmals mehr an den entwickelten Technologien, Produkten und Dienstleistungen eines Unternehmens als an dessen bisherigen Vermarktungserfolgen. Und in der Insolvenz haben nicht zuletzt solche Start-ups geendet, die ihre Strategie zuvor einseitig auf rasantes Wachstum zu Lasten der Profitabilität ausgerichtet hatten und mit versiegenden finanziellen Zuflüssen nicht zurechtgekommen sind.[968]

Kendall Tau-b \ Spearman-Rho[a]

		Exit-Typ der Beteiligung	Umsatzwachstum der Beteiligung (erste Rd. bis Exit)	Mitarbeiterwachstum der Beteiligung (erste Rd. bis Exit)	Anzahl Finanzierungs-runden	Investitionsdauer (erste Rd. bis Exit)
Exit-Typ der Beteiligung	Korrel.koeff.	1,000	,122	,084	**,123***	**,324****
	Sig. (2-seitig)	.	,157	,178	,011	,000
	N	424	136	256	424	424
Umsatzwachstum der Beteiligung (erste Rd. bis Exit)	Korrel.koeff.	,092	1,000	**,626****	**,173***	**,199***
	Sig. (2-seitig)	,162	.	,000	,044	,020
	N	136	136	122	136	136
Mitarbeiterwachstum der Beteiligung (erste Rd. bis Exit)	Korrel.koeff.	,066	**,465****	1,000	**,161****	**,139***
	Sig. (2-seitig)	,182	,000	.	,010	,026
	N	256	122	256	256	256
Anzahl Finanzierungs-runden	Korrel.koeff.	**,111***	**,132***	**,123***	1,000	**,397****
	Sig. (2-seitig)	,011	,047	,012	.	,000
	N	424	136	256	424	424
Investitionsdauer (erste Rd. bis Exit)	Korrel.koeff.	**,261****	**,130***	,082	**,313****	1,000
	Sig. (2-seitig)	,000	,026	,055	,000	.
	N	424	136	256	424	424

Legende: a = Werte oberhalb der Diagonalen geben *Spearmans Rho* und Werte unterhalb der Diagonalen *Kendalls Tau-b* an.
* = Die Korrelation ist auf dem Niveau ,05 (2-seitig) signifikant.
** = Die Korrelation ist auf dem Niveau ,01 (2-seitig) signifikant.

Quelle: Eigene Darstellung

Tabelle 31: Korrelationsanalysen zu den Erfolgsindikatoren

Der konstatierte positive Zusammenhang zwischen Exit-Typ und Investitionsrunden ist weitgehend erwartungskonform, besagt er doch einerseits, dass Wachstumsunternehmen, die in der Vergangenheit mehrfach *VC*-Investoren für sich gewinnen konnten, auch häufiger Kapitalmarktanleger und strategische Investoren von der Qualität ihres Unternehmens überzeugen können. Andererseits lässt sich dieser Befund dahingehend interpretieren, dass Beteiligungen, deren Erfolgsaussichten sich eintrüben, selten(er) zusätzliches Eigenkapital von *VC*-Gebern erhalten, was indirekt für den Einsatz des *Staging* als Instrument der Risikoreduzierung spricht. Allerdings stellt sich die Frage, ob eine wirklich konsequente

[968] Diese Strategie ist zu den Hochzeiten der *Dotcom*-Phase weit verbreitet gewesen, was sich u. a. daran ablesen lässt, dass zu dieser Zeit eine hohe *Cash-Burn*-Rate zum (alleinigen) Qualitätsmerkmal von Start-ups avanciert ist. Die als Maß einer soliden Finanzierungsreichweite konzipierte Kennzahl wurde in ihrer Darstellungsweise als „Geldverbrennungsgeschwindigkeit" zum (positiven) Wachstumsindikator erhoben.

Anwendung des *Staging* nicht eine deutlich höhere Assoziation der beiden Variablen zur Folge haben müsste.

Demgegenüber lässt sich eine mittlere ($\tau_b = 0{,}465^{**}$) bis hohe ($\rho = 0{,}626^{**}$) Korrelation zwischen Umsatz- und Mitarbeiterwachstum beobachten. Diese Assoziation entspricht den Erwartungen, denn ein Umsatzwachstum setzt einen je nach Personalintensität des Geschäftsmodells mehr oder minder starken Anstieg der Mitarbeiterzahl voraus. Darüber hinaus finden sich niedrige Korrelationen der Investitionsdauer mit der Anzahl Finanzierungsrunden ($\tau_b = 0{,}313^{**}$, $\rho = 0{,}397^{**}$) und dem Exit-Typ ($\tau_b = 0{,}261^{**}$, $\rho = 0{,}324^{**}$). Dass Portfoliounternehmen über längere Investitionsphasen auch öfter Kapital erhalten bzw. sich mit jeder Finanzierungsrunde die Beteiligungsdauer tendenziell verlängert, scheint relativ intuitiv. Und auch der zweite signifikante Zusammenhang ist nachvollziehbar, bedeutet er doch, dass sich *Venture Capitalists* in der Regel schneller von weniger erfolgreichen Engagements trennen als von solchen mit besseren Perspektiven. Demzufolge scheint ein Festhalten an unterdurchschnittlichen Portfoliounternehmen, das *Living Dead*-Phänomen, nicht sehr stark ausgeprägt zu sein.

In Anbetracht niedriger Korrelationen der abhängigen Variablen wird in den folgenden Untersuchungen weiterhin allein auf den Exit-Erfolg abgestellt, der die latente Erfolgsgröße der Investment-Rendite am besten zu reflektieren scheint.

5.3.5 *Multikollinearitätsanalyse aller unabhängigen Variablen*

Im Rahmen der Korrelationsanalysen konnten in mehreren Fällen mittel- bis sehr starke Zusammenhänge zwischen den unabhängigen Variablen der Modellblöcke festgestellt werden. So zeigten sich bei den Charakteristika von Lead- bzw. Co-Investoren mittlere bis sehr hohe Korrelationen innerhalb der Gruppe der Zentralitätsmaße ($0{,}458 \le \tau_b \le 0{,}824$, $0{,}620 \le \rho \le 0{,}947$[969] bzw. $0{,}351 \le \tau_b \le 0{,}849$, $0{,}480 \le \rho \le 0{,}961$[970]), im Bereich der Größenindikatoren ($0{,}541 \le \tau_b \le 0{,}649$, $0{,}721 \le \rho \le 0{,}833$ bzw. $0{,}625 \le \tau_b \le 0{,}688$, $0{,}820 \le \rho \le 0{,}866$) und zwischen den beiden Gruppen ($0{,}323 \le \tau_b \le 0{,}528$, $0{,}441 \le \rho \le 0{,}696$ bzw. $0{,}221 \le \tau_b \le 0{,}617$, $0{,}334 \le \rho \le 0{,}808$). Eine weitere mittelstarke bzw. starke Assoziation ließ sich zwischen Umsatz und Mitarbeiterzahl der Beteiligungen beobachten ($\tau_b = 0{,}541$, $\rho = 0{,}715$)[971].

Dementsprechend sind zusätzliche Analysen erforderlich, um potentielle Kollinearitäten einzelner Regressoren und Linearkombinationen der übrigen Einflussfaktoren ausschließen zu können. Zu diesem Zweck werden die abhängige und die unabhängigen Variablen des ordinalen Regressionsmodells in einer linearen Regression verwendet. „Because the concern is with the relationship among the *independent* variables, the functional form of the model for the dependent variable is irrelevant to the estimation of collinearity."[972]

---

[969] Vgl. Tabelle 27.

[970] Vgl. Tabelle 28.

[971] Vgl. Tabelle 30.

[972] MENARD, S. (2002), S. 76.

Kollinearitätsstatistiken

Lineares Regressionsmodell[a] **Variable**	**Ausgangs-variante** *VIF*	**Reduzierte Variante** *VIF*
Charakteristika der VCG		
Lead-VCG mit zutreffender Branchenpräferenz (1/0)	2,380	1,450
Lead-VCG mit zutreffender Phasenpräferenz (1/0)	6,469	3,300
Lead-VCG mit zutreffender Regionenpräferenz (1/0)	7,325	3,752
Co-VCG mit zutreffender Branchenpräferenz (1/0)	2,960	1,770
Co-VCG mit zutreffender Phasenpräferenz (1/0)	4,253	2,137
Co-VCG mit zutreffender Regionenpräferenz (1/0)	4,474	2,175
Lead-VCG-Netzwerkposition (normalisierte Gradzentralität)	**1.446,106**	5,971
Lead-VCG-Netzwerkposition (norm. Ausgangsgradzentralität)	**1.100,641**	*exkludiert*
Lead-VCG-Netzwerkposition (norm. Eingangsgradzentralität)	**231,269**	*exkludiert*
Lead-VCG-Netzwerkposition (norm. Eigenvektorzentralität)	**76,795**	*exkludiert*
Lead-VCG-Netzwerkposition (norm. *Betweenness*-Zentralität)	**74,903**	*exkludiert*
Co-VCG-Netzwerkposition (normalisierte Gradzentralität, Max.)	**309,547**	2,186
Co-VCG-Netzwerkposition (norm. Ausgangsgradzent., Max.)	**20,288**	*exkludiert*
Co-VCG-Netzwerkposition (norm. Eingangsgradzent., Max.)	**54,638**	*exkludiert*
Co-VCG-Netzwerkposition (norm. Eigenvektorzent., Max.)	**93,526**	*exkludiert*
Co-VCG-Netzwerkposition (norm. *Betweenness*-Zent., Max.)	**151,166**	*exkludiert*
Lead-VCG-Alter: < 5 Jahre	-	-
Lead-VCG-Alter: 5 bis < 15 Jahre	2,675	1,767
Lead-VCG-Alter: ≥ 15 Jahre	**12,101**	4,312
Co-VCG-Alter: < 5 Jahre (Median)	-	-
Co-VCG-Alter: 5 bis < 15 Jahre (Median)	3,475	1,896
Co-VCG-Alter: ≥ 15 Jahre (Median)	5,472	2,224
Lead-VCG-Größe: *Capital under Management* (global)	**42,681**	*exkludiert*
Lead-VCG-Größe: Mitarbeiterzahl (global)	**212,380**	9,062
Lead-VCG-Größe: Anzahl Portfoliogesellschaften (global)	**75,339**	*exkludiert*
Co-VCG-Größe: *Capital under Management* (global, Mittelwert)	**16,095**	*exkludiert*
Co-VCG-Größe: Mitarbeiterzahl (global, Mittelwert)	**39,503**	2,868
Co-VCG-Größe: Anz. Portfoliogesellschaften (global, Mittelw.)	**29,116**	*exkludiert*
Lead-VCG-Typ: Unabhängige, renditeorientierte VCG	-	2,837
Lead-VCG-Typ: Corporate-VCG	2,325	2,167
Lead-VCG-Typ: *VC*-Einheiten von Finanzinstituten	2,271	1,827
Lead-VCG-Typ: Öffentliche Wagniskapitalgeber	2,399	-
Lead-VCG-Herkunft: Deutschsprachiges Europa	-	-
Lead-VCG-Herkunft: Sonstiges Europa	**23,851**	7,024
Lead-VCG-Herkunft: Nordamerika	4,868	1,899
Beschaffenheit des Syndikats		
Syndikatsgröße (letzte Finanzierungsrunde, Anzahl VCG)	7,132	2,902
Syndikat mit CVCG-Beteiligung (1/0)	2,731	1,464
Syndikat mit Beteiligung ausländischer VCG (1/0)	3,865	2,534
Eigenschaften der Beteiligung		
Lebenszyklusphase (erste Finanzierungsrunde): *Seed/Start-up*	8,759	-
Lebenszyklusphase (erste Finanzierungsrunde): *Early Stage*	8,161	1,881
Lebenszyklusphase (erste Finanzierungsrunde): *Expansion/ Later Stage*	-	4,854
Größe: Umsatz (erste Finanzierungsrunde)	9,643	*exkludiert*
Größe: Mitarbeiterzahl (erste Finanzierungsrunde)	5,208	1,619
Branche: *Computer & Internet*	-	-
Branche: *Biotechnology & Medical*	3,176	2,075
Branche: Sonstige	2,593	1,505

Alter (erste Finanzierungsrunde)	3,745	1,760
Kalenderjahr des Exits (2000 = 0)	2,153	1,329

a. Abhängige Variable: Exit-Typ der Beteiligung (aggregiert)

Quelle: Eigene Darstellung

Tabelle 32: Multikollinearitätsstatistiken (*VIF*)

In der Ausgangsvariante des Regressionsmodells mit sämtlichen unabhängigen Variablen (linke Spalte in Tabelle 32) weisen mehrere Regressionskoeffizienten eine hohe bzw. sehr hohe Multikollinearität auf. Die kursiv bzw. fett markierten *VIF*-Werte signalisieren, dass die entsprechenden Toleranzen die kritischen Werte von 0,2 bzw. 0,1 unterschreiten.[973]

Um vorliegender Kollinearität zu begegnen, existieren prinzipiell mehrere Möglichkeiten, darunter eine Erhöhung des Stichprobenumfangs, der Ausschluss der betroffenen Variablen oder eine Aggregation selbiger mittels Faktorenanalyse.[974] Die erste Alternative würde eine Imputation fehlender Daten für mehrere Einflussgrößen erfordern, was zum einen ungewisse Ergebnisverzerrungen nach sich zöge; zum anderen ist unklar, ob eine Ausweitung der Datenbasis das Kollinearitätsproblem tatsächlich beheben würde, da dieses zumindest teilweise systematischen/inhaltlichen Ursprungs ist (z. B. definitorische Zusammenhänge der Gradzentralitätsmaße). Die zweite Alternative brächte hingegen einen gewissen Informationsverlust mit sich, zumal der Beitrag ausgeschlossener Variabler zur Variationserklärung ausgeblendet wird. Diesen Nachteil würde die letzte Alternative der Faktorenanalyse zwar weitgehend aufwiegen, aber angesichts asymmetrisch verteilter *Missing Data* ergäbe sich wiederum ein Informationsverlust aufgrund verringerter verwertbarer Fallzahlen (z. B. im Bereich der VCG-Größenindikatoren). Diesen Überlegungen folgend wird ein Ausschluss mehrerer hoch korrelierter Variabler als beste Lösungsmöglichkeit erachtet.

Innerhalb der Zentralitätsmaße fällt die Entscheidung zugunsten der Gradzentralität als alleinigem Indikator der Netzwerkposition von Lead- und Co-Investoren. Die Wahl lässt sich damit begründen, dass die Gradzentralität per definitionem eng mit den anderen drei Gradzentralitätsmaßen verknüpft ist und auch Parallelen zur *Betweenness*-Zentralität bestehen.[975] Darüber hinaus hat eine Faktorenanalyse der fünf Variablen gezeigt, dass die Gradzentralität mit einem Wert von ,996 die höchste Ladung auf dem einzigen Faktor besitzt und demzufolge beinahe den gesamten Informationsgehalt des Faktors transportiert. Im Hinblick auf die Indikatoren der VCG-Größe wird dem *Capital under Management* und der Anzahl Portfoliogesellschaften die Mitarbeiterzahl als repräsentatives Maß vorgezogen. Rationale für diesen Entschluss ist die Tatsache, dass die Mitarbeiterzahl mit der höchsten Faktorladung von ,987 auf der ermittelten Hauptkomponente die Informationen zur VCG-Größe am besten abbildet. Zudem beinhaltet diese Variable vergleichsweise wenige fehlende Werte, so dass nur ein geringer Informationsverlust auftritt. Was die hohe

[973] Vgl. Ibid., S. 76.

[974] Vgl. BACKHAUS, K. ET AL. (2008), S. 92.

[975] Vgl. Fußnote 962.

Korrelation von Umsatz und Beschäftigtenzahl der Beteiligungen betrifft, so wird ein Ausschluss der Erlösgröße vorgenommen, da dieser Parameter nicht nur einen kritischen *VIF* von 9,643, sondern auch eine deutlich höhere *Missing Data*-Quote aufweist.

Die entsprechend reduzierte Variante des linearen Regressionsmodells (rechte Spalte in Tabelle 32) enthält keine *VIF* ≥ 10 mehr, die auf hohe Multikollinearität hinweisen würden. Allerdings lassen sich in drei Fällen *VIF* ≥ 5 konstatieren, und zwar für die Netzwerkposition, die Größe und die Herkunft des Lead-Investors. Diese Umstände sind im Rahmen der weiteren Analysen zu berücksichtigen, können hieraus doch Verschiebungen hinsichtlich des Einflusses und der Signifikanz der betroffenen Parameterschätzungen resultieren.

Damit ist der empirische Teil uni- und bivariater Untersuchungen abgeschlossen. Das folgende Kapitel befasst sich mit dem gewählten multivariaten Analyseverfahren.

5.4 Synthese

Kapitel 5 endet mit einer Zusammenfassung wesentlicher Erkenntnisse, die im Rahmen der deskriptiven statistischen Auswertungen (5.1), der bivariaten Untersuchungen (5.2) und der Korrelationsanalysen (5.3) gewonnen worden sind.

In Unterkapitel 5.1 konnte anhand zahlreicher **deskriptiver Statistiken** ein detailliertes Bild von den Eigenschaften der 424 betrachteten Portfoliounternehmen und der 285 engagierten *VC*-Investoren gezeichnet werden. Parallel dazu wurden die beobachteten Merkmalsverteilungen mit den verfügbaren Branchenstatistiken des Bundesverbands Deutscher Kapitalbeteiligungsgesellschaften (BVK) verglichen. Dadurch wurde eine abschließende Bewertung der Repräsentativität der eigenen Datenbasis ermöglicht.

Die Untersuchung der Beteiligungscharakteristika hat unterschiedlich starke Verzerrungen in den Bereichen der Branchenzugehörigkeit, der Investitionen im Zeitverlauf und der Veräußerungsmodalitäten aufgedeckt. Weitgehend erwartungskonform fielen hingegen die Ergebnisse der Gegenüberstellungen von Lebenszyklusphase und Größe aus. Zur Repräsentativität der Altersverteilung konnte keine Aussage gemacht werden.

Die involvierten Wagniskapitalgeber waren nur im Hinblick auf den VCG-Typ mit der Mitgliederstruktur des BVK vergleichbar. Über die Verteilung der anderen Merkmale, Spezialisierung, Position im VCG-Netzwerk sowie Alter und Ressourcenausstattung, lagen dem Autor keine entsprechenden Marktdaten vor. Was das Syndizierungsverhalten der untersuchten Risikokapitalinvestoren betrifft, zeichnete sich im Vergleich zu den BVK-Statistiken eine deutlich erhöhte Syndizierungsquote ab.

Die **bivariaten Analysen** in Unterkapitel 5.2 orientierten sich strukturell an den Bausteinen des Forschungsmodells. Ziel war es, mögliche Zusammenhänge zwischen dem Beteiligungserfolg und jeder der zehn unabhängigen bzw. fünf Kontrollvariablen aufzudecken.

Von den 15 Hypothesengruppen waren vier definitiv und sechs tendenziell anzunehmen, während vier definitiv und eine (tendenziell) abzulehnen waren. Zu den vier potentiell bedeutenden Prädiktoren des Beteiligungserfolgs zählten die Zentralität der Co-Investoren im VCG-Netzwerk, eine zunehmende Anzahl von Wagniskapitalgebern im Konsortium sowie Größe und Branche des Portfoliounternehmens. Demgegenüber schienen von einer zutreffenden Finanzierungsphasen- und Regionenpräferenz des Lead-Investors negative Effekte auf den Exit-Erfolg einer Beteiligung auszugehen. Kein Zusammenhang mit der Veräußerungsmethode bestand bei einer übereinstimmenden Phasenpräferenz der Co-Investoren und der Position des Lead-Investors im VCG-Netzwerk. Für die übrigen Einflussfaktoren, darunter die absolute Zahl der syndizierenden *VC*-Geber und die Einbindung von Corporate-VCG, ließen sich auf Basis der bivariaten Analysen lediglich Tendenzaussagen treffen. All diese vorläufigen Befunde sind jedoch im Rahmen der multivariaten Analysen zu bestätigen oder zu revidieren.

Im Vorfeld der multivariaten Untersuchungen wurden für jeden der vier Bildungsblöcke des Forschungsmodells die Korrelationen der enthaltenen Variablen ermittelt, um Erkenntnisse über Beziehungen der einzelnen Indikatoren untereinander zu erlangen.

Dabei stellte sich heraus, dass im Kontext der Charakteristika der *VC*-Gesellschaften beinahe ausschließlich signifikante überwiegend mittlere bis hohe Korrelationen der Lead-VCG-Parameter existieren. Starke Zusammenhänge waren innerhalb der verschiedenen Zentralitätsmaße, der drei Größenindikatoren sowie zwischen den beiden Gruppen zu beobachten. Ein ähnliches Bild bot sich bei den Charakteristika der Co-Investoren.

Im Hinblick auf die Beschaffenheit des *VC*-Syndikats wurden überwiegend hochsignifikante Korrelationen nachgewiesen, die sich in ihrem Ausmaß jedoch deutlich unterschieden. Auffällig waren die starken Assoziationen der VCG-Anzahl (letzte Runde) mit dem Syndikatswachstum zwischen erster und letzter Finanzierungsrunde und mit der VCG-Anzahl (erste Runde). Des Weiteren fanden sich mittelstarke Zusammenhänge zwischen der VCG-Anzahl (letzte Runde) und der Teilnahme ausländischer Wagniskapitalgeber sowie der simultanen Präsenz unabhängiger und Corporate-VCG.

Die **Korrelationsanalysen** der Eigenschaften der Beteiligungen enthüllten ausnahmslos hochsignifikante Assoziationen. So existierte unter anderen ein mittelstarker Zusammenhang zwischen Umsatz und Mitarbeiterzahl eines Portfoliounternehmens.

Für die Gruppe der Erfolgsindikatoren konnten überwiegend signifikante, aber nur sehr schwache Assoziationen festgestellt werden. Insbesondere der Exit-Typ, das zentrale Maß für den Beteiligungserfolg, schien weder mit den beiden Wachstumsgrößen für Umsatz und Mitarbeiter noch mit der Anzahl der Finanzierungsrunden zusammenzuhängen. Letztere verband wiederum sehr wenig mit dem Umsatz- bzw. Mitarbeiterwachstum. Angesichts niedriger Korrelationen der abhängigen Variablen soll im Folgenden allein auf den Exit-Erfolg abgestellt werden, der die latente Erfolgsgröße der Investment-Rendite am besten zu reflektieren scheint.

Die anschließende **Multikollinearitätsanalyse** diente dem Aufspüren linearer Zusammenhänge zwischen den Regressoren. Denn stark korrelierte Variable beeinträchtigen die Schätzungen der kumulativen logistischen Regression.

In der Ausgangsvariante des Regressionsmodells mit sämtlichen unabhängigen Variablen wiesen denn auch mehrere Koeffizienten eine hohe bzw. sehr hohe Multikollinearität auf. Zur Lösung dieses Problems wurde der Ausschluss betroffener Variabler als beste Alternative erachtet. Aus den Zentralitätsmaßen wurde die Gradzentralität als alleiniger Indikator der Netzwerkposition von Lead- und Co-Investoren ausgewählt. Von den drei Variablen der VCG-Größe wurde nach sorgfältiger Abwägung allein die Mitarbeiterzahl als repräsentatives Maß beibehalten. Und der hohen Korrelation von Umsatz und Beschäftigtenzahl der Beteiligungen wurde schließlich mit einem Ausschluss der Erlösgröße begegnet.

6 Empirische Datenauswertung - multivariate Analysen

Dieses Kapitel reflektiert die empirischen Ergebnisse einer gesamthaften Betrachtung aller relevanten Einflussfaktoren des Beteiligungserfolgs, die eine Beurteilung des Forschungsmodells, Bewertung der Hypothesen und Beantwortung der Forschungsfragen ermöglicht. Zunächst wird in Unterkapitel 6.1 die Datenbasis der multivariaten Analysen beschrieben, und Unterschiede zur Grundlage der bivariaten Untersuchungen werden aufgezeigt. Unterkapitel 6.2 beschäftigt sich anschließend ausführlich mit der Auswahl und Bewertung des ordinalen Regressionsmodells. Dadurch soll sichergestellt werden, dass ein aussagekräftiges und zugleich parameterökonomisches Modell zugrunde liegt, das zudem alle statistischen Anforderungen erfüllt und von hoher Güte ist. Nach der Evaluation des Gesamtmodells geht es in den Unterkapiteln 6.3 bis 6.5 um eine Interpretation der modellblockspezifischen Regressionskoeffizienten und *Odds Ratios* der Einflussgrößen des Exit-Erfolgs. Die Beobachtungen werden jeweils mit den entsprechenden bivariaten Befunden verglichen und in eine abschließende Bewertung der Hypothesen überführt. Kapitel 6 endet mit einem Ergebnisüberblick und übergreifenden Schlussfolgerungen in Unterkapitel 6.6. In diesem Kontext werden nicht nur Forschungsmodell, Hypothesen und Forschungsfragen noch einmal thematisiert, sondern auch Implikationen für die Venture-Capital-Forschung und -Praxis herausgearbeitet.

6.1 Ausgangsbasis

Anders als in die bivariaten Untersuchungen, die sich auf eine gleichzeitige Betrachtung zweier Variabler beschränken, gehen in die multivariaten Analysen sämtliche identifizierte Faktoren des Forschungsmodells simultan ein. Dieser Umstand führt angesichts abweichender *Missing Data*-Verteilungen für die einzelnen Regressoren jedoch zwangsläufig zu einer Reduzierung der auswertbaren Stichprobe.

Abbildung 42 zeigt, wie sich die Gesamtzahl der 424 aufgenommenen Beteiligungsfälle auf syndizierte Investitionen und Einzelinvestments aufteilt. Daraus wird ersichtlich, dass 244 Portfoliounternehmen (58%) von mehreren Venture-Capital-Gesellschaften zusammen finanziert worden sind, während die restlichen 180 *VC*-Engagements nur auf einen Kapitalgeber zählen konnten. Fehlende Daten limitieren die Anzahl auswertbarer Beteiligungsfälle im Bereich gemeinsamer Investitionen auf insgesamt 54% der registrierten Syndizierungen.[976] Demzufolge vollzieht sich die Überprüfung des Forschungsmodells und der aufgestellten Hypothesen anhand einer Fallzahl von 132 syndizierten Portfoliounternehmen.

[976] Der korrespondierende Anteil im Bereich der Einzelinvestitionen beträgt 67%.

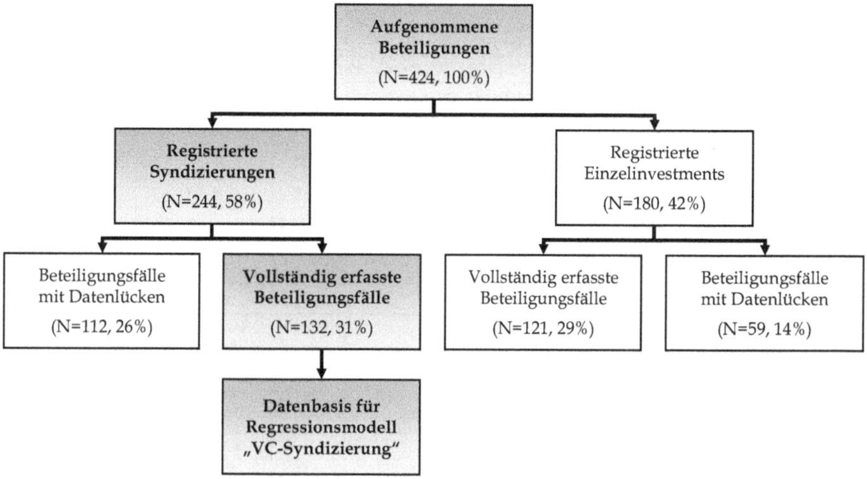

Anmerkung: Abweichungen in den Prozentwerten sind auf Rundungsdifferenzen zurückzuführen.

Quelle: Eigene Darstellung

Abbildung 42: Datengrundlage des ordinalen Regressionsmodells

Konsequenz dieses reduzierten Stichprobenumfangs mit einer heterogenen Verteilung der Zielgröße ist, dass die Anforderungen der statistischen Analyseverfahren an die klassenspezifische Datenquantität von einigen kategorialen Variablen nicht mehr erfüllt werden.[977] Daher sind die zuvor ausführlich beschriebenen Operationalisierungen von sechs stärker ausdifferenzierten kategorialen Variablen anzupassen, indem vorhandene Klassen aggregiert oder neue Gruppen gebildet werden. Zudem werden zwei kardinale Einflussgrößen modifiziert. Einen Überblick über die im Vorfeld der ordinalen Regressionsanalysen vorgenommenen Modifikationen verschafft Tabelle 33.

Im weiteren Verlauf ist daher zu berücksichtigen, dass die Befunde der multivariaten Analysen auf einem anderen Stichprobenumfang und teils anders operationalisierten Variablen aufsetzen als die zuvor durchgeführten bivariaten Untersuchungen.

---

[977] Damit die χ^2-basierten Tests belastbare Resultate liefern, sollten die erwarteten Häufigkeiten jeder Zelle einer Kreuztabelle mindestens 5 betragen. Werden gewisse Einschränkungen der Aussagekraft in Kauf genommen, genügen erwartete Häufigkeiten von über 5 für 80% der Felder. Vgl. BROSIUS, F. (2004), S. 425.

Variable	SPSS-Label	Kurzbeschreibung der Operationalisierung	Skalen-niveau	Skalen-ausprägung	Status vor Modifikation
Charakteristika der Venture-Capital-Gesellschaften (Lead- und Co-Investor(en))					
•Alter des Lead-Investors	•Lead_VC_ age_iN_ ord_agg	•Altersklasse des Lead-Investors (zum Zeitpunkt der jeweils letzten Finanzierungsrunde einer Beteiligung)	•Ordinal	•3 Klassen (1: <5 Jahre - 3: ≥15 Jahre)	•Kardinal
•Alter von Co-Investoren	•Co_VC_ age_iN_ mdn_agg	•Median der Altersklassen aller engagierten Co-Investoren (zum Zeitpunkt der jeweils letzten Finanzierungsrunde einer Beteiligung)	•Ordinal	•3 Klassen (1: <5 Jahre - 3: ≥15 Jahre)	•Ordinal mit 5 Klassen (1: <5 Jahre - 5: ≥20 Jahre)
•VCG-Typ des Lead-Investors	•Lead_VC_ type_agg	•Typus der *VC*-Gesellschaft des Lead-Investors	•Nominal	•4 Kategorien (1: unabhängige VCG - 4: öffentl. geförderte Beteiligungsges.)	•Nominal mit 6 Kategorien (1: private VCG - 6: VC-Einheit von Spk./LB)
•Herkunft des Lead-Investors	•Lead_VC_ origin_reg_ agg	•Regionaler Standort der Unternehmenszentrale des Lead-Investors	•Nominal	•3 Kategorien (1: Dt.sprachiges Europa - 3: Nordamerika)	•Nominal mit 5 Kategorien (1: Dtld. - 5: Rest der Welt)
Eigenschaften der Beteiligung					
•**Lebenszyklus-phase**	•C_st_i1_agg	•Lebenszyklusphase der Beteiligung (zum Zeitpunkt der ersten Finanzierungsrunde)	•Ordinal	•4 Klassen (1: *Seed/Start-up* – 4: *Buy-out/Turnaround/Acquisit.*)	•Ordinal mit 7 Klassen (1: *Seed/Start-up* – 7: Sonstige)
•**Branche**	•C_PIMiG_ code_1_agg	•Industrieklasse der Beteiligung	•Nominal	•3 Kategorien (1: *Computer & Internet* - 3: Sonstige)	•Nominal mit 8 Kategorien (1000: *Communications* - 6000: *Non-High Tech.*)
•Jahr	•C_yr_xit_ord	•Kalenderjahr des Exits minus 2000	•Kardinal	•Natürliche Zahl (0-7)	•Kardinal
Beteiligungserfolg					
•**Beteiligungserfolg**	•C_xit_IDr_agg	•Exit-Typ (Desinvestitionskanal)	•Ordinal	•3 Kategorien (1: *Liquidation* - 3: *IPO*)	•Ordinal mit 5 Kategorien (1: *Liquidation* - 5: *IPO*)

Quelle: Eigene Darstellung

Tabelle 33: Modifizierte Operationalisierungen kategorialer Variabler im kumulativen *Logit*-Modell

6.2 Selektion und Evaluation des Modells

Im folgenden Unterkapitel werden das Vorgehen zur Auswahl des endgültigen ordinalen Regressionsmodells (6.2.1) sowie die Beurteilung der Güte des Gesamtmodells „*VC*-Syndizierung" (6.2.2) in den Fokus gerückt.[978]

6.2.1 *Modellselektion*

Da es nahezu unmöglich ist, die Realität in einem Modell mit endlich vielen Parametern exakt zu beschreiben, geht es im Rahmen der Modellselektion um die Identifikation der besten Approximation des „wahren" Modells.[979] Dazu sind verschiedene Methoden

[978] An dieser Stelle möchte ich mich herzlich bei Herrn Prof. Dr. Helmut Küchenhoff für seine pragmatische Unterstützung in wesentlichen statistischen Belangen bedanken.

[979] BURNHAM/ANDERSON (2002) bemerken hierzu: „The words ‚true model' represent an oxymoron." BURNHAM, K. P./ANDERSON, D. R. (2002), S. 20.

entwickelt worden, die versuchen, dem Trade-off zwischen der Präzision eines komplexen Modells mit zahlreichen Einflussgrößen und der Interpretierbarkeit eines einfachen Modells mit wenigen Parametern bestmöglich Rechnung zu tragen.

Zur Durchführung des Auswahlprozesses bedarf es zum einen einer geeigneten Vorgehensweise und zum anderen eines adäquaten Modellwahlkriteriums. Im Bereich der statistischen Regression können vier iterative Verfahren voneinander abgegrenzt werden:

- die Vorwärtsselektion,
- die Rückwärtsselektion,
- die schrittweise Selektion und
- die *All Subset Selection*.

Im ersten Fall werden beginnend mit einem „leeren" Modell sukzessive jene Variablen integriert, die zur maximalen Verbesserung des Selektionskriteriums führen, bis keine weitere Optimierung mehr möglich ist. Im zweiten Fall wird der umgekehrte Weg beschritten, und ausgehend vom vollständigen Modell werden solange diejenigen Einflussgrößen eliminiert, die zur größten Verbesserung des Kriteriums führen, bis das Optimum erreicht ist. Im dritten Fall werden Vorwärts- und Rückwärtsselektion kombiniert, so dass in jedem Iterationsschritt Prädiktoren aufgenommen und entfernt werden können. Im vierten Fall schließlich wird aus der Menge aller möglichen Modellkombinationen (2^{p+1}) das Modell ausgewählt, welches ein zuvor festgelegtes Kriterium optimiert.[980]

Als (Informations-)Kriterium steht eine Vielzahl alternativer Indikatoren zur Verfügung; zu deren bekanntesten Vertretern zählen:

- das *Akaike Information Criterion* und
- das *Bayesian Information Criterion*.

Anhand des *Akaike Information Criterion (AIC)*[981] wird versucht, Anpassungsgüte und Komplexität eines Modells gegeneinander abzuwägen. Formal geht neben der maximalen Wahrscheinlichkeit die Anzahl der enthaltenen Parameter „strafend" in die Berechnung ein:

$$AIC = (-2) \log (\textit{maximum likelihood}) + 2p$$

Legende: p = Anzahl der Parameter

Formel 10: Berechnung des *Akaike Information Criterion (AIC)*

Während das *AIC* das Modell mit der besten Prognosefähigkeit indizieren soll, versucht das *Bayesian Information Criterion (BIC)*, das „wahre" Modell zu identifizieren.[982]

---

980 Dabei ist jedoch nicht gesagt, dass alle Verfahren zum gleichen Ergebnis führen.

981 Vgl. AKAIKE, H. (1974).

982 Vgl. KUHA, J. (2004).

Obwohl das *BIC* verwandt ist mit dem *AIC*, unterscheidet es sich dahingehend, dass der Stichprobenumfang in die Kalkulation eingeht und die Anzahl freier Modellparameter stärker bestraft wird als bei dem von Akaike entwickelten Informationskriterium. In beiden Fällen ist ein Modell mit kleinem *AIC* bzw. *BIC* anderen mit höherem Wert vorzuziehen.

Durch die Verwendung eines der genannten Informationskriterien können die Nachteile der „post model selection inference"[983] weitgehend vermieden werden, so dass die Verfahren der Vorwärts-, Rückwärts- oder schrittweisen Selektion zu guten Ergebnissen führen.

Daher folgt die eigene statistische Untersuchung dem Verfahren der Rückwärtselimination unter Anwendung von Akaikes Informationskriterium *AIC*. Ausgangsbasis und Ergebnis dieser Vorgehensweise sind in Tabelle 34 zusammengefasst.

	Modell Iteration 1		**Modell Iteration 11**	
Variable	***Odds Ratio***	**Signifikanz[1]**	***Odds Ratio***	**Signifikanz[1]**
Exit-Erfolg (Schwellenwerte)				
Exit-Typ = *Liquidation*				**
Exit-Typ = *Trade Sale*		**		***
Charakteristika der VCG				
Lead-VCG mit zutreffender Branchenpräferenz (1/0)	1,334			
Lead-VCG mit zutreffender Phasenpräferenz (1/0)	0,428			
Lead-VCG mit zutreffender Regionenpräferenz (1/0)	1,723			
Co-VCG mit zutreffender Branchenpräferenz (1/0)	2,272			
Co-VCG mit zutreffender Regionenpräferenz (1/0)	3,940		**5,504**	*
Lead-VCG-Netzwerkposition (norm. Gradzentralität)	1,032			
Co-VCG-Netzwerkposition (norm. Gradzentralität, Max.)	0,976			
Lead-VCG-Alter: < 5 Jahre	**0,068**	**	**0,129**	**
Lead-VCG-Alter: 5 – < 15 Jahre	**0,114**	*	**0,230**	*
Lead-VCG-Alter: ≥ 15 Jahre	1,000[a]		1,000[a]	
Co-VCG-Alter: < 5 Jahre (Median)	**0,137**	*	**0,225**	*
Co-VCG-Alter: 5 – < 15 Jahre (Median)	**0,223**	*	**0,251**	*
Co-VCG-Alter: ≥ 15 Jahre (Median)	1,000[a]		1,000[a]	
Lead-VCG-Größe: Mitarbeiterzahl (global, je 10 Mitarb.)	**0,960**	°	**0,976**	°
Co-VCG-Größe: Mitarbeiterzahl (global, je 10 Mitarbeiter, Mittelwert)	**1,042**	*	**1,034**	*
Lead-VCG-Typ: Unabhängige, renditeorientierte VCG	**6,077**	*	**4,938**	*
Lead-VCG-Typ: Corporate-VCG	2,125		2,032	
Lead-VCG-Typ: *VC*-Einheiten von Finanzinstituten	**13,323**	°	**10,286**	°
Lead-VCG-Typ: Öffentliche Wagniskapitalgeber	1,000[a]		1,000[a]	
Lead-VCG-Herkunft: Deutschsprachiges Europa	**7,199**	*	**6,860**	*
Lead-VCG-Herkunft: Sonstiges Europa	**16,802**	°	5,817	
Lead-VCG-Herkunft: Nordamerika	1,000[a]		1,000[a]	
Beschaffenheit des Syndikats				
Syndikatsgröße (letzte Finanzierungsrunde, Anzahl VCG)	0,832		**0,854**	°
Syndikat mit CVCG-Beteiligung (1/0)	1,396			
Syndikat mit Beteiligung ausländischer VCG (1/0)	0,517			

[983] Vgl. hierzu weiterführend HJORT, N. L./CLAESKENS, G. (2003, 2007).

Eigenschaften der Beteiligung		
Lebenszyklusphase (erste Finanz.-runde): *Seed/Start-up*	0,472	
Lebenszyklusphase (erste Finanz.-runde): *Early Stage*	0,214	
Lebenszyklusphase (erste Finanz.-runde): *Expansion/ Later Stage*	1,000[a]	
Größe: Mitarbeiterzahl (erste Finanz.-runde, je 10 Mitarb.)	**1,397** **	**1,407** ***
Branche: *Computer & Internet*	0,394	
Branche: *Biotechnology & Medical*	0,458	
Branche: Sonstige	1,000[a]	
Alter (erste Finanzierungsrunde, in Jahren)	**0,636** *	**0,693** *
Kalenderjahr des Exits (2000 = 0)	**2,337** ***	**2,291** ***
Modelldiagnostik		
Stichprobenumfang (N)	132	132
Proportional Odds-Test (Signifikanzniveau)	,188	,167
Likelihood-Ratio-Test (Signifikanzniveau)	,000	,000
Nagelkerke-R^2	,519	,474
Akaike Information Criterion (AIC)	231,3	216,1

Link-Funktion: *Logit*

1. *** p < ,001 ** p < ,01 * p < ,05 ° p < ,1

a. Der entsprechende Regressionskoeffizient ist auf 0 gesetzt worden, weil er überflüssig ist.

Quelle: Eigene Darstellung

Tabelle 34: Ausgangsbasis und endgültige Form des Regressionsmodells „*VC*-Syndizierung"

Die Modellvariante nach dem elften Iterationsschritt weist den niedrigsten *AIC*-Wert auf und bildet damit die Grundlage für die weitere Analyse.

6.2.2 *Prüfung der Modellannahmen*

Dieser Abschnitt eruiert, ob bzw. inwieweit die Anwendungsvoraussetzungen für eine kumulative logistische Regression im vorliegenden Fall erfüllt sind.

Zunächst sollten die unabhängigen Variablen weitgehend frei von Multikollinearität sein. Unterkapitel 5.3 hat sich bereits eingehend mit der Identifikation potentieller linearer Abhängigkeiten beschäftigt. Innerhalb dreier Variablengruppen, den Maßen der Netzwerkzentralität sowie den Indikatoren der VCG- und der Beteiligungsgröße, sind hohe Korrelationen (*VIF* ≥ 20,288, ≥ 16,095 bzw. 9,643) aufgetreten, was jeweils die Selektion eines für die Gruppe repräsentativen Prädiktors und damit den Ausschluss anderer Variabler erfordert hat.[984]

Zudem sollten mittels einer Ausreißerdiagnostik Fälle in der Stichprobe ausgemacht werden, deren Pearson-Residuen[985] die Standardabweichung deutlich überschreiten. Falls keine triftigen sachlogischen Argumente für eine weitere Berücksichtigung dieser

[984] Vgl. hierzu insbesondere Abschnitt 5.3.5.

[985] Die Pearson- bzw. standardisierten Residuen reflektieren jeweils die Diskrepanz zwischen der empirischen Beobachtung und der anhand des Modells geschätzten Wahrscheinlichkeit der Gruppenzugehörigkeit. Hohe Differenzen liefern somit Hinweise auf mögliche Ausreißer. Vgl. BACKHAUS, K. ET AL. (2008), S. 269.

Untersuchungsobjekte sprechen, kann durch einen Ausschluss von Ausreißern die Güte des Modells i. d. R. verbessert werden. Im vorliegenden Fall ist auf die Eliminierung vereinzelter Ausreißer verzichtet worden, da die Beteiligungen überwiegend der Gruppe börsennotierter Unternehmen zuzurechnen sind, die sich nicht selten durch extrem ausgeprägte Eigenschaften auszeichnen. Zudem würde ein solcher Ausschluss den Umfang der ohnehin schon relativ kleinen Fraktion der *IPOs* (N = 16) noch einmal verringern.[986]

Schließlich ist noch die Annahme paralleler Linien zu prüfen, die für alle Ausprägungen der abhängigen Variable parallel verlaufende Regressionslinien der Einflussfaktoren unterstellt. Der entsprechende Test basiert auf einem Vergleich der mit minus zwei multiplizierten *LogLikelihoods* zweier Modelle, von denen das eine Parallelität für alle Gruppen der ordinalen Zielgröße erzwingt (Nullhypothese), während das andere diesbezüglich keine Einschränkungen macht (Allgemein). Wenn das zweite Modell zu keiner deutlichen Verbesserung der Anpassung führt, ist das Testergebnis nicht signifikant, und die Nullhypothese kann nicht verworfen werden.[987] Im umgekehrten Fall verliert das Modell seine Gültigkeit, was entweder Modellmodifikationen oder den Übergang zu einer multinomialen logistischen Regression[988] gebietet.

Test auf parallele Linien [a]

Modell	−2 *Log-Likelihood*	Chi-Quadrat	Freiheitsgrade	Signifikanz
Nullhypothese	184,104			
Allgemein	162,789	21,315	16	,167

Die Nullhypothese besagt, dass die *Location*-Parameter (Steigungskoeffizienten) über alle Antwortkategorien identisch sind.

a. Link-Funktion: *Logit*

Quelle: Eigene Darstellung

Tabelle 35: Test auf parallele Linien für das Regressionsmodell „*VC*-Syndizierung"

Wie Tabelle 35 zu entnehmen ist, kann die Nullhypothese für das vorliegende Modell angesichts eines Signifikanzniveaus von 0,167 (> 0,05) nicht abgelehnt werden, so dass die *Proportional Odds*-Annahme nicht verletzt wird und das Modell Gültigkeit besitzt.

986 Zur Durchführung einer (kumulativen) logistischen Regression sollte die Fallzahl je Ausprägung der abhängigen Variablen den Wert 25 idealerweise nicht unterschreiten.

987 Vgl. NORUSIS, M. J. (2005), S. 74.

988 In der multinomialen logistischen Regression werden separate Koeffizienten für jede Kategorie der unabhängigen Variable geschätzt. Vgl. Ibid., S. 80.

6.2.3 *Beurteilung der Modellgüte*

Nachdem die Anforderungen des ordinalen Regressionsansatzes überprüft worden sind, geht es in den folgenden Abschnitten um eine Evaluation der (Anpassungs-)Güte des Gesamtmodells.

Im Rahmen der Bewertung (kumulativer) logistischer Regressionsmodelle stellt sich die Frage, welchen Beitrag die Gesamtheit der Regressoren zur Trennung der Ausprägungskategorien des Regressanden leistet. Um diese Frage zu beantworten, können verschiedene Gütekriterien zu Rate gezogen werden, die sich drei Gruppen zuweisen lassen:

- Gütemaße auf Basis der *LogLikelihood*-Funktion (6.2.3.1),
- *Pseudo-*R^2-Statistiken (6.2.3.2) und
- Beurteilung der Klassifikationsergebnisse (6.2.3.3).

6.2.3.1 Gütemaße auf Basis der *LogLikelihood*-Funktion

„Der *Likelihood* spiegelt die Wahrscheinlichkeit wider, unter den gegebenen Parameterschätzungen die empirisch erhobenen Beobachtungswerte zu erhalten.“[989] Der −2-fache logarithmierte *Likelihood* - approximativ Chi-Quadrat-verteilt mit (N - J - 1) Freiheitsgraden[990] - wird als Devianz bezeichnet und korrespondiert mit der Fehlerquadratsumme der linearen Regressionsanalyse.

Auf diesen Größen bauen zwei Tests auf, die Anhaltspunkte für die Güte (kumulativer) logistischer Modelle liefern:

- der *Likelihood-Ratio*-Test (1) und
- die Devianzanalyse (2).

(1) Der ***Likelihood-Ratio*-Test** beruht auf dem Vergleich des mit minus zwei multiplizierten *LogLikelihood* des vollständigen Modells mit dem Äquivalent des Modells, das lediglich aus einem konstanten Term besteht, nachdem sämtliche Regressionskoeffizienten der unabhängigen Variablen = 0 gesetzt worden sind. Ist eine kleine (große) absolute Differenz zwischen den Devianzen beider Modelle zu beobachten, tragen die unabhängigen Variablen wenig (maßgeblich) zur Erklärung unterschiedlicher Ausprägungen der abhängigen Variable bei. Die Differenz folgt einer asymptotischen Chi-Quadrat-Verteilung mit J Freiheitsgraden,[991] so dass ein Vergleich der Testgröße mit dem entsprechenden kritischen Wert der Chi-Quadrat-Tabelle Rückschlüsse auf die Signifikanz des Modells erlaubt. Der *Likelihood-Ratio*-Test entspricht dem F-Test der multiplen linearen Regression.[992]

---

[989] BACKHAUS, K. ET AL. (2008), S. 261.

[990] Dabei gibt N den Stichprobenumfang und J die Anzahl der Parameter wieder.

[991] J reflektiert die Zahl der unabhängigen Variablen.

[992] Vgl. BACKHAUS, K. ET AL. (2008), S. 262f.

Informationen zur Modellanpassung

Modell	−2 *Log-Likelihood*	Chi-Quadrat	Freiheitsgrade	Signifikanz
Nur konstanter Term	252,437			
Endgültig	184,104	68,333	16	,000

Link-Funktion: *Logit*

Quelle: Eigene Darstellung

Tabelle 36: *Likelihood-Ratio*-Test des Regressionsmodells „*VC*-Syndizierung"

Tabelle 36 zeigt signifikant verschiedene −2 *LogLikelihood*-Werte für Null- und endgültiges Modell, so dass die Nullhypothese, alle Regressionskoeffizienten sind = 0, verworfen werden kann.

(2) Demgegenüber testet die **Devianzanalyse** die Nullhypothese, dass das Modell eine perfekte Anpassung besitzt. Da zur Berechnung der Devianz die Abweichungen zwischen beobachteten und erwarteten Häufigkeiten herangezogen werden, sind hinreichend große Erwartungswerte in allen Zellen der Matrix erforderlich. Wenn das Modell jedoch Kovariate oder Faktoren mit zahlreichen Kategorien enthält, kann es zu einer Vielzahl leerer Zellen kommen. In solchen Fällen führt die Devianzanalyse zu keinem verlässlichen Ergebnis bezüglich der Modellanpassung.[993] Auch im vorliegenden Regressionsmodell gibt es zahlreiche leere Zellen, so dass auf eine Evaluation anhand der Devianz verzichtet werden muss.

6.2.3.2 *Pseudo-R^2*-Statistiken

In Anlehnung an das Bestimmtheitsmaß R^2 der linearen Regressionsanalyse versuchen die *Pseudo-R^2*-Statistiken „den Anteil der erklärten ‚Variation' [kumulativer] logistische[r] Regressionsmodell[e] zu quantifizieren"[994]. Der Variation in der logistischen Regression liegt jedoch eine andere Definition zugrunde, die im Kern auf das Verhältnis des *(Log)-Likelihood* des Nullmodells und des Vergleichswertes des endgültigen Modells abstellt.

Drei Maße, die in diesem Zusammenhang regelmäßig zum Einsatz kommen, sind *Cox & Snell-R^2*, *Nagelkerke-R^2* sowie *McFadden-R^2*. Sie lassen sich wie folgt berechnen:

- *Cox & Snell-R^2*: $$R^2{}_{CS} = 1 - \left[\frac{L_0}{L_V}\right]^{\frac{2}{N}}$$

- *Nagelkerke-R^2*: $$R^2{}_N = \frac{R^2{}_{CS}}{R^2_{\max}}$$

---

[993] Vgl. NORUSIS, M. J. (2005), S. 78.

[994] BACKHAUS, K. ET AL. (2008), S. 263.

- *McFadden-R²*: $R^2{}_M = 1 - \frac{LL_V}{LL_0}$

Legende: N = Stichprobenumfang
L_0 = *Likelihood* des Nullmodells (ausschließlich mit konstantem Term)
L_V = *Likelihood* des vollständigen Modells
LL_0 = *LogLikelihood* des Nullmodells (ausschließlich mit konstantem Term)
LL_V = *LogLikelihood* des vollständigen Modells
$R^2_{\max} = 1 - (L_0)^{\frac{2}{N}}$

Formelgruppe 11: Berechnungen der *Pseudo-R²*-Statistiken

Geringe Unterschiede zwischen den *(Log)Likelihoods* von vollständigem und Nullmodell führen dazu, dass die Quotienten Werte nahe eins einnehmen und die R^2 damit nahe null liegen. Im Falle großer Diskrepanzen lassen sich (deutlich) höhere R^2 beobachten. Werte ab 0,2 indizieren dabei eine akzeptable und größer 0,4 eine gute Modellanpassung. Für *Nagelkerke-R²* kann ab einem Wert von 0,5 sogar auf einen sehr guten Modellfit geschlossen werden.

Pseudo-R²	
Cox & Snell	,404
Nagelkerke	,474
McFadden	,271

Link-Funktion: *Logit*

Quelle: Eigene Darstellung

Tabelle 37: *Pseudo-R²*-Statistiken des Regressionsmodells „*VC*-Syndizierung"

Wie Tabelle 37 zu entnehmen ist, liegen die *Pseudo-R²*-Werte des ausgewählten Modells im Falle von *Cox & Snell* leicht und von *Nagelkerke* deutlich über 0,4, wohingegen sich *McFadden-R²* auf 0,271 beläuft. Somit attestieren die ersten beiden Gütekriterien eine gute bis fast sehr gute Erklärungskraft des Modells, während das letzte Maß eine eher befriedigende Trennschärfe bescheinigt.

6.2.3.3 Beurteilung der Klassifikationsergebnisse

Als weitere Möglichkeit zur Bewertung der Modellgüte bietet sich ein Vergleich der empirisch beobachteten mit den prognostizierten Gruppenzugehörigkeiten an. Letztere ergeben sich dabei aus den durch die Regressionsgleichung ermittelten Wahrscheinlichkeiten und den determinierten Schwellenwerten für die Zuordnung zu den Variablengruppen. Die sogenannte *Confusion Matrix*[995] trägt die erfassten Zugehörigkeiten (in den Zeilen) gegen die korrespondierenden Schätzwerte (in den Spalten) ab. Demzufolge

[995] Siehe Tabelle 38.

beinhalten die Zellen der Hauptdiagonalen die korrekt zugeordneten Fälle, während die ober- und unterhalb der Diagonalen befindlichen Zellen Fehlklassifikationen enthalten. Das Verhältnis richtig vorhergesagter Exit-Typen zur entsprechenden Summe beobachteter Desinvestitionskanäle wird als Trefferquote bzw. *Hit Rate* bezeichnet.

Klassifikationsmatrix

Beobachteter Exit-Typ der Beteiligung (aggregiert)	Vorhergesagter Exit-Typ der Beteiligung (aggregiert)			
	IPO	***Trade Sale***	**Erfolglose Desinvestition**	**Prozent richtig**
IPO	6	9	1	37,5%
Trade Sale	4	27	14	60,0%
Erfolglose Desinvestition	0	10	61	85,9%
Prozent insgesamt	7,6%	34,8%	57,6%	71,2%

Quelle: Eigene Darstellung

Tabelle 38: Klassifikationsmatrix des Regressionsmodells „*VC*-Syndizierung"

Die Quoten reichen je nach Veräußerungstyp von 37,5% bis 85,9% und belaufen sich im Durchschnitt auf 71,2%. Zur Beurteilung der Gesamtgüte des Modells kann dieser Anteil korrekt klassifizierter Beobachtungen zum einen mit der maximalen und zum anderen mit der proportionalen Zufallswahrscheinlichkeit verglichen werden. Für den ersten Fall ergibt sich – ausgehend von der Verteilung der observierten Fälle auf die drei Exit-Typen – eine Quote von 53,8% (71/132) und für den zweiten Fall eine *Hit Rate* von 42,0%.[996] Dass die Trefferquote des eigenen Modells deutlich über beiden Vergleichswerten liegt, kann somit als weiteres Indiz für die Modellgüte betrachtet werden.[997]

Zur Kreuzvalidierung der Klassifikationsergebnisse soll abschließend noch *Press's Q*-Test durchgeführt werden. Der Prüfwert, der eine Chi-Quadrat-Verteilung mit einem Freiheitsgrad beschreibt, errechnet sich anhand folgender Formel:

---

[996] Letztere errechnet sich als Summe der quadrierten Anteilswerte der Variablenausprägungen an der Gesamtstichprobe. Vgl. BACKHAUS, K. ET AL. (2008), S. 286.

[997] Allerdings wird die Trefferquote tendenziell zu hoch ausgewiesen, wenn ihre Berechnung auf Basis derselben Stichprobe erfolgt, die zuvor zur Schätzung der (kumulativen) logistischen Regressionsfunktion herangezogen worden ist (vgl. MORRISON, D. G. (1969), S. 158). Die Funktion wird nämlich so gewählt, dass die *Hit Rate* der Stichprobe maximiert wird. Ergo sollten andere Stichproben geringere Trefferquoten aufweisen. Optionen zur Vermeidung dieses Stichprobeneffekts werden von BACKHAUS ET AL. (2008) thematisiert (vgl. Ibid., S. 267). In Anbetracht der Tatsache, dass mehrere Tests die Modellgüte bestätigen, wird auf die Anwendung der dort genannten Verfahren verzichtet.

$$Press's\ Q = \frac{[N - (n \times G)]^2}{N \times (G - 1)}$$

Legende: N = Stichprobenumfang
n = Anzahl korrekt klassifizierter Elemente
G = Anzahl der Gruppen

Formel 12: Berechnung von *Press's Q*

Für das Modell resultiert ein *Press's Q* von 85,23, welches deutlich über dem kritischen Wert von 3,84 der Chi-Quadrat-Verteilung mit einem Freiheitsgrad auf einem Signifikanzniveau von 0,05 liegt. Dementsprechend weichen die Zuordnungsergebnisse signifikant von einer zufälligen Verteilung ab.

Nach den zahlreichen positiven Befunden hinsichtlich der Güte des ordinalen Regressionsmodells sollen im nächsten Schritt die Prädiktoren einer eingehenden Untersuchung unterzogen werden.

6.3 Charakteristika der Venture-Capital-Gesellschaften

In diesem Unterkapitel geht es zunächst um die thematisierten Charakteristika der Venture-Capital-Gesellschaften und ihren Einfluss auf den Exit-Erfolg der Portfoliounternehmen. Auf Basis theoretischer Überlegungen und empirischer Ergebnisse sind Hypothesen zu potentiellen Auswirkungen der Spezialisierung engagierter Wagniskapitalgeber[998] und deren Position im VCG-Netzwerk[999] formuliert sowie mögliche Einflüsse sonstiger Eigenschaften benannt worden, die bereits mittels bivariater Analysen auf Zusammenhänge hin untersucht worden sind.[1000] Da bivariate Betrachtungen aber latent Gefahr laufen, „Scheinkorrelationen" aufzudecken, sollen die entsprechenden Befunde im Folgenden anhand einer (multiplen) ordinalen Regressionsanalyse validiert bzw. falsifiziert werden.

6.3.1 *Spezialisierung*

Wie in Abschnitt 3.3.1 ausführlich dargestellt, entscheiden sich *VC*-Gesellschaften bei der Wahl ihrer Anlageschwerpunkte für eine Ausprägungsform zwischen den Extremen einer (engen) Spezialisierung und einer (breiten) Diversifikation. Zentraler Vorteil einer Konzentration auf ausgewählte Branchen, Finanzierungsphasen und/oder Geographien ist eine effektivere Akkumulation von relevantem Wissen und Erfahrungen. Der daraus resultierende Informationsvorsprung kommt den Wagniskapitalgebern (und ihren Portfoliounternehmen) auf verschiedenen Stufen ihres Wertschöpfungsprozesses zugute.

[998] Vgl. hierzu Abschnitt 3.3.1.
[999] Siehe weiterführend Abschnitt 3.3.2.
[1000] Vgl. Abschnitt 5.2.1.

So helfen fundierte Kenntnisse der Marktentwicklung und Wettbewerbsdynamik innerhalb einer Industrie oder das Wissen um Kapital- und Unterstützungsbedarf von Wachstumsunternehmen in bestimmten Lebenszyklusphasen nicht nur während der Investitions-, sondern auch während der *Monitoring*- und Desinvestitionsphase bei der Vorbereitung und Umsetzung wichtiger Entscheidungen.

Demgegenüber sind generalistisch ausgerichtete *VC*-Geber gehalten, etwaige eigene Defizite anderweitig zu kompensieren. Zu diesem Zweck ziehen sie externe Spezialisten aus ihren weitreichenden Kontaktnetzwerken hinzu und versuchen dadurch die Wertschöpfung für sich und ihre Portfoliogesellschaften zu optimieren.

Inwieweit sich diese unterschiedlichen Strategien auf den Beteiligungserfolg auswirken, ist ein Teilaspekt der eigenen Untersuchung. Die Resultate der ordinalen Regression hinsichtlich der drei Spezialisierungsdimensionen von Lead- und Co-Investoren sind in Tabelle 39 abgebildet und werden in den folgenden Absätzen nacheinander thematisiert.

Variable	Modell Iteration 1		Modell Iteration 11	
	Odds Ratio	Signifikanz[1]	*Odds Ratio*	Signifikanz[1]
Lead-VCG mit zutreffender Branchenpräferenz (= 1), sonst (= 0)	1,334			
Lead-VCG mit zutreffender Phasenpräferenz (= 1), sonst (= 0)	0,428			
Lead-VCG mit zutreffender Regionenpräferenz (= 1), sonst (= 0)	1,723			
Co-VCG mit zutreffender Branchenpräferenz (= 1), sonst (= 0)	2,272			
Co-VCG mit zutreffender Regionenpräferenz (= 1), sonst (= 0)	3,940		**5,504**	*

1. *** p < ,001 ** p < ,01 * p < ,05 ° p < ,1

Quelle: Eigene Darstellung

Tabelle 39: *Odds Ratios* der Spezialisierungsschwerpunkte von Lead- und Co-Investoren

Zunächst fällt auf, dass im gültigen Ausgangsmodell keine der Spezialisierungsvariablen einen signifikanten Zusammenhang mit dem Exit-Erfolg aufweist. Ins finale Regressionsmodell geht lediglich die geographische Schwerpunktsetzung der Co-Investoren als signifikanter Prädiktor ein.

(1) Im Hinblick auf die **Branchenspezialisierung** von Lead- und Co-Investoren zeigen sich im Basismodell positive, wenn auch nicht signifikante Effekte eines Engagements von VCG, deren Branchenschwerpunkt mit dem Industriezweig der Beteiligung übereinstimmt. So signalisieren die *Odds Ratios* in Zeile 1 bzw. 4 von Tabelle 39, dass sich das Chancenverhältnis zugunsten einer erfolgreicheren Veräußerung des Portfoliounternehmens ceteris paribus um den Faktor 1,334 bzw. 2,272 erhöht, falls der Lead- bzw. ein Co-Investor eine der Branche des *Ventures* entsprechende Fokussierung vorweisen kann. Wenngleich diese Effektkoeffizienten von jeweils > 1 für einen tendenziell positiven Einfluss auf den Exit-

Erfolg sprechen und insofern Hypothese 1a bzw. 1c zu stützen scheinen, muss angesichts der mangelnden Signifikanz - und damit der Absenz im endgültigen Modell - Hypothese 1b bzw. 1d der Vorzug gegeben werden, die beide keinen maßgeblichen Effekt unterstellen. Damit bestätigen die Regressionsergebnisse die vorläufigen Befunde der Korrelationsanalysen zur weitgehenden Bedeutungslosigkeit einer Branchenspezialisierung seitens des Lead-Investors; zugleich widerlegen sie die ersten Eindrücke eines positiven Zusammenhangs für die Gruppe der Co-Investoren.

Insgesamt kann also festgehalten werden, dass sich die Resultate im Spannungsfeld der formulierten Hypothesen bewegen. Somit kommt die eigene Untersuchung zu vergleichbaren Ergebnissen wie DIMOV/DE CLERCQ (2006), die für eine Branchenspezialisierung von VCG einen negativen, aber nicht signifikanten Effekt auf die Ausfallquote im *VC*-Portfolio konstatieren, und wie HOPP (2006), der ebenfalls keinen signifikanten Einfluss einer Branchenkonzentration auf die Erfolgsquote feststellen kann.[1001]

(2) Was die **Spezialisierung** des Lead-Investors **auf Finanzierungsphasen** anbelangt, lässt sich ein ebenfalls nicht signifikanter, aber anders gerichteter Regressionskoeffizient beobachten, der sich im Ausgangsmodell in eine *Odds Ratio* von 0,428 übersetzt. Demnach scheint eine Übereinstimmung der Phasenpräferenz des Syndikatsinitiators mit der Lebenszyklusphase der Beteiligung zum Zeitpunkt der ersten Finanzierungsrunde zu einer geringeren Erfolgswahrscheinlichkeit zu führen. Auch wenn letztendlich kein maßgeblicher Effekt diagnostiziert werden kann, so fällt doch die tendenziell negative Wirkungsrichtung einer Phasenspezialisierung ins Auge. Eine mögliche Ursache hierfür könnte die Messmethode sein, aufgrund derer innerhalb der Gruppe „Übereinstimmende Phasenpräferenz des Lead-Investors" erwartungsgemäß ein (deutlicher) Bias hin zu VCG mit Frühphasenfokus existiert. Da letztere bei ihren Engagements höhere Ausfallquoten in Kauf nehmen,[1002] wäre zusammen genommen eine negative Assoziation mit dem Exit-Erfolg plausibel. Ob möglicherweise ein unterschwelliger positiver Effekt der Phasenspezialisierung durch das Ausmaß der Verzerrung überlagert wird, ist allerdings nicht nachvollziehbar.

Aus diesen Umständen ergeben sich folgende Schlussfolgerungen: Hypothese 2a über den positiven Einfluss einer zutreffenden Phasenpräferenz von Lead-Investoren ist abzulehnen und These 2b mangels Signifikanz im Gegenzug anzunehmen. Damit erhärtet sich der Verdacht aus den bivariaten Analysen auf Ablehnung beider Hypothesen nicht. Für die Gruppe der Co-Investoren lassen sich aus den ordinalen Regressionen keine belastbaren Aussagen über entsprechende Zusammenhänge ableiten.[1003] Ausgehend von den

[1001] Vgl. DIMOV, D. P./DE CLERCQ, D. (2006), S. 218 und HOPP, C. (2006), S. 11f.

[1002] MANIGART ET AL. (2002a) ermitteln dementsprechend auch deutlich höhere Renditeerwartungen bei Frühphaseninvestitionen. Vgl. ebenda, S. 304.

[1003] Nicht abgebildete Zwischenergebnisse kumulativer *Logit*-Modelle legen zwar gleichgerichtete, nicht signifikante Auswirkungen auf den Exit-Erfolg nahe, doch können diese aufgrund verletzter Voraussetzungen nicht final verwertet werden.

Korrelationsergebnissen[1004] ließe sich jedoch tendenziell eine Ablehnung von Hypothese 2c und damit indirekt die Annahme von These 2d rechtfertigen. Damit sind die eigenen empirischen Befunde wiederum konform mit dem Fazit von HOPP (2006), widersprechen aber den Konklusionen von DE CLERCQ/DIMOV (2003) bzw. DIMOV/DE CLERCQ (2006), die zumindest marginal signifikante positive bzw. negative Auswirkungen auf die Erfolgs- bzw. Ausfallquote des Portfolios feststellen können.[1005] Dabei ist jedoch zu berücksichtigen, dass HOPP (2006) die deutsche *VC*-Branche untersucht, wohingegen DIMOV/DE CLERCQ (2006) ihren Fokus auf den US-amerikanischen *VC*-Markt legen. Insofern lassen sich die unterschiedlichen Resultate zumindest teilweise auf ein verschiedenes Anlageverhalten von Wagniskapitalgebern dies- und jenseits des Atlantiks zurückführen.

(3) Bezüglich der **Regionenpräferenz** ergibt sich ein differenziertes Bild für Lead- und Co-Investoren. Während ein geographischer Anlageschwerpunkt des Lead-Investors in Deutschland zwar der Tendenz nach einen positiven Einfluss auf eine erfolgreiche Veräußerung des Portfoliounternehmens hat, ist der beobachtete Effekt nicht wesentlich, so dass die korrespondierende Variable auch keinen Eingang ins endgültige Modell findet. Demgegenüber attestiert die Regressionsanalyse einer regionalen Fokussierung von Co-Investoren auf Deutschland - wenn nicht im Ausgangs-, so doch im Endmodell - einen signifikanten Einfluss auf den Exit-Erfolg der Beteiligung. Dabei indiziert eine *Odds Ratio* von 5,504, dass sich das Chancenverhältnis zugunsten einer erfolgreicheren Veräußerung um mehr als das Fünffache erhöht, wenn mindestens ein Co-Investor seinen Investitionsschwerpunkt auf den deutschen Markt gelegt hat. Grundsätzlich passt solch ein positiver Effekt räumlicher, sprachlicher und soziokultureller Nähe der beteiligten Syndikatspartner zwar zur theoretischen Argumentation geringerer Transaktionskosten und eines effektiveren Wertschöpfungsbeitrags durch die *VC*-Geber,[1006] doch ist das Ausmaß dieses Effekts unerwartet hoch. Einen Hinweis auf eine mögliche Ursache kann ein Vergleich der prozentualen Exit-Verteilungen von Engagements mit und ohne auf Deutschland konzentrierte Co-Investoren liefern. Tabelle 40 zeigt, dass dieser Einflussfaktor relativ stark zwischen den Desinvestitionskanälen, insbesondere zwischen *Trade Sale* und *IPO*, diskriminiert. Dieser Umstand mag zur herausgehobenen Bedeutung der Variable im ordinalen Regressionsmodell beitragen.

1004 Vgl. hierzu Abschnitt 5.2.1.1.2.

1005 Vgl. DE CLERCQ, D./DIMOV, D. P. (2003); DIMOV, D. P./DE CLERCQ, D. (2006), S. 218; HOPP, C. (2006), S. 11f.

1006 Vgl. SORENSON, O./STUART, T. E. (2001); MASON, C. M./HARRISON, R. T. (2002).

Kreuztabelle:
Exit-Typ (aggregiert) * zutreffende Co-VCG-Regionenpräferenz

	Co-VCG-Regionenpräferenz = Region d. Beteiligung		
Exit-Typ der Beteiligung (aggregiert)	**Ja**	**Nein**	**Gesamt**
IPO	11% (12)	17% (4)	12% (16)
Trade Sale	36% (39)	26% (6)	34% (45)
Erfolglose Desinvestition	53% (58)	57% (13)	54% (71)
Total	100% (109)	100% (23)	100% (132)

Quelle: Eigene Darstellung

Tabelle 40: Verteilung der Exit-Typen in Abhängigkeit von der Co-VCG-Regionenpräferenz

Ein Vergleich dieser Befunde mit dem Zwischenfazit nach den Zusammenhangsanalysen ergibt, dass die zuvor für eine geographische Spezialisierung des Lead- bzw. Einzelinvestors konstatierten Negativeffekte zwar nicht bestätigt werden können,[1007] Hypothese 3a aufgrund der fehlenden Signifikanz des Parameters aber dennoch abzulehnen ist. Die im Rahmen der Korrelationen beobachtete marginal positive Wirkung einer solchen Fokussierung von Co-Investoren erweist sich im endgültigen kumulativen *Logit*-Modell hingegen als einflussreicher Faktor. Damit kann die vorläufige Einschätzung einer Gültigkeit von Hypothese 3b bekräftigt werden. Insgesamt entsprechen die Resultate der vorliegenden Untersuchung nur zum Teil den postulierten Zusammenhängen.

Zum Abschluss kann also festgehalten werden, dass keine der beiden alternativen Anlagestrategien, Spezialisierung oder Diversifikation, hinsichtlich Branchen und Finanzierungsphasen eindeutig überlegen und damit zu bevorzugen ist. Vielmehr scheint es generalistisch ausgerichteten *VC*-Gesellschaften meist zu gelingen, mögliche Nachteile einer fehlenden Konzentration auf ausgewählte Industriezweige oder Lebenszyklusphasen durch temporäre Einbindung externer Spezialisten oder die Rekrutierung von Experten für das Beteiligungsunternehmen zu kompensieren, so dass die Wertschöpfung für ihre Portfoliogesellschaften nicht darunter leidet. In Anbetracht vergleichbarer Resultate auf Beteiligungsebene sollten *VC*-Gesellschaften vorzugsweise eine Diversifikationsstrategie verfolgen, da diese zudem eine Risikoreduzierung auf Portfolioebene mit sich bringt.

Dass Beteiligungen mit mindestens einem auf Deutschland konzentrierten Investor besser abschneiden als andere Investments, stützt die These eines höheren Wertbeitrags durch Syndikate, die einen guten Über- und Einblick in den lokalen Venture-Capital-Markt haben und tendenziell eine räumliche, sprachliche und soziokulturelle Nähe zu ihren Engagements aufweisen.

[1007] Ein *Odds Ratios* von 1,723 (> 1) im Ausgangsmodell deutet nicht auf einen negativen Einfluss hin.

6.3.2 *Position im VCG-Netzwerk*

Die Ausführungen zur Soziales-Netzwerk-Theorie[1008] belegen, dass nachvollziehbare Argumente und empirische Hinweise für eine Erfolgswirkung zentraler Netzwerkpositionen sprechen. Im Venture-Capital-Kontext entstehen unternehmensübergreifende Netzwerke durch die Syndizierung von *VC*-Investitionen und die sich daran anschließende intensive Zusammenarbeit der beteiligten Wagniskapitalgeber. Über diese Netze, die oftmals über das spezifische Engagement hinaus Bestand haben, tauschen die *VC*-Gesellschaften relevante Informationen und erfolgskritische Ressourcen aus,[1009] um dem Risiko, der Intransparenz und Ressourcenknappheit auf dem Venture-Capital-Markt zu begegnen. Allerdings verfolgen *VC*-Financiers verschiedene Syndizierungsstrategien, so dass sich ihre Netzwerke in Umfang und Intensität der Beziehungen (deutlich) unterscheiden. Das aus den individuellen Verflechtungen entstehende Gesamtnetzwerk weist somit eine heterogene Struktur auf, die über zentrale und periphere Bereiche verfügt. Zentrale Netzwerkpositionen verschaffen ihren Inhabern zum einen Zugang zu wichtigen Informationen und Ressourcen und zum anderen eine höhere Reputation und (sozialen) Status. Die daraus resultierenden nachhaltigen Wettbewerbsvorteile[1010] sollten sich in einer besseren *Performance* der *VC*-Investoren und damit in einem überdurchschnittlichen Erfolg ihrer Beteiligungen niederschlagen.

Die folgenden Absätze beschäftigen sich daher mit der Frage, in welchem Maße eine zentrale Position von Lead- bzw. Co-Investoren im VCG-Netzwerk zur Realisierung eines erfolgreichen Exits der Portfoliogesellschaft beiträgt.

Variable	**Modell Iteration 1**		**Modell Iteration 11**	
	Odds Ratio	**Signifikanz¹**	***Odds Ratio***	**Signifikanz¹**
Lead-VCG-Netzwerkposition (normalisierte Gradzentralität)	1,032			
Co-VCG-Netzwerkposition (maximale normalisierte Gradzentralität)	0,976			

1. *** p < ,001 ** p < ,01 * p < ,05 ° p < ,1

Quelle: Eigene Darstellung

Tabelle 41: *Odds Ratios* der Netzwerk-Zentralitäten von Lead- und Co-Investoren

[1008] Vgl. hierzu die Abschnitte 3.1.2 und 3.3.2.

[1009] Darunter fallen auf der Wertschöpfungsstufe der Beteiligungselektion *Deal Flow* und *Due Diligence*, im Segment der Beteiligungsunterstützung Kontakte, Management-Ressourcen und Kapital sowie im Bereich der Beteiligungsveräußerung Kontakte und Prozess-*Know-how*.

[1010] Vgl. hierzu die Einführung in die Ressourcentheorie in Abschnitt 3.1.1.

Tabelle 41 lässt sich entnehmen, dass keiner der beiden Indikatoren von Netzwerkzentralität im Ausgangsmodell ein hinreichend hohes Signifikanzniveau erreicht und beide Prädiktoren während der Iterationsschritte zum finalen Modell eliminiert werden. Unabhängig davon weisen die Regressionskoeffizienten in unterschiedliche Richtungen, was sich an *Odds Ratios* > 1 bzw. < 1 ablesen lässt. Obwohl von diesen Variablen kein maßgeblicher Einfluss ausgeht, sollen sie dennoch etwas näher betrachtet werden.

Im Falle der Lead-Investoren zeigt sich im initialen Modell eine leicht über eins liegende *Odds Ratio* der normierten Gradzentralität[1011]. Eine um 1% höhere normierte Gradzentralität des Lead-Investors würde sich dementsprechend in ein um den Faktor 1,032 erhöhtes Chancenverhältnis zugunsten eines erfolgreicheren Beteiligungsexits übersetzen. Anders verhält es sich im Falle der Co-Investoren, wo ein leicht negativer Regressionskoeffizient (*Odds Ratio* < 1) eine verminderte Wahrscheinlichkeit eines Exit-Erfolgs signalisiert, sollte ein Syndikatspartner besser vernetzt sein. Aufgrund der mangelnden Signifikanz beider Regressionsparameter ist Hypothese 4a jedoch genauso abzulehnen wie These 4b.

Mögliche Ursachen der mangelnden Signifikanz dieser Effekte könnten zum einen in den hohen Korrelationen mit anderen Variablen begründet liegen. So betragen die Assoziationsmaße *Kendalls Tau-b* bzw. *Spearmans Rho* mit der im finalen Modell enthaltenen Größenvariable „Mitarbeiterzahl des Lead-Investors" z. B. 0,496** bzw. 0,657**. Fast identische Werte von 0,492** bzw. 0,659** finden sich für die identischen Zusammenhänge bei Co-Investoren. Demzufolge mag ein Großteil der Informationen einer zentralen Netzwerkposition in der Größenkomponente[1012] enthalten sein. Zum anderen kann eine geringe Diskrepanz zwischen den in der Modellstichprobe vertretenen Lead- und Co-Investoren[1013] zur geringen Bedeutung der beiden Variablen beisteuern.

Alles in allem entspricht das Ergebnis für die Gruppe der Lead- und Einzelinvestoren den vorläufigen Befunden der bivariaten Analysen. Was die Gruppe der Co-Investoren betrifft, scheinen die sich mit zunehmender VCG-Zentralität gegenläufig entwickelnden *IPO*- und *Trade Sale*-Quoten jedoch eine Art „neutralisierenden Effekt" zu haben, so dass schließlich kein positiver Einfluss messbar ist.

Verglichen mit der weiteren Venture-Capital-Literatur kann sich die vorliegende Arbeit also nicht in die Reihe der Untersuchungen von beispielsweise SEPPÄ (2003) oder HOCHBERG ET AL. (2007) einreihen, die für den amerikanischen Markt jeweils positive Auswirkungen zentraler Netzwerkpositionen der engagierten VCG auf den Beteiligungserfolg beobachten.

[1011] Die Gradzentralität bildet den sozialen Einfluss eines Individuums über die Anzahl seiner Kontakte zu anderen Akteuren innerhalb des Netzwerks ab. Im Kontext der eigenen Arbeit beschreibt die normalisierte Gradzentralität die Anzahl der Wagniskapitalgeber, zu denen ein fokaler *VC*-Investor aktive oder kürzlich ausgelaufene Syndizierungsbeziehungen unterhält, im Verhältnis zur maximal möglichen Anzahl von VCG-Kontakten.

[1012] Vgl. hierzu auch die Abschnitte 5.3.1 und 6.3.3.

[1013] Vgl. Abbildung 32 und die diesbezüglichen Erläuterungen in Abschnitt 5.2.1.2.

Als abschließendes Resümee kann demnach gezogen werden, dass jene *Venture Capitalists*, die zentrale Positionen im betrachteten VCG-Netzwerk besetzen, tendenziell nicht in der Lage sind, daraus resultierende Wettbewerbsvorteile in einen überdurchschnittlichen Erfolg ihrer Beteiligungen umzumünzen.

Insofern sind auch die Soziales-Netzwerk- und Soziales-Kapital-Theorien[1014] wenig geeignet, *Performance*-Unterschiede zwischen den Beteiligungen der in Deutschland aktiven Venture-Capital-Gesellschaften zu erklären.

6.3.3 *VCG-Alter und -Ressourcen*

Alter (1) und Ressourcen (2) der involvierten Wagniskapitalgeber werden in der Venture-Capital-Literatur vielfach als potentielle Einflussfaktoren des Erfolgs betrachtet und daher in viele Untersuchungen als Kontrollvariable einbezogen - so auch hier.

(1) Wie in Abschnitt 3.3.3 dargelegt, belegen mehrere Arbeiten einen (in)direkten positiven Zusammenhang zwischen dem Alter einer VCG und deren Erfolg. Die Begründungen fallen aber nicht immer einheitlich aus. So unterstellen manche Verfasser eine größere Erfahrung und höhere Reputation älterer *Venture Capitalists*. Andere Autoren vermuten Erfahrungskurveneffekte und Skalenvorteile als latente Erfolgstreiber hinter dem VCG-Alter, während wiederum andere eine derartige Korrelation auf die umfangreicheren Kontaktnetzwerke etablierter *VC*-Financiers zurückführen. Ungeachtet einer direkten oder indirekten Wirkungsweise kann jedoch festgehalten werden, dass eine gute *Performance* von Wagniskapitalgebern eine Historie erfolgreicher Beteiligungsveräußerungen voraussetzt.

(2) Vor dem Hintergrund der Ressourcentheorie hat Abschnitt 3.3.3 außerdem Argumente für einen positiven Zusammenhang zwischen essentiellen Ressourcen einer *VC*-Gesellschaft - Kapital und *Investment Professionals* - und deren Erfolg geliefert. Ähnlich wie mit dem VCG-Alter werden auch mit der Ressourcenausstattung weitere Erfolgsfaktoren assoziiert. Während die finanziellen Mittel eines *VC*-Gebers (*Capital under Management*) als Indikator für dessen *Track Record*, Reputation und Erfahrung betrachtet werden, reflektieren die personellen Ressourcen (Mitarbeiterstärke bzw. Anzahl der *Investment Professionals*) neben der Erfahrung auch Expertise und *Value Added* einer Managementgesellschaft. Dass die Ressourcenstärke oder -schwäche eines *Venture Capitalists* dabei nicht nur die eigenen, sondern auch die Erfolgsaussichten seiner Beteiligungen beeinflusst, erscheint plausibel.

Im Anschluss soll nun der Frage nachgegangen werden, inwieweit Alter und Ressourcen der Wagniskapitalgeber mit dem Exit-Erfolg ihrer Portfoliogesellschaften zusammenfallen.

[1014] Vgl. hierzu vertiefend die Abschnitte 3.1.2 und 3.1.3.

Variable	Modell Iteration 1		Modell Iteration 11	
	Odds Ratio	Signifikanz[1]	*Odds Ratio*	Signifikanz[1]
Lead-VCG-Alter: < 5 Jahre	**0,068**	**	**0,129**	**
Lead-VCG-Alter: 5 – < 15 Jahre	**0,114**	*	**0,230**	*
Lead-VCG-Alter: ≥ 15 Jahre	1,000[a]		1,000[a]	
Co-VCG-Alter: < 5 Jahre	**0,137**	*	**0,225**	*
Co-VCG-Alter: 5 – < 15 Jahre	**0,223**	*	**0,251**	*
Co-VCG-Alter: ≥ 15 Jahre	1,000[a]		1,000[a]	
Lead-VCG-Größe: Mitarbeiterzahl (global, je 10 Mitarbeiter)	**0,960**	°	**0,976**	°
Co-VCG-Größe: Ø-liche Mitarbeiterzahl (global, je 10 Mitarbeiter)	**1,042**	*	**1,034**	*

1. *** p < ,001 ** p < ,01 * p < ,05 ° p < ,1

a. Der entsprechende Regressionskoeffizient ist auf 0 gesetzt worden, weil er überflüssig ist.

Quelle: Eigene Darstellung

Tabelle 42: *Odds Ratios* des Alters und der Ressourcen von Lead- und Co-Investoren

Sämtliche Parameterschätzungen der Alters- und Ressourcenvariablen von Lead- und Co-Investoren sind nicht nur im Ausgangs-, sondern auch im endgültigen Modell signifikant, wenn auch auf unterschiedlichen Niveaus.

(1) Im Hinblick auf das **VCG-Alter** zeigen sich sowohl bei Lead-, als auch bei Co-Investoren vergleichbare Differenzen zwischen den drei aggregierten Alterskategorien. Werden die *Odds Ratios* im finalen Modell so transformiert, dass die mittlere Alterskategorie die Referenzgruppe bildet, lassen sich nachstehende Aussagen treffen.

Wird eine Venture-Capital-Finanzierung statt von einem 5 bis < 15 Jahre alten Lead-Investor von einem Financier mit noch größerer Erfahrung und höherer Reputation (≥ 15 Jahre) vorgenommen, verbessert sich das Chancenverhältnis zugunsten einer erfolgreicheren Beteiligungsveräußerung um den Faktor 4,353[1015]. Der entsprechende Multiplikator für das Quotenverhältnis bei einer Investition seitens einer weniger erfahrenen Lead-VCG (< 5 Jahre) beläuft sich auf 0,564. Demzufolge besteht ein deutlicher positiver Zusammenhang zwischen dem Alter bzw. der Erfahrung des Lead-Investors und dem Exit-Erfolg der Portfoliogesellschaft. Bezug nehmend auf die durchgeführten Sensitivitätsanalysen kann die Aussage dahingehend präzisiert werden, dass sich die Wahrscheinlichkeit für einen *Trade Sale* um 12 Prozentpunkte und die für ein *IPO* sogar um ganze 17 Prozentpunkte erhöht, wenn das Syndikat ceteris paribus von einem (sehr) erfahrenen Wagniskapitalgeber angeführt wird. Im Gegenzug liegen die entsprechenden Chancen auf eine Übernahme um 11 Prozentpunkte und die auf ein Börsendebüt um 3 Prozentpunkte niedriger, steht ein noch junger *Venture Capitalist* (< 5 Jahre) an der Spitze des Konsortiums.

Die transformierten *Odds Ratios* für die Alterskategorien der Co-Investoren zeigen an, dass sich das Quotenverhältnis für eine erfolgreichere Desinvestition mit dem Multiplikator 3,977

[1015] Dieser Wert errechnet sich als Quotient aus 1,000 und 0,230.

verbessert, wenn der zentrale Co-Investor (Median) bereits seit mindestens 15 Jahren aktiv ist. Gehört der zentrale Syndikatspartner hingegen zur Gruppe noch junger VCG (< 5 Jahre), ist das korrespondierende Chancenverhältnis um den Faktor 0,897 niedriger. Dementsprechend fallen die Effekte für Co-Investoren analog, wenn auch ein wenig schwächer aus als im Falle der Lead-Investoren. Dies kann inhaltlich mit der herausgehobenen Bedeutung des Lead-Investors für die Wertschöpfung im gemeinsamen Engagement begründet werden und formal mit dem Bezug auf den jeweils zentralen Co-Investor (Median). Auch die Sensitivitätsanalysen kommen zu ähnlichen Ergebnissen, nach denen die Wahrscheinlichkeit einer Akquisition um 13 Prozentpunkte und die eines Börsengangs um 16 Prozentpunkte steigt, sollte der zentrale Co-Investor nicht nur über 5 bis unter 15 Jahre, sondern über mindestens 15 Jahre Erfahrung verfügen. Demgegenüber sinken die Wahrscheinlichkeiten auf erfolgreichere Beteiligungsexits nur marginal (≤ 2 Prozentpunkte), falls überwiegend junge Co-Investoren involviert sind.

Damit belegen die Ergebnisse der Regressionsanalysen tendenziell[1016] bzw. exakt die Befunde der bivariaten Untersuchungen hinsichtlich der Erfolgswirkung des Alters von Lead- bzw. Co-Investoren. Darüber hinaus stimmen die Resultate mit den Schlussfolgerungen anderer Autoren überein. So resümiert beispielsweise SØRENSEN (2007), dass erfahrenere VCG ihre Portfoliounternehmen häufiger an die Börse bringen als ihre jüngeren Wettbewerber.[1017] NAHATA (2008) ermittelt signifikante Altersunterschiede zwischen Lead-Investoren, deren Investments einen erfolgreichen Exit realisieren konnten, und ihren jüngeren Konkurrenten, denen dies nicht gelungen ist.[1018]

(2) Was die **Ressourcenausstattung der VCG** betrifft, lassen sich nur marginale, aber entgegengesetzte Effekte der Lead- und Co-VCG-Größe auf die Erfolgsquoten ihrer Investments feststellen.

So signalisiert die *Odds Ratio* für die globale Mitarbeiterzahl des Lead-Investors, dass sich das Chancenverhältnis zugunsten eines *Trade Sale* bzw. *IPO* mit dem Faktor 0,976 verschlechtert, wenn ein Wagniskapitalgeber mit zehn Beschäftigten mehr die Führungsrolle übernimmt. Darüber hinaus besagt die Bilanz der Sensitivitätsanalysen, dass sich die Wahrscheinlichkeit einer *Liquidation* um nicht einmal 1 Prozentpunkt erhöht, ist ein entsprechend größerer Lead-Investor im Spiel, und vice versa. Wenn auch nur marginal und kaum signifikant, so verwundert doch die Richtung der Korrelation. Da diese mit den angeführten Theorien nicht zu erklären ist, kann über mögliche Ursachen nur spekuliert werden.

Anders sieht es im Falle der Co-Investoren aus, wo ein Effektkoeffizient von 1,034 auf einen leicht positiven Zusammenhang zwischen Ressourcenstärke der Syndikatspartner und Exit-Erfolg der Beteiligung hindeutet. Die Sensitivitätsanalysen enthüllen auch hier nur sehr

---

[1016] Hierbei ist jedoch zu berücksichtigen, dass sich die Auswertungen in Abbildung 33 (links) auch auf Einzelinvestoren beziehen.

[1017] Vgl. ebenda, S. 2725ff.

[1018] Vgl. NAHATA, R. (2008), S. 12.

geringe Veränderungen der Eintrittswahrscheinlichkeiten von jeweils < 1 Prozentpunkt. Die sich abzeichnende positive Assoziation ist aber erwartungskonform und bestätigt die Thesen der Ressourcentheorie.

Demgegenüber kann HOPP (2006) für den Schweizer Venture-Capital-Markt keinen Zusammenhang zwischen der Erfolgsquote und den verwendeten Indikatoren der VCG-Größe - Anzahl realisierter Investitionen, *Capital under Management* oder Investitionsvolumen - nachweisen.[1019]

Zusammenfassend kann festgehalten werden, dass ein Engagement etablierter (älterer) Wagniskapitalgeber maßgeblich zu einer Verbesserung der Exit-Perspektiven der betroffenen Beteiligungen beiträgt. Dieser Zusammenhang lässt sich insbesondere dann nachweisen, wenn dem *VC*-Syndikat Finanzinvestoren angehören, die ein Mindestalter von 15 Jahren haben und folglich über umfangreiche Erfahrung sowie eine hohe Reputation verfügen. Darüber hinaus beeinflussen die Ressourcen der *VC*-Geber den Erfolg ihrer Portfoliogesellschaften. Dabei scheint es aber nur wenigen *VC*-Managementgesellschaften zu gelingen, ihre kumulierte Expertise und größeren Wertschöpfungspotentiale, die aus umfangreicheren personellen Ressourcen erwachsen (sollten), in einen überdurchschnittlichen Erfolg ihrer Beteiligungen zu transformieren. Eine differenzierte Aussage zu den Effekten einer besseren Kapitalausstattung lässt sich nicht treffen, da infolge hoher Korrelationen nur eine Größenvariable, nämlich die (globale) Mitarbeiterzahl, im Modell verblieben ist.

6.3.4 *VCG-Typ und -Herkunft*

Auch Typ (1) und Herkunft (2) der engagierten *VC*-Financiers werden im Venture-Capital-Kontext (zuweilen) als Kontrollvariable berücksichtigt. Aufgrund möglicher Zusammenhänge mit dem Beteiligungserfolg sind beide Charakteristika auch in das vorliegende Regressionsmodell aufgenommen worden. Während sie für Lead-Investoren einzeln als Prädiktoren eingehen, werden sie für die Gruppe der Co-Investoren kollektiv über die beiden Regressoren der Syndikatskonstellation abgebildet.

Wie aus Abschnitt 3.3.4 hervorgeht, stellt der VCG-Typ (1) ein wesentliches Merkmal zur Differenzierung von Wagniskapitalgebern dar. Zwischen den Vertretern der vier Kategorien lassen sich nämlich gravierende Unterschiede im Hinblick auf ihre Ziele, Struktur, Ressourcen und Wertschöpfung beobachten. Demzufolge fallen auch die Erfolgsquoten in den einzelnen Gruppen ungleich hoch aus. Dabei ist anzunehmen, dass unabhängige, renditeorientierte *VC*-Geber aufgrund ihrer rein monetären Zielsetzung mindestens genauso gut abschneiden wie Corporate-VCG bzw. *VC*-Einheiten von Finanzinstituten, die auch strategische Interessen ihrer Kapitalgeber verfolgen, und besser als öffentliche Wagniskapitalgeber, die primär entwicklungspolitischen Zielen verpflichtet sind.

[1019] Vgl. HOPP, C. (2006), S. 11f.

Darüber hinaus lassen sich die in Deutschland aktiven *Venture Capitalists* nach ihrer Herkunft (2) voneinander abgrenzen. Da ausländische *VC*-Investoren u. a. auf anderen (Unternehmens-)Kulturen, *Governance*-Strukturen und Historien aufsetzen, kann davon ausgegangen werden, dass sich auch Abweichungen im *Performance*-Bereich feststellen lassen.

Ob bzw. in welchem Umfang Korrelationen mit dem Exit-Erfolg der Beteiligungen auftreten, ist Gegenstand der folgenden Absätze.

Variable	Modell Iteration 1		Modell Iteration 11	
	Odds Ratio	Signifikanz[1]	*Odds Ratio*	Signifikanz[1]
Lead-VCG-Typ: Unabhängige, renditeorientierte VCG	**6,077**	*	**4,938**	*
Lead-VCG-Typ: Corporate-VCG	2,125		2,032	
Lead-VCG-Typ: *VC*-Einheiten von Finanzinstituten	**13,323**	°	**10,286**	°
Lead-VCG-Typ: Öffentliche Wagniskapitalgeber	1,000[a]		1,000[a]	
Lead-VCG-Herkunft: Deutschsprachiges Europa	**7,199**	*	**6,860**	*
Lead-VCG-Herkunft: Sonstiges Europa	**16,802**	°	5,817	
Lead-VCG-Herkunft: Nordamerika	1,000[a]		1,000[a]	

1. *** p < ,001 ** p < ,01 * p < ,05 ° p < ,1

a. Der entsprechende Regressionskoeffizient ist auf 0 gesetzt worden, weil er überflüssig ist.

Quelle: Eigene Darstellung

Tabelle 43: *Odds Ratios* des Typs und der Herkunft von Lead-Investoren

(1) Für die einzelnen **Lead-VCG-Typen** lassen sich teils nicht, teils marginal und teils signifikante Parameterschätzungen beobachten. Zur besseren Interpretation der Koeffizienten wird die am stärksten vertretene Fraktion der unabhängigen, renditeorientierten VCG als neue Referenzkategorie festgelegt und eine entsprechend Umrechnung der *Odds Ratios* vorgenommen.

Danach liegt das Chancenverhältnis für eine erfolgreiche Beteiligungsveräußerung um den Faktor 0,411 niedriger, wenn der Syndikatsführer nicht zur Gruppe der unabhängigen, sondern zu den Corporate-VCG gehört. Auch Portfoliounternehmen mit einem öffentlichen Wagniskapitalgeber in der Führungsrolle müssen mit einem um den Multiplikator 0,202 reduzierten Quotenverhältnis und somit schlechteren Exit-Perspektiven rechnen. Anders gestaltet sich das Bild bei den *VC*-Einheiten von Finanzinstituten. Ihr Engagement als Lead-Investor übersetzt sich in eine *Odds Ratio* von 2,083, was ein doppelt so hohes Chancenverhältnis zugunsten eines *Trade Sale* bzw. *IPO* impliziert wie im Referenzfall. Auch hier geben die Sensitivitätsanalysen Aufschluss über die relative Bedeutung der Parameter für die drei Exit-Wahrscheinlichkeiten. So erhöht sich die Wahrscheinlichkeit einer *Liquidation* um ganze 21 bzw. gar 35 Prozentpunkte, wenn dem Syndikat ceteris paribus eine CVCG bzw. eine öffentliche Beteiligungsgesellschaft vorsteht. Demgegenüber sind die Chancen auf eine Akquisition um 11 Prozentpunkte und die auf einen Börsengang um 6 Prozentpunkte größer, geht die Initiative von einer bankenabhängigen *VC*-Einheit aus.

Damit belegen die Ergebnisse der Regressionsanalyse erwartungsgemäß einen Zusammenhang zwischen VCG-Typ und Exit-Erfolg. Nicht erwartungskonform sind hingegen die ausnehmend starke *Performance* der VCG von Finanzinstituten und das eher schwache Abschneiden von CVCG. Denn im Rahmen der bivariaten Untersuchungen sind die bankenzugehörigen Wagniskapitalgeber - verglichen mit den unabhängigen VCG - noch durch schlechtere Resultate aufgefallen, während CVCG insbesondere durch einen hohen Anteil an *Trade Sales* überzeugen konnten. Ursache dieser Verschiebungen scheint eine deutlich positivere bzw. leicht negativere Exit-Verteilung für die Gruppe der FI-VCG bzw. der CVCG in der reduzierten Modellstichprobe zu sein, was eine komparative Betrachtung mit der Gesamtstichprobe zeigt. Nicht nur aufgrund der größeren Fallzahlen für beide VCG-Typen sollte den Befunden der bivariaten Analysen in diesem Fall eine größere Bedeutung beigemessen werden. Darüber hinaus sprechen nämlich auch Arbeiten anderer Verfasser für eine tendenziell überlegene Wertschöpfung seitens Corporate-VCG und einen eher unterdurchschnittlichen Beitrag bankenabhängiger *VC*-Einheiten.[1020]

(2) Auch die Parameterschätzungen des Prädiktors **Lead-VCG-Herkunft** sind nur zum Teil signifikant. In der weiteren Diskussion wird erneut auf transformierte *Odds Ratios* Bezug genommen, die auf die häufigste Kategorie „Deutschsprachiges Europa" referenzieren.

Die Effektkoeffizienten für die regionale Herkunft der Lead-Investoren indizieren, dass sich das Quotenverhältnis für eine erfolgreichere Desinvestition um den Faktor 0,848 verschlechtert, sollte anstelle eines deutschsprachigen Financiers ein Wagniskapitalgeber aus dem sonstigen europäischen Ausland das *VC*-Konsortium anführen. Handelt es sich bei dem Lead-Investor indessen um eine Beteiligungsgesellschaft mit Unternehmenssitz in Nordamerika, reduziert sich das entsprechende Chancenverhältnis sogar um den Faktor 0,146. Den Sensitivitätsanalysen zufolge verringert sich die Eintrittswahrscheinlichkeit eines *Trade Sale* um nur 3 Prozentpunkte und die eines *IPO* um nicht einmal 1 Prozentpunkt, wenn der Initiator des Syndikats aus dem nicht- deutschsprachigen Europa stammt. Im Falle eines nordamerikanischen Lead-Investors hingegen schnellt die Wahrscheinlichkeit für eine *Liquidation* um 40 Prozentpunkte drastisch in die Höhe.

Das beobachtete *Performance*-Gefälle zwischen deutschsprachigen, sonstigen europäischen und nordamerikanischen *VC*-Gebern weicht damit von den Ergebnissen der bivariaten Untersuchungen ab. Danach müssten Venture-Capital-Firmen aus dem sonstigen Europa die Liste vor ihren deutschsprachigen und nordamerikanischen Konkurrenten anführen. Wie im Falle der VCG-Typen äußern sich die Differenzen zwischen Modell- und Gesamtstichprobe in dieser Dimension in Verzerrungen. Daher sollten die Resultate der Regressionsanalyse an dieser Stelle nicht überbewertet werden. Ferner sprechen neben den zitierten bivariaten Betrachtungen weitere Kreuztabellierungen alternativer Teilgesamtheiten für eine überlegene Exit-Erfolgsquote von *VC*-Investoren aus dem sonstigen europäischen Ausland. Für diesen Umstand lassen sich außerdem Parallelen in der

---

[1020] Vgl. MAULA, M. V. J. (2001), S. 40; HELLMANN, T. ET AL. (2003), S. 1f.; BOTTAZZI, L. ET AL. (2008), S. 508.

deutschen Venture-Capital-Literatur finden: So kommt TYKVOVÁ/WALZ (2004) in ihrer Arbeit zu dem Schluss, dass sich Beteiligungen internationaler VCG durch eine signifikant bessere *Performance* auszeichnen als ihre Wettbewerber mit nationalen Investoren.[1021]

6.3.5 *Fazit*

Resümierend bleibt festzuhalten, dass die (Charakteristika der) Wagniskapitalgeber für den Erfolg ihrer Portfoliogesellschaften eine bedeutende Rolle spielen.

Denn die vorliegende Untersuchung bestätigt andere Beiträge der Venture-Capital-Forschung dahingehend, dass sowohl Erfahrung und Reputation[1022] der engagierten Lead- und Co-Investoren als auch Ressourcen und Zielsetzung[1023] der führenden VCG den Erfolg der Beteiligungen maßgeblich beeinflussen.

Hinsichtlich der betrachteten Anlageschwerpunkte von *Venture Capitalists* lässt sich konstatieren, dass die regionale Ausrichtung mindestens eines Co-Investors auf den deutschen Venture-Capital-Markt den Erfolg einer in Deutschland ansässigen Portfoliogesellschaft begünstigt. Demgegenüber trägt die schwerpunktmäßige Ausrichtung involvierter Wagniskapitalgeber auf die Branche oder Finanzierungsphase eines Investments in der Regel nicht wesentlich zur Verbesserung von dessen Exit-Perspektiven bei.

Auch von den Positionen der Lead- und Co-Investoren im VCG-Netzwerk scheint nicht die erwartete positive Erfolgswirkung auszugehen; allerdings ist nicht auszuschließen, dass ein möglicher latenter Netzwerkeffekt durch die hoch korrelierte signifikante VCG-Größenvariable abgebildet wird.

Demzufolge sind Gründer junger Wachstumsunternehmen bei der Suche nach Wagniskapital ebenso wie *VC*-Investment-Manager bei gemeinsamen Finanzierungen tendenziell gut beraten, sich an sehr erfahrene bzw. renommierte Venture-Capital-Gesellschaften zu halten, die zur Gruppe unabhängiger renditeorientierter Investoren zählen und europäischer Herkunft sind.

Dem bisherigen Anlageverhalten der VCG als einem Indikator für deren akkumuliertes Wissen und *Know-how* bezüglich Branchen und Finanzierungsphasen sollte dabei aber keine allzu große Bedeutung beigemessen werden. Denn anscheinend sind spezialisierte wie generalistisch ausgerichtete Lead- und Co-Investoren in der Lage, etwaige eigene Defizite anderweitig zu kompensieren, beispielsweise durch temporäres Hinzuziehen externer Experten oder durch Rekrutierung entsprechender Fachkräfte für das Beteiligungsunternehmen.

Auch auf die Position der Wagniskapitalgeber im deutschen VCG-Netzwerk sollte bei der Auswahl von *VC*-Financiers nicht zu viel Wert gelegt werden, denn mögliche Vorteile

[1021] Vgl. TYKVOVÁ, T./WALZ, U. (2004), S. 23.

[1022] Approximativ gemessen am Alter der Managementgesellschaft.

[1023] Indirekt erfasst über den VCG-Typ.

daraus schlagen sich nicht nachweislich in einer besseren *Performance* der Portfoliogesellschaften nieder.

Aus diesen Befunden lässt sich zudem folgern, dass die Ressourcentheorie besser geeignet ist als die Soziales-Netzwerk-Theorie, um Erfolgsunterschiede zwischen den Beteiligungen in Deutschland aktiver *VC*-Gesellschaften zu erklären.

6.4 Beschaffenheit des Syndikats

Im folgenden Unterkapitel stehen strukturelle Aspekte des Venture-Capital-Konsortiums und dessen Einfluss auf den Exit-Erfolg im Mittelpunkt des Interesses. Ausgehend von theoretischen Überlegungen und empirischen Befunden sind Hypothesen über mögliche Effekte der Syndikatsgröße, einer komplementären Zusammensetzung der VCG-Typen sowie der Inter-/Nationalität des Syndikats aufgestellt worden,[1024] die bereits sämtlich mit bivariaten Analysen auf ihre Erfolgsassoziation hin untersucht worden sind.[1025] In Anbetracht der Schwächen bivariater Betrachtungen und deren vorläufiger Befunde sind die Prädiktoren zudem in eine multiple ordinale Regressionsanalyse einbezogen worden. Nachfolgend sollen nun die Untersuchungsergebnisse vorgestellt und ins Verhältnis zu den bisherigen Erkenntnissen gesetzt werden.

6.4.1 *Syndikatsgröße*

Wie in Abschnitt 3.4.1 dargelegt, gibt es gute Argumente für einen Zusammenhang zwischen der Anzahl beteiligter Wagniskapitalgeber und der Entwicklung ihrer Investments. Auf der einen Seite proklamiert die Ressourcentheorie[1026] eine positive Korrelation, da eine größere Zahl von VCG eine bessere Informations- und Ressourcenversorgung der Portfoliogesellschaft sicherstellen kann. Dadurch verbessern sich wiederum Wettbewerbsposition, Zukunftsaussichten und Exit-Chancen des Wachstumsunternehmens. Auf der anderen Seite liefern die *Principal-Agent*-Theorie[1027] und Erkenntnisse aus gruppendynamischen Beobachtungen Erklärungsansätze für einen negativen Zusammenhang. So entstehen innerhalb komplexerer Syndikatsstrukturen zum einen höhere Koordinationskosten, die sich angesichts der limitierten Managementkapazitäten von VCG nachteilig auf die effektive Betreuung der Beteiligungen auswirken. Zum anderen können gruppendynamische Aspekte wie die geringere Wahrscheinlichkeit einer *Escalation of Commitment* oder der im Team reduzierte individuelle Arbeitseinsatz, das sogenannte *Social Loafing*, ein schlechteres Abschneiden von Portfoliounternehmen begünstigen.

Auf die Frage, ob schließlich positive oder negative Effekte dominieren, soll die ordinale Regressionsanalyse eine Antwort liefern, deren Ergebnisse nachfolgend besprochen werden.

[1024] Vgl. Unterkapitel 3.4.

[1025] Vgl. hierzu Abschnitt 5.2.2.

[1026] Vgl. Abschnitt 3.1.1.

[1027] Siehe weiterführend Abschnitt 3.1.6.

Variable	Modell Iteration 1		Modell Iteration 11	
	Odds Ratio	Signifikanz[1]	*Odds Ratio*	Signifikanz[1]
Syndikatsgröße (letzte Finanzierungsrunde, Anzahl VCG)	0,832		**0,854**	°

1. *** p < ,001 ** p < ,01 * p < ,05 ° p < ,1

Quelle: Eigene Darstellung

Tabelle 44: *Odds Ratios* der Syndikatsgröße

Tabelle 44 offenbart, dass die Anzahl der Syndikatspartner zum Zeitpunkt der letzten Finanzierungsrunde einen negativen Effekt hat, der zwar nicht im Ausgangs-, aber im endgültigen Modell marginal signifikant ist.

Die *Odds Ratio* im finalen Modell impliziert, dass das Chancenverhältnis zugunsten eines erfolgreicheren Beteiligungsexits mit dem Faktor 0,854 abnimmt. Basierend auf den durchgeführten Sensitivitätsanalysen kann die Aussage zum Einfluss der Syndikatsgröße auf den Exit-Erfolg folgendermaßen präzisiert werden: Ausgehend von einem mittleren Syndikatsumfang von 4,0 *VC*-Gebern[1028] führt das Hinzuziehen eines weiteren Investors ceteris paribus zu einer Verringerung der *Trade Sale*-Wahrscheinlichkeit um 3 Prozentpunkte und der *IPO*-Aussichten um 1 Prozentpunkt und vice versa. Demzufolge scheinen die Nachteile höherer *Agency Costs* und negativer Gruppendynamik größerer Syndikate die zu erwartenden Vorteile einer besseren Ressourcenversorgung zu überwiegen. Das gleichzeitige Wirken dieser widerstrebenden Kräfte erklärt wohl auch den in Summe eher klein ausfallenden (Netto-)Effekt.

Vor diesem Hintergrund ist von den beiden konkurrierenden Hypothesen 5a zu verwerfen und stattdessen 5b anzunehmen. Hypothese 5c ist im Rahmen der Modellbildung nicht untersucht worden. Im Zuge der bivariaten Analyse konnte ein U- bzw. J-förmiger Zusammenhang zwischen Syndikatsgröße und Exit-Erfolg der Beteiligung diagnostiziert werden, der vorläufig als tendenziell positiver Effekt interpretiert wurde, so dass Hypothese 5b vorübergehend abgelehnt und These 5a angenommen worden ist. Da die (kumulative) logistische Regression monotone Wirkungsrichtungen der Prädiktoren unterstellt, kann sie einen wechselnden Einfluss (U- bzw. J-förmiger Verlauf) einzelner Variabler nicht abbilden. Daher mag der „wahre" Effekt der Syndikatsgröße „dazwischen" liegen. Präzisere Aussagen diesbezüglich würden jedoch zusätzlicher Analysen bedürfen, die den Rahmen der vorliegenden Arbeit sprengen würden. Im Hinblick auf Hypothese 5c kann nur das Resultat der bivariaten Untersuchungen wiederholt werden, nach dem es ein deutliches *Performance*-Gefälle gibt zwischen Venture-Capital-Engagements, die über die Beteiligungsdauer hinweg eine wachsende Zahl von Wagniskapitalgebern für sich gewinnen konnten, und solchen, denen dies nicht gelungen ist.

[1028] Dieser Wert entspricht dem arithmetischen Mittel der den Modellberechnungen zugrunde liegenden Stichprobe.

Somit kann festgehalten werden, dass auf der einen Seite ambivalente Befunde hinsichtlich der Validität der konkurrierenden Hypothesen 5a und 5b vorliegen und auf der anderen Seite die durchgeführten Untersuchungen eine Gültigkeit von These 5c nahelegen. Außerdem konnten Indizien präsentiert werden, die für syndizierte *VC*-Engagements höhere Quoten erfolgreicher Desinvestitionen belegen als für Einzelinvestments.[1029]

In Bezug auf den letzten Punkt stimmen die hier vorliegenden Ergebnisse mit den Schlussfolgerungen der Arbeiten von BRANDER ET AL. (2002), AUDRETSCH/ LEHMANN (2004) und HOPP/RIEDER (2006) überein, die alle ein erfolgreicheres Abschneiden gemeinschaftlich finanzierter Portfoliounternehmen bestätigen.[1030]

Als Fazit lässt sich somit ziehen, dass eine *VC*-Syndizierung grundsätzlich sinnvoll erscheint, verbessert ein kollektiver Einsatz mehrerer Wagniskapitalgeber doch die Exit-Perspektiven der gemeinsamen Engagements. Eine Ausweitung des Investorenkreises im Laufe der Finanzierung wirkt sich tendenziell positiv auf die Entwicklung junger Wachstumsunternehmen aus, was mit einer kritischen Prüfung, neuen Impulsen und ergänzenden Ressourcen seitens der hinzustoßenden VCG zusammenhängen mag. Dabei werden mit zunehmender Anzahl an Investoren die anfänglichen Vorteile einer besseren Informations- und Ressourcenversorgung der Portfoliogesellschaft jedoch recht bald durch einen höheren Koordinationsaufwand komplexerer Syndikatsstrukturen und negative gruppendynamische Effekte aufgezehrt, so dass insgesamt ein negativer Zusammenhang dominiert.

6.4.2 *Konstellation der im Syndikat vertretenen VCG-Typen*

Die Ausführungen in Abschnitt 3.4.2 haben gezeigt, dass die Zusammensetzung der Investorengruppe hinsichtlich der darin vertretenen VCG-Typen einen Einfluss auf den Beteiligungserfolg hat. Die Argumentation beruht auf den Unterschieden zwischen den VCG-Typen, die sich in teils abweichenden Zielsetzungen der jeweils maßgebenden Finanzinvestoren sowie in individuell verschiedenen Ressourcenausstattungen manifestieren und damit das spezifische Wertschöpfungspotential des Wagniskapitalgebers bestimmen. Schließen sich nun Vertreter unterschiedlicher VCG-Typen zu einem Syndikat zusammen, um dem gemeinsamen Portfoliounternehmen ihre (komplementären) Ressourcen zur Verfügung zu stellen, sollte sich dies positiv auf die Erfolgsaussichten der Beteiligung auswirken. Insbesondere Kooperationen von unabhängigen und Corporate-VCG haben sich in der Vergangenheit mehrfach als vielversprechend erwiesen, da sich die jeweils verfügbaren Ressourcen gut ergänzen.

Inwieweit diese Beobachtung auch auf die Beteiligungsfälle des eigenen Datensatzes zutrifft, soll in den nachstehenden Absätzen eruiert werden.

[1029] Vgl. hierzu Abbildung 35.

[1030] Vgl. BRANDER, J. A. ET AL. (2002), S. 449f.; AUDRETSCH, D. B./LEHMANN, E. E. (2004); HOPP, C./RIEDER, F. (2006), S. 40.

Variable	Modell Iteration 1		Modell Iteration 11	
	Odds Ratio	Signifikanz[1]	*Odds Ratio*	Signifikanz[1]
Syndikat mit CVCG-Beteiligung (= 1), sonst (= 0)	1,396			

1. *** p < ,001 ** p < ,01 * p < ,05 ° p < ,1

Quelle: Eigene Darstellung

Tabelle 45: *Odds Ratio* der Einbindung von CVCG ins Syndikat

Wie Tabelle 45 zu entnehmen ist, ist die *Odds Ratio* im Ausgangsmodell nicht signifikant und der Prädiktor im finalen Modell nicht mehr enthalten.

Der Effektkoeffizient von 1,396 (> 1) signalisiert eine leicht positive Assoziation mit der abhängigen Variable, was eine leicht höhere Exit-Erfolgswahrscheinlichkeit für Engagements bedeutet, die von unabhängigen und Corporate-VCG gemeinsam finanziert werden. Mangels Signifikanz kann diese Aussage jedoch bestenfalls als Tendenz gewertet werden, und die zugehörige Hypothese 6 ist zu verwerfen. Interessant ist in diesem Zusammenhang, dass CVCG als Lead-Investoren hingegen weniger erfolgreich - gemessen am Exit-Erfolg ihrer Beteiligungen - abschneiden als unabhängige oder FI-VCG.

Ergo bewegen sich die Resultate der Regressionsanalyse im Rahmen der vorläufigen Befunde aus den bivariaten Untersuchungen, nach denen die Beurteilung vorteilhafter Syndikatskonstellationen abhängig vom gewählten Erfolgsmaß unterschiedlich ausfällt. Trotz einiger Hinweise auf eine positive Erfolgswirkung konnte Hypothese 6 zwischenzeitlich nur nicht abgelehnt werden.

Insgesamt reichen die Indizien der vorliegenden Untersuchung damit nicht aus, um die Ergebnisse der Arbeiten von MAULA (2001), MAULA/MURRAY (2001) und HEGE ET AL. (2006) zu bestätigen, die alle eine bessere *Performance* syndizierter *VC*-Investments unter Beteiligung von Corporate-VCG festgestellt haben.[1031]

6.4.3 *Inter-/Nationalität des Syndikats*

Dieser Abschnitt baut auf Sektion 3.4.3 auf und befasst sich mit dem unterstellten Zusammenhang zwischen der Präsenz internationaler Wagniskapitalgeber im *VC*-Syndikat und dem Exit-Erfolg der Portfoliogesellschaft. Im theoretischen Teil der vorliegenden Arbeit sind Argumente angeführt worden, die einerseits für positive und andererseits für negative Effekte grenzüberschreitender Co-Investitionen auf die Beteiligungsperformance sprechen. Vorteile einer internationalen *VC*-Syndizierung resultieren gemäß der Ressourcen- und Soziales-Kapital-Theorie[1032] aus dem Beitrag, den ein ausländischer *Venture Capitalist* zur Expansion des Wachstumsunternehmens leisten kann, wenn er seine marktspezifischen

[1031] Vgl. MAULA, M. V. J. (2001), S. 167ff.; MAULA, M. V. J./MURRAY, G. (2001), S. 180f.; HEGE, U. ET AL. (2006), S. 2.

[1032] Vgl. weiterführend die Abschnitte 3.1.1 und 3.1.3.

Informationen, Ressourcen und Kontakte einbringt.[1033] Nachteile erwachsen im Gegenzug aus den signifikant höheren Transaktionskosten[1034] für Interaktionen zwischen Beteiligung und Wagniskapitalgebern sowie innerhalb der Investorengruppe. In Anbetracht begrenzter Managementkapazitäten ist anzunehmen, dass Frequenz und/oder Intensität der Interaktionen darunter leiden, wodurch sich auch der Wertschöpfungsbeitrag des *VC*-Konsortiums verringern kann.

Ob der Gesamteffekt letztendlich positiv oder negativ ausfällt, soll im weiteren Verlauf dieses Kapitels untersucht werden.

Variable	Modell Iteration 1		Modell Iteration 11	
	Odds Ratio	Signifikanz¹	*Odds Ratio*	Signifikanz¹
Syndikat mit Beteiligung ausländischer VCG (= 1), sonst (= 0)	0,517			

1. *** p < ,001 ** p < ,01 * p < ,05 ° p < ,1

Quelle: Eigene Darstellung

Tabelle 46: *Odds Ratio* der Präsenz deutscher VCG im Syndikat

Auch der negative Regressionskoeffizient dieses Syndikatsparameters erweist sich im Ausgangsmodell als nicht signifikant und fehlt im finalen Modell ganz.

Die *Odds Ratio* von 0,517 deutet für sich genommen auf eine geringere Wahrscheinlichkeit eines erfolgreicheren Beteiligungsexits hin, wenn ausländische *VC*-Investoren involviert sind. Dementsprechend scheinen die negativen Auswirkungen höherer Transaktionskosten zu überwiegen. Doch wie zuvor kann solch eine Aussage im Falle mangelnder Signifikanz nur mit äußerster Vorsicht gemacht werden.

Dass sich diese Beobachtung mit den Regressionsergebnissen zur Herkunft des Lead-Investors deckt, nach denen *VC*-Geber aus dem deutschsprachigen Europa ihren deutschen Beteiligungen zu erfolgreicheren Exits verhelfen als ihre Konkurrenten aus dem sonstigen Europa oder Nordamerika, ist nicht überraschend, zumal die Nationalität des Lead-Investors auch die Klassifikation des Syndikats beeinflusst.

Aufgrund fehlender Signifikanz müssen beide konkurrierenden Hypothesen 7a und 7b verworfen werden, wenngleich eine leichte Tendenz zur Annahme von Hypothese 7a besteht.

[1033] Damit diese positiven Effekte eintreten, muss jedoch eine Kongruenz zwischen der Heimatregion der ausländischen VCG und den Zielmärkten des Investments bestehen (*Good Market Fit*).

[1034] Diese werden primär verursacht durch die mit geographischer Entfernung steigenden Transferkosten und zum anderen durch zusätzlich erforderliche Maßnahmen zur Überwindung kulturell und sprachlich bedingter Kommunikationsschwierigkeiten.

Demgegenüber sind die diesbezüglichen Korrelationsanalysen zu dem Fazit gelangt, dass ein Hinzuziehen ausländischer *VC*-Gesellschaften eine - gemessen an der Veräußerungsmethode - eher positive Erfolgswirkung hat.

Zusammenfassend kann festgehalten werden, dass die ambivalenten Indizien hinsichtlich der Inter-/Nationalität des Syndikats den Autor in der Ablehnung beider Hypothesen bestärken. Somit bestätigt die vorliegende Arbeit indirekt die Ergebnisse von MÄKELÄ (2004), dessen Forschungsbeitrag sowohl signifikant höhere Transaktionskosten, als auch *Endorsement Benefits* grenzüberschreitender Co-Investitionen belegt.[1035]

6.4.4 *Fazit*

Aus den voranstehenden Erläuterungen wird deutlich, dass die Beschaffenheit eines *VC*-Syndikats für den Erfolg der Portfoliogesellschaften von untergeordneter Bedeutung ist.

Lediglich die Syndikatsgröße beeinflusst den Erfolg der Beteiligungen maßgeblich. Dabei besteht jedoch kein einfacher linearer Zusammenhang; vielmehr scheint der marginale Erfolgsbeitrag jedes weiteren *VC*-Gebers zunächst positiv, dann aber negativ zu sein. Wie in Abschnitt 6.4.1 unterstellt, leisten somit sowohl die Ressourcentheorie als auch die *Principal-Agent*-Theorie wesentliche Beiträge zur Erklärung des Beteiligungserfolgs in Abhängigkeit von der *VC*-Syndikatsgröße.

Im Hinblick auf die im Syndikat vertretenen VCG-Typen kann konstatiert werden, dass die Partizipation einer Corporate-VCG als Co-Investor den Erfolg einer Portfoliogesellschaft der Tendenz nach begünstigt, wenn auch nicht in signifikanter Weise.

Was die Inter-/Nationalität des *VC*-Syndikats anbelangt, so hat sich herausgestellt, dass ein Engagement ausländischer Wagniskapitalgeber dem Exit-Erfolg der jeweiligen Portfoliogesellschaft eher abträglich ist. Allerdings handelt es sich auch bei dieser Aussage um einen statistisch nicht gesicherten Zusammenhang.

Insofern sollten sich *VC*-Financiers in bestehenden Syndikatsstrukturen bei der Beschaffung von zusätzlichem *Venture Capital* genau überlegen, ob bzw. in welchem Umfang und um welche Wagniskapitalgeber sie den vorhandenen Investorenkreis erweitern.

6.5 Eigenschaften der Beteiligung

Das folgende Unterkapitel rückt abschließend relevante Merkmale der Wachstumsunternehmen und ihre Zusammenhänge mit dem Exit-Erfolg in den Fokus. Im *VC*-Kontext haben sich vier Eigenschaften von Start-ups als wesentliche Indikatoren der mit einer Investition verbundenen Unsicherheit herauskristallisiert. Dazu zählen neben der Lebenszyklusphase und Größe[1036] die Branche[1037] des Unternehmens sowie dessen Alter[1038] zum Finanzierungs-

---

[1035] Vgl. MÄKELÄ, M. M. (2004), S. 37.

[1036] Vgl. hierzu Abschnitt 3.5.1.

[1037] Näheres hierzu findet sich in Abschnitt 3.5.2.

zeitpunkt. Nachdem die für die ersten drei Variablen formulierten Hypothesen bereits bivariaten Untersuchungen unterzogen worden sind, sollen die Zwischenergebnisse nun mit multivariaten statistischen Methoden auf ihre Gültigkeit hin überprüft werden. Zuletzt wird noch auf die Kontrollvariable des Veräußerungszeitpunkts eingegangen.

6.5.1 *Lebenszyklusphase und Größe*

Abschnitt 3.5.1 hat als Ursache bestehender Unsicherheiten eines Wachstumsunternehmens die „Bürde der Kleinheit" identifiziert, die eine negative Korrelation von Unternehmensgröße zum Gründungszeitpunkt und Ausfallquote beschreibt. Demnach leiden kleinere Unternehmen gegenüber ihren größeren Altersgenossen unter Größen-, Kosten- und anderen Wettbewerbsnachteilen, die sich in einer geringeren Überlebenswahrscheinlichkeit niederschlagen. Zugleich scheint es aber auch einen negativen Zusammenhang zwischen der Entwicklungsphase von Portfoliogesellschaften und deren Ausfallrisiko zu geben. Begründet wird diese Assoziation mit den beachtlichen Unsicherheiten in frühen Lebenszyklusphasen, die mit fortschreitender Entwicklung abnehmen.

Die folgenden Absätze sollen klären, ob und in welchem Maße sich die erwarteten Effekte an der eigenen Stichprobe nachvollziehen lassen.

Variable	Modell Iteration 1		Modell Iteration 11	
	Odds Ratio	Signifikanz[1]	*Odds Ratio*	Signifikanz[1]
Lebenszyklusphase (erste Finanzierungsrunde): *Seed/Start-up*	0,472			
Lebenszyklusphase (erste Finanzierungsrunde): *Early Stage*	0,214			
Lebenszyklusphase (erste Finanzierungsrunde): *Expansion/Later Stage*	1,000[a]			
Größe: Mitarbeiterzahl (erste Finanzierungsrunde, je 10 Mitarbeiter)	**1,397**	**	**1,407**	***

1. *** p < ,001   ** p < ,01   * p < ,05   ° p < ,1

a. Der entsprechende Regressionskoeffizient ist auf 0 gesetzt worden, weil er überflüssig ist.

Quelle: Eigene Darstellung

Tabelle 47: *Odds Ratios* von Lebenszyklusphase und Größe der Beteiligung

Wie aus Tabelle 47 ersichtlich hat die *Odds Ratio* des Indikators der Beteiligungsgröße in beiden Modellen einen vergleichbaren Wert > 1, wobei im Basismodell ein Signifikanzniveau von 0,01 und im Endmodell sogar von 0,001 vorliegt. Demgegenüber sind die Parameterschätzungen für die Lebenszyklusphasen von Portfoliogesellschaften im Ausgangsmodell nicht signifikant und im endgültigen Modell nicht mehr vertreten.

[1038] Vgl. weiterführend Abschnitt 3.5.3.

Der Effektkoeffizient der Mitarbeiterzahl im finalen Modell offenbart also einen positiven Zusammenhang zwischen der **Unternehmensgröße** zum Zeitpunkt der Erstinvestition und dem Exit-Erfolg. Präziser formuliert lässt sich für eine Beteiligung mit einer um zehn Mitarbeiter größeren Belegschaft ceteris paribus ein um den Faktor 1,407 verbessertes Chancenverhältnis zugunsten einer erfolgreicheren Veräußerung ableiten. Bezug nehmend auf die Sensitivitätsanalysen kann die Aussage zudem dahingehend konkretisiert werden, dass ein Portfoliounternehmen mit acht Beschäftigten zum Zeitpunkt der ersten Finanzierungsrunde im Vergleich zu einem *VC*-Investment mittlerer Größe (d. h. 18 Mitarbeiter) eine um 9 Prozentpunkte höhere Liquidationswahrscheinlichkeit aufweist. Diese Beobachtung bestätigt somit Hypothese 9 und belegt die „Bürde der Kleinheit".

Trotz fehlender Signifikanz im Ausgangsmodell soll die Variable **Lebenszyklusphase** etwas näher betrachtet werden. Die *Odds Ratios* der Kategorien *Seed/Start-up* von 0,472 bzw. *Early Stage* von 0,214 – jeweils im Verhältnis zur Referenzkategorie *Expansion/Later Stage* – indizieren eine prinzipiell positive Korrelation von Entwicklungsfortschritt und Exit-Erfolg einer Beteiligung. So ist beispielsweise das Quotenverhältnis zugunsten eines *Trade Sale* bzw. *IPO* um den Faktor 0,472 geringer, wenn die Erstinvestition im *Seed/Start-up*-Stadium erfolgt, als im Falle einer Finanzierung während der *Expansion/Later Stage*-Phase. Etwas überraschend ist jedoch, dass die Portfoliounternehmen der *Early-Stage*-Kategorie schlechter abschneiden als ihre weniger weit entwickelten Konkurrenten. Dieser Umstand ließe sich ggf. dadurch erklären, dass ein sehr frühzeitiges Engagement von VCG die richtige Weichenstellung für eine positive Entwicklung von Start-ups ermöglicht. Ungeachtet der grundsätzlich zutreffenden Wirkungsrichtung muss Hypothese 8 mangels Signifikanz verworfen werden.

Insofern bestätigen die Ergebnisse der Regressionsanalysen in vollem Umfang die vorläufigen Befunde der bivariaten Untersuchungen. Danach haben analoge Beobachtungen für eine positive Assoziation der Größe mit dem Exit-Erfolg gesprochen, während für die Lebenszyklusphase kein eindeutig linearer Zusammenhang festgestellt werden konnte.

6.5.2 *Branche*

In Abschnitt 3.5.2 ist auf die Technologie-, Industrie- und Marktrisiken hingewiesen worden, denen sich junge Wachstumsunternehmen gegenüber sehen, und die deren Erfolgsaussichten beeinflussen. Dabei fallen die spezifischen Risiken für ein Start-up prinzipiell umso größer aus, je höher Innovationsgrad, Technologieniveau und Wettbewerbsintensität des jeweiligen Geschäftsbereichs sind.

Inwieweit sich die Branchenzugehörigkeit der Portfoliounternehmen in unterschiedlich hohen Ausfallraten niederschlägt, ist Gegenstand der folgenden Absätze.

Variable	Modell Iteration 1		Modell Iteration 11	
	Odds Ratio	Signifikanz[1]	*Odds Ratio*	Signifikanz[1]
Branche: *Computer & Internet*	0,394			
Branche: *Biotechnology & Medical*	0,458			
Branche: Sonstige	1,000[a]			

1. *** p < ,001 ** p < ,01 * p < ,05 ° p < ,1

a. Der entsprechende Regressionskoeffizient ist auf 0 gesetzt worden, weil er überflüssig ist.

Quelle: Eigene Darstellung

Tabelle 48: *Odds Ratios* der Branchenzugehörigkeit des Wachstumsunternehmens

Die Parameterschätzungen für die unabhängige Variable der Beteiligungsbranche sind im Ausgangsmodell leicht außerhalb des Signifikanzbereichs und in der finalen Version nicht enthalten.

Im Ausgangsmodell liegen die *Odds Ratios* der Kategorien *Computer & Internet* sowie *Biotechnology & Medical* verglichen mit der Referenzgruppe Sonstiger jeweils unter eins. Das heißt, das Quotenverhältnis zugunsten einer erfolgreicheren Desinvestition ist für *VC*-Engagements der risikoträchtigeren Industriezweige *Computer & Internet*[1039] um den Faktor 0,394 und *Biotechnology & Medical* um den Multiplikator 0,458 niedriger. Die Ausfallquoten im medizinischen Bereich liegen damit deutlich über dem Industriedurchschnitt, aber weniger hoch als in den IT-nahen Segmenten. Demzufolge gibt es eine Tendenz, nach der junge Wachstumsunternehmen aus Branchen mit höheren spezifischen Risiken eine geringere Überlebenswahrscheinlichkeit haben. Insgesamt liegen schwache Indizien für eine Gültigkeit von Hypothese 10 vor, die ein Verwerfen der Nullhypothese allerdings nicht rechtfertigen können.

Wenngleich die Resultate der Regressionsanalyse mit den Befunden der bivariaten Betrachtungen inhaltlich übereinstimmen, so scheitert die Beibehaltung von Hypothese 10 doch an der mangelnden Signifikanz der Differenzen im Ausgangsmodell.

Damit kann die vorliegende Arbeit die Ergebnisse des Beitrags von HOPP/RIEDER (2006) bestätigen, die in ihrer Untersuchung ebenfalls keinen signifikanten Einfluss der Industriezugehörigkeit auf das Beteiligungswachstum (Umsatz und Mitarbeiterzahl) verzeichnen können.[1040] Und auch ein Vergleich mit dem Paper von BRANDER ET AL. (2002) ist interessant, zumal die Verfasser bei ihrer Analyse der Beteiligungsrenditen kanadischer VCG im Großen und Ganzen keine signifikanten branchenspezifischen Unterschiede feststellen können – die einzige Ausnahme mit durchgängig höheren Renditen bildet die Computer-Industrie. Die bessere *Performance* ließe sich dadurch erklären, dass der

[1039] Die Computer-Industrie wird von BYGRAVE (1987) als Stellvertreter für risikoreiche Branchen gewählt (vgl. Ibid., S. 149) und auch DIMOV/DE CLERCQ (2006) nennen diesen Industriezweig explizit als Beispiel für ein Segment mit höheren Insolvenzquoten (vgl. ebenda, S. 214).

[1040] Vgl. ebenda, S. 38f.

Betrachtungszeitraum von 1992 bis Q1 1998 reicht, während dessen sich ein maßgeblicher Teil des Aufschwungs der Computer- und Internetbranche vollzogen hat.[1041]

6.5.3 *Alter*

Wie in Abschnitt 3.5.3 erläutert, haben junge Start-ups die „Bürde der Neuheit" zu tragen. Eine nicht existente bzw. nur sehr kurze Unternehmenshistorie bedingt fehlende bzw. nur spärliche Referenzen, anhand derer sich (potentielle) *Stakeholder* ein Urteil über das Unternehmen bilden können. Skepsis und verhaltenes Agieren seitens Lieferanten, Fachkräften, Kunden und Kapitalgebern mögen eine solide Geschäftsentwicklung jedoch be- oder sogar verhindern, was sich nicht zuletzt an höheren Ausfallquoten junger Gesellschaften zeigt. Mit zunehmendem Alter eines Wachstumsunternehmens werden Informationsdefizite und Unsicherheiten dann abgebaut - die „Bürde der Neuheit" wird leichter - und die Erfolgsaussichten verbessern sich, was abnehmende Liquidationsraten belegen.

Aufgrund seiner Bedeutung ist das Alter der Beteiligung auch als Prädiktor im kumulativen *Logit*-Modell berücksichtigt worden. Die nachstehenden Absätze schildern die Resultate.

Variable	**Modell Iteration 1**		**Modell Iteration 11**	
	Odds Ratio	**Signifikanz[1]**	***Odds Ratio***	**Signifikanz[1]**
Alter (erste Finanzierungsrunde, in Jahren)	**0,636**	*	**0,693**	*

1. *** p < ,001 ** p < ,01 * p < ,05 ° p < ,1

Quelle: Eigene Darstellung

Tabelle 49: *Odds Ratios* des Alters der Beteiligung

Der negative Regressionskoeffizient der Variable Beteiligungsalter ist sowohl im Ausgangs- als auch im endgültigen Modell signifikant auf dem 5%-Niveau.

Die korrespondierende *Odds Ratio* im finalen Regressionsmodell kann dahingehend interpretiert werden, dass sich die *Odds* zugunsten einer erfolgreicheren Desinvestition mit zunehmendem Alter um den Faktor 0,693 verringern. Bezug nehmend auf die Sensitivitätsanalysen lässt sich zudem folgende Aussage treffen: Die Wahrscheinlichkeit eines *Trade Sale* steigt um 6 Prozentpunkte und die eines *IPO* um 3 Prozentpunkte, wenn eine Beteiligung ceteris paribus zum Zeitpunkt der Erstinvestition nicht wie der Durchschnitt der Modellstichprobe seit eineindrittel Jahren, sondern erst seit einem drittel Jahr existiert. Damit scheinen die höheren Unsicherheiten und Risiken jüngerer Unternehmen durch eine frühzeitigere Investition und Einflussnahme von *VC*-Gesellschaften (über-)kompensiert zu werden.

[1041] Vgl. BRANDER, J. A. ET AL. (2002), S. 437, 442ff.

Ein Vergleich mit den Ergebnissen der Korrelationsanalyse bestätigt diese Beobachtung.[1042] Allerdings verzeichnen auch *VC*-Engagements mit einem Alter von über zwei Jahren höhere Exit-Erfolgsquoten, was der These einer abnehmenden „Bürde der Neuheit" entspricht. Da die logistische Regression aber nur monotone Einflüsse abbilden kann, wird einer der beiden Effekte zwangsläufig „ausgeblendet". Insofern scheint die gewählte statistische Methode in diesem Fall nicht die „ganze Wahrheit" wiedergeben zu können.

6.5.4 *Veräußerungszeitpunkt*

Wie die gesamte Volkswirtschaft Konjunkturzyklen unterliegt, so folgt auch der Markt für Unternehmensbeteiligungen und insbesondere das *IPO*-Segment einem (stark) zyklischen Muster.[1043] Demnach können sich die Exit-Perspektiven eines Unternehmens ceteris paribus zu verschiedenen Zeitpunkten vollkommen unterschiedlich darstellen. Um diese Schwankungen für den Betrachtungszeitraum der eigenen Untersuchungen (2000 bis 2007)[1044] zu erfassen, ist das Jahr der Desinvestition als Prädiktor in das ordinale Regressionsmodell eingeflossen. Der Effekt dieser Kontrollvariable soll im Folgenden analysiert werden.

Variable	Modell Iteration 1		Modell Iteration 11	
	Odds Ratio	Signifikanz[1]	*Odds Ratio*	Signifikanz[1]
Kalenderjahr des Exits (2000 = 0)	2,337	***	2,291	***

1. *** p < ,001 ** p < ,01 * p < ,05 ° p < ,1

Quelle: Eigene Darstellung

Tabelle 50: *Odds Ratios* des Veräußerungszeitpunkts des Portfoliounternehmens

Die *Odds Ratio* des Veräußerungszeitpunkts ist sowohl im Basis- als auch im finalen Modell nicht nur sehr hoch, sondern auch hochsignifikant. Dabei signalisiert der Effektkoeffizient in der endgültigen Version, dass sich das Chancenverhältnis zugunsten eines *Trade Sale* bzw. eines *IPO* ceteris paribus mit jedem Jahr um den Faktor 2,291 verbessert hat. Im Hinblick auf die Sensitivitätsanalysen lässt sich die Aussage dahingehend konkretisieren, dass vom mittleren Desinvestitionszeitpunkt der Modellstichprobe, dem Kalenderjahr 2004, zum Jahr 2005 die Wahrscheinlichkeit für eine Akquisition um 11 Prozentpunkte und für einen Börsengang um 7 Prozentpunkte gestiegen ist. Die entsprechenden Werte zum Vorjahr 2003 belaufen sich auf −16 Prozentpunkte für einen *Trade Sale* und −4 Prozentpunkte für ein *IPO*.

[1042] Vgl. Abbildung 41 und die diesbezüglichen Erläuterungen.

[1043] Vgl. hierzu vertiefend die Arbeiten von IBBOTSON, R. G./JAFFEE, J. F. (1975), S. 1027; RITTER, J. R. (1984), S. 238f.; GOMPERS, P. A./LERNER, J. (2004), S. 355ff.

[1044] Vgl. die Zahl der Beteiligungsexits gemäß der aggregierten BVK-Statistiken in Abbildung 21.

Somit reflektiert die positive Steigung des Regressionskoeffizienten erwartungsgemäß die graduelle Erholung des Marktes für Unternehmensbeteiligungen bzw. der Finanzmärkte im Allgemeinen nach dem Platzen der *Dotcom-Blase*.[1045]

6.5.5 *Fazit*

Abschließend kann festgehalten werden, dass die (Eigenschaften der) Beteiligung für den Exit-Erfolg eine wesentliche Rolle spielen.

Dabei belegen die Forschungsergebnisse, dass die Entwicklungsperspektiven junger Wachstumsunternehmen mit wenigen Mitarbeitern im Allgemeinen schlechter sind als die Aussichten ihrer größeren Pendants. Dieser Umstand lässt sich somit als Beleg der „Bürde der Kleinheit" werten.

Im Hinblick auf die „Bürde der Neuheit" scheinen sich die Erwartungen hingegen nicht bzw. nur eingeschränkt zu bestätigen. Denn einerseits zeigt sich eine negative Assoziation des Alters mit dem Exit-Erfolg. Andererseits stützen die höheren Erfolgsquoten von Beteiligungen mit einem Alter von über zwei Jahren wiederum die These einer „Bürde der Neuheit".[1046] Ein ähnlich differenziertes Bild ergibt sich für die Lebenszyklusphasen, wonach die Exit-Perspektiven für *Early Stage*-Investitionen schlechter sind als für Engagements aus der vorgelagerten *Seed/Start-up*-Phase oder der sich anschließenden *Expansion/Later Stage*.

Darüber hinaus bestätigt der eigene Forschungsbeitrag andere Arbeiten aus dem Venture-Capital-Bereich dahingehend, dass die Zugehörigkeit von Portfoliounternehmen zu risikoreicheren Branchen nicht zu signifikant höheren Ausfallraten führt, wenngleich eine Tendenz in diese Richtung besteht.

Ein nicht zu unterschätzender Faktor ist dagegen der Zeitpunkt der Desinvestition. Mit dem konjunkturellen Zyklus schwanken nämlich auch Interesse und Zahlungsbereitschaft von potentiellen strategischen oder Finanzinvestoren und damit die Exit-Perspektiven der Beteiligungen.

Demzufolge sollte *VC*-Investment-Managern bewusst sein, dass kleinere und tendenziell auch jüngere Wachstumsunternehmen ein höheres Ausfallrisiko bergen als ihre größeren etablierten Peers. Allerdings lassen Indizien die Vermutung zu, dass ein früheres Engagement von Wagniskapitalgebern den Erfolg von Portfoliogesellschaften wiederum positiv beeinflussen kann.

Des Weiteren sollten *VC*-Manager branchenspezifische Risiken möglicher Portfoliokandidaten abwägen, aber nicht überbewerten.

[1045] Dass dieser Erholungseffekt im Modell relativ deutlich ausfällt, hängt nicht zuletzt damit zusammen, dass die Phase von 2000 bis 2002 in der Stichprobe unter- und der Zeitraum von 2003 bis 2006 eher überrepräsentiert sind.

[1046] Vgl. hierzu die bivariaten Analysen in Abschnitt 5.2.3.3.

Besondere Aufmerksamkeit sollte hingegen das Exit-Management erfahren. Denn durch ein gutes Exit-Timing, welches die Dynamik der Exit-Kanäle für die Beteiligungsveräußerung nutzt, lassen sich die Erfolgsaussichten von Portfoliounternehmen deutlich verbessern.

6.6 Ergebnisüberblick und Schlussfolgerungen

Abschließend werden die im Rahmen der multivariaten Analysen gewonnenen Erkenntnisse noch einmal zusammenfassend dargestellt und weitergehende Schlussfolgerungen gezogen. Dabei geht es um die Aussagekraft sowohl der drei Bildungsblöcke als auch des Forschungsmodells in seiner Gesamtheit.

6.6.1 *Übergreifende Aussagen des Forschungsmodells*

Zur übersichtlichen Aufbereitung der Resultate greift Tabelle 51 die Struktur des Forschungsmodells auf und bildet die Effekte von Einflussfaktoren und Kontrollvariablen auf den Beteiligungserfolg der endgültigen Modellversion entsprechend ab.

	Exit-Erfolg
Prädiktor	**Effekt**
Charakteristika der VCG	
Lead-VCG mit zutreffender Branchenpräferenz	
Lead-VCG mit zutreffender Phasenpräferenz	
Lead-VCG mit zutreffender Regionenpräferenz	
Co-VCG mit zutreffender Branchenpräferenz	
Co-VCG mit zutreffender Regionenpräferenz	+*
Lead-VCG-Netzwerkposition	
Co-VCG-Netzwerkposition	
Lead-VCG-Alter	+**/*
Co-VCG-Alter	+*
Lead-VCG-Größe: Mitarbeiterzahl	–°
Co-VCG-Größe: Ø-liche Mitarbeiterzahl	+*
Lead-VCG-Typ: Unabhängige, renditeorientierte VCG	+*
Lead-VCG-Typ: Corporate-VCG	
Lead-VCG-Typ: *VC*-Einheiten von Finanzinstituten	+°
Lead-VCG-Typ: Öffentliche Wagniskapitalgeber	o
Lead-VCG-Herkunft: Deutschsprachiges Europa	+*
Lead-VCG-Herkunft: Sonstiges Europa	
Lead-VCG-Herkunft: Nordamerika	o
Beschaffenheit des Syndikats	
Syndikatsgröße	–°
Syndikat mit CVCG-Beteiligung	
Syndikat mit Beteiligung ausländischer VCG	
Eigenschaften der Beteiligung	
Lebenszyklusphase: *Seed/Start-up*	
Lebenszyklusphase: *Early Stage*	
Lebenszyklusphase: *Expansion/Later Stage*	o
Größe: Mitarbeiterzahl	+***

Branche: *Computer & Internet*	
Branche: *Biotechnology & Medical*	
Branche: Sonstige	o
Alter	–*
Kalenderjahr des Exits	+***

\+ positiv - negativ o Referenzkategorie
Signifikanz: *** p < ,001 ** p < ,01 * p < ,05 ° p < ,1
Variablenname (fett) = Einflussfaktor
Variablenname (normal) = Kontrollvariable

Quelle: Eigene Darstellung

Tabelle 51: Einflussfaktoren des Beteiligungserfolgs

Wie der Tabelle zu entnehmen ist und die Ausführungen in den Unterkapiteln 6.3 bis 6.5 verdeutlicht haben, sind nicht nur sämtliche Kontrollvariablen, sondern auch ein Einflussfaktor aus jedem der drei Modellblöcke signifikant. Die Tatsache, dass alle Bausteine von Relevanz sind, lässt sich als eine Bestätigung der Modellstruktur interpretieren.

Allerdings unterscheiden sich die Modellkomponenten (deutlich) im Hinblick auf ihre Bedeutung für den Exit-Erfolg. Eine Priorisierung der drei Blöcke[1047] führt zu nachstehender Reihenfolge:

- Charakteristika der Wagniskapitalgeber (1),
- Eigenschaften der Beteiligung (2) und
- Beschaffenheit des *VC*-Syndikats (3).

(1) Von den **Charakteristika der Wagniskapitalgeber** haben insbesondere Erfahrungsschatz und Reputation[1048] der engagierten *VC*-Gesellschaften sowie Ressourcen und Zielsetzung[1049] des Lead-Investors einen maßgeblichen Effekt auf den Beteiligungserfolg. Demgegenüber beeinflussen die Anlageschwerpunkte der *Venture Capitalists* - abgesehen von der regionalen Ausrichtung der Co-Investoren auf Deutschland - die Exit-Perspektiven ihrer Portfoliounternehmen nur unwesentlich. Und auch die Positionen von Lead- und Co-Investoren im VCG-Netzwerk scheinen nicht die erwartete positive Erfolgswirkung zu haben.

1047 Die Rangfolge orientiert sich am Einfluss, den die jeweils enthaltenen Prädiktoren gemäß den Sensitivitätsanalysen auf den Beteiligungserfolg nehmen. Die unterschiedliche Variablenzahl der Modellbausteine ist dabei nicht ausschlaggebend. Zudem sei angemerkt, dass die Prädiktoren bestenfalls eingeschränkt substituierbar sind. Denn während ein nicht tragfähiges Geschäftsmodell eines Wachstumsunternehmens durch einen erfahrenen *VC*-Investor korrigiert werden kann, lässt sich ein den Anforderungen nicht gewachsenes Gründerteam nicht ohne weiteres ersetzen.

1048 Die latenten Variablen werden über das Alter der Managementgesellschaft erfasst.

1049 Die Operationalisierung erfolgt mit Hilfe des VCG-Typs.

(2) Im Kontext der **Eigenschaften der Beteiligung** erweisen sich die Größe des Wachstumsunternehmens zum Investitionszeitpunkt[1050] und das Veräußerungsjahr als hochsignifikante Einflussfaktoren mit positivem Effekt auf den Exit-Erfolg. Ein negativer Zusammenhang besteht laut kumulativem *Logit*-Modell indes zwischen dem Alter einer Beteiligung und dem Desinvestitionserfolg.[1051, 1052] Für die Zugehörigkeit von Portfoliogesellschaften zu früheren Lebenszyklusphasen oder risikoträchtigeren Branchen lassen sich im Rahmen der multivariaten Analysen keine statistisch nachweisbaren Assoziationen aufdecken.

(3) Von den thematisierten Determinanten der **Beschaffenheit des *VC*-Syndikats** stellt sich im ordinalen Regressionsmodell lediglich die Syndikatsgröße als relevanter Faktor heraus, der die Exit-Perspektiven eines *VC*-Investments tendenziell beeinträchtigt. Dagegen wirkt sich weder die Partizipation einer Corporate-Venture-Capital-Gesellschaft, noch die Einbindung eines ausländischen Wagniskapitalgebers in signifikanter Weise auf den Exit-Erfolg eines Portfoliounternehmens aus.

6.6.2 *Zusammenfassung der Hypothesentests*

Im Rahmen der vorliegenden Untersuchung sind 21 teils konkurrierende Hypothesen zu neun syndizierungsrelevanten Aspekten aufgestellt und anhand statistischer Methoden auf ihre Validität hin getestet worden. Nachdem die einzelnen Ergebnisse in den Unterkapiteln 5.2, 6.3, 6.4 und 6.5 separat dargelegt worden sind, soll an dieser Stelle noch eine integrierte Betrachtung und Diskussion folgen.

Zu diesem Zweck listet Tabelle 52 die formulierten Hypothesen gesamthaft auf, jeweils ergänzt um die Resultate der bi- und multivariaten statistischen Untersuchungen sowie ein abschließendes Fazit.

[1050] Vgl. hierzu die Ausführungen zur „Bürde der Kleinheit" in Abschnitt 3.5.1.

[1051] Ähnliche Tendenzen lassen sich im Hinblick auf die Lebenszyklusphase beobachten.

[1052] Insofern stützen die Ergebnisse der multivariaten Analysen die These einer „Bürde der Neuheit" nicht.

Nr.	Hypothese	Befund bivariater Untersuchungen	Ergebnis multivariater Analysen	Fazit
Charakteristika der Venture-Capital-Gesellschaften (Lead- und Co-Investor(en))				
1a	Eine Spezialisierung des Lead-Investors auf die Branche des Investments ist mit einem größeren Beteiligungserfolg verbunden.	tendenziell abzulehnen	abzulehnen	**abgelehnt**
1b	Eine Spezialisierung des Lead-Investors auf die Branche des Investments schlägt sich nicht im Beteiligungserfolg nieder.	tendenziell anzunehmen	anzunehmen	**angenommen**
1c	Eine Spezialisierung von Co-Investoren auf die Branche des Investments ist mit einem größeren Beteiligungserfolg verbunden.	tendenziell anzunehmen	abzulehnen	**abgelehnt**
1d	Eine Spezialisierung von Co-Investoren auf die Branche des Investments schlägt sich nicht im Beteiligungserfolg nieder.	tendenziell abzulehnen	anzunehmen	**angenommen**
2a	Eine Spezialisierung des Lead-Investors auf die Finanzierungsphase des Investments ist mit einem größeren Beteiligungserfolg verbunden.	abzulehnen	abzulehnen	**abgelehnt**
2b	Eine Spezialisierung des Lead-Investors auf die Finanzierungsphase des Investments schlägt sich nicht im Beteiligungserfolg nieder.	abzulehnen	anzunehmen	**tendenziell anzunehmen**
2c	Eine Spezialisierung von Co-Investoren auf die Finanzierungsphase des Investments ist mit einem größeren Beteiligungserfolg verbunden.	abzulehnen	abzulehnen	**abgelehnt**
2d	Eine Spezialisierung von Co-Investoren auf die Finanzierungsphase des Investments schlägt sich nicht im Beteiligungserfolg nieder.	anzunehmen	anzunehmen	**angenommen**
3a	Eine Spezialisierung des Lead-Investors auf die Region des Investments ist mit einem größeren Beteiligungserfolg verbunden.	abzulehnen	abzulehnen	**abgelehnt**
3b	Eine Spezialisierung von Co-Investoren auf die Region des Investments ist mit einem größeren Beteiligungserfolg verbunden.	tendenziell anzunehmen	anzunehmen	**angenommen**
4a	Eine zentralere Position des Lead-Investors im Syndizierungsnetzwerk der in Deutschland ansässigen *VC*-Gesellschaften ist mit einem größeren Beteiligungserfolg verbunden.	abzulehnen	abzulehnen	**abgelehnt**
4b	Eine zentralere Position von Co-Investoren im Syndizierungsnetzwerk der in Deutschland ansässigen *VC*-Gesellschaften ist mit einem größeren Beteiligungserfolg verbunden.	anzunehmen	abzulehnen	**tendenziell abzulehnen**
Beschaffenheit des Venture-Capital-Syndikats				
5a	Eine größere Anzahl der in einem Syndikat vertretenen *VC*-Geber ist mit einem größeren Beteiligungserfolg verbunden.	tendenziell anzunehmen	abzulehnen	**abgelehnt**
5b	Eine größere Anzahl der in einem Syndikat vertretenen *VC*-Geber ist mit einem geringeren Beteiligungserfolg verbunden.	abzulehnen	anzunehmen	**tendenziell anzunehmen**
5c	Eine zwischen erster und letzter Finanzierungsrunde zunehmende Anzahl der *VC*-Investoren ist mit einem größeren Beteiligungserfolg verbunden.	anzunehmen	nicht geprüft	**tendenziell anzunehmen**
6	Die Einbindung von unabhängigen und Corporate-Venture-Capital-Gesellschaften in ein Syndikat ist mit einem größeren Beteiligungserfolg verbunden.	tendenziell anzunehmen	abzulehnen	**abgelehnt**
7a	Die Teilnahme ausländischer *VC*-Gesellschaften an einem Syndikat schlägt sich negativ im Beteiligungserfolg nieder.	tendenziell abzulehnen	abzulehnen	**abgelehnt**
7b	Die Teilnahme ausländischer *VC*-Gesellschaften an einem Syndikat schlägt sich positiv im Beteiligungserfolg nieder.	tendenziell anzunehmen	abzulehnen	**abgelehnt**
Eigenschaften der Beteiligung				
8	*VC*-Beteiligungen, die zum Zeitpunkt der ersten Finanzierungsrunde noch in frühen Lebenszyklusphasen sind, haben einen geringeren Erfolg als jene, die in späteren Phasen erstmals Venture Capital erhalten.	tendenziell anzunehmen	abzulehnen	**abgelehnt**
9	*VC*-Beteiligungen, die zum Zeitpunkt der ersten Finanzierungsrunde vergleichsweise klein sind, haben einen geringeren Erfolg als jene, die dann bereits größer sind.	anzunehmen	anzunehmen	**angenommen**
10	Aufgrund spezifischer Industrie- und Technologierisiken beeinflusst die Branchenzugehörigkeit von *VC*-Beteiligungen deren Erfolg.	anzunehmen	abzulehnen	**tendenziell abzulehnen**

Quelle: Eigene Darstellung

Tabelle 52: Zusammenfassung der Ergebnisse bi- und multivariater Analysen zu den Hypothesen

Bevor auf einzelne Hypothesengruppen eingegangen wird, sollen zunächst einige übergreifende Beobachtungen geschildert werden:

- Von den 21 teils konkurrierenden Hypothesen können vor dem Hintergrund der Zusammenhangsanalysen zwölf (tendenziell) angenommen werden, während neun (der Tendenz nach) abzulehnen sind.
- Das kumulative *Logit*-Modell bestätigt hingegen sieben und widerlegt 13 Hypothesen. Über die Gültigkeit einer Annahme kann mangels Prüfung keine Aussage getroffen werden.
- Dabei entsprechen sich die Aussagen der bi- und multivariaten statistischen Untersuchungen nicht in allen Fällen. Vielmehr lassen sich bei zehn teils konkurrierenden Thesen widersprüchliche Indikationen feststellen.[1053]
- Insgesamt können acht Hypothesen (tendenziell) angenommen werden, wohingegen die verbleibenden 13 (eher) abzulehnen sind.

Nachfolgend werden die Ergebnisse der Hypothesentests im Rahmen der Modellstruktur diskutiert.

Im Hinblick auf die **Charakteristika der VCG** sind verschiedene Aspekte von deren Anlage- und Syndizierungsverhalten betrachtet und auf Zusammenhänge mit dem Beteiligungserfolg hin untersucht worden.

Die statistischen Analysen, die sich mit der Erfolgswirkung einer Übereinstimmung bisheriger Anlageschwerpunkte der engagierten Wagniskapitalgeber mit den Eigenschaften einer Beteiligung befasst haben, ergeben, dass kumuliertes Wissen und Erfahrung des Lead-Investors in Bezug auf eine Branche, Finanzierungsphase oder Region den Exit-Erfolg einer Portfoliogesellschaft nicht signifikant beeinflussen.[1054] Demzufolge scheint ein potentieller Mehrwert, sofern er aus einer entsprechenden Spezialisierung des Syndikatsinitiators erwächst, den Investments nicht oder allenfalls marginal zugute zu kommen. Für die Gruppe der Co-Investoren gestaltet sich das Bild ähnlich, wenngleich für eine zutreffende

---

[1053] Ursachen der abweichenden Ergebnisse lassen sich zum einen in den verschiedenen Stichproben verorten. Während die Zusammenhangsanalysen nämlich auf dem gesamten Datensatz von 424 *VC*-Beteiligungen basieren, der neben 244 gemeinschaftlich finanzierten *VC*-Engagements auch 180 Einzelinvestitionen enthält, liegt dem ordinalen Regressionsmodell eine nicht in allen Belangen vergleichbare reduzierte Teilmenge von 132 syndizierten Portfoliounternehmen zugrunde. Zum anderen tragen die unterschiedlichen statistischen Methoden zu Differenzen bei. Denn multivariate Analysen berücksichtigen die Effekte mehrerer Einflussfaktoren auf die abhängige Variable, wohingegen in bivariaten Untersuchungen auf nur eine unabhängige Größe abgestellt wird. Der letzte Ansatz birgt damit die Gefahr Assoziationen aufzudecken, die sich bei ganzheitlicher Betrachtung als „Scheinkorrelationen" erweisen.

[1054] Hypothesen 1a, 2a und 3a müssen verworfen werden, während Thesen 1b und 2b im Gegenzug angenommen werden können.

Regionenpräferenz eines Syndikatspartners ein positiver Zusammenhang mit dem Beteiligungserfolg nachgewiesen werden kann.[1055]

Eine zentrale Position des Lead-Investors im Syndizierungsnetzwerk der in Deutschland ansässigen VCG trägt wider Erwarten nicht zu einer Verbesserung der Exit-Perspektiven der Portfoliogesellschaften bei.[1056] Das gleiche Fazit ist letztlich auch für die Gruppe der Co-Investoren zu ziehen; denn die Indikationen der Korrelationsanalysen, die auf eine positive Assoziation von Netzwerkzentralität und Investment-Erfolg hindeuten, werden im Rahmen der multivariaten statistischen Untersuchung widerlegt.[1057] Folglich scheinen die in der Stichprobe enthaltenen Wagniskapitalgeber entweder keinen entscheidenden Nutzen aus zentralen Positionen im VCG-Netzwerk ziehen zu können, oder sie sind nur bedingt in der Lage, den eigenen Beteiligungen etwaige Vorteile daraus angedeihen zu lassen.

Was die untersuchten Determinanten der **Beschaffenheit des Venture-Capital-Syndikats** betrifft, so zeigt sich nur zwischen dessen Größe und dem Exit-Erfolg ein statistisch signifikanter Zusammenhang. Allerdings suggerieren die vorliegenden Teilergebnisse, dass es sich hierbei nicht um einen durchgängig linearen negativen Zusammenhang handelt, da große *VC*-Syndikate mit mindestens sechs Partnern deutlich mehr Beteiligungen zu einem erfolgreichen Exit verhelfen als kleinere Investorengruppen.[1058]

Interessanterweise kann im Rahmen der bivariaten Untersuchungen auch eine eindeutig positive Korrelation von Veräußerungserfolg und einer im Verlauf der Beteiligungsdauer gewachsenen Zahl von VCG festgestellt werden.[1059] Demnach können primär aussichtsreichere Wachstumsunternehmen und ihre Kapitalgeber weitere *VC*-Financiers von einem Investment überzeugen.

Die gleichzeitige Einbindung von unabhängigen und Corporate-Venture-Capital-Gesellschaften in ein Syndikat hat zwar der Tendenz nach positive Effekte auf den Exit-Erfolg, ein statistisch belastbarer Zusammenhang besteht aber nicht.[1060] Auch eine Partizipation internationaler VCG bleibt ohne signifikante Erfolgswirkung.[1061]

Schließlich sind wesentliche **Eigenschaften der Beteiligung** auf deren Korrelation mit dem Veräußerungserfolg hin untersucht worden. Dabei hat sich herausgestellt, dass die Lebenszyklusphase eines Wachstumsunternehmens zum Zeitpunkt der ersten Venture-

---

1055 Die unter Punkt 1c und 2c formulierten Korrelationen lassen sich durch die gewählten statistischen Verfahren nicht stützen. Hypothesen 1d, 2d und 3b sind hingegen nicht zurückzuweisen.

1056 Annahme 4a kann empirisch nicht untermauert werden.

1057 Der in Punkt 4b unterstellte Zusammenhang ist letztendlich nicht zu belegen.

1058 Im Hinblick auf die Resultate des kumulativen *Logit*-Modells muss Hypothese 5a verworfen werden. Bezüglich Annahme 5b liefern die bi- und multivariaten Analysen widersprüchliche Indikationen.

1059 These 5c kann auf Basis der Zusammenhangsanalysen tendenziell angenommen werden.

1060 Hypothese 6 ist mangels Signifikanz des entsprechenden Regressionsparameters abzulehnen.

1061 Annahmen 7a und 7b, die beide eine Assoziation mit dem Beteiligungserfolg unterstellen, sind in Anbetracht der Modellergebnisse zu verwerfen.

Capital-Investition nicht signifikant mit dessen Erfolg assoziiert ist. Interessanterweise scheinen Engagements aus der frühen *Seed/Start-up-* und der späten *Expansion/Later Stage-*Phase dabei besser abzuschneiden als *Early Stage-*Investitionen.[1062]

Darüber hinaus untermauern die Forschungsergebnisse die Hypothese der „Bürde der Kleinheit". Denn die Exit-Perspektiven von Wachstumsunternehmen, die bei der ersten *VC-*Finanzierung nur wenige Mitarbeiter beschäftigen, sind im Durchschnitt ungünstiger als die ihrer Pendants mit mehr Beschäftigten.[1063]

Dass sich die Zugehörigkeit von Beteiligungen zu risikoträchtigeren Industriezweigen in höheren Ausfallraten niederschlägt, kann statistisch nicht eindeutig nachgewiesen werden. Allerdings belegen sowohl einfache Zusammenhangsanalysen als auch multivariate Verfahren sehr wohl eine Tendenz dahingehend.[1064]

6.6.3 *Beantwortung der Forschungsfragen*

Auf Basis der gewonnenen Erkenntnisse lassen sich abschließend auch die eingangs aufgeworfenen theoretischen und empirischen Forschungsfragen beantworten.

Zunächst soll auf die drei theoretischen Forschungsfragen näher eingegangen werden:

- ***Welche Erwägungen veranlassen Venture-Capital-Gesellschaften zur Syndizierung von Beteiligungen?***

Die erste Forschungsfrage zielt auf die Rationale von *VC-*Syndizierungen ab, d. h. die Abwägung erwarteter Vor- und Nachteile durch den Lead-Investor. Damit sich ein Wagniskapitalgeber für die Initiierung eines Co-Investments entscheidet, muss der antizipierte Nutzen der Syndizierung mögliche negative Konsequenzen deutlich überschreiten, so dass ein Verzicht auf einen höheren Kapitalanteil am Wachstumsunternehmen gerechtfertigt ist. Ultimatives Ziel einer *VC-*Gesellschaft ist fast immer die Fondsperformance.

Die bekannten Syndizierungsmotive lassen sich in Abhängigkeit davon systematisieren, ob sich die Effekte auf Ebene des *VC-*Fonds oder des Portfoliounternehmens ergeben. Bei einer getrennten Betrachtung der Auswirkungen sind jedoch potentielle Interdependenzen zu berücksichtigen.[1065]

Als direkte **positive Effekte auf Portfolioebene** versprechen sich die *VC-*Financiers eine Optimierung ihrer Portfoliodiversifikation durch eine breitere Streuung des Fondskapitals

---

[1062] Der unter Punkt 8 postulierte Zusammenhang ist statistisch nicht signifikant.

[1063] These 9 kann nicht verworfen werden.

[1064] Trotz dieser tendenziell zutreffenden Wirkungsrichtung kann Hypothese 10 mangels Signifikanz nicht angenommen werden.

[1065] Denn während sich direkte positive Effekte auf Beteiligungsniveau zumeist auch indirekt positiv auf den *VC-*Fonds niederschlagen, kommen vorteilhafte Auswirkungen auf Portfolioebene den *VC-*Nehmern bestenfalls bedingt zugute. Angesichts der Zielsetzung der vorliegenden Arbeit, die Auswirkungen der Syndizierung auf den Erfolg einer Beteiligung zu beurteilen, sind die Effekte auf *VC-*Fondsebene von sekundärer Bedeutung.

sowie eine Verbesserung ihrer Reputation durch *Spillover*-Effekte von Syndikatspartnern, durch die Vermeidung einer *Underperformance* gegenüber Wettbewerbern und/oder durch *Window Dressing*. Darüber hinaus spielen die Einnahme einer zentralen Position im VCG-Netzwerk und der damit verbundene Aufbau von brancheninternen Beziehungsgeflechten eine wichtige Rolle. Durch enge Verbindungen zwischen den führenden *VC*-Managementgesellschaften lassen sich zudem die Markteintrittsbarrieren für neue Wettbewerber erhöhen.

In den Bereich **positiver Syndizierungseffekte**, die sich primär **auf Ebene der Portfoliounternehmen** niederschlagen, fallen die Vorzüge eines umfangreicheren attraktiven *Deal Flow* und einer besseren gemeinsamen Selektion von Portfoliounternehmen. Wenn Wagniskapitalgeber mit anderen VCG zusammenarbeiten, können sie nämlich nicht nur die Menge der ihnen angebotenen Beteiligungsoptionen erhöhen, sondern auch deren Qualität besser beurteilen. Eine Vermeidung von Fehlinvestitionen trägt wiederum zur Maximierung der Fondsperformance bei. Des Weiteren ergeben sich Vorteile aus einer breiteren Basis verfügbarer Ressourcen und aus verbesserten Möglichkeiten der vereinten Wertschöpfung.

Die Vorzüge einer Syndizierung erkauft sich ein Lead-Investor aber für einen Preis: so überlässt er zunächst seinen Co-Investoren Anteile an einem aussichtsreichen Portfoliounternehmen und verringert damit seinen potentiellen *Capital Gain*. Darüber hinaus entstehen beiden Seiten gemäß der Transaktionskostentheorie Kosten im Zusammenhang mit Vorbereitung, Durchführung und Beendigung einer Syndizierung. Gleichzeitig begeben sich die Syndikatspartner in ein wechselseitiges Abhängigkeitsverhältnis, was laut *Principal-Agent*-Theorie zu Konflikten führen kann.

Eine sorgfältige Abwägung der genannten Vor- und Nachteile muss für jeden Beteiligungsfall separat erfolgen, um die Entscheidung für oder gegen eine Syndizierung der *VC*-Investition zu fällen.

- ***Wie lässt sich der Erfolg von Venture-Capital-Investitionen aus externer Perspektive beurteilen?***

Unter Erfolg wird im deutschen Sprachgebrauch das „Ergebnis zielorientierten Handelns einer Person oder Institution [verstanden]; je nach Zielsetzung kann Erfolg [dabei] unterschiedliche Inhalte haben".[1066] Zur Beurteilung von Erfolg und Misserfolg muss also das verfolgte Ziel als Referenzpunkt bekannt sein.

Den Erfolg von *Venture Capital* beurteilen die einzelnen Interessengruppen aufgrund abweichender Zielsetzungen daher auch unterschiedlich.

Aus politisch makroökonomischer Sicht wird der Beitrag der *VC*-Branche typischerweise festgemacht an der Förderung junger Unternehmen, Schaffung neuer Arbeitsplätze, Entwicklung zukunftsträchtiger Technologien oder der Besetzung von Wachstumsindustrien.

[1066] Das Bertelsmann Lexikon in 24 Bänden (1994), S. 2754.

Ein Investor beurteilt den Erfolg von Venture-Capital-Finanzierungen anhand der erzielten risikoadjustierten Rendite auf das eingesetzte Kapital, d. h. dem Ertrag der VCG-Portfolioaktivität. Da sich Venture-Capital-Engagements durch ein höheres Risiko infolge der hohen Intransparenz, Illiquidität, Einzelinvestitionshöhen und Unsicherheit der Beteiligungsentwicklung auszeichnen, erwarten Investoren entsprechende Überrenditen.

Aufgrund einer weitgehend gleichen Interessenausrichtung strebt auch das Management einer Venture-Capital-Gesellschaft danach, eine attraktive risikoadjustierte Verzinsung des eingebrachten Kapitals zu erzielen. Der Fokus der *VC*-Manager liegt dabei nicht einseitig auf dem Gesamtportfolio, sondern auch auf der Entwicklung einzelner Beteiligungen sowie strategischen Zielen wie der langfristigen Erhöhung des verwalteten Fondsvolumens und operativen Zielen wie der effizienten Abwicklung der *VC*-Geschäftsprozesse.

Aus Sicht eines Entrepreneurs, für den die wirtschaftliche Entwicklung des Unternehmens im Vordergrund steht, bemisst sich der Beitrag eines Venture-Capital-Investors an der Wertschöpfung im Portfoliounternehmen, die über die Bereitstellung von Kapital hinausgeht. Dazu zählen die Professionalisierung der Beteiligung, die Vermittlung potentieller Kunden, Lieferanten und sonstiger Dienstleister sowie die Erschließung weiterer Finanzierungsquellen.

Zur Analyse des Einflusses verschiedener Syndizierungsparameter auf den Beteiligungserfolg nimmt die vorliegende Arbeit die Perspektive einer Venture-Capital-Gesellschaft ein. Im Mittelpunkt stehen somit die Erfolge einzelner *VC*-Beteiligungen während des Engagements der Wagniskapitalgeber und damit letztlich die finanziellen Interessen der VCG.

Damit wird **Beteiligungserfolg** definiert als Realisierung einer attraktiven Rendite auf das einem Portfoliounternehmen über die gesamte Beteiligungsdauer zur Verfügung gestellte Venture Capital.

Die Messung des Erfolgs von Venture-Capital-Investitionen ist jedoch mit einigen Schwierigkeiten verbunden, die sich unmittelbar aus den Charakteristika dieser Anlageform ergeben.

Erstens existiert kein funktionierender Markt für Anteile an privaten Unternehmen. Zweitens bestehen keine verpflichtenden Vorschriften für die Publikation oder Berechnung von Erfolgskennzahlen seitens der *VC*-Gesellschaften. Insofern herrscht nur eine geringe Transparenz hinsichtlich der zur Erfolgsmessung erforderlichen Datenbasis. Drittens ist die Ermittlung der Investment-Rendite vor vollzogenem Exit einer *VC*-Beteiligung mit erheblichen Unsicherheiten verbunden.

Um wesentliche Determinanten des Beteiligungserfolgs im Rahmen von Venture-Capital-Syndizierungen bestimmen zu können, ist eine **zuverlässige Messmethode** erforderlich. Die Festlegung einer geeigneten Messgröße stellt in der empirischen Erfolgsfaktorenforschung aber nach wie vor ein Problem dar, was inhaltlichen und methodischen Schwierigkeiten der einzelnen Erfolgsgrößen geschuldet ist.

Eine Metaanalyse relevanter Studien im Hinblick auf deren abhängige Erfolgsgrößen belegt, dass die größte Gruppe der Untersuchungen auf Beteiligungsrentabilitätsmaße abstellt. Der zweitgrößte Block der Arbeiten bezieht sich auf einen (erfolgreichen) Exit der Beteiligung als Erfolgsindikator, während die drittgrößte Fraktion der betrachteten Quellen subjektive Erfolgskriterien zugrunde legt.

Beteiligungsrentabilitätsmaße erlauben eine vergleichsweise zuverlässige Bestimmung des Beteiligungserfolgs. Im Allgemeinen basiert die Kalkulation entsprechender Kennzahlen wie der *Internal Rate of Return* auf den *Cash Flows* einer Investition.

Exit-Typen bzw. -Quoten eignen sich ebenfalls als Indikator für den Investment-Erfolg. Der Messansatz beruht auf der Differenzierung des Beteiligungserfolgs nach fünf Veräußerungsmethoden. Wissenschaftlichen Erkenntnissen zufolge besteht nämlich ein Zusammenhang zwischen Exit-Typ und Beteiligungsrentabilität: Danach lassen sich mit einem *IPO* im Durchschnitt die höchsten Renditen erzielen, gefolgt von einem *Trade Sale* als zweitbester und einem *Secondary Sale* als drittbester Exit-Alternative. Der *Buy-back* rangiert vor der *Liquidation* als Ultima Ratio.

Subjektive Erfolgskriterien bieten sich eher als Ergänzung zu anderen Erfolgskennzahlen an. Sie basieren auf Schätzungen von Experten, die die Beteiligungsrendite mit Referenzgrößen vergleichen oder auf einer Ordinalskala bewerten.

Die unterschiedlichen Erfolgsmessmethoden sind auf ihre Zweckmäßigkeit für das vorliegende Forschungsvorhaben untersucht worden. Eine Abwägung der spezifischen Vor- und Nachteile kommt zu dem Ergebnis, dass der **Exit-Typ** das bevorzugte Erfolgsmaß darstellt. Die Wahl hat mehrere Gründe: Beteiligungsrentabilitätsmaße sind prinzipiell gut geeignet, aber schlichtweg nicht verfügbar. Subjektive Erfolgskriterien bergen die Gefahr individueller Schätzfehler der Experten und lassen sich nur eingeschränkt vergleichen, da Beurteilungen verschiedener Fachleute bestenfalls unvollständig standardisierbar sind. Zudem können Einschätzungen von Investment-Managern Jahre nach der Veräußerung eines Portfoliounternehmens allenfalls sehr schwer erhoben werden. Doch auch die gewählte Erfolgsgröße Exit-Typ hat Schwächen: Zum einen sorgt die Aufteilung der Portfoliounternehmen auf nur fünf verschiedene Exit-Typen für eine gewisse Unschärfe und erlaubt keine Unterscheidung von Beteiligungen innerhalb eines Clusters. Zum anderen beschränkt sich die Betrachtung auf bereits veräußerte Beteiligungen.

- ***Welche Aspekte im Rahmen der Syndizierung von VC-Investments haben potentiell einen Einfluss auf den Beteiligungserfolg?***

Im Rahmen einer umfangreichen Literaturrecherche sind weit über 50 Faktoren identifiziert worden, die den Erfolg von Portfoliounternehmen mittel- oder unmittelbar beeinflussen könnten.[1067] Diese potentiellen Determinanten lassen sich einer der nachfolgenden sechs

[1067] Auch wenn bei der Erstellung der Liste zahlreiche Quellen berücksichtigt worden sind, ist nicht davon auszugehen, dass die Aufstellung abschließend ist.

Kategorien zuweisen: politische, rechtliche und soziale Rahmenbedingungen, ökonomisches Umfeld, Beschaffenheit eines möglichen Venture-Capital-Syndikats, Charakteristika der Venture-Capital-Gesellschaft(en), Eigenschaften der Beteiligung und *Deal*-Spezifika.

Da der Fokus der vorliegenden Arbeit auf syndizierten Venture-Capital-Investitionen in Deutschland liegt, können politische, rechtliche und soziale Rahmenbedingungen sowie das ökonomische Umfeld weitgehend ausgeblendet werden. Außerdem stehen strukturelle, ressourcenbasierte und nicht prozessuale, verhaltensbasierte Parameter im Mittelpunkt des Forschungsinteresses. Demzufolge beschränken sich die potentiellen Einflussfaktoren auf strukturelle, ressourcenbasierte Elemente der drei Kategorien Charakteristika der VCG, Beschaffenheit des *VC*-Syndikats und Eigenschaften der Beteiligung.

Zu den wesentlichen **Charakteristika von Venture-Capital-Gesellschaften** zählen deren Anlageschwerpunkte, Alter bzw. Erfahrung, Reputation, Größe, Position im VCG-Netzwerk, Eigentümerstruktur und Herkunft. Die **Beschaffenheit eines *VC*-Syndikats** hingegen ist geprägt durch dessen Umfang sowie die Zusammensetzung der Investoren nach VCG-Typ und Nationalität. Außerdem ist eine Differenzierung der Wagniskapitalgeber nach ihrer Rolle im Konsortium als Lead- oder Co-Investor vorzunehmen. Erfolgsrelevante **Eigenschaften der Beteiligung** beziehen sich primär auf die mit einem Engagement verbundene Unsicherheit und umfassen Reifegrad, Alter, Größe und Branche der Portfoliogesellschaft.

Schließlich sind noch die drei empirischen Forschungsfragen zu beantworten:

- ***Verfolgen deutsche Wagniskapitalgeber unterschiedliche Syndizierungsansätze?***

In Deutschland ansässige *VC*-Financiers greifen unterschiedlich stark auf das Instrument der Syndizierung zurück. Eine Analyse auf Ebene der Einzel- bzw. Lead-Investoren ergibt, dass sich die durchschnittliche Anzahl der VCG je Beteiligung zwischen 1,0 und 10,1 bewegt.[1068] Aus der Gruppe der 35 betrachteten Wagniskapitalgeber agieren 13 (37%) überwiegend allein, während 14 (40%) auf die Unterstützung zumeist eines weiteren *VC*-Financiers setzen. Für sieben *VC*-Gesellschaften (23%) liegt die mittlere Syndikatsgröße zwischen drei und vier, in einem Extremfall sogar bei zehn.

Die Verteilung der Investorenstrukturen offenbart nicht nur, dass einige deutsche Risikokapitalgeber (11%) gänzlich auf gemeinsame Engagements verzichten, sondern auch, dass jene, die sich der *VC*-Syndizierung bedienen, differenzierte Ansätze verfolgen. So initiieren 49% der betrachteten Investoren neben Einzelinvestments auch Syndikate, die maximal vier bis 17 Partner zählen.

Die Anzahl der VCG richtet sich dabei unter anderem nach den Charakteristika der Lead-Investoren und deren spezifischem Ressourcenbedarf sowie nach den Eigenschaften der

---

[1068] Berechnungsgrundlage sind insgesamt 271 Beteiligungen (darunter 123 Einzelinvestments) von 35 Einzel- bzw. Lead-Investoren, für die jeweils mindestens vier Portfoliogesellschaften in der vorliegenden Datenbasis enthalten sind. Diese Auswahl soll Effekte möglicher Ausreißer reduzieren.

Beteiligung. Denn während führende deutsche Wagniskapitalgeber je Portfoliounternehmen im Durchschnitt 2,3 Co-Investoren hinzuziehen, involvieren sonstige europäische und US-amerikanische Syndikatsinitiatoren 3,4 weitere Partner.[1069] Vergleichbare Unterschiede in der Investorenstruktur lassen sich auch zwischen Beteiligungen verschiedener Industriezweige beobachten: gemeinsame Portfoliogesellschaften aus der *Biotechnology & Medical*-Branche werden in der Regel von 5,0 VCG finanziert, wohingegen die durchschnittliche Zahl der *VC*-Investoren je syndiziertem Wachstumsunternehmen über alle anderen Industrien hinweg bei nur 2,9 liegt.

- ***Sind syndizierte Investitionen unter Beteiligung deutscher VC-Geber erfolgreicher als Einzelinvestments deutscher VC-Gesellschaften?***

Da Finanzinvestoren – ggf. mit Ausnahme öffentlicher Fördergesellschaften – eine primär monetäre Zielsetzung verfolgen, sollte man erwarten, dass sie sich prinzipiell nur dann zugunsten kollektiver Investitionen entscheiden, wenn es dem Erreichen dieses Zieles dient.

Aus wissenschaftlicher Sicht gibt es denn auch gute Argumente für einen Zusammenhang zwischen der Zahl beteiligter Wagniskapitalgeber und der Entwicklung ihrer Investments. Einerseits begründet die Ressourcentheorie eine positive Korrelation, da eine größere Zahl von VCG eine bessere Informations- und Ressourcenversorgung der Portfoliogesellschaft sicherstellen kann. Dadurch verbessern sich Wettbewerbsposition, Zukunftsaussichten und Exit-Chancen des Wachstumsunternehmens. Andererseits liefern die *Principal-Agent*-Theorie und Erkenntnisse aus gruppendynamischen Beobachtungen Erklärungsansätze für einen negativen Zusammenhang. So entstehen innerhalb von Syndikatsstrukturen zum einen Koordinationskosten, die sich angesichts limitierter Managementkapazitäten von VCG nachteilig auf die effektive Betreuung der Beteiligungen auswirken. Zum anderen können gruppendynamische Aspekte wie die geringere Wahrscheinlichkeit einer *Escalation of Commitment* oder der im Team reduzierte individuelle Arbeitseinsatz, das sogenannte *Social Loafing*, ein schlechteres Abschneiden von Portfoliounternehmen begünstigen.

Bivariate Untersuchungen im Rahmen der vorliegenden Forschungsarbeit haben gezeigt, dass die Exit-Verteilung der erhobenen 180 Einzelinvestments weniger gut ausfällt als die der 244 syndizierten *VC*-Beteiligungen. Konkret lässt sich bei Portfoliounternehmen mit Unterstützung eines *VC*-Gebers ein Anteil erfolgreicher Veräußerungen von insgesamt 34% beobachten, wobei 7% auf *IPOs* und 27% auf *Trade Sales* entfallen. Demgegenüber beträgt die Erfolgsquote gemeinsamer *VC*-Engagements in Summe 39% – darunter 11% Börsengänge und 28% Verkäufe an strategische Investoren. Während die Quote der *Trade Sales* vergleichbar hoch ist, weichen die beiden *IPO*-Quoten signifikant voneinander ab – auf jedes Börsendebüt eines Einzelinvestments kommen im Durchschnitt 1,5 *IPOs* syndizierter Portfoliounternehmen.

[1069] Hierbei wird lediglich auf syndizierte Engagements Bezug genommen – davon 162 mit deutschem und 65 mit europäischem oder US-amerikanischem Lead-Investor.

Als Fazit lässt sich somit ziehen, dass eine *VC*-Syndizierung grundsätzlich sinnvoll ist, verbessert der kollektive Einsatz mehrerer Wagniskapitalgeber doch die Exit-Perspektiven der gemeinsamen Beteiligungen.

- ***Welche Syndizierungsparameter/-merkmale können die Differenzen hinsichtlich des Erfolgs von Venture-Capital-Beteiligungen erklären?***

Die Ergebnisse der ordinalen Regressionsanalysen zeigen, dass die **(Charakteristika der) finanzierenden *VC*-Gesellschaften** von zentraler Bedeutung für den Erfolg ihrer Portfoliounternehmen sind. Neben Erfahrung und Reputation[1070] der involvierten Wagniskapitalgeber haben auch Ressourcenbasis und Zielsetzung[1071] der Lead-Investoren einen Einfluss auf den Beteiligungserfolg. Bezüglich der Anlageschwerpunkte von *Venture Capitalists* kann festgehalten werden, dass die regionale Ausrichtung mindestens eines Co-Investors auf den deutschen *VC*-Markt den Erfolg einer in Deutschland ansässigen Portfoliogesellschaft begünstigt. Dagegen verbessert eine Konzentration der Risikokapitalgeber auf Branche oder Finanzierungsphase eines Investments dessen Exit-Perspektiven nur unwesentlich. Und auch die Positionen der Lead- und Co-Investoren im deutschen VCG-Netzwerk haben nicht die erwartete positive Erfolgswirkung.[1072]

Die **Beschaffenheit des *VC*-Syndikats** spielt für den Erfolg von Portfoliounternehmen eine untergeordnete Rolle. Denn weder für die Teilnahme ausländischer *VC*-Geber noch für die Syndikatsbeteiligung von Corporate-VCG lassen sich statistisch belastbare Zusammenhänge mit dem Exit-Erfolg nachweisen. Lediglich die Zahl der engagierten Investoren hat einen signifikanten Einfluss auf den Beteiligungserfolg.[1073]

Die **Eigenschaften der Beteiligung** tragen wieder stärker dazu bei, die Erfolgsunterschiede zwischen Portfoliogesellschaften zu erklären. Die Untersuchungsergebnisse belegen, dass Unternehmen mit wenigen Mitarbeitern im Durchschnitt höhere Ausfallraten aufweisen als größere Pendants. Ein weiterer zentraler Faktor ist der Zeitpunkt der Desinvestition. Mit dem konjunkturellen Zyklus schwanken nämlich Interesse und Zahlungsbereitschaft potentieller strategischer, Finanz- oder Privatinvestoren und damit die Exit-Perspektiven der Beteiligungen. Demgegenüber finden sich lediglich vage Anhaltspunkte dafür, dass ein höheres Branchenrisiko negative Effekte auf die Entwicklung von Portfoliounternehmen hat.

[1070] Approximativ gemessen am Alter der Managementgesellschaft.

[1071] Indirekt erfasst über den VCG-Typ.

[1072] Allerdings ist nicht auszuschließen, dass ein möglicher latenter Netzwerkeffekt durch die hoch korrelierte signifikante Variable der VCG-Größe abgebildet wird.

[1073] Dabei besteht jedoch kein einfacher linearer Zusammenhang; vielmehr scheint der marginale Erfolgsbeitrag jedes weiteren *VC*-Gebers zunächst positiv, dann aber negativ zu sein.

6.6.4 *Schlussfolgerungen*

Ausgehend von den gewonnenen Erkenntnissen sollen abschließend Implikationen für Theorie und Praxis herausgearbeitet werden. Dabei geht es zum einen darum, den wissenschaftlichen Beitrag der eigenen Arbeit darzulegen, inhaltliche und methodische Grenzen aufzuzeigen sowie weiteren Forschungsbedarf auf dem behandelten Themenfeld zu identifizieren. Zum anderen sollen Unternehmensgründern und *VC*-Managementgesellschaften aber auch Entscheidungs- und Handlungsempfehlungen für die Ausgestaltung von Venture-Capital-Syndikaten gegeben werden.

Der wissenschaftliche Beitrag der vorliegenden Untersuchung ist vielschichtig: Erstens umfasst er mehrere vergleichende Literaturanalysen zur Definition und Verwendung zentraler Begriffe im Kontext der *VC*-Syndizierung. Zweitens besteht er in der Herleitung einer approximativen, aber zuverlässigen Messmethode zur Bestimmung des Beteiligungserfolgs. Drittens erstreckt er sich auf die Entwicklung eines Forschungsmodells, das eine Überprüfung der Zusammenhänge zwischen relevanten strukturellen Syndizierungsparametern und dem Erfolg von *VC*-Investitionen ermöglicht. Und viertens kann ein Theorievergleich angestellt werden, der die Beschreibungs- bzw. Erklärungskraft der ausgewählten wissenschaftlichen Theorien im Hinblick auf den Erfolg deutscher Venture-Capital-Beteiligungen bewertet.

Zur Erarbeitung der inhaltlichen Grundlagen hat der Autor mehrere **Literaturanalysen** durchgeführt, in deren Rahmen jeweils 15 bis 25 bedeutsame Quellen herangezogen werden. Anhand strukturierter Vergleiche der Verwendungen zentraler Begrifflichkeiten werden **Definitionen** von *Venture Capital* und Syndizierung im *VC*-Kontext herausgearbeitet. Die gleiche Vorgehensweise ermöglicht auch eine **Systematisierung** der unterschiedlichen Syndizierungsmotive. Zudem wird ein umfangreicher Überblick über jene *VC*-Literatur gegeben, die sich mit Erfolgsfaktoren und entsprechenden Erfolgsmaßen beschäftigt.

Eine weitere Literaturrecherche hat sich mit Publikationen befasst, deren empirische Ergebnisse Aussagen zur durchschnittlichen Investment-Rendite je Exit-Typ enthalten. Ausgehend von einem Vergleich der Resultate kann eine **Messmethode** abgeleitet werden, die zur Bestimmung des Beteiligungserfolgs auf Basis öffentlich verfügbarer Informationen geeignet ist. Konkret handelt es sich um ein Ranking der Exit-Optionen nach deren mittlerer Beteiligungsrendite.

Zur Untersuchung der Zusammenhänge zwischen strukturellen Syndizierungsparametern und dem Erfolg von *VC*-Beteiligungen wird außerdem ein **integriertes Forschungsmodell** erstellt. Es besteht im Prinzip aus drei Variablenblöcken, welche wesentliche Charakteristika der Lead- und Co-Investoren, die Zusammensetzung des *VC*-Syndikats sowie zentrale Eigenschaften der Portfoliogesellschaften abbilden. Mithilfe des Modells und adäquater statistischer Verfahren können aus der Gruppe der potentiellen Einflussfaktoren jene identifiziert werden, die in signifikanter Weise mit dem Beteiligungserfolg korreliert sind.

Was die Beschreibungs- bzw. **Erklärungskraft** der betrachteten wissenschaftlichen **Theorien** betrifft, so lässt sich festhalten, dass die Ressourcentheorie bestehende Unterschiede hinsichtlich des Beteiligungserfolgs insgesamt am besten zu erläutern vermag. Vereinzelt[1074] können auch die *Principal-Agent-* und die Transaktionskostentheorie einen Beitrag zur Erklärung der empirischen Befunde leisten. Demgegenüber steuern die Portfolio-, Soziales-Netzwerk- und Soziales-Kapital-Theorien nur sehr wenig zur Beschreibung der beobachteten Phänomene bei.

In den folgenden Absätzen werden wesentliche **inhaltliche und methodische Grenzen** der vorliegenden Untersuchung angesprochen. Diese kritische Würdigung ist aber nicht als Relativierung der Ergebnisse zu verstehen, sondern soll vielmehr Ansatzpunkte für die weitere Forschung im Bereich der *VC*-Syndizierung liefern.

(1) Die Definition des **Forschungsmodells**, seiner Variablenblöcke und der entsprechenden Einflussfaktoren erfordert gewisse Einschränkungen. Aus der Vielzahl potentieller Determinanten des Beteiligungserfolgs können zwar einige Parameter eliminiert werden, die allen Untersuchungsobjekten gemein sind und somit keinen Beitrag zur Aufklärung von Erfolgsunterschieden leisten. Darüber hinaus müssen aus verschiedenen Gründen aber auch Variablen ausgeschlossen werden, die Auswirkungen auf den Erfolg von Portfoliounternehmen haben können. Zukünftige Forschungsvorhaben im Bereich der Venture-Capital-Syndizierung könnten den Fokus der Erfolgsfaktoren daher ausweiten und zusätzlich zu strukturellen Elementen auch verhaltensbasierte Aspekte aufnehmen.

(2) Die gewählte Methode der **Erfolgsmessung** hat ebenfalls Grenzen. Nach sorgfältiger Abwägung der Vor- und Nachteile hat sich der Autor dazu entschieden, die *VC*-Investment-Rendite mittels der ordinalskalierten Variable des Exit-Erfolgs abzubilden. Mit dieser Operationalisierung ist jedoch nur eine approximative Ermittlung der Investment-Rendite möglich. Eine weitere Schwäche der Methode besteht darin, dass sich die Betrachtung auf bereits veräußerte Beteiligungen beschränkt. Zudem sorgt die Aufteilung der Portfoliounternehmen auf (nur) fünf verschiedene Exit-Typen für eine gewisse Unschärfe und erlaubt keine Differenzierung von Beteiligungen innerhalb eines Clusters. Des Weiteren lässt die gewählte Messmethode keine Beurteilung des nachhaltigen Erfolgs eines Wachstumsunternehmens zu, da allein der realisierte Exit der *VC*-Financiers und nicht die langfristige Entwicklung der Gesellschaft als Kriterium herangezogen wird.

Unabhängig davon stellt sich die Frage, inwieweit solche Kennzahlen auch Erfolgsvorstellungen der Gründer von Start-ups widerspiegeln. Die Optimierung des Beteiligungswachstums im *VC*-Investitionszeitraum kann für einen mittel- bis langfristig orientierten Unternehmer unter Umständen einen Zielkonflikt bedeuten. Und die betrachteten Alternativen der Veräußerung von VCG-Anteilen haben auch ganz unterschiedliche Implikationen für die Einflussmöglichkeiten der Gründer auf das eigene Unternehmen, was ebenfalls zu divergierenden Interessen führen kann.

[1074] Als Beispiele seien die Effekte der Syndikatsgröße und der Beteiligung ausländischer *VC*-Investoren auf den Exit-Erfolg von Portfoliounternehmen angeführt.

Da die Bewertung von Erfolg oder Misserfolg eines *VC*-Engagements in der vorliegenden Arbeit einseitig anhand der Veräußerungsmethode erfolgt, werden potentiell abweichende Einschätzungen der Gründer der Portfoliounternehmen nicht berücksichtigt. Zukünftige Forschungsarbeiten könnten diese Perspektive mit einbeziehen, wenngleich solch ein Vorgehen einen deutlich erhöhten Erhebungsaufwand verursacht.

(3) Weitere Limitationen ergeben sich aus der Vorgehensweise bei der Datenerhebung und der daraus resultierenden **Datenbasis**, die Grundlage der empirischen Untersuchungen ist. Die Datenerhebung weist Merkmale von Längs- und Querschnittsbetrachtungen auf, da sämtliche abgeschlossenen Investitionen mit Beteiligung deutscher Wagniskapitalgeber über einen Zeitraum von sieben Jahren (2000 bis 2006) aufgenommen worden sind. Zwar lassen sich im Zeitverlauf variierende Charakteristika der *VC*-Managementgesellschaften dahingehend reflektieren, dass Alter, Ressourcen und VCG-Netzwerkzentralitäten jahresspezifisch erfasst werden. Aber mangels verfügbarer Informationen können diese Daten teilweise nur approximativ und sich wandelnde Anlageschwerpunkte der *VC*-Managementgesellschaften beispielsweise gar nicht abgebildet werden.

Durch die Wahl des Erhebungszeitraums[1075] sind sowohl Internet-Start-ups als auch Jungunternehmen im Biotechnologiebereich überrepräsentiert – zulasten von Portfoliogesellschaften aus Branchen, die nicht zur *High Technology* gezählt werden können. Insofern lassen sich die Ergebnisse mitunter nur eingeschränkt auf ein Portfolio mit anderer Branchenstruktur übertragen.

(4) Abschließend sei darauf hingewiesen, dass die angewandten **statistischen Verfahren** nur Assoziationen der unabhängigen Variablen mit der Zielvariable, nicht aber Ursache-Wirkung-Beziehungen aufdecken können. Ziel weiterer Forschungsvorhaben sollte es deshalb sein, die identifizierten Zusammenhänge mit dem Beteiligungserfolg anhand geeigneter statistischer Methoden auf ihre Kausalität hin zu untersuchen.

Wenngleich gewisse Limitationen zu berücksichtigen sind, lassen sich ausgehend von den Untersuchungsergebnissen für die einzelnen an einer *VC*-Finanzierung beteiligten Parteien verschiedene **Empfehlungen** ableiten. Dabei sei explizit darauf hingewiesen, dass die folgenden Generalisierungen keine Allgemeingültigkeit für sich beanspruchen, sondern im Einzelfall zu prüfen sind.

Gründer junger deutscher Wachstumsunternehmen sollten sich bei der Suche nach Wagniskapital an sehr erfahrene bzw. renommierte Venture-Capital-Gesellschaften halten. Denn akkumulierte Erfahrung und Expertise – gemessen am Alter der *VC*-Managementgesellschaft – haben sich im Verlauf der Analysen als bedeutende Einflussfaktoren herausgestellt.

Zudem kann belegt werden, dass sich syndizierte Investments unter Führung von unabhängigen renditeorientierten VCG oder *VC*-Einheiten von Finanzinstituten besser entwickeln – im Sinne einer erfolgreichen Veräußerung – als Engagements von Corporate-

[1075] Prämissen sind eine durchgeführte Investitionsrunde und ein Beteiligungsexit zwischen 2000 und Q1 2007.

Venture-Capital-Gesellschaften oder öffentlichen Wagniskapitalgebern. Des Weiteren scheinen junge deutsche Wachstumsunternehmen von einer Betreuung durch deutschsprachige oder sonstige europäische Lead-Investoren mehr zu profitieren als von einer *VC*-Finanzierung durch nordamerikanische VCG.

Akkumuliertes Wissen und *Know-how* bezüglich Branchen und Finanzierungsphasen - erfasst über das bisherige Anlageverhalten der Managementgesellschaft - sollten bei der Auswahl von *VC*-Financiers hingegen nicht überbewertet werden. Denn spezialisierte wie generalistisch ausgerichtete Lead- und Co-Investoren sind zumeist in der Lage, etwaige eigene Defizite zu kompensieren, so dass sich keine statistisch nachweisbaren Unterschiede beobachten lassen.

Gründer von Wachstumsunternehmen sollten auch der Position eines Wagniskapitalgebers im deutschen VCG-Netzwerk nicht zu viel Bedeutung beimessen, denn mögliche Vorteile aus einem guten Kontaktnetzwerk des *VC*-Gebers kommen nicht automatisch auch den Portfoliogesellschaften zugute.

Gleiches wie für Gründer gilt auch für *VC*-Investment-Manager, die entweder zu einer gemeinsamen Finanzierung eingeladen werden oder selbst auf der Suche nach einem Syndikatspartner sind.

Bei der Bildung eines Syndikats sollte der Lead-Investor sorgfältig abwägen, wie viele weitere VCG er hinzuzieht, denn der Umfang der Investorengruppe beeinflusst den Erfolg der Beteiligungen nachweislich. Allerdings besteht kein linearer Zusammenhang zwischen Syndikatsgröße und Exit-Erfolg; vielmehr scheint der marginale Erfolgsbeitrag des ersten Co-Investors positiv, der der nächsten drei *VC*-Geber aber negativ zu sein. Besonders große *VC*-Syndikate mit mehr als sechs Partnern verhelfen ihren Portfoliounternehmen wiederum deutlich häufiger zu einem erfolgreichen Exit. Bemerkenswert ist in diesem Zusammenhang, dass Beteiligungen, die im Verlauf ihrer Entwicklung weitere *VC*-Financiers hinzugewinnen, besser abschneiden als solche, deren Investorenkreis bis zur Veräußerung unverändert bleibt.

Hinsichtlich der im Syndikat vertretenen VCG-Typen kann festgehalten werden, dass die Einbindung einer Corporate-VCG durch einen unabhängigen renditeorientierten Wagniskapitalgeber den Erfolg einer Portfoliogesellschaft tendenziell zu begünstigen scheint. Eine direkte Empfehlung für Investment-Manager oder Gründer lässt sich auf Basis der Forschungsergebnisse jedoch nicht ableiten.

Für die Auswahl von Wachstumsunternehmen durch *VC*-Investment-Manager kann die vorliegende Arbeit ebenfalls Orientierungspunkte bieten. So sollten sich *VC*-Gesellschaften darüber im Klaren sein, dass kleinere Wachstumsunternehmen mit einer geringen Anzahl an Mitarbeitern ein höheres Ausfallrisiko bergen als ihre größeren Peers. Gleichzeitig zeichnet sich aber auch ab, dass ein früheres Engagement von Wagniskapitalgebern den Erfolg von Beteiligungen sehr wohl positiv beeinflussen kann.

Des Weiteren sollten *VC*-Manager branchenspezifische Risiken möglicher Portfoliokandidaten abwägen. Es gibt nämlich Indizien, dass Unternehmen risikoreicherer Industriezweige, wie z. B. *Computer & Internet* oder *Biotechnology & Medical*, im Durchschnitt weniger gut abschneiden als Vertreter sonstiger etablierter Branchen. Angesichts der mangelnden statistischen Signifikanz sollten diese Ergebnisse aber nicht überbewertet werden.

Besondere Aufmerksamkeit sollten *VC*-Investoren wie Gründer hingegen dem Exit-Management widmen. Neben der Wahl geeigneter Exit-Kanäle für eine Beteiligung spielt das Exit-Timing eine entscheidende Rolle. Denn verschiedene Faktoren wie allgemeine Konjunkturschwankungen oder branchenspezifische einschneidende Veränderungen führen bisweilen dazu, dass sich beispielsweise *IPO*-Fenster für gewisse Zeiträume schließen. Eine auf die Dynamik der jeweiligen Veräußerungskanäle abgestimmte Exit-Strategie kann die Erfolgsaussichten von Portfoliounternehmen mitunter deutlich verbessern.

7 Zusammenfassung

Ausgangspunkt der Untersuchung ist die Beobachtung, dass in Deutschland ansässige Venture-Capital-Gesellschaften einen signifikanten Anteil ihrer Investitionen in junge Wachstumsunternehmen zusammen mit anderen Wagniskapitalgebern vornehmen. Dabei setzen *VC*-Financiers in unterschiedlichem Maße auf gemeinsame Investments. Angesichts einer nach 2004 rückläufigen Syndizierungsquote stellt sich die Frage nach den Vorteilen solch konzertierter *VC*-Investitionen für die beteiligten Parteien.

Zum grundlegenden Verständnis von Forschungsobjekt und -umfeld werden eingangs die vier Themenfelder ***Venture Capital***[1076], ***VC*-Syndizierung**[1077], **Beteiligungserfolg**[1078] **im *VC*-Kontext** sowie die **Erfolgswirkung**[1079] **der Syndizierung** umfassend vorgestellt.

Venture Capital wird definiert als über den nicht-organisierten Kapitalmarkt bezogene eigenkapitalähnliche Mittel, die jungen Wachstumsunternehmen für einen begrenzten Zeitraum zur Verfügung gestellt werden. Im Gegenzug erhalten Wagniskapitalgeber typischerweise eine Minderheitsbeteiligung mit umfangreichen Kontroll- und Mitspracherechten, so dass sie das Management des Portfoliounternehmens aktiv unterstützen und auf die Geschäftsentwicklung direkten Einfluss nehmen können. Ziel dieser Venture-Capital-Aktivitäten ist eine signifikante Wertsteigerung des Investments über die Beteiligungsdauer. Dabei übernehmen *VC*-Gesellschaften die Rolle eines Finanzintermediärs, der von Investoren für einen festgelegten Zeitraum Kapital erhält und diese Gelder in ausgewählte Wachstumsunternehmen einbringt. Spätestens zum Ende der Fondslaufzeit führen die *VC*-Geber das Kapital zuzüglich Rendite an die Investoren zurück. Der dazwischen liegende Prozess der *VC*-Finanzierung besteht aus drei Phasen: Die Investitionsphase ermöglicht eine sorgfältige Selektion geeigneter Portfoliounternehmen, deren Entwicklung in der zweiten Phase, der Managementunterstützung, überwacht und gefördert wird. Die Wertschöpfung endet mit der letzten Phase, der Desinvestition der Beteiligung.

Vor diesem Hintergrund geht es um eine theoretische Fundierung des Phänomens ***VC*-Syndizierung**. Syndizierung wird definiert als gemeinsame Eigenkapitalinvestition mehrerer *VC*-Gesellschaften in ein einzelnes Wachstumsunternehmen mit dem Ziel, eine gemeinsame Rendite zu erwirtschaften. Der Ablauf eines solchen Co-Investments setzt sich aus fünf Phasen zusammen, die von der Initiierung des Syndikats über die Auswahl geeigneter Partner, die Ausgestaltung der Syndikatsstruktur und das Management der Kooperation bis zu deren Beendigung reichen. In diesem Prozess übernimmt eine *VC*-Gesellschaft die Rolle des Lead-Investors, der den größten Anteil am Eigenkapital der Beteiligung aufbringt und dem dadurch auch die Federführung im Syndikat zufällt.

[1076] Vgl. Unterkapitel 2.1.

[1077] Vgl. Unterkapitel 2.2.

[1078] Vgl. Unterkapitel 2.3.

[1079] Vgl. Unterkapitel 2.4.

Die Co-Investoren verhalten sich tendenziell passiv und beschränken sich oftmals allein auf die Finanzierung.

Von einer Venture-Capital-Syndizierung versprechen sich Wagniskapitalgeber positive Effekte, die auf Fonds- und/oder auf Beteiligungsebene entstehen können. Zu den erhofften Vorteilen auf *VC*-Fondsebene zählen eine optimierte Portfoliodiversifikation, *Window Dressing* (für Co-Investoren), die Vermeidung einer *Underperformance* gegenüber anderen *VC*-Financiers, die Einnahme einer zentralen Position im VCG-Netzwerk und schließlich eine Verbesserung der Reputation der Managementgesellschaft. Während die genannten Punkte primär den *VC*-Gebern zum Vorteil gereichen, kommen positive Effekte auf Beteiligungsebene auch den *VC*-Nehmern zugute. Darunter fallen die Erschließung externer Ressourcen, die Beschaffung größerer Kapitalsummen, eine Steigerung des *Deal Flow*, die Optimierung der Selektion durch eine effizientere *Due Diligence*, eine umfassendere Unterstützung beim Beteiligungsmanagement, eine Erhöhung der Wertschöpfung, die Vermeidung opportunistischen Verhaltens (bei Kapitalerhöhungen) sowie eine Erweiterung der Exit-Optionen. Co-Investments können aber auch negative Konsequenzen nach sich ziehen. So fallen erhöhte Transaktionskosten für Anbahnung, Vereinbarung, Management und Beendigung eines Syndikats an. Darüber hinaus entstehen nicht unerhebliche Kosten für den Abbau von Informationsasymmetrien, welche die Eignung, das Verhalten und die Absichten der Syndikatspartner betreffen.

Für die vorliegende Arbeit wird der Begriff **Beteiligungserfolg im *VC*-Kontext** spezifiziert als die Realisierung einer attraktiven Rendite auf das einem Portfoliounternehmen über die gesamte Beteiligungsdauer zur Verfügung gestellte Kapital. Zur Auswahl einer geeigneten Methode der Erfolgsmessung werden zahlreiche Publikationen der Venture-Capital-Literatur miteinander verglichen. *VC*-Forscher stellen zumeist auf Beteiligungsrentabilitätsmaße[1080], einen (erfolgreichen) Exit-Typ oder subjektive Erfolgskriterien ab; weitere Messgrößen wie Jahresabschlusskennzahlen, Wachstumsmaße, Markterfolgsindikatoren, Hybridmaße oder die Insolvenzvermeidung kommen deutlich seltener zum Einsatz.

Den Abschluss des Grundlagenkapitels bildet ein Resümee wesentlicher Publikationen, das den wissenschaftlichen Erkenntnisstand zum **Einfluss der Venture-Capital-Syndizierung auf den Beteiligungserfolg** reflektiert. Als Fazit lässt sich festhalten, dass Co-Investitionen im weit überwiegenden Teil der Untersuchungen erfolgreicher abschneiden als Einzelinvestments. Allerdings werden die beobachteten *Performance*-Unterschiede auf verschiedene Weise erklärt: Als Gründe werden neben Größe oder Wachstum des Syndikats auch spezifische Vorteile wie eine überlegene Selektion, eine größere Wertschöpfung oder eine umfassendere Zertifizierung angeführt.

Auf diesem Fundament werden anschließend die Eckpfeiler des vorliegenden Forschungsbeitrags errichtet – die relevanten wissenschaftlichen Theorien und Erkenntnisse der *VC*-Literatur.[1081] Diese Pfeiler bilden wiederum das Gerüst zur Erstellung eines integrierten

---

[1080] Eine zentrale Rolle spielt in diesem Zusammenhang die *Internal Rate of Return* (*IRR*).

[1081] Vgl. Unterkapitel 3.1.

Forschungsmodells[1082] und zur Formulierung von Hypothesen über Zusammenhänge zwischen wesentlichen Syndizierungsparametern und dem Beteiligungserfolg.[1083]

Der **theoretische Bezugsrahmen** setzt sich aus sechs wirtschaftswissenschaftlichen Theorien zusammen. Dies sind neben der Ressourcentheorie, die Soziales-Netzwerk-Theorie, die Soziales-Kapital-Theorie, die Portfoliotheorie, der Transaktionskostenansatz sowie die *Principal-Agent*-Theorie.[1084]

Nach der **Ressourcentheorie** stellen Unternehmen Bündel physischer und humaner Ressourcen dar. Wachstum und Wettbewerbsposition eines Unternehmens sind dabei abhängig von dessen Ressourcenbasis, etablierten Beziehungen sowie der Expertise des Managements im effektiven Einsatz der vorhandenen Ressourcen.

Die **Soziales-Netzwerk-Theorie** räumt mit dem neoklassischen Ansatz auf, der von einem eigennützigen, rein rationalen Verhalten der Marktakteure ausgeht. Die Theorie argumentiert stattdessen, dass Institutionen und deren Verhalten in einem ökonomischen System von den bestehenden sozialen Beziehungen geprägt und beeinflusst werden.

Kern der **Soziales-Kapital-Theorie** ist, dass soziales Kapital genau wie physisches oder Humankapital eine ökonomische Wertschöpfung ermöglicht. Die Sichtweise von sozialem Kapital als Mehrwert von Beziehungen beschäftigt sich mit der zielführenden Etablierung von Verbindungen und deren Nutzung zum Aufbau von physischen und immateriellen Ressourcen.

Die **Portfoliotheorie** beruht auf der Annahme, dass rational handelnde, risikoaverse Investoren aus den möglichen Anlagealternativen ein ihren Risiko/Rendite-Präferenzen entsprechendes optimales Portfolio auswählen. Denn dadurch können Anleger ihren monetären Nutzen maximieren.

Der **Transaktionskostenansatz** basiert auf dem Gedanken, dass jedwedes ökonomisches Handeln (Transaktions-)Kosten verursacht. Die Akteure sind bestrebt, für jede Transaktion die jeweils effizienteste, kostenminimierende Organisationsform aus Markt, Hybrid und Hierarchie zu wählen.

Die ***Principal-Agent*-Theorie** setzt sich mit der Beziehung zwischen einem Prinzipal und seinem Agenten auseinander. Der Agent erhält den Auftrag, die Interessen des Prinzipals zu vertreten, und beeinflusst mit seinen Entscheidungen daher nicht nur den eigenen, sondern auch den Nutzen des Prinzipals. Da beide Seiten ihren individuellen Nutzen maximieren, sind angesichts unterschiedlicher Interessen Zielkonflikte unvermeidlich.

Aufgrund der unterschiedlichen Ansätze erlauben die gewählten Theorien, das Phänomen der Syndizierung aus mehreren Perspektiven zu beleuchten und damit verschiedene Aspekte in den Fokus zu rücken.

1082 Vgl. Unterkapitel 3.2.

1083 Vgl. die Unterkapitel 3.3, 3.4 und 3.5.

1084 Vgl. die Abschnitte 3.1.1 bis 3.1.6 verwiesen.

Auf Basis einer breit angelegten Auswertung der Venture-Capital-Literatur wird ein **integriertes Forschungsmodell** erstellt, welches die zentralen Variablenblöcke einer *VC*-Syndizierung aufgreift und potentielle Einflussfaktoren des Beteiligungserfolgs abbildet. Bei den **Modellblöcken** handelt es sich um die Charakteristika der beteiligten Venture-Capital-Geber, die Beschaffenheit des *VC*-Syndikats sowie die Eigenschaften der Beteiligung. Zu den **Charakteristika der Wagniskapitalgeber**, denen eine Erfolgswirkung zugeschrieben wird, werden deren Erfahrung, Spezialisierung, Reputation, Größe, Position im VCG-Netzwerk, Eigentümerstruktur und Herkunft gezählt. Hinsichtlich der **Zusammensetzung des *VC*-Syndikats** sind insbesondere dessen Größe sowie die darin vertretenen VCG-Typen und -Nationalitäten von Interesse. Da die Rolle eines *VC*-Financiers im Konsortium einen Einfluss auf die Wertschöpfung hat, wird zudem zwischen Lead- oder Co-Investor unterschieden. Erfolgsrelevante **Eigenschaften eines Portfoliounternehmens** stellen schließlich dessen Alter, Lebenszyklusphase, Größe und Geschäftsfeld dar.

Ausgehend von den Theorieansätzen und unter Rückgriff auf das Forschungsmodell werden zwölf teils konkurrierende **Hypothesen** aufgestellt, die Zusammenhänge zwischen den **Charakteristika der *VC*-Investoren** und dem Beteiligungserfolg formulieren. Dabei geht es zum einen um drei Spezialisierungsrichtungen von *VC*-Financiers - Branchen-, Finanzierungsphasen- und geographischen Anlageschwerpunkt - und zum anderen um die Einbindung der VCG ins Netzwerk der deutschen Wagniskapitalgeber.

Auf analoge Weise werden sechs (konkurrierende) **Thesen** über Wirkungsbeziehungen zwischen der **Beschaffenheit eines *VC*-Syndikats** und dem Erfolg von Portfoliogesellschaften herausgearbeitet. Zusätzlich zum Umfang wird die Konstellation des Syndikats im Hinblick auf eine simultane Einbindung unabhängiger und Corporate-VCG sowie eine Teilnahme ausländischer *VC*-Investoren untersucht.

Des Weiteren werden drei **Hypothesen** über Zusammenhänge zwischen den **Eigenschaften einer Portfoliogesellschaft** und deren Erfolgsaussichten aufgestellt. Als Indikatoren der mit einer Venture-Capital-Investition verbundenen Unsicherheit stehen Lebenszyklusphase, Größe und Branchenzugehörigkeit eines finanzierten Wachstumsunternehmens im Fokus der Betrachtung.

Eine Zusammenfassung der 21 Hypothesen beschließt den Theorieteil der Forschungsarbeit.

Zu Beginn des Empirieteils werden zum einen die **Operationalisierungen**[1085] **der Variablen** des Forschungsmodells festgelegt und zum anderen die **verwendeten Datenerhebungs-**[1086] und **Datenanalysemethoden**[1087] vorgestellt.

Innerhalb des Modellblocks Charakteristika der Venture-Capital-Gesellschaften werden für die unabhängige Variable Spezialisierung(sgrad) drei Präferenzindikatoren (Branche, Finanzierungsphase, Geographie) mit korrespondierenden Konzentrationsmaßen definiert.

1085 Vgl. Unterkapitel 4.1.

1086 Vgl. Unterkapitel 4.2.

1087 Vgl. Unterkapitel 4.3.

Die Position im VCG-Netzwerk basiert auf fünf teils verwandten Zentralitätsmaßen (drei Gradzentralitäten, Eigenvektor- und Betweenness-Zentralität). Für die Kontrollvariablen Alter und Ressourcen werden eine Bestehens- bzw. drei Größenindikatoren (Capital under Management, Mitarbeiterzahl, Anzahl Portfoliounternehmen, jeweils global) herangezogen. VCG-Typ und -Herkunft liegt jeweils ein kategoriales Maß zugrunde.

Die unabhängigen Variablen des Blocks Beschaffenheit des Venture-Capital-Syndikats werden über jeweils zwei (alternative) Messgrößen abgebildet. Die Syndikatsgröße bemisst sich anhand der Anzahl der *VC*-Geber in der ersten bzw. letzten Finanzierungsrunde. Hinsichtlich der Teilnahme verschiedener VCG-Typen sowie der Präsenz unterschiedlicher Nationalitäten kommen jeweils eine binäre und eine kategoriale Variable zum Einsatz.

Innerhalb des Modellblocks Eigenschaften der Beteiligung werden für die unabhängigen Variablen Lebenszyklusphase, Größe und Branche ein Phasenindikator, zwei Größenindikatoren (Umsatz, Mitarbeiterzahl) und ein Industriezugehörigkeitsindikator bestimmt. Die Messung der Kontrollvariablen Alter und Jahr des Exits erfolgt jeweils anhand einer kardinalen Größe.

Die primäre abhängige Variable des Blocks Beteiligungserfolg, der Exit-Typ, wird auf Basis des Zusammenhangs zwischen Veräußerungsmethode und Investment-Rendite als ordinale Messgröße definiert. Für die Kontrollgrößen, die Anzahl der Finanzierungsrunden und das Beteiligungswachstum, werden eine bzw. zwei Messgrößen (Umsatz- und Mitarbeiterwachstum) herangezogen.

Nachfolgend stehen das Vorgehen bei der Auswahl der Untersuchungsobjekte und die angewandten Erhebungsmethoden im Vordergrund.

Die **Grundgesamtheit** wird bestimmt als deutsche Portfoliounternehmen von in der BRD ansässigen VCG. Die **Stichprobe** beschränkt sich auf bereits veräußerte deutsche Beteiligungen, die nach 1995 gegründet und im Zeitraum von 2000 bis 2006 von mindestens einem unabhängigen *VC*-Geber mit Sitz in Deutschland finanziert worden sind.

Zur **Erhebung der** erforderlichen **Daten** verfolgt der Autor einen sekundärstatistischen Ansatz. Dementsprechend werden die benötigten Informationen über Abfragen verschiedener renommierter Datenbanken beschafft, darunter *VentureXpert*, *MARKUS* und *InsolNet*. Ergänzendes Material wird gesammelt durch umfangreiche Recherchen in Fachzeitschriften (z. B. *Corporate Finance und Private Equity Guide*), Verbandspublikationen (z. B. BVK, *EVCA*), Internetarchiven (z. B. *Internet Archive WayBack Machine*, *BooCompany*) und Nachrichtenagenturen (z. B. *Factiva*).

Im Rahmen der **Datenanalyse** kommen uni-, bi- und multivariate Verfahren zum Einsatz. Für die deskriptiven Statistiken wird primär auf klassische Kennzahlen (z. B. Lage- und Streuungsmaße) zurückgegriffen, während in den bivariaten Verfahren Assoziations- und Korrelationsmaße zur Anwendung kommen. Als multivariate statistische Methode zur Überprüfung von Hypothesen und Forschungsmodell wird die kumulative logistische Regression ausgewählt. Dieses Verfahren schätzt die Eintrittswahrscheinlichkeiten der einzelnen Ausprägungen einer Zielgröße in Abhängigkeit von definierten Einflussfaktoren.

Im ersten Teil der empirischen Datenauswertungen geht es um deskriptive Statistiken[1088], bivariate Analysen[1089] zu Zusammenhängen mit dem Exit-Erfolg und Korrelationen[1090] der Variablen untereinander.

Anhand zahlreicher **deskriptiver Statistiken** kann ein detailliertes Bild von den Eigenschaften der 424 betrachteten Portfoliounternehmen und der 285 engagierten *VC*-Investoren gezeichnet werden. Parallel dazu werden die beobachteten Merkmalsverteilungen mit den verfügbaren Branchenstatistiken des Bundesverbands Deutscher Kapitalbeteiligungsgesellschaften (BVK) verglichen. Dies ermöglicht eine abschließende Bewertung der **Repräsentativität der** eigenen **Datenbasis**.

Die Untersuchung der Beteiligungscharakteristika deckt unterschiedlich starke Verzerrungen in den Bereichen der Branchenzugehörigkeit, der Investitionen im Zeitverlauf und der Veräußerungsmodalitäten auf. Weitgehend erwartungskonform fallen hingegen die Ergebnisse der Gegenüberstellungen von Lebenszyklusphase und Größe aus.

Die involvierten Wagniskapitalgeber sind nur im Hinblick auf den VCG-Typ mit der Mitgliederstruktur des BVK vergleichbar. Was das Syndizierungsverhalten der untersuchten Risikokapitalinvestoren betrifft, zeichnet sich im Vergleich zu den BVK-Statistiken eine deutlich erhöhte Syndizierungsquote ab.

Die **bivariaten Analysen** orientieren sich strukturell an den Bausteinen des Forschungsmodells. Ziel ist es, mögliche Zusammenhänge zwischen dem Beteiligungserfolg und jeder der zehn unabhängigen bzw. fünf Kontrollvariablen aufzudecken.

Von den 15 Hypothesengruppen sind vier definitiv und sechs tendenziell anzunehmen, während vier definitiv und eine (tendenziell) abzulehnen sind. Zu den vier potentiell bedeutenden Prädiktoren des Beteiligungserfolgs zählen die Zentralität der Co-Investoren im VCG-Netzwerk, eine zunehmende Anzahl von Wagniskapitalgebern im Konsortium sowie Größe und Branche des Portfoliounternehmens. Demgegenüber gehen von einer zutreffenden Finanzierungsphasen- und Regionenpräferenz des Lead-Investors negative Effekte auf den Exit-Erfolg einer Beteiligung aus. Kein Zusammenhang mit der Veräußerungsmethode besteht bei einer übereinstimmenden Phasenpräferenz der Co-Investoren und der Position des Lead-Investors im VCG-Netzwerk. Für die übrigen Einflussfaktoren, darunter die absolute Zahl der syndizierenden *VC*-Geber und die Einbindung von Corporate-VCG, lassen sich auf Basis der bivariaten Analysen lediglich Tendenzaussagen treffen. All diese vorläufigen Befunde galt es sodann im Rahmen der multivariaten Analysen zu bestätigen oder zu revidieren.

Im Vorfeld der multivariaten Untersuchungen werden für jeden der vier Bildungsblöcke des Forschungsmodells die **Korrelationen** der enthaltenen Variablen ermittelt, um Erkenntnisse über Beziehungen der einzelnen Indikatoren untereinander zu erlangen.

[1088] Vgl. Unterkapitel 5.1.

[1089] Vgl. Unterkapitel 5.2.

[1090] Vgl. Unterkapitel 5.3.

Dabei stellt sich heraus, dass im Kontext der Charakteristika der *VC*-Gesellschaften beinahe ausschließlich signifikante, überwiegend mittlere bis hohe Korrelationen der Lead-VCG-Parameter existieren. Starke Zusammenhänge sind innerhalb der verschiedenen Zentralitätsmaße, der drei Größenindikatoren sowie zwischen den beiden Gruppen zu beobachten. Ein ähnliches Bild bietet sich bei den Charakteristika der Co-Investoren.

Im Hinblick auf die Beschaffenheit des *VC*-Syndikats werden überwiegend hochsignifikante Korrelationen nachgewiesen, die sich in ihrem Ausmaß jedoch deutlich unterscheiden. Auffällig sind die starken Assoziationen der VCG-Anzahl (letzte Runde) mit dem Syndikatswachstum zwischen erster und letzter Finanzierungsrunde und mit der VCG-Anzahl (erste Runde). Des Weiteren finden sich mittelstarke Zusammenhänge zwischen der VCG-Anzahl (letzte Runde) und der Teilnahme ausländischer Wagniskapitalgeber sowie der simultanen Präsenz unabhängiger und Corporate-VCG.

Die Korrelationsanalysen der Eigenschaften der Beteiligungen enthüllen ausnahmslos hochsignifikante Assoziationen. So existiert unter anderen ein mittelstarker Zusammenhang zwischen Umsatz und Mitarbeiterzahl eines Portfoliounternehmens.

Für die Gruppe der Erfolgsindikatoren können überwiegend signifikante, aber nur sehr schwache Assoziationen festgestellt werden. Insbesondere der Exit-Typ, das zentrale Maß für den Beteiligungserfolg, hängt weder mit den beiden Größen Umsatz- und Mitarbeiterwachstum noch mit der Anzahl der Finanzierungsrunden zusammen. Letztere verbindet wiederum sehr wenig mit dem Umsatz- bzw. Mitarbeiterwachstum. Angesichts niedriger Korrelationen der abhängigen Variablen wird allein auf den Exit-Erfolg abgestellt, der die latente Erfolgsgröße der Investment-Rendite am besten reflektiert.

Die anschließende **Multikollinearitätsanalyse** dient dem Aufspüren linearer Zusammenhänge zwischen den Regressoren. Denn stark korrelierte Variable beeinträchtigen die Schätzungen der kumulativen logistischen Regression.

In der Ausgangsvariante des Regressionsmodells mit sämtlichen unabhängigen Variablen weisen denn auch mehrere Koeffizienten eine hohe bzw. sehr hohe Multikollinearität auf. Um dieses Problem zu lösen, werden die betroffenen Variablen ausgeschlossen. Aus den Zentralitätsmaßen wird die Gradzentralität als alleiniger Indikator der Netzwerkposition von Lead- und Co-Investoren ausgewählt. Von den drei Variablen der VCG-Größe wird nach sorgfältiger Abwägung nur die Mitarbeiterzahl als repräsentatives Maß beibehalten. Der hohen Korrelation von Umsatz und Beschäftigtenzahl der Beteiligungen wird mit einem Ausschluss der Erlösgröße begegnet.

Der zweite Teil der empirischen Datenauswertung befasst sich mit den **multivariaten Analysen**, anhand derer die formulierten Hypothesen und das erstellte Forschungsmodell auf ihre Gültigkeit und Aussagekraft hin überprüft werden. Dazu wird im ersten Schritt die **Datenbasis** beschrieben, die als Grundlage der ordinalen Regressionsanalyse dient.[1091] Die Selektion, Prüfung und **Evaluation des** im Anschluss zu analysierenden **Gesamtmodells**

1091 Vgl. Unterkapitel 6.1.

stehen im Fokus des zweiten Schritts.[1092] Im dritten Schritt werden die modellblockspezifischen **Regressionskoeffizienten** sukzessive untersucht, interpretiert und zur Beurteilung der betreffenden Hypothesen herangezogen.[1093] Den vierten und letzten Schritt bilden Zusammenfassungen und Schlussfolgerungen, die **Forschungsmodell, Hypothesentests, Forschungsfragen** und **Implikationen** für Theorie und Praxis betreffen.[1094]

Im Gegensatz zu den bivariaten Untersuchungen, die sich auf die gleichzeitige Betrachtung zweier Variabler beschränken, berücksichtigen multivariate Analysen sämtliche Faktoren eines Forschungsmodells. Dadurch reduziert sich die **Gesamtzahl der** 424 aufgenommenen **Beteiligungsfälle** zunächst auf jene 244 Investments, die von *VC*-Syndikaten getätigt worden sind. Aufgrund fehlender Daten können Forschungsmodell und Hypothesen schließlich an einer Fallzahl von 132 syndizierten Portfoliounternehmen überprüft werden.

Ziel der **Modellselektion und -evaluation** ist es, ein aussagekräftiges und zugleich parameterökonomisches Modell zu identifizieren, das alle statistischen Anforderungen erfüllt und von hoher Güte ist. Zu diesem Zweck werden eine geeignete iterative Auswahlmethode, die Rückwärtsselektion, und ein adäquates Modellwahlkriterium, *Akaikes Informationskriterium AIC*, bestimmt. Das nach der zehnten Iteration gewonnene Modell wird daraufhin geprüft, ob die Anwendungsvoraussetzungen für eine kumulative logistische Regression erfüllt sind, und stellt sich als geeignet heraus. Die Evaluation eines kumulativen logistischen Regressionsmodells bemisst sich am Beitrag, den die Gesamtheit der Regressoren zur Unterscheidung der Ausprägungskategorien des Regressanden bzw. der Zielgröße leistet. Um diesen Beitrag zu quantifizieren, werden verschiedene statistische Verfahren angewendet, zu denen der *Likelihood-Ratio*-Test genauso zählt wie die *Pseudo-*R^2-Statistiken und die Klassifikationsmatrix. Die angelegten Kriterien attestieren dem Gesamtmodell eine gute - teils fast sehr gute - Erklärungskraft, so dass sich die (Anpassungs-)Güte insgesamt als hoch einstufen lässt.

Vor diesem Hintergrund können die **Regressionskoeffizienten** der einzelnen Modellblöcke interpretiert werden. Bezug nehmend auf *Odds Ratios* und Sensitivitätsanalysen werden Zusammenhänge zwischen Beteiligungserfolg und Einflussfaktoren sukzessive quantifiziert. Auf Basis von Regressionskoeffizienten und Signifikanzniveaus erfolgt eine Bewertung der jeweiligen Hypothese; die Befunde der multivariaten Analysen werden zudem mit den korrespondierenden bivariaten Zwischenergebnissen verglichen.

Die Ergebnisse der ordinalen Regressionsanalysen zeigen, dass die (Charakteristika der) finanzierenden *VC*-Gesellschaften für den Erfolg ihrer Portfoliogesellschaften eine zentrale Rolle spielen. Neben Erfahrung und Reputation[1095] der engagierten Lead- und Co-Investoren beeinflussen auch Ressourcenbasis und Zielsetzung[1096] der führenden Wagniskapitalgeber

---

[1092] Vgl. Unterkapitel 6.2.

[1093] Vgl. die Unterkapitel 6.3 bis 6.5.

[1094] Vgl. Unterkapitel 6.6.

[1095] Approximativ gemessen am Alter der Managementgesellschaft.

[1096] Indirekt erfasst über den VCG-Typ.

den Beteiligungserfolg maßgeblich. Hinsichtlich der betrachteten Anlageschwerpunkte von *Venture Capitalists* lässt sich konstatieren, dass die regionale Ausrichtung mindestens eines Co-Investors auf den deutschen Venture-Capital-Markt den Erfolg einer in Deutschland ansässigen Portfoliogesellschaft begünstigt. Demgegenüber trägt eine schwerpunktmäßige Ausrichtung der *VC*-Geber auf die Branche oder Finanzierungsphase eines Investments in der Regel nicht wesentlich zur Verbesserung von dessen Exit-Perspektiven bei. Von den Positionen der Lead- und Co-Investoren im deutschen VCG-Netzwerk geht nach den gewonnenen Erkenntnissen nicht die erwartete positive Erfolgswirkung aus.[1097]

Die Beschaffenheit des *VC*-Syndikats ist für den Erfolg von Portfoliounternehmen ebenfalls von geringerer Bedeutung. Denn weder für eine Einbindung ausländischer Risikokapitalgeber noch für eine Syndikatsbeteiligung von Corporate-VCG lassen sich statistisch belastbare Zusammenhänge mit dem Exit-Erfolg nachweisen. Lediglich die Anzahl der involvierten *VC*-Investoren beeinflusst den Beteiligungserfolg in signifikanter Weise.[1098]

Die Eigenschaften der Beteiligung fallen wiederum stärker ins Gewicht, wenn es um eine erfolgreiche Veräußerung geht. Die Forschungsergebnisse belegen die These einer „Bürde der Kleinheit"; das heißt, dass Unternehmen mit nur wenigen Mitarbeitern im Durchschnitt höhere Ausfallraten aufweisen als größere Pendants. Eine „Bürde der Neuheit" kann indessen nicht bzw. nur eingeschränkt dokumentiert werden.[1099] Lediglich vage Anhaltspunkte finden sich auch dafür, dass ein erhöhtes Branchenrisiko negative Effekte auf die Entwicklung von Portfoliogesellschaften hat. Dagegen ist der Zeitpunkt der Desinvestition ein nicht zu unterschätzender Faktor. Mit dem konjunkturellen Zyklus schwanken nämlich Interesse und Zahlungsbereitschaft von potentiellen strategischen, Finanz- oder Privatinvestoren und damit die Exit-Perspektiven der Beteiligungen.

Die angeführten Ergebnisse bilden den Ausgangspunkt einer Diskussion des **Forschungsmodells**. In diesem Kontext wird die Signifikanz mindestens einer Variablen je Modellblock als eine Bestätigung der Modellstruktur gewertet.

Vor dem Hintergrund der bi- und multivariaten statistischen Analysen können insgesamt acht der 21 teils konkurrierenden **Hypothesen** (tendenziell) angenommen werden, wohingegen die verbleibenden 13 (eher) abzulehnen sind.

Zu den angenommenen Hypothesen zählen jene, die von der Branchenpräferenz des Lead-Investors sowie der Branchen- und Finanzierungsphasenpräferenz der Co-Investoren keine Effekte auf den Beteiligungserfolg erwarten. Des Weiteren können zwei Hypothesen angenommen werden, die eine positive Erfolgswirkung unterstellen. Dabei handelt es sich

---

[1097] Allerdings ist nicht auszuschließen, dass ein möglicher latenter Netzwerkeffekt durch die hoch korrelierte signifikante Variable der VCG-Größe abgebildet wird.

[1098] Dabei besteht jedoch kein einfacher linearer Zusammenhang; vielmehr scheint der marginale Erfolgsbeitrag jedes weiteren *VC*-Gebers zunächst positiv, dann aber negativ zu sein.

[1099] Denn einerseits zeigt sich eine negative Assoziation des Alters mit dem Exit-Erfolg. Andererseits stützen die höheren Erfolgsquoten von Beteiligungen mit einem Alter von über zwei Jahren wiederum die These einer „Bürde der Neuheit".

zum einen um die zutreffende Regionenpräferenz mindestens eines Syndikatspartners und zum anderen um die Größe des Portfoliounternehmens. Auch eine zunehmende Zahl syndizierender *VC*-Gesellschaften korreliert mit dem Exit-Erfolg. Tendenziell anzunehmen sind zudem zwei weitere Thesen: Die eine geht davon aus, dass kein Zusammenhang zwischen einer entsprechenden Finanzierungsphasenpräferenz des Lead-Investors und dem Beteiligungserfolg besteht. Die andere postuliert einen negativen Effekt der Syndikatsgröße auf die Entwicklung der Portfoliounternehmen.[1100]

Aufbauend auf diesen Ergebnissen können die sechs aufgeworfenen Forschungsfragen beantwortet werden. Die drei **theoretischen Forschungsfragen** befassen sich mit der Motivation von *VC*-Gesellschaften zur Co-Investition, mit Beurteilungskriterien und Messmethoden des Erfolgs von *VC*-Engagements aus externer Sicht sowie mit der Identifikation potentieller Einflussfaktoren des Beteiligungserfolgs im Syndizierungskontext. Die Syndizierungsmotive von Wagniskapitalgebern sind vielschichtig und umfassen sowohl positive Effekte auf *VC*-Fondsebene - darunter eine breitere Portfoliodiversifikation und *Window Dressing* - als auch vorteilhafte Auswirkungen auf Ebene der *VC*-Beteiligung wie eine bessere Selektion und Wertschöpfung. Ein weiteres Ergebnis der vorliegenden Arbeit ist, dass sich der Erfolg oder Misserfolg eines *VC*-Investments aus externer Sicht zuverlässig anhand einer ordinalskalierten Variable der Veräußerungsmethode beurteilen lässt. Für die Zwecke des eigenen Forschungsvorhabens können die potentiellen Einflussfaktoren des Exit-Erfolgs auf Determinanten der drei Kategorien Charakteristika der VCG, Beschaffenheit des *VC*-Syndikats und Eigenschaften der Beteiligung begrenzt werden.

Die drei **empirischen Forschungsfragen** widmen sich dem Syndizierungsverhalten von Wagniskapitalgebern, einem Vergleich des Exit-Erfolgs von Einzelinvestments und syndizierten *VC*-Investitionen sowie der Identifikation entscheidender Faktoren für den Erfolg von Portfoliounternehmen. Die Untersuchungsergebnisse zeigen, dass sich die in Deutschland ansässigen *VC*-Gesellschaften in ihren Syndizierungsaktivitäten voneinander unterscheiden. Dabei setzt gut ein Drittel der analysierten *VC*-Financiers nicht oder nur selten auf das Instrument der Co-Investition, während knapp zwei Drittel regelmäßig mit anderen Wagniskapitalgebern kooperieren. Darüber hinaus belegt der Vergleich von 180 *VC*-Einzelinvestments mit 244 syndizierten Beteiligungen, dass letztere im Durchschnitt deutlich erfolgreicher sind - insbesondere bei der Durchführung von Börsengängen. Doch auch innerhalb der Gruppe gemeinsam finanzierter Portfoliounternehmen lassen sich Erfolgsunterschiede feststellen. Diese ergeben sich zu einem wesentlichen Teil aus den Charakteristika der involvierten VCG wie deren Erfahrung, Reputation, Ressourcenbasis und Zielsetzung. Weiterhin spielen die Eigenschaften der Beteiligung eine bedeutende Rolle - primär die Größe des Wachstumsunternehmens und der Zeitpunkt der Veräußerung (Kalenderjahr). Einen Einfluss auf den Erfolg des *VC*-Engagements hat zudem auch die Größe des Venture-Capital-Syndikats.

[1100] Dabei besteht jedoch kein einfacher linearer Zusammenhang; vielmehr scheint der marginale Erfolgsbeitrag jedes weiteren *VC*-Gebers zunächst positiv, dann aber negativ zu sein.

Die Arbeit endet mit **Schlussfolgerungen** für die Venture-Capital-Forschung und -Praxis. Zum einen werden der wissenschaftliche Beitrag der vorliegenden Untersuchung herausgearbeitet, inhaltliche und methodische Grenzen aufgezeigt sowie weiterer Forschungsbedarf im *VC*-Kontext identifiziert. Zum anderen werden Unternehmensgründern und Venture-Capital-Gesellschaften Entscheidungs- und Handlungsempfehlungen für die Ausgestaltung von *VC*-Syndikaten an die Hand gegeben.

ANHANG

A.1 Verzeichnis der Venture Economics Industry Codes

PIC	PISG1	PISG2	PISG3	Beschreibung (in Englisch)
1000				**Information Technology**
	1000			***Communications***
		1100		*Commercial Communications*
			1000	Communications & Media
			1100	Commercial Communications
			1110	Radio & TV Broadcasting Stations
			1120	CATV & Pay TV Systems
			1125	Cable Service Providers
			1130	Radio & TV Broadcasting & Other Related Equipment
			1135	Services to Commercial Communications
			1199	Other Commercial Communications
			1700	Media & Entertainment
			1710	Entertainment
			1720	Publishing
			1800	Other Communications Related
		1200		*Telephone Related*
			1200	Telecommunications
			1210	Long Distance Telephone Services
			1215	Local Exchange Carriers (LEC)
			1220	Telephone Interconnect & Other Equipment
			1230	Telephone answering and/or management systems, PBXs
			1299	Other Telephone Related
		1300		*Wireless Communications*
			1300	Wireless Communications
			1310	Mobile Communications, Pagers & Cellular Radio
			1320	Wireless Communications Services
			1325	Messaging Services
			1330	Wireless Communications Components
			1399	Other Wireless Communications
		1400		*Facsimile Transmission*
			1400	Facsimile Transmission
		1500		*Data Communications*
			1500	Data Communications
			1510	Local Area Networks (incl. voice/data PBX systems)
			1515	Wide Area Networks
			1520	Data Communications Components
			1521	Communications Processors/Network Management
			1522	Protocol Converters & Emulators
			1523	Modems & Multiplexers
			1524	Other Data Communication Components
			1525	Switches/Hubs/Routers/Gateways/ATM
			1530	Network test, monitor & support equipment
			1549	Other Data Communications

PIC	PISG1	PISG2	PISG3	Beschreibung (in Englisch)
		1600		*Satellite Communications*
			1600	Satellite Microwave Communications
			1610	Satellite Services/Carriers/Operators
			1620	Satellite Ground (and other) Equipment
			1630	Microwave Service Facilities
			1640	Microwave & Satellite Components
			1699	Other Satellite & Microwave
		1800		*Other Communications*
			1810	Defense Communications
			1825	Other Communications Services NEC
			1899	Other Communications Products (not yet classified)
	2100			***Computer Hardware***
		2100		*Computers*
			2100	Computers & Hardware
			2110	Mainframes & Scientific Computers
			2111	Mainframes
			2112	Supercomputers & Scientific Computers
			2119	Other Mainframes & Scientific Computers
			2120	Mini & Personal/Desktop Computers
			2121	Fail Safe Computers
			2122	Mini Computers
			2123	Personal Computers (micro/personal)
			2124	Other Mini & Personal Computers
			2125	Portable Computers (notebooks/laptops)
			2126	Handheld Computing (PDA)
			2130	Optical computing
			2140	Servers & Workstations
			2141	Servers
			2143	Workstations
			2144	Thin Client Hardware
			2149	Other Servers & Workstations
		2200		*Computer Graphics Related*
			2200	Computer Graphics & Digital Imaging
			2200	Computer Graphics & Digital Imaging
			2210	CAD/CAM, CAE, EDA Systems
			2220	Graphic Systems
			2230	Scanning Hardware
			2234	OCR (Optical Character Recognition)
			2236	OBR (Optical Bar Recognition)
			2238	MICR (Magnetic Ink Character Recognition)
			2239	Other Scanning Related
			2250	Graphics Printers/Plotters
			2255	Graphics/Enhanced Video Cards
			2260	Other Graphics Peripherals
			2280	Other Multimedia NEC
			2290	Digital Imaging Hardware & Equipment
			2295	Digital Imaging Services
			2299	Other Computer Graphics

PIC	PISG1	PISG2	PISG3	Beschreibung (in Englisch)
		2300		*Integrated Turnkey Systems & Solutions*
			2300	Integrated Turnkey Systems & Solutions
			2311	Business & Office
			2312	Consumer
			2313	Retailing
			2315	Transportation
			2316	Finance/Insurance/Real Estate
			2317	Agriculture
			2318	Recreation/Entertainment
			2319	Manufacturing/Industrial/Construction
			2320	Medical/Health
			2321	Computer related
			2322	Communications Products/Services
			2323	Education
			2324	Reference
			2325	Scientific
			2399	Other Integrated Systems & Solutions
		2500		*Computer Peripherals*
			2500	Peripherals
			2510	Terminals
			2511	Intelligent Terminals
			2512	Portable Terminals
			2513	Graphics Terminals
			2519	Other Terminals
			2520	Printers
			2521	Laser Printers
			2522	Color Printers
			2523	Inkjet Printers
			2524	Dot Matrix Printers
			2529	Other Printers
			2530	Data I/O Devices
			2531	Mouse Input Devices
			2532	TouchPad Input Devices
			2533	Pen based computing
			2539	Other Data I/O Devices
			2540	Disk Related Memory Devices
			2541	Floppy Disks & Drives
			2542	Winchester Hard Disks & Drives
			2543	Optical Disks & Drives, CD-ROM DVD
			2546	Disk Drive Components
			2549	Other Disk Related
			2550	Tape Related Devices
			2551	Magnetic Tapes
			2552	Tape Heads & Drives
			2553	Continuous Tape Backup Systems
			2559	Other Tape Related Devices
			2560	Other Memory Devices (excl. semiconductors)
			2561	PC or PCMCIA cards
			2562	Memory Cards
			2563	Sound Cards
			2564	Communications Cards
			2569	Other Peripheral Cards

PIC	PISG1	PISG2	PISG3	Beschreibung (in Englisch)
			2590	Other Peripherals (not yet classified)
		2600		*Computer Services*
			2600	Computer Services
			2630	Time Sharing Firms
			2640	Computer Leasing & Rentals
			2650	Computer Training Services
			2655	Backup & Disaster Recover
			2660	Data Processing, Analysis & Input Services
			2665	Computer Repair Services
			2670	Computerized Billing & Accounting Services
			2675	Computer Security Services
			2691	Data communications systems management
			2699	Other Computer Services
	2700			***Computer Software***
		2700		*Computer Software*
			2700	Computer Software
			2710	Systems Software
			2711	Database & File Management
			2712	Operating Systems & Utilities
			2713	Program Development Tools/CASE/Languages
			2716	Graphics & Digital Imaging Software
			2719	Other Systems Software
			2720	Communications/Networking Software
			2721	Security/Firewalls, Encryption software
			2722	Email Software
			2723	Groupware
			2724	Multimedia software
			2729	Other Communications/Networking Software
			2730	Applications Software
			2731	Business & Office Software
			2732	Home Use Software
			2733	Educational Software
			2734	Manufacturing/Industrial Software
			2735	Medical/Health Software
			2736	Banks/Financial Institutions Software
			2737	Retailing Software
			2738	Integrated Software
			2739	ERP/Inventory Software
			2740	Recreational/Game Software
			2741	Scientific Software
			2743	Agricultural Software
			2744	Transportation Software
			2748	Other Industry specific Software
			2749	Other Applications Software
			2750	Artificial Intelligence Related Software
			2751	Expert Systems
			2752	Natural Language
			2753	Computer-Aided Instruction
			2754	Artificial Intel. Programming Aids
			2755	Other Artificial Intelligence Related
			2799	Other Software Related

PIC	PISG1	PISG2	PISG3	Beschreibung (in Englisch)
		2710		*Computer Programming*
			2760	Software Services
			2761	Programming Services/Systems Engineering
			2762	Software Consulting Services
			2763	Software Distribution/Clearinghouse
			2769	Other Software Services
	2800			***Internet Specific***
		1550		*Internet Communications*
			1550	Internet Communications & Infrastructure NEC
			1551	Internet Access Services & Service Providers
			1552	Internet Multimedia Services
			1553	Internet Backbone Infrastructure
			1559	Other Internet Communications NEC
		1560		*E-Commerce Technology*
			1560	E-Commerce Technology
			1561	Internet Security & Transaction Services
			1562	E-Commerce Services
			1569	Other E-Commerce
		2100		*Computer Hardware*
			2142	Web Servers
		2780		*Internet Software*
			1563	E-Commerce Enabling Software
			2780	Internet Systems Software
			2781	Site Development & Administration Software
			2782	Internet Search Software & Engines
			2783	WebServer Software
			2784	Web Languages (Java/ActiveX/HTML/XML)
			2785	Web Authoring/Development Software
			2798	Other Internet Systems Software
		2785		*Internet Programming*
			2765	Internet/Web Design & programming services
			2766	Internet Graphics Services
			2768	Other Internet Software Services
		2800		*Internet E-Commerce*
			2800	Internet & Online Related
			2810	E-Commerce - Selling Products Online/via Internet
			2811	Business & Office Products
			2812	Consumer Products
			2813	Retailing Products
			2814	Publishing Products
			2815	Transportation Products
			2816	Finance/Insurance/Real Estate Products
			2817	Agricultural Products
			2818	Recreation/Entertainment/Music/Movies
			2819	Manufacturing/Industrial/Construction
			2820	Medical/Health
			2821	Computer Related
			2822	Communications Products
			2823	Education Products
			2824	Reference Products
			2825	Scientific Products
			2826	Legal Products

PIC	PISG1	PISG2	PISG3	Beschreibung (in Englisch)
			2829	Other E-Commerce Selling Products
			2830	E-Commerce – Selling Services Online/via Internet
			2831	Business & Office Services
			2832	Consumer Services
			2833	Retailing Services
			2834	Publishing Services
			2835	Transportation Services
			2836	Finance/Insurance/Real Estate Services
			2837	Agricultural Services
			2838	Recreation/Entertainment/Music/Movies
			2839	Manufacturing/Industrial/Construction
			2840	Medical/Health Services
			2841	Computer Related services
			2842	Communications Products/Services
			2843	Education Services
			2844	Reference
			2845	Scientific
			2846	Legal
			2848	Recreation/Entertainment Services
			2849	Other E-Commerce Selling Services
		2810		*Internet Content*
			2850	Web Aggregation/Portal Sites/Exchanges
			2851	Business & Office Info/content
			2852	Consumer Info/Content
			2853	Retailing Info/Content
			2854	Publishing Info/Content
			2855	Transportation Info/Content
			2856	Finance/Real Estate/Insurance Info/Content
			2857	Agriculture Info/Content
			2858	Recreation/Entertainment/Music/Movies
			2859	Manufac./Industrial/Constr. Info/Content
			2860	Medical/Health Info/Content
			2861	Computer Related Info/Content
			2862	Communications Info/Content
			2863	Education Info/Content
			2864	Reference Info/Content
			2865	Scientific Info/Content
			2866	Legal Info/Content
			2869	Other Aggregation/Portal/Exchange Sites
		2820		*Internet Services*
			2870	Internet Services
			2871	Internet Marketing Services
			2873	Data Warehousing Services
			2879	Other Internet & Online Services NEC
	2900			***Other Computer***
		2900		*Other Computer*
			2000	Computer Related
			2900	Other Computer Related
			2910	Voice Synthesis
			2911	Voice Recognition
			2990	Other Computer Related (not yet classified)

PIC	PISG1	PISG2	PISG3	Beschreibung (in Englisch)
	3000			***Semiconductors/Other Electronics***
		3100		*Semiconductors/Electronic Components*
			3100	Electronic Components
			3110	Semiconductors
			3111	Customized Semiconductors
			3112	Standard Semiconductors
			3114	Flash Memory
			3115	Optoelectronics semiconductors (incl. laser diodes)
			3119	Other Semiconductors
			3120	Microprocessors
			3130	Controllers & Sensors
			3132	Controllers
			3135	Sensors
			3139	Other Controllers/Sensors
			3140	Circuit Boards
			3160	Display Panels
		3200		*Batteries*
			3200	Batteries
		3300		*Power Supplies*
			3300	Power Supplies
			3310	Uninterruptible Power Supply (UPS)
			3400	Electronics Equipment
		3400		*Electronics Related Equipment*
			3410	Semiconductor Fabrication Equip. & Wafer Products
			3420	Component Testing Equipment
			3499	Other Electronics Related Equipment
		3500		*Laser Related*
			3500	Laser Related
			3510	Laser Components (incl. beamsplitters, excimers)
			3599	Other Laser Related
		3600		*Fiber Optics*
			3600	Fiber Optics
			3610	Fiber Optic Cables
			3620	Fiber Optic Couplers & Connectors
			3630	Fiber Optic Communication Systems (see 1510)
			3699	Other Fiber Optics
		3700		*Analytical & Scientific Instrumentation*
			3700	Analytical & Scientific Instrumentation
			3710	Chromatographs & Related Laboratory Equipment
			3720	Other Measuring Devices
			3799	Other Analytical & Scientific Instrumentation
		3800		*Other Electronics Related*
			3000	Other Electronics Related
			3170	Other Electronics Related (including keyboards)
			3800	Other Electronics Related
			3810	Military Electronics (excluding communications)
			3820	Copiers
			3830	Calculators
			3835	Security/Alarm/Sensors
			3899	Other Electronics Related (incl. alarm systems)

PIC	PISG1	PISG2	PISG3	Beschreibung (in Englisch)
		3900		*Optoelectronics*
			3900	Optoelectronics
			3910	Photo diodes
			3920	Optoelectronics fabrication equipment
			3930	Lenses with Optoelectronics applications
			3940	Advanced photographic processes (incl. lithographs)
			3989	Other Optoelectronics Related
			3990	Other Electronic Semiconductor
4000				**Medical/Health/Life Science**
	4000			***Biotechnology***
		4100		*Human Biotechnology*
			4100	Human Biotechnology
			4110	Medical Diagnostic Biotechnology Products
			4111	In Vitro Monoclonal Antibody Diagnostics
			4112	In Vivo Monoclonal Antibody Diagnostics/Imaging
			4113	DNA/RNA Probes
			4119	Other Medical Diagnostic Biotechnology
			4120	Therapeutic Biotechnology Products
			4121	Therapeutic Monoclonal Antibodies
			4122	Immune Response Effectors (interferons, vaccines)
			4123	Other Therapeutic Proteins (incl. hormones & TPA)
			4129	Other Therapeutic Biotechnology
			4130	Genetic Engineering
		4200		*Agricultural/Animal Biotechnology*
			4200	Agricultural/Animal Biotechnology
			4210	Genetically Engineered Plants
			4220	Genetic. Eng. Microorganisms to raise plant yield
			4230	Other Plant Related Biotechnology
			4240	Biotech Related Animal Health & Nutrition Products
			4250	Genetically Engineered Animals
			4290	Other Animal Related Biotechnology
		4300		*Industrial Biotechnology*
			4300	Industrial Biotechnology
			4310	Biochemical Products
			4311	Biotech Related Fine Chemicals (NOT Pharmaceuts.)
			4312	Biotech Related Commodity Chemicals
			4319	Other Biochemical Products
			4320	Biotech Processes for Food Industrial Applications
			4321	Biotech Related Food Enzymes & Cultures
			4322	Biotech Related Food Diagnostics
			4329	Other Biotech Process for Food/Industrial Products
			4330	Biotech Processes for Pollution/Toxic Waste Control
			4340	Biotech Processes for Enhanced Oil Recovery/Mining
			4390	Other Industrial Biotechnology
		4400		*Biosensors*
			4400	Biosensors
			4410	Biosensors for Medical Diagnostic Applications
			4420	Biosensors for Industrial Applications
			4490	Other Biosensors

PIC	PISG1	PISG2	PISG3	Beschreibung (in Englisch)
		4500		*Biotech Related Research & Production Equipment*
			4500	Biotech Related Research & Production Equipment
			4510	Biotech Related Analytical Instruments & Apparatus
			4520	Biotech Related Production Equipment
			4525	Biotech laser & optronic applications
			4599	Other Biotech Research & Production Equipment
		4600		*Biotech Related Research & Other Services*
			4600	Biotech Related Research & Other Services
			4610	Pure & Contract Biotechnology Research
			4699	Other Biotechnology Services
		4700		*Other Biotechnology*
			4000	Biotechnology & Pharmacology
			4900	Other Biotechnology Related
	5000			***Medical/Health***
		5100		*Medical Diagnostics*
			5100	Medical Diagnostics
			5110	Diagnostic Services
			5120	Medical Imaging
			5121	X-Rays
			5122	CAT Scanning
			5123	Ultra Sound Imaging
			5124	Nuclear Imaging
			5125	Other Medical Imaging
			5130	Diagnostic Test Products & Equipment
			5140	Other Medical Diagnostics
		5200		*Medical Therapeutics*
			5200	Medical Therapeutics
			5210	Therapeutic Services
			5220	Surgical Instrumentation & Equipment
			5221	Surgical lasers (including laser delivery fibers)
			5230	Pacemakers & Artificial Organs
			5240	Drug Delivery & Other Equipment
			5299	Other Therapeutic (including defibrillators)
		5300		*Medical/Health Products*
			5000	Medical/Health Related
			5300	Medical Health Related Products
			5310	Disposable Medical Products
			5340	Handicap Aids
			5350	Medical Monitoring Equipment
			5380	Health related optics (including glasses, lenses)
			5399	Other Medical/Health (NEC)
		5400		*Medical/Health Services*
			5400	Medical Health Services
			5410	Hospitals/Clinics/Primary Care
			5412	Long Term Care/Home Care/Elder Care
			5414	Dependent Care (child care/assisted living)
			5420	Managed care (including PPO/PPM)
			5429	Other Healthcare Facilities
			5430	Emergency Services/Ambulance
			5440	Hospital & Other Institutional Management
			5499	Other Medical/Health Services

PIC	PISG1	PISG2	PISG3	Beschreibung (in Englisch)
		5500		*Pharmaceuticals*
			5500	Pharmaceuticals
			5510	Pharmaceutical Research
			5520	Pharmaceutical Production
			5530	Pharmaceutical Services
			5540	Pharmaceutical Equipment
			5550	Pharmaceuticals/Fine Chemicals (non-biotech)
			5599	Other Pharmaceutical NEC
6000				**Non-High Technology**
	7000			***Consumer Related***
		7100		*Entertainment & Leisure*
			7100	Entertainment & Leisure
			7110	Movies, Movie Products & Theater Operations
			7120	Amusement & Recreational Facilities
			7125	Casino & Gambling
			7130	Toys & Electronic Games
			7140	Sporting Goods, Hobby Equipment & Athletic Clothes
			7150	Sports Facilities (Gyms & Clubs)
			7155	Sports
			7160	TVs, Radio, Stereo Equipment & Consumer Electronics
			7170	Music, Records, Production & Instruments
			7199	Other Leisure/Recreational Products & Services
		7200		*Retailing Related*
			7200	Retailing Related
			7210	Drug Stores
			7220	Clothing & Shoe Stores
			7230	Discount Stores
			7240	Computer Stores
			7245	Retail Publishing (books, magazines, newspapers)
			7246	Office Supply Stores
			7247	Music/Electronics
			7248	Specialty Department & retail stores
			7250	Franchises(NEC)
			7299	Other Retailing Related
		7300		*Food & Beverages*
			7300	Food & Beverages
			7310	Wine & Liquors
			7320	Health Food
			7330	Soft Drinks & Bottling Plants
			7340	Food Supplements/Vitamins
			7350	General Food Products
			7399	Other Food & Beverages
		7400		*Consumer Products*
			7400	Consumer Products
			7410	Clothing, Shoes & Accessories (incl. jewelry)
			7420	Health & Beauty Aids
			7430	Home Furnishing & Housewares
			7431	Housewares
			7432	Furnishings & Furniture
			7433	Garden & Horticultural Products
			7434	Other Home Furnishings (NEC)

PIC	PISG1	PISG2	PISG3	Beschreibung (in Englisch)
			7450	Mobile Homes
			7499	Other Consumer Products
		7500		*Consumer Services*
			7500	Consumer Services
			7510	Fast Food Restaurants
			7520	Other Restaurants
			7530	Hotels & Resorts
			7540	Auto Repair Shops
			7550	Education & Educational Products & Materials
			7560	Travel Agencies & Services
			7599	Other Consumer Services
		7600		*Other Consumer Related*
			7000	Consumer Related
			7999	Other Consumer Related (not yet classified)
	8000			***Industrial/Energy***
		3100		*Semiconductors/Electronic Components*
			8141	Semiconductor Materials (e.g. silicon wafers)
			8142	III/V Semiconductor Mater. (e.g. gallium arsenide)
		6100		*Oil & Gas Exploration & Production*
			6100	Oil & Gas Exploration & Production
			6200	Oil & Gas Exploration Services
			6300	Oil & Gas Drilling & Support Services
			6400	Oil & Gas Drilling, Exploration & Extraction Equip.
			6410	Oil & Gas Drilling & Extraction Equipment
			6420	Oil & Gas Drilling Instrumentation
			6430	Oil & Gas Exploration Equip. Instrumentation
			6499	Other Oil & Gas (NEC)
		6500		*Alternative Energy*
			6500	Alternative Energy
			6510	Solar Energy
			6511	Photovoltaic Solar
			6512	Other Solar
			6520	Wind Energy
			6530	Geothermal Energy
			6540	Energy Co-Generation
			6599	Other Alternative Energy (incl. nuclear energy)
		6600		*Enhanced Oil Recovery/Heavy Oil/Shale*
			6600	Enhanced Oil Recovery/Heavy Oil/Shale
		6700		*Coal Related*
			6700	Coal Related
			6710	Coal Mining
			6720	Coal Related Equipment
			6799	Other Coal Related
		6800		*Energy Conservation Related*
			6800	Energy Conservation Related
			6000	Energy Related
		6900		*Other Energy*
			6900	Other Energy Related
		8100		*Chemicals & Materials*
			8100	Chemicals & Materials
			8110	Plastic Fabricators
			8111	Homogeneous Injections/Extrusions

PIC	PISG1	PISG2	PISG3	Beschreibung (in Englisch)
			8112	Non-Homogeneous Injections/Extrusions
			8113	Fiber-Reinforced (Plastic) Composites
			8114	Other Fabricated Plastics
			8115	Processes for Working with Plastics
			8119	Other Plastics Fabricators
			8120	Coatings & Adhesives Manufacturers
			8121	Optical coatings
			8129	Other Coatings & Adhesives
			8130	Membranes & Membrane-Based Products
			8140	Specialty/Performance Materials
			8143	Specialty Metals (incl. coatings, alloys, clad)
			8144	Ceramics
			8145	Lubricants & Functional Fluids
			8146	Other Specialty Materials
			8147	Specialty materials for laser generation
			8148	Superconducting materials
			8149	Other Special Performance Materials
			8150	Commodity Chemicals & Polymers
			8151	Industrial Chemicals
			8152	Polymer (Plastics) Materials
			8160	Specialty/Performance Chemicals
			8161	Electronic Chemicals
			8162	Other Industrial Chemicals
			8170	Agricultural Chemicals
			8189	Other Commodity Chemicals & Polymers
			8199	Other Chemicals & Materials (not yet classified)
		8200		*Industrial Automation*
			8200	Industrial Automation
			8210	Energy Management
			8220	Industrial Measurement & Sensing Equipment
			8221	Laser related measuring & sensing equipment
			8230	Process Control Equipment & Systems
			8240	Robotics
			8250	Machine Vision Software & Systems
			8260	Numeric & Computerized Control of Machine Tools
			8299	Other Industrial Automation (NEC)
		8300		*Industrial Equipment & Machinery*
			8300	Industrial Equipment & Machinery
			8310	Machine Tools, Other Metalworking Equipment
			8320	Hoists, Cranes & Conveyors
			8330	Pumps, Ball Bearings, Compressors, Indus. Hardware
			8340	Mining Machinery
			8350	Industrial Trucks & Tractors
			8360	Other Industrial Process Machinery
			8370	Power Transmission Equipment (generators & motors)
			8399	Other Industrial Equipment & Machinery
		8500		*Pollution & Recycling Related*
			8500	Environmental Related
			8510	Air Filters & Air Purification & Monitoring Equip.
			8520	Chemical & Solid Material Recycling
			8530	Water Treatment Equipment & Waste Disposal Systems
			8599	Other Environmental Related

PIC	PISG1	PISG2	PISG3	Beschreibung (in Englisch)
		8600		*Other Industrial Products*
			8000	Industrial Products
			8600	Other Industrial Products (not yet classified)
		8700		*Industrial Services*
			8700	Industrial Services
	9000			***Transportation***
		9100		*Transportation*
			9100	Transportation
			9110	Airlines & Aviation Related
			9120	Trucking
			9125	Railway related
			9130	Leasing of Railcars, Buses & Cars
			9140	Mail & Package Shipment
			9150	Motor Vehicles, Transportation Equipment & Parts
			9160	Airfield & Other Transportation Services
			9180	Advanced Aircraft/Aerospace
			9199	Other Transportation
	9200			***Financial Services***
		9200		*Financial Services*
			9200	Financial Services
			9210	Insurance Related
			9220	Real Estate
			9230	Banking
			9235	Non Bank Credit
			9240	Securities & Commodities Brokers & Services
			9250	Investment Groups
			9254	Venture Capital & Private Equity Investors
			9255	Financial Transactions Services
			9299	Financial Services, Other
	9300			***Business Services***
		9300		*Business Services*
			9300	Services
			9310	Engineering Services
			9320	Advertising & Public Relations
			9330	Leasing (not elsewhere classified)
			9340	Distributors, Importers & Wholesalers
			9350	Consulting Services
			9360	Media Related Services
			9399	Other Services NEC
	9400			***Manufacturing***
		9400		*Manufacturing*
			9400	Product Manufacturing
			9410	Business Products & Supplies
			9415	Office Automation Equipment
			9420	Office Furniture & Other Professional Furnishings
			9430	Textiles (Synthetic & Natural)
			9440	Hardware, Plumbing Supplies
			9450	Publishing
			9460	Packaging Products & Systems
			9470	Printing & Binding

PIC	PISG1	PISG2	PISG3	Beschreibung (in Englisch)
			9499	Other Manufacturing (not elsewhere classified)
	9500			***Agriculture, Forestry, Fishing, etc.***
		9500		*Agriculture, Forestry, Fishing, etc.*
			9500	Agriculture, Forestry, Fishing, Animal Husbandry, etc.
			9510	Agriculture related
			9520	Forestry related
			9530	Fishing related
			9540	Animal husbandry
			9599	Other Agriculture, Forestry, Fishing
			9600	Mining & Minerals (non-energy related)
	9700			***Construction & Building Products***
		9700		*Construction & Building Products*
			9700	Construction & Building Products
			9710	Construction
			9720	Manufacture of Building Products
			9730	Manufacture of Pre-Fabricated Buildings & Systems
			9740	Distribution of Building Products & Systems
			9750	Construction Services
			9799	Other Construction & Building Products Related
	9800			***Utilities & Related Firms***
		9800		*Utilities & Related Firms*
			9800	Utilities & Related Firms
			9810	Electric Companies
			9820	Water, Sewage, Chem. & Solid Waste Treatment Plants
			9830	Gas Transmission & Distribution
			9899	Other Utilities & Related Firms
	9900			***Other***
		9900		*Other*
			9000	Other Services & Manufacturing
			9900	Other Products & Services
			9910	Conglomerates
			9912	Socially Responsible
			9914	Environment Responsible
			9915	Women-Owned
			9918	Minority-Owned
			9920	Holding Companies
			9999	Other Products & Services

Quelle: *VentureXpert*, Stand: März 2007

A.2 Phasen der Venture-Capital-Finanzierung

Finanzierungsphasen (VentureXpert (2007))	Finanzierungsphasen (Plummer (1987))	Beschreibung (in Englisch) (Plummer (1987))
Seed/Startup	**Seed investment**	Although the term is sometimes used more broadly, the strict meaning of "seed investment" is a small amount of capital provided to an inventor or entrepreneur to determine whether an idea deserves of further consideration and further investment. The idea may involve a technology, or it may be an idea for a new marketing approach. If it is a technology, this stage may involve building a small prototype. This stage does not involve production for sale.
	Startup	Startup investments usually go to companies that are less than one year old. The company uses the money for product development, prototype testing, and test marketing (in experimental quantities to selected customers). This stage involves further study of market-penetration potential, bringing together a management team, and refining the business plan.
Early Stage	**First stage - early development**	Investment proceeds through the first stage only if the prototypes look good enough that further technical risk is considered minimal. Likewise, the market studies must look good enough so that management is comfortable setting up a modest manufacturing process and shipping in commercial quantities. First-stage companies are unlikely to be profitable.
Expansion	**Second stage - expansion**	A company in the second stage has shipped enough products to enough customers so that it has real feedback from the market. It may not know quantitatively what speed of market penetration will occur later, or what the ultimate penetration will be, but it may know the qualitative factors that will determine the speed and limits of penetration. The company is probably still unprofitable, or only marginally profitable. It probably needs more capital for equipment purchases, inventory, and receivable financing.
Later Stage	**Third stage - profitable but cash poor**	For third-stage companies, sales growth is probably fast, and positive profit margins have taken away most of the downside investment risk. But, the rapid expansion requires more working capital than can be generated from internal cash flow. New VC capital may be used for further expansion of manufacturing facilities, expanded marketing, or product enhancements. At this stage, banks may be willing to supply some credit if it can be secured by fixed assets or receivables.
	Fourth stage - rapid growth toward liquidity point	Companies at the fourth stage of development may still need outside cash to sustain growth, but they are successful and stable enough so that the risk to outside investors is much reduced. The company may prefer to use more debt financing to limit equity dilution. Commercial bank credit can play a more important role. Although the cash-out point for VC investors is thought to be within a couple of years, the form (IPO, acquisition, or LBO) and timing of cash-out are still uncertain.
Bridge	**Bridge stage - mezzanine investment**	In bridge or mezzanine investment situations, the company may have some idea which form of exit is most likely, and even know the approximate timing, but it still needs more capital to sustain rapid growth in the interim. Depending on how the general stock market is doing, and how given types of high tech stocks are doing within the stock market, "IPO windows" can open and close in very unpredictable ways. Likewise, the level of interest rates and the availability of commercial credit can influence the timing and feasibility of acquisitions or leveraged buyouts. A bridge financing may also correspond to a limited cash-out of early investors or management, or a restructuring of positions among VC investors.
Buyout/Acquisition	**Liquidity stage - cash-out or exit**	A literal interpretation of "cash-out" would seem to imply trading the VC-held shares in a portfolio company for cash. In practice, it has come to mean the point at which the VC investors can gain liquidity for a substantial portion of their holdings in a company. The liquidity may come in the form of an initial public offering. If it does, liquidity is still restricted by the holding periods and other restrictions that are part of SEC Rule 144, or by "stand-off" commitments made to the IPO underwriter, in which the insiders agree not to sell their shares for some period of time after the offering (for example, 90 or 180 days). If acquisition is the form of cash-out, the liquidity may be in the form of cash, shares in a publicly traded company, or short-term debt. If the acquisition is paid for in shares of a nonpublic company, such shares may be no more liquid than the shares in the original company. Likewise, if the sellers take back debt in a leveraged buyout, they may wind up in a less liquid position than before, depending on the liquidity features of the debt.
Other/Unknown		

Quelle: PLUMMER (1987), S. I-11ff.; SAHLMAN (1990), S. 479; *VentureXpert*, Stand: März 2007

LITERATURVERZEICHNIS

ACHLEITNER, ANN-KRISTIN (2002): *Handbuch Investment Banking*, Wiesbaden: Gabler Verlag, 2002.

ADMATI, ANAT R./PFLEIDERER, PAUL (1994): Robust Financial Contracting and the Role of Venture Capitalists. In: *The Journal of Finance*, Jg. 49 (1994), Nr. 2, S. 371-402.

AHUJA, GAUTAM (1996): *Collaboration and innovation: A longitudinal study of interfirm linkages and firm patenting performance in the global advanced material industry*. 1996 (zugleich Dissertationsschrift, University of Michigan, 1996).

AHUJA, GAUTAM (2000): The duality of collaboration: Inducements and opportunities in the formation of interfirm linkages. In: *Strategic Management Journal*, Jg. 21 (2000), S. 317-343.

AKAIKE, HIROTUGU (1974): A new look at the statistical model identification. In: *IEEE Transactions on Automatic Control*, Jg. 19 (1974), Nr. 6, S. 716–723.

AKERLOF, GEORGE A. (1970): The Market for 'Lemons': Quality Uncertainty and the Market Mechanism. In: *The Quarterly Journal of Economics*, Jg. 84 (1970), Nr. 3, S. 488-500.

ALCHIAN, ARMEN A./DEMSETZ, HAROLD (1972): Production, information costs, and economic organization. In: *American Economic Review*, Jg. 62 (1972), Nr. 5, S. 777-795.

ALDRICH, HOWARD/WHETTEN, DAVID A. (1981): Organization-sets, action-sets, and networks: Making the most of simplicity. In: NYSTROM, P. C./STARBUCK, W. H. (Hrsg.) (1981): *Handbook of Organizational Design*. London: Oxford University Press, 1981, S. 385-408.

ALDRICH, HOWARD/AUSTER, ELLEN R. (1986): Even Dwarfs Started Small: Liabilities of Age and Size and Their Strategic Implications. In: STAW, B. M./CUMMINGS, L. L. (Hrsg.) (1986): *Research in Organizational Behavior*. Greenwich, CT, London: JAI Press, 1986, S. 165-198.

AMASON, ALLEN C. (1996): Distinguishing the Effects of Functional and Dysfunctional Conflict on Strategic Decision Making: Resolving a Paradox for Top Management Teams. In: *The Academy of Management Journal*, Jg. 39 (1996), Nr. 1, S. 123-148.

AMIT, RAPHAEL/GLOSTEN, LAWRENCE/MULLER, EITAN (1990): Entrepreneurial Ability, Venture Investments, and Risk Sharing. In: *Management Science*, Jg. 36 (1990), Nr. 10, S. 1232-1245.

AMIT, RAPHAEL/BRANDER, JAMES A./ZOTT, CHRISTOPH (1998): Why Do Venture Capital Firms Exist? Theory and Canadian Evidence. In: *Journal of Business Venturing*, Jg. 13 (1998), Nr. 6, S. 441-466.

ARROW, KENNETH JOSEPH (1985): The Economics of Agency. In: PRATT, J. W./ ZECKHAUSER, R. (Hrsg.) (1985): *Principals and Agents: The Structure of Business*. Boston, MA: Harvard Business School Press, 1985, S. 37-51.

ASKAR, ATIF/KNYPHAUSEN-AUFSEß, DODO ZU (2007): Einfluss der Wahl von Performance-Kennzahlen auf das Ergebnis der Performance-Messung bei Venture Capital-Fonds. In: *Zeitschrift für betriebswirtschaftliche Forschung, Forthcoming*, Jg. (2007).

ASKAR, ATIF (2008): *Performance-Messung bei Venture Capital-Fonds*, Marburg: Tectum Verlag, 2008.

ATTESLANDER, PETER (2000): *Methoden der empirischen Sozialforschung*, Berlin, New York: Walter de Gruyter, 2000.

AUDRETSCH, DAVID. B. (1995): *Innovation and industry evolution*, Cambridge, MA: The MIT Press, 1995.

AUDRETSCH, DAVID. B./LEHMANN, ERIK E. (2004): *Financing High-Tech Growth: The Role of Debt or Equity*. Jena: Max Planck Institut Jena, Discussion Paper Nr. 1904, 2004.

BACKHAUS, KLAUS/ERICHSON, BERND/PLINKE, WULFF/WEIBER, ROLF (2008): *Multivariate Analysemethoden: Eine anwendungsorientierte Einführung*, Berlin, Heidelberg: Springer-Verlag, 2008.

BADER, HANSPETER (1996): *Private Equity als Anlagekategorie: Theorie, Praxis und Portfoliomanagement für institutionelle Investoren*. 1996 (zugleich Dissertationsschrift, Universität St. Gallen, 1996).

BAKER, W. E. (1984): The social structure of a national securities market. In: *American Journal of Sociology*, Jg. 89 (1984), S. 775-811.

BAMBERGER, INGOLF/WRONA, THOMAS (1996): Der Ressourcenansatz und seine Bedeutung für die Strategische Unternehmensführung. In: *Schmalenbachs Zeitschrift für betriebswirtschaftliche Forschung*, Jg. 2 (1996), S. 130-153.

BARNEY, JAY B. (1991): Firm resources and sustained competitive advantage. In: *Journal of Management*, Jg. 17 (1991), Nr. 1, S. 99-120.

BARNEY, JAY B./BUSENITZ, LOWELL W./FIET, JAMES O./MOESEL, DOUGLAS D. (1996): New venture teams' assessment of learning assistance from venture capital firms. In: *Journal of Business Venturing*, Jg. 11 (1996), Nr. 4, S. 257-272.

BARRY, CHRISTOPHER B./MUSCARELLA, CHRIS J./PEAVY, JOHN W./VETSUYPENS, MICHAEL R. (1990): The role of venture capital in the creation of public companies: Evidence from the going-public process. In: *Journal of Financial Economics*, Jg. 27 (1990), Nr. 2, S. 447-471.

BARRY, CHRISTOPHER B. (1994): New Directions in Research on Venture Capital Finance. In: *Financial Management*, Jg. 23 (1994), Nr. 3, Venture Capital Special Issue, S. 3-15.

BAUM, JOEL A. C./CALABRESE, T./SILVERMAN, BRIAN S. (2000): Don't go it alone: Alliance network composition and startups' performance in Canadian biotechnology. In: *Strategic Management Journal*, Jg. 21 (2000), Nr. 3, special issue, S. 267-294.

BAUMGÄRTNER, CARSTEN (2005): *Portfoliosteuerung von Venture Capital-Gesellschaften*, Wiesbaden: Deutscher Universitäts-Verlag, 2005.

BEATTY, RANDOLPH P./RITTER, JAY R. (1986): Investment banking, reputation, and the underpricing of initial public offerings. In: *Journal of Financial Economics*, Jg. 15 (1986), S. 213-232.

BECKER, RALF/HELLMANN, THOMAS (2003): *The Genesis of Venture Capital: Lessons from the German Experience.* München: CESifo Group Munich, Working Paper Nr. 883, 2003.

BELSLEY, DAVID A./KUH, EDWIN/WELSCH, ROY E. (2004): *Regression Diagnostics: Identifying Influential Data and Sources of Collinearity*, New York et al.: Wiley & Sons, 2004.

BEREKOVEN, LUDWIG/ECKERT, WERNER/ELLENRIEDER, PETER (2006): *Marktforschung: Methodische Grundlagen und praktische Anwendung*, Wiesbaden: Gabler Verlag, 2006.

BIAIS, BRUNO R./PEROTTI, ENRICO C. (2003): *Entrepreneurs and New Ideas.* CEPR, Discussion Paper Nr. 3864, 2003.

BIRMINGHAM, CAROLYN/BUSENITZ, LOWELL W./ARTHURS, JONATHAN D. (2003): The escalation of commitment by venture capitalists in reinvestment decisions. In: *Venture Capital: An International Journal of Entrepreneurial Finance*, Jg. 5 (2003), Nr. 3, S. 218-230.

BLACK, BERNARD S./GILSON, RONALD J. (1998): Venture capital and the structure of capital markets: banks versus stock markets. In: *Journal of Financial Economics*, Jg. 47 (1998), Nr. 3, S. 243-277.

BLACK, BERNARD S./GILSON, RONALD J. (1999): Does venture capital require an active stock market? In: *Journal of Applied Corporate Finance*, Jg. 11 (1999), Nr. 4, S. 36-48.

BLAU, PETER M. (1964): *Exchange and Power in Social Life*, New York, London, Sydney: Wiley & Sons, 1964.

BONACICH, PHILIP (1972): Factoring and weighting approaches to status scores and clique identification. In: *Journal of Mathematical Sociology*, Jg. 2 (1972), Nr. 1, S. 113-120.

BONACICH, PHILIP (1987): Power and Centrality: A Family of Measures. In: *American Journal of Sociology*, Jg. 92 (1987), Nr. 5, S. 1170-1182.

BORGATTI, S. P./EVERETT, M. G./FREEMAN, L. C. (2002): *Ucinet for Windows: Software for Social Network Analysis*, Harvard, MA: Analytic Technologies, 2002.

BORTZ, JÜRGEN/DÖRING, NICOLA (2006): *Forschungsmethoden und Evaluation für Human- und Sozialwissenschaftler*, Heidelberg: Springer Medizin Verlag, 2006.

BOTTAZZI, LAURA/DA RIN, MARCO (2003): *Financing Entrepreneurial Firms in Europe: Facts, Issues, and Research Agenda.* München: CESifo Group Munich, Working Paper Nr. 958, 2003.

BOTTAZZI, LAURA/DA RIN, MARCO/HELLMANN, THOMAS (2008): Who are the active investors?: Evidence from venture capital. In: *Journal of Financial Economics*, Jg. 89 (2008), Nr. 3, S. 488-512.

BOURDIEU, PIERRE (1983): Ökonomisches Kapital, kulturelles Kapital, soziales Kapital. In: KRECKEL, R. (Hrsg.) (1983): *Soziale Ungleichheiten*. Göttingen: Verlag Otto Schwartz & Co., 1983, S. 183-198.

BOVAIRD, CHRIS (1990): *Introduction to venture capital finance*, London: Pitman Publishing, 1990.

BRANDER, JAMES A./AMIT, RAPHAEL/ANTWEILER, WERNER (2002): Venture-Capital Syndication: Improved Venture Selection vs. the Value-Added Hypothesis. In: *Journal of Economics & Management Strategy*, Jg. 11 (2002), Nr. 3, S. 423-452.

BRAV, ALON/GOMPERS, PAUL A. (1997): Myth or Reality? The Long-Run Underperformance of Initial Public Offerings: Evidence from Venture and Nonventure Capital-Backed Companies. In: *The Journal of Finance*, Jg. 52 (1997), Nr. 5, S. 1791-1821.

BREALEY, RICHARD A./MYERS, STEWART C. (2000): *Principles of Corporate Finance*, New York et al.: McGraw-Hill, 2000.

BRETTEL, MALTE/RUDOLF, MARKUS/WITT, PETER (2005): *Finanzierung von Wachstumsunternehmen: Grundlagen, Finanzierungsquellen, Praxisbeispiele*, Wiesbaden: Gabler Verlag, 2005.

BROSIUS, FELIX (2004): *SPSS 12*, Bonn: mitp-Verlag, 2004.

BRUNNER, ANTJE/KRAHNEN, JAN PIETER (2001): *Corporate Debt Restructuring: Evidence on Lender Coordination in Financial Distress*. Frankfurt am Main: CFS Center for Financial Studies, Working Paper Nr. 2001/04, 2001.

BRUNS, CHRISTOPH/MEYER-BULLERDIEK, FRIEDER (2003): *Professionelles Portfoliomanagement: Aufbau, Umsetzung und Erfolgskontrolle strukturierter Anlagestrategien*, Stuttgart: Schäffer-Poeschel Verlag, 2003.

BUBNA, AMIT (2002): Syndication Among Venture Capitalists: When and With Whom. In: *Research in Finance*, Jg. 19 (2002), S. 285-321.

BURNHAM, KENNETH P./ANDERSON, DAVID R. (2002): *Model Selection and Multi-Model Inference: A Practical Information-Theoretic Approach*, New York: Springer Science+Business Media, 2002.

BUSENITZ, LOWELL W./MOESEL, DOUGLAS D./FIET, JAMES O./BARNEY, JAY B. (1997): The Framing of Perceptions of Fairness in the Relationship between Venture Capitalists and New Venture Teams. In: *Entrepreneurship Theory & Practice*, Jg. 21 (1997), Nr. 3, S. 5-21.

BVK (2001): *BVK Statistik 2000: Das Jahr 2000 in Zahlen*. Elektronisch verfügbar über http://www.bvkap.de/privateequity.php/cat/42/aid/216/title/Jahresstatistik_2000, Download am 06.12.2009.

BVK (2002): *BVK Statistik 2001: Das Jahr 2001 in Zahlen*. Elektronisch verfügbar über http://www.bvkap.de/privateequity.php/cat/42/aid/216/title/Jahresstatistik_2001, Download am 06.12.2009.

BVK (2003): *BVK Statistik 2002: Das Jahr 2002 in Zahlen.* Elektronisch verfügbar über http://www.bvkap.de/privateequity.php/cat/42/aid/216/title/Jahresstatistik_2002, Download am 06.12.2009.

BVK (2004): *BVK Dokumentationen: Private Equity von A bis Z.* Elektronisch verfügbar über Download am 30.01.2007.

BVK (2004): *BVK Statistik: Venture Capital 2003 in Zahlen.* Elektronisch verfügbar über http://www.bvkap.de/privateequity.php/cat/93/aid/203/title/Archiv_Teilstatistiken_2003, Download am 06.12.2009.

BVK (2005): *BVK Statistik 2004: Das Jahr 2004 in Zahlen.* Elektronisch verfügbar über http://www.bvkap.de/privateequity.php/cat/42/aid/216/title/Jahresstatistik_2004, Download am 06.12.2009.

BVK (2005): *BVK Statistik: Venture Capital 2004 in Zahlen.* Elektronisch verfügbar über http://www.bvkap.de/privateequity.php/cat/93/aid/204/title/Archiv_Teilstatistiken_2004, Download am 06.12.2009.

BVK (2006): *BVK Statistik: Venture Capital 2005 in Zahlen.* Elektronisch verfügbar über http://www.bvkap.de/privateequity.php/cat/93/aid/205/title/Archiv_Teilstatistiken_2005, Download am 06.12.2009.

BVK (2006): *BVK Statistik 2005: Das Jahr 2005 in Zahlen.* Elektronisch verfügbar über http://www.bvkap.de/privateequity.php/cat/42/aid/216/title/Jahresstatistik_2005, Download am 06.12.2009.

BVK (2007): *BVK Statistik: Das Jahr 2006 in Zahlen.* Elektronisch verfügbar über http://www.bvkap.de/privateequity.php/cat/42/aid/216/title/Jahresstatistik_2006, Download am 06.12.2009.

BVK (2007): *BVK Statistik: Venture Capital 2006 in Zahlen.* Elektronisch verfügbar über http://www.bvkap.de/privateequity.php/cat/93/aid/221/title/Archiv_Teilstatistiken_2006, Download am 06.12.2009.

BYGRAVE, WILLIAM D. (1987): Syndicated Investments by Venture Capital Firms: A Networking Perspective. In: *Journal of Business Venturing*, Jg. 2 (1987), Nr. 2, S. 139-154.

BYGRAVE, WILLIAM D. (1988): The Structure of the Investment Networks of Venture Capital Firms. In: *Journal of Business Venturing*, Jg. 3 (1988), Nr. 2, S. 137-157.

BYGRAVE, WILLIAM D./TIMMONS, JEFFRY A. (1992): *Venture Capital at the Crossroads*, Boston: Harvard Business School Press, 1992.

BYGRAVE, WILLIAM D./HAY, MICHAEL/PEETERS, JOS B. (2000): *Das Financial Times Handbuch Risikokapital*, München: Financial Times Prentice Hall, 2000.

CABLE, DANIEL M./SHANE, SCOTT (1997): A Prisoner's Dilemma Approach to Entrepreneur-Venture Capitalist Relationships. In: *The Academy of Management Review*, Jg. 22 (1997), Nr. 1, S. 142-176.

CASTILLA, EMILIO J. (2003): Networks of venture capital firms in Silicon Valley. In: *International Journal of Technology Management*, Jg. 25 (2003), Nr. 1/2, S. 113-135.

CAULEY DE LA SIERRA, MARGARET (1995): *Managing global alliances: key steps for successful collaboration*, Wokingham, Reading, MA: Addison-Wesley, 1995.

CHESBROUGH, HENRY W. (2000): Designing Corporate Ventures in the Shadow of Private Venture Capital. In: *California Management Review*, Jg. 42 (2000), Nr. 3, S. 31-49.

CHIPLIN, BRIAN/ROBBIE, KEN/WRIGHT, MIKE (1997): The Syndication of Venture Capital Deals: Buy-outs and Buy-ins. In: REYNOLDS, P. D./BYGRAVE, W. D./CARTER, N. M./DAVIDSON, P./GARTNER, W. B./MASON, C. M./P., M. (Hrsg.) (1997): *Frontiers of Entrepreneurship Research*. Wellesley, MA: Babson College, 1997, S. 551-565.

CHOWDHRY, BHAGWAN/NANDA, VIKRAM (1996): Stabilization, syndication and pricing of IPOs. In: *Journal of Financial and Quantitative Analysis*, Jg. 31 (1996), S. 25-42.

CITRON, DAVID/ROBBIE, KEN/WRIGHT, MIKE (1997): Loan covenants and relationship banking in MBOs. In: *Accounting and Business Research*, Jg. 27 (1997), Nr. 4, S. 277-296.

COASE, RONALD H. (1937): The Nature of the Firm. In: *Economica*, Jg. 4 (1937), Nr. 16, S. 386-405.

COASE, RONALD H. (1960): The Problem of Social Cost. In: *Journal of Law and Economics*, Jg. 3 (1960), Nr. 1, S. 1-44.

COCHRANE, JOHN H. (2005): The risk and return of venture capital. In: *Journal of Financial Economics*, Jg. 75 (2005), S. 3–52.

COHEN, JACOB (1988): *Statistical Power Analysis for the Behavioral Sciences*, Hillsdale, NJ: Erlbaum, 1988.

COLEMAN, JAMES S. (1988): Social Capital in the Creation of Human Capital. In: *The American Journal of Sociology*, Jg. 94 (1988), Nr. Supplement: Organizations and Institutions: Sociological and Economic Approaches to the Analysis of Social Structure, S. 95-120.

CUMMING, DOUGLAS J./MACINTOSH, JEFFREY G. (2001): Venture capital investment duration in Canada and the United States. In: *Journal of Multinational Financial Management*, Jg. 11 (2001), Nr. 4-5, S. 445-463.

CUMMING, DOUGLAS J. (2002): *Contracts and exits in venture capital finance*. University of Alberta, Working Paper DC Meetings, 2002.

CUMMING, DOUGLAS J./MACINTOSH, JEFFREY G. (2003): A cross-country comparison of full and partial venture capital exits. In: *Journal of Banking & Finance*, Jg. 27 (2003), Nr. 3, S. 511-548.

CUMMING, DOUGLAS J./WALZ, UWE (2004): *Private Equity Returns and Disclosure Around the World*. Frankfurt am Main: CEPRES, 2004.

CUMMING, DOUGLAS J. (2006): The Determinants of Venture Capital Portfolio Size: Empirical Evidence. In: *Journal of Business*, Jg. 79 (2006), Nr. 3, S. 1083-1126.

CUMMING, DOUGLAS J./FLEMING, GRANT/SCHWIENBACHER, ARMIN (2006): Legality and venture capital exits. In: *Journal of Corporate Finance*, Jg. 12 (2006), Nr. 2, S. 214-245.

CYR, L. A./JOHNSON, D. E./WELBOURNE, T. M. (2000): Human resources in initial public offering firms: Do venture capitalists make a difference? In: *Entrepreneurship Theory & Practice*, Jg. 25 (2000), Nr. 1, S. 77-91.

DA RIN, MARCO/NICODANO, GIOVANNA/SEMBENELLI, ALESSANDRO (2005): *Public policy and the creation of active venture capital markets*. Frankfurt am Main: European Central Bank, Working Paper Nr. 430, 2005.

DAS, SANJIV R./JAGANNATHAN, MURALI/SARIN, ATULYA (2003): Private Equity Returns: An Empirical Examination of the Exit of Venture-Backed Companies. In: *Journal of Investment Management*, Jg. 1 (2003), Nr. 1, S. 1-26.

DAS, T. K./TENG, BING-SHENG (2000): A Resource-Based Theory of Strategic Alliances. In: *Journal of Management*, Jg. 26 (2000), Nr. 1, S. 31-61.

DÁVILA, ANTONIO/FOSTER, GEORGE/GUPTA, MAHENDRA (2003): Venture-capital financing and the growth of startup firms. In: *Journal of Business Venturing*, Jg. 18 (2003), Nr. 6, S. 689-708.

DE CLERCQ, DIRK/GOULET, PHILIP K./KUMPULAINEN, MIKKO/MÄKELÄ, MARKUS M. (2001): Portfolio investment strategies in the Finnish venture capital industry: A longitudinal study. In: *Venture Capital: An International Journal of Entrepreneurial Finance*, Jg. 3 (2001), Nr. 1, S. 41-62.

DE CLERCQ, DIRK/DIMOV, DIMO P. (2003): A Knowledge-Based View of Venture Capital Firms' Portfolio Investment Specialization and Syndication. In: BYGRAVE, W. D./BRUSH, C. G./DAVIDSSON, P./AL., E. (Hrsg.) (2003): *Frontiers of Entrepreneurship Research*. Wellesley, MA: Babson College, 2003.

DE CLERCQ, DIRK/DIMOV, DIMO P. (2004): Explaining venture capital firms' syndication behaviour: a longitudinal study. In: *Venture Capital: An International Journal of Entrepreneurial Finance*, Jg. 6 (2004), Nr. 4, S. 243-256.

DILLER, CHRISTIAN/KASERER, CHRISTOPH (2005): *What Drives Cash Flow Based European Private Equity Returns?: Fund Inflows, Skilled GPs and/or Risk?* London: RICAFE - Risk Capital and the Financing of European Innovative Firms, Working Paper Nr. 015, 2005.

DIMOV, DIMO P./SHEPHERD, DEAN A. (2005): Human capital theory and venture capital firms: exploring "home runs" and "strike outs". In: *Journal of Business Venturing*, Jg. 20 (2005), Nr. 1, S. 1-21.

DIMOV, DIMO P./DE CLERCQ, DIRK (2006): Venture Capital Investment Strategy and Portfolio Failure Rate: A Longitudinal Study. In: *Entrepreneurship Theory & Practice*, Jg. 30 (2006), Nr. 2, S. 207-223.

DUBINI, PAOLA (1989): Which venture capital backed entrepreneurs have the best chances of succeeding? In: *Journal of Business Venturing*, Jg. 4 (1989), Nr. 2, S. 123-132.

DUESENBERRY, JAMES (1960): Comment on 'An Economic Analysis of Fertility'. In: NBER (Hrsg.) (1960): *Demographic and Economic Change in Developed Countries.* Princeton: Princeton University Press, 1960.

DUNNING, JOHN H. (1988): The eclectic paradigm of international production: A restatement and some possible extensions. In: *Journal of International Business Studies,* Jg. 19 (1988), Nr. 1, S. 1-31.

DUSHNITSKY, GARY/LENOX, MICHAEL J. (2004): *When does corporate venture capital create firm value?* University of Pennsylvania, 2004.

EADES, P. (1984): A heuristic for graph drawing. In: *Congressus Numerantium,* Jg. 42 (1984), S. 149-160.

EARLEY, P. CHRISTOPHER (1989): Social loafing and collectivism: A comparison of the United States and the People's Republic of China. In: *Administrative Science Quarterly,* Jg. 34 (1989), S. 565-581.

ECKERMANN, MATTHIAS (2006): *Venture Capitalists' Exit Strategies under Information Asymmetry: Evidence from the US Venture Capital Market,* Wiesbaden: Deutscher Universitäts-Verlag, 2006.

EISENHARDT, KATHLEEN M. (1989): Agency Theory: An Assessment and Review. In: *The Academy of Management Review,* Jg. 14 (1989), Nr. 1, S. 57-74.

EISENHARDT, KATHLEEN M./SCHOONHOVEN, C. B. (1996): Resource-based view of strategic alliance formation: Strategic and social effects of entrepreneurial firms. In: *Organization Science,* Jg. 7 (1996), S. 136-150.

ELANGO, BALASUBRAMANIAN/FRIED, VANCE H./HISRICH, ROBERT D./ POLONCHEK, AMY (1995): How venture capital firms differ. In: *Journal of Business Venturing,* Jg. 10 (1995), Nr. 2, S. 157-179.

ENCYCLOPÆDIA BRITANNICA (1971): *Webster's Third New International Dictionary III,* Chicago: 1971.

ENGEL, DIRK (2002): *The impact of venture capital on firm growth: An empirical investigation.* Mannheim: ZEW, Discussion Paper Nr. 02-02, 2002.

FAMA, EUGENE F./FRENCH, KENNETH R. (1992): The Cross-Section of Expected Stock Returns. In: *The Journal of Finance,* Jg. 47 (1992), Nr. 2, S. 427-465.

FANTAPIÉ ALTOBELLI, CLAUDIA (1998): Umwelt- und Marktinformationen. In: BERNDT, R./FANTAPIÉ ALTOBELLI, C./SCHUSTER, P. (Hrsg.) (1998): *Springers Handbuch der Betriebswirtschaftslehre, Band 2.* Berlin, Heidelberg: Springer-Verlag, 1998, S. 305-354.

FENN, GEORGE/LIANG, NELLIE/PROWSE, STEPHEN (1995): *The Economics of the Private Equity Market.* Federal Reserve, Study Nr. 168, 1995.

FHP-PRIVATE EQUITY CONSULTANTS (2006): *Venture Capital-Panel: Das Jahr 2005.* Elektronisch verfügbar über http://www.fhpe.de/vc-panel/erg-neu.htm, Download am 15.11.2007.

FHP-PRIVATE EQUITY CONSULTANTS (2007): *Venture Capital-Panel: Das Jahr 2006.* Elektronisch verfügbar über http://www.fhpe.de/vc-panel/erg-neu.htm, Download am 15.11.2007.

FLEMING, GRANT (2004): Venture capital returns in Australia. In: *Venture Capital: An International Journal of Entrepreneurial Finance*, Jg. 6 (2004), Nr. 1, S. 23-45.

FLORIDA, RICHARD L./SMITH, DONALD F./SECHOKA, ELIZABETH (1991): Regional patterns of venture capital investment. In: GREEN, M. B. (Hrsg.) (1991): *Venture Capital: International Comparisons.* London, New York: Routledge, 1991, S. 102-133.

FOMBRUN, CHARLES J. (1996): *Reputation: Realizing Value from the Corporate Image*, Boston, MA: Harvard Business School Press, 1996.

FRENZEN, HEIKO/KRAFFT, MANFRED (2008): Logistische Regression und Diskriminanzanalyse. In: HERRMANN, A./HOMBURG, C./KLARMANN, M. (Hrsg.) (2008): *Handbuch Marktforschung: Methoden - Anwendungen - Praxisbeispiele.* Wiesbaden: Gabler Verlag, 2008, S. 607-650.

FRIEDRICH, ALEXANDER (2005): *Auswahl von Syndikatspartnern im Private-Equity-Geschäft: Eine deutschlandweite empirische Betrachtung*, Wiesbaden: Deutscher Universitäts-Verlag, 2005.

FRITSCH, MICHAEL/SCHILDER, DIRK (2006): *Is Venture Capital a Regional Business? The Role of Syndication.* Freiberg: Technical University of Freiberg, Faculty of Economics and Business Administration, Working Paper Nr. 09 2006, 2006.

FROMMANN, HOLGER/DAHMANN, ATTILA (2003): *Zur volkswirtschaftlichen Bedeutung von Private Equity und Venture Capital.* Berlin: BVK, 2003.

GEIGENBERGER, ISABEL (1999): *Risikokapital für Unternehmensgründer: Der Weg zum Venture-Capital*, München: Deutscher Taschenbuch Verlag, 1999.

GEMOLL, WILHELM (1979): *Griechisch-Deutsches Schul- und Handwörterbuch*, München, Wien: G. Freytag Verlag, Hölder-Pichler-Tempsky, 1979.

GIFFORD, SHARON (1997): Limited attention and the role of the venture capitalist. In: *Journal of Business Venturing*, Jg. 12 (1997), Nr. 6, S. 459-482.

GIOT, PIERRE/SCHWIENBACHER, ARMIN (2003): *IPOs, trade sales and liquidations: Modelling venture capital exits using survival analysis.* Namur, Amsterdam: University of Namur, Department of Business Administration & CEREFIM, University of Amsterdam, Finance Group, 2003.

GOMPERS, PAUL A. (1995): Optimal Investment, Monitoring, and the Staging of Venture Capital. In: *The Journal of Finance*, Jg. 50 (1995), Nr. 5, S. 1461-1489.

GOMPERS, PAUL A. (1996): Grandstanding in the venture capital industry. In: *Journal of Financial Economics*, Jg. 42 (1996), Nr. 1, S. 133-156.

GOMPERS, PAUL A./LERNER, JOSH (1998): *What Drives Venture Capital Fundraising?* Boston: Harvard Business School, Working Paper Nr. 99-079, 1998.

GOMPERS, PAUL A./LERNER, JOSH (1999): An analysis of compensation in the U.S. venture capital partnership. In: *Journal of Financial Economics*, Jg. 51 (1999), Nr. 1, S. 3-44.

GOMPERS, PAUL A./LERNER, JOSH (2000): Money chasing deals? The impact of fund inflows on private equity valuation. In: *Journal of Financial Economics*, Jg. 55 (2000), Nr. 2, S. 281-325.

GOMPERS, PAUL A./LERNER, JOSH (2000): The Determinants of Corporate Venture Capital Success: Organizational Structure, Incentives, and Complementarities. In: MORCK, R. K. (Hrsg.) (2000): *Concentrated Corporate Ownership*. Chicago, London: The University of Chicago Press, 2000, S. 17-54.

GOMPERS, PAUL A. (2002): Corporations and the Financing of Innovation: The Corporate Venturing Experience. In: *Federal Reserve Bank of Atlanta Economic Review*, Jg. 87 (2002), Nr. 4, S. 1-18.

GOMPERS, PAUL A./LERNER, JOSH (2004): *The Venture Capital Cycle*, Cambridge, MA, London: The MIT Press, 2004.

GORMAN, MICHAEL/SAHLMAN, WILLIAM A. (1989): What Do Venture Capitalists Do? In: *Journal of Business Venturing*, Jg. 4 (1989), Nr. 4, S. 231-248.

GOTTSCHALG, OLIVER/PHALIPPOU, LUDOVIC/ZOLLO, MAURIZIO (2004): *Performance of Private Equity Funds: Another Puzzle?* INSEAD-Wharton Alliance Center for Global Research & Development, Working Paper 2004/82/SM/ACGRD 6, 2004.

GRANOVETTER, MARK (1973): The Strength of Weak Ties. In: *The American Journal of Sociology*, Jg. 78 (1973), Nr. 6, S. 1360-1380.

GRANOVETTER, MARK (1985): Economic Action and Social Structure: The Problem of Embeddedness. In: *The American Journal of Sociology*, Jg. 91 (1985), Nr. 3, S. 481-510.

GRANT, R. M. (1996): Toward a knowledge-based theory of the firm. In: *Strategic Management Journal*, Jg. 17, Winter Special Issue (1996), S. 109-122.

GRINBLATT, MARK/KELOHARJU, MATTI (2001): How Distance, Language, and Culture Influence Stockholdings and Trades. In: *The Journal of Finance*, Jg. 56 (2001), Nr. 3, S. 1053-1073.

GROCHLA, ERWIN (1976): Praxeologische Organisationstheorie durch sachliche und methodische Integration. In: *Zeitschrift für Betriebswirtschaftliche Forschung*, Jg. 28 (1976), Nr. 7, S. 613-637.

GULATI, RANJAY (1995): Social Structure and Alliance Formation Patterns: A Longitudinal Analysis. In: *Administrative Science Quarterly*, Jg. 40 (1995), Nr. 4, S. 619-652.

GULATI, RANJAY (1998): Alliances and Networks. In: *Strategic Management Journal*, Jg. 19 (1998), Nr. 4, Special Issue: Editor's Choice, S. 293-317.

GULATI, RANJAY (1999): Network Location and Learning: The Influence of Network Resources and Firm Capabilities on Alliance Formation. In: *Strategic Management Journal*, Jg. 20 (1999), Nr. 5, S. 397-420.

GULATI, RANJAY/GARGIULO, M. (1999): Where do interorganizational networks come from? In: *American Journal of Sociology*, Jg. 104 (1999), Nr. 5, S. 1439-1493.

GUPTA, ANIL K./SAPIENZA, HARRY J. (1992): Determinants of Venture Capital Firms' Preferences Regarding the Industry Diversity and Geographic Scope of Their Investments. In: *Journal of Business Venturing*, Jg. 7 (1992), Nr. 1, S. 347-362.

HABANN, FRANK (2001): Resource-based-view der Unternehmung: Aussagegehalt für das Management von Medienunternehmen. In: *Beitrag zum Sammelband: "Medienwirtschaft & Gesellschaft", Band 1*. St. Gallen: Universität St. Gallen, 2001.

HALL, RICHARD (1992): The strategic analysis of intangible resources. In: *Strategic Management Journal*, Jg. 13 (1992), Nr. 2, S. 135-144.

HARKINS, STEPHEN G./PETTY, RICHARD E. (1982): Effects of task difficulty and task uniqueness on social loafing. In: *Journal of Personality and Social Psychology*, Jg. 43 (1982), Nr. 6, S. 1214-1229.

HEGE, ULRICH/PALOMINO, FRÉDÉRIC/SCHWIENBACHER, ARMIN (2006): *Venture Capital Performance in Europe and the United States: A Comparative Analysis*. SSRN, 2006.

HELLMANN, THOMAS (2000): *Venture Capitalists: The Coaches of Silicon Valley*. SSRN, 2000.

HELLMANN, THOMAS (2002): A theory of strategic venture investing. In: *Journal of Financial Economics*, Jg. 64 (2002), Nr. 2, S. 285-314.

HELLMANN, THOMAS/PURI, MANJU (2002): Venture Capital and the Professionalization of Start-Up Firms: Empirical Evidence. In: *The Journal of Finance*, Jg. 57 (2002), Nr. 1, S. 169-197.

HELLMANN, THOMAS/LINDSEY, LAURA/PURI, MANJU (2003): *Building Relationships Early: Banks in Venture Capital*. Palo Alto, CA: Stanford University, Working Paper, 2003.

HENDERSON, JAMES/LELEUX, BENOÎT (2005): Corporate Venture Capital: Realizing Resource Combinations and Transfers. In: ELFRING, T. (Hrsg.) (2005): *International Studies in Entrepreneurship Research: Corporate Entrepreneurship and Venturing*. New York: Springer-Verlag, 2005.

HITT, MICHAEL A./DACIN, M. TINA/LEVITAS, EDWARD/ARREGLE, JEAN-LUC/ BORZA, ANCA (2000): Partner Selection in Emerging and Developed Market Contexts: Resource-Based and Organizational Learning Perspectives. In: *The Academy of Management Journal*, Jg. 43 (2000), Nr. 3, S. 449-467.

HOCHBERG, YAEL V./LJUNGQVIST, ALEXANDER/LU, YANG (2007): Whom You Know Matters: Venture Capital Networks and Investment Performance. In: *The Journal of Finance*, Jg. 62 (2007), Nr. 1, S. 251-301.

HOCHBERG, YAEL V./LJUNGQVIST, ALEXANDER/LU, YANG (2009): Networking as a Barrier to Entry and the Competitive Supply of Venture Capital. In: *The Journal of Finance, Forthcoming*, Jg. (2009).

HOFFMANN, RALF/HÖLZLE, ACHIM W. (2003): Die "liquidation preference" in VC-Verträgen nach deutschem Recht. In: *Finanz Betrieb*, Jg. 2 (2003), S. 113-120.

HOFSTEDE, GEERT (2001): *Culture's Consequences: Comparing Values, Behaviors, Institutions, and Organizations Across Nations*, Thousand Oaks, CA: Sage Publications, 2001.

HOLMSTRÖM, BENGT (1982): Moral Hazard in Teams. In: *The Bell Journal of Economics*, Jg. 13 (1982), Nr. 2, S. 324-340.

HOPP, CHRISTIAN/RIEDER, FINN (2005): *Empirical Evidence on Venture Capital: Syndication and Shared Real Option Ownership*. SSRN, 2005.

HOPP, CHRISTIAN (2006): *Chance favours the prepared mind: The Determinants of Monitoring and Staging in Venture Capital Financing*. Konstanz: Universität Konstanz, Fachbereich Wirtschaftswissenschaften, Working Paper, 2006.

HOPP, CHRISTIAN (2006): *Nothing Ventured – Nothing Gained? Empirical Evidence on Venture Capital Financing in Switzerland*. Konstanz: Universität Konstanz, Fachbereich Wirtschaftswissenschaften, Working Paper, 2006.

HOPP, CHRISTIAN/RIEDER, FINN (2006): *What drives Venture Capital Syndication?* SSRN, 2006.

HOUSTON, MARK B. (2003): Alliance partner reputation as a signal to the market: Evidence from bank loan alliances. In: *Corporate Reputation Review*, Jg. 5 (2003), Nr. 4, S. 330-342.

HSU, DAVID H. (2004): What Do Entrepreneurs Pay for Venture Capital Affiliation? In: *The Journal of Finance*, Jg. 59 (2004), Nr. 4, S. 1805-1844.

IBBOTSON, ROGER G./JAFFEE, JEFFREY F. (1975): "Hot Issue" Markets. In: *The Journal of Finance*, Jg. 30 (1975), Nr. 4, S. 1027-1042.

JÄÄSKELÄINEN, MIKKO (2001): *Centrality Measures and Information Flows in Venture Capital Syndication Networks*. Espoo: Helsinki University of Technology, 2001.

JÄÄSKELÄINEN, MIKKO/MAULA, MARKKU V. J./SEPPÄ, TUUKKA J. (2006): Allocation of Attention to Portfolio Companies and the Performance of Venture Capital Firms. In: *Entrepreneurship Theory & Practice*, Jg. 30 (2006), Nr. 2, S. 185-206.

JANSSEN, JÜRGEN/LAATZ, WILFRIED (2007): *Statistische Datenanalyse mit SPSS für Windows (zzgl. Online-Ergänzung zur Ordinalen Regression: http://www.wiso.uni-hamburg.de/fileadmin/sozialoekonomie/spss-buch/Ergaenzungen/Ordinale_Regression.pdf)*, Berlin, Heidelberg: Springer-Verlag, 2007.

JENSEN, MICHAEL C./MECKLING, WILLIAM H. (1976): Theory of the firm: Managerial behavior, agency costs and ownership structure. In: *Journal of Financial Economics*, Jg. 3 (1976), Nr. 4, S. 305-360.

JENSEN, MICHAEL C. (1989): Active investors, LBOs, and the privatization of bankruptcy. In: *Journal of Applied Corporate Finance*, Jg. 2 (1989), Nr. S. 34-44.

JONES, CHARLES/RHODES-KROPF, MATTHEW (2004): *The Price of Diversifiable Risk in Venture Capital and Private Equity*. mimeo, 2004.

JUNGWIRTH, CAROLA/MOOG, PETRA (2003): *Support strategies in venture capital financing: Nurturing or selection*. Zürich: University of Zurich, Chair of Strategic Management and Business Policy, Working Paper Nr. 18, 2003.

JUNGWIRTH, CAROLA/MOOG, PETRA (2004): *Closing the gap or enlarging the pool: How venture capitalists differ in their syndication motives*. Zürich: University of Zurich, Institute for Strategy and Business Economics, Working Paper Nr. 23, 2004.

KANN, A. (2001): *Strategic venture capital investing by corporations: A framework for structuring and valuing corporate venture capital programs*. 2001 (zugleich Dissertationsschrift, Stanford University, 2001).

KANNIAINEN, VESA/KEUSCHNIGG, CHRISTIAN (2003): The optimal portfolio of start-up firms in venture capital finance. In: *Journal of Corporate Finance*, Jg. 9 (2003), S. 521-534.

KAPLAN, STEVEN N./STRÖMBERG, PER (2004): Characteristics, Contracts, and Actions: Evidence from Venture Capitalist Analyses. In: *The Journal of Finance*, Jg. 59 (2004), Nr. 5, S. 2177-2210.

KAPLAN, STEVEN N./SCHOAR, ANTOINETTE (2005): Private Equity Performance: Returns, Persistence, and Capital Flows. In: *The Journal of Finance*, Jg. 60 (2005), Nr. 4, S. 1791-1823.

KATZENBACH, JON R./SMITH, DOUGLAS K. (1993): *The Wisdom of Teams: Creating the High-Performance Organization*, Boston, MA: Harvard Business School Press, 1993.

KEELEY, ROBERT H./ROURE, JUAN B. (1989): Determinants of New Venture Success Before 1982 And After A Preliminary Look at Two Eras. In: BROCKHAUS, R. H./ CHURCHILL, N. C./KATZ, J. A./KIRCHHOFF, B. A./VESPER, K. H./WETZEL, W. E. (Hrsg.) (1989): *Frontiers of Entrepreneurship Research*. Wellesley, MA: Babson College, 1989.

KNYPHAUSEN-AUFSEß, DODO ZU/KITTLAUS, DANIEL/SEELIGER, CARSTEN W. (2003): Internationale Standardisierungstendenzen bei der Renditeberechnung von Venture Capital-Fonds. In: *Finanz Betrieb*, Jg. 9 (2003), S. 548-555.

KNYPHAUSEN-AUFSEß, DODO ZU (2005): Corporate Venture Capital: Who Adds Value? In: *Venture Capital: An International Journal of Entrepreneurial Finance*, Jg. 7 (2005), Nr. 1, S. 23-49.

KOGUT, BRUCE/SINGH, HARBIR (1988): The effect of national culture on the choice of entry mode. In: *Journal of International Business Studies*, Jg. 19 (1988), Nr. 3, S. 411-432.

KOKALJ, LJUBA/PAFFENHOLZ, GUIDO/MOOG, PETRA (2003): *Neue Tendenzen in der Mittelstandsfinanzierung*, Wiesbaden: Deutscher Universitäts-Verlag, 2003.

KORTUM, SAMUEL S./LERNER, JOSH (1998): *Does venture capital spur innovation?* National Bureau of Economic Research, NBER Working Paper Nr. W6846, 1998.

KUHA, JOUNI (2004): AIC and BIC: Comparisons of Assumptions and Performance. In: *Sociological Methods & Research,* Jg. 33 (2004), Nr. 2, S. 188-229.

LAINE, MARKUS/TORSTILA, SAMI (2004): The Exit Rates of Liquidated Venture Capital Funds. In: *Journal of Entrepreneurial Finance and Business Ventures, Forthcoming,* Jg. (2004).

LAKONISHOK, JOSEF/SHLEIFER, ANDREI/THALER, RICHARD/VISHNY, ROBERT (1991): Window Dressing by Pension Fund Managers. In: *The American Economic Review,* Jg. 81 (1991), Nr. 2, S. 227-231.

LANDIER, AUGUSTIN (2001): *Start-up Financing: Banks vs. Venture Capital.* mimeo, MIT, 2001.

LANE, PETER J./LUBATKIN, MICHAEL (1998): Relative Absorptive Capacity and Interorganizational Learning. In: *Strategic Management Journal,* Jg. 19 (1998), Nr. 5, S. 461-477.

LEHMANN, ERIK E./BOSCHKER, KAREN (2002): *Venture Capital Syndication in Germany: Evidence from IPO Data.* SSRN, 2002.

LEHMANN, ERIK E. (2004): *Does Venture Capital Syndication Spur Employment Growth and Shareholder Value?: Evidence from German IPO Data.* Jena, Konstanz: Max Planck Institut Jena, Universität Konstanz, Discussion Paper Nr. 2104, 2004.

LEOPOLD, GÜNTER/FROMMANN, HOLGER/KÜHR, THOMAS (2001): *Private Equity – Venture Capital,* München: Verlag Franz Vahlen, 2001.

LERNER, JOSHUA (1994): Venture capitalists and the decision to go public. In: *Journal of Financial Economics,* Jg. 35 (1994), Nr. 3, S. 293-316.

LERNER, JOSHUA (1994): The Syndication of Venture Capital Investments. In: *Financial Management,* Jg. 23 (1994), Nr. 3, Venture Capital Special Issue, S. 16-27.

LERNER, JOSHUA (1995): Venture capitalists and the oversight of private firms. In: *The Journal of Finance,* Jg. 50 (1995), Nr. 1, S. 301-318.

LESSAT, VERA/HEMER, JOACHIM/ECKERLE, TOBIAS H./KULICKE, MARIANNE/LICHT, GEORG/NERLINGER, ERIC/STEIL, FABIAN/STEIGER, MAX (1999): *Beteiligungskapital und technologieorientierte Unternehmensgründungen: Markt - Finanzierung - Rahmenbedingungen,* Wiesbaden: Gabler Verlag, 1999.

LIN, NAN (2001): Building a Network Theory of Social Capital. In: BURT, R. (Hrsg.) (2001): *Social Capital : Theory and Research.* New York: Aldine de Gruyter, 2001, S. 3-30.

LIN, TIMOTHY H./SMITH, RICHARD L. (1995): *Insider Reputation and Selling Decisions: The Unwinding of Venture Capital Investments During Equity IPOs.* SSRN, Working Paper, 1995.

LIN, TIMOTHY H. (1996): The certification role of large block shareholders in initial public offerings: The case of venture capitalists. In: *Quarterly Journal of Business & Economics,* Jg. 35 (1996), Nr. 2, S. 55-65.

LINNÉ, HARALD (1993): *Wahl geeigneter Kooperationspartner: Ein Beitrag zur strategischen Planung von F&E-Kooperationen*, Frankfurt am Main, Berlin, Bern, New York, Paris, Wien: Peter Lang Verlag, 1993.

LINTNER, J. (1965): The Valuation of Risk Assets and the Selection of Risky Investments in Stock Portfolios and Capital Budgets. In: *Review of Economics and Statistics*, Jg. 47 (1965), Nr. 1, S. 13-37.

LIPNACK, JESSICA/STAMPS, JEFFREY (1986): *The Networking Book: People Connecting with People*, New York, London: Routledge & Kegan Paul, 1986.

LJUNGQVIST, ALEXANDER/RICHARDSON, MATTHEW (2003): *The cash flow, return and risk characteristics of private equity*. National Bureau of Economic Research, NBER Working Paper Nr. 9454, 2003.

LOCKETT, ANDY/WRIGHT, MIKE (1999): The syndication of private equity: Evidence from the UK. In: *Venture Capital: An International Journal of Entrepreneurial Finance*, Jg. 1 (1999), Nr. 4, S. 303-324.

LOCKETT, ANDY/WRIGHT, MIKE (2001): The syndication of venture capital investments. In: *Omega*, Jg. 29 (2001), S. 375-390.

LOSSEN, ULRICH (2006): *The Performance of Private Equity Funds: Does Diversification Matter?* München: Ludwig-Maximilians-Universität München, Working Paper Nr. 2006-14, 2006.

MACMILLAN, IAN C./ZEMANN, LAURIANN/SUBBANARASIMHA, P. N. (1987): Criteria distinguishing successful from unsuccessful ventures in the venture screening process. In: *Journal of Business Venturing*, Jg. 2 (1987), Nr. 2, S. 123-137.

MACMILLAN, IAN C./KULOW, DAVID M./KHOYLIAN, ROUBINA (1989): Venture capitalists' involvement in their investments: Extent and performance. In: *Journal of Business Venturing*, Jg. 4 (1989), Nr. 1, S. 27-47.

MÄKELÄ, MARKUS M. (2004): *Essays on Cross-Border Venture Capital: A Grounded Theory Approach*. 2004 (zugleich Dissertationsschrift, Helsinki University of Technology, 2004).

MÄKELÄ, MARKUS M./MAULA, MARKKU V. J. (2006): Interorganizational Commitment in Syndicated Cross-Border Venture Capital Investments. In: *Entrepreneurship Theory & Practice*, Jg. 30 (2006), Nr. 2, S. 273-298.

MANIGART, SOPHIE/DE WAELE, KOEN/WRIGHT, MIKE/ROBBIE, KEN/DESBRIÈRES, PHILIPPE/SAPIENZA, HARRY J./BEEKMAN, AMY (2002a): Determinants of required return in venture capital investments: a five-country study. In: *Journal of Business Venturing*, Jg. 17 (2002), Nr. 4, S. 291-312.

MANIGART, SOPHIE/LOCKETT, ANDY/MEULEMAN, MIGUEL/WRIGHT, MIKE/LANDSTRÖM, HANS/BRUINING, HANS/DESBRIÈRES, PHILIPPE/HOMMEL, ULRICH (2002b): *Why Do European Venture Capital Companies Syndicate?* ERIM Report Series Research in Management, Report Nr. ERS-2002-98-ORG, 2002.

MANIGART, SOPHIE/LOCKETT, ANDY/MEULEMAN, MIGUEL/WRIGHT, MIKE/LANDSTRÖM, HANS/BRUINING, HANS/DESBRIÈRES, PHILIPPE/HOMMEL, ULRICH

(2006): Venture Capitalists' Decision to Syndicate. In: *Entrepreneurship Theory & Practice*, Jg. 30 (2006), Nr. 2, S. 131-153.

MARKOWITZ, HARRY M. (1952): Portfolio selection. In: *The Journal of Finance*, Jg. 7 (1952), Nr. 1, S. 77-91.

MARKOWITZ, HARRY M. (1959): *Portfolio selection: Efficient diversification of investments*, New York: Wiley & Sons, 1959.

MARTIN, RON/BERNDT, CHRISTIAN/KLAGGE, BRITTA/SUNLEY, PETER (2005): Spatial Proximity Effects and Regional Equity Gaps in the Venture Capital Market: Evidence from Germany and the United Kingdom. In: *Environment and Planning A*, Jg. 37 (2005), Nr. 7, S. 1207-1231.

MASON, COLIN M./HARRISON, RICHARD T. (2002): Barriers to investment in the informal venture capital sector. In: *Entrepreneurship and Regional Development*, Jg. 14 (2002), S. 271-287.

MATZ, CHRISTOPH (2002): *Wettbewerbsentwicklung im deutschen Private-Equity-Markt: Strategieoptionen für Beteiligungskapital-Gesellschaften*, Wiesbaden: Deutscher Universitäts-Verlag, 2002.

MAULA, MARKKU V. J. (2001): *Corporate Venture Capital and the Value-Added for Technology-Based New Firms*. 2001 (zugleich Dissertationsschrift, Helsinki University of Technology, 2001).

MAULA, MARKKU V. J./MURRAY, GORDON (2001): Corporate Venture Capital and the Creation of US Public Companies: The Impact of Sources of Venture Capital on the Performance of Portfolio Companies. In: HITT, M. A./AMIT, R./LUCIER, C. E./NIXON, R. D. (Hrsg.) (2001): *Creating Value: Winners in the New Business Environment*. Oxford: Blackwell Publishers, 2001, S. 164-187.

MAYER, COLIN/SCHOORS, KOEN J. L./YAFEH, YISHAY (2003): *Sources of funds and investment activities of venture capital funds: Evidence from Germany, Israel, Japan and the UK*. National Bureau of Economic Research, Working Paper Nr. 9645, 2003.

MCCULLAGH, PETER (1980): Regression Models for Ordinal Data. In: *Journal of the Royal Statistical Society, Series B (Methodological)*, Jg. 42 (1980), Nr. 2, S. 109-142.

MEGGINSON, WILLIAM L./WEISS, KATHLEEN A. (1991): Venture capitalist certification in initial public offerings. In: *The Journal of Finance*, Jg. 46 (1991), Nr. 3, S. 879-903.

MENARD, SCOTT (2002): *Applied logistic regression analysis*, Thousand Oaks, CA: Sage Publications, 2002.

MORRISON, DONALD G. (1969): On the Interpretation of Discriminant Analysis. In: *Journal of Marketing Research*, Jg. 6 (1969), S. 156-163.

MOSKOWITZ, TOBIAS J./VISSING-JØRGENSEN, ANNETTE (2002): The Returns to Entrepreneurial Investment: A Private Equity Premium Puzzle? In: *The American Economic Review*, Jg. 92 (2002), Nr. 4, S. 745-778.

MOSSIN, J. (1966): Equilibrium in a Capital Asset Market. In: *Econometrica*, Jg. 34 (1966), Nr. 4, S. 768-783.

MÜLLER-STEWENS, GÜNTER/LECHNER, CHRISTOPH (2001): *Strategisches Management: Wie strategische Initiativen zum Wandel führen*, Stuttgart: Schäffer-Poeschel Verlag, 2001.

NAHATA, RAJARISHI (2008): *Venture capital reputation and investment performance*. New York: The City University of New York, Baruch College, 2008.

NATHUSIUS, EVA (2005): *Syndizierte Venture-Capital-Finanzierung*. 2005 (zugleich Dissertationsschrift, Technische Universität München, 2005).

NATHUSIUS, KLAUS (2001): *Grundlagen der Gründungsfinanzierung: Instrumente - Prozesse - Beispiele*, Wiesbaden: Gabler Verlag, 2001.

NICOLAI, ALEXANDER/KIESER, ALFRED (2002): Trotz eklatanter Erfolglosigkeit: Die Erfolgsfaktorenforschung weiter auf Erfolgskurs. In: *Die Betriebswirtschaft*, Jg. 62 (2002), Nr. 6, S. 579-596.

NIELSEN, BO BERNHARD (2002): Synergies in international strategic alliances: Motivation and outcomes of complementary and synergistic knowledge networks. In: *Journal of Knowledge Management Practice*, Jg. 3 (2002).

NORTON, EDGAR/TENENBAUM, BERNARD H. (1993): Specialization versus diversification as a venture capital investment strategy. In: *Journal of Business Venturing*, Jg. 8 (1993), Nr. 5, S. 431-442.

NORTON, EDGAR (1995): Venture capital as an alternative means to allocate capital: An agency-theoretic view. In: *Entrepreneurship Theory & Practice*, Jg. 20 (1995), Nr. 2, S. 19-29.

NORUSIS, MARIJA J. (2005): *SPSS 13.0 Advanced Statistical Procedures Companion*, Pearson Education, 2005.

O. V. (2004): *Venture Capital Exit Strategies*, Aspatore, 2004.

OBEID, ALEXANDER (2004): *Performance-Analyse von Spezialfonds: Externe und interne Performance-Maße in der praktischen Anwendung*, Bad Soden: Uhlenbruch Verlag, 2004.

OZDEMIR, SALIH ZEKI (2006): *To Go Solo or To Syndicate: Determinants of Tie Formation in The U.S. Venture Capital Industry*. SSRN, 2006.

PAFFENHOLZ, GUIDO (2004): *Exitmanagement: Desinvestitionen von Beteiligungsgesellschaften*, Lohmar: Josef Eul Verlag, 2004.

PANKOTSCH, FRANK (2005): *Kapitalbeteiligungsgesellschaften und ihre Portfoliounternehmen: Gestaltungsmöglichkeiten und Erfolgsfaktoren der Zusammenarbeit*, Wiesbaden: Deutscher Universitäts-Verlag, 2005.

PAUSENBERGER, EHRENFRIED (1989): Zur Systematik von Unternehmenszusammenschlüssen. In: *WISU: Das Wirtschaftsstudium*, Jg. 18 (1989), Nr. 11, S. 621-626.

PAXTON, PAMELA (2002): Social Capital and Democracy: An Interdependent Relationship. In: *American Sociological Review*, Jg. 67 (2002), S. 254-277.

PENROSE, EDITH E. (1959): *The Theory of the Growth of the Firm*, New York: John Wiley & Sons, 1959.

PERRIDON, LOUIS/STEINER, MANFRED (2002): *Finanzwirtschaft der Unternehmung*, München: Verlag Franz Vahlen, 2002.

PFEFFER, JEFFREY/SALANCIK, GERALD R. (1978): *The External Control of Organizations: A Resource Dependence Perspective*, New York: Harper & Row, 1978.

PICHOTTA, ANDREAS (1990): *Die Prüfung der Beteiligungswürdigkeit von innovativen Unternehmungen durch Venture Capital-Gesellschaften*, Bergisch Gladbach: Josef Eul Verlag, 1990.

PICOT, ARNOLD/DIETL, HELMUT/FRANCK, EGON (1999): *Organisation: Eine ökonomische Perspektive*, Stuttgart: Schäffer-Poeschel Verlag, 1999.

PISKORSKI, MIKOLAJ J. (2004): *Networks of Power and Status: Reciprocity in Venture Capital Syndicates*. Boston, MA: Harvard Business School, Working Paper, 2004.

PISKORSKI, MIKOLAJ J./ANAND, BHARAT (2004): *Resources, Power and Prestige: Formation of Structural Inequality in Social Exchange Networks*. Harvard Business School, Working Paper, 2004.

PISKORSKI, MIKOLAJ J./ANAND, BHARAT (2007): *Status Without Resources?: Evidence from the Venture Capital Industry*. Boston, MA: Harvard Business School, Working Paper, 2007.

PLUMMER, JAMES L. (1987): *QED report on venture capital financial analysis*. Palo Alto, CA: QED Research, Inc., 1987.

PODOLNY, JOEL M. (1993): A Status-based Model of Market Competition. In: *American Journal of Sociology*, Jg. 98 (1993), Nr. 4, S. 829-872.

PODOLNY, JOEL M. (1994): Market Uncertainty and the Social Character of Economic Exchange. In: *Administrative Science Quarterly*, Jg. 39 (1994), Nr. 3, S. 458-483.

PODOLNY, JOEL M. (2001): Networks as the Pipes and Prisms of the Market. In: *American Journal of Sociology*, Jg. 107 (2001), Nr. 1, S. 33-60.

PORTER, MICHAEL E. (1980): *Competitive Strategy: Techniques for Analyzing Industries and Competitors*, New York: The Free Press, 1980.

POSER, TIMO B. (2003): *The Impact of Corporate Venture Capital: Potentials of Competitive Advantages for the Investing Company*, Wiesbaden: Deutscher Universitäts-Verlag, 2003.

POWELL, WALTER W./KOPUT, KENNETH W./BOWIE, JAMES I./SMITH-DOERR, LAUREL (2001): The Spatial Clustering of Science and Capital: Accounting for Biotech Firm-Venture Capital Relationships. In: *Regional Studies, Forthcoming*, Jg. (2001), S. 42.

PRESTER, MELANIE (2002): *Exit-Strategien deutscher Venture Capital Gesellschaften*, Münster: LIT Verlag, 2002.

QUIGLEY, J./WOODWARD, S. (2003): *An index for venture capital*. Berkeley: University of California, Economics Department, Working Paper Nr. E03-333, 2003.

RAFFÉE, HANS (1995): *Grundprobleme der Betriebswirtschaftslehre*, Göttingen: Vandenhoeck & Ruprecht, 1995.

RAH, JOONDOUG/JUNG, KYUNGJIN/LEE, JINJOO (1994): Validation of the Venture Evaluation Model in Korea. In: *Journal of Business Venturing*, Jg. 9 (1994), Nr. 6, S. 509-524.

RAITHEL, JÜRGEN (2008): *Quantitative Forschung: Ein Praxiskurs*, Wiesbaden: VS Verlag für Sozialwissenschaften, 2008.

RAUEISER, THOMAS (2007): *Syndizierungsstrategien von Business Angels*, Lohmar: Josef Eul Verlag, 2007.

REICHARDT, BENT (2005): *Corporate Venture Capital: Rollen, Struktur, Management*. 2005 (zugleich Dissertationsschrift, Universität St. Gallen, 2005).

RICHTER, RUDOLF/FURUBOTN, EIRIK G. (1996): *Neue Institutionenökonomik: Eine Einführung und kritische Würdigung*, Tübingen: Mohr Siebeck, 1996.

RITTER, JAY R. (1984): The "Hot Issue" Markets of 1980. In: *Journal of Business*, Jg. 57 (1984), Nr. 2, S. 215-240.

RIYANTO, YOHANES E./SCHWIENBACHER, ARMIN (2006): The strategic use of corporate venture financing for securing demand. In: *Journal of Banking and Finance*, Jg. 30 (2006), Nr. 10, S. 2809-2833.

ROMAIN, ASTRID/POTTELSBERGHE DE LA POTTERIE, BRUNO VAN (2004): *The economic impact of venture capital*. Frankfurt am Main: Deutsche Bundesbank, Discussion Paper Series 1: Studies of the Economic Research Center, Nr. 18/2004, 2004.

ROSENSTEIN, J./BRUNO, A. V./BYGRAVE, WILLIAM D./TYLOR, N. T. (1993): The CEO, venture capitalists, and the board. In: *Journal of Business Venturing*, Jg. 8 (1993), Nr. 2, S. 99-113.

ROSS, STEPHEN ALAN (1974): On the economic theory of agency and the principle of similarity. In: BALCH, M./MCFADDEN, D./WU, S. (Hrsg.) (1974): *Essays on economic behavior under uncertainty*. Amsterdam: North-Holland, 1974, S. 215–240.

ROURE, JUAN B./KEELEY, ROBERT H. (1990): The Influence of Strategic Choices on the Success of New Firms Financed with Venture Capital. In: DEAN, B. V./CASSIDY, J. C. (Hrsg.) (1990): *Strategic Management: Methods and Studies*. Amsterdam: Elsevier, 1990, S. 327-346.

ROUVINEZ, CHRISTOPHE (2003): Private Equity Benchmarking with PME+. In: *Venture Capital Journal*, Jg. August 2003 (2003), Nr. S. 34-38.

RUDOLPH, BERND/FISCHER, CHRISTOPH (2000): Der Markt für Private Equity. In: *Finanz Betrieb*, Jg. 1 (2000), Nr. S. 49-56.

RUHNKA, JOHN C./YOUNG, J. E. (1991): Some hypotheses about risk in venture capital investing. In: *Journal of Business Venturing*, Jg. 6 (1991), S. 115-133.

RUHNKA, JOHN C./FELDMAN, HOWARD D./DEAN, THOMAS J. (1992): The "Living Dead" Phenomenon in Venture Capital Investments. In: *Journal of Business Venturing*, Jg. 7 (1992), S. 137-155.

RUPPEN, DANIEL (2002): *Corporate Governance bei Venture-Capital-finanzierten Unternehmen*, Wiesbaden: Deutscher Universitäts-Verlag, 2002.

SAH, R. K./STIGLITZ, J. E. (1986): The architecture of economic system: Hierarchies and polyarchies. In: *American Economic Review*, Jg. 76 (1986), Nr. 4, S. 716-727.

SAHLMAN, WILLIAM A./STEVENSON, HOWARD H. (1985): Capital Market Myopia. In: *Journal of Business Venturing*, Jg. 1 (1985), Nr. 1, S. 7-30.

SAHLMAN, WILLIAM A. (1990): The structure and governance of venture-capital organizations. In: *Journal of Financial Economics*, Jg. 27 (1990), Nr. 2, S. 473-521.

SAPIENZA, HARRY J./TIMMONS, JEFFRY A. (1989): Launching and Building Entrepreneurial Companies: Do the Venture Capitalists Add Value? In: BROCKHAUS, R. H./ CHURCHILL, N. C./KATZ, J. A./KIRCHHOFF, B. A./VESPER, K. H./WETZEL, W. E. (Hrsg.) (1989): *Frontiers of Entrepreneurship Research*. Wellesley, MA: Babson College, 1989, S. 245-257.

SAPIENZA, HARRY J. (1992): When do Venture Capitalists Add Value? In: *Journal of Business Venturing*, Jg. 7 (1992), Nr. 1, S. 9-27.

SAPIENZA, HARRY J./AMASON, A. C./MANIGART, SOPHIE (1994): The level and nature of venture capitalist involvement in their portfolio companies: A study of three European countries. In: *Managerial Finance*, Jg. 20 (1994), Nr. 1, S. 3–17.

SAPIENZA, HARRY J./MANIGART, SOPHIE/VERMEIR, WIM (1996): Venture capitalist governance and value added in four countries. In: *Journal of Business Venturing*, Jg. 11 (1996), Nr. 6, S. 439-469.

SCHEFCZYK, MICHAEL (2000): *Finanzieren mit Venture Capital: Grundlagen für Investoren, Finanzintermediäre, Unternehmer und Wissenschaftler*, Stuttgart: Schäffer-Poeschel Verlag, 2000.

SCHEFCZYK, MICHAEL (2004): *Erfolgsstrategien deutscher Venture Capital-Gesellschaften*, Stuttgart: Schäffer-Poeschel Verlag, 2004.

SCHNELL, RAINER/HILL, PAUL B./ESSER, ELKE (2008): *Methoden der empirischen Sozialforschung*, München, Wien: Oldenbourg Verlag, 2008.

SCHWALBACH, JOACHIM (2002): Unternehmensreputation als Erfolgsfaktor. In: RESE, M./SÖLLNER, A./UTZIG, B. P. (Hrsg.) (2002): *Relationship Marketing: Standortbestimmung und Perspektiven*. Berlin: Springer-Verlag, 2002.

SCHWEEN, KARSTEN (1996): *Corporate Venture Capital: Risikokapitalfinanzierung deutscher Industrieunternehmen*, Wiesbaden: Gabler Verlag, 1996.

SCHWEITZER, MARCELL (1978): Wissenschaftsziele und Auffassungen in der Betriebswirtschaftslehre: Eine Einführung. In: SCHWEITZER, M. (Hrsg.) (1978): *Auffassungen und*

Wissenschaftsziele der Betriebswirtschaftslehre. Darmstadt: Wissenschaftliche Buchgesellschaft, 1978, S. 1-14.

SCHWERK, ANJA (2000): *Dynamik von Unternehmenskooperationen*, Berlin: Duncker & Humblot Verlag, 2000.

SCHWIENBACHER, ARMIN (2005): *An empirical analysis of venture capital exits in Europe and in the United States*. Amsterdam: University of Amsterdam, Finance Group, Working Paper, 2005.

SEPPÄ, TUUKKA J. (2003): *Essays on the Valuation and Syndication of Venture Capital Investments*. 2003 (zugleich Dissertationsschrift, Helsinki University of Technology, 2003).

SHARPE, W. (1964): Capital Asset Prices: A Theory of Market Equilibrium under Conditions of Risk. In: *The Journal of Finance*, Jg. 19 (1964), Nr. 3, S. 425-442.

SIEGEL, ROBIN/SIEGEL, ERIC/MACMILLAN, IAN C. (1988): Corporate venture capitalists: Autonomy, obstacles, and performance. In: *Journal of Business Venturing*, Jg. 3 (1988), Nr. 3, S. 233-247.

SIMONIN, BERNARD L./RUTH, JULIE A. (1998): Is a Company known by the Company it keeps? Assessing the Spillover Effects of Brand Alliances on Consumer Brand Attitudes. In: *Journal of Marketing Research*, Jg. 35 (1998), Nr. 1, S. 30-42.

SÖDERBLOM, ANNA (2006): *Factors Determining the Performance of Early Stage High-Technology Venture Capital Funds: A Review of the Academic Literature*. London: Small Business Service, Report, 2006.

SOJA, T. A./REYES, J. E. (1990): Investment Benchmarks. In: *Venture Capital Journal* (1990), S. 191.

SØRENSEN, MORTEN (2007): How Smart Is Smart Money? A Two-Sided Matching Model of Venture Capital. In: *The Journal of Finance*, Jg. 62 (2007), Nr. 6, S. 2725-2762.

SORENSON, OLAV/STUART, TOBY E. (2001): Syndication Networks and the Spatial Distribution of Venture Capital Investments. In: *American Journal of Sociology*, Jg. 106 (2001), Nr. 6, S. 1546-1588.

SPENCE, ANDREW MICHAEL (1974): *Market Signaling: Informational Transfer in Hiring and Related Screening Processes*, Cambridge, MA: Harvard University Press, 1974.

STAW, BARRY M. (1976): Knee-deep in the big muddy: A study of escalating commitment to a chosen course of action. In: *Organizational Behavior and Human Performance*, Jg. 16 (1976), Nr. 1, S. 27-44.

STAW, BARRY M. (1980): Rationality and justification in organizational life. In: CUMMINGS, L. L./STAW, B. M. (Hrsg.) (1980): *Research in organizational behavior*. Greenwich, CT: JAI Press, 1980, S. 45-80.

STINCHCOMBE, ARTHUR L. (1965): Social Structure and Organizations. In: MARCH, J. G. (Hrsg.) (1965): *Handbook of Organizations*. Chicago, IL: Rand McNally, 1965, S. 153-193.

STUART, ROBERT W./ABETTI, PIER A. (1990): Impact of entrepreneurial and management experience on early performance. In: *Journal of Business Venturing*, Jg. 5 (1990), Nr. 3, S. 151-162.

STUART, TOBY E. (1998): Network positions and propensities to collaborate: An investigation of strategic alliance formation in a high-technology industry. In: *Administrative Science Quarterly*, Jg. 43 (1998), Nr. 3, S. 668-698.

STUART, TOBY E./HOANG, HA/HYBELS, RALPH C. (1999): Interorganizational Endorsements and the Performance of Entrepreneurial Ventures. In: *Administrative Science Quarterly*, Jg. 44 (1999), Nr. 2, S. 315-349.

SYKES, HOLLISTER B. (1986): Lessons from a new ventures program. In: *Harvard Business Review*, Jg. 64 (1986), Nr. May-June, S. 69-74.

SYKES, HOLLISTER B. (1990): Corporate Venture Capital: Strategies for Success. In: *Journal of Business Venturing*, Jg. 5 (1990), S. 37-47.

SYKES, HOLLISTER B. (1992): Incentive compensation for corporate venture personnel. In: *Journal of Business Venturing*, Jg. 7 (1992), Nr. 3, S. 253-265.

TAUSEND, CHRISTIAN (2006): *Selektion von Venture Capital-Fonds durch institutionelle Investoren*, Wiesbaden: Deutscher Universitäts-Verlag, 2006.

TRÖNDLE, DIRK (1987): *Kooperationsmanagement: Steuerung interaktioneller Prozesse bei Unternehmungskooperationen*, Bergisch Gladbach: Josef Eul Verlag, 1987.

TUTZ, GERHARD (2000): *Die Analyse kategorialer Daten: Anwendungsorientierte Einführung in Logit-Modellierung und kategoriale Regression*, München, Wien: Oldenbourg Verlag, 2000.

TYEBJEE, TYZOON T./BRUNO, ALBERT V. (1984): A Model of Venture Capitalist Investment Activity. In: *Management Science*, Jg. 30 (1984), Nr. S. 1051-1066.

TYKVOVÁ, TEREZA (2004): *Who Are the True Venture Capitalists in Germany?* Mannheim: ZEW, Discussion Paper Nr. 04-16, 2004.

TYKVOVÁ, TEREZA/WALZ, UWE (2004): *Are IPOs of Different VCs Different?* Mannheim: ZEW, Discussion Paper Nr. 04-32, 2004.

VATER, DIRK (2003): *Die Qualität deutscher Private-Equity-Unternehmen: Optimierungsmöglichkeiten bei der Vergabe von Beteiligungskapital*, Wiesbaden: Deutscher Universitäts-Verlag, 2003.

WASSERMAN, STANLEY/FAUST, KATHERINE (1997): *Social Network Analysis: Methods and Applications*, New York: Cambridge University Press, 1997.

WEBER, CHRISTIANA/DIERKES, MEINOLF (2002): *Risikokapitalgeber in Deutschland: Strukturmerkmale, Entscheidungskriterien, Selbstverständnis*, Berlin: edition sigma, 2002.

WEBER, CHRISTIANA (2005): *Corporate Venture Capital als Beitrag zum Wissensmanagement: eine vergleichende Langzeitstudie in Deutschland.* Berlin: Wissenschaftszentrum Berlin für Sozialforschung, Discussion Paper SP III 2005-107, 2005.

WEITNAUER, WOLFGANG (2007): *Handbuch Venture Capital: Von der Innovation zum Börsengang*, München: Verlag C. H. Beck, 2007.

WELGE, MARTIN K./AL-LAHAM, ANDREAS (2003): *Strategisches Management: Grundlagen, Prozess, Implementierung*, Wiesbaden: Gabler Verlag, 2003.

WELPE, ISABELL (2004): *Venture-Capital-Geber und ihre Portfoliounternehmen: Erfolgsfaktoren der Kooperation*, Wiesbaden: Deutscher Universitäts-Verlag, 2004.

WERNERFELT, BIRGER (1984): A resource-based view of the firm. In: *Strategic Management Journal*, Jg. 5 (1984), Nr. 2, S. 171-180.

WHITE, HARRISON C. (1981): Where Do Markets Come From? In: *The American Journal of Sociology*, Jg. 87 (1981), S. 517-547.

WILLIAMSON, OLIVER E. (1975): *Markets and Hierarchies: Analysis and Antitrust Implications*, New York: The Free Press, 1975.

WILLIAMSON, OLIVER E. (1979): Transaction-Cost Economics: The Governance of Contractual Relations. In: *Journal of Law and Economics*, Jg. 22 (1979), Nr. 2, S. 233-261.

WILLIAMSON, OLIVER E. (1985): *The Economic Institutions of Capitalism. Firms, Markets, Relational Contracting*, New York: The Free Press, 1985.

WILSON, ROBERT (1968): The Theory of Syndicates. In: *Econometrica*, Jg. 36 (1968), Nr. 1, S. 119-132.

WINTERS, TERRY E./MURFIN, DONALD L. (1988): Venture capital investing for corporate development objectives. In: *Journal of Business Venturing*, Jg. 3 (1988), Nr. 3, S. 207-222.

WITT, PETER/BRACHTENDORF, GERMAN (2002): Gründungsfinanzierung durch Großunternehmen. In: *Die Betriebswirtschaft*, Jg. 62 (2002), Nr. S. 681-692.

WITTROCK, CARSTEN (2001): Performance-Messung von Wertpapierportfolios. In: GERKE, W./STEINER, M. (Hrsg.) (2001): *Handwörterbuch des Bank- und Finanzwesens*. Stuttgart: Schäffer-Poeschel Verlag, 2001, S. 1643-1656.

WÖHE, GÜNTER/BILSTEIN, JÜRGEN (1994): *Grundzüge der Unternehmensfinanzierung*, München: Verlag Franz Vahlen, 1994.

WÖHE, GÜNTER (2000): *Einführung in die Allgemeine Betriebswirtschaftslehre*, München: Verlag Franz Vahlen, 2000.

WOOLCOCK, MICHAEL (1998): Social capital and economic development: Towards a theoretical synthesis and policy framework. In: *Theory and Society*, Jg. 27 (1998), S. 151-208.

WOYWODE, MICHAEL (2006): Erklärung der Überlebenswahrscheinlichkeit von Unternehmen: Theoretische Ansätze. In: HOMMEL, U./KNECHT, T. C./WOHLENBERG, H. (Hrsg.) (2006): *Handbuch Unternehmensrestrukturierung: Grundlagen, Konzepte, Maßnahmen*. Wiesbaden: Gabler Verlag, 2006, S. 61-98.

WRIGHT, MIKE/ROBBIE, KEN (1998): Venture Capital and Private Equity: A Review and Synthesis. In: *Journal of Business Finance & Accounting*, Jg. 25 (1998), Nr. 5 & 6, S. 521-570.

WRIGHT, MIKE/LOCKETT, ANDY (2003): The Structure and Management of Alliances: Syndication in the Venture Capital Industry. In: *Journal of Management Studies*, Jg. 40 (2003), Nr. 8, S. 2073-2102.

WRONG, DENNIS H. (1961): The Oversocialized Conception of Man in Modern Sociology. In: *American Sociological Review*, Jg. 26 (1961), Nr. 2, S. 183-193.

YANG, YI (2006): *A Multi-Theoretic Analysis of Financial and Strategic Consequences of Corporate Venture Capital*. 2006 (zugleich Dissertationsschrift, Drexel University, 2006).

ZACHARAKIS, ANDREW (2002): *Business Risk, Investment Risk, and Syndication of Venture Capital Deals*. Denver: Paper presented at the August 2002 Academy of Management Meeting, 2002.

ZAHEER, AKBAR/ZAHEER, SRILATA (1997): Catching the Wave: Alertness, Responsiveness, and Market Influence in Global Electronic Networks. In: *Management Science*, Jg. 43 (1997), Nr. 11, S. 1493-1509.

ZEMKE, INGO (1995): *Die Unternehmensverfassung von Beteiligungskapital-Gesellschaften: Analyse des institutionellen Designs deutscher Venture Capital-Gesellschaften*, Wiesbaden: Deutscher Universitäts-Verlag, 1995.

ZEMKE, INGO (1998): Strategische Erfolgsfaktoren von Venture Capital- beziehungsweise Private-Equity-Gesellschaften. In: *Zeitschrift für das gesamte Kreditwesen*, Jg. 51 (1998), Nr. 5, S. 212-215.

ZOOK, CHRIS (2004): *Beyond the Core: Expand Your Market Without Abandoning Your Roots*, Boston: Harvard Business School Press, 2004.

FSC
www.fsc.org
MIX
Papier | Fördert gute Waldnutzung
FSC® C083411

Kolibri 360 GmbH
Ferdinand-Jühlke-Straße 7
99095 Erfurt, Deutschland
produktsicherheit@kolibri360.de